北京师范大学中国社会管理研究院

第二届中国社会管理论坛（2012）

SHEHUI TIZHI GAIGE YU KEXUE FAZHAN

社会体制改革与科学发展

魏礼群　主　编

北京师范大学出版集团
BEIJING NORMAL UNIVERSITY PUBLISHING GROUP
北京师范大学出版社

图书在版编目(CIP)数据

社会体制改革与科学发展／魏礼群主编．—北京：北京师范大学出版社，2012.12
ISBN 978-7-303-15570-5

Ⅰ．①社… Ⅱ．①魏… Ⅲ．①体制改革－研究－中国 ②社会主义建设模式－研究－中国 Ⅳ．①D61

中国版本图书馆CIP数据核字(2012)第250974号

营销中心电话 010-58802181 58805532
北师大出版社高等教育分社网 http://gaojiao.bnup.com.cn
电子信箱 beishida168@126.com

SHE HUI TI ZHI GAI GE YU KE XUE FA ZHAN
出版发行：北京师范大学出版社 www.bnup.com.cn
北京新街口外大街19号
邮政编码：100875
印　刷：北京中印联印务有限公司
经　销：全国新华书店
开　本：155 mm × 235 mm
印　张：35.5
字　数：640千字
版　次：2012年12月第1版
印　次：2012年12月第1次印刷
定　价：75.00元

策划编辑：李　念　　责任编辑：马洪立　李　念
美术编辑：毛　佳　　装帧设计：毛　佳
责任校对：李　菡　　责任印制：孙文凯

代序一

实现科学发展　深化社会体制改革

全国政协副主席　陈宗兴

各位专家、各位来宾，老师们、同学们：

2011年5月，我很高兴见证了北京师范大学中国社会管理研究院的诞生，出席了首届中国社会管理论坛，并很荣幸担任中国社会管理研究院咨询委员会顾问。今天，我再次怀着兴奋的心情参加第二届中国社会管理论坛，感谢研究院师生这一年的工作，同时也向研究院一年多来的成长表示热烈的祝贺！

此次论坛以“深化社会体制改革与推进科学发展”为主题，立意高远，很有意义。我们知道，当今世界正处在大发展、大变革、大调整时期，我国发展也经历着重要战略机遇期和社会矛盾凸显期，促进科学发展既具有迫切的现实意义，又具有深远的历史意义。而要实现科学发展，必须深化社会体制改革，这是一场涉及广泛的社会变革。第一，“观念的更新”，深化社会体制改革必须转变传统的发展观念，代之以“以人为本、全面协调可持续”的科学发展理念；第二，深化社会体制改革必须正确处理政府、社会、市场、公民之间的关系，实现权责统一，充分发挥各方面的积极性和创造性；第三，深化社会体制改革，必须创新管理方式方法，从偏重管制控制向更加重视服务，重视协商，协调转变，化解社会矛盾，解决社会问题；第四，深化社会体制改革的关键在于创新管理体制，使社会管理更加科学化、制度化、法制化；第五，深化社会体制改革，必须做出大量基础性工作，进一步构建并完善社会管理体系。这几个方面的认识，只是个人的理解，供各位参考。

长期以来，全国政协非常关注深化社会体制改革，努力为推动科学发展献计出力。贾庆林主席在2012年全国政协会议的工作报告中明确作出部署，将召开全国政协“加强和创新社会管理”专题协商会，围绕加强社会管理体制机制建设等社会建设中的重点问题，开展调研议政和民主监督活动，努力提出针对性和可行性强的意见和建议。

北京师范大学中国社会管理研究院是专注于社会管理领域研究的机构，也是集“育人、科研、资政、合作”四位一体的重要的人才培养、理论研究、政策咨询、对外合作的平台。一年多以来，研究院以中国特色社会主义理论体系为指导，紧紧围绕党和政府提出的社会管理决策部署，依托北京师范大学在社会管理、应急管理、社会政策、社会组织管理等领域丰富的理论研究基础和政策咨询经验，进一步加强与各级政府机构、国内外研究机构以及有关社会组织的交流与合作，吸收和培养一批高层次、高素质的社会管理人才，积极适应社会管理需求，承担了多个国家的重大课题，主动进行政策咨询服务，深入进行实地调查，开展社会管理战略性、前瞻性和创新性探索，取得了一系列具有理论与应用价值的研究成果，为加强和创新社会管理、推动社会体制改革的不断深入做出了积极的贡献。

我衷心期望，中国社会管理研究院的诸位师生在魏礼群院长带领下，秉承“厚德、唯实、创新、卓越”的院训，求真务实，开拓创新，培养一流社会管理人才，创造一流研究咨询成果，争取为国家为人民做出更大的贡献！

最后，预祝本次论坛取得圆满成功！

谢谢大家！

代序二

支持社会管理创新　贡献高校力量

北京师范大学党委书记　刘川生

尊敬的陈宗兴主席、顾秀莲委员长，各位来宾、各位专家，老师们、同学们：

今天我们欢聚一堂，隆重举行第二届中国社会管理论坛。首先，我代表北京师范大学，对莅临论坛的各位领导和专家学者表示热烈欢迎和衷心感谢！

社会管理创新已经成为世界各国共同面临的历史性课题。全球化、工业化、城市化、信息化的快速发展，带来了诸多新的社会问题，加强社会管理创新在全球范围内显得十分迫切。欧洲 2020 战略的中心任务就是加强社会管理，认为一个良好、负责、公平的社会管理体系，有利于欧盟实现智慧、可持续与包容性增长。英国工党政府大力倡导社会创新，提出大社会理念，强调要实现多层次治理和复合治理。美国非常重视非营利组织的重要作用，其非营利组织包括 150 多种类型，占所有社会服务的一半以上。在社会管理领域，强化制度创新，改善治理结构，扩大社会参与，充分发挥每一个社会主体的积极性和创造性，已经成为一种全球趋势。

我国正在不断加强社会管理创新，健全中国特色社会主义社会管理体系。改革开放以来，随着社会主义市场经济深入发展，我国社会发生了巨大变迁，规模之大、速度之快、影响之深，在人类历史上实属罕见，导致社会结构不断变化，社会组织日趋复杂，社会规范日趋多元。

以社会组织为例，我国社会组织已达 44 万个，其中社会团体 24.3 万个，民办非企业单位 19.5 万个，基金会 2 600 多个。这就需要我们对社会组织进行规范和引导，对社会利益关系进行调整，积极回应不同社会诉求，努力化解复杂社会矛盾，坚决维护社会公平正义，努力构建起政府管理与社会自治相结合、政府主导与社会参与相结合的社会管理和公共服务体制，探索出一条具有中国特色的社会管理创新之路。

中国社会管理研究院积极面向国家战略需求，为社会管理创新提供智力支持。成立一年来，研究院将研究重点放在社区社会管理和社会体制改革层面，汇集了一批社会管理领域的知名学者，承担了教育部和国家社会科学基金重大攻关项目，推出了一系列具有前瞻性、针对性的理论成果和对策建议，受到了广泛的重视。我们相信，在魏礼群院长的带领下，研究院今后会进一步发挥优势，突出特色，把自身建设成为具有一流水准和重要影响力的高端智库，成为北师大服务社会、引领社会的重要学术平台，为推动我国社会管理创新发展、提高社会管理科学化水平做出应有的贡献。

2012 年是北京师范大学建校 110 周年，第二届中国社会管理创新论坛是我校校庆系列学术活动之一。在各位专家学者围绕深化社会体制改革与推进科学发展这一重大问题进行深入探讨的同时，我们也盛情邀请大家与我们一道分享校庆的喜悦，并为北师大未来的改革发展出谋划策，贡献智慧。

最后，预祝本次论坛圆满成功！

谢谢大家！

代序三
加强社会建设　推动社会体制改革纵深发展

中共北京市委社会工作委员会书记　宋贵伦

各位领导、各位专家、各位来宾、同志们：

上午好！非常荣幸参与本次论坛主办，我代表北京市委社会工委、市社会办向出席论坛的各位领导、各位专家和各位来宾表示热烈欢迎！向长期以来关心、支持北京社会建设的各位领导、专家和同行表示衷心感谢！

这次论坛将“深化社会体制改革与推进科学发展”作为主题，非常必要、非常重要。第一，社会体制改革是当前改革面临的重大而紧迫的任务。改革开放30多年来，我国体制改革特别是经济体制改革取得了举世瞩目的成就。但是，如何建立和完善一个与社会主义市场经济体制相适应的社会体制，仍然处于“摸着石头过河”的阶段，还有许多课题需要破解。第二，社会体制改革是加快推进社会建设的必然要求。当前社会建设面临许多新问题、新任务，从总体上说，缺的是综合协调、顶层设计；从根本上说，主要问题是老体制的束缚和新体制的不完善。必须把加快推进社会体制改革当做加快推进社会建设的着力点和突破口。第三，社会体制改革是动员社会协同、公众参与的强大动力。社会建设要加强和改进党委和政府的领导，着力点是动员社区、社会组织、新经济组织协同，是动员社会公众参与。只有适应经济体制深刻变革、社会结构深刻变动、利益格局深刻调整、思想观念深刻变化，加快推进社会体制改革，才能构建起“党委领导、政府负责、社会协同、公众参与”的新格局，才能真正形成社会改革发展共建共享的新局面。

本论坛是学界和实际部门交流思想观点、贡献真知灼见的重要平台，是相互学习启发、深化理论认识、推动实践发展的宝贵机会，也是社会各界共同关心关注、集思广益研讨、集中建言献策的难得聚会。我们参与举办这届论坛，就是希望积极参与和推动社会建设理论创新、社会体制改革创新和社会服务管理实践创新。

党的十六大以来，党中央不断推动社会体制改革向纵深方向发展。按照党中央要求，结合首都实际，近几年来北京市不断加快社会体制改革和社会服务管理创新，不断取得工作成效：一是在市、区县建立社会建设工作领导小组及其办公室、成立社会建设工作机构，在街道、乡镇建立社会工作党委，在社会组织建立党建工作委员会，在非公经济组织建立党组织，在商务楼宇建立党建工作站、社会工作站和工、青、妇工作站，初步形成市、区县、街道(乡镇)、社区纵向到底、“两新”组织横向到边的工作网络，社会建设体制机制创新取得新成效；二是出台《北京市加强社会建设实施纲要》、《北京市“十二五”时期社会建设规划纲要》等系列文件，明确提出社会服务更加完善、社会管理更加科学、社会动员更加广泛、社会环境更加文明、社会关系更加和谐和社会领域党建全覆盖的“五个更加、一个全覆盖”的目标任务，并形成了“1＋4＋X”政策体系，社会建设工作体系和政策体系创新取得了新成效；三是在社区推进“规范化”建设，在社会组织构建“枢纽型”工作体系，在社会工作队伍建设方面实现专业化、职业化，在志愿服务方面建立长效机制，在社会服务中建立购买社会组织服务机制，在城市地区推广网格化，在农村地区开展村庄社区化试点，社会建设实践模式和社会服务管理方式方法创新取得新的成效。

几年来，我们从社会体制机制创新、社会建设政策体系和工作体系创新、社会建设实践模式和方式方法创新方面尝到了甜头，但是，改革越深入、越具体，我们就越发感到复杂、艰巨、紧迫，深感面对社会建设与社会服务管理创新的许多新情况、新问题，需要加快推进社会体制改革。我们热切期待从此次论坛收获理论指导、智力支持、真知灼见！我们热切期盼并衷心祝愿第二届中国社会管理论坛取得圆满成功！

谢谢大家！

代序四
坚持以人为本　探索社会管理创新实践

中共廊坊市委书记　赵世洪

尊敬的各位领导、各位嘉宾、各位老师，同志们：

大家上午好！能够与北京师范大学中国社会管理研究院共同举办第二届中国社会管理论坛，我们感到非常荣幸。作为主办方之一，我谨代表中共廊坊市委、廊坊市人民政府对莅临大会的各位领导、各位嘉宾表示热烈欢迎和衷心感谢！

全面加强和创新社会管理，是我们党对共产党执政规律、社会主义建设规律、人类社会发展规律认识的深化。我国经济和社会发展到现阶段，必须赋予社会管理以鲜明的时代特征和有效内涵，这是一项事关国家长治久安的重大战略课题。中国社会管理研究院作为国内首家专注于社会管理领域和定位于一流水准思想库的研究机构，在魏礼群院长的领导下，秉承“厚德、唯实、创新、卓越”的院训，立足国内、放眼世界，以创新灵活和开放共享的机制，为推动我国社会管理创新，加快社会建设做出了积极贡献。在首届中国社会管理论坛取得丰厚成果的基础上，本届论坛以“深化社会体制改革与推进科学发展”为主题，邀请国内社会管理领域重要领导和知名学者发表演讲，进行理论探讨，必将在我国社会管理创新领域产生巨大影响，起到示范和推动作用。

廊坊市地处京津冀城市群十字骨架的交点位置，是京津之间唯一的地级市。近年来，我们充分发挥得天独厚的区位优势、发展高端产业的环境优势和新兴城市的后发优势，围绕“京津冀电子信息走廊、环渤海休闲商务中心”发展定位，实施精良管理，追求高端发展，推动经济社会又好又快发展。全市地方一般预算收入总量居河北省前列，城乡居民收入在河北名列前茅。作为河北面积最小、人口最少的设区市，廊坊已跻身河北经济强市行列。

在坚持大力发展经济的同时，我们把社会建设摆在突出位置，对社会管理创新进行了积极探索和实践。我们理解，现代社会管理创新的本质要求就是完善在党的领导和国家法律规范下的社会公共治理。社会公共治理是社会繁荣的内在的现代化要求。社会管理可以说是当局对管理对象的一种行政管控，强调的是上对下的关系。而现代社会中，随着经济社会“两新”组织规模不断壮大和许多“单位人”转变为“社会人”，对民主生活的建设和改善，上对下的单一行政管理已很难再做到全覆盖、都管用。因此，我们提出要进行社会公共治理，就是针对新形势、新问题、新要求，重视发挥社会各类组织的自管理、自调节、自平衡作用，构架一种上对下、下对上、下对下、上对上的多层级交叉治理结构，形成一种相辅相成、制衡制约、自我调整、相互适应的良性互动关系。

在廊坊的社会管理创新实践中，我们坚持以真情实意做好民生保障工作为根本，用亲人和群众的感受抓民生，下大力解决百姓急需、个人和家庭难以承担、市场机制又无法有效解决的民生问题，找准社会管理“落脚点”。坚持以“智能城市”建设为依托，运用当前经济所能支撑的先进技术手段，把高端产业和智能元素引入城市，建立万米网格城市数字化管理机制，打造了社会管理“新平台”。坚持以构建完善的信访调解工作体系为手段，创立人民调解、行政调解和司法调解“三位一体”的大调解机制，努力使社会问题涉及的各方力量、利益在快速发展过程中和矛盾冲突中平稳地运行与实现，浇铸成社会管理或者说社会公共治理的“减压阀”。坚持以建设“平安廊坊”为载体，把增加人民群众安全感作为社会管理的基础性工作，严厉打击破坏社会秩序的犯罪分子，加大社会治安综合治理力度，织密社会治理“安全网”。坚持以构建应急管理体系为保障，把有效防范和控制小概率紧急事态作为关系经济社会发展和人民群众生命财产安全的大事，全面强化应急管理工作，备足社会管理“灭火器”。坚持以完善基层组织建设为重点，把党的基层组织作为加强和创新社会管理、做好群众工作最基本、最直接、最有效的力量，使每一名党员干部都成为社会管理的排头兵，建强社会管理“火车头”。我市被中央综治委评为全国社会治安综合治理优秀市，连续三次荣获“全国创建文明城市工作先进城市”称号。

本届中国社会管理论坛汇聚了全国顶级的专家学者，必将产生很多先进的学术成果。我们衷心希望各位领导和专家们能够将廊坊作为社会管理创新的试验田，率先将这次理论研讨和经验交流成果运用到指导廊坊的实践中，为推动中国社会管理创新做出积极贡献。

最后，预祝第二届中国社会管理论坛取得圆满成功！

谢谢！

目 录

第一篇 主旨演讲

第二篇 社会体制改革与科学发展

第三篇 社会管理创新与社会建设

第四篇　基层社会管理创新理论与实践

第五篇　社会组织和虚拟社会管理

第六篇　劳动就业和特殊人群管理

第 一 篇

主旨演讲

深化社会体制改革与促进科学发展

全国政协文史和学习委员会副主任
北京师范大学中国社会管理研究院院长
魏礼群

本次论坛以“深化社会体制改革与促进科学发展”为主题，对社会体制和科学发展的理论和实践问题进行深入研讨，提出思路和对策，具有十分重要的现实和深远意义。这不仅是我国现阶段经济社会发展的迫切需要，也是中国特色社会主义事业长远发展的战略要求。

在当代中国，发展是党执政兴国的第一要务，而发展必须是科学发展，科学发展的基本要求，就是更加注重社会建设，促进经济社会全面协调可持续发展，这是全面建设小康社会的重大任务。

加强社会建设包括更加注重改善和保障民生，也包括更加注重社会管理。社会管理是作为主导力量的党委和政府以及其他社会主体，运用法律、法规、制度、政策、道德、价值等社会规范体系，直接或间接地对社会不同领域和各个环节进行服务、协调、组织、监管、控制的过程和活动；其基本任务是：协调社会关系、规范社会行为、解决社会问题、化解社会矛盾、促进社会公正、应对社会风险、维护社会稳定、激发社会活力、增强社会凝聚力，为构建和谐社会、促进科学发展营造既充满活力又富有凝聚力和井然有序的社会环境。

从我国现实的情况看，加强社会建设和社会管理，需要加快社会体制改革，创新社会管理。一般来说，社会体制是一种社会治理的方式和制度安排，也是一种社会行为的规范，决定着人的社会关系、行为准则和社会运行。我们现在讲的社会体制改革，有着特定的内涵和范围，就是构建适应中国特色社会主义发展要求的，与社会主义经济体制、政治体制、文化体制相一致的社会体制。我国现行的社会体制总体上是符合社会主义发展方向的，近些年来也进行了许多改革探索，但仍存在着不少缺陷和问题，主要是社会管理的理念、组织、形式、手段、方法不适应社会经济的迅猛发展，特别是由于社会结构、利益结构多层次、多元化和互联网等新兴媒体异军突起而产生的新情况、新挑战、新要求；政府、社会、企业、中介机构的社会管理职能不清、关系不顺；社会管理体系、制度、机制不健全，难以有效发挥应有作用。解决这些问题必须进行社会体制改革。唯有如此，才能全面推进社会建设和加强社会管理，提高现代社会管理的科学化水平，实现全面建设小康社会的目标，加快中国社会主义现代化进程。

党中央高度重视社会体制改革问题。2006 年，党的十六届六中全会提出，要“坚持社会主义市场经济的改革方向，适应社会发展要求，推进经济体制、政治体制、文化体制、社会体制改革和创新”。在我们党的历史文献中，首次提出了社会体制改革这个重大命题。2007 年，党的十七大强调，“更加注重社会建设”，“推进社会体制改革”。2010 年，党的十七届五中全会进一步提出：“必须以更大决心和勇气全面推进各领域改革，大力推进经济体制改革，积极稳妥推进政治体制改革，加快推进文化体制、社会体制改革，使上层建筑更加适应经济基础发展变化，为科学发展提供有力保障。”近年来，党中央把加快社会体制改革、加强和创新社会管理放在更加突出的战略位置，做出了一系列重要决策和部署，这是我们党对人类社会发展规律、社会主义建设规律、共产党执政规律认识的新升华，也是顺应人民群众在全面建设小康社会的新形势下对党和政府的新期待。

深化社会体制改革是一个庞大复杂的社会系统工程。必须坚持从中国国情出发，以科学理论为指导，解放思想、与时俱进、整体设计、统筹规划、因地制宜、分类施策，积极探索具有中国特色、地方特点、时代特征的社会管理体制新模式。

从理论和现实情况看，深化社会体制改革需要正确认识和处理以下一些重要关系。

一是政府和社会的关系，即政府行政管理与多元主体社会治理的关系。长期以来，我国政府职能和社会自治不分，政府职能缺位、错位、越位现象突出，该由政府发挥社会管理主导作用的方面，政府职能不到位，而有些该由社会多元主体自身调节和治理的方面，政府却管了不少不应该管也管不好的社会事务。应实行政社分开、权责统一，明确划分政府社会管理和由社会多元治理的范围和权限，正确发挥政府在社会管理中的主导作用，并创新政府社会管理方式，规范和监督公共权力的运用；同时，要充分发挥社区、企事业单位、基层单位、社会组织等多元社会主体在社会治理中的重要作用。

二是条条和块块的关系，即中央(部门、行业)与地方的关系。条块分割、各自为战，特别是基层各类社会服务管理资源分散，形成不少服务"盲点"、管理"真空"，这是我国当前社会体制中的一大弊端。我们是社会主义国家，幅员辽阔，人口众多，社会治理的基本制度框架，必须由中央统一决策，需要中央有关部门(行业)加以指导，以建立全国统一的、科学的社会体制。同时，又必须由地方因地制宜，采取符合当地实际情况的社会管理制度，以建立灵活的、有效的社会体制。应充分发挥中央和地方两个积极性，在中央统一领导下发挥各级地方的积极性。中央主要负责制定社会管理的基本规范、大政方针，各级地方负责各自范围的社会管理事务和提供公共服务。同时，正确处理社会管理中宏观调控与微观组织的关系，坚持基层在先、重在基层，通过社区、基层统筹条与块的各类服务管理资源，把中央和地方各级社会管理措施落实到社区、基层单位。

三是民生和民主的关系，即改善人民生活与发展民主政治的关系。保障民生和发扬民主都是人民群众切身权益之所在，也都是做好社会管理工作的根本要求。要坚持以人为本，把保障民生和发扬民主紧密结合起来，坚持把改善和保障民生放在首位，积极解决人民群众最关心、最直接、最现实的利益问题。同时，要充分尊重人民群众的主体地位。人民当家做主是社会主义民主政治的本质要求，也是中国特色社会主义社会体制的核心。要健全民主制度，丰富民主形式，拓宽民主渠道。让群众参与民生问题的讨论，既是发扬民主、集中民智、汇聚民力的过程，也是保证解决民生问题的政策措施得到群众理解和支持的途径。

四是德治和法治的关系，即思想道德教育和法治建设保障的关系。“礼法融合”一直是我们历史上社会管理的重要经验，现代社会管理更需要把德治与法治结合起来。既要重视发挥思想道德的教化作用，更要注重法治的保障作用；既要注重行为管理，更要注重人文关怀和心理疏导。要坚定不移地推进依法治国和以德治国相结合，健全法制，把社会行为纳入法制化轨道；同时，弘扬中华民族传统美德，推行社会主义先进文化和社会主义核心价值观，提升全民族现代文明程度。

五是社会体制和其他体制的关系，即深化社会体制改革与推进其他体制改革的关系。社会体制是整个中国特色社会主义制度的重要组成部分，社会体制改革是整个体制改革的重要内容，必须与其他方面体制改革相协调。要统筹经济体制、政治体制、文化体制、社会体制各方面改革创新。既要加快社会体制改革，争取在重点领域和关键环节不断取得新突破，又要从更高层次和更宽领域协调推进经济体制、政治体制、文化体制和社会体制改革。要把握好各方面体制改革相互联系、相互促进的规律，审时度势，科学决策，全面推进。

从根本上说，深化社会体制改革就是要构建完善的中国特色社会主义社会管理体系和社会运行体制，包括形成科学合理的社会管理权力结构和机制，社会管理组织结构和机制，社会管理功能结构和机制、社会管理动力结构和机制、社会管理保障结构和机制。进一步说，就是社会管理要实现从过去以政府为单一主体、以单位管理为主要载体、以行政管理为主要手段、以管控为主要目的的传统模式，向在党的领导下，政府行政管理与社会自我管理、基层居民自治管理良性互动，社区管理与单位管理有机结合，经济、法律、行政、教育手段综合运用，服务与管理相融合，有序与活力相统一的多元主体共同治理、全体人民共建共享的新模式转变。

当前和今后一个时期，深化社会体制改革应当把解决面临的突出问题同实现长远目标结合起来，按照最大限度激发社会活力、最大限度增加和谐因素、最大限度减少不和谐因素的总体要求，着眼于维护社会秩序、激发社会活力、推进科学发展、建设和谐社会，着力抓好以下几个方面。

(一)强化政府社会管理职能

社会管理是政府的重要职能。创新社会管理体制，必须发挥政府的主导作用。要加快政府职能转变，更加重视履行社会管理职能。政府社会管理主要是制定法规政策、规范制度标准、增加公共财政投入、加强社会行为监管。尽可能把一些社会公共服务和具体事务以适当方式转交给社区、社会组织和中介机构。这样，既可以使政府更好履行应尽职能，又可以降低服务成本，提高服务效率。要推进公共服务供给多元化、多样化，探索政府行政管理与企事业单位、各类社会组织和城乡基层群众自治在社会运行中有效衔接与良性互动的体制。政府购买公共服务、公共服务外包，是现代社会管理的一个重要形式，应积极推行。要大力构建政府提供社会管理和公共服务的综合性系统，整合各类社会服务管理资源。要加快行政体制改革，建立职能相对集中、权责密切结合、组织协调有力的综合性社会管理机构，以利于提高政府社会管理的效能和水平。

(二)扩大公民参与和社会协调功能

这是深化社会体制改革的重要方向。公民参与是中国特色社会主义社会体制的基础。城乡基层群众自治制度是我国一项基本政治制度。深化社会体制改革，必须顺应经济社会发展要求和人民群众政治参与的新期盼，保障人民群众享有宪法规定的各项民主权利。要健全基层民主制度，保障人民依法直接行使民主权利、管理基层公共事务和公益事业，实行自我管理、自我服务、自我教育、自我监督。要推进城乡社区自治，有序扩大基层群众自治范围，规范政府组织与基层群众自治的关系，增强基层社会自治功能。要积极探索农村再组织化的形式和途径，形成既有活力又有秩序的组织体系。同时，充分发挥企事业单位和各类社会组织应有的作用，支持企事业单位和社会组织参与社会服务和管理，承接政府转移的社会管理服务。加快事业单位改革和社会组织体制改革，完善治理结构，健全现代社会组织制度。要推动城市社区和农村社会管理服务由条块分割的单位体制向属地化、社会化的体制转变，健全覆盖全社会的社会治理和公共服务体系。要积极推进城乡社会管理体制改革，减少基层行政管理环节，提升基层组织的社会管理和服务能力，充分发挥基层社会治理的功能作用。

(三)拓展群众权益的保障机制

保障群众权益，是加强和创新社会管理的根本着眼点，也是深化社会体制改革的关键。要进一步加强和完善党和政府主导的维护群众权益机制，切实维护和保障群众权益。要适应我国社会结构和利益格局的发展变化，形成科学有效的利益协调机制、诉求表达机制、矛盾调处机制、权益保障机制。特别是要适应新形势下群众诉求的多样性、多变性的特点和规律，创新方式方法，拓宽诉求表达的渠道，搭建多种形式的沟通平台，健全公共政策社会公示制度、公众听证制度，健全社会矛盾调处机制和多元调解体系，充分发挥人民调解、行政调解、司法调解联动的大调解工作体系的作用。强化从源头解决社会矛盾纠纷，把预防社会稳定风险的关口前移。

(四)健全各类人群服务的管理体制

坚持以人为本，突出人文关怀，在服务中实施管理，在管理中体现服务，努力实现各类人群服务管理全覆盖。加强“两新组织”人员和“社会人”的服务管理，是市场经济条件下社会管理中难度很大的问题，必须转变传统思维模式，积极探索新的管理体制和机制。要不断提高各类人群服务管理信息化、精细化、科学化水平。建立覆盖城乡的全员人口统筹管理的信息系统，推进国家人口基础信息库建设，加强流动人口动态监测工作。全面推进居住证制度，行政区域内流动人口实行“一证(卡)通”，积极稳妥推进户籍管理制度改革，建立城乡统一的户口登记管理制度，实现基本公共服务覆盖户籍人口和常住人口。采取积极、稳妥的措施，使农民工有序、和谐地融入城市和城镇。加强和创新特殊人群的教育、引导、服务和管理工作，根据不同类型人群特点分类施策。

(五)加快社会规范建设

规范社会主体行为，建设现代社会文明，是社会体制改革创新的基础性工作。至关重要的，一是法制，二是诚信。要建立健全社会管理的法制保障体系，加强社会管理领域立法，加快形成完善的社会管理法律、法规体系。充分发挥社会法制规范在调整关系、约束行为、保障权益、创新社会管理等方面的作用。强化公正执法和严肃执法。要建立健全社会诚信制度，制定社会诚信规范，加强社会公德建设。大力推进政务诚信、商务诚信、社会诚信和司法公信建设。建设覆盖全国的征信系统，推动信用信息在全国范围的互联互通，规范和完善信用服务市场体系，健全激励惩戒机制，充分发挥信用信息对失信行为的监督和约束作用。

(六)构建虚拟社会管理制度

虚拟社会的服务和管理越来越重要，也是新形势下社会管理的重点和难点，要坚持积极利用、科学发展、依法管理、确保安全的方针，加强和改进互联网的应用和管理，坚持建设与规范并重，发展与管理同步，把互联网建设好、利用好、管理好。要加快完善网络管理的法律、法规和政策，明确相关主体的权利义务，形成法律规范、行政监管、行业自律、技术保障、公众监督、社会教育相结合的互联网服务管理体系，提高依法、规范、科学、系统、动态管理水平。加快信息化基础设施建设，构建全国统一的社会管理数据中心、服务中心，尽快推行网络实名制，规范网络传播秩序。健全网上网下结合的综合服务和管理体系、统筹实施虚拟社会和现实社会管理，建立网上动态管理机制，着力完善网上影响社会稳定和国家安全问题的监测、研判、预警、处置机制和有害信息监管、查处机制。

(七)加强公共安全体系

围绕提高预知、预警、预防和应急处置能力，加强和完善主动防控和应急处置相结合，传统方式和现代手段相结合的公共安全体系。健全食品药品监管体制机制，形成政府、企业、行业组织、消费者和媒体共同参与的监管格局。完善安全生产监管体制机制，健全安全生产综合监管、行业监管、属地监管责任体系。健全立体化社会治安防控体系，全面提高社会治安综合治理水平。完善应急管理体系，加强危机管理和抗风险能力建设，提升对自然灾害、事故灾难、公共卫生事件、社会安全事件等突发公共事件的风险管理水平。

(八)完善社会管理工作格局

深化社会体制改革，加强和创新社会管理，必须充分发挥党的领导核心作用。要完善党委领导、政府负责、社会协同、公众参与的工作格局和体制。坚持把加强社会建设和社会管理作为党和政府的重大任务。健全社会管理的政策体系，加强社会工作的统筹协调和督促检查。充分发挥社会协同和公众参与的作用。要建立和完善社会管理科学有效的评价、考核体系和机制，促进提升社会管理的科学化水平。要加强社会工作人才队伍建设，完善社会工作人才培养、评价、使用、奖励制度，充分发挥他们在深化社会体制改革、创新社会管理中的聪明才智。

经济体制改革是一场深刻的革命，社会体制改革更是一场深刻的改革，任务艰巨繁重。深化社会体制改革的许多重要问题摆在我们面前，而任何一个重要问题都没有简单的答案。我们要坚持以中国特色社会主义理论体系为指导，勤于思考，勇于探索，敢于实践，善于总结，努力为深化社会体制改革、促进科学发展、发展中国特色社会主义伟大事业做出积极的贡献。

深化社会体制改革　推进首都科学发展

中共北京市委常委，市人大副主任
梁　伟

举办"第二届中国社会管理论坛"，共同探讨深化社会体制改革与推进科学发展的问题，这对于我们进一步提高认识、解放思想，全面推进社会建设，推动科学发展具有十分重要的意义。

一、加强社会建设是实现科学发展的内在要求

以人为本，按照全面、协调、可持续的要求，运用统筹兼顾的方法，促进经济社会和人的全面发展，这是科学发展观的基本内容。科学发展观的提出，标志着我们党对于社会主义建设规律、社会发展规律、共产党执政规律的认识达到了新的高度，是建设中国特色社会主义的重大战略思想。当前，从首都改革发展稳定的实际来看，实现科学发展最重要、最紧迫的任务之一是以更大的力度推进社会建设。

首先，加强社会建设是促进经济社会协调发

展的重要保证。通过加强社会建设，解决经济社会发展中“一条腿长、一条腿短”的问题，将经济建设积累的巨大财富更多地转化为全体人民的福祉，切实做到发展为了人民、发展依靠人民、发展成果由人民共享。

其次，加强社会建设是满足人民群众对幸福生活新期待的基本途径。目前，北京市人均 GDP 已超过 1.2 万美元，接近富裕国家水平。进一步提高教育、文化、卫生、就业、社会保障等公共服务水平，推进社会公平正义，保持社会和谐稳定，这是人民群众的新期待新要求，也是社会建设的重要目标和主要任务。加强社会建设，就是要贯彻以人为本的精神，使人民群众切实感受到权益有保障、生活更便利、心情更舒畅、社会更和谐。

最后，加强社会建设是适应新形势、应对新挑战的重要举措。科学发展要求与时俱进、改革创新。加强社会建设就是要在工业化、城镇化、市场化、国际化不断加快的大背景下，针对社会开放性、流动性不断增强，新经济组织、新社会组织快速发展，互联网新媒体影响力迅速扩大的新形势，不断改革体制机制，创新方式方法，走出一条适合我国和首都科学发展要求的社会发展的新路子。

二、深化社会体制改革是当前社会建设面临的重大课题

从北京市开展社会建设的实践来看，社会体制不完善和不健全是制约社会建设的壁垒和瓶颈。加强社会建设的关键是要建立起与社会主义经济、政治、文化体制相适应的社会体制，从而进一步促进社会事业发展，提高社会管理效能和公共服务水平，形成充满生机与活力的社会建设新局面。

第一，深化社会体制改革有利于加快推进政府职能转变。转变政府职能，建设服务型政府，是全面推进社会建设的必然要求。必须深化社会体制改革，厘清政府与社会的关系，转变政府职能，实现政府由全能型、管理型向有限型、服务型转变。一是明确政府职能定位。在加强经济调节、市场监管的同时，更加注重公共服务和社会管理职能，通过制

定社会管理发展规划和社会政策，健全公共财政体系，把更多的财力投向公共服务领域，加快社会事业发展，不断扩大服务范围，提高服务质量。二是创新管理模式。改变政府作为社会服务管理单一主体的状况，建立政府、社会、公民多元参与、共同治理格局。坚持政企分开、政事分开、政社分开，深化行政审批制度改革，加大放权力度，将能由市场机制发挥作用的交给市场去调节，能由社会组织和公民自己管理的交给他们自己去管理。三是转变管理方式。由重视管制控制向重视协商协调转变，由以行政手段为主的直接管理向间接管理转变，综合运用经济调节、法律规范、行政管理、道德约束、心理疏导、舆论引导等手段，不断提高管理效率和降低管理成本。善于运用信息化手段加强和改进社会服务管理，提高社会服务管理精细化、科学化水平。

第二，深化社会体制改革有利于充分激发社会活力。来自于社会和民众中的活力，是推动社会建设、实现共建共享的强大支撑。当前，社区发育还不够完善，居民自治能力还有欠缺；社会组织活力相对不足，服务社会能力相对有限；企业社会责任不清，作用发挥不明显；公民参与社会管理渠道还不通畅，程度还不高。解决这些问题需要深化社会体制改革，扩大社会参与，充分激发活力，发挥各类社会主体在社会建设中的协同、自治、自律、互律作用。一是扩大基层民主。提高居民、村民自治能力，保证群众充分行使民主权利，推动公众有序参与、依法管理和监督公共事务。二是提升社会组织服务管理能力。加快社会组织培育和发展，提高社会组织化程度，把不同社会阶层和利益群体组织起来，整合凝聚力量。建立健全现代社会组织制度，形成政府购买社会组织服务的竞争机制，显著增强社会组织参与社会的功能和承接政府转移职能的能力。三是强化企业社会责任。引导企业合理处理劳资关系，加强人文关怀，改善用工环境，积极发挥好企业在社区建设、环境保护、安全生产、慈善事业等方面的作用。四是鼓励引导公众参与。培养公民意识，履行公民义务，畅通多维度的利益表达机制，引导公民依法、理性、有序地参与社会服务管理。创新社会动员体系，积极开展志愿服务活动，探索公民参与社会管理的机制和途径。

第三，深化社会体制改革有利于促进社会和谐。和谐稳定，是保证社会正常运行，促进社会建设发展的基础条件。随着经济社会的发展，原有的社会管理理念、规则和方式已经不能有效协调社会关系和利益，原有的政策法规框架已经不能容纳约束复杂多变的社会行为，需要根据新的社会主体和新的活动特点进行调整和创新。必须深化社会体制改革，建立与经济、政治、文化秩序相适应的社会秩序。一是完善社会法律政策体系。加快社会建设领域的立法工作，弥补社会政策领域的空白，将社会建设纳入法制化轨道，依靠法律来规范个人、组织的行为，协调社会关系，保障社会在规范化、制度化的框架内运行。二是加强法制宣传教育。提升全社会法律意识，牢固树立法治权威，营造学法、遵法、守法、用法的社会氛围，引导群众理性合法表达利益诉求，形成依法办事、守法光荣的社会风尚。三是维护社会公平正义。坚持依法行政、司法公正、秉公执法、廉洁执法，维护社会公共权益，妥善协调利益关系，保护公民合法权益。

三、近年来北京市社会体制改革的探索和实践

近年来，北京市委市政府按照中央的要求，大力推进社会建设。建立了比较完整的工作体系，形成了具有较强指导作用的政策体系；探索了“网格化社会服务管理”、商务楼宇“五站合一”、“枢纽型社会组织”等新的服务管理模式。尤其是围绕社会建设的重点、难点和关键环节，在社会体制的改革创新上，进行了有益的探索和尝试。

一是加强统筹协调，创新社会建设工作体制。社会建设覆盖面广、系统性强，需要搭建一个工作平台，发挥规划、统筹、协调的枢纽作用。市委市政府积极创新工作体制，在市、区两级成立了由党政主要领导挂帅的社会建设工作领导小组，设立了党委社会工委、政府社会办，并将领导小组办公室设在社会工委、社会办。从而形成了全市社会建设工作总揽全局、协调各方的格局。

二是开展社区规范化建设，创新社区治理体制。社区是社会生活共同体，加强社区建设对于满足群众需求、协调利益关系、化解社会矛盾、推进基层民主具有重要意义。为了解决社区居委会行政负担过重、自治功能难以充分实现和社区服务管理职能不能有效发挥的问题，北京市围绕构建社区党建、社区自治、社区服务“三位一体”社区治理结构，

开展社区规范化建设工作。按照定事、定人、定钱的“一分、三定、两目标”的思路，从社区党委、社区居委会、社区服务站工作职能、人员、经费、设施六个方面进行全面规范，逐步实现社区居委会与社区服务站职能分开，从而全面促进社区管理加强、社区服务加强、社区自治加强。

三是构建社会组织“枢纽型”工作体系，创新社会组织管理体制。社会组织是现代社会的主体架构和重要载体，在提供服务、反映诉求、扩大参与、规范行为方面具有特殊作用。为了解决社会组织管理中政社不分、管办不分、管理分散、自主发展能力弱的问题。北京市创新社会组织管理体制，在保持我国现行的双重管理体制条件下，按照分类管理、分级负责原则，认定以人民团体为骨干的“枢纽型”社会组织，对同类别、同性质、同领域社会组织进行管理和服务，发挥政治上的桥梁纽带、业务上的发展龙头、日常服务管理的平台作用，从而实现政社分开、管办分离、以社管社，促进社会组织自我管理、自主发展。市社会建设工作领导小组先后分三批认定27家市级“枢纽型”社会组织，服务管理覆盖85％以上的社会组织。

四是加强社会工作者、志愿者队伍建设，完善社会动员参与机制。社会工作者队伍和志愿者队伍是社会建设的重要力量，对于进一步完善发展社会动员机制具有积极作用。北京市通过实施大学生社工计划、提高社区工作者待遇、培育社会工作事务所、购买专业社会工作岗位，进一步提升了社会工作者专业化、职业化水平。通过健全志愿服务和群防群治长效机制、培育发展专业志愿者服务队伍、开发志愿服务项目，推进志愿服务规范化常态化。通过设立社会工作者联合会和志愿者联合会，进一步提升社会自我组织、自我动员的能力，有效地改变了以往主要依靠行政动员的状况，形成了以社会工作者和志愿者为主体的新型社会动员机制。

五是以消除基层党建工作薄弱环节为抓手，创新社会领域党建工作机制。社区、社会组织、新经济组织的党组织直接面对群众，加强党建工作对于推动发展、服务群众、凝聚人心、促进和谐具有十分重要的作用。为了解决党组织和党的工作覆盖面不广，流动人口和“两新”组织党建存在“空白点”的问题，北京市以消除基层党建工作薄弱环节为抓手，基本形成了分类管理、分级负责的社会领域党建工作体系。在街道、乡镇通过设立社会工作党委，初步形成了街道社区党建区域化格局。在“枢纽型”社会组织中建立了党建工作委员会、联合党组织、党建工作部门和工作例会制度，形成了社会组织党建与业务一起抓的工作局面。在商务楼宇实现社会服务、党建、工会、共青团、妇联工作“五站合一”全覆盖，形成了以社会领域党建工作创新推动社会服务管理创新的新模式。

社会体制改革是一项复杂的系统工程，不可能一帆风顺，也不可能一蹴而就，需要做长期而艰辛的探索实践。北京市在社会体制改革中进行的探索仅仅是初步的，还需要进一步深化改革创新，不断探索、大胆实践、勇于变革、推陈出新，以社会体制改革推进社会建设发展，进而推动首都科学发展取得新的、更大的成绩。

加快法治政府建设是加强和创新社会管理的基础和关键

全国政协社会和法制委员会副主任　曹康泰

加强和创新社会管理，是以胡锦涛同志为总书记的党中央正确把握国内外形势的新变化、新特点，从党和国家事业发展全局出发确定的一项重大战略任务。面对当前利益主体多元化、利益诉求差异化和矛盾纠纷多样化的社会管理新形势，必须改变过去单纯依靠行政手段的社会管理模式，综合运用经济、法律、行政等多种手段，坚持依法管理、多方参与、共同治理。其中，关键是要加快法治政府建设，为加强和创新社会管理提供坚实的法治保障。

一、及时有效化解社会矛盾，是加强和创新社会管理的首要目标

当前，我国改革发展进入了关键时期。这一时期的主要特点体现在：既处于重要的发展战略机遇期，又处于社会矛盾的凸显期。在相当长的一段时间里，社会矛盾多发将是我国经济社会发展中需要高度关注的重要问题。新形势下我国社

会矛盾有三个重要特征：一是从社会矛盾的形成因素来看，具有显著的利益性特点，即绝大多数社会矛盾是由不同的利益性诉求引发的；二是从社会矛盾的表现形式来看，具有群体性和突发性的特点，处理不当，有可能从一般的利益诉求转化为对抗性矛盾；三是从社会矛盾的处理过程来看，具有复杂性和反复性的特点，需要有关部门、有关组织相互配合，综合运用经济、法律、行政和思想政治工作等多种手段共同治理。大量事实表明，多发的社会矛盾已经成为当前和今后一个时期影响我国社会和谐稳定的突出问题。

因此，加强和创新社会管理，必须以及时有效化解影响社会和谐稳定的社会矛盾为首要目标，切实加强社会管理的法律、体制、能力建设，依法协调社会关系、规范社会行为、维护群众权益、促进社会公平正义、保护良好社会秩序、有效应对社会风险，最大限度激发社会活力，最大限度增加和谐因素，最大限度减少不和谐因素，为党和国家事业的发展创造良好的社会环境。

二、在诸多社会矛盾中，行政争议是影响社会和谐稳定的主要社会矛盾

对多发的社会矛盾，从法治的角度来分析，基本可以归纳为四大类：

一是公权与私权之间的矛盾，即权力与权利之间的矛盾。当前，政府与企业、政府与社会、政府与市场的关系还没有完全理顺，政府仍然管着许多不该管也管不好的事情，抑制了社会主体的积极性、主动性和创造性，并且在一定程度上扭曲了社会关系，造成了机会不平等、分配不公平等现象。同时，一些行政机关不作为或者乱作为的现象还比较普遍，致使公民、法人或者其他组织的合法权益受到侵犯，人民群众对此反映强烈。比如，因征地、拆迁、环境污染、社会保障等引发的社会矛盾，基本上都与行政机关的不作为或者乱作为有关。这类公权与私权之间的社会矛盾纠纷就是行政争议。

二是私权与私权之间的矛盾，即权利与权利之间的矛盾。社会主体之间的关系，是一个社会最普遍的社会关系，权利与权利的平衡是社会

和谐稳定的基础。社会主体在经济社会活动中行使或者维护自己的权利时，有可能影响其他社会主体的权利和利益，从而引发社会矛盾纠纷。这类私权之间的社会矛盾纠纷就是民事争议。

三是公权与公权之间的矛盾，即权力与权力之间的矛盾。由于政府职能转变不到位，行政管理体制不完善，上下级行政机关之间事权不清，部门之间职能交叉，不同行政机关在行使公权力的过程中也会发生各种矛盾纠纷。具体表现为行政执法上的多层执法、多头执法、交叉执法、执法扰民，有利的事情争着管，承担责任的事情互相推，既影响行政效率，又损害群众利益。

四是不同代际之间权利的矛盾。主要是指当代人的生产发展影响了后代人的权利。比如，环境污染问题、粗放型增长带来的资源过度消耗问题、计划生育导致的人口红利减少问题，等等。

上述四类社会矛盾纠纷都可能对社会和谐稳定造成影响，但其中最突出的当属第一类，即行政争议。这是因为，行政争议是行政机关与行政管理相对人之间发生的纠纷，是公民、法人或者其他组织认为行政机关的行政行为侵犯其合法权益并由此产生的不满情绪引发的，如果不能及时、公正、妥善化解，当事人的不满情绪就会增加，矛盾就可能转化，甚至会引发严重影响社会和谐稳定的群体性事件。

三、加快法治政府建设，是从源头上减少和及时有效化解行政争议的根本途径

法治政府，就是依照法治原则运作的政府。法治政府的基本特征是，行政机关的一切行政活动必须在法律的规范和制约下进行，从而保证行政权力的运用符合法律所集中体现的意志和利益，并防止行政权力的扩张和滥用，实现和保障公民、法人和其他组织的合法权益。法治政府的本质要求是，行政机关要严格依法行政，规范和限制公权力，实现和保护私权利。因此，只有加强法治政府建设，规范行政行为，才能从根本上减少和及时有效化解行政争议。

从近些年各地发生的行政争议案件和因行政争议引发的群体性事件来分析，相当一部分是由于行政机关不作为、乱作为等违法行政或者行

政机关对一些社会问题处理不公引起的。因此，只要行政机关坚持依法行政，严格依照法律规定的权限、程序履行职责，规范执法、公正执法、文明执法，就可以从源头上最大限度地减少行政争议的发生。

虽然行政机关严格依法行政只能减少行政争议，不能完全杜绝行政争议的出现，但是只要坚持依法行政，一旦发生行政争议，行政机关就会自觉运用法律手段，引导行政相对人通过法定渠道反映诉求、解决纠纷、维护合法权益，充分发挥行政调解、行政复议等制度的功能，尤其是充分发挥行政复议作为化解行政争议的主渠道作用，及时有效地把行政争议解决在基层，化解在行政程序之中。

通过以上分析，我认为推进依法行政、建设法治政府是加强和创新社会管理的基础性工作，是化解行政争议、维护社会和谐稳定的治本之策。应当总结经验，狠抓落实，加大工作力度，在加强和创新社会管理中扎扎实实地推进法治政府建设。

从网络风波看中国社会组织的改革与发展

中国红十字会常务副会长　赵白鸽

2011年的6月20日，从郭美美微博炫富开始，迅速发酵并最终引发一场网络风波。一时间整个社会公众对于红十字会的善款流向，产生了空前的质疑，而这一质疑，也引起了中国公益慈善领域前所未有的信任危机。一些人认为，网络风波撬动了改革，促进了社会组织特别是公益慈善组织的透明度提升；还有一些人认为，尽管这是一个没有数据和事实支持的故事，但由于新型媒体作用而产生了放大效应，使得社会组织的公信力受到了过度的伤害。

网络风波应该引起我们所有人的关注和深思。中国红十字会作为一个具有108年历史的社会组织，一个从1993年起有专门法律保障的法定机构，一个国际红十字运动的187个国家成员之一，为什么会碰上这么大的质疑和挑战？我的理解，这是在整个中国大的转型背景下，社会组织和公益组织发育成长过程中的一个代表性案例。

从网络风波出发，讨论中国社会组织的改革

与发展，我认为有三点重要启示。

第一，关于社会公众对社会组织的认识。

社会组织是属于社会公众的组织。社会组织来自于社会和公众，通过搭建平台，接受来自社会各界的捐赠和支持，这是一种委托和赋权。社会组织服务于社会和公众，社会组织运用自身专业化的服务，为整个社会或某个特定群体(如弱势群体)提供公共服务和产品。

社会组织的发展是一个循序渐进的过程，需要全社会的支持和帮助。当前中国的社会组织不是太多、太强，而是太少、太弱。过去的30年里，中国的社会组织得到了长足发展，但应该看到，西方资本主义国家用两三百年走过的历程，中国只用了30多年，这种压缩式的发展进程会存在、也会带来各种问题。全社会应对这些问题采取帮助的态度，处于发育和成长中的社会组织更需要良好的社会支持环境。

社会组织的发展离不开社会公众的参与和监督。社会公众的参与是对社会组织的肯定，也是社会组织创新力、生命力的来源。社会公众的监督对一个社会组织的发展有着促进作用，挑剔的公众才能催生高质量的社会组织。特别需要提及的是，媒体是其中十分重要的推进力量，媒体的宣传和监督是社会组织成长成熟所不可或缺的。

第二，关于政府对社会组织的认识。

中国需要一个稳定的、自我调适的社会，需要大量的社会组织来承担责任和发挥作用。过去的30年，整个世情、国情和民情都发生了重大变化，世界对中国的期待增加，公民对政府的期待增加，信息化成为社会改革的强大推动力。30多年前，中国的改革开放确立了以经济建设为中心的战略，确立了市场经济体制，发展成果惠及了数以亿计的中国人；今天的中国站在了一个新的发展起点上，新一轮改革将构建和谐社会、实现全面小康，使脱贫的中国人走上自由而全面的发展道路。这一过程光靠政府不行，光靠市场也不行，需要大量的社会组织来承担责任和发挥作用。加强社会建设和促进社会发展，有效解决好经济和社会发展不平衡的问题，将是中国下一步全面、协调、可持续发展的重要基础。

政府与社会组织之间是互补的关系，社会组织是政府的伙伴和助手。社会组织能起到政府起不到的作用。政府的调控机制与社会的协同机制之间是可以互联的，政府的行政功能与社会的自治功能是可以互补的，政府的管理力量与社会的调节力量是可以互动的。彼此之间完全应该、也可能形成社会管理和服务的合力。社会组织是政府的人才库、智囊团，是政府的外脑，而且是其大无比的外脑。

政府要加大对社会组织发展的支持力度。政府要在法律、体制、政策、规划等方面营造一个宽松、良好的发展环境，同时积极推进职能转变，把适于社会组织承担的公共服务和社会管理职能转移给社会组织，建立和完善政府购买公共服务的机制，来促进社会组织的竞争和发展。

第三，关于社会组织对自身的认识。

社会组织要切实履行社会责任。社会组织作为现代治理的重要主体之一，来源于社会、服务于社会，其天然属性中即包含了相应的社会责任。非营利性的社会组织，其社会责任大致可以这么描述——以受益人的需求为导向，通过志愿者和社会各类捐赠支持(包括知识、款物等)，运用自身专业化的服务，为整个社会或某个特定群体(如弱势群体)提供公共服务和产品。我认为，社会组织有三个方面的最重要的社会责任：一是对政府政策的倡导和影响。一个工作纳入政府议程并最终上升为公共政策或法律，需要一个过程。社会组织与公众接触更为紧密，对社会问题的感知更为灵敏。社会组织在信息反馈、需求调研、利益平衡、政策先导探索和政策监督等方面都可以发挥重要作用。我们看到的“大病救助”、“免费午餐”等政策都是很好的案例。二是社会公共性服务。社会组织往往可以搭建一个平台，汇集来自各个方面的资源，提供重要的准公共产品和服务。解决当前中国面临的公共产品短缺问题，社会组织可以成为政府不可或缺的补充。三是利益的反映和协调。社会组织是联系政府和社会群体的一座桥梁。通过社会组织，来传递不同群体的声音，推动有序的协商对话，实现利益的协调和共赢。

社会组织要主动加强自身建设，提高工作能力和水平。社会组织应始终秉持“依法、合法、责任、效率、透明、廉洁”的治理方针，不断提升内部治理和管理水平，提高决策、执行、监督能力。一个社会组织必须尊重和满足公众的期待，必须锐意改革和进取，才能真正获得支持，赢得公信力，实现可持续发展。

中国红十字会作为一个具有 108 年历史的社会组织，面对新的形势和人道使命，推进改革尤显重要和迫切。

第一，更加重视履行好社会公众的赋权。红十字会是一个属于全民的受托平台，公众的爱心和奉献(包括知识、款物等)通过这一平台得以传播并产生更广泛的效果效益。这个平台不是一种权利，而是沉甸甸的责任。红十字会必须以扎扎实实的行动来回应社会公众的信任和期待。

第二，进一步发挥在人道领域的政府助手作用。做好人道工作是政府职责之一，红十字会则是政府的重要伙伴和助手。红十字会要积极倡导，推动政府强化人道领域相关的法律、规划和政策。要围绕紧急救援、应急救护、人道救助等核心业务，积极承接政府购买服务项目，更多参与和进一步发挥在人道工作中的作用。

第三，着力推进自身改革。在过去的几个月里，红十字会在体制机制创新、品牌管理、核心业务、职业化建设、信息化建设、审计监督等方面都加大了改革力度。红十字会的改革需要一些时间，但我们相信，每次向前的一小步最终将带来实质性的改变和发展。

中国的社会建设和社会组织的发展，需要我们以负责任的态度，以扎实的行动，共同向前推进。让我们为之而努力。红十字会的发展也需要得到大家更多的支持、参与和监督。

第二篇

社会体制改革与科学发展

努力创新社会服务管理　加快推进社会体制改革

宋贵伦[①]

社会建设是中国特色社会主义事业总体布局的重要组成部分。加强和创新社会管理、全面推进社会建设是推进科学发展、促进社会和谐的重大战略任务。在新形势下，认真学习贯彻党的十六大以来党中央一系列重要论述，进一步推动社会建设理论和实践创新，加快推进社会体制改革，意义重大而深远。下面，结合北京的实际情况，谈一些粗浅体会，请批评指正。

一、提高思想认识，把社会建设放在更加突出的地位

（一）党的十六大以来，以胡锦涛同志为总书记的党中央把社会建设理论与实践推向历史新高度

十六届三中全会党中央提出了坚持以人为本、全面协调可持续发展的科学发展观；十六届

---

① 宋贵伦，十一届全国人大代表，北京市委社会工委书记、市社会办主任，北京市社科联副主席、研究员，北京师范大学、首都师范大学、国家行政学院兼职教授，研究方向：社会建设、社会管理创新。

四中全会提出要提高构建社会主义和谐社会的能力，并首次明确提出了加强社会建设、创新社会管理问题；十六届六中全会做出了《关于构建社会主义和谐社会若干重大问题的决定》，全面论述了社会主义和谐社会理论；党的十七大提出构建中国特色社会主义“四位一体”格局，强调要以改善民生为重点加强社会建设；十七届五中全会、国家“十二五”规划，从社会服务、社会管理两方面系统部署了今后五年社会建设工作；2011 年 2 月党中央举办省部级专题研讨班、7 月印发《中共中央、国务院关于加强和创新社会管理的意见》，7 月 1 日在纪念建党 90 周年大会上胡锦涛总书记进一步提出了明确要求。党中央不断把中国社会建设理论与实践引向深入。

学习十六大以来党中央和胡锦涛总书记重要论述，有六个重要理念应当引起高度重视：一是“以人为本”的理念。十六届三中全会首次提出“坚持以人为本，树立全面、协调、可持续的发展观，促进经济社会和人的全面发展”。在 2011 年中央党校“2・19”重要讲话中，胡锦涛同志强调指出，“社会管理，说到底是对人的管理和服务”。二是“服务为先”的理念。党的十七大以来，党中央反复强调要以改善民生为重点加强社会建设。在“2・19”讲话中，胡锦涛同志强调指出“最佳的管理，是在服务中加强管理，在管理中体现服务”。三是“整体推进”的理念。党的十七大把社会建设放在中国特色社会主义“四位一体”的总体布局中。国家“十二五”经济社会发展规划纲要分两篇、十二章全面部署了社会建设的重要任务。四是“创新发展”的理念。十六届四中全会首次明确提出了“加强社会建设和管理，推进社会管理体制创新”的任务。近两年来，党中央、国务院在加强和创新社会管理方面采取了一系列重大措施。五是“构建和谐”的理念。十六届四中全会首次明确提出了“要适应社会的深刻变化，把和谐社会建设提在重要位置”的新要求，强调要“不断提高构建社会主义和谐社会的能力”。十六届六中全会专门做出构建社会主义和谐社会的决定，强调“最大限度激发社会活力、最大限度增加和谐因素、最大限度减少不和谐因素”。六是“夯实基础”的理念。十六大以来，党中央和胡锦涛同志反复强调，要“进一步加强和完善基层社会管理和服务体系”，从源头上、根本上、基础上加强社会服务管理。

(二)构建社会和谐是新世纪新阶段党的“三大法宝”之一

中国共产党成立 90 多年以来，党中央三代领导集体和以胡锦涛同志为总书记的党中央带领党和人民，不断开创马克思主义中国化理论新境界，形成了毛泽东思想和中国特色社会主义理论两大理论成果；不断开创中国革命和建设的新局面，取得了新民主主义革命和建设中国特色社会主义的伟大胜利。众所周知，武装斗争、统一战线、党的建设是新民主主义革命时期党的"三大法宝"。这是以毛泽东同志为核心的党中央对中国新民主主义革命时期历史经验的科学总结。在新民主主义革命时期，由于我们党坚持了武装斗争的正确道路，坚持了统一战线的正确方针，坚持实施加强党的建设伟大工程，从而夺取了新民主主义革命的胜利，建立了新中国。在社会主义革命和建设时期，特别是在改革开放新时期，由于我们党坚持以经济建设为中心、坚持维护社会的和谐稳定、坚持实施党的建设新的伟大工程，从而不断取得了社会主义现代化建设新成就。党的十六大以来，以胡锦涛同志为总书记的党中央，继承发展毛泽东思想、邓小平理论、"三个代表"重要思想，密切结合时代发展实际，提出了科学发展观和构建社会主义和谐社会等一系列重大战略思想。我认为，科学发展、社会和谐、党的建设可以理解为新世纪、新阶段党的"三大法宝"。这是事关我们党生死存亡的三大关键问题。我们应当把构建和谐社会放在新时期党的"法宝"的高度来理解、认识和把握。

我们党和政府始终高度重视社会建设工作，但由于经济体制、社会结构、利益格局、思想观念发生了巨大变化，社会建设有许多重大理论和现实问题需要研究和解决，主要是要加强顶层设计、构建科学体系，要加强统筹协调、形成工作合力，要加强基础工作、切实解决实际问题。从根本上说，解决这些问题要靠加快推进社会体制改革。近几年来，北京、上海、广东等地在这方面创造了不少好经验、好做法。下面，结合北京工作实际介绍一些情况、谈一些看法。

二、加强顶层设计，构建社会建设科学体系

(一)党的十七大以来，北京市委市政府把社会建设放在更加突出的地位

多年来，特别是党的十七大以来，北京市委市政府采取一系列重大举措，不断完善社会建设科学体系：2007 年年底，报经中央批准成立

了市委社会工作委员会、市社会建设工作办公室；2008 年 9 月，召开北京市社会建设大会，出台加强社会建设“1＋4”文件；2009 年 3 月，召开北京市志愿者工作大会，及时转化奥运志愿服务成果，建立志愿服务长效机制；2010 年 7 月，召开北京市社会服务管理创新推进大会，推出社会服务管理创新行动方案；2011 年 6 月，市委召开十届九次全会，讨论通过《关于加强和创新社会管理、全面推进社会建设的意见》(以下简称《意见》)，12 月颁布《北京市“十二五”时期社会建设规划纲要》(以下简称《规划》)，在总结经验基础上，就系统设计、整体推进首都社会建设进行了全面部署。

(二)明确了北京社会建设的指导思想和基本原则

《意见》和《规划》指出，今后五年北京社会建设的指导思想是：高举中国特色社会主义伟大旗帜，以邓小平理论和“三个代表”重要思想为指导，深入贯彻落实科学发展观，认真贯彻落实党中央、国务院关于加强社会建设工作的一系列重要指示精神，紧紧围绕全面建设小康社会总目标，牢牢把握最大限度激发社会活力、最大限度增加和谐因素、最大限度减少不和谐因素的总要求，适应建设中国特色世界城市的新形势，顺应广大人民群众过上更好生活的新期待，以解决关乎人民群众切身利益与影响社会和谐的突出问题为突破口，以完善社会服务为重点，以创新社会管理为动力，以动员社会参与为基础，以优化社会环境为保障，以促进社会和谐为目标，努力构建具有时代特征、中国特色、首都特点的社会建设科学体系，为加快建设“人文北京、科技北京、绿色北京”做出新的更大贡献。

《意见》和《规划》明确了今后北京社会建设的五项基本原则。一是坚持以人为本、服务为先，把完善服务、让群众满意作为社会建设的根本出发点和落脚点。二是坚持依法办事、发扬民主，把严格依法办事、充分发扬民主作为社会建设的基本要求。三是坚持改革创新、完善制度，把体制创新、制度建设作为推动社会建设的根本动力和基本保障。四是坚持统筹协调、整体推进，把综合协调、全面推进作为社会建设的基本工作原则。五是坚持广泛动员、共建共享，把社会协同、公众参与作为社会建设的基本着力点。

(三)初步构建了具有时代特征、中国特色、首都特点的北京社会建设体系框架

《意见》和《规划》明确提出了今后五年北京社会建设“五个更加”、“一个全覆盖”的目标任务，即社会服务更加完善、社会管理更加科学、社会动员更加广泛、社会环境更加文明、社会关系更加和谐和社会领域党建工作全覆盖。把北京社会建设定位于社会服务、社会管理、社会动员、社会环境、社会关系和社会领域党建“六大体系”。以《意见》和《规划》制定印发为主要标志，具有时代特征、中国特色、首都特点的北京社会建设体系框架基本形成。

三、加强统筹协调，形成社会建设的工作合力

(一)初步形成北京社会建设新体制

社会建设一直有许多部门在抓，但缺乏统筹协调，特别是没有综合协调部门。党的十六届六中全会之后，北京市委市政府从体制创新入手，加大社会建设力度。经过一年多的调研筹备，2007 年党的十七大后，报经中央有关部门批准，宣布成立了市委社会工委、市社会办，随后又成立了以市委书记刘淇同志为组长、市长郭金龙同志为第一副组长的社会建设工作领导小组，办公室设在市委社会工委、市社会办。各区、县也相应建立了工作部门和协调机构。从而，在全市形成了新的工作体制。新机构具体负责全市社会建设政策研究、规划制定和统筹协调工作，负责综合协调社区建设、社会组织建设、社会队伍建设、志愿者工作，协调推进社会公共服务工作，负责社会领域党建工作。

(二)初步形成北京社会建设政策新体系

在市委市政府 2008 年印发的《北京市社会建设实施纲要》等“1＋4”文件、2009 年《关于加强和改进志愿者工作的意见》、2010 年《北京市社会服务管理创新行动方案》、2011 年市委《意见》和市政府《规划》的基础上，市委市政府及有关部门围绕社区建设、社会组织建设、社会队伍建设、志愿者工作、社会公共服务和社会领域党建等工作，出台了一系列配套文件，初步形成了北京社会建设“1＋4＋X”的政策体系，为加强和创新社会服务管理、全面推进社会建设提供了政策保障。

(三)初步形成北京社会建设工作新机制

在社区建设方面，明确社区党组织、社区居委会、社区服务站职能，初步形成社区党建、社区自治、社区服务“三位一体”工作机制；在社会组织建设方面，积极推动政社分开、管办分离，初步形成社会组织“枢纽型”工作体系，让以人民团体为骨干的大型联合组织充分发挥政治上的桥梁纽带、业务上的发展龙头、日常服务管理的平台作用，在党和政府领导下，支持社会组织自我管理、自主发展；在社会队伍建设方面，实施“大学生社工计划”，初步形成社区工作者专业化、职业化；在志愿者工作方面，积极转化北京奥运会和新中国成立60周年大型志愿服务活动成果，制定并实施《北京市志愿者管理办法》，初步建立志愿服务长效机制；在社会公共服务方面，市政府设立社会建设专项资金，建立并试行政府购买社会组织服务机制；在社会领域党建工作方面，通过在街道(乡镇)建立社会工作党委、在“枢纽型”社会组织建立党建工作委员会和联合党组织、在商务楼宇建立党建工作站，已初步形成纵向到底(社区、农村)、横向到边(“两新组织”)的社会领域党建工作网络；在决策研究、信息咨询方面，通过在首都高校(科研单位)建立10个社会建设研究基地，在基层建立90个社会建设信息直报点，建立北京社会建设信息中心、划入北京社会心理研究所，以及成立北京市社会心理工作者联合会等措施，初步形成了全市社会建设信息咨询、决策研究工作网络和社会心理研究咨询服务网络。

四、加强基础工作，切实解决社会建设突出问题

(一)抓住一个龙头，以社会领域党建全覆盖引领社会服务管理全覆盖

社会领域党建工作是社会建设工作的龙头。近几年来，北京市坚持以社会领域党建工作全覆盖引领社会服务管理全覆盖，以社会领域党建工作创新引领社会服务管理工作创新。为解决社区党建工作全覆盖的问题，近几年，北京市在加强市、区(县)社会工委建设和巩固社区党建成果的基础上，在全市各街道(乡镇)建立区域性社会工作党委，基本形成了上下贯通、全面覆盖的社区区域化党建工作格局。为解决社会组织党

建全覆盖问题，近两年来，北京市建立"枢纽型"社会组织党建"3＋1"工作机制：在"枢纽型"社会组织建立党建工作委员会、联合党组织、党建工作部门和工作例会制度。目前，已在17个"枢纽型"社会组织建立党建工作委员会，到年底可以基本实现全覆盖。为解决非公有制经济组织党建全覆盖问题，近几年来，在全市1 249家商务楼宇全部建立党建工作站、社会工作站、工会工作站、团委工作站、妇联工作站，可以覆盖近7万家"两新"组织、82万多名职工、4.3万名党员。近三年来，在商务楼宇新建立党组织近1 000个，共接纳流动党员12 500多名、发展党员近400名，有8 000多人递交了入党申请书，培养入党积极分子1 250多人。北京市社会领域党建工作基本实现全覆盖。

(二)建设两支队伍，初步形成"社工＋志工"的社会服务管理运行机制

为解决社会工作者专业化、职业化水平不高和志愿服务长效机制不健全的问题，北京市采取了一系列措施。一是实施"大学生社工计划"，2009年、2010年全市统一面向高校和"大学生村官"招聘了5 000名大学生到社区工作。近几年各区县通过社区"两委"换届选聘和面向社会招聘，共有1万多名大专以上学历人员到社区工作，使全市3万余名社区工作者具有大专以上学历的人员，由原来的26%提高到70%以上，平均年龄下降到41岁。二是通过培训、提高待遇和规范服务管理，一支专业化、职业化的社区工作者队伍已经形成。在今年的社区党组织换届选举中，就有41个"大学生社工"当选为党委书记、239人当选为副书记、1 072人进党委班子，占班子总数的9%。三是转化奥运志愿服务成果，全市注册志愿者超过200万人，北京市志愿者联合会团体会员已达到431家，专业志愿者组织20支，成立应急志愿总队、服务支队有24支、会员20万人，在巩固大型志愿服务成果基础上，经常性志愿服务和应对突发性志愿服务水平显著提高。在党和政府领导下，"社工＋志工"的社会服务管理运行机制初步形成。

(三)夯实两个基础，努力实现各类社会人群服务管理全覆盖

社区是社会的基本单元，社会组织越来越成为社会的基本组织形式。加强社区建设、社会组织建设是社会建设的基础工程。实现各类社会人群服务管理全覆盖是社会建设的基本要求。经过几年的努力，全市

2772 个城市社区建设已基本实现规范化；到今年年底，2 025 个社区办公和服务用房可达到 350 平方米以上、社会基本公共服务可以实现全覆盖，“一刻钟社区服务圈”可覆盖 1 000 个社区，而且，社区规范化建设正在向老旧小区、城乡结合部和农村社区逐步延伸，50 个“城中村”改造任务已完成，882 个老旧小区改造工程已全面启动，688 个村庄试行社区化管理。在社会组织建设方面，已认定 27 家市级“枢纽型”社会组织，服务管理可以覆盖 85％以上社会组织；2009 年设立北京市社会建设专项资金制度，建立政府购买社会组织服务机制，围绕社会基本公共服务、社会公益服务、便民服务、社会管理服务、社会建设信息咨询决策研究服务，2010 年、2011 年分别购买了 302 个和 362 个项目，在转变政府服务职能、完善社会服务、扶持社会组织发展、激励社会组织参与社会服务管理等方面发挥了积极作用。另外，通过构建网格化社会服务管理体系、推进村庄社区化服务管理、实施养老助残“九养”政策、建立新居民互助服务站、建立商务楼宇社会服务站以及“阳光中途之家”建设等，全面覆盖各类社会人群、城乡一体化的北京社会服务管理体系正在逐步建立健全。

五、创新理论实践，加快推进社会体制改革

(一)我国社会体制改革的任务十分紧迫

中国改革开放 30 多年来，取得了举世瞩目的成就。经济持续快速增长，成为世界第二大经济体，综合国力显著增强，人民生活显著提高，社会建设不断取得新成效，但总体而言，经济建设与社会建设“一条腿长、一条腿短”、“一条腿粗、一条腿细”的问题越来越突出。特别是随着经济体制改革的深刻变革、社会结构的深刻变动、利益格局的深刻调整、思想观念的深刻变化，我国社会体制改革的任务越来越迫切。主要是大量“单位人”变成了“社会人”，大量人员流动、大量人户分离、大量农民工进城、大量人员在非公有制企业就业，使实体社会结构发生了巨大变化；各类媒体高度发达，“虚拟社会”也越来越活跃、越来越复杂。新形势、新变化、新需求，迫切需要加快和深化社会体制改革。

(二)我国社会体制改革面临许多突出问题

一是在体制机制方面，缺乏制度设计和顶层安排，特别需要加强统

筹协调。二是在社会服务体系方面，尚未建立打破户籍、地域、身份界限的社会保障体系。三是在社会管理方面，有许多课题特别是有两大课题需要破解：第一，流动人口服务管理；第二，虚拟社会服务管理。四是在社会动员方面，关于社会协调、公众参与的体制机制还很不完善，尤其是社会组织自我管理、自我发展的体制、社区民主自治的机制还很不完善。五是在社会环境方面，社会诚信和社会责任体系需要进一步健全。六是在社会关系方面，群众利益协调机制、群众诉求表达机制、社会矛盾调处机制、社会稳定风险评估机制需要进一步健全。七是在社会领域党建工作方面，党的组织和党的工作覆盖面不广泛，党的工作方式方法需要改进。

(三)中国体制改革实施“三步走”战略的观点值得关注

近几年，学界就中国改革发展战略有不少研究，提出不少深刻见解。其中，中国社科院的陆学艺关于中国现代化建设“四步走”战略和新加坡学者郑永年关于中国体制改革“三步走”战略，比较引人关注。陆学艺认为，中国现代化建设分四步走：第一步是经济现代化建设；第二步是社会建设现代化；第三步是政治建设现代化；第四步是文化建设现代化。他认为，经过经济现代化建设的 30 年，现在进入社会建设现代化的新阶段。郑永年认为，中国改革应当实施“三步走”战略：第一步是经济体制改革；第二步是社会体制改革(他认为文化建设也是社会建设组成部分)；第三步是政治体制改革。这些观点，影响越来越广泛，值得关注和研究。

(四)社会体制改革是经济体制改革的深化，与政治体制改革密不可分

把握中国改革发展稳定大势，新世纪第二个 10 年，应当是中国社会体制改革重要战略机遇期。一定要抓住机遇、大胆试、大胆闯；决不可丧失机遇、消极等待、积压矛盾、发酵问题，那将非常危险。

社会体制改革，既是经济体制改革的深化，又与政治体制改革密切相关，不能绝对分开。中国改革呈现重点突破、全面推进的历史性特征。从经济体制改革到社会体制改革，再到政治体制改革，只是重点任务的阶段性特征。中国改革 30 多年来的历史证明，中国体制改革从来不是单一方面的改革，更不是没有政治体制改革的改革。30 多年来的改革是以经济体制为突破口的全面改革，对中国的经济体制、社会体制、政治体制、文化体制改革起了全面推动的作用。如：政企分开，既是经济体制改革，也是政治体制改革。又如：当前和今后推进的政社分开、政事分开，既是社会体制改革，也是政治体制改革。因而，关于中国政治体制改革停滞的观点是不符合实际的。诚然，加快推进政治体制改革非常必要，但先从经济体制改革入手、夯实经济基础，再进行社会体制改革、夯实社会基础，并相应解决与经济、社会相关的一些政治体制改革问题，最后再解决政治体制改革的遗留问题，不失为中国特色社会主义改革的英明之举、成功之策。实际上，一旦经济体制改革、社会体制改革到位、并相应解决了许多政治体制改革问题之后，真正政治体制改革的任务就所剩无几了。从这个意义上说，我赞成体制改革“三步走”的观点。

加快建立中国特色社会管理体制

刘应杰[1]

一、我国社会管理体制的现状、面临的矛盾和问题

经过30多年的改革开放，我国经济体制改革取得了巨大进展，已经建立起比较完善的社会主义市场经济体制。适应社会主义市场经济体制的建立和完善，我国社会发展和社会体制改革也取得了重要成就，主要表现在以下几点。一是随着农村改革和城市改革的进展，逐步打破城乡分离的“二元社会结构”，朝着建立城乡统一的社会管理体制迈出了重要步伐。二是随着自由择业和社会流动的发展，产生了越来越多的自谋职业者和自由职业者，许多人已经从“单位人”转变成为“社会人”。三是随着工业化和城镇化的发展，许多农村人逐渐转变成为城市人，同时也形成了庞大的农民工群体。四是随着个体私营等非公有制

① 刘应杰，国务院研究室综合司巡视员；研究方向：经济体制改革、中国政治与国际政治、宏观经济管理与可持续发展。

经济发展，一些民营经济和民间组织逐步发展起来。五是随着人们工作性质和社会生活的发展变化，社会保障体系逐步建立和不断完善，由以前的单位保障和家庭保障逐步向社会保障转变。

与此同时，我国社会管理体制还面临着突出的矛盾和问题。总体上看，社会管理体制还相对滞后，与社会主义市场经济体制不相适应，还没有建立起适应现代社会流动、充分激发社会自身发展动力和活力、具有中国特色的现代化的社会管理体制。主要表现在：一是政府包揽的社会事务太多、干预太多，管了许多不该管、管不了、也管不好的事情，社会组织发育不足，社会自身发展还缺乏动力和活力。二是中国社会还处在大变动、大转型的过程之中，还没有形成比较稳定的成熟的社会结构，特别是收入差距过大，社会利益格局面临着不少矛盾，正处在社会矛盾的凸显期。三是工业化、城镇化快速发展造成大量的社会流动，突出表现为中国存在世界上非常罕见的庞大的农民工群体，对于一个处在高度流动中的社会管理还缺乏经验。四是由传统的农业社会和农村社会急剧转变为工业社会和城市社会，还没有建立起一套社会普遍遵守的社会规则体系，表现为比较严重的社会失范和无序状态。

与发达国家相比较，我国还处在实现现代化的过程之中，处在一个快速发展和转型的时期，还没有建立起一个高度发达和成熟的社会。与建立和完善社会主义市场经济体制相适应，必须加快建立中国特色的社会管理体制。这是我国改革面临的一个重大历史性任务。

邓小平同志在 1992 年视察南方时的谈话中指出，再有 30 年的时间，我们才会在各方面形成一整套更加成熟、更加定型的制度。那么，大约到 2020 年，在我国全面建成小康社会之时，我们应该基本建立起一个适应现代化要求的中国特色社会管理体制。

二、中国社会体制改革的目标和思路

我国经济体制改革的成功举世瞩目，其中一条重要经验就是“放开搞活”，即放开体制外的发展，实行农村家庭经营，发展个体、私营、外资等非公有制经济，反过来推动体制内的改革和发展，形成一种平等竞争关系，带来整个经济的发展繁荣。

社会体制改革也可以借鉴经济体制改革的成功经验，选择一条循序渐进的路径：放开体制外的发展，反过来推动体制内的改革发展，最终建立起一个充满动力和活力的社会体制和运行机制。

经济体制改革所要解决的基本问题是政府与市场的关系，主要表现为政府与企业的关系，采取的措施是政府不断减少、直至最终不再干预企业的自主经营活动，致力于创造公平竞争的市场环境，加强政府的经济调节和市场监管职能，建立起政府加强宏观调控与充分发挥市场机制作用相结合的良性运行机制。社会体制改革所要解决的基本问题是政府与社会的关系，主要表现为政府与组织的关系，采取的措施应该是为各类社会组织的发展创造良好的社会环境，政府不断减少直至最终不再干预社会组织的活动，致力于建立依法管理、自主发展、自我约束的社会机制。就像经济体制改革当初允许个体私营经济发展之时，社会上存在着很大争议，甚至担心"姓资"、"姓社"的问题；现在社会体制改革允许发展社会组织，也会存在不同的看法，担心会出现"失控"和"混乱"的现象。但只要我们积极引导、依法管理，就能够解决出现的问题。

我国社会体制改革的目标，应该是建立与社会主义市场经济体制相适应、适应现代化要求的中国特色社会主义社会管理体制。为此，必须从中国国情出发，借鉴世界各国现代化的有益经验，坚持中国特色社会主义道路，进一步转变政府职能，切实履行好政府社会管理和公共服务职能，建立起"小政府、大社会"的管理格局，构建政府管理与社会自治相结合、政府主导与社会参与相结合的社会管理体制，形成政府提供社会管理和公共服务、社会组织自主发展和自我约束相结合的良性运行机制。

三、建立中国特色社会管理体制的主要任务

建立中国特色的社会管理体制是一项宏大的历史性任务，涉及社会管理体制多方面的改革，要通盘考虑，周密部署，循序渐进地向前推进。

第一，政府切实履行好社会管理和公共服务职能。在社会主义市场经济条件下，政府承担着四大职能，即经济调节、市场监管、社会管理

和公共服务。正像政府的经济调节和市场监管，目的是充分发挥市场的活力，弥补市场的不足，纠正市场的缺失，创造更好的市场环境。政府的社会管理和公共服务，目的是更大程度地激发社会的活力和动力，保证社会的稳定和有序运行，提供良好的公共服务。在社会体制改革中，政府职能转变主要是改变以前的“大包大揽”、无所不管的状况，把一些社会能够自我管理的职能逐步转移给相应的社会组织来承担，并加强管理、引导和服务，培育社会组织的自我发展能力。政府在公共服务方面，要区分基本公共服务与非基本公共服务，政府主要是提供基本公共服务，而把非基本公共服务交给相应的社会组织或市场来承担。这更有利于在加强政府基本公共服务的同时，为国民提供更广泛的多样化的公共服务，满足其高水平的多层次的需要。

第二，规范发展各类社会组织。现代社会应该是一个公民社会，公民成为社会的主体，主动参与社会事务的管理。中国传统社会是一个“国家”，而不是一个“社会”，“国”管到“家”，“社会”发育不足，不能形成有效的社会管理能力。为了加强现代社会管理能力，必须提高全社会的公民意识，提高其发育程度和自我管理能力。可以考虑，选择发展三类社会组织：一是社会事业类组织。鼓励民间资本进入教育、医疗、科技、文化等领域，发展体制外的民营社会事业，与现有的国有公立类社会事业形成平等竞争关系，形成一种外在压力和内生动力，推动我国社会事业改革进一步发展繁荣。二是公益类组织。鼓励、引导和支持公民和民间资本投入社会公益活动，如发展慈善组织、环保组织、社会志愿者组织等，提供更多的社会服务。三是自我管理类组织。人的社会性决定了人们在社会生活中需要社会交往，需要正常的沟通与联系。人们通过一定的组织自我管理、自我服务，有利于促进社会发展进步。近年来已经出现了一些人们自发形成的社会组织，如自驾车友会、“驴友(旅游爱好者)会”、书法爱好者协会、摄影爱好者协会、各种老年体育锻炼协会、文艺娱乐协会等，对广大群众参与社会生活发挥了积极作用。应该鼓励、引导和支持这些社会组织正常有序发展，并且依法进行规范管理。为此，要加快制定《社会组织法》，对各类社会组织的发展做出法律规范，做到依法管理、自主发展。

第三，积极推进基层社区自治。社区是社会的基础，是最基层的社会组织。一个社会要健康有序发展，必须建立和完善社区这个基础。社区应该成为一个基本的社会自治组织，发挥群众自我管理的积极性、主动性和创造性。我国城市居民委员会组织法和农村村民委员会组织法都规定，居民委员会和村民委员会是居民自我管理、自我教育、自我服务的基层群众性自治组织。社区自治是我国社会管理体制建设的基础，要进一步扩大社区自治的范围，丰富社区自治的内容，使社区成为我国社会管理的基本单元。

第四，加快建立和形成现代化的稳定的社会结构。现代社会稳定发展的基础，是建立起稳定的“中间大、两头小”的“橄榄型”社会结构，即社会中等收入者占绝大多数，超富群体和贫困群体都占极少数。社会收入差距相对较小，分配比较公平，人们通过个人能力、劳动获得相应的报酬，个人对社会的满意度较高，社会利益格局比较协调，建立起一个公平、均富的社会。针对我国在发展中收入差距扩大的趋势，需要下大力气改革收入分配制度，扩大中等收入者比重，提高低收入者收入水平，通过分配调整和税收调节等手段限制过高收入，从根本上解决分配不公的问题，走共同富裕的道路，建立起收入分配的良性运行机制。

第五，加快建立符合现代化要求的社会规则。我国正处在由传统人情社会向现代契约社会的转型过程之中。传统的伦理道德处理的是特殊的亲疏远近的人际关系，而现代的社会规范处理的是普遍的一视同仁的社会关系。符合现代文明要求的社会规则，是现代社会正常运转的基石。我们应该加快建立现代社会的基本规则，培养公民的诚信意识、规则意识。要从最基础的做起，首先是诚信；其次是守规矩，包括遵守基本的交通规则、现代文明生活守则等，提高我国的国民素质和社会文明水平。

当代中国社会体制的改革与创新

丁元竹[1]

一、问题的提出与相关概念界定

(一)研究社会体制改革的学术与实践价值

本文试图从社会体制的(social system)改革和创新入手探索适应当代中国市场体制需要的社会体制。研究当代中国社会体制改革，经济体制改革的历史经验非常具有启迪意义。中国市场经济是建立在对市场经济体制及其认识基础之上的。以理顺政府与市场关系为核心的宏观经济管理体制及其理论也是在这个过程中建立和完善的。从激活市场的微观机制入手开启改革，到建立和完善市场微观机制所需要的宏观环境，充分发挥“看得见的手”和“看不见的手”的积极作用，中国逐步建立了市场经济体制。产权改革和价格体制改革是建立市场经济体制的核心。借鉴经济体制改革经验，从认识社会体制入手来解释中国

① 丁元竹，国家行政学院决策咨询部教授、副主任；研究方向：社会发展政策、公共政策、经济体制改革。

社会领域的若干重大问题，诸如社会建设、社会治理等不失为研究当代中国发展的重要视角，对丰富中国社会学理论具有重要的学术价值。

对社会发展来说，没有什么比公平正义更为重要。中国成功实施追赶战略60年后，已经成为世界第二大经济体。在面临人力资源和产业瓶颈的同时，一些发达国家经历和饱受煎熬的制度性痼疾在中国也开始显现，诸如环境生态压力、医疗卫生改革压力、老龄化加速压力等。2011年下半年发生在华尔街的示威游行中提出的口号，以及几年前美国学者诸如嘉德·伯恩斯坦(Jared Bernstein)提出的为当代政治家、经济学家和社会学家共同关注、反复讨论的问题[①]，即，我们通过什么样的治理方式才能实现经济和社会的公平发展？这些都需要中国的学术界、决策部门和决策咨询机构深思。进一步说，中国在走向社会主义现代化和实现中华民族伟大复兴征程中，既遇到了发达国家和地区在历史上曾经遇到的问题，又遇到了由自身历史和环境特征造成的"具有中国特色"的问题，还遇到了全新的国际环境和科技革命，在这样的背景下，完全模仿和照搬不行，完全另辟蹊径也不现实，需要在借鉴的基础上创新。这需要中华民族有更加开放包容的胸怀和兼收并蓄的智慧。在这个过程中，改革和创新社会体制具有特殊的实践意义。

社会体制改革是当代中国整体改革的重要组成部分。没有社会体制改革或社会体制改革滞后，经济体制、政治体制和文化体制改革都会步履维艰。改革是为了激发发展活力，这些活力包括经济活力、社会活力、政治参与热情以及充满活力的核心价值。经济活力源自产权明晰和竞争环境公平，按照现代化理论家的观点，也就是政治的类型取决于财富的占有类型，"经济增长是产生民主结果的必要条件而非充分条件"；[②] 社会活力来自利益格局合理和生活环境公正；政治活力产生于权利平等和民主决策机制完善；文化活力来自以上三个方面相互作用形成的社会行为模式。文化表达社会存在，是现实生活的反映。正是在这

① 引自[美]嘉德·伯恩斯坦(Jared Bernstein)的《同舟共济——公平经济共识》(*ALL TOGETHER NOW*, *Common Sense for a Fair Economy*, Berrett-Koehler Publishers, Inc., 2006.)一书。

② [美]卡莱斯·鲍什:《民主与再分配》，上海，上海世纪出版集团，2011。

个意义上，马克斯·韦伯指出了新教伦理对于资本主义的意义①。把这四个部分放在一个长远目标中加以考量并勾画出它们在实现长远目标中的关系，就是顶层设计。因此，探索当代中国社会体制改革和创新具有一定的政策价值。

(二)界定社会体制的内涵外延

社会体制是指一种规范，是为了社会生活而建立的约束个人行为的规范，包括如何最有效、最合理地分配财产，如何对社会生活决策，以及如何参与社会生活等。它表现为在一定地区或社会内的社会法、制度和政府行为中的一系列道德、政治和经济原则，决定着人们之间的关系。换句话说，社会体制是指在特定的社会中，人们之间社会关系的模式，它以利益格局和参与方式为边界条件，通过志愿机制配置资源，充分激发个人和集体的参与热情。通常，通过发达国家来观察社会体制，其效果更加明显，丹尼·罗德里克认为，“那些常常被经济学家们认为理应存在的社会安排，如一个清晰的产权系统，一个抵制欺诈、垄断和道德的监管机构，一个充满信任和合作且富有凝聚力的社会，抵御风险和管理社会冲突的社会和政治制度，法治以及廉洁等在贫穷的国家都不具备”②。我们理解，市场经济的市场性制度和非市场性制度基础至少应当包括，明晰的产权、公平的监管、社会的凝聚力、社会管理、法治和廉洁。市场制度要很好地发挥作用，必须依赖于这些制度环境的完善。文化价值和社会管理是市场经济的制度基础之一。文化价值确保社会拥有强大的凝聚力，这种凝聚力建立在个体之间的信任和合作基础之上，社会资本是其核心要素，它包括社会成员共享规范，相互信任，形成密切的关系网络，以此开展集体行动和促进社会成员之间相互协调和密切合作。

本文所谓创新是指找到解决问题和思考问题的新主意、新办法。

(三)理论的三个视角

自恢复和重建以来，社会学取得了各种进步，值得注意的是，社会学家们在社会发展政策组合问题上仍未达成一致，这决不是可以通过社

---

① [德]马克斯·韦伯：《新教伦理和资本主义精神》，桂林，广西师范大学出版社，2010。

② [美]丹尼·罗德里克：《相同的经济学，不同的政策处方——全球化、制度建设和经济增长》，张军扩、侯永志等译，143页，北京，中信出版社，2009。

会学本身的理论就能解决的问题。理解当代中国社会体制的特点及其改革方向，是社会建设和社会治理的基础性工作，需要从历史和理论分析入手。这是本文在方法上的特色，也是创新点。

本研究的理论视角是政府与社会的关系，它通过明晰政府与社会的边界，确定它们之间的关系，规定各自的角色。国家与社会的关系是西方政治社会学的核心理论之一。20 世纪后半期，这个理论在中国学术界曾引起了广泛讨论，并被用来解释中国社会发展。本文的三个理论视角是：政府与社会的利益关系、政府与社会在利益关系中的决策模式，以及政府与社会在公共事务中的分工与合作。政府与社会的利益关系主要指收入分配格局；政府与社会在利益关系中决策模式是指公众参与决策的方式；政府与社会在公共事务中分工与合作是指政府与社会在公共服务供给中的角色安排。这三个方面互为因果，是可以通过数量进行分析和模型进行模拟的，不过这不是本文的任务。这三个理论视角包括社会学，又超越社会学，涉及多学科。

本文试图回答的问题是：在计划经济体制逐步打破，与计划经济体制相适应的社会体制随着经济体制转轨，适应市场经济体制需要的社会体制如何改革和如何创新才能实现社会的秩序与活力的有机统一？其基本理论要素和框架是什么？

二、社会体制的历史发展

(一)中国社会体制的历史脉络

1. 新中国成立之前的社会体制

自有人类社会开始，就有了人与人之间的利益关系、人们之间的相互合作，以及在此基础上的共同生活。源于不同的历史和地理环境，各国社会体制差别甚大。现实中和历史上，从来就没有统一的国家与社会的关系。理想的国家与社会之间的互动只有在理论中才能构建出来，并成为人们追求的目标和分析问题的框架。现实中和历史上，我们能够看到只是具体的、各具特色的社会体制，正如钱穆所言，“西方人主张个人主义，家与国皆受限制，而可谓并不知有天下。希腊人知有城邦，不知有国。罗马人，则可分征服者与被征服者，而双方对国之观念自不同。罗马人亦有家，然其家与中国人之家大不同”①。

中国传统的社会体制表现在三个方面。

“普天之下，莫非王土”的利益格局。中国传统的社会体制渊源于它的人文生态，有些对当代中国依然产生影响。“普天之下，莫非王土；率土之滨，莫非王臣”②是对封建社会利益关系的典型概括，如白寿彝所说，“皇帝是最高最大的地主，土地所有权和政权在他身上是统一的”③。鸦片战争前，“中国是清王朝统治下的一个独立、统一的中央集权的封建国家……地主阶级占有大量土地，农民则很少或完全没有土地”④。费孝通也指出：“皇帝是政权的独占者，‘朕即国家’”，“封建的政权是依照血统来分配和传袭的。不生在贵族之门的庶人，轮不到这些‘宝座’，看不到这些‘神器’”⑤，“中国历史，自始即然。先是一宗法社会，封建制度即从宗法来。在其下者拥护其上，在其上者领导其下，民众一体，实即氏族一家。”⑥钱穆解释道：“中国人言身家天下，进则有国有天下，退则有身有家。”⑦这些，都是对中国传统社会中国家与社会的关系以及利益格局的深刻理解和具体说明。

基于社会习俗和文化价值的社会治理。首先，中国传统文化中不乏以人为本的理念，但是缺少让民众参与的体制机制，如费孝通指出的，“我们的遗产中找得到‘民为贵’的精神，找得到‘不与民争’的态度，也找得到基本社会团体的自治习惯；但是找不到像美、英一般的宪法和民主”。这种民本主义自然产生不了法治，而是依靠德治，即依靠统治者的德行。民本思想和民主思想本是两个东西，后者依靠法制。⑧ 宪法体现了国家意志，民主体现了公众在国家事务中的作用和角色，二者不同，但又相互联系，是一个问题的两个方面。缺乏民主和宪法，基层如何治理？历史学家黄仁宇对这个问题做了具体探索：“中国的历史之所

① 钱穆：《晚学盲言》(上)，264页，台北，东大图书公司，1996。
② 《诗经·小雅·谷风之什·北山》。
③ 白寿彝：《中国通史纲要》，105页，北京，中国友谊出版公司，2012。
④ 李侃等：《中国近代史》(第四版)，1页，北京，中华书局，1994。
⑤ 费孝通：《费孝通文集》第五卷，466、467页，北京，群言出版社，1999。
⑥ 钱穆：《晚学盲言》(上)，258页，台北，东大图书公司，1996。
⑦ 同上书，218页。
⑧ 费孝通：《费孝通文集》第五卷，346页，北京，群言出版社，1999。

以不同于其他一切文明的历史，在于中国在公元前若干个世纪里就已经发展出了一种中央集权的政治体制。由于此种体制必然能够动员还只是相当原始的技术支持，因而它也确实是一项很大的进步……由于缺乏所谓的技术精细化，中国的官僚政府通常表现的广度有余而深度不足。这一点给人留下的印象很深刻。中国官僚政府所获得的支持，主要来源于社会习俗和社会价值。”①这些社会习俗和社会价值体现为种种做人的准则，诸如人伦等，约束个人依附于初级的社会组织，诸如家庭和宗族、乡村社区等，如钱穆所言，中国“自来本无社会一观念，因亦无社会一名词”②，但是，中国有“群”的概念，大致也表述了社会的含义。沿着这样的逻辑，费孝通指出：“在中国，政权和这里所记载的社会威权是很少结合的。政权是以力致的，是征服者和被征服者的关系。这里所讲的威权是社会对个人的控制力。儒家固然希望政权和社会本身所具有的控制力相合，前者单独被称为霸道，相合后方是王道。但事实上并没有成功的。孔子始终是素王，素王和皇权并行于天下，更确切一些说，是上下分治。地方上的事是素王统治，衙门里是皇权的统治。皇权向来是不干涉人民生活的，除了少数暴君，才在额定的赋役之外扰乱地方社会的传统秩序。”③中国地理环境的巨大差异造成的地区差别和国家对经济资源控制造成的财富巨大差异，使其财富占有不平等程度在相当长一个时期保持较高水平，这种较高水平的不平等会使人们预期的民主和公众参与的水平和程度大打折扣。其次，儒家思想在相当长的时期内在中国传统社会发挥着巨大作用。费孝通和吴晗曾经研究过中国历史上的士绅在道德教化中的作用，“绅士们高踞于无数的平民以及所谓‘贱民’之上，支配着中国民间的社会和经济生活……绅士乃是由儒学教义确定的纲常伦纪的卫道士、推行者和代表人，这些儒学教义规定了中国社会以及人际关系的准则”④。“绅士是退任的官僚或是官僚的亲亲戚戚。他们在野，可是朝内有人，他们没有政权，可是有势力，势力就是政治免疫性。”⑤中

---

① ［美］黄仁宇：《现代中国的历程》，7～8页，北京，中华书局，2011。

② 钱穆：《晚学盲言》(上)，270页，台北，东大图书公司，1996。

③ 费孝通：《费孝通文集》第五卷，479页，北京，群言出版社，1999。

④ 张仲礼：《中国绅士》，1页，上海，上海社会科学院出版社，1991。

⑤ 费孝通：《费孝通文集》第五卷，473页，北京，群言出版社，1999。

国传统社会的国家与社会的边界及其权力结构在近代逐渐被打破。

以家为基础的生产与服务组织。在传统社会，家庭是一个独立于政府和国家的社会单元，甚至基层组织也是这样，费孝通的研究证明了这一点，“生活上相互依赖的单位性质和范围却受着很多自然的、历史的和社会的条件所决定。我们不能硬派一个人进入一个家庭凑足一定的数目。同样的地方团体有它的完整性。保甲都是以人数来规定的，而且力求一律化的。”①社会单元相对独立，可以满足人类的基本需求。“家庭是中国文化中最重要的一部分。”②“中国的家是一个事业组织，家的大小是依着事业的大小而决定的。”③在公共服务的供给方式上，所有的人对安全感都有一种深层次的心理需求，这源自对“我在哪里”追问的社会认同。④“人类为了生存，需要一个地区中人类伙伴的联合。”⑤这种联合会形成人们情绪安定的基本环境和重要场所。人们在家庭生活中得到极大放松和安定。行政体制有时会把这种人类自然的社会单元打破，例如保甲制度。“把这种保甲原则压上原有的地方自治单位，未免会发生格格不入的情形了。原来是一个单位的被分割了，原来被分割的单位被合并了，甚至东凑西拼、支离破碎，表面上的一律，造成实质上的混乱。”⑥保甲制度可以实现安全目标，但是未必能够达到交流和情绪安定的目的。传统的士绅治理建立在社会流动性较弱、生产方式和生活方式单一的基础上。1949 年以来，“中国的社会和文化传统已经被纳入新的秩序之中”⑦。比较中国大陆和中国台湾地区，尽管在外在形式上文化差异很大，但是从内在全面地看去，都各自继承了中国文化的不同方面。

2. 改革开放前社会体制的基本特征

公有制和集体所有制为主体的财产制度。首先，国家所有制和集体

---

① 费孝通：《费孝通文集》第五卷，341 页，北京，群言出版社，1999。

② 钱穆：《晚学盲言》(上)，307 页，台北，东大图书公司，1996。

③ 费孝通：《乡土中国・生育制度》，40 页，北京，北京大学出版社，1998。

④ [英]约翰・伦尼・肖特：《城市秩序：城市、文化与权利导论》，梁捷、郑娟译，227 页，上海，上海人民出版社，2011。

⑤ [日]黑川纪章：《城市革命——从公有到共有》，徐苏宁、品飞译，47 页，北京，中国建筑工业出版社，2011。

⑥ 费孝通：《费孝通文集》第五卷，341 页，北京，群言出版社，1999。

⑦ [美]黄仁宇：《现代中国的历程》，7 页，北京，中华书局，2011。

所有制成为国民经济的唯一基础。改革开放之前，中国实行的是计划经济。“在计划经济时期，所有的工业和商业都是由国家垄断经营的，政府可以人为地把农民生产的粮食、棉花、原材料价格压低，在工业里又把上游产品的价格压低，这样就把农业和上游工业的利润转移到了商业，国家可以从国家垄断经营的商业环节把利润全部拿到自己手里，派作各种用途。”①中国几乎全面复制了苏联社会主义计划经济模式，在这样的计划经济体制下，国有和集体所有就成为国民经济的唯一基础。在这样的体制下，存在三大差别，但个人之间的差距还是可以容忍的。其次，国家按照苏联模式建立了一套政企不分、高度集中的财政税收体制。改革开放前，基本上是以统收统支的财税体制为特征。李培林认为，“在计划经济时代，我国社会管理的基本体制是政府承担着几乎全部社会职能，以单位为基础对社会实行总体控制，社会运行成为政府运行的组成部分。这是一种行政吸纳社会或社会运行行政化的管理体制。随着改革的深入和社会主义市场经济体制的确立，社会组织体系发生深刻变化，传统的行政化单位体制逐步弱化，国家在相当程度上失去了依托单位承担社会职能的组织基础，同时强调在改革中剥离单位原来承担的社会职能，实现社会职能社会化(以及某种程度的市场化)”②。

以户籍制度为核心的城乡分隔分治。首先，户籍制度是中国社会管理体制的重要遗产，也是中国独有的社会管理方式。本地居民和外来人口的不平等来自于户籍制度“赋予”个人的社会地位。这种社会地位决定了他们不能拥有等量的分配结果和权利，造成了不同类型生活形态。其次，户籍制度的本质是基本公共服务制度。根据1951年2月中央人民政府颁布的《中华人民共和国劳动保险条例》，由国家统筹、企业实施的针对职工及其家属的养老保险、医疗保险、工伤保险等劳动保险制度。中国参照苏联和其他社会主义国家建立了以受益为基准的现收现付的社会保障体制。这一制度先是在国有工业企业实施，之后推广到国有商业贸易企业。在农村则是沿用以家庭保障为主的社会保障形式，辅之对孤寡老人实行“五保户”政策。这套保障制度带有明显的现收现付特征和“单位”特色。

被行政化渗透的社会关系和社会组织。历史至今，行政化渗透到社

① 吴敬琏：《当代中国经济改革教程》，61页，上海，上海远东出版社，2010。
② 李培林：《创新社会管理体制是我国改革中的新任务》，载《人民日报》，2011-02-23。

会生活的各个领域，造成了社会生活的两个属性，一方面，它是一个强加的身份，政府通过行政级别、财政拨款等强化了各类本应当属于社会组织的行政特色，而这些特色又维持着各类事业单位作为社会组织与民间社会组织的区别和分隔的事实。泛行政化在各类组织、个体之间构建起来了某些集体特征、经验和历史，所以，也就在这些组织中创造出一些抵触文化和情绪，其中隐含着社会的不稳定因素。对于这种对中国社会秩序侵蚀较大的因素，也有人将其称为“官化”。“官化”就是表现在各类社会活动中的行政化，以行政动员替代社会动员。社会官化触及社会声望、社会权利、社会地位等问题。官员作为一种社会角色，在传统社会，社会对其期望如钱穆所言“在朝美政，在野美俗”，在当今已经淡然无色。把“官化”引入公共生活或社会生活就产生了反功能效果，限制了人们之间的互动或人际关系。它集中反映了社会成员对权力的盲目崇拜，不利于社会树立正确的价值取向。在无孔不入的负面引导效应之下，“官化”会将“官本位”思想更加固化，渗透到社会生活的方方面面，固化了不合理的社会结构，引发人们把个别官员的不良行为误判为政府行为，影响了公众对政府的社会认同，增加了治理社会的难度。行政化耗尽社会动员的能力。另一方面，它使事业单位改革步履维艰，社会组织难以发展。“中国传统事业单位体制内的所谓‘事业’，是特指‘没有生产收入’，‘所需经费由国库支出’的社会工作”，① 包括科学、教育、文化、卫生、体育等部门和单位。中华人民共和国成立以后，尤其是在经济恢复和第一个五年计划时期(1953—1957)，“奠定了政府主办社会事业和政府是社会管理主体的理论基础和政策框架。经过社会主义改造，随着经济活动单位从多元所有制转向集体和国有所有制，社会发展领域的社会活动单位也逐步转向这两种所有制形式。政府主办社会事业，政府同时成为社会管理的主体”②。任剑涛认为，当前的政府和社会的关系是 1949 年以来的历史选择，“新中国成立以后实际上对社会采取了一个大包大揽的设计取向”③，社会事务、教育事业、公共卫生、文化事

① 黄恒学：《中国事业管理体制改革研究》，2 页，北京，清华大学出版社，1998。

② 刘瑞、武少俊、王玉清：《社会发展中的宏观管理》，87 页，北京，中国人民大学出版社，2005。

③ 任剑涛：《事业单位改革能否成功关键在政府》，载《改革参考》，2011(16)。

业以及科技事业等基本上是国家包办，事业单位基本附属于政府。城镇居民与农村居民拥有不同身份和不同权利是一个体制改革问题。传统意义上，事业单位制度与企业制度相对而言，在计划体制下，政府控制了人权、财权和物权，也就自然需要承担起相应的事权和责任，成为经济社会活动的唯一主体，相应的责任和义务也就绝对集中，国家包办了一切事业，甚至企业活动。中国在照搬苏联经济管理模式的同时，也基本照搬了其社会管理模式，其主要特征表现为活动的非经济化、主体的国办化、机构的行政化、经费的供给化、资源配置的非社会化、发展目标的计划化、运行机制的非效率化、管理体制的非法制化，以及活动范围的扩大化。① 在这样的背景下，社会组织发展也受到约束，新中国成立后，当时的内务部在取缔各种反动社团的基础上，对当时社会需要的社会团体进行了登记。计划经济时期，社会团体活动空间有限，作用不大。“20 世纪 50 年代初，全国性社团只有 44 个，1965 年有近 100 个，地方性社团有 6 000 个左右。”②

治理者和被治理者泾渭分明的基层治理模式。虽然在 20 世纪 50 年代国家制定了城市居民委员会条例，以及后来的村委会自治办法，明确了居民自治的方向，但是，居委会和村委会主要还是承担了人口管理等职责。即便是改革开放之后的一个时期，从政权意义，政府并没有把权力让渡给居委会和村委会，尽管下放了一些公共服务职能。从自治意义上，居民并不支持居委会或者不参与有关公共事务，居委会和村委会在基层的治理作用非常有限。上级政府给了居委会和村委会很多事务，但是没有给予相应的权利和财力，事情很难做起来，村民自治加大了管治的难度，责、权、利不统一。实际生活中，居民最关心的是自己的根本利益，基层社会治理如何把居民的利益调动起来，需要建立治理者和被治理者融合的基层治理模式。

(二)当代世界主要社会体制

1. 公众承担社会事务的社会体制：美国模式

财富和收入分配不均的利益格局。较之欧洲模式，美国社会模式更有活力。自第二次世界大战至今，美国社会体制发生巨大变化，大致可

① 黄恒学：《中国事业管理体制改革研究》，北京，清华大学出版社，1998。

② 张平等：《中国改革开放：1978—2008》，661 页，北京，人民出版社，2009。

以分为以社团为核心的社会体制，政府指导的社会体制和个人主义盛行的社会体制三个阶段。美国社会的不公平较之西欧要严重得多，收入差距也非常大，贫困问题也较为严重。“在20世纪70年代末，美国1%最富有的人口占有财富不到国民总收入的9%。从那以后，财富就积聚到越来越少的人手中。”[①]在《同舟共济——公平经济共识》[②]中，伯恩斯坦(Jared Bernstein)从一个全新的，但又深深根植于美国历史和文化价值的视角来看美国经济及其发展，并对当前美国经济中的不公平现象，诸如医疗卫生私有化、贫富差距扩大、失业率不断攀升等，进行了大胆地批评。伯恩斯坦认为坚持以人为中心和保证人人能够分享发展成果的公平经济是发展政策的核心。他呼吁道：“不要放弃我们的目标”[③]，对于这个目标，他自己的回答是：“让那些每天都工作的人享受他们创造的经济成果。”[④]伯恩斯坦通过大量的历史和现实资料和深刻的理论分析来说明世界应该是什么以及如何使世界更公正。伯恩斯坦阐释道：保护美国人民的私人权利一直是美国价值的核心，但是由于过分强调个人主义，美国社会和经济的发展就像在地狱里吃饭一样，人们被推到了相互孤立的境地，尽管经济持续发展，但似乎人人都感到饥饿。伯恩斯坦认为这个过分强调个人主义政治和社会哲学正在伤害着美国，危及国家的未来，危及后代的发展，更为荒唐的是，它使那些试图实现美国梦的人变得更加艰难。随着社会分化，当代美国社会的凝聚力也在不断下降，美国布鲁金斯学会的一项研究显示，20世纪60年代，国会议员中，持温和和中间立场的比例为40%；而近些年来，这一比例已经跌破10%”[⑤]。国家凝聚力的减弱，对于国家治理确实是灾难性的。奥巴马执政以来，美国的财富和收入分配不均问题进一步加剧[⑥]。这是2008年以来美国经济波动的社会原因之一。

---

① [美]罗伯特·赖克：《美国的逻辑：为什么美国的未来如此堪忧》，XV页，北京，中信出版社，2011。

② Jared Bernstein，*ALL TOGETHER NOW*，*Common Sense for a Fair Economy*，Berrett-Koehler Publishers，Inc.，2006.

③ 同上书，9页。

④ 同上。

⑤ 黄平、倪峰：《美国问题研究报告：2011》，5页，北京，社会科学文献出版社，2011。

⑥ 同上书，109页。

“自玛格丽特·撒切尔和里根时期以来——也许在此之前——‘涓滴理论’就取代了凯恩斯主义，成为传统经济理念。让一部分人先富起来，他们就能带动消费，在经济发展中通过涓滴使穷人受益。在大多数主流经济思想和经济发展理论中，涓滴理论一直存在，尽管对卡维尔来说，财富不会涓滴，只会泛滥，而且这种趋势有增无减。”①

“当政府赋予公司权力时，它们认为公司的利润和支出能够通过社会进行‘滴漏’，然而，那个全球化的时代已经向另一种东西让步，变得更加崇拜绝对经济实力，也就是洛克菲勒的企业道德观所折射的内容，老布什的当选引领了这场转变。”这种东西是凯恩斯主义经济与消除全球化的奇怪混合：“资产大量流向富人，国家承担巨额财政赤字，社会救济非但没有分配给贫困人口，反而流向最富裕的公司，对世界面临的经济风险毫无意识。这就是‘旧经济’发展的最终阶段，一幅描绘旧经济模式恶习的漫画，也就是国家权力和无节制的权利的混合物，他们缺乏竞争、想象力和开创精神，令人生厌，同时也折射出中国当前的一些类似情形。”

社会、市场和国家分离的社会治理结构。美国在开国之初就建立了行政、司法和立法分离的国家权力结构，联邦和地方分权的政府间权力机构，以及社会、市场和国家分离的社会治理结构。各个主体的权力边界都比较清楚。托克维尔写道，“在美国，人民成了各级政府必须竭力讨好的主人”②。“在州内，能够代表全体乡镇的只有一个机构，那就是作为全州权力中心的州政府。除了乡镇活动和全州活动以外，就只有个人活动”③。美国的个人主义“强调的是作为开拓者对政府控制漠不关心，有时也意味着开拓者把法律带到他自己的土地上，而开拓者自己则是一名义务警员在边疆社会中建立起最低限度的社会秩序”④。社会学家费孝通教授在20世纪40年代考察美国时所描述的：“美国这个社会，从这角度看去，是很别致的，大体说来，它是早年截去了两头的层次，

---

① [英]戴维·泊伊尔：《新经济学》，38页，北京，中信出版社，2012。

② [法]托克维尔：《论美国的民主》，59页，海口，海南出版公司，2007。

③ 同上书，65页。

④ [美]卢瑟·S. 路德克：《构建美国——美国的社会与文化》，264页，南京，江苏人民出版社，2006。

只剩下了个中间梯阶的结构。我说这是别致的，因为梯阶是发生在两端之间的，没有两端也就没有梯阶了。其实美国的两端不在美国，它是个移民社区，是从欧洲中间梯阶爬横了，到了这新大陆，结果保持这梯阶的精神，永没有顶的往上爬。”①

相互帮助和共同组织社团活动的服务体制。美国国家形成初期，帮助穷人是私人慈善或地方政府的事情。早期移民社会中，“美国人主要的社会关联不是血统，而是那些名目繁多的‘社’”②。早期美国，移民众多，分布广泛，信仰各异，政府无力顾及由于快速、多元移民所造成的众多社会问题和公共事务，相互帮助和共同组织社区活动就成为美国社会结构和文化结构的基本特征，这个特征在过去200多年不断发展和完善，慈善和志愿精神成为其社会共同价值。正如美国前总统克林顿所说的：“机会的观念作为统一的动力贯穿于我们的历史。它引导我们尽最大努力，它吸引其他国家的人抵达我们的海岸，它让我们所有的人都投身于一个共同梦想。”③“共同工作以建立共同基础是我们这个民族最重要的价值观之一。保护它免遭意欲分裂我们的势力的侵害，是我们不断要面对的挑战。”④德鲁克也指出，美国生活的特色“是一种志愿者组成的私人团体内部和私人团体之间的竞争与合作共存。这种行为深深根植于过去——它存在于小宗教团体成员间的友谊和他们的相互依赖，同时也根植于拓荒者的邻里友情，它也存在于我们最新的制度当中”⑤。19世纪末20世纪初，欧洲若干国家开始建立公共福利制度，以应对由于工业革命进程加深引发的新社会问题，诸如失业、贫穷等。不过，这个制度在美国启动很晚。因为当时美国工业化方兴未艾，经济蓬勃发展，每个人都不担心没有工作。即使找不到工作，美国地广人稀，也可以得到一份农田。在这样的经济状况下，美国政府没有感到建立社会福利体制的压力和必要。1929年的经济大萧条摧毁了人们的这种信念。

① 费孝通：《费孝通文集》第五卷，7页，北京，群言出版社，1999。

② 同上书，3页。

③ Bill Clinton，Meeting American's Challenges for the 21st Century，*Time Books*，1996，p. 13.

④ 同上书，81页。

⑤ [美]彼得·F. 德鲁克：《管理的新角色：社会生态学视野下的美国》，11页，北京，华夏出版社，2011。

由于银行和企业破产，有史以来，美国人首次感受失去工作的痛苦。当时的美国总统罗伯特·胡佛认为，实行自由的市场竞争是保持经济发展的主要对策，他主张政府对企业不加任何干涉，任其自由发展，经济状况便会得到改善。与此同时，胡佛通过州和地方政府为需要帮助的弱势人群提供救济。但是地方政府没有足够的资金来做这些事情，所以，胡佛的政策目标并没有得以实现，引起大多数美国公众的不满。大多数美国人认为，胡佛为克服大萧条所做的努力是不够的，1932 年，美国人民选举富兰克林·罗斯福做他们的总统。1932 年，罗斯福上台没几天，便向美国国会提出了社会复兴和改革的立法提案。国会几乎批准了罗斯福提出的所有措施。大萧条时期实施的许多政策都是临时性的，但是其中之 ，社会保障却成为延续至今的制度。在这个过程中，社会参与和政府供给相得益彰，共同发挥作用。

2. 福利国家的社会体制：欧洲模式

公共财政支撑的社会安全网。安东尼·吉登斯则把欧洲社会模式概括为："发达的奉行干涉主义的国家，以税收占据国内生产总值的水平为衡量标准；直到高中毕业的免费义务教育；健全的福利制度，能够在相当程度上为所有国民，尤其那些最为需要的国民提供有效的社会保障；限制或阻止经济不平等和其他形式的不平等。欧洲社会模式是一系列价值观——整个社会共同承担风险——的总和，包含：控制可能会危及社会团结的不平等因素；通过积极的社会干预来保护易受侵害的人群；在产业领域培育协商而非对抗的氛围；为全体人民在社会和经济方面的公民权利提供一个良好的框架。"①在这种模式中，形成以公平和公正为核心的政府财政和福利政策；以充分就业为导向的经济政策；经济和社会政策执行过程中的社会组织制度；全社会共同承担风险的价值体系。这种体制的问题是，必须用高税收来缓解财政压力，政党政策提高了社会福利水平。"在欧洲，政府收入占国内生产总值的比重为 45.1%，而在美国则为 30.7%。"②

凝聚社会与政府力量的综合治理模式。就社会秩序而言，欧洲模式

① [英]安东尼·吉登斯：《欧洲模式：全球欧洲，社会欧洲》，13 页，北京，社会科学文献出版社，2010。

② 同上书，117 页。

无疑是一种比较有秩序的社会治理模式，它不是单一的治理，而是一套综合的治理。法国社会治理的历史说明，治理的工具不是一成不变和一劳永逸的，它们是随着时代的发展变化而不断发展变化的。最初的社会治理，后来政府介入，尤其是中央政府的介入，再到后来的社区，特别是地方政府的介入，不同历史阶段，面对的问题不一样，采用的治理方式也大不一样。“在法国，动员采取公共行动帮助城市‘办社会’的方式——不论是在何种空间上——与美国那种依靠市民社会和地方层面的积极性的意志并不相同。美国人的逻辑建立在自由行动原则的基础上。”①这又回到了罗伯特·帕克的至理名言：任何制度背后都有一套价值体系在支撑着。在治理问题上，法国和美国也有很大差别。“在法国，是国家收税官征收社区赋税；在美国，是社区收税官征收国家赋税。因此在我们这里，中央政府向社区派出代理人；在美国则是社区向政府派出公职人员。”②

工会和其他促进工人权利的机构发挥关键作用。在维持这些机制的过程中，“社会伙伴”、工会和其他促进工人权利的机构发挥着关键的作用。欧洲社会模式的每项特征都应当有助于促进整体经济繁荣和提供更多的就业机会。“欧洲社会模式的动力来源于竞争、团结和互信三者之间的互动……欧盟所有成员国的国家制度都致力于寻求经济效率与社会进步的协调。各国实现这一目标的方式各有千秋，但所有国家都有成立行业协会、资方协会和工会等组织的自由，有在协商中表达并捍卫自己观点的自由和经营自由，这些都构成了欧洲社会模式的基础。”另一个重要的参数是：“应建立强有力的社会安全体系，它会充当‘社会减震器’的作用，尤其在危机出现时，每个人都能感受到它的重要性。”③欧洲的经验说明：第一，社会成员和社会组织之间的沟通是社会进步的重要的内容；第二，社会安全网是社会秩序的基础。

3. 全球化下的社会体制

全球化背景下的财富分配机制。在财产关系和利益分配格局上，全

① [法]索菲·博迪—根罗德：《城市暴力的终结?》，李颖、钟震宇译，30页，北京，社会科学文献出版社，2010。

② [法]吕西安·若姆：《民主—社会与民主—政治权利》，载《读书》，2012(1)，37页。

③ [比]马里奥·塞彼：《欧洲社会对话》，载《中国经济社会论坛》，2010(4)。

球化的基本特征是金融资本可以在各国自由流动，人力资本却不能自由流动。“跨国现象可以分为三类——产品、人口和信息。每一类都对国家有着独特的影响。”①全球化的历史和现实表明，“资本市场自由化并没有促进发展中国家的经济增长，但却将它们置于更大的风险之中。”②要使人力资本能够与金融资本一起自由流动，理论上的解决方案是取消主权国家，事实上这是不可能的。另外，源于共同体意识的社会体制使各国人民都愿意在自己国家生活，并希望本国经济繁荣。经济全球化正在带来政治的全球化、文化的全球化和生活方式的全球化，而政治、文化和生活方式必须是多元的，它们不像经济的效率标准那样可以单一地加以衡量和比较。全球化背景下的单一经济效率标准和多元政治、文化、生活方式之间的矛盾，是当今世界发展过程中基本矛盾的又一表现。

超越主权国家的社会互动和诉求表达。首先，主权国家的社会治理面临挑战。曼纽尔·卡斯特针对当前世界社会中正在进行的不寻常转变进行了非常有意义的探索。就社会来说，在没有全球信息化之前，主权国家与主权社会是统一的。全球化条件下，信息可以通过互联网、卫星电视、手机短信等把不同国家的居民联系起来。这就给一些主权国家的社会治理带来一定难度。跨国界的卫星电视频道造成了跨国界的收视群体，也造成跨国界的文化传播、文化认同。在这种情况下，国际经济、政治、文化、军事等领域的每一次波动，都会影响到国内居民。“作为一个政治单位，国家正受到前所未有的挑战。运输和传播的现代体制促进了产品、人口和信息的全球交换，也打破了单一民族国家的疆界和权限。”③其次，互联网下的结社。由于互联网等新媒体技术的应用，整个世界的社会体制已经发生了根本的变化。网络社会，或者叫做网络社区，人们通过网络形成共同兴趣、利益和分享活动，形成网络条件下的人与人之间的关系，甚至结社。“约翰·哈特立做了一个大胆而又令人

---

① [美]马克·波斯特：《互联网怎么了?》，易容译，107页，开封，河南大学出版社，2010。

② [美]约瑟夫·斯蒂格利茨：《稳定与增长》，刘卫译，166页，北京，中信出版社，2008。

③ [美]马克·波斯特：《互联网怎么了?》，易容译，106页，开封，河南大学出版社，2010。

信服的论断，说媒介就是公共领域：‘电视、大众化报纸、杂志和照片，现代的大众媒介，就是公共领域，是公共场所被创造出来并得以存在的方式和地方。’维利里奥也提出这样的观点：‘从现在开始，在街角预演的视觉机器中，大街同公共集会地点的屏幕、电子显示屏相比，已经黯然失色。’‘公共’越来越倾向于滑入‘公开’，就像‘文字’被‘图像’取代。审视这些变化，必须摈除怀旧、追诉之情，并且使用现代人的政治和理论才行’。”①随着全球化进程加速，这种现象越来越明显，主权国家社会治理面临的困难也越来越多。互联网改变了传统的参与方式。“看起来，媒介尤其是电视与其他形式的电子传媒，孤立了市民并替换了旧式政治空间中的自我。”②在全球化经济下，明显感到与主权政治实体不一致的情况是，全球互联网系统下的个体分布在世界各地、不同国家，在扁平的互联网系统中他们可以形成虚拟组织，也可以单独成为主体。

跨国和国际非政府组织参与公共服务供给。在扁平的互联网系统中国际非政府组织、跨国非政府组织获得巨大便利性。跨国非政府组织（Cross NGOs）和国际非政府组织（International NGOs）借助于信息技术和现代交通在世界各地开展各种活动，诸如扶贫、福利、文化、教育、卫生、社会服务、环境保护、国际发展、住宅、慈善、法律援助、志愿服务等，社会服务远远超出国界，尤其在“经济发展援助、灾害和救济、国际友谊和文化传播”③等方面，这类组织发挥了重要的作用。20 世纪 70 年代以来，社会领域的创新和企业家的活动都与国际组织的活动有关④，这些活动或多或少对主权国家的政府产生影响，“全球化已经给政府提供社会保障带来极度困难——国际一体化正在影响政府的作用，削减其社会义务”⑤。现代社会由于信息技术的广泛应用和社会流动不断加大，人们在不同场合和不同时间里建立了各种关系来交流和安定情绪，以实现个人安全，包括

---

① ［美］马克·波斯特：《互联网怎么了?》，易容译，187 页，开封，河南大学出版社，2010。

② 同上。

③ Ledivina V. Carino，*Between the State and the Market*，CLCD UP NCPAG，2002，p. 87.

④ Vivian Hutchinson and the New Zealand Social Entrepreneur Fellowship，*How Communities Heal：Strories of Social Innovation and Social Change*，The Florencw Press，2011.

⑤ Philippe Legrain，*Open World*，*The Truth About Globalization*，Abacus，2002，p. 151.

通过网络和新媒体建立和维持的朋友关系、单位内部的人际关系、社会中的兴趣团体、各种俱乐部、学校的同学会、专家聚会等，现代社会的交往方式远远超越了以往以地域为基础的情绪安定装置，也就是我们通常意义上所谓的社区，视频、语音短信、电话等现代通讯工具把家庭的交流范围扩展到全球范围，尽管它与面对面的接触还有一定距离。

三、当代社会体制的逻辑演变

历史从哪里开始，逻辑就应当从哪里开始。但逻辑不是历史的简单描述，它集人类智慧，在更高层次上反映历史，提升历史，展现人类的洞察力。本文分别从中国学者和国外学者对有关社会体制的思考和理论分析入手来看当代社会体制的逻辑演变。

(一)中国学者对于社会体制的探索

1. 选择公民社会及其治理还是其他

自20世纪90年代以来，中国学界就社会与国家的互动展开了一系列的讨论，比较典型的是有关市民社会的讨论。有代表性的学者包括邓正来和俞可平。邓正来认为，"无论是因简单地套用西方市民社会模式而不意识其作为实体在中国建构的种种问题，还是因认为作为实体的市民社会在中国建构存在种种问题而否认市民社会解释模式所具有的可能的正面意义，都不是解决中国市民社会研究所存在的问题的路径"。[①] 邓正来主张在对中国问题的分析过程中逐步探索中国的社会和国家关系及市民社会概念。谈到公民社会及其治理，俞可平主张不能简单照搬一般概念，"虽然治理理论还很不成熟，它的基本概念还十分模糊，但它打破了社会科学中长期存在的两分法传统思维方式，即市场与计划、公共部门与私人部门、政治国家与公民社会、民族国家与国际社会，它把有效的管理看作是两者的合作过程；它力图发展起一套管理公共事务的全新技术；它强调管理就是合作；它认为政府不是合法权利的唯一源泉，公民社会也同样是合法权利的来源；它把治理看作是当代民主的一种新的现实形式；等等。所有这些都是对政治学研究的贡献，具有积极的意义"[②]。俞可平

---

① 邓正来：《市民社会理论的研究》，159页，北京，中国政法大学出版社，2002。

② 俞可平：《治理与善治》，15页，北京，社会科学文献出版社，2000。

担心这些概念在国际领域会成为一些大国和跨国公司干涉别国事务和内政的借口。无论是邓正来还是俞可平，都充分肯定了公民社会及其治理的学术思想的价值和意义，但也都指出了其局限性。其实这个问题的最大争论还是来自公民社会作为一个舶来品，它与中国的历史和文化之间的关系到底如何？到底是社会管理还是社会治理，学术界还在争论不休。

2. 适应经济体制改革需要的社会体制

在经济体制改革过程中，一些有着改革实践经验的学者们基于经济体制改革所需要的社会体制、社会管理主体、社会管理对象等，提出社会体制问题。宋晓悟把社会体制划分为劳动就业体制、收入分配体制、社会保障体制、教育体制、医疗卫生体制和社会管理体制。尤其是围绕着中国改革历程中涉及的各种因素而进行的一系列制度设计，是围绕着经济体制改革引申出来的政府职能转变，进而谈论社会体制问题①，“围绕公共服务和社会管理而进行的一系列制度安排，主要包括社会事业体制、社会管理体制和公共服务体制三个方面。其中，社会事业涉及教科文卫体，社会管理涉及就业、收入分配、社会保障、人口发展、社区和社会组织、公共安全和社会稳定等，但公共服务体制又与社会事业体制、社会管理体制有很大的交叠，为避免重复，这里侧重指公共财政、公共服务供给和公共服务提供方式等方面的体制问题”②。卢汉龙等认为“社会机体是由各种制度性设置(institution，又可翻译成‘公共机构’)组织起来的”③。卢汉龙等把人口体制、家庭婚姻制度、基层社区体制、社会治安、社会组织以及社会福利和社会保障视为社会制度的重要内容。李培林认为，“为了构建现代社会管理体制，一切与此相矛盾或背离的现行社会管理制度都应被纳入改革和完善之列。目前，尤其需要深化对城乡管理体制、社区管理体制、社会组织管理体制、公共资源投入管理体制的改革”④。

3. 以社会管理体制为核心的社会体制

基于中国发展过程的利益关系调整，有学者，特别是有法学或政治

① 宋晓悟主编：《中国社会体制改革30年回顾与展望》，北京，人民出版社，2008。

② 半月评论：《加快推进社会体制改革》，载《半月谈》，2010(22)。

③ 卢汉龙等：《新中国社会管理体制研究》，2～3页，上海，上海人民出版社，2009。

④ 李培林：《创新社会管理体制是我国改革中的新任务》，载《人民日报》，2011-02-23。

学背景的学者从利益、权利等角度分析社会体制，也有学者把社会体制视为社会管理体制。郭道晖认为社会体制包含三层意思，“一是多元群体的社会地位的结构，包括阶级、阶层、利益群体、公民、社会组织等等。他们在社会中的结构和地位应该是存在的，比如说我们工人阶层是领导阶层。二是社会物质资源、精神资源的占有与分配的体制。三是社会主体的权利(right)和权力(power)的结构。四是社会权力和国家权力的互动关系”[①]。这个解释包含了社会分层、利益关系和国家与社会的关系。何增科认为，社会管理体制包括，利益协调体制、社会保障体制、弱势群体保护体制、流动人口管理体制、民间组织管理体制、基层社会管理体制、社会服务体制、社会工作体制、社会治安体制、社会应急管理体制等。[②] 何增科等在其《中国社会管理体制改革路线图》中把社会管理体制的外延界定在社会权利与社会治理、利益协调、社会公平与收入分配、社会保障、弱势人群权益保障、流动人口管理、社会组织管理、基层社会管理、社会服务、基本公共服务均等化与公共财政、社会工作、社会治安等方面。[③] 俞可平认为，“社会管理体制就是国家为了维护社会秩序而用以规范和协调社会组织、社会事务和社会生活的一系列制度和机制。社会管理体制的内容极为丰富，就目前我国的现实情况而言，诸如社团管理体制、社会保障体制、社会治安体制、社会应急体制、社会服务体制、社区管理体制和社会工作体制都可列入其范围”[④]。社会管理体制不能简单视为社会体制，前者是一定国家或地区社会主体根据一定的目标对社会秩序进行干预和活动过程；而后者是客观反映政府和社会关系的历史客观过程。

4. 以社会规范为核心的社会体制

社会规范是社会学的基本概念，指的是作为人们的行为准则的社会规范是如何在一个社会中发生作用的。社会规范又分为正式的社会规范和非正式的社会规范。刘少杰指出，“广大基层社会成员在日常生活中的思想意识活动通常处于社会心理的感性意识层面上，上升到理性推论

---

① 郭道晖：《论社会权力——社会体制改革的核心》，载《中国政法大学学报》，2008(3)。
② 何增科：《深化十大社会管理体制改革的具体构想》，载《北京行政学院学报》，2010(2)。
③ 何增科：《中国社会管理体制改革路线图》，北京，国家行政学院出版社，2009。
④ 俞可平：《推进社会管理体制的改革创新》，载《学习时报》，2011-03-08。

或理论思维层面来思考问题、支配行为是非常有限的或很少发生的。而且支配人们在日常生活中展开各种行为的制度，更多的是习惯、习俗和惯例以及在文化传统中传承下来的道德伦理规范，而这些都属于内在的、非正式的感性制度”①。事实上，在现实生活中，非正式的社会规范要通过各种正式的社会规范不断得到强化而潜移默化为人们的日常行为规范，它是一种长时段的力量，也需要通过长时段的努力来建立，也就是我们通常所谓的文化问题。但是，这个观点非常有价值，它提醒我们，中国现代化进程中的核心问题之一是如何通过合理的制度设计并坚持不懈地贯彻执行来实现人们行为方式的根本转变。

(二)国外学者对于社会体制的认识

1. 把社会作为整体探索与社会需求

迪尔凯姆在其《社会学方法论》中阐明了自己关于社会和社会整体的理论，其中包括：①社会本身可以被看成是一个实体，它区别于自己的各个组成部分并且不可归于各个组成部分；在把社会当做一个独立的实体时，迪尔凯姆实际上优先分析了社会实体的重要性；②迪尔凯姆在强调优先分析整体时，把系统的组成部分看成整体的基本功能，满足整体的需要和必要条件的东西；③迪尔凯姆以“常态”和“病态”使社会系统概念化，这样便强化了“功能需求”的观念。这一思想至少意味着：若要避免“变态”的出现，必须满足社会系统的需要②。雷蒙·布尔在对自迪尔凯姆以来的社会学研究方法做了分析之后指出，社会学方法可以分为三大类，“第一类的分析范围是社会整体，第二类则是个体以及个体所处的社会环境所构成的复杂关系。”第三类研究“可能包含的范围既不是社会整体，也不是社会局部，而是可直接观察的，‘自然的’社会单位，如群体，机构、社区等”。尼可拉斯·鲁曼(Niklas Luhmann)社会体制理论的核心是认为社会系统首先是一个沟通系统，社会包含了所有的沟通。当代社会是一个全球社会，每个个体都与其周围的环境联系在一起。马克思和恩格斯指出，“在现实世界中，个人有许多需要”，“他们

① 刘少杰：《改革创新社会管理体制，化解风险型社会矛盾》，载《科学社会主义》，2010(3)。

② [法]迪尔凯姆：《社会学方法论》，济南，山东人民出版社，1988。

的需要即他们的本性”。[①] 只有在一定历史条件下和社会关系中从事实际活动(首先是生产活动)的现实人，才具有人的需要，人的本质。从马克思和恩格斯关于人的需要的诸多论述来看，现实的人具有五类需要：生理需要，社会交往与爱和尊重的需要，劳动的需要，认识和创造的需要，自我实现的需要。自我实现是出自自我需要的活动，是由自我提出目的的活动，但并不都是为个人利益而奋斗的活动。

2. 人与人关系模式组成的制度形式

也有学者把社会体制理解为人与人关系模式组成的制度形式，包括个人与人、个人与群体以及群体与群体之间的关系。“不管我们对未来抱有什么希望，对人类可能找到用以改善人与人之间的关系、促进财富公平分配、实现知识和道德传播的各种方式抱有什么想法，有一点必须承认，那就是：社会秩序是由一些成员所组成的，这些成员有智能、有道德、意志自由，并且能不断完善。若是剥夺这些成员的自由，社会就只能是一堆粗陋的、破烂的机器而已。”[②]这是从人类本性出发讨论社会秩序的，而人类的本能不是与生俱来的，而是生成于一定的环境，或者叫人文生态。帕克和麦坚齐认为：“社区是社会团体中个人及其社会制度的地理分布，每个社区都是一个社会，但每一个社会并非是一个社区。”[③]帕克和麦坚齐特别注重区位(Location)在社区形成中的作用，注重时间和空间对人类组织方式的影响和对人类行为方式的决定性作用。麦坚齐认为：“人类社区发端于人类本性的一些特性和人类自身的基本需要。人类是群生群居的动物：‘他无法单独地生存，相对看来，人是弱小的，他不仅需要一定环境保护，供他居住，还需要同类伙伴的协同合作。’”[④]由此我们可以来解释为什么要在基层建立社会秩序和在基层实施社会治理。这里暂且把基层社会治理叫做社会管理的微观机制。建设社会管理的微观机制的意义在于，重建家庭、社区、社会组织等。

3. 制度、地位和角色的社会结构下的社会体制

帕森斯(Talcott Parsons)将把社会、文化和人格三个因素视为社会

---

① 《马克思恩格斯全集》，第3卷，326、514页，北京，人民出版社，1979。

② [法]弗里德里克·巴斯夏：《和谐经济论》，14页，北京，机械工业出版社，2010。

③ 参见R. E. 帕克和E. W. 布吉斯的《社会学的科学导论》(*Introduction to the Science of Sociology*, Chicago, 1921)。

④ [美]R. E. 帕克等：《城市社会学》，65页，北京，华夏出版社，1987。

组织的三种主要模式。[①] 主要体现在两个方面，一是有关制度、地位和角色的社会结构；二是社会行动和人类互动机构的功能。因此，社会体制包括社会变迁(行动和互动的过程)和社会稳定(稳定的社会结构形式)，进一步说，它包含了社会的整体：共同价值、行为规范和社会目标。重建微观社会秩序，就是要建立和谐的家庭关系、充满活力又有秩序的社会组织和基层组织活动。“实际上自1945年以来，对于社会民主而言，机械改革的成本非常之高。如果有人试图奉行一项政治战略，但是没有深刻借鉴广大民众所持有的价值观，那么当受到更为显著和自信的信仰体系的挑战的时候，很快就会崩溃。”[②]改变价值观念，使人们的生活方式与他们的道德行为相符合，这本质上是自下而上的社会行动，需要从家庭、社区和工作单位做起。

4. 同舟共济公平发展共识

伯恩斯坦(Jared Bernstein)通过一个发生在天堂和地狱的寓言对自己心中理想的社会体制描述道：“我曾经听人们讲过一个发生在天堂和地狱中的寓言：分别在天堂和地狱的人们，围坐在盛满美味大餐的餐桌旁，食物远离他们，不过他们每人都手握真正的、可以触及那些食物的长长餐叉。在地狱，人人都挨饿，因为尽管每个人都可以用手中的餐叉去取到食物，但是，餐叉长于他们的手臂，以至于他们弯过手臂难以把餐叉终端的食物送到嘴里。在天堂，人们也面临餐叉太长问题，但是大家吃得很好，怎么回事？因为他们互相喂食。”[③]紧接着这个寓言，伯恩斯坦指出：保护美国人民的私人权利一直是美国价值的核心，但是由于过分强调个人主义，美国社会和经济的发展就像在地狱里吃饭一样，人们被推到了相互孤立的境地，尽管经济持续发展，似乎人人都感到饥饿。伯恩斯坦认为这个过分强调个人主义政治的社会哲学正在伤害着美国，危及国家的未来，危及后代的发展，更为荒唐的是，它使那些试图实现美国梦的人变得更加艰难。面对这种困境，YOYO(You are on

---

① Talcott Parsons, *The social system*, London, Routledge, 1991.

② [英]安东尼·吉登斯：《欧洲模式：全球欧洲，社会欧洲》，沈晓雷译，153页，北京，社会科学文献出版社，2010。

③ Jared Bernstein, *ALL TOGETHER NOW*, *Common Sense for a Fair Economy*, Berrett-Koehler Publishers, Inc., 2006.

your own)的困境，伯恩斯坦认为，人类需要一个变通的理念，这个理念既能接纳个人自由，又强调这种个人自由应当通过更合作的方式来应对人们面对的挑战来实现。他称之“我们一起做”(We're in this together，WITT)。2011年，克林顿引用了这句富有哲理的语言，并认为，基于这样的哲学理念，美国会摆脱当前的危机，创造更多的工作岗位，奠定长期和繁荣发展的基础①。在他的新作中，克林顿对于企业家的社会责任，以及员工的社会责任都寄予厚望，认为它们是企业繁荣和社会和谐的基础。这样，从同舟共济的理念，到社会企业家的培养，在理论和操作意义上就找到了结合点。值得欣慰的是，现实中已经有一批实务者在这方面积极践行②。

5. 主张对现行资本主义系统升级

进入21世纪后，尤其是2008年国际金融危机以后，国际上探索当代资本主义出路的思潮不断涌现，这包括对资本主义升级的呼声。“现阶段涌现出的替代新自由主义和凯恩斯主义的各种思潮中，有主张局部改良的金融体制改革派，有主张全面改良的财富收入改革派，有提出革命要求的长期国有化改革派，也有主张‘21世纪社会主义’的权利结构改革派。它们从不同的层次和角度，提出了替代资本主义的理论和现实方案，并有一部分付诸实践。”③彼得·巴恩斯认为资本主义造成的环境破坏和贫困要求对这套制度进行升级，“我们是否能够设计、安装并升级一个系统来纠正这些问题呢？这看起来是个遥不可及的梦想。然而，历史上就曾有过类似的梦想成真，那就是1935年颁布的社会保险法律”。“我们现在所需要的就是一个与此类似的系统升级，这次所要纠正的是，资本主义对于自然环境与人类后代的漠视，以及中青年人群的贫困问题。”④英国学者阿纳托莱·卡列茨基针对2008年的全球金融危机

① Bill Clinton, *Back to Work: Why We Need Smart Government for A Strong Economy*, Hutchinson, 2011, p. 82.

② Muhammad Yunus, Karl Weber, *Building Social Business: The New Kind of Capitalism that Serves Humanity's Most Pressing Needs*, Public Affairs, 2011; Geert Hofstede, Gert Jan Hofstede, Michael Minkov, *Cultures and Organizations: Software of the Mind*, Mc Graw Hill, 2010.

③ 程恩富、丁晓鑫：《新主张新要求层出不穷》，载《人民日报》，2012-01-16。

④ [美]彼得·巴恩斯：《资本主义3.0》，吴士宏译，28页，海口，海南出版公司，2007。

带来的一系列问题，提出了“资本主义 4.0”的思想，“在未来的几年中，全球政治会遭遇困惑、迷茫和冲突，会导致进一步的国际失衡和更为严重的金融泡沫的破灭。而这些问题的起源我们无从想象。同时，民主资本主义也会随时随地兴起，我们同时也确信，现存的新兴资本主义模式会留下许多未解决的问题和矛盾”。“资本主义体系新版本也并非合情合理、完全高效和永远平衡的。未来如同人类的生活一样，依然是不可预见、模棱两可和纷繁复杂的——这就是资本主义 4.0。”①自工业革命至今，几个漫长的世纪，思想家们不断探索。这些探索使我们感到，人类社会似乎正处在一个十字路口上：要么重蹈覆辙，要么改革创新。如果说，在漫长的 20 世纪中，“20 世纪 70 年代，许多人谈论危机。20 世纪 80 年代，大多数人谈论重建和改组。20 世纪 90 年代，我们不再相信 20 世纪 70 年代的危机已经真正解决；开始流行的观点是，资本主义历史或许正处于一个决定性的转折点”②。从 20 世纪后期至今，这些流行的观点比比皆是。

四、当代中国社会体制的改革与创新

(一)历史和逻辑起点

1. 国际上的有关历史经验和面临的问题与挑战

中国在由计划经济向市场经济转轨的目标中在一定程度上隐含了追赶发达国家的情结，也就不可避免地复制了发达国家的成功的和不成功的各个方面，这些年我们越来越感觉到这一点。这里不再讨论社会不平等问题，因为这已经是有目共睹和众所周知的事实。但社会保障问题应当加以关注。从 19 世纪到 20 世纪人类社会经历了一个社会创新的漫长过程。这其中包括俾斯麦在德国建立社会保险制度，诸如健康、养老、工伤以及失业保险等，他由此成功地平息了当时风起云涌的“阶级斗争”。不久，罗斯福开启了社会保障体制的新阶段，帮助美国，甚至世

---

① [英]阿纳托莱·卡列茨基：《资本主义 4.0》，胡晓姣译，287 页，北京，中信出版社，2011。

② [意]杰奥瓦尼·阿瑞基：《漫长的 20 世纪：金钱、权利与我们社会的根源》，1 页，南京，江苏人民出版社，2001。

界度过了20世纪的最大经济危机。这个时期的社会变革与技术发明不同，政府在其中发挥了主要的作用，“只有在政治体制创造出新的经济激励机制和新的社会机构来提高私有企业解决问题的能力及革新能力时，很多挑战才会迎刃而解，包括20世纪30年代的大规模失业，20世纪70年代的通货膨胀及劳工动乱，以及当前时期的金融不稳定状态和气候变化等问题”①。这实际上是指政府对市场干预体制机制的出现，尤其是指以凯恩斯主义为核心的宏观经济政策体系的建立，以及20世纪70年代里根和撒切尔的新公共政策的实施所导致社会领域的全球公民社会革命。宏观经济政策的制定和实施缓解了企业的福利、社会保障压力，提高了它们的竞争力和就业能力。全球公民社会革命导致公共服务机构，尤其是非营利组织的发展和革新，引发了社会组织形式的变革。这些政治体制的变革，不论是针对经济的还是针对社会的，最终结果是促进了社会秩序的平稳运行。政府是推动社会变革的主体，社会变革是一种政府行为。但是，德鲁克发现，到了20世纪后期，“政府似乎莫名其妙地失去了其进行有效社会变革的能力”②。为什么？其实政治家们发现了问题的实质，“在1935年这种制度是非常合理的，当时每40个在职员工承担1位退休者的生活费用。但是随着时间的推移，出生率下降，人口比例逐渐变化，生活成本则不断攀升。结果，到2005年的时候，社会保障体制要求每3个在职员工承担1位退休者的生活费用。对于在21世纪头10年里步入职场的年轻人来说，这一比例将会变成2∶1”③。克林顿也注意到了这个问题④。

政治家们更多是从现实，诸如财政压力中感受到了问题所在。正是在这个意义上，里根和撒切尔进行了一系列改革，自此，新公共管理革命油然而生，并对一些问题进行了探索，但没有找到答案。与社会保障

---

① [英]阿纳托莱·卡列茨基：《资本主义4.0》，胡晓姣译，6页，北京，中信出版社，2011。

② [美]彼得·F.德鲁克：《管理的新角色：社会生态学视野下的美国》，王灏译，207页，北京，华夏出版社，2011。

③ [美]乔治·沃克·布什：《抉择时刻》，杨晨曦译，276页，北京，中信出版社，2011。

④ Bill Clinton, *Back to Work: Why We Need Smart Government for A Strong Economy*, Hutchinson, 2011.

和福利相联系的是民主决策问题，卡莱斯·鲍什的理解是，“公共部门的扩张受到了选举参与、选民的经济风险分布以及不同人群再分配要求类型等诸多因素的影响……通过中间选民向低收入人群的转移，选举参与程度的提高会加剧政治系统中间因现有再分配要求造成的紧张局面，迫使政治家扩大公共计划”①。这也可以解释为什么第二次世界大战以来，欧美福利国家在公共领域面临的一系列的难题和争议。就这样，社会体制问题就与政治体制联系在一起了。社会体制或者是经济体制的变革都离不开政治体制的变革。如果仔细分析 20 世纪 30 年代的美国公共福利制度，罗斯福政府启用这个制度的最初目标是扩大需求，并以此来刺激经济增长，步出危机，它的客观结果却导致了政府公共部门的扩张。20 世纪 70 年代，里根和撒切尔面对滞胀的挑战，抛弃了凯恩斯主义，在经济领域实施了更加自由的宏观经济政策，在社会领域实行了旨在节省公共支出的新公共政策，导致了这个领域的公民社会组织的发展。而这种新公共政策又依赖一定的税制结构。税制结构取决于收入分配制度，也依赖于经济发展。中国在 20 世纪 50 年代开始建立以计划经济为特征的社会体制，20 世纪 80 年代又开始借鉴发达国家的经验对传统的社会体制进行改革。目前的中国社会体制既带有计划经济时代的特征，又带有发达国家的一些特征。

2. 国内外思想理论的积淀及其局限性

19 世纪以来，尤其是进入 20 世纪以来，西方的思想家和政治学家在资本主义体系、政府与公民社会的关系等理论上了形成了若干认识，建立了诸多理论。但是，西方政治、社会、经济甚至文化的发展从来就不是铁板一块，各个国家有不同的发展特点，甚至一个国家内部的政治、社会、经济和文化也不尽相同。公民社会的理论是一回事，在各个国家的实践又是另外一回事。美国就是很好的例证。第二次世界大战之后，美国税收政策调整、产业结构变化带来大量就业岗位，造就庞大中产阶级，使得政治学家们崇尚和追求的公民社会得到充分展现。20 世纪 70 年代以后随着实体经济向海外转移，虚拟经济造成的就业岗位大大减少以及收入差距的不断扩大，美国的社会资本不断减弱，并引起一系

① ［美］卡莱斯·鲍什：《民主与再分配》，熊洁译，188 页，上海，上海人民出版社，2011。

列问题。改革开放以来，中国学者立足国情，借鉴发达国家的理论和实践，对社会体制问题进行了深入探索，从不同角度形成了自己的认识。国内外的这些认识为当前中国改革和创新社会体制带来了丰厚的理论储备。

3. 当代中国社会体制面临的问题与挑战

中国在20世纪90年代以后顺利通过了商品价格改革和启动资源和垄断行业价格改革，一直坚持国有经济的主导地位，保持了经济制度的稳定性。中国的金融监管体系使其在1997年和2007年成功地应对了亚洲金融危机和国际金融危机的冲击，保持了经济的平稳运行。21世纪中国收入差距不断扩大，社会问题、矛盾和冲突不断增多，从表现出来的问题看，社会体制的改革和创新显得尤为重要。

1980年，中央采取重大措施建立“财政分灶吃饭”的财税体制，1988年又进一步扩大到“财政大包干”。随着改革的深入和市场经济的发展，这种以行政分权为特征的财税体制与市场经济的矛盾日趋凸显，预算内收入，尤其是中央政府的预算内收入逐渐萎缩，1993年中央决定深化财政体制改革。1994年实行的分税制改革是新中国成立以来规模最大、内容最多、范围最广的一次财政体制改革。这种分税制有利于调动中央和地方的两个积极性。中央财政有了更大的主动权，增强了平衡区域差距的能力。但是，这种分税制改革仅仅理顺了中央财政与地方财政之间的关系，对于省以下的财政体制和转移支付没有考虑。而在省内各级政府间的财政关系设计上，各省基本参照中央与省财政及转移支付体制来设计本省以下财政体制和转移支付模式，由于省级以下各级政府承担直接提供基本公共服务和公共产品职能，不仅仅等同于中央和省级财政的关系。计划经济能够在中国得以实施不能不承认中国传统文化和社会体制拥有适应这种经济体制的土壤。

过去六十年，户籍制度限制了城乡人口的流动，形成了城乡分治分割的局面，以致当前面对两亿多的进城农民工及其家属，各地在基本公共服务供给上束手无策，新生代农民工对于工作权利、公民权利、与城里人平等地位的追求等，成了当前社会发展的难点问题。农民工是当代中国社会发展领域引发问题最多，解决难度最大的群体之一，农民工的基本公共服务权利得不到保护，农村出现大量空巢老人和留守儿童，等等。20世纪80年代改革以前的中国社会，虽然经济发展效率不高，但是大部分人还是享有一定的社会福利的，即便是在农村，农民也享受着普惠制的最低水平的医疗服务。中国在向市场经济过渡过程的初期，对于那些可能在市场上受损的人们的福利考虑不够，或者说，市场经济初期，经济力量不足，造成一部分人的生存和发展危机，这其中首当其冲的，最初是国有企业和城镇集体企业职工，后来是进城农民和他们的家属。

在农村，20世纪随着改革开放的不断深入，根据中央和国务院的部署农村村委会制度开始建立，全国普遍撤销生产大队，设立村民委员会，到1985年村委会设立工作在全国范围内基本完成，村民自治的组织体制和制度基本建立。在城市，20世纪50年代根据《城市居民委员会组织条例》，确定了居民委员会的组织性质、工作内容和居民自治方向。改革开放以后，随着国有企业、集体企业和事业单位的改革，“单位人”向“社会人”转变，政府工作重心逐步向社区转移，1989年，七届全国人大第十一次会议审议通过了《中华人民共和国城市居民委员会组织法》，进一步规范了社区居民自治，引进了“社区服务”概念并以法律条文方式予以规定①。目前基层处理社会问题主要基于两种逻辑。传统的治理模式，即由治理者和被治理者两部分人组成，治理者作为公共事务的决策者，指导、协调、管理社会生活，在这种情况下，政府面临着巨大的管理压力和治理成本。正在形成的治理模式，即公共生活是公民共同的事务，人们在基层组织的领导下，通过居民协商，制定一定的规则，共同决策，共同治理，基层组织把握大方向。公民社会的最终责任主体是公民个人，每个公民对自己负责，也对社会负责，从而形成以村民自治与社区自治为基础的社会治理，具体表现为行政引导型、自治型、混合型、企业主导型。目前纯粹的自治模式并不多见，尽管不少地区都在试点。如何建立适合中国现状、历史传统和居民行为模式的基层治理，还有许多问题需要解决，也需要一定的时间，其中经济发展水平不容忽视。民办非企业单位与事业单位的区别意味着民办非企业单位被当作一类独立的组织，即使赋予它们权利，它也与各种歧视联系在一起。

---

① 参见张平等：《中国改革开放：1978—2008》，北京，人民出版社，2009。

对于这段改革的历史，吴敬琏如是说，“在经济改革方面，在政府内部和学术界一直存在不同意见。国务院领导原来坚持‘价、税、财政配套改革’，但是到1986年10月，国务院领导改变了原来的想法，转向以国有企业改革为主线，并在1987年和1988年实行了‘企业承包’、‘部门承包’、‘财政包干’、‘外贸大包干’和‘信贷切块包干’五大‘包干’制度，回到了维持市场经济与命令经济双轨并存体制的老做法。由于丧失大步推进改革的时机，行政腐败、通货膨胀等问题愈演愈烈，最后以1988年的抢购风波和1989年的政治风波告终”①。针对这些问题，1992年邓小平南巡讲话做出了进一步改革开放的发展规划，1992年10月，中共十四大确定了建立社会主义市场经济的改革目标，1993年11月，党的十四届三中全会又做出了《中共中央关于建立社会主义市场经济体制若干问题的决定》，明确提出“整体推进、重点突破”的改革战略，提出了改革财政、金融、外汇管理和社会保障体制的改革目标。到20世纪90年代后期，党的十四届三中全会提出的改革目标基本得到实现，但是，稀缺资源，以及重要行业诸如能源、电信、石油、金融等部门的改革还远远没有完成，特别是政府自身的改革和建设远远不能适应发展的需要。这些都造成了社会领域中的一系列的问题，诸如收入差距扩大和干群关系紧张等。基于上述情况，2007年，中共十七届五中全会明确提出，“更加重视改革顶层设计和总体规划……大力推进经济体制改革，积极稳妥推进政治体制改革，加快推进文化体制、社会体制改革，不断完善社会主义市场经济体制……”②。至此，社会体制改革摆到了议事日程。

(二)中国当代社会体制改革和创新的三个基本要素

1.“建立在合理利益和公正决策边界下公众参与”的当代中国社会体制改革和创新目标模式

如果说，改革开放的前三十年是通过完善市场经济体制来释放市场主体活力的话，那么，进入21世纪以来，中国需要通过完善以市场为基础的经济所需要的制度完善来进一步提高生产效率，建立合理的利益格局，充分动员公众参与社会生活。一方面，通过这种参与来实现民主

---

① 吴敬琏：《当代中国经济改革教程》，66～67页，上海，上海远东出版社，2010。

② 引自《中共中央关于制定国民经济和社会发展第十二个五年规划的建议》。

决策和科学决策，使经济社会发展更加贴近人民群众的生活需要；另一方面，通过公众参与使居民承担起更多的社会事务，减少政府在公共领域和社会领域的投入和负担，实现社会发展方式的根本转变。正如作者在2003年写道，“应当让更多的人参与这个决定中国未来发展方向的决策中来，如果大部分认为‘我不能影响未来发展，我何必参与’或‘官员与商人决定未来，我只管自己的事情’，那么中国就很难看到一个有效的发展规划和解决问题的一揽子措施，促进更多的人民参与，将是我国应对危机的最有效的办法”①。在中国这样一个世界上人口最多的国家搞现代化，如何使每个人都从发展和改革开放中受益，最根本的办法是鼓励支持和创造条件使每个人参与经济和社会生活，在这个过程中实现发展的可持续性。中国面临的环境资源问题使得中国的仁人志士们在思考和探索环境资源的可持续性，不久人们将感受到社会发展可持续的迫切性，而要保持社会领域发展的可持续性非全体社会成员的广泛参与不可。这应当是当代中国社会体制改革和建构的根本目标。

比较理想的社会体制是这样的：在合理利益和公正决策边界下，它依靠社会自身的力量动员公众参与社会生活和公共事务，社会要受到约束，由国家来提供人人享有的基本公共服务。在这种体制里，也还存在许许多多方面的不公，但基本平等和公平正义是可以确保的。

2. 通过顶层设计和创新建立中国社会体制的“宏观调控与微观搞活”制度环境

必须理顺社会领域的宏观调控与微观搞活的关系。在社会发展中，人们的行为受到个体、组织行为越轨和利己主义行为的影响，社会发展中会出现社会秩序的混乱，甚至动荡。所以宏观社会调控着重以整体社会的运作，透过人为调节个人和群体的行为，实现社会进步的目标。在市场经济中，商品和服务的供需关系受价格规律和市场机制影响。市场经济会激励经济增长，也会导致通货膨胀，经济高速发展之后会伴随经济停滞倒退、大起大落，这种周期波动对社会资源及经济发展都造成严重影响。经济宏观调控是以整体的经济运作为目标，通过人为调节供应与需求，来实现经济平稳的目标。社会宏观调控的目标是社会进步、社

① 丁元竹：《中国2010年：风险与规避》，69页，北京，中国大百科全书出版社，2005。

会秩序、社会和谐。社会宏观调控的手段包括发展规划、公共财政、社会规范，以及行政手段。总体来看，中央政府在社会领域宏观调控问题上的责任是确保基本公共服务的均等化，制定地方政府、基层政府、社会和企业参与社会事务的制度框架。地方政府则负责社会组织、慈善事业、基层组织、公民参与等社会事务。在这个框架内，地方和基层政府、企业、社会组织和个人的参与空间大大拓宽。

这样就要求加强改革的顶层设计。顶层设计的主要任务是规定社会进步的目标、原则、社会发展的基本路径。具体的实施手段交给地方和基层政府自己去根据实际情况不断发掘符合本地特点的新方法和新思路，并在中央政府规定的目标和原则框架下行事，从而突破中国两千多年来一直不能走出的怪圈：中央政府在制度设计上细致周密，地方政府政策执行粗糙无序。进入新的历史发展阶段，要加速建立以基本公共服务均等化为核心的国家财政体制和宏观调控政策。在经济领域，中央政府要围绕着国家经济稳定有序和可持续发展研究经济的宏观调控措施，把具体的经济运行交给市场去调节；在社会领域，中央政府要围绕着国家社会稳定有序和国家统一研究社会的宏观调控措施，包括建立和完善基本公共服务制度和体系，把具体的社会事务交给基层政府和社会去解决；在文化领域，中央政府要围绕着加强国家和民族的凝聚力建立核心价值体系，把具体的文化活动依据性质交给社会和市场运作，通过具体的问题形成人们的信仰等，然后潜移默化成为凝聚力。

在此基础上，就要不断完善多元治理的艺术。在社会矛盾增多，特别是社会冲突时常发生的情况下，应该特别注重通过多元治理来实现社会秩序、解决社会问题、发挥社会自身的作用。社会是特定的制度结果，也是教育和居民文化培育的过程，它通过人的自治能力锻炼，自治纽带形成，增进个人责任、公民意识、社会自主性，使多元治理制度成为可能。实践表明，社会的发生已经显示出社会需求、公共资源、多元治理之间衔接的可能性和可行性，当然，它还需要不断历练，各级政府应创造条件使其不断发展，逐步完善。在这个问题上还需要进一步解放思想。完善多元治理，需要进一步创造四个基本条件。第一，公民文化素质和社会责任的培育，它们是社会价值的基础，它们的培育需要一个较经济发展更长的历程，甚至可能不是一代人能够完成的，但必须从现在做起。第二，完善法治和政策环境，它们是多元治理的规则基础，这些现阶段我们是可以做到的。第三，个人权利保障，确保公民的知情权、表达权、参与权、监督权、选举权与被选举权，它们是社会的理性基础，也需要一个过程，它们也需要每个人有足够的经济能力和参与公共事务的能力，以便能够承担起个人对社会的责任。第四，要关注互联网的政治生态，把握民意脉搏。

3. 通过"优化利益格局、再造微观主体、创新运行方式"建构中国社会体制的运行机制

(1)优化利益格局

在产权明晰和公平竞争环境建立的过程中，由于历史原因、个人教育程度、机会选择、禀赋等差异，造成了社会不平等。价格机制的建立为市场主体参与和竞争提供了体制环境，但是过分竞争将引导社会过分关注金钱和利益追逐，忽视社会生活。在市场经济条件下，个体追逐利益最大化是不可避免的，问题在于政府如何创造条件，完善规章制度鼓励和支持各类市场主体积极参与财富的创造，确保个体和地区逐利的合理性和合法性。

利益关系包括收入分配、中央和地方的财力与事权、阶层收入群体或利益集团关系等，它们通过财政收支、社会福利、社会保障、基本公共服务等来实现。在社会体制的建立和完善上，政府最应当做的是，建立合理的利益格局，鼓励公众参与社会生活。只要政府能够做到这一点，真正保护弱势群体的基本权利和人们的合法利益，每个人在社会生活中才会发挥自己的积极性和创造性，关注公共事务，形成社会合作，整个社会秩序才能够很快建立起来。要坚持市场化改革的基本方向，通过打破"特殊利益集团"来深化经济体制、社会体制、政治体制、文化体制的改革，尤其要打破资源和权力垄断，约束公权力的无限膨胀，通过合理的制度驾驭资本，铲除权贵资本产生和壮大的土壤，建立官民互利机制。2011 年，中国城镇人口已经超过总人口的 50%，在推进城镇化过程中，要及时提高农民在土地增值收益中的分配比例，从公平公正和长远发展设计征地制度。要在中央政府层面进一步理顺的关系包括有关社会发展的财税体制及中央与地方的关系、慈善捐赠体制、国际社会组织管理、社会组织改革与发展等一揽子问题。

引导公众关注社会生活，需要政府鼓励和支持社会组织等参与建立公众参与机制。消除这种不平等需要政府建立合理的利益格局。政府要帮助市场把蛋糕做大，更要指导市场把蛋糕切好。个人、企业、甚至包括地方政府追求本地利益最大化无可厚非，中央政府要最大限度发挥统筹协调作用，这就是宏观社会调控，也是社会管理的最顶层设计。

(2)再造社会治理的微观主体

在当代中国，所谓微观治理主要是指事业单位、企业、人民团体、社会组织和基层组织的自我治理，包括它们的绩效和问责性。再造社会治理的微观主体，第一，事业单位在去掉两头之后，中间部分进入社会组织，就要按照社会组织的要求，对服务对象、资助机构问责，同时考量其投入产出。第二，企业在社会管理领域主要是考核其社会责任，包括企业要树立“以人为本”的经营理念，要强化企业的社会责任。企业在创造利润、对股东利益负责的同时，还要承担对员工、对消费者、对社区和环境的社会责任，包括遵守商业道德、生产安全、职业健康、保护劳动者的合法权益、保护环境、支持慈善事业、捐助社会公益、保护弱势群体，等等。企业社会责任最基本的是企业的法律责任，包括遵守国家的各项法律，不违背商业道德。在高层次上是企业对社区、环境保护、对社会公益事业的支持和捐助。第三，人民团体，工会、妇联、青联、残联、学联、青年团、台联、工商联、侨联、科协、文联、记协、对外友好团体，是中国历史发展过程中出现的一种特殊的组织形式，新中国成立60多年来，它们在中国社会发展中发挥着重要作用，新的历史条件下，这些人民团体，既是人民群众自己的组织，又是中国共产党联系人民群众的纽带和桥梁，有的还是一种统一战线的组织形式，要进一步发挥它们的作用。社会组织和基层组织就不阐述了。人民团体自身也面临着改革创新。第四，社会组织善治的意义在于：社会组织的财富归公共所有；社会组织的权利不是归捐赠者、政府官员或专业管理者所有，而是归那些来自不同背景的志愿者领导人组成的理事会所有。第五，农村基层组织和城市社区居委会要探索公众参与的方式。公民社会的最终责任主体是公民个人，每个公民对自己负责，也对社会负责，从而形成以村民自治与社区自治为基础的社会治理。从基层着手建设社会，各地迈出了不同的步伐，应当鼓励、支持、引导、提升，从中找出中国社会治理的新路子。

从搞活微观机制入手还要努力培养社会企业家。热情、大胆的社会企业家是必需的，也是要创造条件加以培养的。要把培养社会企业家摆在创新社会管理的重要位置。从国际经验看，活跃在许多国家的社会企业家不受年龄、职业、性别等因素的限制，有些甚至是退休人员，但是创造了令人钦佩的成绩，这些值得关注①。

(3)创新社会体制的运行方式

创新政府的社会管理方式。没有政府，社会发展是不可能的，政府本身是社会的需求。要明确，政府参与社会和社会组织、公众参与社会的办法是不一样的。社会组织和公众自己不能创造价值，除非募捐和允许开展经营活动，这样，它们就需要政府的法律支持，由此就产生了对慈善法律和法规的需求以及对社会组织管理的需求；政府则不一样，政府可以通过税收获得收入。所以现实的社会生活中，政府往往容易自己把这些收入分发给社会的弱势群体，直接参与社会生活。在许多情况下，政府与社会生活存在一定距离，也限于人员的专业化，不能提供公众需要的社会服务，在这样的环境中，政府在社会领域做得越多，问题越大，社会对政府的需求越多，结果就陷入恶性循环；另外，社会组织往往过分强调了自己的独立性，忽视了自己对政府的需求。凡此等等，这些问题都需要进一步澄清。公共参与包括民主参与决策、参与社会组织、基层组织的各种事务。公共参与的根本目的是确保自身和社会弱势群体的利益，所以，公共参与过程也包含了利益博弈内涵。这些，都需要政府和社会的充分认识，进一步解放思想。

积极推动社会创新。社会创新包含三层意思，其一，“创新”应当包括政府如何进行自身社会管理职能的改革和创新。政府要全心全意地提供公共服务，这是政府的根本职责。政府要部分地承担社会管理的责任，所谓部分承担就是说，社会管理的另外一部分责任实际上是需要居民自己负责。其二，鼓励社会组织以商业模式来提供社会服务，同时实现自身的可持续发展。社会创新就是指实现社会目标的新主意、新想法。这些新主意和新想法通过开发新的产品、新的服务、新的应对政策

---

① Vivian Hutchinson and the New Zealand Social Entrepreneur Fellowship, *How Communities Heal: Strories of Social Innovation and Social Change*, The Florencw Press, 2011.

以及建立新的机构来满足居民和政府不断出现的新需求。“公共政策的设计应该更多关注互惠，而非利他，比如更多的对志愿者、NGO以及居民互助行为等进行物质和精神激励，而非单纯的道德说教，从而激发社会成员的互惠动机，提高公共品自愿供给水平。”①从国际经验来看，社会创新已经覆盖了就业、扶贫、社区服务、医疗卫生、教育等部门。创新社会活动方式还可包括建立学习社区(learning community)。未来它还将覆盖因互联网发展而导致的社会关系的变革和社会结构的变迁。随着社会创新的展开，政府管制的责任相应加大了，需要的政府管理人员也相应会增多。企业和社会组织提供公共服务的形式也发生了变化，越来越多的企业承担起社会责任，介入公共事务。一句话，在这样的条件下，公共领域不是缩小了，而是扩大了。这就要鼓励各类社会组织、公共部门、专家学者通过研讨、对话、协商等方式集思广益，开发适合新形势新要求的新项目来满足社会需求。其三，通过发挥人们的创造性，以新的方式解决社会问题，诸如住房、青少年、刑释解教、公共服务、社区管理、无家可归者、残疾人，等等。解决的方式可以是商业模式，也可以是非商业模式。鼓励社会企业家把公共部门延伸到了市场领域，或者说把市场手段引入到公共领域，使传统的慈善事业等非营利活动走向制度化和可持续性。在英国，2008年社会组织总收入的80%是通过社会企业方式获得的②。“社会创新学派”则通过市场运作模式或其他新的手段拓展公共领域。“社会经营(social business)帮助市民们去做传统意义上由政府负责的事情。”③社会经营一方面可以提高在社会发展领域诸如反贫困、反饥饿、帮助无家可归者、战胜疾病等活动的服务效率；另一方面，也会通过社会企业之间的竞争大大提高服务质量。通过社会企业家的培养和项目的开发，努力克服当前社区居民、社会成员参与公共事务的“冷漠症”、社会组织发展缓慢、社会参与主体单一等问题。

---

① 宋紫峰、周安业、何其新：《不平等厌恶和公共品自愿供给》，载《管理世界》，2011(12)，32～39页。

② 王名、李勇、黄浩明：《英国非营利组织》，60页，北京，社会科学文献出版社，2009。

③ Muhammad Yunus with Karl Weber, *Building Social Business: The New Kind of Capitalism that Serves Humanity's Most Pressing Needs*, Public Affairs, 2011, p. 22.

五、结论与讨论

至此，本研究从多个角度提出以下几个命题作为结语及进一步讨论的话题：

第一，当前，人们对改革需要顶层设计似乎已经没有异议，但是对社会体制认识似乎还比较模糊，事实上，社会体制在整个体制改革中举足轻重。经济社会的可持续发展必须跨过社会体制改革这个门槛，否则经济社会的持续发展将会变得非常困难。必须认识到，国家和社会的互动可以是良性的和双赢的。

第二，社会体制的形成是一个历史过程，因此需要从比较长的时间来观察其变化，尽管一些突变和历史事件会对现行社会体制产生影响，但是社会体制根植于长期的历史发展之中，这其中包括人们对一些根本问题的认识也需要有一个由浅到深的过程，比如市场体制、社会企业、社会企业家和社会创新，等等。在过去几十年由草根实践和学术理论研究正在向政府政策和企业决策渗透，甚至体现在政治家的思想和战略思考中。有时学者的思考与政府的决策是统一的，有时又是各自沿着不同的方向演化的。学术更加带有理想色彩，政策更具操作特色和现实色彩。改革和创新提出的要求是：在它们之间找到内在的联系。这将打破传统意义上的学术和实践的分野，把人类思想推上一个新的阶段。

第三，研究当代中国的社会体制，只有与其他国家或地区开展比较才能深入下去。从中国与其他国家比较来看，中国传统社会体制的特点有四个：计划经济体制造成的复杂利益格局、城乡分隔的户籍制度、泛行政化的社会关系和治理者与被治理者泾渭分明的基层治理模式。实现社会秩序，激发社会活力，必须从这四个体制机制的改革入手。

第四，各国政府面临异常严峻的挑战是公共支出。必须承认，有效率的政府、具有竞争力的企业和充满活力的社会之间并非相互排斥，而是互利共生。对于可持续的社会来说，有力的政府、有力的市场和有力的社会缺一不可：不依赖政府的经济发展政策是市场经济的美梦，它已经在2008年的国际金融危机中破灭了。市场经济只能与强有力的政府和充满活力的社会共存。这就是当代中国社会体制改革和创新的目标模式。

第五，当代中国社会体制的建构必须从建立与市场经济体制相适应的原则出发再造社会治理的宏观环境，重塑社会治理的微观主体，从根本上协调经济社会领域的利益关系。合理的利益格局、社会动员的公众参与(社会机制)、政府确保的公共服务(政府角色)、公众参与公共服务供给是社会体制的四个基本要素。在这个过程中，既要改革，又要创新，改革传统的不符合市场经济需要的体制机制部分，创新新形势、新情况下的新对策和新体制机制。

第六，社会体制变革必须与经济体制、政治体制和文化体制一道进行。合理的社会体制必须建立在合理的利益格局、有效率的行政管理、公平正义的价值观之上，这也就是当下人们热衷于谈论的“顶层设计”问题。各类体制要建立自己的标准，社会体制要体现合理的利益格局，经济体制要体现效率，政治体制要体现公平正义，文化体制要实现和谐。这些标准是各自独立，不能以任何其中之一的标准衡量其他体制机制建设，否则就不是本质性的结构改革创新，而是仍然陷入以经济发展为衡量标准的经济沙文主义泥潭不能自拔。

关于深化中国社会体制改革的几点思考

柳 拯 刘东升 黄胜伟[①]

社会体制是国家为了维护社会秩序、促进社会发展而对社会建设和社会管理做出的一种制度安排[②]。作为对政府、社会组织和私人部门在社会建设与社会管理中的角色、地位及合作方式等方面进行的制度安排，社会体制是组织社会生活、建构公平正义社会的基本制度。社会体制改革，是继经济体制改革之后又一项影响深远的社会变革。社会体制改革既包括就业、收入、分配、教育、医疗等方面的改革，也包括事业单位体制和社会管理体制等方面的改革。通过深化改革，建立起充满活力、富有效率、更加公平的社会体制，有利于实现经济社会全面协调可持续发展，有利于促进社会主义和谐社会建设，有利于提升人民福祉和推动社会进步。

---

① 柳拯，民政部社会工作司副司长，北京师范大学博士；研究方向：社会管理、社会政策、社会工作。刘东升，民政部社会工作司干部，北京大学硕士；研究方向：社区党建、社会工作。黄胜伟，民政部社会工作司处长，中国人民大学硕士；研究方向：社会政策、社会工作。

② 何增科：《中国社会管理体制改革路线图》，北京，国家行政学院出版社，2009。

一、全球化背景下的社会体制改革

20 世纪 60 年代以来，随着全球化进程的加快，“常态社会”逐渐演变成为“风险社会”。全球化带来了社会不平等的复杂化、劳资矛盾的扩大化、社会内部的分裂化和市场体系的扩张化。进入 20 世纪 90 年代后，全球化的巨大冲击引起了国际社会的反思。以“民族国家终结”、“后福利国家”、“市场失效”为代表的终结论和失效论，反映了人们对民族国家在市场经济背景下形成的社会体制效能的质疑。在反思质疑的基础上，社会达成了新的共识：一方面，过度强调市场作用的自由主义是有边界的[①]，市场虽然能解决一些问题，但不是万能的，许多社会问题的解决还需要依靠国家和社会；另一方面，过度强调国家干预的传统社会主义也是有限度的[②]，国家不是全能的，必须赋权给市场和社会，划清各自界限、明确相应责任。基于这些共识，一场以修复社会团结、建设生活政治、重建社会信任、发展对话民主、改革福利国家为目标的社会变革正在兴起，并呈现出以下趋势：一是减少市场和国家过度干预，确立社会中心地位；二是扩大社会权利覆盖范围，避免排斥急剧恶化；三是发挥社区和社会组织作用，促进社会再组织化；四是建立参与合作治理机制，保证主体作用发挥；五是维护和增强个体权利和能力，创造公平发展机会。

二、中国社会体制改革的历程与反思

(一)新中国成立以来的社会体制改革进程

回顾新中国成立以来的历史进程，我国的社会体制改革主要经历了四个发展阶段。

一是传统社会管理体制主导阶段(1949—1978 年)。新中国成立以来，我国在高度集权的政治体制和计划经济体制基础上，建构了“国

---

① ［美]约瑟夫·斯蒂格利茨：《转向一种新的发展范式》，载《经济社会体制比较》，2005(1)。

② 周弘：《福利国家向何处去》，载《中国社会科学》，2001(3)。

家—单位—个人”的一元主体社会管理格局，执政党和政府成为社会管理的唯一主体，国家成了无所不能、无所不管的“全能国家”，社会成了缺乏结构和功能分化的“总体性社会”，个人成为缺乏自主性只能被动服从的个体①。国家的社会控制和福利供给职能向单位体制延伸，人民公社体制发挥着议行合一、政社合一的重要职能，依靠政治身份划分的阶级分类体制同运动式、批斗式的政治管理方式结合在了一起。这种传统社会管理体制依靠严密的社会控制在维护社会秩序、实现平均主义分配的同时也窒息了社会的创造活力，牺牲了个体的自由和权利。

二是传统社会管理体制解体阶段(1978—1992 年)。改革开放以后，国家的工作重心逐步从“以阶级斗争为纲”转移到以经济建设为中心的轨道上来。通过放权让利调动各方积极性，各级地方政府和国有企业赢得了自主权和积极性，高度集权的政治体制逐步转型到适度行政性分权的政治体制。政治和经济逐步分开，私人经济部门在公共部门之外得到逐步成长。党委政府作为社会管理主体的至高无上地位受到严重冲击，人民公社体制、政治身份分类体制先后解体，运动式、批斗式的管理方式被法制化管理方式取代，城乡分割的户籍制度日益松动。作为社会控制细胞的福利单位逐渐演变为比较单纯的工作场所。

三是现代社会体制奠基阶段(1992—2002 年)。1992 年邓小平南巡讲话后，特别是党的十四大后，市场化导向的经济体制改革步伐明显加快。到十六大前夕，社会主义市场经济体制已经初步建立，效率优先、兼顾公平的价值理念主导着经济、社会体制改革的方向，市场开始在资源配置中发挥基础性作用；个体和私营经济获得较快发展，私人经济部门在经济增长和社会就业方面发挥重要作用；民间组织管理日益规范化，从定期清理走向依法登记管理；城市社区建设提上了党和政府的议程，农村村民自治走上规范化管理轨道。这些新兴社会事物的出现与发展，为社会体制改革奠定了坚实基础。与此同时，以交换价值为核心的市场化与以“甩包袱”为主要目的的社会化逐步成为教育、医疗、社会保险等社会事业的发展导向，过于强调商业化和社会化的资源动员机制，过于强调职工个人和企事业单位所应担负的责任，过于淡化政府责任。

① 何增科：《我国社会管理体制的现状分析》，载《甘肃行政学院学报》，2009(4)。

这种单向度的发展逻辑，导致社会性公共服务供给严重不足，基本公共服务资源分配严重不公，地区差别、城乡差别和群体差别悬殊。社会组织只能在社会服务方面发挥有限的拾遗补缺作用。

四是现代社会体制改革深化阶段(2002 年至今)。2002 年党的十六大提出了全面建设小康社会的奋斗目标，我国现代化建设进入到中期阶段。2004 年，党的十六届四中全会明确提出构建社会主义和谐社会的目标，正式提出了“建立健全党委领导、政府负责、社会协同、公众参与的社会管理格局”。社会建设目标的提出与社会管理格局的明确，标志着我国的社会管理体制开始从国家全面控制和包办代替的传统管理模式向多主体合作参与的现代治理模式转变。党的十六届四中全会做出的决定，标志着社会管理的巨大进步，也成为引领我国社会体制改革方向的纲领性文件。2006 年，在我国改革发展的关键时期，中共中央十六届六中全会通过了《中共中央关于构建社会主义和谐社会若干重大问题的决定》，要求“坚持社会主义市场经济的改革方向，适应社会发展要求，推进经济体制、政治体制、文化体制、社会体制改革和创新”。社会体制改革在中国共产党执政以来的第一个加强社会建设的纲领性文件中得到了体现。党的十七大正式将社会建设与经济建设、政治建设和文化建设并列，提出要“推进社会体制改革，扩大公共服务，完善社会管理，促进社会公平正义”，要求社会良性运行与协调发展并行，社会建设与社会管理并举，标志着我国现代社会管理体制进入到自觉构建的新阶段。党的十七届五中全会要求“必须以更大决心和勇气全面推进各领域改革，大力推进经济体制改革，积极稳妥推进政治体制改革，加快推进文化体制、社会体制改革，使上层建筑更加适应经济基础发展变化，为科学发展提供有力保障”。这是我党站在全面推进体制改革的战略高度，从顶层设计的角度提出的社会体制改革的重要任务。2011 年出台的《国民经济和社会发展十二五规划纲要》，对发展中存在的问题和未来隐藏的风险有着清醒的认识，提出要“大力推进经济体制改革，积极稳妥推进政治体制改革，加快推进文化体制、社会体制改革，在重要领域和关键环节取得突破性进展”。从党的文件到政府规划，从经济领域到社会领域，深化社会体制改革已经成为应对发展中各种困难的重要手段，成为推进和谐社会建设的重要途径，成为实现科学发展的必然要求和必要保障。

(二)中国社会体制改革的经验与瓶颈

总结反思六十多年的社会体制改革实践，主要有三方面重要经验。

一是坚持服务经济发展。经济的持续繁荣离不开和谐稳定的社会环境。改革开放以来，我国确立了“以经济建设为中心”的发展战略和“民富国强”的社会发展总体目标，着力解决好阻碍经济发展的社会问题，建立有利于经济发展的社会结构，为经济发展营造和谐稳定的社会环境，实现了国民经济的跨越式发展，一举跃升为世界第二大经济体。

二是坚持党的领导地位。党是中国特色社会主义事业的领导核心，也是我们事业成功的根本保证。中国的社会体制改革要在各级党委领导下进行。各级党委整合利益需求，提出社会政策纲领并凝聚社会共识，整合各种力量、牵头组织协调、实施监督管理，为社会体制改革明确了发展方向、提供了政治保证。

三是坚持社会主义方向。我国的社会体制始终在“建设中国特色社会主义”的历史视野中进行规划、决策和部署，以实现公平正义为价值取向，以解决人民群众最关心、最直接、最现实的利益问题为重点，积极化解影响社会和谐的突出矛盾，形成各尽其能、各得其所、和谐相处的局面。

社会体制改革是一项综合性、系统性工程，综合分析与反思国际国内环境，我们目前所处的时期既是一个发展机遇期，又是一个矛盾突显期。一方面，工业化、城镇化、市场化、信息化、国际化进程的加快，给我国发展进步带来了强大动力和巨大活力，也带来了一系列新的社会矛盾和问题；另一方面，计划经济向市场经济转轨与传统社会向现代社会转型同步进行的中国式转型，带来了社会结构失衡、社会秩序失范和社会利益失调等影响发展的制约因素，这是我国社会体制改革面临的严峻形势。在社会体制改革涉及的诸多问题中，最核心的问题是社会治理问题，也是目前最亟须突破的瓶颈环节。社会治理问题说到底是政府与社会的关系问题①。正如在经济发展过程中需要处理政府与市场关系，解决政企不分、政府包办市场、替代市场等问题一样；在社会发展过程中，同样需要集中力量处理好政府与社会之间的关系，切实解决好政社

① 柳拯：《社会管理与社会救助论：政策与实务的视角》，北京，中国劳动社会保障出版社，2008。

不分、政府包办、政府替代社会等问题。探索建立适合社会运行规律和我国社会发展要求的社会体制模式，成为深化中国社会体制改革的重中之重。

三、中国社会体制改革的目标模式和总体思路

(一)“自治社会体制”目标模式的提出

从人类社会发展规律看，实现共产主义社会是人类社会的最高理想，也是社会发展的最高阶段。马克思、恩格斯把未来的共产主义社会视之为“每个人的自由发展是一切人自由发展的条件”的联合体，即“自由人联合体”①。这种“自由人联合体”的社会，也就是一种完全自治的社会。在这种社会形态中，国家职能将逐步消亡，社会将依靠自由人实现自治。从体制角度看，“自由人联合体”的社会，其实质也就是一种“自治社会体制”。中国古代也曾有过社会自治的历史与丰富的思想资源。源自中国母系氏族社会的道家，就提出过“无为而治”、“无为自化”等深刻的社会自治思想，其基本精神与马克思提出的“自由人联合体”思想是一致的，客观上蕴含了一种自由精神与自治意识，尽管这些思想建立在极其不同的社会发展基础上。社会的发展最终取决于个人的发展，而社会发展首要的、最终的目的，是为了人的自由发展，这同科学发展观“以人为本”的核心思想也是一致的。从社会长远发展来说，深化社会体制改革是为了实现“自由人联合体”的社会理想，建构在个体充分自由与全面发展基础上的“自治社会体制”。这是社会发展的必然趋势，也是共产党人的神圣职责。如何清醒地认识到这种发展趋势，主动地肩负起这种历史责任，坚定地拓宽社会自治范围、适时地提高社会自治程度、不断地提升社会自治质量与水平，有步骤、分阶段地探索建立“自治社会体制”，实现由不太充分、不太完善的社会“自治”体制向充分而完善的社会“自治”体制过渡，是深化社会体制改革、建构社会体制的总体方向，也是今后相当长时期内各级党委政府必须努力完成的中心任务。

(二)实现“自治社会体制”目标的总体思路

“自治社会体制”是改革要达到的理想社会体制目标。要实现这个目

---

① 《共产党宣言》，北京，人民出版社，1997。

标，需要依次经历由低到高三个发展阶段，具体实施好“三步走”战略。

由“国家管控体制”向“强国家—弱社会体制”转变。这是目前正在进行的发展阶段。“国家管控体制”主要存在于计划经济体制时期，是指把政府和社会严整地结合在一个系统中，政府的影响深入、渗透到私人生活的各个角落，把一切事务泛公共化而形成的政府包揽一切事务的治理模式。随着改革开放和市场经济的发展，开始出现政府“失灵”，不少地方付出了牺牲民主、丧失活力、滋生腐败、降低效率等代价。为解决这些问题，政府通过向社会组织授权和分权来转变职能。由于我国社会中介组织的发育不足与不良，难以承接政府转出的职能，从而形成“强国家—弱社会”的政治社会结构模式。这种模式下的社会，与国家相比仍然不够强大，社会的贫困人口仍然较多、人民富裕程度仍然较低、民间资本运作空间偏小、公民发展和民主意识不强等问题导致社会发展动力不足，社会主义制度的优越性难以发挥，也难以实现更高的劳动生产率、更快的发展速度、更高的生活水平、更加自由民主的氛围和更加公平正义的权利。

由“强国家—弱社会体制”向“强国家—强社会体制”转变。这是今后一个时期的发展取向。传统社会主义国家建设失败的教训说明，“强国家—弱社会体制”是无法持久的。在社会主义初级阶段，随着国家向社会放权性改革的日益深入，需要一个更加强大的社会来对国家进行监督，充分行使制约国家的权力；同时，也需要一个真正与市场经济改革总体目标一致，真正能够按照社会发展规律对社会进行有效治理的国家，来保障社会的良性发展。也就是说，我们不仅需要一个强有力的能够对社会各相关领域进行有效控制与协调的国家政权，也需要一个充满生机活力与自主精神、自主创新、自主组织、自主发展、自主服务的社会。在目前的发展阶段，国家与社会关系的改革目标是建立“强国家—强社会体制”①，实现国家与社会之间的相互制衡，国家保障和增进社会主体的权利和利益，社会监督和促进国家权力的健康运行，形成国家与社会之间既相互合作又相互监督的良性互动关系。

由“强国家—强社会体制”向“自治社会体制”转变。这是立足长远的

---

① 胡联合、胡鞍钢：《繁荣稳定论——国家何以富强和谐》，北京，中国大百科全书出版社，2009。

发展目标。马克思对未来国家和社会关系进行预测时指出，“政治国家及政治权威将由于未来的社会革命而消失”。也就是说，强社会的理想目标是社会代替国家实现完全自治，国家权力最终回归社会实现国家消亡。当然，国家的消亡也不是突然消失，而将经过一个国家主动收缩管理边界、主动向社会让渡权力直至消亡的长期发展过程。自治社会体制本身也有一个逐步完善的过程，要经历很长的发展阶段。社会自治的程度反映着一个国家政治文明的程度，社会自治越发展，民主政治越发达，社会生活就越有活力，社会稳定的基础就越牢固。社会自治的范围、程度与质量是衡量一个地方政治文明的重要指标与标准。在社会主义初级阶段，确立这样的长远发展的目标模式与评价标准，有利于明确发展方向、明了发展远景，也有利于社会体制改革顺利实现由必然王国向自由王国的过渡，实现社会体制由自在构建向自觉构建的飞跃。建立“自治社会体制”就是要实现高度发达的社会自治，这是我国社会体制改革发展的必然，也是社会主义国家的本质所向，更是人类社会不懈追求的目标。

四、当前深化社会体制改革亟待解决的几个问题

从当前发展实际看，要进一步深化社会体制改革，关键要解决好四个层面的问题。

(一)观念层面

对于中国这个发展中大国来说，实现经济的持续增长一直是国家与社会的共同目标。只有经济的持续增长才能为解决各种紧迫问题提供物质保障，才能使经济增长的收益扩散到更多社会公众，从而推动“强国家—强社会体制”目标的实现。但是，片面强调经济增长，把人视为发展的工具和手段，则社会关系日益紧张的问题仍然十分突出，经济增长与无视人的权利与尊严的问题仍然持续存在。社会矛盾、阶层差距、环境资源等问题成为现阶段经济发展的主要障碍。在观念层面，下一步要重点实现“三个突出”：一是突出以人为本。实现每个人的自由全面发展，是社会主义的根本价值和基本目标。只有将人的发展和福祉置于优先位置，社会体制改革才不会迷失方向。深化社会体制改革的出发点和

落脚点应当是保障和增进每一位社会成员的生存权和发展权等社会权利，为每个人的自由全面发展创造条件、提供机会、消除障碍。坚持“以人为本”理念的重点应当放在改善弱势人群、困难群体和边缘人群的基本生活、维护他们的基本权利，激发他们的权能感，减少和消除社会歧视和社会排斥，使人人都能体面地、有尊严地生活。二是突出包容和谐。要重点正确处理好经济发展和社会发展的关系。经济发展是在社会中发展，是依靠社会力量的发展，最终也是为了社会发展；社会发展必须以经济发展为前提、基础和根本保障，这就要求必须协调好经济社会发展，把转变经济发展方式贯穿到社会发展的全过程和全领域，坚持在社会发展中促转变，在转变中谋发展。各级政府要重视研究发现社会发展规律，在像重视经济一样重视社会的同时，特别注重社会发展规律的特殊性。进行社会建设，要在充分借鉴经济手段、市场方式的同时，将公共利益放在第一位，使经济手段和市场方式服从、服务于公共利益与公平正义的实现，切实改变市场逻辑与经济手段单向度地控制经济建设与社会建设的思维观念与尴尬局面，使政府真正从经济管理型政府转变为社会管理型政府，实现经济与社会之间的和谐发展①。三是突出公平正义。公平正义是一个社会的良心。只有建立在公平正义的基础上，才会有持续的经济增长和健康的社会发展。深化社会体制改革就是要从解决关系人民群众切身利益的现实问题入手，建立合理的、开放的社会分层结构，提供更多的、公平的、向上的社会流动机会，保持社会创造活力和安定有序。国家要消除制度性歧视，逐步建立以权利公平、机会公平、规则公平、分配公平为主要内容的社会公平保障体系，使全体人民共享改革发展成果。

(二)方法层面

计划经济依靠以强制、限制和控制为特征的政府管制来完成计划任务和维持社会秩序，其结果是牺牲了个体的自由、组织的自主性和社会的创造活力。市场经济运转如果继续沿用计划经济时期管制取向的方式进行管理，势必窒息经济和社会发展的活力。管制不是目的，为人的自由全面发展提供服务才是目的。寓管理于服务之中，在服务社会过程中

① 柳拯：《社会管理与社会救助论：政策与实务的视角》，北京，中国劳动社会保障出版社，2008。

实现社会和谐、促进社会发展，应当成为社会管理方式变革的方向。在方法层面，下一步要重点抓好三个环节。一是推动管理创新。综合运用法律规范、经济调节、行政管理、道德约束、心理疏导、舆论引导等手段，规范社会行为，调节利益关系，减少社会问题，化解社会矛盾。继承和发扬我们党高度重视思想政治工作、群众工作的优良传统和政治优势，积极探索新形势下加强思想政治工作、动员组织群众参与社会管理的新途径、新办法，真正把相信群众、依靠群众和加强教育引导融入社会管理中。顺应社会化的新形势，把广泛运用现代信息技术作为加强和创新社会管理的有效手段，提升社会管理信息化水平。二是扩展公共服务。随着改革的深入展开，我国面临的社会问题越来越多地表现为政府在推进改革和建设过程中形成的民生问题。满足社会成员生存和发展的普遍需求，是社会公共服务的主要功能，也是社会管理的主要目的。要以政府为主导，企业和社会组织共同参与，建立人人共享的基本公共服务体系，满足社会成员生存和发展的多层次、多方面需求。要充分发挥政府的主导作用，同时引入多元化的供给主体，充分发挥市场和各类社会组织尤其是公益服务类组织的作用。三是发展社会工作。社会工作是完善公共服务、创新社会管理、加强社会建设的重要方法和基础性制度，社会工作人才队伍是社会建设的重要力量。充分发挥社会工作人才在提供专业服务、促进柔性化管理方面的作用，建立健全社会工作政策法规体系、组织机构体系、专职与志愿相结合的人才体系和有力的财政支持体系，实现社会工作的专业化和职业化，完善社会工作人才培养、评价、使用、激励制度，推进政府购买社会工作服务步伐，加强志愿者队伍建设，鼓励公民个人参与社会服务，是当前和今后一个时期社会体制改革的重要任务。努力成为社会体制改革的促进者、社会责任的担当者与社会事业的直接参与者，是每一位社会工作者的应尽义务与不可推卸的职责使命。

（三）主体层面

深化社会体制改革的过程是党委、政府、企业、社会彼此分离和重新合作的过程。政治组织、政权组织、经济组织、社会组织实现了结构分化、组织形式多样化和功能的分化与专门化。社会正在从国家这个唯一主体走向政治组织、经济组织、社会组织、社区组织和公民个人等多元主体的合作治理。在主体层面，下一步要集中抓好三个重点。一是注重一核多元。各级党委在改革中处于领导核心地位，凭借战略性和综合性的优势，能超越特定集团和部门利益，站在全局和战略的高度谋划方向、协调关系，规划政策、组织协调、督促检查和凝聚共识。各级政权组织在改革中处于决策枢纽和责任主体地位，要凭借公共性和强制性的优势，合法维护公共利益，依法管理社会组织和社会事务，履行社会管理职责。各类社会组织在改革中处于不可替代的独特地位，要凭借专业性和公益性的优势，代表公众进行利益表达，实施自我管理。发挥政府依法管理和社区居民自治两个积极性，建立社区治理新模式。公民个人是社会体制改革的重要力量，要通过表达自身的利益和要求，行使政治权利，履行法定义务等多种途径参与到社会体制改革中来。二是注重共治共享。深化社会体制改革要以促进参与式发展和共享式发展为目标。共治是指党和政府以及经济组织、社会组织、政治组织和社区组织对社会生活和社会事务的多元共治；共享是指全体社会成员普遍享有经济社会发展成果，逐步实现全体国民的社会权利和选择机会的平等化。改革要坚持为多元主体参与社会建设提供充分的机会和渠道，实现权利平等和机会平等，努力保证每个社会成员的知情权与参与权，实现参与式改革，保证公众利益最大化。三是注重社会权利。社会权利是每个社会成员都应该享有的基本权利。广泛普及并保障公民的社会权利，缩小城乡差别、地区差别和群体差别。及时赋权给社会个体和社会组织，为各类主体发挥作用提供制度化的渠道和平台，使他们能够在共同的规则下运行，从而实现社会的和谐有序。转变和丰富政府的管理职能，提高政府的治理能力，学会在多元社会中协调各类关系，引导各种力量，达成有效集体行动。

（四）机制层面

社会体制改革不仅要与市场经济体制相适应，还要在经济建设、政治建设、社会建设、文化建设和生态建设全面推进的中国特色社会主义事业总体布局中进行考量。社会体制改革要在理顺利益关系、鼓励多元主体参与的基础上增强社会认同。在机制层面，下一步要突出解决三大问题。一是完善社会协调机制。社会系统是一个相互联系、相互依存的有机整体，社会体制改革涉及方方面面的利益关系。建立一个既有活力又有秩序、既有自由又有安全、既有公平又有效率的社会，必须依靠完善的利益协调机制来解决社会问题，消除社会失调和社会失范，为社会的良性运行和协调发展提供相应的保障；必须增强改革的统筹性，以动态调整实现动态均衡，既针对当前面临的突出问题，明确工作重点，又合理兼顾个人利益与集体利益、局部利益与全局利益、眼前利益与长远利益的关系，避免狭隘化、短视化和极端化；必须增强改革的协调性，做到相互衔接和配套，将各种各样分散的、特殊的利益要求和思想观念整合起来，有效地减少和化解社会矛盾；必须注重改革内容的全面性，坚持以经济建设为中心，全面推进经济、政治、文化、社会和生态建设，处理好改革、发展与稳定之间的关系，通过增强改革的持续性，坚持发展进程的持久性、连续性和可再生性，实现经济、社会与生态的协调发展和良性循环。二是健全社会治理机制。当前，社会体制改革的核心目标就是要形成一个完善的社会治理机制，培育一个健全、活跃的社会主义公民社会，这就需要重构党和政府、企业、社会组织之间的关系，创新现代政府社会管理模式，这是一项长期而重大的改革任务。有不少地方党委政府在这方面进行了一些探索、取得了一些突破、积累了一些经验。下一步，要认真总结这些地方创造的成功经验，逐步形成一个能保障社会充分发育并实现自我管理、自我服务、自我发展的社会治理机制。三是建构社会认同机制。社会成员内心的价值沉淀是一个社会和谐发展的重要维系。社会原子化的过程导致传统的共同体对个人的道德约束弱化。要依托文化建设，积极寻求社会共识，在全社会建立以共同理想信念和良好道德规范为支撑的社会认同机制，切实解决“熟人社会”向“陌生人社会”的转型问题。社会认同是社会体制的价值基础，也是不可或缺的社会资本。要通过共享的规范、相互的信任、纵横交错的网络促进人们之间的集体行动、相互协调和密切合作。规范体制是市场经济和社会体制的制度基础之一，也是强大社会凝聚力的来源。社会体制改革的基础工程就是建构系统的社会价值规范，以价值规范体系的恢复重建促进社会体制的不断完善和社会建设的长远发展。

浅析社区服务创新与社会体制改革

张　欢　蔡永芳[①]

社区是社会管理基础性的平台，完善社区服务对于社会管理创新意义重大。当前，许多地方政府也把加强和创新社会管理工作的重点放在完善社区服务方面。然而大量社区服务都涉及国家和地方相关的法规政策和基层政府体系，完善社区服务不是一项孤立的工作，要有效完善社区服务，不可避免地要加快相关社会体制改革。

一、社会管理创新与完善社区服务

“社会管理，说到底是对人的管理和服务。”[②]当前，社区是我国居民主要的居住场所和生活空间，因此胡锦涛同志要求，在社会管理创新中，

① 张欢，北京师范大学中国社会管理研究院副教授、副院长，博士生导师；研究方向：社会管理、应急管理和社会政策等。蔡永芳，北京师范大学中国社会管理研究院博士后；研究方向：社会管理。

② “胡锦涛在省部级主要领导干部社会管理及其创新专题研讨班开班式上发表重要讲话，强调扎扎实实提高社会管理科学化水平，建设中国特色社会主义社会管理体系”，《人民日报》，2011-02-20。

要“努力夯实基层组织、壮大基层力量、整合基层资源、强化基础工作，强化城乡社区自治和服务功能，健全新型社区管理和服务体制”[①]。为落实这一要求，社会管理必须下沉到社区。社区必然是社会管理创新最主要和最重要的微观组织基础[②]。我国城市社区的基本治理结构是社区党组织与基层群众性自治组织——社区居民委员会相结合，政府指导与居民自我管理、自我教育、自我服务相结合。这种治理结构决定了社区社会管理主要的抓手是社区服务。

另一方面，经过30多年的改革开放和现代化建设，我国经济社会发生了巨大的历史性变化，从传统农业社会向现代工业社会的结构转型和从计划经济向市场经济的体制转轨同时全面推进，相应的，我国经济社会发展水平和“双模式”变迁的阶段性特征也会集中反映在社会管理领域，造成当前社会管理领域存在不少的问题。社区服务的内容、形式以及提供的数量和质量与广大居民日益增长的需求存在较大的差距是其中比较显著的一个问题[③]。因此，加强和创新社会管理的一项主要工作内容就是完善社区服务。

近年来，大量地方政府也认识到加强和创新社会管理的重要性和必要性，针对社会管理领域开展了许多实践探索工作。其中，完善社区服务被普遍列为主要的创新内容。如魏礼群主持收集、筛选和总结的部门和地方社会管理创新的117个案例中，有54个(46.2%)都包括完善社区服务的内容[④]。

二、社区服务的政策背景

社区服务是一个与政策实践联系非常紧密的概念。从实践上看，社

① “胡锦涛在省部级主要领导干部社会管理及其创新专题研讨班开班式上发表重要讲话，强调扎扎实实提高社会管理科学化水平，建设中国特色社会主义社会管理体系”，《人民日报》，2011-02-20。

② 张秀兰、徐晓新：《社区：微观组织建设与社会管理——后单位制时代的社会政策视角》，载《清华大学学报》(哲学社会科学版)，2012(27)，30～38页。

③ 郭安：《关于社区服务的涵义、功能和现有问题及对策》，载《中国劳动关系学院学报》，2011(25)：92～97页。

④ 魏礼群、何家成、窦玉沛：《社会管理创新案例选编》，北京，人民出版社，2011。

区服务是当今世界各国社区生活中普遍存在的一种客观现象，但在理论上对这些内涵和外延相近的现象的认知并不一致，例如英国更多使用“社区照顾”(Community Care)或“社区照顾服务”(Community Care Service)①等词，美国则多使用“社会福利服务”(Social Welfare Service)②，其他也有使用“社会服务”(Social Service)等。

社区服务概念在中国政策领域被提出则与社区在政策实践中的发展相关。社区对于中国而言是一个外来语，是 20 世纪 30 年代以燕京大学社会学系为代表的中国社会学者意译英文“Community”引入的概念③。而后，学术界对社区的定义繁多，包括相对于社会、相对于社团、相对于单位以及相对于政府的社区等不同理解④。这些不同理解主要由对社会现象变化观察角度的差异产生的，而社会现象的变化则很大程度上被政策因素主导。如新中国成立后，旧社会保甲制度的全面废除就使得自治性质的城市社区快速发展，而随着计划经济的全面建立，“单位”又压倒性地取代了社区。改革开放后，“单位制”开始松动，社区逐步承接越来越多游离出单位的居民。1983 年，民政部提出“社会福利社会办”思想，以街道为中心构建“街道社会福利网络”以期望解决单位之外居民引发的诸多社会问题。1987 年，民政部首次提出“社区服务”的概念，以代替“街道社会福利网络”，社区服务被定义为“在政府倡导下，发动社区成员通过互助性的社会服务，就地解决本社区的社会问题”⑤。1989 年颁布的《居民委员会组织法》中正式采用了“社区服务”的概念，把社区服务列为居民委员会的职能之一⑥。1993 年 14 部委联合颁发了《关于加快发展社区服务业的意见》(民福发〔1993〕11 号)，把社区服务业定义为“在政府倡导下，为满足社会成员多种需求，以街道、镇和居委会的社区组织为依托，具有社会福利性的居民服务业”。这是将社区服务视为

① Means R, Richards S, Smith R, *Community Care: Policy and Practice*, 3rd ed. Palgrave Macmillan; Basingstoke, 2004.

② Gilbert N, *Dimensions of Social Welfare Policy*. Allyn & Bacon, Inc, 2004.

③ 黎熙元:《现代社区概论》，广州，中山大学出版社，1998。

④ 童星、赵夕荣:《“社区”及其相关概念辨析》，载《南京大学学报》(哲学社会科学版)，2006，67～74 页。

⑤ 由崔乃夫在 1987 年大连召开的民政工作会议上提出。

⑥ 《居民委员会组织法》第四条，“居民委员会应当开展便民利民的社区服务活动，可以兴办有关的服务事业”。

第三产业的一种定义，在理论和实践两方面都受到很多质疑。1994 年，时任民政部部长的多吉才让提出“社区服务业，既是一项不以营利为主要目的的专业性社会服务事业，又是一项特殊的产业”，修正了对社区服务的认识①。1998 年后，随着政府机构改革，国务院明确提出由民政部指导社区服务管理工作，推动社区服务的发展。1999 年民政部制定了《关于在全国推进城市社区建设的意见》，把社区服务作为社区建设的重要内容，强调了各级政府对社区服务的责任。2005 年民政部等六部委下发《关于加强和改进社区服务工作的意见》(民发〔2005〕139 号文件)，将社区服务重新定义为“在政府的引导和扶持下，依托社区组织，动员社会力量，利用社会资源，直接为社区成员提供的公共服务和其他物质、文化、生活的服务”，明确提出社区服务以社区公共服务为重点。2006 年，国务院下发了《关于加强和改进社区服务工作的意见》(国发〔2006〕14 号)。时任民政部部长的李学举解释《意见》中社区服务的概念“是指政府、社区居委会以及其他各方面力量直接为社区成员提供的公共服务和其他物质、文化、生活等方面的服务”②。同年公布的《“十一五”社区服务体系发展规划》进一步落实了政府对社区服务的主导作用。

从《意见》出发，社区服务主要包括社区就业服务、社区社会保障服务、社区救助服务、社区卫生服务、社区文体服务、社区流动人口管理和服务等内容。对比当前社会管理的主要工作任务，可见社区服务是社会管理落实于基层和群众最重要的环节，加强和创新社会管理必须完善社区服务，并且各级政府对于完善社区服务具有第一推动者的责任。

三、社区服务的现状和需求分析

虽然近年来社区服务工作有了很大改进，但社区服务的现状还没有达到人们所期望的水平。其原因是基层问题还没有被普遍当作核心问题来抓③。

---

① 民政部社会福利司：《中国社区服务经验交流会议文件汇编》，北京，北京出版社，1995。

② 李学举：《一篇指导社区服务的重要文献》，载《社区》，2006，10 页。

③ 宋宝安：《社会稳定与社会管理机制研究》，3～14 页，北京，中国社会科学出版社，2011。

本文使用北京师范大学社会发展与公共政策学院社区居民行为数据库对社区服务的现状和需求进行了初步分析。这个数据库采用多阶段分层随机抽样，首先根据地理区域分布的东、中、西，人口规模的大、中、小及经济发展水平的高、中、低在全国范围内抽取了27个城市；其次在每个抽中的城市中按照老旧社区、商品房社区、单位大院和保障房社区各抽取一个社区，总共108个社区；最后在每个抽中的社区随机抽取100户居民。数据收集方法为调查员入户面访。除了针对被访者和被访者家庭的问卷，还对社区进行了问卷调查，被访者通常为居委会主任或社区党组织负责人。数据库有效样本包含5 352户家庭(被访者)，14 210个个人以及105个社区。

我们主要关注社区服务的现状以及需求情况。表1是被访者报告的所在社区的社区服务提供现状①。从表1回答情况可以看出，提供最普遍的社区服务是“劳动就业”，但从全国平均水平看只有65.25%的社区提供“劳动就业”，比例最高的东部地区也只有74.41%。从全国平均水平来看，其他社区服务中，仅“医疗卫生”比例超过60%，“社会救助”、“老年服务”和“文化娱乐”三项社区服务提供比例在50%～60%之间。提供比例最低的是“社区矫正”和“残疾人社区康复”，除西部“残疾人社区康复”提供化例为20.03%外，其余都不到20%。这两项社区服务的比例较低与相关服务需求较低有关，但需求较多的“法律服务”的提供比例也仅有20.94%。另外，选择“无任何服务”的比例也有3.64%。东部、中部和西部比较来看，东部地区的社区提供各类社区服务的比例明显高于其他两部分区域，而中部和西部社区提供各类社区服务的比例则差不多。

表2是社区报告的社区服务提供情况②。从表2可见，各类社区服务提供的比例明显高于居民感知的情况，其中“劳动就业”、“社会救助”和“老年服务”三项均超过90%，但没有一项社区服务提供比例超过95%；最低的“社区矫正”和“法律服务”两项也超过了60%。对比表1和表2，可见社区所称提供的社区服务和居民感受情况比例虽然有较大差异，但不

① 问卷问题是“在您目前居住的社区中，存在哪些社区服务(多选)”。问题选项中还有“其他”一项，并要求具体说明。因为选择此项数量极少，故省略。

② 问卷问题是“目前本社区内存在哪些社区服务(多选)”。问题选项也包含“无任何服务”和开放选项“其他”，但没有社区选择这两项，故省略。

同社区服务间提供比例的相对差异是类似的。因此，调查的结果是可信的。综合表 1 和表 2 两个结果可以看出，全国各地社区普遍开始提供各类社区服务，但距离社区服务“覆盖社区全体成员”①还存在差距。

表 3 是被访居民汇报的使用社区服务的情况②。从表 3 可见，居民实际使用社区服务的比例很低。从全国平均水平看，仅“医疗卫生”一项超过 40%，“文化娱乐”和“体育健身”两项在 30%左右，“残疾人社区康复”、“社区矫正”和“法律服务”三项实际使用比例不到 5%，其他大部分社区服务也仅超过 10%，选择“未使用任何服务”比例也超过 10%。从不同地区情况看，东部、中部和西部社区居民实际使用社区服务的差异不明显。表 4 是被访居民认为目前社区没有，而需要增加的社区服务情况③。从全国平均水平看，仅有 38.38%的居民认为不存在社区没有而居民有需要的社区服务，大部分社区服务项目均有 10%以上的居民迫切需要而社区目前还没有提供的情况，特别如“法律服务”，社区提供的比例是最低的，而居民认为迫切需要增加的达到 17.26%，是最高的。从不同地区情况比较看，对于一部分社区服务项目，西部和中部地区的居民回答需要增加的比例明显要比东部地区高；而另一部分项目，东部、中部和西部社区的差异却不明显。综合表 3 和表 4 可以发现，居民对社区服务的使用比例并不高，但有迫切需要、要求增加社区服务的比例却不低。这说明目前社区服务提供从总体种类方面看，相对还不错，但从服务质量、满足居民实际需求方面来看，差距很大。

表 1　居民感受到社区服务提供现状(N=5254)

类型服务	劳动就业	社会救助	老年服务	儿童服务	医疗卫生	残疾人社区康复	社区矫正	文化娱乐	体育健身	法律服务	无任何服务
东部	1 317	1 141	1 222	789	1 187	317	394	1 258	979	516	38
(%)	74.41	64.46	69.04	44.58	67.06	17.91	22.26	71.07	55.31	29.15	2.15
中部	995	986	946	536	1 088	277	174	751	558	259	63
(%)	58.12	57.59	55.26	31.31	63.55	16.18	10.16	43.87	32.59	15.13	3.68

① 国务院《关于加强和改进社区服务工作的意见》(国发〔2006〕14 号)。

② 问卷问题是“您和家人使用过的社区服务包括哪些(多选)”。

③ 问卷问题是“哪些社区服务是目前社区内没有，但您和家人迫切需要的(多选)”。

续表

类型服务	劳动就业	社会救助	老年服务	儿童服务	医疗卫生	残疾人社区康复	社区矫正	文化娱乐	体育健身	法律服务	无任何服务
西部	1 116	986	913	651	997	355	261	865	821	325	90
（%）	62.98	55.64	51.52	36.74	56.26	20.03	14.73	48.81	46.88	18.34	5.08
全部社区	3 428	3 113	3 081	1 976	3 272	949	829	2 874	2 358	1 100	191
（%）	65.25	59.25	58.64	37.61	62.28	18.06	15.78	54.70	44.88	20.94	3.64

表 2　社区提供社区服务现状(N=105)

类型服务	劳动就业	社会救助	老年服务	儿童服务	医疗卫生	残疾人社区康复	社区矫正	文化娱乐	体育健身	法律服务
有	99	98	96	76	85	85	64	92	79	72
（%）	94.29	93.33	91.43	72.38	80.95	80.95	60.95	87.62	75.24	68.57

表 3　居民使用社区服务现状(N=4331)

类型服务	劳动就业	社会救助	老年服务	儿童服务	医疗卫生	残疾人社区康复	社区矫正	文化娱乐	体育健身	法律服务	未使用任何服务
东部	230	114	239	194	616	18	17	598	505	58	187
（%）	14.92	7.39	15.50	12.58	39.95	1.17	1.10	38.78	32.75	3.76	12.13
中部	176	138	195	145	704	41	10	341	306	40	136
（%）	12.65	9.92	14.02	10.42	50.61	2.95	0.72	24.51	22.00	2.88	9.77
西部	294	226	165	130	565	64	28	366	457	60	141
（%）	21.03	16.17	11.87	9.30	40.41	4.58	2.00	26.18	32.56	4.29	10.09
全部社区	700	478	600	469	1 885	123	55	1 305	1 268	158	464
（%）	16.16	11.04	13.85	10.83	43.52	2.84	1.27	30.13	29.28	3.65	10.71

表 4　居民认为需要增加的社区服务(N＝5161)

类型服务	劳动就业	社会救助	老年服务	儿童服务	医疗卫生	残疾人社区康复	社区矫正	文化娱乐	体育健身	法律服务	无未满足的服务要求
东部	111	70	142	159	281	250	184	107	181	241	782
(%)	6.40	4.04	8.19	9.17	16.21	14.42	10.61	6.17	10.44	13.90	45.10
中部	166	135	203	181	238	187	137	262	330	321	622
(%)	9.82	7.99	12.01	10.71	14.08	11.07	8.11	15.50	19.53	18.99	36.80
西部	196	166	327	223	345	207	188	285	328	329	577
(%)	11.28	9.56	18.83	12.84	19.86	11.92	10.82	16.41	18.88	18.94	33.22
全部社区	473	371	672	563	864	644	509	654	839	891	1 981
(%)	9.16	7.19	13.02	10.91	16.74	12.48	9.86	12.67	16.26	17.26	38.38

表 5　社区居民认为改善社区服务的途径(N＝4977)

选　项	人次	(%)
强化政府责任，加大政策、资金扶持力度	3 377	67.85
完善社区服务的基础设施	3 647	73.28
鼓励社会投资兴办商业性社区服务产业	1 196	24.03
鼓励社会投资兴办公益性社区服务组织	1 471	29.56
培养社区服务的专业人才，促进社区服务的职业化、专业化	1 890	37.97
强化企业社会责任精神、加大企事业单位的参与(资助、赞助、共建等方式)	1 125	22.60
培育志愿者和志愿组织	1 418	28.49
培育居民互助精神和组织	1 559	31.32
加强跨部门(政府、企业、社会)之间的沟通与合作	965	19.39

表 5 是居民认为应当如何改善社区服务的情况①，选择最多的两项分别是“强化政府责任，加大政策、资金扶持力度”(67.85%)和“完善社区服务的基础设施”(73.28%)，其他选项比例在 20%至 40%之间，均不太高。由此可见，社区居民普遍认为政府对社区服务负有首要责任。

① 问卷问题是“未来改善社区服务，您认为主要需要解决的问题是(多选)”。

综上所述，从社区服务的现状和需求看，社区服务无论从服务内容还是服务质量来看，都需要进一步完善。而政府对于完善社区服务工作责无旁贷。

四、社区服务的供给创新——以德阳社会管理创新为例

当前许多地方在社会管理创新中，都把社区服务创新作为重要方式，并且主要从政府供给的角度创新社区服务。例如，南京市建邺区在所有社区组建了社区管理服务站，承接了社区管理和服务保障等74项职能，主要以“政府买岗”方式进入社区、开展服务，并且还承担了由居委会将群众提出的服务需求整合后设立的服务项目，为居民提供全方位优质服务；广州市越秀区清理出原有136项社区居委会工作，并划分出政务协助、居民自治和可转介服务三类，将其中34项归为街道各中心的工作，11项转介社会工作机构承接，而居委会专注于其他91项社区管理和服务工作①。四川省德阳市在整体推进社会管理创新工作中，把完善社区服务功能作为重要内容，取得了一定的成效，也遇到不少问题和挑战。本部分将以德阳市完善社区服务为案例，从社区服务的政府供给方面进行分析。

2010年10月，德阳市被中央确定为全国35个社会管理创新示范区之一；2011年11月，中央综治委选择德阳市作为4个片区会召开地之一；2012年2月，德阳市绵竹市又被中央确定为9个社会管理创新县级综合试点区之一。因此，德阳市在社会管理创新中具有一定的典型性和代表性。

德阳市与其他社会管理创新示范区相比有着特殊的背景，德阳市是2008年汶川地震的主要灾区之一。德阳市有60%以上的村(社区)、70%以上的乡镇(街道)纳入了灾后重建。在灾后重建中，德阳市已经基本实现了社区基础设施水平的全面提升，期望通过社会管理创新，落实社区服务职能，进一步提高社区服务水平，满足社区居民日益增长的对

① 魏礼群、何家成、窦玉沛，《社会管理创新案例选编》，北京，人民出版社，2011。

社区服务的需求。2011 年 7 月，德阳市出台了《关于加强和创新全市社区居民委员会建设工作的实施意见》(简称 12 号文件)。其中社区建设最重要的内容是在街道建立便民服务中心，在社区建立便民服务站，由政府积极推动，全面提高和完善社区服务。便民服务中心和便民服务站的服务内容涉及党务、计生、教育、医疗救助、低保、劳动保障和就业服务、信访调解以及社会保险等项目。为了规范街道和社区便民服务中心(站)的工作，12 号文件规定了最低服务标准，街道最低完成 76 项便民服务事项，社区最低完成 35 项便民服务事项，并规定采取窗口柜台式服务，同时建立群众信访接待调解室，街道和社区干部在窗口岗位轮流接待办事。从实际调查看，德阳市绝大部分便民服务中心(站)都列出多于 76 项(35 项)服务事项。

德阳市的做法基本代表了许多地方政府完善社区服务的主要思路，即规范服务体系、梳理服务项目、提供服务保障、实现服务下沉。姑且不论这一思路下所提供社区服务的深度和广度是否符合社区居民的需求，社区究竟能够把政府归纳的社区服务项目落实到什么样的程度呢?这还需要从每项服务的递送过程来分析。以下以德阳市旌阳区秦宓社区便民服务中心为例做一个初步分析。

旌阳区秦宓社区在 35 项便民服务的基础上又增加了两个新项目，服务内容共 6 类、37 项，详见表 6。

表 6　德阳市旌阳区秦宓社区社区服务项目列表

<table>
<tr><td rowspan="4">服务内容</td><td rowspan="2">服务方式</td><td colspan="3">代办</td><td colspan="5">自办</td></tr>
<tr><td>直接办理</td><td colspan="2">初审上报</td><td colspan="3">盖章、开证明、领表、登记</td><td colspan="2">咨询</td></tr>
<tr><td rowspan="2">服务流程</td><td rowspan="2">社区</td><td rowspan="2">社区—街道</td><td rowspan="2">社区—街道—职能部门</td><td rowspan="2">社区—职能部门</td><td rowspan="2">社区—街道</td><td rowspan="2">社区—街道—职能部门</td><td rowspan="2">职能部门</td><td rowspan="2">街道</td></tr>
<tr></tr>
<tr><td rowspan="5">党务服务</td><td>党员接转党组织关系</td><td></td><td></td><td></td><td></td><td>√</td><td></td><td></td><td></td></tr>
<tr><td>流出党员证办理</td><td></td><td></td><td></td><td></td><td>√</td><td></td><td></td><td></td></tr>
<tr><td>流入党员证办理</td><td></td><td>√</td><td></td><td></td><td></td><td></td><td></td><td></td></tr>
<tr><td>贫困党员帮扶</td><td></td><td>√</td><td></td><td></td><td></td><td></td><td></td><td></td></tr>
<tr><td>接待和受理党员群众的来信来访</td><td>√</td><td></td><td></td><td></td><td></td><td></td><td></td><td></td></tr>
</table>

续表

服务内容	服务方式	代办			自办				
		直接办理	初审上报		盖章、开证明、领表、登记			咨询	
	服务流程	社区	社区—街道	社区—街道—职能部门	社区—职能部门	社区—街道	社区—街道—职能部门	职能部门	街道
劳动保障和就业服务	就业失业登记			√					
	就业困难人员的认定			√					
	灵活就业人员认定			√					
	小额担保贷款			√					
	城镇、农村居民养老、医疗保险			√					
	企业退休人员领取养老金资格认证工作流程	√							
民政服务	最低生活保障			√					
	低收入家庭认定			√					
	临时救助		√						
	医疗救助			√					
	门诊医疗救助		√						
	廉租住房				√				
	老年人优待证							√	
	高龄老人补贴			√					
	申办残疾人证			√					
	白内障医疗救助申请						√		
	残疾人辅助器具申请			√					
	失业军队退役人员帮扶解困							√	

续表

服务内容	服务方式	代办			自办				
		直接办理	初审上报		盖章、开证明、领表、登记			咨询	
	服务流程	社区	社区—街道	社区—街道—职能部门	社区—职能部门	社区—街道	社区—街道—职能部门	职能部门	街道
人口和计划生育服务	办理再生育审批						√		
	办理《生育服务证》					√			
	办理《独生子女父母光荣证》					√			
	补办《独生子女父母光荣证》							√	
	办理病残儿医学鉴定						√		
	办理《流动人口婚育证明》					√			
	办理计划生育节育手术保险和计划生育家庭子女平安保险						√		
	办理计划生育家庭特别扶助			√					
	申领独生子女父母奖励金			√					
	办理新生婴儿入户手续								√
教育服务	教育服务			√					
综合服务	妇女权益保护							√	
	法律服务	√							
	消费维权服务	√							

数据来源：作者实地调查、收集的数据。

注：法律服务和消费维权服务是社区新增的两项服务，主要出于对矛盾大调解体系的考虑而设立的，因此在社区层面解决，社区建立有专门的法律咨询室，涉及两方面服务。

根据社区在37项服务中的角色，社区服务项目分为代办项目和自办项目。代办项目指社区为服务的第一站也是最后一站，居民将申请或相关材料交给社区，社区实现初级审批及上报、最后落实的各项流程。自办项目指居民需要自己办理，社区提供必要的证明、提供相关资料、提供必要程序咨询等项目。

表7对表6不同的项目进行了整理，可见，社区代办项目占总体项目数的59.46%，其余则需要居民自己办理，社区只出具相关证明或登记服务等。其中有16.22%的项目只能提供咨询服务，即告知居民需要如何办理。不管是代办项目还是自办项目，都涉及社区到街道、社区到职能部门、社区到街道再到职能部门三个流程。通过对所有社会服务项目流程和方式的汇总可看出，只有10.81%的项目是真正可在社区层面直接办理的，其他将近90%的服务项目只能通过社区再推向街道或是职能部门办理。

表7　社区服务汇总表　　（%）

<table>
<tr><td rowspan="2">服务方式</td><td colspan="3">代办</td><td colspan="5">自办</td></tr>
<tr><td>社区落实</td><td colspan="2">初审上报街道</td><td colspan="3">盖章、开证明、领表、登记</td><td colspan="2">提供咨询</td></tr>
<tr><td>服务流程</td><td>社区</td><td>社区—街道</td><td>社区—街道—职能部门</td><td>社区—职能部门</td><td>社区—街道</td><td>社区—街道—职能部门</td><td>职能部门</td><td>街道</td></tr>
<tr><td>比重</td><td>10.81</td><td>10.81</td><td>37.84</td><td>2.70</td><td>13.51</td><td>8.11</td><td>10.81</td><td>5.41</td></tr>
<tr><td>小记</td><td>10.81</td><td colspan="2">48.65</td><td colspan="3">24.32</td><td colspan="2">16.22</td></tr>
<tr><td>合计</td><td colspan="3">59.46</td><td colspan="5">40.54</td></tr>
</table>

数据来源：作者整理。

按服务类别划分（见表8），各个类别的服务项目可进一步比较。其中劳动保障和就业类服务和教育服务，全部由社区代办，真正达到了社区是服务的最后一站。而需要居民自己办理的项目最多的是人口和计划生育类项目，有77.78%的项目需要居民自己办理。需要说明的是，虽然这里秦宓社区的教育服务也是完全代办的，但这一服务是指为通过高考录取的贫困家庭申请奖励，直接由街道发放，并不具有普遍性。

表8 社区服务项目按类别汇总

服务内容	代办（项）	代办（%）	自办					合计（项）	合计（%）
			证明（项）	证明（%）	咨询（项）	咨询（%）	小计%		
党务服务	3	60.00	2	40	0	0	40	5	13.51
劳动保障和就业服务	6	100.00	0	0	0	0	0	6	16.22
民政服务	8	61.54	3	23.08	2	15.38	38.46	13	35.14
人口和计划生育服务	2	22.22	4	44.44	3	33.33	77.78	9	24.32
教育服务	1	100.00	0	0.00	0	0.00	0.00	1	2.70
综合服务	2	66.67	0	0.00	1	33.33	33.33	3	8.11

数据来源：作者整理。

由此可见，社区便民服务站所承担的社区服务，还没有达到政府期望和设计的“便民”。除了劳动保障类别下的社会保险服务真正意义上实现便民之外，其他服务项目或多或少地仍然需要居民自己办理或需要社区与街道、职能部门的协调配合。社区服务看似简单，但实现起来却不仅与社区相关，而且涉及相关政府职能的整体安排。社区服务不“便民”与体制障碍不无关系。

五、完善社区服务面临的体制障碍

社区服务的现实需求很大，政府对社区服务供给的期望也很高，但现实中，社区服务的提供却很难满足居民对服务的需求，其原因在于现有体制对于社区服务提供造成的障碍。任何公共服务要下沉到社区递送，需要理顺三项体制关系：资源保障、权责一致和激励相容。要理顺这三项体制关系，除了加强社区建设，显然还涉及更上层的社会体制安排。

资源保障包括三个基本内容：资金、人员、场地。以德阳为例，德阳市的便民服务站的办公场所大多由于灾后重建得到大幅度改善，配套设施比较完善，这方面做得比较好。但是资金和人员两方面的保障存在问题。社区便民服务站的建立是由德阳市发文推动的，但由县(市、区)级财政出资，因此这项政策的贯彻落实就有现实性差异。德阳12号文件规定，为保障社区工作人员待遇问题，社区办公经费、人员报酬等按照社区人口数以人均25～50元的范围作为专项支出整体划拨给社区，并由社区根据自己的事务自行支配。这给予社区充分的自主性，但经费的落实则需要县级财政、街道(乡镇)、社区三方共同负担，在资金落实上还存在很大的制度性障碍。据作者在德阳市多个县(市、区)调研，这一经费安排基本还没有被落实。工作经费无法落实，社区工作人员的待遇同样无法保障。德阳虽然同时出台政策给予社区工作人员进入公务员体制的优先权，但除此之外，社区工作人员并没有其他的职业上升空间。社区工作人员的专业化培训也不到位。其结果是大部分社区都缺乏专业化、稳定化的工作人员完成规定的社区服务递送工作。由此可见，如果没有整体性的体制调整，仅靠发文，很难推动社区服务所必需的经费和人员的配备到位。

其次，社区便民服务站的权责不一致。由表9可以看出，无论代办项目(63.64%)还是居民自办项目(53.33%)，服务内容涉及职能部门的比例都很高。职能部门的权力是自上而下的条条式管理，而到社区层面需要互相融合、合并才能提高效率。要从部门的行政职转向社区直接面向居民的服务，必须打破部门壁垒，实现部门岗位重组、审批职能整合，这是实现政务服务到社区服务的前提条件。然而，要把职能部门的权力下移到社区并不容易，不仅需要职能部门的积极配合和放权，更多涉及更高层面和更大范围的体制改革。实践中造成社区便民服务站这一平台并没有被赋予相应的权力，但却承担着服务的责任。权责不一致导致办事成本高、权责不清，办事积极性小。随着电子政务的发展和网络办公的普及，在技术上可以弥补这方面的不足，如作者在德阳调研中发现，一些职能部门所建立的信息系统对于服务下移有着积极的作用，但是不同部门大都针对自己主管的重要项目各自建立网上系统，彼此分割，大多无法兼容。职能部门间的权力和利益分割，也造成社区便民服务站承担社区服务功能的困难。

表9　服务内容涉及职能部门的数量和比重

服务方式	代办		自办	
服务部门	未涉及职能部门	涉及职能部门	未涉及职能部门	涉及职能部门
数量(项)	8	14	7	8
占项目比重(%)	36.36	63.64	46.67	53.33

注：占项目比重分别按照代办项目(22项)和自办项目(15项)计算。

数据来源：作者整理。

再次，政策的有效实施往往不能依赖强制性命令或惩罚性的动员措施，而需要建立起对政策执行者有效的激励机制。但是，目前德阳的社区服务创新还没有摸索出激励相容的机制。一方面，职能部门的权力下移到社区意味着相应的利益调整，人员编制和经费都需要做出针对性的安排，如果缺乏系统性的改革，职能部门缺乏动力调整自己的权力和利益，结果导致职能部门普遍对于完善社区服务的积极性不高；另一方面，社区服务站的工作人员由于自身待遇问题得不到解决又要承担更多的责任，个人职业发展也没有因此扩展成长空间，自身的积极性也不足。由于政策执行部门和人员都缺乏有效的激励机制，仅靠上级文件或行政动员，必然导致改善社区服务的政策只是浮于表面，无法真正落实。

值得一提的是，社区便民服务站的社会保障和就业服务职能100%由社区代办，较为有效地落实到社区。分析原因，正是在体制上理顺了资源保障、权责一致和激励相容三方面。第一，社会保障制度的改革先于社区便民服务制度的改革完成，社会保险的职能被独立剥离出来，自上而下直达社区，社保资金独立运作，不占用地方财政开支。就业服务有专项财政支出，也不存在资源配备不足的问题。工作人员单独聘请，经过专门培训，放到社区处理专项服务，人员也得到保证。因此不存在资源保障不足的问题。第二，社会保障已经摸索出一套自上而下的完整体系，社区层面的权责明确一致，独立完善的社会保障网上系统也为其提供了有效的技术保障。第三，社会保障和就业服务需要获取精确、动态的信息，获取这些信息的最佳办法就是与社区接轨，直接与居民建立联系，因此社会保障部门愿意在社区建立服务站以获取精确的第一手信息，同时也给予了社区工作人员相应的激励措施。以上说明，只有在资源保障、权责一致和激励相容三个方面理顺体制关系，才能达到完善社区服务的目的。正如作者访谈的一个社区主任所说，“如果所有的职能服务都能像社会保障和就业服务一样，那社区的服务内容所涵盖的就能多得多，工作起来也顺畅得多，真正能在社区实现便民服务”。

六、完善社区服务与社会体制改革

完善社区服务与社会体制改革紧密相连，只是将社区服务内容作文件规定、硬性考核，而不从体制上理顺，自上而下落实到社区的服务体制，完善社区服务将是一纸空谈。深化社会体制改革，完善制度化建设，使之与社区服务相配套，需要从资源保障、权责一致和激励相容三个方面理顺体制关系。在资源保障方面，需要理顺经费配备的财政关系，提高社区工作人员待遇水平、开展社区人员专业化培训、给予社区工作人员职业发展的成长空间。在权责一致方面，需要将职能部门的相关权力转移至社区，打破职能部门之间的权力壁垒，将职能部门的相关运作程序简化，同时增强电子政务体系的建设，充分利用信息化的技术手段，通过服务流程再造，实现权责关系的调整。在激励相容方面，在理顺资源和权力的前提下充分考虑政府职能部门和社区工作人员两方面的积极性，相应设计出科学、系统、有效的考核机制，将职能部门审批和街道、社区的服务衔接起来统一考核，使得社区服务的递送真正自上而下、一贯始终、统一考核、统一奖励。总之，要完善社区服务，就要从社会体制改革做起。只有自上而下完善顶层设计，才能真正使社区服务达到便民、利民的效果。

资本市场与社会管理科学化

吴利军[①]

积极推进社会管理体制机制创新，不断提高社会管理科学化水平，是维护社会稳定、促进社会和谐发展的长远之策。资本市场处在经济与社会发展的前沿，结合资本市场特点，不断探索与加强社会管理的科学化，具有重要的现实意义。

一、资本市场已经成为社会管理的重要领域和前沿阵地

资本市场所倡导的诚信、合法、合规、尽责的理念及“公开、公平、公正”的监管原则，都是以投资者权益保护为核心的制度安排，是社会管理的重要方面。二十年来，我国资本市场取得了长足的发展，不仅在投资、融资、优化资源配置等方面起着越来越重要的作用，而且辐射到社会经济生活的各个领域和层面，关系到千家万户的切身利益，成为我国社会管理的重要领域和前沿

① 吴利军，中国证监会党委委员、主席助理。

阵地。

第一，资本市场的规模稳步扩大，关系到经济全局。截至2012年3月底，我国资本市场共有上市公司2 389家，总市值22.4万亿元，居全球第二位，相当于去年GDP总量的48%。最近三年新增上市公司数量居全球前列，成为全球发展最快的新兴市场。随着多层次资本市场体系的成型，上市公司的地域分布日益广泛，行业日趋多元化，资本市场对经济的稳定发展和结构调整的作用逐步显现。

第二，资本市场的利益格局复杂，涉及社会各方。随着资本市场规模的扩大和影响力、渗透力的大幅提升，全国各地的政府、企业、个人以及各类社会组织越来越多地参与到市场中来，利益格局日趋复杂。上市公司群体已经覆盖了境内所有的省、直辖市和自治区，中小板和创业板一半以上的上市公司来自地级、县级城市。上市公司既涵盖了大部分的国有骨干企业，近年来又涌现了大量新兴的中小民营企业。2011年底，民营企业在上市公司总数的比重已经超过一半，占了中小板上市公司的75%，创业板的90%。从就业人数上看，根据上市公司2011年的年报数据，沪深证券交易所2 396家上市公司的员工总数超过1 400万人，比上年同比增加9%①。中国资本市场还拥有全世界最庞大的投资者群体，截至2012年3月底，沪深A股开户数量已经达到1.65亿户，入市投资者数量还在不断增加，2007年以来每年新开户都在1 000万户以上。

第三，资本市场与居民财产性收入和社会保障的关系日益密切。中国资本市场是以中小投资者为主体的市场。根据样本调查，2011年超过八成的投资者证券账户资产量在50万元以下②。2010年三季度，我国居民的金融资产构成中，股票与证券投资基金的比重已经从2004年的6%增加到13.5%，在股市走势强劲的2007年曾经达到24.3%③。截至2011年年底，我国自然人持有A股流通市值4.37万亿元，加上通过投资基金间接持有的数量，金额更加庞大，资本市场已经是城乡居民资产配置的重要场所和获得财产性收入的重要渠道。从2001年7月开

---

① 根据Wind资讯的数据统计，来源于上市公司年报。

② 引自《深圳证券交易所2011年个人投资者状况调查报告》。

③ 引自中国人民银行发布的《2011中国金融稳定报告》。

始，全国社保基金开始投资股市，资本市场与民生的关系更加紧密。资本市场逐步成为社会资源和财富聚集的重要场所。

第四，资本市场的文化建设具有显著的社会导向作用。资本市场是市场经济的高级形态，对市场参与主体诚信、自律、规范要求很高，同时由于其透明度和关注度，又决定了资本市场的股权文化、投资文化对全社会具有示范效应和导向作用。资本市场在发展初期，就确立了公开、公平、公正的“三公”原则。20世纪90年代以来，以保护股东权益为重点的公司治理就是从上市公司开始细化和实施的。近年来，上市公司又成为履行社会责任的排头兵，率先践行环保节能、保护职工权益和开展社会公益事业。

今后一个时期，资本市场的社会管理工作将呈现出一些新的特点和趋势：一是“十二五”规划明确提出要显著提高直接融资比重，资本市场的规模将进一步扩大，与居民财产性收入的关系将更加紧密；二是随着社会保险、企业年金的不断壮大并投资股市，资本市场对我国进入老龄化时期的社会稳定更加重要，国外养老金主要通过资本市场实现保值增值；三是资本市场本身将推进发行审核、退市等重大制度的改革，完善市场约束机制，促进市场各方归位尽责，强化发行人的诚信意识和回报股东的观念，鼓励市场创新产品、创新服务；四是市场的参与面将越来越广，参与主体的参与程度和维权意识不断上升，资本市场将成为提升公民素质的重要平台，等等。

二、资本市场作为最高级、最复杂、最活跃的经济要素，对社会管理科学化提出了很高的要求

从社会管理的角度看，中国资本市场具有特殊性和复杂性，主要表现在以下几点。

一是社会关注度高，网络集聚性强。资本市场是一个最为公开和透明的市场，一举一动都处在新闻媒体和社会公众的监督之下。比如在创业板的建设过程中，造富问题、高发行价问题、高市盈率问题和超募资金问题、退市制度问题都成为舆论热点。一家生产熊胆制品的企业，本来默默无闻，因为要发行上市，立刻引起了舆论关于动物伦理的大争

论，成为社会事件。而且，资本市场是以信息为基础运行的市场，网民和股民高度重合，形成庞大的虚拟网上社区。超过90%的投资者通过网络渠道获取投资信息，尤其是随着互联网论坛、博客、微博等新传播手段的不断涌现，舆论形成机制和传播渠道更加复杂。

二是市场主体身份多元，协同管理要求高。资本市场的参与面很广，但是专职的证券期货行业从业人员只有30多万人。上市公司更多的是在融资和信息披露活动时涉及资本市场，而作为社会管理主要对象的投资者，绝大多数只是业余投资者，他们当中有机关干部，有企业白领，有退休工人。同一个参与者，可以既是投资者、股东、债权人，又是客户、消费者，社会管理对象身份多元、交叉的特点极为显著。

三是市场虚拟程度高，利益对抗性强。无论股市，还是基金和期货市场，交易对象一般都不是实物，交易双方一般不直接见面，彼此通过电子平台达成交易，在提供交易便捷性和节约交易成本的同时，也容易导致信息和实力占优势的一方侵害另一方权益的行为。同时，资本市场是一个高强度的金钱博弈的场所，博弈的结果立即反映在账户的盈亏上，期货交易过程更是典型的零和博弈，一方的获利直接体现为另一方的损失。

四是风险突发性强、传导快。资本市场的风险受到多种因素的影响，具有较强的敏感性和突发性，交易价格波动性较大，“羊群效应”和从众心理比较突出。风险一旦爆发，往往在很短的时间内产生严重后果，甚至引发群体性事件。历史上著名的1929年美国股灾、1997年的东南亚金融危机、2008年美国雷曼兄弟破产引发的金融市场动荡等都事发突然，迅速形成系统性风险并危及社会稳定。对信息技术的高度依赖也使得资本市场带有一定的脆弱性，例如交易结算系统一旦出现问题，便可在瞬间影响千千万万投资者的正常交易。这对于风险的预警和应急管理能力提出了严峻的挑战。

三、资本市场社会管理科学化的基本思路和着力点

推进资本市场社会管理的科学化，需要在全面落实党中央、国务院

关于社会管理的要求和原则的基础上，借鉴其他行业社会管理的经验，把握好资本市场与社会管理的内在联系，在精细化方面下工夫，在实践过程中持续优化。

一是强化以信息披露为核心的监管原则。资本市场是典型的信息市场，又属于虚拟经济的范畴，信息不对称的问题比一般的市场更加突出。公开透明是资本市场制度建设的核心，只有以信息公开和流程透明为基础，才能形成有效的社会监督和市场约束。当前新股发行体制改革的一系列措施，如公开发行审核流程和拟上市公司名单、招股说明书的披露时点提前、加强招股说明书的风险揭示、引入第三方独立评估机构、披露行业平均市盈率等，都体现了公开透明的理念。在分红制度改革中，要求在招股说明书中细化并作为重大事项提示分红政策和分红计划，督促上市公司披露未分红的具体原因。对于信息披露，要根据投资者的需求，针对不同行业、不同类型上市公司的特点，探索差异化的信息披露制度。所有这些措施，都是以增加市场透明度、强化信息披露责任为目标，最终目的是促进形成公平、公开、公正、透明的市场环境。

二是加强对市场参与主体的行为监管。资本市场的参与主体众多，利益关系复杂，既有地方政府，也有上市公司、中介机构，还有千千万万身份各异的投资者。任何参与主体如果不能做到归位尽责、合规运作，都将影响市场的有序运行，可能引发利益冲突。必须继续加强各类市场参与主体的行为监管，根据其身份多样性的特点，联合各方面力量，构建有效的综合监管体系，要重点加强与公安、司法、新闻宣传及地方政府等协作配合，形成齐抓共管的局面。要对内幕交易“零容忍”，对市场操纵、欺诈上市等违法违规行为采取高压态势，及时发现，及时打击，严肃查处，防止侵害投资者合法权益、扰乱市场秩序的行为发生。

三是切实加强投资者合法权益的保护。中国资本市场投资者人数众多，地域分布广泛，身份多元而复杂，决定了投资者保护任务的艰巨性。2000 年以来，中国证监会确立了“保护投资者利益是各项工作的重中之重”的指导思想，设立了专门的投资者保护局，形成了全市场、分层次的投资者教育网络，开展了广泛深入的投资者教育工作。今后，要继续加强投资者教育，针对部分投资者盲目追随消息和概念，热衷于炒新、炒小、炒差的情况，提高投资者的风险识别能力，倡导长期投资、价值投资、理性投资的理念；强化投资者适当性管理，将合适的产品卖给合适的投资者，将最没有风险承受能力的人群劝离；要在司法部门的支持下，通过降低受理门槛、健全诉讼形式等方式，完善投资者的司法救济机制。鉴于中小投资者在资金实力和信息获取能力上处于相对弱势，在制度设计上要提高他们在公司治理中的话语权，完善分类表决制度和网络投票制度。

四是进一步推进依法治市和依法监管。资本市场市场化程度高，透明度高，只有做到依法治市，才能更好地形成市场参与各方公平博弈的环境。当前，监管部门的行为受到全社会的关注，而且市场主体维权意识不断上升，证监会已经成为国家部委中投诉较多、诉讼风险较大的部门。这就要求证券监管部门自己带头严格遵照证券、行政等法律、法规的规定，公开透明地行使法定权力，树立执法权威和市场公信力。同时，鉴于证券市场发展速度较快，法律、法规容易产生滞后性，要及时修订《证券法》、《公司法》等基本法律以及相应的法规规章，做到与时俱进。最后，要与相关部门紧密协作，监督和引导上市公司、中介机构、投资者等市场主体树立守法意识，合法合规运作。

五是着力营造良好的股市文化。中国资本市场发展的历史比较短，市场参与各方的利益多元，在一定程度上容易造成各方从自己的利益出发，各有各的想法和要求，甚至存在不切实际的期望和急功近利的心态。要让市场参与主体都回归常态、回归理性，才能还市场一个本来面目，真正发挥资本市场价格规律和资源配置的功能。为此，除了制度建设，还需要通过加强资本市场的文化建设，最大限度地凝聚市场的共识，培育诚信规范、公开公平、归位尽责的市场文化，缓解和遏制利益冲突和不稳定因素。

六是强化风险防范和应急管理机制建设。针对资本市场的风险突发性强、传导快的特点，重点要从防范系统性和区域性风险的角度出发，建立资本市场风险监控和管理体系，对市场创新建立风险评估机制与风险预案。在日常管理中，要强化证监会及派出机构、自律组织、交易所、券商及营业部、上市公司、基金公司、中介机构等组成的网格化的社会管理体系，进一步将管理资源下沉，构建风险防范的基层防线和渠道，将社会管理阵线前移。同时，要进一步加强应急机制建设，完善由证监会牵头、中宣部等 15 部委参加的维护资本市场稳定会商机制，明确证监会系统内各部门的应急处理协作机制，确保重大突发事件发生时能够协调一致，高效运转。在信息技术方面，要做好包括网络、行情、交易等在内的技术系统安全测试和备份工作，确保应急措施和方案切实可行。

资本市场是我国社会管理的重要组成部分，要通过市场化、科学化的机制和手段努力提升资本市场的社会管理水平。建立健全资本市场的社会管理体系，是一项长期性、系统性工作，对于促进市场公正、规范市场行为、协调市场关系、应对市场风险、保护投资者利益、确保全社会和谐稳定等都会起到积极的作用。

第 三 篇

社会管理创新与社会建设

从战略高度探讨社会管理中的多元机制创新

董克用①

加强和创新社会管理，全面推进社会建设，是贯彻落实科学发展观的重大实践，是实现转型发展，增强国际竞争力的基本保障，更是顺应人民对更好生活的新期待，进一步保障和改善民生，持续提升人民生活水平和人文追求的内在要求。

中国社会管理问题的提出，与诸多欧美发达国家一样，都是问题导向的。由于我国发展模式及其背后的文化体制等原因，我国当前在社会层面面临的问题更加错综复杂，也难以找到现成的经验加以借鉴。目前，从各地政策实践及研究来看，社会管理的问题解决、技巧与策略得到了更多关注，其战略意义则并没有受到应有的重视。即使在中央大力推进社会管理与社会建设的背景下，基层政府仍然是经济发展为核心导向的，而社会管理常常被视为经济发展的一种基本保障。

因此，要加强和创新社会管理，必须进行战

---

① 董克用，中国人民大学公共管理学院院长，教授；研究方向：劳动与社会保障、人力资源开发与管理、劳动经济与劳动关系。

略性的思考，将社会管理放在国际背景和整个现代化过程中分析，充分认识到社会管理的复杂性、动态性和长期性，要有耐心、信心和决心解决我国社会管理中面临的问题和挑战，实现经济社会可持续发展。

一、社会建设是中国现代化进程的重要组成部分，良好的社会管理是实现社会可持续发展的基础

从战略的角度思考社会管理，首先必须认识到社会建设是中国现代化进程的重要组成部分。中国的现代化不仅包括经济和政治的现代化，还包括社会、文化和生态的现代化，社会建设与经济建设、政治建设、文化建设、生态建设同等重要。中国经济发展到一定阶段和水平之后，人们把对社会建设的需求提上日程，如果不及时加强社会建设，很可能经济建设的成果不能够得到持续。

良好的社会管理，是推进社会建设，实现社会可持续发展的基础。政府要把社会建设好，要把社会管理好，必须弄清楚社会运行的内在逻辑，把握社会运行的内在规律，然后有针对性地从事社会管理，才可能做到事半功倍，有的放矢。否则，政府采取的社会管理措施很可能会破坏社会自身的免疫系统，不利于社会可持续发展。

二、社会管理有利于满足人的多样化需求，也有利于政治、经济和文化的发展

从战略角度思考社会管理，必须认识到当前从事社会管理的重大意义。首先，社会管理虽然不会马上创造经济效益，但是它却是满足人的多样化需求的重要手段。人是复杂的，其需求是多样的。人不仅有经济需求、政治需求和心理需求，而且还有社会需求，包括与他人结社的需求，共同组织起来解决他们自身所面临的问题的需求，这些需求，并不是经济建设和政治建设能够满足的，必须通过社会建设和社会管理来满足人在社会方面的需求和偏好。可以预料，随着经济政治发展，人类对于社会的需求不仅不会减少而且还会增多。这意味着，社会管理的紧迫性和重要性将会随着经济社会发展而越来越重要。

其次，社会发展与社会管理对于政治、经济、文化和环境的发展也具有重要意义。每一个社会成员心态平和，社会信任水平高，社会资本丰富，本身可以节省社会交易成本，促使社会在同样资源之下创造更多的财富，有利于经济发展，从而能够更好地满足人们的各种需求。社会和谐与稳定，本身也会促进政治稳定，很多政治抗争和政治冲突都是由于社会冲突和社会矛盾没有及时处理和解决而引起。

三、充分认识到社会管理的复杂性、动态性和长期性

从战略的角度思考社会管理，必须认识到社会管理的复杂性、动态性和长期性，社会管理并非是一蹴而就的事情，它会伴随着人类社会的始终。由于社会形态复杂，既涉及实体社会，又涉及虚拟社会；社会组织形式多样化，既涉及家庭、社区等以血缘和居住为基础的组织模式，又涉及社团等以兴趣、爱好和职业等为基础的组织模式，还涉及非营利组织等以社会公益为基础的组织模式；社会主体利益分化和多元化导致社会矛盾和社会问题涉及范围较广，既有因为拆迁、征地导致的矛盾，也有因为邻里纠纷、物业等导致的矛盾，还有其他各种类型的矛盾。

社会管理的复杂性还随着社会管理的动态性而进一步复杂化，旧的社会问题和社会矛盾解决之后，新的社会问题和社会矛盾又产生。一个社会需求得到满足，新的社会需求也可能随之产生。社会管理的复杂性和动态性特征，意味着社会管理是一个长期性的事业，需要党和政府像重视经济建设一样重视社会建设，将社会管理纳入长期发展战略的框架之中。

此外，社会管理的成效需要较长时期的培育和成长才能够产生效果，并且效果本身不容易衡量，这使社会管理的信号机制不太突出。一方面，政府在社会管理中是否投入，可能并不会对当期绩效产生影响；另一方面，政府官员也有可能因为不太重视社会管理，将社会管理问题遗留下来，这有可能会增加解决社会问题的成本，付出更大的代价。

四、充分认识到传统社会管理方式、方法和手段的局限性，通过创新来实现社会管理的新格局

中国传统的社会管理主要按照如下模式和逻辑进行：社会“嵌入”政治经济单位中，整个政治、经济和社会呈现整体性和总体性特征；政府对社会进行全面控制和管理，通过等级体系来对单位和企业进行管理，单位和企业随后对社会进行管理；社会分割为无数个单位和企业，不同单位和企业之间横向没有联系，而是通过纵向等级来实现有机整合。

中国率先推进经济体制改革，经济取得了较大发展，其中一个结果是社会“脱嵌”政治经济单位中，社会从单位、企业中解放出来，社区、社会组织等成为社会活动的重要场所和领域，个人的权利意识觉醒。在这样的背景之下，政府对社会的传统管理方式已经不适应经济体制改革和民众对社会的偏好和需求，传统管理方式存在的问题包括：政府职能缺位、管理方式不科学、政府与社会从全面控制走向全面对抗、社会自治程度不高。因此，政府需要进行社会管理创新，才能够解决社会管理中存在的矛盾和问题。

五、社会管理的核心是以人为本，需要充分发挥政府、社会组织和公民个人的作用，实现管治、共治和自治三者有机结合

从战略的角度思考社会管理，还必须理解社会管理的内在逻辑，包括社会管理的价值基础、体系机制、核心内容和主要手段等，才能够从根本上做好社会管理的各项工作。社会管理的核心是实现人的需求、自由与发展，所有的管理措施都是为人服务的，这是在社会管理中应该遵循的价值准则，也是判断社会管理成效的关键和主要依据。以人为本的价值在社会层面体现为社会安全与稳定、社会公平与正义、社会和谐与幸福，它们共同构成了社会管理的目标体系。

社会管理的核心是处理政府与社会之间的关系，它涉及社会的自我

管理，政府对社会的管理，以及社会参与政府社会管理。简而言之，社会管理需要通过管治（政府对社会实行管理）、共治（政府与社会共同分享对社会的管理）和自治（社会的自我管理），来实现社会安全与稳定、社会公平与正义、社会和谐与幸福。

在实现管治、共治和自治的过程中，通常会涉及政府、社会组织、公民、企业等多个主体。而社会管理的领域具有多样性：社会安全领域，包括食品安全、公共安全、心理安全等；社会服务领域，包括教、科、文、卫等社会事业，道路、电力、通信等基础设施；社会自治领域，包括城市社区、农村社区等。在不同领域中，不同主体发挥作用和程度不一样。

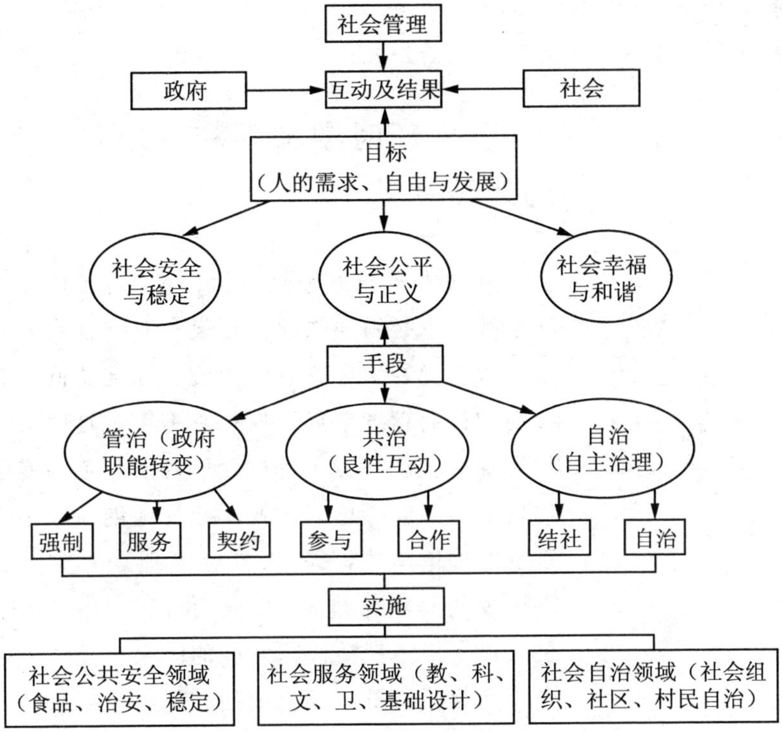

图1 社会管理理论架构

因此，社会管理的精髓在于平衡，需要对社会管理的三种机制平衡，即管治、共治和自治的平衡；社会管理的三大领域的平衡，强制、服务与自治的平衡；以及社会管理的四大主体的平衡，即政府、社会、企业与公民之间平衡。

科技创新要更好地服务于社会管理创新

马燕合[①]

一、新时期加强和创新社会管理的战略需求

党的十六届五中全会提出，“建设社会主义和谐社会，必须加强社会建设和完善社会管理体系，健全党委领导、政府负责、社会协同、公众参与的社会管理格局”。在 2011 年 2 月中央举办的省部级主要领导干部社会管理及其创新专题研讨班上，胡锦涛总书记就社会管理创新作了全面系统的理论阐述，提出“社会管理是人类社会必不可少的一项管理活动。在我们这样一个有 13 亿人口、经济社会快速发展的国家，社会管理任务更为艰巨繁重。我们加强和创新社会管理，根本目的是维护社会秩序、促进社会和谐、保障人民安居乐业，为党和国家事业发展营造良好社会环境”。

---

① 马燕合，科学技术部社会发展科技司司长。

在我国工业化、城镇化、市场化、信息化、全球化进程不断加快的背景下，中央提出加强和创新社会管理的重大命题，是针对我国经济体制深刻变革、社会结构深刻变动、利益格局深刻调整、人们的思想观念深刻变化的基本国情和发展需要做出的重要战略决策。新形势下，面临新任务与新挑战，我国社会管理创新的各个利益相关方都不同程度地存在着观念陈旧、能力不足、技术落后、手段不多的问题，需要依靠现代科学技术的有力支撑。加强和创新社会管理，科技工作大有可为，责无旁贷。

二、科技创新与社会管理创新之间的关系

1. 社会管理创新的内涵

“社会管理，说到底是对人的管理和服务。”社会管理的基本任务包括协调社会关系、规范社会行为、解决社会问题、化解社会矛盾、促进社会公正、应对社会风险、保持社会稳定等方面。因此，正确理解社会管理创新的内涵，一是要把握好社会管理创新的要素；二是要把握好社会管理与社会服务之间的关系。

关于社会管理创新的要素，涉及制度、人、支撑手段等多方面因素。社会管理是社会管理与被管理者之间、社会服务与被服务者之间，通过制度政策、法律法规、文化教育、信息传播等纽带形成的互动关系和行为。

制度因素是指社会管理的体制机制，是社会管理创新的基础。人的因素是指社会管理的主体和对象，包括的人的观念、意识、心态、素质和能力。手段的因素，是指支撑社会管理创新、提高社会管理水平所依靠的先进的理念、现代化的科技手段、科学的方法等。新的管理手段是否得到应用，取决于制度因素；而手段能否发挥正确作用、在多大程度上发挥正确作用，则取决于人的因素。

关于社会管理创新中社会管理与社会服务之间的关系，中央提出，要进一步加强和完善社会管理格局，切实加强党的领导，强化政府社会管理职能，强化各类企、事业单位社会管理和服务职责，引导各类社会组织加强自身建设、增强服务社会能力，支持人民团体参与社会管理和

公共服务，发挥群众参与社会管理的基础作用。

因此，创新社会管理，既要加强党的领导，强化政府的社会管理职能，也要强调发挥各类社会组织、群众团体的社会服务功能。既通过社会管理来实现社会服务，也要在社会服务中实施社会管理，实现社会管理与社会服务的有机结合。

2. 科技创新与社会管理创新的关系

一方面，科学技术进步，为加强和创新社会管理提供了技术上的可能。

工业革命以来，科学技术的快速发展对人类经济社会的发展与变革产生了重大的推动作用。特别是第二次世界大战以后，一些现代大科技工程的实施，进一步促进了理、工、经、管、文等多学科、多领域的交叉融合和共生发展，也推动了人类经济社会管理方式的发展。以“曼哈顿计划”为例，1940—1945 年，美国研制原子弹的“曼哈顿”计划先后共集中了 50 多万人，其中美国、加拿大等八个国家的科学家、工程技术人员约 15 万，耗费 22 亿美元的资金，占用了全国近 1/3 的电力。系统工程的成功运用，实现了各工程之间、各部门之间、众多学科之间的协调、协作关系，发挥了系统工程在组织管理上的效能。系统工程学的发展，将各类工程学科的知识、技术“植入”到社会各领域系统的管理中，实现了“技术”与“管理”的结合，推动了管理的现代化。同时，以电子信息技术、网络技术等为代表的现代科技迅猛发展，极大地改变了人类的生产、生活方式，也为社会管理方式和手段的创新提供了现实基础。

另一方面，社会管理要跟上时代发展特点，满足社会公平正义的需要，不断提高管理效能和科学化水平，也需要科学技术手段的有力支持。社会管理创新涉及国家、社会和人的发展的方方面面。胡锦涛总书记指出，“要充分认识新形势下加强和创新社会管理的重大意义，统筹经济建设、政治建设、文化建设、社会建设以及生态文明建设，把社会管理工作摆在更加突出的位置”。

中央提出以社会管理统筹我国经济建设、政治建设、文化建设、社会建设以及生态文明建设，对科学技术提出了新的要求。如在经济建设上，如何通过科学手段加强对宏观经济运行规律与趋势的把握能力和监控能力，规避经济风险；在政治建设上，如何运用信息网络技术建设信息平台，既便于政府问计于民、问政于民，也便于人民表达诉求和呼声，提高政府的行政效率、服务效能，促进政务信息的公开透明；在文化建设上，如何依靠科技创新促进文化事业和文化产业的发展，进一步加强公共文化资源的管理，加强网络文化的监管，抵御不良文化的侵袭；在社会建设上，如何依靠现代科学技术提高社会安全、生产安全、食品安全、防灾减灾等风险的应对和管理的能力。同时，将适用技术应用到社区建设和社会服务上，为百姓提供更多、更便利的社会服务，建设安全、和谐社区；在生态文明建设上，如何依靠生物、化学、遥感、信息、物联网等技术，加强对生态环境修复、污染监测与自然资源的保护。同时，宣传推广节能减排、绿色消费低碳生活等科学知识和理念，让生态文明融入社会百姓的生产和生活方式中。

三、科学技术要为社会管理创新提供有力支撑

新形势下，科技工作要把加强和创新社会管理作为一项重点任务，为走出有中国特色的社会管理创新之路提供有力支持。

1. 科学技术要为加强和创新社会管理提供科学理念

社会管理本身就是一个新的理念，加强和创新社会管理的前提是创新社会管理理念。社会管理涉及人的管理、行为的管理、物的管理、场所的管理、组织的管理、虚拟社会的管理等，每一项管理都是社会和谐的基础工程，每一个环节出现问题都可能影响社会和谐稳定大局。科学技术要为加强和创新社会管理提供科学理念，如综合风险管理、系统工程、生态足迹、“地球村”、生态村镇、数字城市、低碳城市、公众参与等先进理念，指导和推动社会管理的创新实践。

2. 科学技术要为加强和创新社会管理提供有效的技术手段

在中央提出的加强和创新社会管理的八点意见中，“加强和完善流动人口和特殊人群管理和服务”、“强化城乡社区自治和服务功能”、“加强和完善公共安全体系，健全食品药品安全监管机制，建立健全安全生产监管体制，完善社会治安防控体系，完善应急管理体制”、“加强和完善信息网络管理”等要求无一不需要科技手段的介入。

首先，科技支撑社会管理创新，要重点研发推广科学的技术和手

段。要针对加强和创新社会管理的重大技术需求，运用电子信息、网络、新材料、物联网等现代科技，研发大量的社会管理适用技术、装备和产品，开发系列标准，切实提高社会管理的科学化水平。

其次，科技支撑社会管理创新，要服务于社会管理方式的改革与优化。社会管理方式是技术和管理融合的具体表现，如风险管理，就是风险预测预报、风险监测、应急处置、风险评估等技术，与管理体制、机制创新的有机结合。通过技术创新和管理创新，可以使公共安全、资源环境、网络媒体等管理方式更加科学、高效、实用。

3．要以科技为引导探索加强和创新社会管理的有效机制和模式

国家可持续发展实验区工作从 1986 年开始，是国家科学技术部、国家发改委等 20 个国务院部门和地方政府共同推动的一项地方可持续发展实验试点工作。截至 2012 年 4 月，中国已经建立起国家可持续发展实验区 131 个，各省建立省级可持续发展实验区 180 余个，遍及全国 90％以上的省、市和自治区。

20 多年来，可持续发展实验区在社会管理领域坚持以人为本，大力开展社会事业管理与改革的创新实践，摸索形成了“政府主导、科技引导、社会兴办、公众参与”的有效的社会管理机制和运行模式。多年来，实验区以科技为引导，开展了内容丰富的探索实践，取得了一批各具特色的社会管理创新的典型经验和案例。

例如，湖北省武汉市江岸区建立可持续发展实验区以来，一直把城市社区建设与改造作为实验示范重点。当地政府在百步亭花园社区开展实验区示范项目建设，定位于“可持续发展的现代文明社区”的目标，积极探索房地产开发与城市建设、物业管理与社区建设相结合的路子，率先在全国房地产行业提出“建设、管理、服务”三位一体的管理模式，探索出了一套不用政府出资，不用百姓掏钱，不设街道办事处，以企业的经济实力调动社会资源，建设管理社区，服务人民大众的崭新管理模式。

江苏省常州市在实验区建设过程中积极开展城市地理信息系统的建设与应用，先后完成地下管线普查和综合管理信息系统建设、地形图、地籍图数字化测绘及基础地理信息系统建设以及数据库建设。通过城市地理信息系统建设，常州提高了城市规划管理的科学性，实现了土地资

源的有序管理，同时该系统的一些成果也陆续应用于公安、消防、人防、120急救等社会公共安全领域以及供电、供水、燃气等公用事业部门的信息化项目中，为常州的城市信息化建设和城市可持续发展提供了有力的基础信息支撑。

开展类似工作的实验区还有很多，比如辽宁省沈阳市沈河实验区形成了以“社区服务网络化、社区形象景观化、社区管理经常化、社区文化系列化、社区治安有序化”为特色的“沈河模式”。北京市西城实验区从2000年始，在区政府的积极倡导和引导下，在全区范围内发起了创建“绿色小区”、“绿色学校”和“绿色商店”的一系列绿色行动，注重培养全区居民的可持续发展和环保意识，倡导文明健康的生活方式。上海市徐汇实验区则启动了以“营造健康环境，改善健康服务，倡导健康生活，创建健康文明”为主线的“健康社区”建设活动，从硬件、软件两个方面入手，加强机制建设、资源共享，形成了一套建设和谐社区的新机制。

四、新时期科技促进社会管理创新的思考

第一，加强社会管理创新关键共性技术的研发和推广应用，建设社会管理科技支撑体系。

一是加强公共安全管理支撑技术研发与应用示范。围绕生产安全、食品安全、公共卫生和社会安全等领域的重大科技需求，加强基础理论、技术攻关和科技示范，力争实现突发事件预防控制、监测预警、应急处置等关键技术的持续创新，形成公共安全核心技术与装备的自主研发与工程技术能力，大幅度提升公共安全科技支撑突发事件的预防、准备和应对的能力，为我国经济社会的可持续发展和安全发展提供有力的科技支撑。

二是加强防灾减灾风险管理及防控支撑技术研发与应用示范。重点研究揭示地震、地质、山洪、气象、生态、环境、海洋等重大突发性自然灾害及灾害链的形成机理，提高预测预报科技水平。研发防灾减灾相关数据快速获取、远程传输等技术，建立和充实重大自然灾害综合数据库和综合灾害风险数据库，进一步推进国家应急平台建设，为国家防灾减灾决策指挥提供科技支撑。

三是公共物资和公共服务信息管理支撑科技研发与应用示范。针对我国的公共资源和信息管理的科技需求，加强社保、防灾减灾、文化、基础设施等方面公共资源管理技术的研发，如国家社会养老综合信息服务平台建设、国家应急救灾物资调度协调系统建设、科技强检电子信息系统建设等。

四是流动人口和特殊人群管理和服务支撑技术研发与推广示范。研究开发流动人口信息化管理等技术，支持建立国家人口基础信息库。

五是社会公益性服务支撑技术研发与示范。研究开发远程医疗等人口健康和医疗服务技术，社区医疗保障与信息管理技术；研发城镇平安社区、职能社区管理先进技术；研发科学健身专家指导系统和服务平台关键技术等。

六是综合风险应急管理支撑技术研发与示范。针对自然灾害、公共安全风险的综合管理，研发综合风险应急管理平台技术；研发重大社会综合风险评价手段和方法。

七是虚拟社会管理支撑技术研发与示范。围绕网络虚拟社会管理的技术瓶颈，研发网络文化与舆情调查、监控技术、不良网络内容识别技术等。

第二，加强对社会管理创新科学决策的技术支持。

社会管理的基本任务包括协调社会关系、规范社会行为、解决社会问题、化解社会矛盾、促进社会公正、应对社会风险、保持社会稳定等方面，具有很强的综合性、政策性和复杂性。如何深刻认识和准确把握社会管理规律，既有制度层面的问题，也有政策层面的问题，还有技术层面的问题，具有多学科交叉融合的特点。

社会管理政策的研究制定，是社会管理创新的主要行为之一。社会管理制度、政策的形成，是决策者和管理者基于对国家近、中、长期经济社会发展趋势的判断，相应做出的制度设计和制度安排。目前，我国在社会管理创新的公共政策研究不足，制约了社会管理创新深层次推进。如对潜在重大经济社会风险的预测和监控，缺乏符合国情的有效的政策分析工具、技术手段和数据支撑，应对公共政策研究也明显不足，与社会管理创新的要求不相适应。有必要依靠行为科学、系统科学、运筹学等技术手段，加强对国家经济社会重大问题的发展规律的研究，并对其发展趋势和潜在风险进行情景分析和超前研判，为国家公共政策的出台提供科学依据。

第三，大力推进地方社会管理的机制、模式的创新实践。

“十二五”期间，社会发展科技工作将继续以国家可持续发展实验区为平台，开展社会发展综合管理实验试点工作，探索社会事业发展与社会管理创新的有效机制和模式。选择部分实验区，突出社会事业发展和社会管理创新的特点，因地制宜，抓住制约社会管理创新的热点、难点问题，在社会保障、民生改善、医疗健康、社区建设、弱势群体保护等方面开展管理改革与机制创新，先行先试，摸索经验，发挥实验区的区域示范带动作用。

第四，加强对科学技术发展潜在风险的评估与管理。

在大力发展核能、生物技术、新材料技术、信息技术等现代科学技术造福人类社会的同时，也要加强对核电技术、基因技术、纳米技术、下一代网络技术等前沿科技发展、应用存在的不确定性的研究，对技术发展存在的潜在环境安全、社会安全、网络安全以及社会伦理等风险进行科学评估和制度化管理。如网络技术的发展，使人类的沟通、交往、交易、舆论等方式发生了重大的变革，但在管理方式和手段上存在很多的薄弱环节和潜在风险，有必要对这些潜在风险进行科学分析，在制度政策、法律发挥等方面提出管理应对的措施。又如基因工程技术的蓬勃发展，促进了医疗、制药、农业、畜牧等领域的技术进步，但在挖掘该技术的巨大潜力的同时，也要对其在生物安全、生态安全、道德伦理等方面可能带来的潜在的风险和负面影响进行科学的评价、评估，并通过政策、法律手段约束相应行为。

加强和创新社会管理的新进展、新任务

朱耀垠[①]

社会管理是中国特色社会主义事业总体布局中社会建设的重要组成部分。加强和创新社会管理，事关巩固党的执政地位，事关国家长治久安，事关人民安居乐业，对于继续抓住和用好我国发展重要战略机遇期、推动党和国家事业发展、实现全面建设小康社会宏伟目标具有重大战略意义。以胡锦涛同志为总书记的党中央正确把握国内外形势新变化、新特点，从党和国家事业发展全局的高度对加强和创新社会管理作了全面部署。温家宝总理在2012年的政府工作报告中就进一步做好加强和创新社会管理的相关工作提出明确要求。

一、加强和创新社会管理工作取得新进展

新中国成立以来，党和国家始终高度重视社

① 朱耀垠，国家民政部办公厅副主任。本文系作者为《十一届全国人大五次会议〈政府工作报告〉辅导读本》撰写的辅导文章。

会管理，对形成和发展适应我国国情的社会管理制度进行了长期探索和实践，取得了重大成就，积累了宝贵经验。特别是改革开放以来，根据国内外形势发展变化，党和国家不断就加强和改进社会管理制定方针政策、作出工作部署，有力地推进了社会管理改革创新。党的十六大以来，社会管理进入新的历史阶段。2011 年，加强和创新社会管理工作又取得新的明显成效。

加强了总体部署。中央举办了省部级主要领导干部社会管理及其创新专题研讨班，胡锦涛总书记等中央领导同志作了重要讲话，在党的历史上第一次就社会管理及其创新作出全面系统阐述，对当前和今后一个时期加强和创新社会管理作出统筹部署、提出明确要求。中央政治局专题研究加强和创新社会管理问题，中共中央、国务院出台关于加强和创新社会创新管理的意见，明确了加强和创新社会管理的指导思想、基本原则、目标任务和主要措施，这是新中国第一份全面部署、统筹安排社会管理及其创新的专门文件。中央决定把中央社会治安综合治理委员会更名为中央社会管理综合治理委员会，赋予其协调和指导社会管理工作的重要职能，充实领导力量，增加成员单位，强化工作机构。中央综治委成立后，抓紧成立组织机构、明确职责分工、确定工作制度，认真梳理需要研究解决的重大问题，确定了工作的重点、计划和方式。这些重大举措起到了进一步统一思想、深化认识、推动工作的重要作用。

加快了制度建设。进一步树立依法管理的理念，及时把社会管理成功经验上升为制度规范，抓紧研究制定社会管理及其相关领域的法律法规、规章、标准和政策。全国人大常委会推进了道路交通安全、职业病防治、民事诉讼、刑事诉讼、出境入境管理、精神卫生等与社会管理密切相关的立法工作；国务院加强了相关的法规建设，制定或修订了戒毒、放射性废物安全管理、电力安全事故应急处置和调查处理、公路安全保护、国有土地上房屋征收与补偿出版管理、音像制品管理、饲料和饲料添加剂管理、危险化学品安全管理等方面的条例，加快了校车安全立法，颁布了质量发展纲要(2011—2020 年)，等等。党和政府有关部门加快了与社会管理和公共服务相关标准的制定。18 个部门和组织联合发布了我国首个加强社会工作专业人才队伍建设的专门文件，推动培养造就社会服务和管理专门人才。这些都为加强和创新社会管理提供了基本依据，促进了社会管理法治化、规范化、科学化。

深化了创新实践。近年来，各地积极探索实践，创造了不少社会管理新经验，特别是全国社会管理创新综合试点地区，抓住社会管理的主要环节和瓶颈制约，着力在转变管理理念、创新方法手段和体制机制上下工夫，在已有工作基础上又创造许多新亮点。一些地方深入推进网格化管理、组团式服务模式，提升了精细化管理、人性化服务水平；一些地方继续探索人口管理服务新办法，将基本公共服务逐步向流动人口覆盖；一些地方积极创新刑释解教人员、易肇事肇祸精神病人、吸毒人员等特殊人群管理帮教工作新模式，使他们更好地融入社会；一些地方实行社会稳定风险评估，从源头上预防和减少社会矛盾；一些地方将社会管理创新落实到具体项目，实现了社会管理和服务的实化、量化、细化；一些地方实行“虚拟社会管理”工程，加强互联网管理；一些地方探索适合本地实际的城乡社区治理模式，整合社会服务管理资源，增强社区服务管理合力和效能；一些地方探索社会组织直接登记办法，推动政府向社会组织转移职能、购买服务；一些地方培育综合性社会组织，把各类社会组织纳入党委和政府主导的社会组织体系；一些地方构建组织化的社会稳定保障体系、多元化的社会矛盾化解体系、立体化的社会安全防控体系、人本化的社会事务管理体系、信息化的社会管理网络体系和规范化的社会公平执法体系，形成了科学、高效、惠民的社会管理新路子；等等。这些在全国起到了很好的示范带动作用。

落实了重点工作。各地各部门把加强和创新社会管理放在更加突出的位置，按照胡锦涛总书记提出的“八个进一步”要求，着力推进社会管理重点任务的落实，社会管理格局进一步完善，流动人口和特殊人群服务管理、非公有制经济组织和社会组织服务管理、基层群众自治、信息网络管理、公共安全保障、社会矛盾预防和化解等方面的工作得到切实加强和改进。特别是，完善食品安全监管体制机制，集中打击、整治食品非法添加和违法生产加工行为，依法查处了一批重大犯罪案件、一批犯罪嫌疑人、一批涉案企业、一批责任人员。深化安全生产“三项行动”（执法行动、治理行动、宣传教育行动）和“三项建设”（法制体制机制建设、保障能力建设、监管队伍建设），加强安全生产监管，做好重特大安全故事处置、调查、问责工作，全国安全生产继续保持了总体稳定、持续好转的发展态势，各项安全生产指标均明显下降。扎实推进领导干部接访，集中开展信访积案化解，加大从政策层面推动解决信访突出问题的工作力度，不断创新信访工作体制机制和方式方法，全国信访形势保持了继续好转的良好态势。健全矛盾调处化解机制，推动建立社会稳定风险评估机制，人民调解、行政调解、司法调解三位一体的大调解工作体系基本建立，有效化解了一大批矛盾纠纷。公安机关开展网上追逃专项督察"清网"行动、打"四黑"除"四害"行动、打击侵犯知识产权和制售伪劣商品犯罪"亮剑"行动、"打黑除恶"和"打拐"专项行动，治安重点地区排查整治取得新成效，重点青少年群体教育帮助和预防犯罪、校园周边治安防控措施进一步落实到位，社会治安综合治理水平不断提升，全国社会治安总体稳定。

推进了社会建设。着眼于保障和改善民生，加快发展各项社会事业，加快完善覆盖城乡全体居民的社会保障体系。教育公平迈出新步伐，建立起完整的家庭经济困难学生资助体系，初步解决农民工随迁子女在城市接受义务教育问题，推动实施"学前教育三年行动计划"，启动实施农村义务教育学生营养改善计划，积极构建政府、社区、学校、家庭多方联动的农村留守儿童教育与管理服务网络。扩大公共文化设施免费开放范围，加强群众体育设施建设。加快医疗卫生事业改革发展，基层医疗卫生服务体系基本建成。继续扩大基本医疗保险覆盖范围和新农保试点，启动城镇居民养老保险试点，提高新农合和城镇居民基本医疗保险财政补贴标准。加强城乡公共就业服务。积极调整收入分配关系，提高各项社会保险和救助水平，建立社会救助和保障标准与物价上涨挂钩联动机制，为城乡困难群众发放价格临时补贴和节日一次性生活补助。制定实施新10年农村扶贫开发纲要和兴边富民行动计划，大幅度提高国家扶贫标准，把更多的农村低收入人口纳入扶贫范围。推进住房保障体系建设，加快保障性安居工程进度。全面加强未成年人特别是流浪未成年人保护，发展妇女儿童事业，培育壮大老龄服务事业和产业，健全残疾人服务体系。从政策层面推动解决了一批涉及多类群体切身利益的历史遗留问题，有效维护了群众合法权益，有力促进了社会公平正义，为加强和创新社会管理创造了有利条件，从源头上预防和减少社会矛盾的发生。

二、进一步做好加强和创新社会管理的各项工作

当前和今后一个时期，要坚持党委领导、政府主导，统筹协调、源头治理，以人为本、服务为先，依法管理、综合施策，科学管理、提高效能，立足国情、改革创新的原则，按照最大限度激发社会活力、最大限度增加和谐因素、最大限度减少不和谐因素的总体要求，以解决影响社会和谐稳定突出问题为突破口，推进社会管理体制机制和方式方法创新，全面提高社会管理科学化水平，不断让人民群众得到实实在在的利益。

加强政府社会管理和公共服务职能。健全政府职责体系，科学界定、合理配置政府机关在社会管理和公共服务中的职责权限，合理划分中央和地方政府的责权，逐步理顺中央和地方在社会管理和公共服务等领域的职责分工，形成统一领导、分工负责、运转协调的体制机制。全面、正确地履行政府职能，在进一步改进经济调节和市场监管方式方法的同时，更加注重履行社会管理和公共服务职能，把更多的力量和资源放在发展社会事业和解决民生问题上，办好应由政府承担的社会管理和公共服务事务。坚持科学民主决策，完善政策法规，公正廉洁执法，提高行政效能，发挥政府在社会管理中的主导作用。继续推进政府职能转变，加快推进政企分开、政资分开、政事分开、政府与市场中介组织分开，把不该由政府管的事坚决交给企业、社会组织和中介机构。探索政府行政管理与基层群众自治有效衔接和良性互动的有效途径和方式。

提高基层群众性自治组织管理服务水平。建立完善配套制度，促进《村委会组织法》深入贯彻落实；完善村务监督机制，继续开展村务公开和民主管理示范单位创建活动，做好“难点村”后续治理工作；进一步落实加强和改进城市社区居民委员会建设的各项政策措施，加快《城市居民委员会组织法》修订进程。统筹推进城乡社区建设与服务，改善社区服务设施条件，完善社区服务网络，整合社区服务管理资源，扩大社区服务对农民工等非户籍人口的覆盖范围。推进社区服务管理体制创新试点，完善社区治理结构，建立健全以社区党组织为核心、以社区自治组织为主体、以政府部门派驻社区力量为依托、以物业管理机构和社区社

会组织为补充、以社区信息综合管理平台为载体、驻社区单位和社区群团组织密切配合、社区居民广泛参与的新型社区服务管理体系，真正把城乡社区打造成政府社会管理的平台、居民日常生活的依靠、社会和谐稳定的基础。

进一步发挥社会组织的积极作用。抓紧修订完善社会组织登记管理的有关法规，制定扶持和引导社会组织发展政策，加强社会组织分类发展、分类监管，重点培育和优先发展经济类、科技类、公益慈善类、城乡社区服务类社会组织，推动行业协会、商会改革发展，探索政府购买服务、建立社会组织孵化基地等方式，促进社会组织参与社会服务、承接政府转移职能。落实统一登记、各司其职、协调配合、分级负责、依法监管的社会组织管理体制，建立社会组织监管的各类制度，重点建立社会组织负责人管理制度、资金管理制度，完善年度检查制度，健全查处、退出机制，逐步形成社会组织监管信息平台，探索形成登记审批、日常监管、税务稽查、违法审查、信息披露、公共服务、行政处罚、等级评定等各个环节信息共享、工作协调的社会组织管理机制，引导社会组织完善规章制度、健全内部治理机制、扩大公开透明度、提高管理和服务能力；适应全方位对外开放的需要，依法加强对境外非政府组织在华活动的管理和服务，既保护正当交往合作，又依法查处违法违规活动，促进社会组织健康有序发展，充分发挥其提供服务、反映诉求、规范行为的作用。

加强和创新流动人口和特殊人群服务管理。加快推进国家人口基础信息库建设，做好流动人口动态监测工作。全面推行居住证制度，力争省级行政区域内流动人口全部实现“一证(卡)通”，使他们尽快享受到基本公共服务。积极稳妥地推进户籍制度改革，使符合一定条件、本人愿意的流动人口特别是农民工有序融入城镇。加强对特殊人群的关爱和帮扶，抓紧制定和完善特殊人群服务管理政策，根据不同类型人群特点分类施策。对刑释解教人员，落实出狱出所无缝衔接和安置帮教政策；对社区服刑人员，加强监督管理和矫正，促进社区矫正立法，完善社区矫正工作体系；对具有肇事肇祸倾向的精神病人，建立监测、预警、救治、救助、服务、管理机制；对吸毒人员，建立强制隔离戒毒、社区戒毒、自愿戒毒、社区康复和药物维持治疗相互衔接的工作机制；对有易感染艾滋病毒危险行为人群，加强综合干预工作；对社会闲散人员和有不良行为青少年，加强教育、帮扶、矫治、管理，加强对闲散青少年的排查联系和服务帮助。做好流浪未成年人救助保护工作。完善特殊人群服务管理的设施和条件。

全面推进社会信用体系建设。加快征信立法和制度建设。抓紧制定《征信管理条例》及相关配套制度和实施细则，制定信用信息标准和技术规范。建设覆盖全国的征信系统。各地区要对本地区各部门、各单位的信用信息进行整合，形成统一平台，实现对失信行为的协同监管。在实现行业内、地区内信用信息互联互通的基础上，大力推动信用信息在全国范围的互联互通，建立健全信用档案，充分发挥信用信息对失信行为的监督和约束作用。规范和完善信用服务市场体系。规范发展信用服务机构和评级机构，制定信用服务机构基本行为准则，严格征信机构及其从业人员准入标准。加强政务诚信建设。政府及其部门、政府工作人员要起示范带头作用，坚持依法行政，推进政务公开，以实际行动取信于民。推进社会信用建设。有关行业、部门和地方管理部门要通过建立信用信息系统，依法依规有效采集、整合和应用个人、企业、事业单位及其他社会组织的信用信息，尤其要结合市场主体准入、纳税、合同履行、产品质量、食品药品安全和社会保障、科研管理、人事管理等方面的工作，有针对性地加强各领域的信用信息系统建设。深入开展打击侵害知识产权和制造假冒伪劣商品行动。

加强和改进互联网的应用和管理。按照积极利用、科学发展、依法管理、确保安全的方针，坚持建设与规范并重、发展与管理同步，把互联网建设好、利用好、管理好。加快网络信息技术的发展和运用。着力发展地址资源足够丰富、先进节能、安全可信、具有良好可扩展性和成熟商业模式的下一代互联网，加快推进互联网与电信网、广播电视网融合发展，利用互联网更好地为大众服务，使人民群众生产生活更加便利。适应信息化社会对政府的新要求，以信息共享、互联互通为重点，加快建设国家电子政务网，提高政府工作效率和公共服务水平，为公众参政议政、监督政府和参与经济社会活动创造条件。维护网络信息安全流动。建立互联网新技术、新业务信息安全评估机制，完善网络信任体系，稳妥推进网络、手机真实身份信息注册制度的落实。加强互联网监管。制定修订相关法律法规，明确相关主体的权利义务，积极推进法律规范、行政监管、行业自律、技术保障、公众监督、社会教育相结合的互联网管理体系，形成党委统一领导、政府严格监管、企业依法运营、行业加强自律、全社会共同监督的互联网综合管理格局，提高依法、规范、科学、系统、动态管理水平。营造健康的网络环境。建立网络舆论引导机制，提高对公共突发事件的舆论引导能力，掌握网络舆论引导主动权；培育健康向上的网络文化，加强主流文化传播，促进网络媒体准确传播国家政策，真实反映群众心声，解疑释惑、增进共识，从而调动各方面积极性和创造性。健全网上网下结合的综合防控体系，依法打击各类网络违法犯罪行为，确保网络信息传播规范有序、安全运行。

切实加强公共安全体系建设。完善应急管理体制机制。坚持预防和应急并重、常态和非常态结合的原则，建立健全突发事件应急体系，加强全民风险防范和应急处置能力建设，提高预知、预警、预防、应急处置水平。完善自然灾害、事故灾难、公共卫生事件、社会安全事件的监测预警、信息报告和发布、风险评估、应急处置、社会动员、舆论引导机制以及应急救灾物资生产储备调用补偿机制，提高风险管理能力。提高食品药品安全监管能力。全面加强日常监管和各项基础工作，提高监管的系统性、针对性和有效性，打好综合治理和专项整治攻坚战，提高食品安全水平，确保公众用药安全。继续加强安全生产。实施安全发展战略，深入扎实开展“安全生产年”活动，深化重点行业、领域专项整治，全面推进隐患排查治理体系建设，强化各方面安全责任，加快完善相关法律法规、安全标准规范和健全监管体系，加快安全科技的研发应用，加强预防和应急处置，防止重特大事故的发生。深入推进平安建设。加强社会治安综合治理，健全立体化社会治安防控体系，深入开展平安创建活动，加强城乡社区警务和群防群治队伍建设。着力解决人民群众反映强烈的突出治安问题，深入开展打黑除恶、“扫黄打非”等专项行动，依法严厉打击严重影响人民群众生命财产安全的犯罪活动。开展社会治安重点地区、重点场所、重点物品排查整治活动，严密防范和严厉打击违法犯罪活动，保障人民群众生命财产安全，增强人民群众安全感。

有效预防和化解社会矛盾。以“发现得早、化解得了、处置得好”为目标，在源头治理、妥善处置上多下工夫。建立健全重大决策社会稳定风险评估机制。在省、市、县三级建立健全社会稳定风险评估机制，提高决策科学化水平。凡是直接关系人民群众切身利益且涉及面广、容易引发社会问题的重大政策、重大工程项目等决策事项，都要进行合法性、合理性、可行性和风险可控性评估，充分听取意见、全面分析论证、确定风险等级、提出评估报告，把风险评估结果作为决策的重要依据，加强对决策实施跟踪和评估责任、决策责任追究。深入开展矛盾纠纷排查化解。健全社情民意收集分析机制，及时掌握和化解征地拆迁、劳动纠纷、环境污染、非法集资等影响社会稳定的突出矛盾和问题；充分发挥人民调解、行政调解、司法调解三位一体大调解体系在化解社会矛盾中的积极作用；深入推进领导干部接访下访，集中精力化解信访积案，最大限度减少进京上访和非正常上访。加强社会矛盾和问题预防和源头治理。加强对社会管理突出问题的调查研究和政策攻关，及时提出切实可行的政策措施，发挥政策在协调社会关系、化解社会矛盾中的前瞻性、系统性、关键性作用。完善党和政府主导的维护群众利益机制，统筹协调好各方面的利益关系，加强法律服务和法律援助，维护公平正义；落实保障和改善民生的制度安排，加快发展各项社会事业，加快推进覆盖城乡居民的社会保障体系建设，推进基本公共服务均等化，促进发展成果更好地惠及全体人民，切实防止社会矛盾积累、激化，把风险隐患化解在萌芽状态，实现长治久安。

中国社会管理创新路向思考：基于社会建构的思维方式

李程伟[①]

改革开放以来，中国经济取得了令人注目的发展，但与之极不相称的是社会发展严重滞后，经济与社会相脱节和失衡的问题十分严重，诸如贫困、失业、社会排斥、贫富差距、犯罪多发、家庭解体、生态破坏、环境污染等问题，无不是经济与社会发展失衡的具体表现。这种现象在发展研究上被称为“扭曲发展”[②]。当前中国发展扭曲程度之大，已经对政治统治的合法性产生了巨大威胁。尽管中国共产党明确提出社会主义和谐社会建设与管理这一命题的大的背景可以概括为多个方面，诸如工业化、城市化、市场化、公民社会、信息社会、风险社会，等等，但毋庸置疑的是，经济与社会发展失衡和脱节仍是这一命题的直接背景和现实依据。在社会建设与社会管理的关系上，前者偏于宏观聚焦，后者则偏于中观

① 李程伟，中国政法大学危机管理研究中心主任，教授；研究方向：风险理论、风险治理、危机管理与政策分析。

本文系北京市哲学社会科学课题结项成果(编号06BaKD0025)。

② 参见[美]詹姆斯·米奇利：《社会发展：社会福利视角下的发展观》，苗正民译，4页，上海，上海人民出版社，2009。

和微观聚焦，加强社会管理与创新乃是达成社会稳定与和谐的重要路径。本文借鉴公共行政研究的社会建构途径，力求对当前中国社会管理创新路向问题作一次学理上的思考。

一、现代社会管理意涵与价值追求

研究社会管理的前提是明确“社会”的概念。马克思主义政治学认为，社会乃是由众多社会成员个体、组织、团体、群体、阶层、阶级等要素或单元(即社会主体)相互联系、相互作用而形成的一个复杂的关系体系(系统)。这其中，个体的人(“社会存在物”意义上的个人)是构成社会系统的基质。如果说社会是复杂的、活生生的有机体，那么每一个现实的人就是它的一个细胞。是社会主体(个体的人及其各种组合形式)的各种功能活动分别构成了政治、经济、文化和社会生活这四大社会子系统或领域。维持社会系统良性运行和发展的前提，是使社会成员处于一定的福利状态和秩序状态，使涉及其具体生活及利益的问题和矛盾得到合理解决，使其基本生存与发展的需求和机会得到满足和提供。在马克思主义的政治学看来，前者(社会整体系统良性运行与发展的维持)就属于广义上的社会管理，它一般包括政治统治与管理、经济调节与管理、文化导引与管理和社会协调与管理这四大方面；而后者(社会成员一定福利状态与秩序状态的维持)则属于狭义上的社会管理。

展开来说，社会管理(狭义)实际上是指政府和民间组织运用多种资源和手段，对社会生活、社会事务、社会单位和组织所进行的规范、约束、协调、服务等活动①。现代社会管理是控制与服务有机结合的过程，不仅是对社会成员一定行为的控制，还是通过组织化的方式对个体社会权利的保障和实现②。这与传统的专制社会不对社会成员承担福利(服务)责任，单一满足统治者的秩序诉求是根本不同的。可以说，“控制”和“服务”既是现代社会管理的两个基本功能形态，同时也体现了社会成员对现代社会管理的两大基本价值诉求，即“秩序”与“福利”。

---

① 何增科主编：《社会管理与社会体制》，4页，北京，中国社会出版社，2008。

② 何增科主编：《中国社会管理改革路线图》，46页，北京，国家行政学院出版社，2009。

从归根结底的意义上说，现代社会管理的最终目的是达成社会成员的一定“福祉”或“福利”，亦即社会成员能够处于幸福、满足与富裕的状态。它又包括社会成员的“直接福利”和“间接福利”两个方面。其论证逻辑是：作为个人的社会成员是社会存在物，只有在社会中，他才能拥有个人自由，获得发展其才能的手段，满足生存和发展的需要。在国家和社会的帮助下(再加上本人的努力)，具体解决社会成员在现实社会生活中遇到的困顿及问题(如养老、医疗、工伤、失业等)，保障其能够过上正常的社会生活，这构成了他的直接福利。同时，作为社会成员各种关系组合的社会，也需要协调与管理，以保持其稳定、秩序和再生产。对于社会成员来说，社会关系的秩序及其再生产属于公共物品，它可以为全体成员提供稳定的社会生活环境，使其能够无身份差别地从中受益，这构成了社会成员的“间接福利”。这两个方面的有机结合，就成为现代社会管理的基本价值追求。有国外学者从人文发展的角度，对社会福利所包含的三个要素进行了界定①：①社会问题(如犯罪、暴力、失业、环境污染等)得到控制的程度；②主体需求(如健康、营养、安全饮用水、住所、社会保障等)得到满足的程度；③社会机会(社会成员能力成长与境遇改善的机会)的创造或提供程度。这样一种界定和分析就为社会福利的测度提供了一个较为合理的标准。

从上述分析不难看出，相对于政治统治与管理、经济调节与管理、文化导引与管理这三大管理领域，社会协调与管理对于社会系统的正常运行具有基础性的保障作用。加强社会管理，对于快速转型中的中国社会具有紧迫性和现实针对性。

二、行政学社会建构的思维方式及其意义

在一个多世纪以来的行政学发展历史上，占据主流地位的是逻辑实证主义的思维方式，也可简单地将其称之为行政学的“管理主义”、“功能主义”或“实证主义”。这是一类与牛顿科学哲学相契合的研究范式。但是，自 20 世纪 70 年代以后，受相对论、混沌理论和量子力学等新物

① [美]詹姆斯·米奇利：《社会发展：社会福利视角下的发展观》，苗正民译，16 页，上海，上海人民出版社，2009。

理范式的影响，质疑或批判逻辑实证主义的观点不断出现，行政学的诠释理论、批判理论和非均衡理论日益发展，行政学研究的内容有不断加深和拓宽的现象①。在此背景下，韩裔美国著名的行政哲学家、海沃德加州大学的全钟燮教授(Jong S. Jun)，在吸收融合现象学、诠释学和批判理论等后现代哲学观点基础上，代表性地提出了行政学的“社会建构研究途径”(The social constructionist approach to public administration)。2006年全教授出版了系统概括和阐释其社会建构研究途径的集大成著作——《公共行政的社会建构：批判与解释》，从而在管理途径、政治途径、文化途径之外，又为行政学研究增加了一个新的研究途径或视角。从学科发展史的角度看，强调公共行政客观外在性的逻辑实证思维和强调主观内在性的社会建构思维始终存在，其不同比重的组合构成了行政学研究管理途径、政治途径、文化途径和社会建构途径的不同特色。下面拟结合相关文献，将行政学研究社会建构思维的特质概括如下：

第一，社会建构思维的起点是“主动—社会性”人性假设。社会建构思维对人性的假设不是孤立的、原子式的自我概念，而是与儒家“个人的道德自主性”相通，是一个与他人和世界相关的自我概念。在这一人性假设下，人是自主的而非被动的受控对象，他拥有追求公共利益或公共性的自主性，公共决策者有责任帮助组织成员发展其自主意识或自我管理，并促进对价值的共同理解。此即为“公共性的自主概念”。同时，自我也是“社会性建构”的，这就是主观互证的理性交往和相互调适的过程②。

第二，相对主义和主观主义是社会建构思维的方法论基础。行政学的社会建构分析途径受物理学爱因斯坦范式的影响，在方法论上超越了决定论和逻辑实证主义的预设，而坚持行政“事实”的多元性、相对性和主观建构性。在认识论上，建构主义认为，如何“事实”都是历史的产物，是在历史进程中被社会、政治、文化、经济和种族等因素来形塑的，而每个人又是在具体的历史、地域、情景和个人经验中体验、感受到“事实”的。这种相对主义的取向使得它认为社会事实并没用绝对的、凌驾一切的真理存在，相反，它主张，在认识过程中，人们是经由主体

① 参见吴琼恩：《行政学》(第四版)，序言，台北，三民书局股份有限公司，2011。
② 同上书，44页。

间的互动、沟通和对话来获得彼此的理解，达成共同的观点。① 同时，面对后现代复杂多元的社会现实，社会建构论认为单向度的思考难以把握复杂的行政世界，人们必须拒绝诸如个人对组织、艺术对科学、行政人员对公民、定性对定量等的“行政现象的二元性”，而应充分发展辩证思考和批判反思的能力。②

第三，社会设计模式是社会建构思维的政策主张。依据对“相关行动者的价值体认”与“冲突和问题的解决以及变革取向”这两个维度，全钟燮教授提出了公共行政与政策设计的四种模式。一是危机设计。这一类型的设计，对他人的声音或价值的体认度低，而对冲突决议、问题解决和变革策略往往是被动的回应。二是理性设计。这一类型的设计是理性的经济模型，它假定公共行政依据科学的专业知识即有能力控制所有相关因素，而忽视公民的态度、经验和参与。它偏爱长期的和前瞻的目标建构，因而基本上是规范性的。三是渐进设计。这类设计重视他人的声音，但对冲突和问题的解决以及变革的回应则是被动的。其在行政行为上的表现就是，强调运用有效领导、政治技巧、持续沟通说服，以求相异观点的相互调适。四是社会设计。这类设计对相关行动者的价值高度体认，在组织与社会的关系(和行动情境)中强调诠释、理解、分享与学习，同时对于冲突与问题的解决、学习与变革等采取前瞻性的态度。在社会设计模式看来，行政管理的目的和目标是社会建构的，是从人类的互动、对话和相互学习中发展出来的。“发展促进互动和参与的过程是社会设计的本质属性。当行政管理者、专家、政治家、社会团体、顾客和因特殊议题和问题而联合起来的公民之间建立起社会互动和网络，可行的方案被清楚地表达出来的时候，社会设计过程就被创造出来。”③ 与前三类设计相比，这类设计最具开放性和包容性，饱含对哲学和社会的思考，较能反映真实的行政世界。

第四，社会建构思维与公民治理的精神实质相契合。人类政治文明

---

① ［美］全钟燮：《公共行政的社会建构：解释与批判》，孙柏瑛等译，前言，北京，北京大学出版社，2008。

② 吴琼恩：《行政学》(第四版)，46页，台北，三民书局股份有限公司，2011。

③ ［美］全钟燮：《公共行政的社会建构：解释与批判》，孙柏瑛等译，75页，北京，北京大学出版社，2008。

的实践已经证明，公民社会的存在是达成社会善治的基础，公民治理是民主政治运行的内在机制。对此，全钟燮提出的“公民社会三角”(civil society triangle)的概念具有启发性。在此概念下，政府、企业与公民社会彼此互依，并持续转换各种关系，以协助发展可行的民主社会。这三角之一若太强或太弱，就有可能发生社会不公正、经济不平等、贪腐和政治动荡。面对后现代日益复杂的社会问题，政府或企业越来越无法单独面对，这就需要培养公民意识，使之热心参与公共事务，而行政人员则有道德责任去促进共享价值的理解，以公共理性与经济理性、交往理性与工具理性相互弥补，促进民主治理过程中的合作基础。① 在社会建构思维中，公民是公共事务的参与者、合作生产者，而非仅仅是科层体制下权力驱使的被动受命者，或受企业组织金钱诱惑的利益追逐者。公民社会乃是公民集体行动的场域，公民治理乃是公民社会具体的运行机制，公民社会和公民治理的精神实质与行政学的社会建构思维是紧密契合的。

三、社会管理创新路向审视

缘于政治体制改革滞后、经济与社会发展进程脱节、权贵市场经济的畸形发展，当前中国社会利益结构已呈现出大范围的失衡、失序和冲突的景象，政治统治的合法性面临严峻挑战。尽管朝野的有识之士已经认识到政治民主才是社会秩序可持续再生产的机制，但由于政治转轨的风险及其不确定性远比经济转轨复杂，于是理性的决策考量便是加强和完善社会控制与服务以实现社会秩序的简单再生产。这种“胡萝卜加大棒”的思维毕竟只是权宜之计，如果不能在政治体制改革上迈出实质性的步伐，社会秩序简单再生产的局面恐怕也难以维持。出于对当下社会形势的上述判断，本文拟借鉴公共行政研究的社会建构思维，对中国社会管理创新路向及对策建议作如下思考。

第一，转换社会管理思维方式。归纳学界和实务部门对社会管理的不同认知，大致存在着两种不同的思维倾向：一种是强调“自上而下”的

① ［美］全钟燮：《公共行政的社会建构：解释与批判》，孙柏瑛等译，44页，北京，北京大学出版社，2008。

以行政为中心的运作逻辑，倚重行政强制力量的作用，注重社会秩序的价值优先性；另一种是强调“自下而上”的以社会为中心和以公民为本位的运作逻辑，倚重公共治理网络的作用，强调社会福祉的价值优先性。前者基本属于逻辑实证主义的思维，认同社会管理规律相对于各类社会主体的客观外在性，以及社会秩序生成的外力作用机制，其在实务界较为普遍；而后者则认同社会管理的主体互动和相互建构，强调秩序的内生性和自组织性，基本上属于行政学的社会建构思维，其在学术界则有较多的拥趸。本文的基本主张就是促使实务部门从决定论的逻辑实证思维转向主体论的社会建构思维。正如全钟燮教授所言，以技术—工具理性为支撑的传统行政，体现的是单向度管理、职业家支配、物化的官僚制、安抚公民以及非此即彼的二元思维模式特征。它只适应于一种稳定的环境，在高度复杂和快速变迁的社会里，其制度结构就丧失了回应和创新的能力。[①] 面对转型期不断涌现的各种矛盾和问题，这类管理思维显然于事无补，而且还会不断制造新的问题。例如，有些地方过于重视公安、司法、综治、信访等部门在社会管理中的作用，以“高压维稳”作为行动取向，结果导致越“维稳”越“不稳”。这一现象应当引起政府部门的警觉。

第二，构建城乡社区治理网络。从本原意义上讲，社会管理体现的是共同体横向维度上的互动关系，它是以共同体意志自治和行为自组织为特征的；如若涉及纵向维度上的权力关系，则属于政治控制和政治管理的范畴。从这一角度来看，在广大城乡建构各个利益相关者和行动主体密切互动的理性行动场域，通过网络化的治理方式，解决地域共同体所面临的共同问题，就是社会管理的重心。这实际上就是社区治理机制的创新问题。对于社区和社区治理，应当从国际学术界通行的规范意义上去理解，而不能实用主义地界定为城市居委会辖区及其活动。英国行政学者克拉克(Michael Clarke)和斯图尔特(John Stewart)认为，广义的社区治理是指社区与国家和市场相结合而形成的一种社会互动方式，它并不排斥政府或国家的作用，但否认政府机构作为社区的唯一权力中心；其他公共组织、社团和私人机构在合作协商与公众认可的基础上，

---

① ［美］全钟燮：《公共行政的社会建构：解释与批判》，孙柏瑛等译，3～5页，北京，北京大学出版社，2008。

都可能成为社区的权力机构，涉及社区公共事务的各个机构和组织之间存在着权力依赖和资源交换关系；同时，无论政府机构还是以社区为基础的组织都需要遵循或遵守相同的“善治”规则①。可以说，在政府部门的指导、支持和帮助下，通过建设社区公民论坛(如社区管理委员会、社区会议、邻里会议、业主代表会议等形式)，对社区治理与发展问题进行交互式辩论和交流，学习倾听、对话、尊重、宽容、相互体认、妥协和理性博弈，培育公民精神和公民资格，这对于社会管理创新具有特别重要的基础意义。

第三，推进重点环节制度创新。从目前各地开展的社会管理创新实践来看，属于公共政策系统“输出端”的事项比较多，如公共服务合同外包、公私伙伴关系、一门式办公、服务承诺制等，处于政策流程的“下游”；而对政策流程“上游”和政策系统“输入端”的创新，诸如基层治理、服务和社会政策运行中的利益表达、利益汇集、决策听证、政策质询与监督等，尚显稀少和粗疏。因此，加强政(界)学(界)合作，对社会管理中的深层次问题展开有次序的研究，研究透某一方面问题就适时出台相关政策和法规以推进社会管理的民主化是十分必要的。例如，迄今中国尚未有一部保障公民结社自由的《结社法》或《社团法》，而只有《社团登记管理条例》这一国务院的行政法规，更无新闻和出版方面的法律，致使公民社会和公民治理长期处于生长羸弱和不确定状态，窒息了社会建设的活力和社会管理的生机。这种状况应竭力加以改变。再如，对基层社会治理中民主议事、监督机制的建设，公民参与层次的提升，弱势群体和边缘人群的诉求表达等改革议题，目前各地实践中形式性意义往往大于实质性意义，有忽悠和糊弄老百姓之嫌，也需要尽快加以改变。在这方面有关地方及其领导人的远见及魄力常常起着很突出的作用，有关方面或力量如能协同推进相关地方立法，其对社会管理、建设与发展将起到极大的推动作用。

第四，重塑基层社会服务机制。从学术分析的角度可以把“管理”与“服务”分开，但在实践中二者就像一枚硬币的正反两面，实际上是很难分开的。一种行为从施动方的角度看可能是管理，从受动方的角度看可

---

① 田玉荣主编：《非政府组织与社区发展》，10页，北京，社会科学文献出版社，2008。

能也是服务，反之亦然。既然社会管理的重心在基层，那么在基层治理中施行“寓管理于服务之中”就是正确的路向选择。从社会建构思维的角度看，创新基层社会服务机制也就是创新基层社会管理机制。为了把这一问题说清楚，需要在学理上将“社会服务”与“公共服务”稍加辨析。

一般说来，“社会服务”是指针对社会成员所发生的具体困难和问题而开展的帮助、扶助或支持等活动，例如针对灾民的心理危机干预和生活救助等就属于这种情况。这类活动具有人格化、行动指向的特定性和具体性等特点，是因人而异、因人的不同困难而不同的，服务的生产过程与消费过程是同时完成的。而“公共服务”则具有非人格化、非排他性、受益人的非特定性等特点，例如市政设施就为所有人群提供同质性的服务。如果说公共服务着眼于整体人口福祉的提升(不具有身份的指向性和特定性)，则社会服务一般聚焦较为微观的问题和项目，强调弱势人群具体需求的满足和困难问题的解决。这显然需要在多元主体互动合作的治理网络中才能实现。就社会服务机制创新而言，应当充分顾及以下几个方面。①社会服务界定或决策机制的下移。与私人服务的个体化和市场化决策机制不同，社会服务的决策是一种集体选择。但现在这种选择或界定的层面过高(往往在中央和省级政府)，基层社区和利益相关人反倒没有参与权和决策权。在社会服务中，服务对象并不单纯是顾客，他们还是利益表达与评定的公民，同时也是服务的协作生产者，必须从这样“三位一体”的复合视角来看待社会服务决策参与机制的建设问题。②社会服务资源的动员和催化。社会服务涉及多元主体和多种资源，除了政府资源，还有各类志愿者和社会财力、物力等。而社会资源是需要动员(这里不是行政动员的含义)和激活的，资源动员机制的建设对于基层社会服务来说也是必不可少的。对此方面好的经验及做法应及时加以总结和推广。③社会服务生产与传递组织的建设。具体生产和传递社会服务的是运作于基层的、各式各类的、功能性的服务组织。从国际经验来看，那些非政府和非营利的民间组织是社会服务行动的主体。对此，党和政府应当有前瞻性的眼光，着力培养社会工作人才，扶持和培育体制外服务组织，指导和帮助其加强能力建设，使之在社会服务中逐步担当重任。④社会服务行动的组织与协调。围绕社会服务会存在着各种各类的行动角色，为了使之有效和有序地开展活动，必要的组织协调机制是必不可少的。例如学生志愿者到社区开展社会服务就需要一定的信息引导、技能辅导和统筹协调，社区政府(街道办事处)和社区自治组织就应当在这方面发挥作用。⑤社会服务监督评议机制的构建。在此方面一个十分突出的问题是切实落实和保障基层群众自治组织的法律地位与作用，使之能够代表和组织社区居民对各专业部门条线上的社会服务职能履行状况和服务质量等进行评议和监督，借此将过去那种由街道及区职能派出机构考核评议社区的逻辑彻底颠倒回来，以确保基层社会服务之“公共性”的真正实现。

结语

执政党关于社会建设与管理的命题是在改革开放以来我国经济发展与社会发展严重脱节和失衡的背景下提出的。随着经济体制深刻变革、社会结构深刻变动、利益格局深刻调整、思想观念深刻变化，以及现代科技特别是互联网技术的快速发展，社会建设与管理面临着一系列新的课题与挑战。应当说，加强社会管理与创新是达至社会稳定与和谐的重要手段和途径，但这种管理和创新必须是符合现代社会管理的价值追求和行为形态的，即本文从马克思社会系统论所概括出的“秩序”和“福祉”的有机融合和后者对前者的包含性，以及“控制”功能与“服务”功能的辩证统一和后者对前者的优先性。

本文即是以上述认识为起点而展开研究的，其较有新意的观点是：①在理论上，通过质疑主流行政学逻辑实证主义的思维方式，将行政学最新发展之一的社会建构分析路径的思维方式，借鉴和引入到中国社会创新路向的思考之中，以求“他山之石”的“攻玉”之效；②针对现实社会管理严重偏颇化的现象，论文主张由“自上而下”以行政为中心的管控逻辑，转换到“自下而上”以社会为中心和以公民为本位的治理逻辑，强调社会福祉相对于社会秩序的价值优先性；③从本原的意义上，将社会管理所体现的共同体的横向互动关系，与政治控制和政治管理所体现的纵向权力关系相区分，主张在广大城乡应着力建构各个利益相关者和行动主体密切互动的理性行动场域(社区治理网络)，切实实现社会管理重心下移；④鉴于各地社会管理创新实践多数停留在公共政策系统“输出端”

或政策流程的“下游”(如合同外包、公私伙伴关系、一门式办公、服务承诺制等)，而对政策流程“上游”和政策系统“输入端”的创新(如利益表达、利益汇集、决策听证、政策质询与监督等)实质性的努力不够，本文提出了推进重点环节制度创新的主张，并给出了具体的政策建议；⑤本文从学理上区分了“社会服务”和“公共服务”的基本内涵，以此为基点具体分析了社会服务在界定或决策机制、组织协调机制、资源动员机制、服务递送机制和监督评议机制等方面的重塑策略，希冀为相关的实践提供一定的参考。

以上几点便是在行政学社会建构思维启发下，对中国社会管理创新路向所做的一点思考。套用一句俗语，此乃一项“复杂的系统工程”，需要开展跨学科的协同研究。本文的讨论尚属粗疏和初步的范畴，相关问题拟在今后的研究中继续予以关注。

基于政府社会性规制的社会管理创新研究

纪泽民[①]

社会性规制作为政府社会管理的一种重要手段，是政府为控制负外部性和可能影响人身安全健康的风险而采取的行动和设计的措施，在维护社会公平正义方面发挥着重要作用。在社会管理日益引起各级党委和政府重视的时代背景下，加强社会性规制研究具有重要的实践意义。

一、政府社会性规制及其对社会管理的作用

规制（regulation）是政府机构为弥补市场失灵，依据一定的法规对企业行为进行的干预，一般包括经济性规制（economic regulation）、社会性规制（social regulation）和反垄断规制（antitrust regulation）。社会性规制也称为社会管制，“是以保障劳动者和消费者的安全、健康、卫生以及保护环境和防止灾害为目的，对物品和服务的质量

① 纪泽民，北京航空航天大学博士研究生，天津滨海新区商务委副主任，中国行政体制改革研究会理事，河北联合大学经济管理学院硕士生导师；研究方向：公共政策与管理。

以及伴随着提供它们而生产的各种活动制定一定的标准，并禁止、限制特定行为的规制”[①]。这种经济学上的定义是将社会性规制作为对经济活动负面影响的控制和补救措施而存在的。如果从公共行政的角度来界定，社会性规制是指政府为实现经济社会正常运行、维护社会利益，对相关主体的活动或行为进行的微观制约，其关注点是社会公益问题。

(一)社会性规制的理论基础

社会性规制是20世纪60年代至70年代在西方发达国家发展起来的一种崭新的规制，目前以环境保护、食品药品安全、卫生保健、劳工保障等为主要内容的社会性规制政策已经成为市场经济国家管制政策的重点。一般来讲，政府采取社会性规制措施主要基于以下理论基础。

1. 外部性问题

外部性问题是指一定的经济行为对外部的影响，造成私人成本与社会成本、私人收益与社会收益相偏离的现象，包括正外部性和负外部性，负外部性是指一种经济行为造成消极影响。外部性使市场失灵，需要政府规制。

2. 信息不对称问题

信息不完全或信息不对称可能会引起逆向选择和道德风险问题，这两种后果都会严重影响公平交易，造成市场的低效率，因为，“在一定意义上，相对于在信息完全的世界里本来会做出的决策而言，由这种行动传递的信息扭曲了一些决策”[②]。因此，政府应对存在信息不对称的行业进行规制。

3. 公共性物品

公共性物品是指社会公众可以共享的产品、服务或资源，具有消费的非竞争性、效用的不可分割性和受益的非排他性。公共物品的这些特性导致市场配置失灵，公共物品的供给便成为政府的重要职能领域。

4. 非价值性物品

所谓非价值性物品是指因为社会道德伦理规范的原因，不能由竞争性市场机制进行资源配置的物品，植草益将其定义为“那些在竞争性市

---

① [日]植草益：《微观规制经济学》，22页，北京，中国发展出版社，1992。
② [美]斯蒂格利茨：《经济学》(上册)，423页，北京，中国人民大学出版社，1997。

场可以形成自由配置，但依照道德伦理规范而应在一定程度上或者是全面限制和禁止其生产销售的物品”①。其典型例子就是毒品和武器。这种“非价值性物品”会给社会带来严重的危害，因而需要政府进行规制。

(二)社会性规制的作用

尽管各国对社会性规制内涵的认识基本趋同，但对社会性规制的具体范围的认识却不尽相同。社会性规制的研究先驱植草益依据日本的实践，提出社会性规制范围包括：确保健康和卫生；确保安全；防止公害、保护环境；确保教育、文化、福利。与日本相比，美国社会性规制的范围相对比较狭窄，主要包括健康(health)、安全(safety)和环境保护(environmental regulation)，简称 HSE。我国学者以立法和执法的内容为标准，将社会性规制对象分为：对健康卫生方面的规制，包括对食品卫生、广告管理、药品管理、医疗机构管理、医疗事故管理、传染病预防、检疫、麻药、毒品、水道、废弃物的处理及清扫等方面的立法和行政规制；对环境污染的规制，控制大气、固体、液体等污染排放物，保护环境；在安全方面的规制，包括防止劳动灾难和疾病、保护消费者权益、产品质量及标准化、确保交通安全、矿山安全、劳动安全及消防立法和行政规制；公益性活动的规制，主要指在教育、文化、福利等方面的立法和行政规制。从我国的实践来看，社会性规制所指向的主要是公共安全、卫生、环保、福利等问题，这些大都是经济社会转型期遇到的社会焦点问题，以及不完善的市场机制不能有效地解决的外部性问题和信息不对称问题。

自 20 世纪 70 年代以来，各国政府规制的基本趋势是经济性规制逐步放松而社会性规制日趋加强，这种趋势也凸显了社会性规制在现代社会生活中不可替代的作用。以美国为例，近年来联邦政府扩大了社会规制范围，加大了规制力度，1979 年至 2002 年联邦政府的社会规制成本从 12%上升到了 29%②。概括来讲，社会性规制的作用主要体现在以下几个方面。

1. 社会性规制是一种重要的公共性物品

社会性规制是一种典型的、需要由政府供给的公共性物品。社会性

---

① [日]植草益：《微观规制经济学》，7 页，北京，中国发展出版社，1992。

② 谭融：《比较政治与比较公共行政》，244 页，天津，南开大学出版社，2008。

规制作为政府向社会输出的一种规则、制度、政策或模式，能够规范社会主体活动、维持社会秩序、促进社会协调发展，从而满足社会成员的共同需要，实现公共利益。

2. 社会性规制是政府履行社会管理职能的重要方式

社会性规制是政府进行社会微观管理和控制的重要形式和手段，是社会管理不可或缺的子系统。运用社会性规制来规范和管理社会主体行为，进而引导社会事务的发展方向，调整社会的利益关系，化解社会矛盾，维护社会公共利益、社会秩序和社会稳定，是政府进行社会管理、构建和谐社会的重要途径。

3. 社会性规制是推进法治政府建设的重要环节

作为重要的政府管理方式，社会性规制对推动法治政府建设具有重要意义。社会性规制对法制的建立和完善提出了更高和更迫切的要求，有力地推动立法工作的开展；社会性规制具有标准性和可预测性等特点，可以在很大程度上排除管理的主观性和随意性，一方面有利于形成依法行政的内部约束力；另一方面也有利于加强公众对政府执法活动的监督，形成依法行政的外部压力。

二、社会性规制工具及当前我国社会性规制方面存在的主要问题

政府在社会性规制过程中，选择何种政策工具对政府能否有效达成规制目标具有重要影响。一般而言，可供选择和使用的主要社会性规制工具包括以下几种。一是税收和补贴。政府针对外部不经济的情形，用税收弥补私人成本和社会成本之间的不一致性，比较常见的是征收污染税；补贴则是政府对外部经济的行为主体给予的优惠和鼓励，例如教育、医疗、各类公共设施等对社会有外部正效应的公共物品提供补贴，促使外部经济内部化，以增加对社会具有外部正效应的产品和服务的实际供给量。二是排污权交易。在保证特定区域的环境质量的前提下，确定污染权数量，并分割为一定标准的单位，在市场上公开标价出售一定数量的污染权，排污权交易可以有效地挖掘企业的降污能力，很多国家已经广泛采取这种措施来治理污染。三是禁止特定行为。通过法规直接

禁止那些被社会公认有可能引起危害和不良后果的社会行为。四是营业活动限制。即通过批准、认可制度对与提供公共性物品和准公共性物品、非价值性物品有关的事业者及有可能因外部经济而产生损害的事业者进行营业活动的限制。五是执业资格制度。为了确保消费者利益，国家对于从事与健康、安全、环境联系密切的单位和个人，进行专门知识、经验、技能等方面的认定、证明并发给执业资格证明。六是标准认证和检查制度。政府从确保产品的安全性、机械设备的安全运转和操作的目的出发，对其结构、强度、性能等方面定出安全标准。七是收费补偿制度。对有可能引起火灾、环境损害以及利用自然资源的经济行为征收定额费用和资源补偿费。八是信息公开制度。规制机构要求其向消费者尽量详细地公开与其所提供产品或服务有关的业务信息；或按照法律规定，消费者有权向卖方索取自己应该知道的有关产品和服务的信息。

20 世纪 80 年代以来，强化社会性规制职能成为市场经济国家政府制度变迁的普遍趋势，社会性规制政策在市场经济国家迅速增多，持续加强。随着政府社会性规制职能的增大，社会性规制的相关理论和政策实践也日益受到各国学术界和政界的共同关注，成为当下一个重要的、充满活力的新领域。与西方发达国家相比，我国在社会性规制方面的研究和实践方面还有明显差距，对社会管理形成了明显的阻碍性影响。但正如戴维·奥斯本和特德·盖布勒所言，今天我们政府失败的主要之处，不在目的而在手段。① 从对政府在社会性规制过程中可供选择和使用的主要社会性规制工具的分析来看，当前我国社会性规制存在的主要问题包括：

(一)社会性规制总体力度不够

社会性规制职能缺乏合理定位，政府在履行社会性规制职能时还存在一定的缺位情况，即面对市场经济的发展带来的一系列新的社会性问题，社会性规制的步伐没有跟上，未能充分发挥应有的作用，这在食品和药品的安全方面表现尤为突出。

(二)社会性规制立法不够完善

改革开放以来，我国政府相继颁布了一系列针对健康、环境、安

① [美]戴维·奥斯本、特德·盖布勒：《改革政府：企业家精神如何改革着各个部门》，6 页，上海，上海译文出版社，2006。

全、教育、文化等领域的社会性规制法律，已初步形成了涵盖健康卫生、安全生产、环境保护、灾害防治、文化教育等多个方面的社会性规制法律体系。但无论是与市场经济发达国家相比，还是从政府社会性规制职能的现实需要来看，我国政府社会性规制的法律体系都还不够完善，与社会性规制的广泛性、深入性不相适应。以日本为例，在产品质量规制方面，日本政府分别制定了《食品卫生法》、《药事法》、《药品副作用被害救济金法》、《毒品及剧烈物品取缔法》、《煤气事业法》、《玩具安全对策法》、《纤维制品质量表示法》、《家庭用品质量表示法》等法律①，形成了健全的法律群。此外，我国政府有关部门在处理和解决社会性规制所涉及的公共卫生、安全等问题时，更多的是采取临时性、应急性措施，忽视了社会性规制的法律、法规建设，有关措施往往缺乏持续性，也无法起到预防和警示的作用。

(三)社会性规制的范围较窄

目前对社会性规制的实践和研究主要存在于劳动安全、环境保护和食品安全等具体行业，各具体领域的研究尚未得到有效的整合，无法统一归结到社会性规制的理论体系中，这既不利于社会性规制整体模式的建构，也不利于对规制过程中政府行为进行全面规范。

三、把社会性规制作为创新社会管理的重要手段

社会问题的出现是不以人的意志为转移的，它是社会发展与社会治理不同步导致的一种客观存在。正如胡锦涛总书记2011年年初在省部级主要领导干部社会管理及其创新专题研讨班开班式上讲话指出的，“我国社会管理领域存在的问题，是社会发展水平和阶段性特征的集中体现”②。目前中国社会呈现出的“阶段性特征”引发的社会管理问题包括：社会结构发生变化，阶层群体冲突增加；社会状态更加活跃，开放性、流动性问题增多；社会诉求不断提升，维权意识更加强烈；转型社会价值真空，社会失范引发风险；等等。政府针对社会问题所进行的社会管理，就是通过制定一系列社会政策和法律规范，对社会组织和社会

① 王俊豪：《政府管制经济学导论》，406～407页，北京，商务印书馆，2004。
② 《人民日报》，2011-02-20。

事务进行规范和引导，培育和健全社会结构，调整各类社会利益关系，回应社会诉求，化解社会矛盾，维护社会公正、社会秩序和社会稳定，维护和健全社会内外部环境，促进政治、经济、社会、文化和自然协调发展的一系列活动及其过程。

应对目前中国社会“阶段性特征”引发的社会管理问题，加强好创新社会管理，就是要在现有社会管理条件下，运用现有的资源和经验，依据政治、经济和社会的发展态势，尤其是依据社会自身运行规律乃至社会管理的相关理念和规范，研究并运用新的社会管理理念、知识、技术、方法和机制等，对传统管理模式及相应的管理方式和方法进行改革，建构新的社会管理机制和制度。

创新社会管理，包括创新管理内容，厘清管理领域，强化社会公共事务管理，有效调处社会矛盾，维护各类群体正当权益等方面的工作。其中，应把社会性规制作为社会管理创新的重要方面，认真加以研究和应用。从社会性规制的角度来考量，目前加强和创新社会管理应重点做好以下工作。

(一)合理设置规制目标

与其他规制手段一样，社会性规制也存在一定的负面因素：一是规制方法。在社会性规制中，政府一般是通过命令和控制来直接配置资源，极易干预被管制企业的运行，乃至影响到企业的微观管理。二是规制成本。实践中，社会性规制往往是以具有货币价值的产品为代价(成本)来增加不具有货币价值的产品(收益)。比如法律强行要求更清洁的空气和更安全的工作环境，必然会提高企业活动的私人成本，或降低生产率的增长速度。除了这些可计算的经济损益之外，社会性规制更大的成本来自对企业自由意志和行为的限制，来自对一般竞争的依法限制。除了被规制方遵守规制政策需要付出成本外，政府制定规制政策也需要成本，规制机构为了监督被规制方是否遵守规制同样需要相应调查成本。因此，在设置规制目标时必须权衡各种关系，政府规制的目标并不仅仅是尽可能地降低某一种风险的发生概率，同时还需要衡量规制过程中的资源配置效率，在资源有限的前提下，尽可能地达到政府规制的意图。

(二)合理配置社会资源

根据我国现阶段的特点和部门分工，可以把社会管理部门原则上分为两大类，第一类负责社会公平，主要手段是提供社会公共服务和公共物品，包括教育、文化、卫生、民政、体育、劳动社保等；第二类负责社会安全和社会稳定，主要手段是行政和司法，包括公安、司法、安全、社团管理、安全生产等。当然，二者的分工不是绝对的，有些部门兼顾两种职能，比如，民政部门的社区建设和民间组织，一方面承担社会公共服务职能；另一方面又承担社会安全与稳定任务。社会公平与社会稳定也不是截然分开的，二者互为因果，如果社会公平问题处理不好，社会差距拉大到一定程度就可能引发社会动乱，社会稳定又可以为社会公平创造发展的空间和环境。因此，必须妥善处理好两类部门的关系，推进机制和体制创新，保证社会公共服务资源的合理配置。同时，也要处理好两类系统内部各个部门之间的关系，保证社会目标的有效实现。

(三)健全社会性规制法律体系

政府社会性规制职能的实施必须以法律、法规为基础，法律体系的健全与否直接决定了社会性规制职能的有效运行。一是应及时清理现行法规中不合时宜的条款，及时修订已有的法律规范，使社会性规制的目的、原则、程序、基本方针和规制机构的权限符合现实发展需要。二是针对我国现时的社会性规制仍存在的“空白区”，尤其是社会性规制领域中的一些行业基本法，应加快立法进程，抓紧制定一些现实急需的专门法。三是建构系统的法规群体。在一些重要的社会性规制领域，应当以基本法律法规为基础，形成完整、系统的法规群体，以更好地实现社会性规制的目的。逐步健全政府社会性规制的法规群体，可以为政府加强社会性规制奠定良好的基础。

(四)完善相关制度“规制”规制者

由于社会性规制对象的范围极为广泛，因此，在政策手段的选择和执行领域，很容易出现腐败现象。我国社会性规制实践中所暴露出来的一些问题说明，必须通过制度创新和完善，以有效地“规制”规制者。一是健全行政程序制度。完善的行政程序可以在相对方权利、稀缺社会资源以及规制权之间取得平衡，保证政府规制机构在进行社会性规制时将公共利益置于优先地位。完整、科学地规制程序制度，必须针对规制机构的特殊性，为规制权的形式设置统一的、刚性的准则，以有效地控制政府规制机构的寻租行为，减少政府规制中的腐败现象。二是完善信息公开制度。规制信息公开，既是政府社会性规制的准则，也是被规制企业和个人了解政府规制方向、监督政府行为并据以维护自身利益的基本路径。正如弗雷德里克森所言，“作为公共行政治理的一个和最明确的含义是：它包括了参与公共活动的各类型的组织和机构”①。社会性规制作为一种公共行政治理行为，进一步完善规制信息公开制度，使政府规制在阳光下运行，可以有效改变政府规制权力运行的方式，使政府规制机构的职权、办事程序、办事结果、期限、监督方式等均为民所知，从而最大限度地抑制政府规制过程中的行政机会主义，避免暗箱操作和腐败问题，增进社会成员对政府规制的信任。

① [美]乔治·弗雷德里克森：《公共行政的精神》，15页，北京，中国人民大学出版社，2006。

试论官民“二元”图谱中的社会管理创新

尚秋谨　朱　伟①

改革开放特别是党的十六大以来，面对我国经济社会发展战略机遇与社会矛盾凸显同存的新形势，加强和创新社会管理日益成为各界理论研究和实践探索中的重大社会热点问题。在如何创新社会管理的问题上，“党委领导，政府负责，社会协同，公众参与”被定位为我国当前的社会管理格局，《国民经济与社会发展十二五规划纲要》、《中共中央、国务院关于加强和创新社会管理的意见》、中央综治委的改名等一系列决策部署，均反复强调了坚持和完善该管理格局的必要性与重要性。

从语义结构及我国现行政治体制角度分析，上述格局其实反映了一种“官民”二元图谱中的官民协同共治型社会管理模式，同时，这也指出了我国现阶段加强和创新社会管理的基本路径，即通过不断调适官民关系，充分调动社会管理中的

①　尚秋谨，北京大学政府管理学院博士后研究人员，北京城市系统工程研究中心助理研究员；研究方向：城市公共管理与政府创新。朱伟，副研究员，北京城市系统工程研究中心副主任；研究方向：城市公共安全与管理。

官、民两个积极性，促进官民之间的良性互动，最终走向基于官民协同共治的和谐、有序社会状态。

一、典型的官民关系类型考察

综合过往以及当下的政府管理实践与理论来看，典型的官民关系类型主要包括“主人—奴仆关系”、“委托—代理关系”、“掌柜—顾客关系”、“合作伙伴关系”。以下，将在对四种关系逐一探讨、比较分析的基础上指出，在官民之间构建一种良性互动的合作伙伴关系是我国创新社会管理的关键所在。

(一)主人—奴仆关系

在奴隶社会、封建社会等传统阶级社会中，官民之间的关系普遍表现为“统治者”与“被统治者”、“管理者”与“被管理者”之间的“命令”与“服从”关系，统治者以“主人”自居，并垄断公共权威，普通民众只是绝对权力控制之下的“奴仆”，只能听由统治者的发号施令，履行“下人”的服从义务。

在这种关系中，由于处处强调等级差别，“官本位”思想盛行，一切以统治者的意愿为导向、为目的，社会公众缺乏分享公共权力的机会和空间，其真实愿望和利益诉求根本得不到重视和维护。久而久之，公众逐渐丧失了主动地参与公共生活的意识和想法，参与公共生活的资源和能力也随之消损殆尽。因此，这种官民关系模式下，并不存在真正意义上的社会管理，只是一个由统治者运用国家强力机关、意识形态灌输等手段，来实现对社会“单向控制”的过程。

(二)委托—代理关系

随着资产阶级思想家掀起的思想启蒙运动波及整个西方世界乃至全球，“君权神授”思想日益受到谴责和唾弃，而“人民主权”、“社会契约”等思想的传播却越加广泛，传统“主人—奴仆”官民关系因此受到了理念上的冲击。随后，近代资产阶级革命的火种纷纷点燃，并在众多国家确立了资本主义的政治体制，上述官民关系受到制度上的再次冲击后，逐步被以“委托—代理”为基调的官民关系模式所取代。

该官民关系模式中，蕴含了一个基本假设，“国家是一种人民的契约，许多个人以他自己的自主权利相互订立一种契约以产生政府。或者说每个人都让渡自己的一部分权利以产生公共权力。这是政府产生的唯一合法方式，也是公共权力得以存在的唯一基础”①。因此，公民是公共权力的最终所有者，是“委托人”，而公共权力的运用者，只不过是公民选择出来的“代理人”，究竟由谁来代理则由公民根据自己的需求和利益来决定。同时，“代理人”必须依法满足“委托人”的要求，维护“委托人”的利益。

无疑，较之“主人—奴仆”关系而言，“委托—代理”关系更能体现官民之间的平等、开放和公正的关系。但是，这种官民生态并不总能充分体现和保证社会管理的公共属性。首先，正如巴伯(B. Barber)所指出的，基于委托代理建构的政治体制“转嫁了责任，也疏远了人们的政治意愿，它是以牺牲自我管理和自治为代价的，会造成公众对于公共事务的冷漠与疏远”②。其次，这种官民关系模式其实暗含了作为公共权力运用者的“代理人”比一般民众更为明智，更有经验，更能做出合理的判断。这种精英政治倾向可能使社会管理无法及时、合理地回应公众的需求。最后，公共权力运用者因其“理性经济人”的本性，存在枉用公民的信任、逃避责任，甚至谋求私利和腐败等可能，从而引发所谓的“逆向选择”和其他道德风险，侵蚀公共利益。因此，尽管委托—代理官民关系模式通过承认社会公众的公民身份而具有先进性，但其在实践过程中却容易成为“主仆关系”的新变种，难以保证公共权力运用过程中的回应性，更无法实现对社会管理的官民协同共治。

(三)掌柜—顾客关系

伴随着20世纪七八十年代出现的政府财政危机、社会管理危机，西方发达国家先后掀起了一场声势浩大的政府改革浪潮。这是一场主张在政府管理领域引入私营企业部门管理理念、管理方式的“新公共管理运动”。针对传统公共行政中存在的公民参与程度不足、行政成本高、政府效率低、政策回应性差等问题，倡导政府公共服务生产的市场化，

---

① 田兆阳、尚秋谨：《公民参与社会管理是公民权利的回归与物化》，载《新视野》，2005(5)，39页。

② [美]乔治·弗雷德里克森：《公共行政的精神》，35页，北京，中国人民大学出版社，2003。

强调在政府内部营造竞争关系，将公共服务接受者视为“顾客”，并以“顾客”的满意度作为标准，以评判政府公共服务的经济、效率、效能（即“3E”）。

这种关系模式中，包括社会管理在内的公共服务该由谁提供、怎么提供，由谁生产、怎么生产，均以“顾客”的需求为出发点和落脚点，以“顾客”的满意为基本导向，政府只是“货源”的组织者，负责协调、监督“货物”的生产过程、质量，因而成为专门回应并满足公共物品“消费者”需求的“掌柜”。

“掌柜—顾客”官民生态模式较之“主人—奴仆关系”和“委托—代理关系”等模式，不仅在理念上体现了提升政府社会管理水平、提升公共服务品质的愿望，也确实在实践上增强了政府对社会公民需求的回应能力。然而，也有观点认为，这种官民关系模式过于强调管理的效率，而容易忽视一些基本的公共价值，如社会正义。毕竟，一味追求满足“顾客”需求过程中的效率，往往就只能或者是优先满足那些能给“掌柜”带来更高收益的“顾客”需求，这就很可能导致一些弱势群体的诉求和利益受到忽视，甚至是漠视，使社会丧失应有的正义。同时，以“掌柜”角色开展社会管理时，出于政治家或政府官员自身利益的“经济化”考量，而忘记了“店铺”的真正主人，忽视了对“店铺”主人的忠诚与责任。

（四）合作伙伴关系

基于以上三种官民关系所表现出的理念与实践上的不足或缺陷，必须重新发展或构建一种更为完善的官民关系，既能最大限度地体现两者之间的平等身份，又能最大限度地协调各自诉求，以双向互动为基调，采取共同行动来保障或维护“共同利益”。这就是萨瓦斯等人提出的“公私伙伴关系”①。

该关系模式关注“合作”，它不是被动地、单向地、交换式地反馈人们的需要和诉求，而是强调积极的、双向的参与行动之重要性。这里，通过官民之间合作伙伴关系的形成，将能创造一种官民协同共治的社会管理格局。换句话说，加强和创新社会管理，关键就在于如何在官民之间建构一种良性互动的合作伙伴关系，从而走向官民协同共治的社会管

① E. S. 萨瓦斯：《民营化与公私部门的伙伴关系》，北京，中国人民大学出版社，2002。

理模式。

这是因为：首先，伙伴关系意味着官民身份上的平等，这在最低层次上保证和规定了公民介入、参与社会管理的权利与义务。其次，伙伴关系强调“我们自己的”，能在更大程度上消除自利动机和机会主义的不良影响，从而使社会管理回归“公共”本性。最后，通过官民之间伙伴关系的构建，可以通过政府与公众、私人组织以及非营利组织一起为解决所面临的问题而行动，促进公众逐步转变对于政府及其社会管理行为的冷漠、排斥或埋怨态度，设身处地地体谅政府的真实情境，客观、合理地评判政府的是非功过，并积极地参与到整个社会管理过程之中，努力为改善社会管理、增进社会整体福利提供建设性的意见和支持。

二、制约我国官民合作伙伴关系形成的因素

当前，我国社会管理领域存在着一些制约、影响官民之间形成良性互动“合作伙伴”关系的因素或障碍，主要包括：

管理理念滞后。由于数千年来的官本位传统及计划经济时代某些固有弊端，我国社会管理中存在一种“社会系统机器说”①的倾向，广大社会民众往往被视为机器上的齿轮和螺丝钉，什么事情都由政府“为老百姓做主”，政府想管什么就能管什么，想怎么管就怎么管。这种情况下，官民之间关系不对等，社会民众只是政府实施社会管理的一种对象，社会管理的目的往往定位在“维稳”、“不发生乱子”的层面上，社会管理的重点在于运用各种控制手段将社会“管住”。因此，社会民众在社会管理中的主体地位被严重忽视，参与社会管理的期盼、热情被严重压制，参与社会管理的主动性、积极性得不到应有发挥，久而久之，社会活力将严重缺乏，官民之间就很可能出现紧张状态，甚至可能引发社会成员与政府之间的严重对立乃至对抗，破坏社会稳定与和谐。

管理结构存在一元化状态。长期以来，我国社会管理领域一直处于单一权力中心的状态，呈现国家与社会的高度一元化结构特征。这种结构中，政府作为唯一的、强势的治理主体占据整个社会的中心地位，形

① 李习彬、李亚：《政府管理创新与系统思维》，32页，北京，北京大学出版社，2002。

成"全能政府"，全部社会公共事务均由政府垄断，其他主体均被排斥在社会管理之外。同时，权力运行方向、资源配置方向均呈现单向度的作用方式，即政府指向民间，而民间对政府的作用力往往被忽略。因此，我国的社会管理中，因缺乏允许民间有效参与社会管理的相关制度安排，导致民间无法形成积极参与的传统、习惯，致使官民之间难以形成良性互动的合作伙伴关系。

管理手段或方式陈旧。思维引领行动，结构决定功能。我国社会管理因为管理理念、管理结构方面的特征决定了管理的具体实施手段与方式。通常情况下，面对各类社会问题、社会矛盾，我国各级各类政府习惯于单纯依赖强制性工具，通过管、控、压、罚的方式，而非通过平等的对话、沟通、协商、协调等办法来加以化解。同时，往往重事后处置、轻源头治理，不从弄清问题、矛盾产生的原因、发展的规律出发，导致工作缺乏应有的前瞻性、主动性、有效性。因此，在各类社会矛盾尤其是突发事件应对过程中，不仅难以化解矛盾和问题，而且可能导致问题增生、矛盾激化现象，破坏良性官民关系的形成与发展。

三、走向官民协同共治型的社会管理

在我国社会管理领域中，要真正形成官民间良性互动的合作伙伴关系，必须从官、民两个层面分别进行某些新的制度设计与制度安排。既要防范政府包揽一切、垄断全部社会权威与资源的倾向，也要防止老百姓"独善其身"、"事不关己"的心态。具体地，为构建官民间良性互动的合作伙伴关系，走向官民协同共治型的社会管理模式，必须有效处理好如下四方面问题。

(一)进一步强化政府的社会管理职能

经济调节、市场监管、社会管理、公共服务是社会主义市场经济条件下的四大政府职能。现阶段，要构建官民之间良性互动的合作伙伴关系，必须首先从理念、手段或方式、制度设计等多个角度，进一步转变、规范和完善市场经济条件下的政府职能，尤其要强化其社会管理职能。

从构建良性官民关系角度，进一步强化政府的社会管理职能就是要合理定位政府在社会管理中应当扮演的角色，以那些个人、家庭、市场及各类社会组织等途径无法有效解决、必须依靠国家权力或政府权威的各类社会公共问题为导向，合理设定政府系统的产品输出(即公共政策)的内容与方式，合理安排财政支出方向与结构。为此，政府必须加强基本型公共服务及社会保障体系的建设，加强协调社会矛盾的能力与制度建设，加强促进社会公平正义的体制法制建设，加强维护社会秩序与稳定的长效机制建设；同时，还必须加强运用公民教育等方式，积极引导、激励公众个人及各类组织关心社会事务，努力献计献策于社会管理，促进社会管理的“社会化”。

(二)着力培养和塑造“积极公民”角色

囿于传统思维以及体制，我国公民普遍缺乏一种主动参与社会管理的习惯。为此，在变革社会管理体制、创新社会管理的过程中，必须逐步培育公民积极参与社会管理的意识，提高其参与社会管理的素养，从而推动社会管理品质的整体提升。

“积极公民”体现了一种官民之间的共和主义传统，它强调公民对于改善社会治理的公共责任。“积极公民”还是公民人生态度的一种反映，它强调公民个体对于社会共同体及其成员的承诺，普遍重视公民对公共事务的共同关心和积极参与，它倡导将个人自己利益置于更广泛公共利益之下，鼓励公民通过投票或集会等方式，广泛参与公共事务，并通过协商、对话、争辩和妥协等途径来实现对自我利益的超越，更多地以他人或第三人称的立场来诠释公共问题的意义，以逐步形成公共精神。①

(三)加快促进各类非政府组织的发展与完善

非政府组织，指独立于企业与政府之外的组织，又称非营利组织等，它一般具有民间性、非营利性、自治性、志愿性、非政治性等特征。在我国，随着社会建设的深入推进，非政府组织的社会效用日益显著，已日益成为推动社会稳定和经济发展、构建和谐社会的重要力量。②

---

① J. G. A. Pocock, *The Ideal of Citizenship Since Classical Times*, Albany: State University of New York Press. 1995, p. 31.

② 张志刚、姚远：《非政府组织在创新社会管理体制中的作用研究》，载《公共行政》，2007(10)，9页。

很长一段时间内，由于观念上的滞后，我国在培育、发展非政府组织方面的制度设计明显滞后。在推进社会管理创新的过程中，人们越发认识到大力培育和发展各类非政府组织的重要意义。伴随着认识的转变过程，相关制度环境开始得到改善，特别是一些地方性法规有了实质性的改进。例如，在有些地方，基层公益性的非政府组织已经开始试行备案制度。在《国民经济和社会发展十二五规划纲要》中，首次以突出位置正式提出要“加强社会组织建设”，这也是一个实质性的转变。当然，从整体上说，有关非政府组织发展的制度环境还是制约大于激励，重要的法律、法规也尚不完备。为此，要进一步采取积极鼓励和合作支持的态度，进一步加快放松对各类非政府组织的管制，更多地给予培育和扶持，从而在更大程度上、更大范围内推动其发展与完善，为构建官民协同共治型社会管理模式发挥更大的促进作用。

（四）加快推动各类企业组织履行社会责任

在官民关系架构中，市场主体的行为显然属于“官方”行为之外的“民间”行为。根据黑格尔、马克思关于现代市民社会理论的相关观点，市民社会乃是“私人利益的体系”或特殊的私人利益关系的总和。它包括了处于政治国家之外的社会生活的一切领域，即经济关系领域（经济结构）、社会关系领域（社会结构）和文化—意识形态领域（意识形态结构）①。

推动企业承担社会责任，是社会管理的应有之义，也是必然之举②。在2011年社会管理及其创新专题研讨班，胡锦涛指出，“进一步加强和完善社会管理格局……强化各类企事业单位社会管理和服务职责”，“进一步加强和完善非公有制经济组织、社会组织管理，明确非公有制经济组织管理和服务员工的社会责任，推动社会组织健康有序发展”。企业履行社会责任的过程就是共同参与社会管理的过程，而且“企业社会责任或许能够补上中国社会管理的短板”③，从而提升社会管理水平。

---

① 参见何增科：《市民社会概念的历史演变》，载《中国社会科学》，1994(5)，73页。

② 华雨：《企业社会责任关乎社会管理》，载《上海质量》，2011(3)，卷首语。

③ 张秀兰：《企业社会责任或可补上社会管理短板》，载《公益时报》，2011-07-12，10页。

推动企业承担社会责任，必须引导各类企业积极转变、超越以企业自身利润作为唯一追求目标的传统理念，鼓励其追求经济利润目标的同时，在其生产经营过程中，更加重视对员工及其他社会公众(如消费者)各种期待的满足，更加重视保护环境及生态保护，更加重视对社会慈善、社会公益事业的支持与投入。

综上所述，对于“完善党委领导，政府负责，社会协同，公众参与社会管理格局”的命题，可以分解为中国现行政治体制下的“官民”二元图谱，而通过构建官民间良性互动的合作伙伴关系，可以推进协同共治型社会管理模式的形成，从而实现社会管理的创新。

社会建设语境下的政府重塑和社会赋权

范时杰[①]

一、人是经济社会发展的目的

随着中国 GDP 总量的不断攀升，作为符号的数字效应在现代媒体的作用下，社会影响力在不断放大。如何正确认识与看待这些符号、数字，准确定位其社会含义，成为一个引发热议的公众话题。这种热议背后，有诸多问题值得思考，当然，热议本身就非常值得深思，特别是中国模式作为一个单独概念被提出之后，更是需要大家认真审视简单数字背后的复杂。中国国内生产总值背后是表明经济发展的经济总量、经济发展质量与经济结构的协调优化，还是仅仅几个阿拉伯数字的疑惑，这所引发的高度关注而形成的

① 范时杰，北师大珠海分校社会学系主任，博士，副教授；研究方向：社会管理、社会工作与中国政治。

本文为教育部哲学社会科学重大课题攻关项目“深化行政问责制度改革研究”（批准号为09JZD0033）的阶段性研究成果、民政部课题“社会工作在提高党执政能力夯实党执政基础中的作用研究”、珠海市社会工作重大课题“社会工作在提高基层党执政能力夯实党执政基础中的作用研究”（编号 201107）、北京师范大学珠海分校社会管理与社会工作科研团队支持项目。

"围观"，共同构成了一个系列的学术命题。这个命题所涉及的本质是经济发展的目的是什么，最终的价值和意义是什么，中国模式的实质在哪里。马克思主义明确指出，社会、经济发展的目的是人自身的发展，否则是人的异化，人是发展的目的，而非劳动力式的手段。马克思认为，"废除先前存在的所有制关系，并不是共产主义所独具的特征"，[①] 废除所有资产阶级私有，实现人的价值才是马克思主义独具特征，这个价值就是社会性的人。然而，扬弃和异化的忠告，是最容易被经济发展的繁荣假象所遮蔽，逐渐被数字的增长取代人自身的发展，结果就造成了发展被偷梁换柱成为"数字式增肥"，蛋糕是做大了，但缺乏人的主体性，由于分配方式不合理，变成了一种典型的社会的虚胖综合征。

"虚胖"若不加重视，刻意的讳疾忌医，则必然将会被肥胖综合征所长期困扰。经济建设重视最大蛋糕，那么政治建设就是立足分配蛋糕，而社会建设如同在做大蛋糕和分配蛋糕过程中，让本已虚胖的社会在通过合适的锻炼的前提下，形成一种壮而不肥的良性格局。这其中，分配蛋糕式的政治符合社会价值的权威性分配[②]的内在定义，需要全新视角来解读中国政府与政治，"根据不同利益集团对整个共同体福祉和生存的重要性，给予其相应权力，以此来调解它们在既定统治单位内的关系"[③]，形成一种新思维的理论关照和制度安排来推进，必须要通过政府重塑才能实现。

当然，不仅要在理论高度澄清，而且要善于发现人的主体性确实地表现于根源的探究。人是手段就会催生人为经济的数字服务，而没有分享到经济发展的成果，社会就没有实现"包容性增长"。有人把这些问题简单的归结为社会转型的天然产儿，卸载所有的社会道德压力，规避了所有社会矛盾和问题产生的历史责任，否定了这些社会张力存在的非正当性。其实，这个阶段绝非社会转型而是社会失序的阶段，社会转型是建立在既定规则体系高度约束的前提下，由旧的社会形态向明确的新社会形态发展方向转变的过程。当下，中国社会规则体系空置化，旧的礼法规则被彻底抛弃，全新的法治伦理又没有建立起来，政治权力的主宰者和改革的既得利益者为了在过渡时期浑乱的河水中摸到更多的鱼，低

---

① 《马克思恩格斯选集》第一卷，285～286 页，北京，人民出版社，1995。

② ［英］安德鲁·海伍德：《政治学》，张立鹏译，6 页，北京，中国人民大学出版社，2009。

③ B. Crick, *In Defense of Politics*, Harmondsworth and New York: Penguin, 2000, p. 21.

成本地攫取更多的社会财富，刻意加快打碎旧规则的速度，延缓新规则的建立，定论普适意义的新规则需要中国化，按照中国特殊国情与道路将其本质在中国化的过程中模糊。从社会矛盾表现出的外在和实质，表里都能够察觉其社会性质、社会生态均没有发生变化。这种社会失序状态下爆发社会矛盾与冲突，而且是如此大规模、高速度，根子在经济建设与政治建设脱节，社会建设缺位。

作为在和平和建设时期的两大历史特点从革命党过渡为执政党，中共中央直面和正视这个问题，毅然决然地作出抉择，选择和谐社会作为终结这个困境的唯一途径，采取政治建设、经济建设、社会建设和文化建设齐头并进，相互对接的方式，积极、迅速地改变现状。执政党的执政基础、执政能力和执政艺术也就自然引导进入此种发展路径。邓小平同志指出："人民是看实际的。"①这条发展的路径选择，既是无奈的被迫选择，也是改革破冰的必经之路。中共十七届五中全会和十二五规划的发展思路，重点都点题"改革"和"转型"，对社会建设要求更高，对政治建设特别是政府重塑定位更加简洁，提出了全新的任务和要求。

二、社会建设的路径选择

目标和目的确立之后，重要的是根据自身现有能力、特点及其他自身状况，形成交通方式和道路的匹配性选择。现阶段中国社会建设需要有自己的道路选择，来寻找到实现具体发展目标的清晰道路。道路必须是在宏大的路径论证与设计中具有科学性，具体落实与操作中具有可行性，确保在宏观与微观上对如何搞好社会建设有较为可靠的依据。

宏观上，中共中央提出宏大政策指引与理论框架，指导社会建设的具体发展模式，确立社会建设的总体方向、形式和内容，规划发展路径的设计。党的十六届六中全会《中共中央关于构建社会主义和谐社会若干重大问题的决定》，明确提出："必须创新社会管理体制，整合社会管理资源，提高社会管理水平，健全党委领导、政府负责、社会协同、公众参与的社会管理格局，在服务中实施管理，在管理中体现服务。"因

① 《邓小平文选》第三卷，296页，北京，人民出版社，1993。

此，把创新社会管理体制，健全社会管理格局，作为构建社会主义和谐社会的重要内容，具有十分重要的战略意义。社会管理是国家通过制定一系列社会政策和法律规范，对社会组织和社会事务进行规范和引导，培育公民文化和健全社会结构，调整各类社会利益关系，回应社会诉求，化解社会矛盾，维护社会公正、社会秩序和社会稳定，维护和健全社会内外部环境，促进政治、经济、社会、文化和自然协调发展的一系列活动以及这些活动的过程。在此过程中，社会多元主体以多样化形式，依托公共空间和公共利益，进行的上述活动以及参与这些活动，培育公共精神。

微观上，选择落实和操作的具体实施步骤，则通过试点的传统方式，开辟一块处女地，进行试验和示范。试点地域的选择应该具有政治性与社会性价值，应该考虑比较优势效应，首选就是珠三角。《珠江三角洲地区改革发展规划纲要 2008—2020》中明确要求珠三角地区要作为社会建设的示范区域，在社会管理体制、行政管理体制等方面先行先试，形成社会治理与服务的新格局。珠三角经济发展到一定程度，社会对社会建设的需求更加强烈和迫切，要求改革社会生态之现状。该地域靠近港、澳，对外交流与合作频繁，香港的社会治理模式的辐射力和吸引力扩散，加之人口结构和层次发生巨大变化，人口素养显著提升，社会异质性增强，社会差异逐渐加剧，陌生人社会特征凸显，旧有社会规则体系完全接近断裂而失效，亟须建立全新的社会生活共同体，形成科学的社会规则体系。为了进一步实现试点的目的，又选择了珠海作为试点中的试点，将从事社会建设优势最明显的城市，确定为创造社会建设新范式的基点。在 2010 年珠海经济特区扩容的批复当中，国务院要求珠海在社会建设和民生事业上有所突破，破题社会建设。

三、政府重塑和社会赋权的困境与症结

(一)利益集团固化社会结构，各阶层呈现“板结化”，社会活力缺失

政治权力掌控社会资源和财富，几乎已经垄断了财富配置过程中所有环节，社会自身进化的能力已经固化。所有资本领域中，利益集团又占有了所有市场份额，社会资本增值的能力，也几乎被全部接收，社会

结构体系呈现出僵化的趋势。冲决网罗的结构性外在力量不能跳脱利益集团的囹圄，体制内自我改革的奢望已经被彻底束之高阁。社会阶层之间相互流动、循环的可能性在强势利益集团的存在下，概率也跌至谷底，特别是阶层上升的空间与孔道已经堵塞，社会精英分子的再生性能力完全为内部循环所取代，弱势阶层改变自身命运变成小概率事件。整个社会"板结化"趋势严重，社会土壤的墒情迅速降低。在普通社会成员的意识中，社会仅仅是利益集团和强势阶层的玩偶，国家与政权全部被劫持。它们参与公共事务的热情和动力枯竭，社会活力降至冰点。要让马儿跑，得先让马儿吃草，"人们奋斗所争取的一切，都同他们的利益攸关，'思想'一旦离开'利益'，就一定会使自己出丑"①，社会建设要重新给社会传输活力，再次动员普通社会成员参与社会公共生活，需要政府转换角色，付出加倍的努力，才可能改变社会成员对现状的认知。政府重塑和社会赋权，打破利益集团的牢笼式的利益关系网络格局，向社会释放积极的信号，公共政策在配置财富中体现普惠型价值理念，才可能破解现实的难题。

(二)全能型政府的历史惯性没有彻底消退，社会多元参与在外力约束下不能激活

长期以来，全能型政府从摇篮管到坟墓的政府行政管理模式习惯，到现在为止还在发挥着历史惯性的作用力，政府对自身全权能力的信任高度膨胀，对社会的信任则高度迷离。社会财富与资源创造源头的经济领域，特别是生产方式逐渐流露出些许的自由、多元状态，但由于政府高度介入而制约社会对经济创造出来的财富的吸附能力，宏观调控背后是对整个社会财富的掌控和配置。政府自认为，只有自己才是社会资源唯一可靠的分配者，在法权羸弱、规则乏力的定论中，社会力量刚刚起步，太过于弱小，还不能自食其力，公民社会还不能发挥捭阖作用，如果过多构造一个多元参与的机制，易引发资金使用的不安全性。这种预设性的社会力量不独立性，再通过限制社会自身规则完善的意愿，结果只可能是社会空间的抑制。比如到现在为止，还没有通过《社会捐赠法》，社会自发的公募基金生存困难，社团组织登记还没有上升为法律，

① 《马克思恩格斯全集》第二卷，82页，北京，人民出版社，1956。

登记注册需要审批且挂靠特定政府部门作为婆家，等等。这必然导致社会多元力量不能生发，政府对社会无形的约束力以更隐蔽但更危险的方式，发挥高效的约束作用。要激活社会多元活力，需要政府改变习惯性思维，扭转历史性惯性，内在障碍和困难非常之大。

(三)公民社会自治型发展和执政党指导性作用协调不畅，执政党存在执政能力和社会基础的担忧

社会建设的内核是多元力量在规则的有效约束下，自主从事公共事务，形成公共空间，培育公共精神，呵护公共利益，社会呈现出良性的自治型状态。社会自治之后，便有相对独立的运行，在公民社会内在逻辑的指引、定格下，自主运行。社会生活共同体中的各种社会问题，也会在公共空间内，按照社区公共精神与原则进行化解与协调，不再需要一个外在的、高高在上的指导者无时无刻地悬在头上指导。相反，执政党的合法性基础在于通过竞争性选举获取政权，但其基础性作用确实获得最基层社会细胞强有力的“用脚投票”的支持。执政党历来的思维定势就是它要直接为民服务，而且只能由它全权“为人民服务”，任何社会力量都不能僭越这个权限。如果其他的社会力量进入服务大众的领域，则相当于在抢夺革命阵地。执政党的意识中，直接的服务才是最可靠、最能够夯实执政的社会基础的，间接、指导而形成的社会力量的培育，不能对社会基础有所裨益。执政党将自身更多的定位在运动员和裁判员的角色上，而从没有意识到自己应该是一个功勋卓著的教练员。它最主要的功能是作为统筹全局的宏观把握者，对社会生活有更多的指导性。中国共产党是社会成员利益的最大、最终的捍卫者，一旦社会自治型发展而执政党指导性的实际作用在弱化，那么执政党会对自身执政能力和社会基础有忧虑，对社会自治型发展方向有疑惑，认为其有可能脱离发展轨道。因此，社会自治性发展必须要和执政党的建设联系起来，主动、自觉地建立内生机制，最好是社会自治性发展和执政党意识形态有同源性，比如说专业社会工作为何能够在中国异军突起，主要原因是社会工作中国化过程中主动的意识形态化，将自身发展和马克思主义保持高度一致，认为西方社会工作是资本主义的遮羞布，中国社工是马克思主义社会建设的重要组成部分，宗旨是全心全意为人民服务。在“二难悖反”的框架中，使得政府重塑的可能性减少，社会赋权推进所受压力不断增加。

(四)后发诱致型国家的发展路径是政府主导，强调强势政府，社会建设的目的在于培育公民社会，强调现代公民，暗含运行规律相悖

现代化的最直接落脚点是城市化和工业化，是后发展国家追赶发达国家，用诱致型向自生自发型模式跃进的过程。在国际化、一体化的高度竞争的国际环境中，中国这样后发展国家，必须是在政府铁腕的主导下进行经济社会发展的建设，强调的是政府对社会经济的宏观调控式的积极干预，需要集中社会优势资源向特定领域建设的协力。这个发展路径就自然扼杀了社会力量分享有限资金的可能性，在经济发展中要实现社会建设跨越的随之并起的想象成为泡影。一旦社会缺乏足够资本支撑而不能形成觉醒的物质力量，社会自身也就只能是饿殍。政府重塑和社会赋权的两难选择，在社会转型面前，确实要承认社会建设会被无奈地牺牲，只能选择强势政府主导的现代化而忽视社会赋权的必要性。因此，当下经济发展的高歌猛进，社会建设的门庭冷落车马稀，则成为真实写照。当然，梁漱溟的忠告还在耳边不时响起，“乡村运动，村民不动”的戒条，如同达摩克利斯之剑悬在头上，随时有可能落下。社会建设在经济建设的浪潮中，充其量是一个和声，还远没有达到协奏的地位。运行规律的相悖的社会结果就是，社会民众参与社会经济生活缺乏有效手段动员，社会成员仅仅是经济发展过程中的一个工具，一位风雨夜归人。

四、捷径选择：经营政党、经营政府和经营社会

珠三角作为试点，广州、深圳、珠海和东莞等地都在开展社会建设为核心的社会治理机制的重塑，纷纷成了相应的党的社会工作委员会、政府的社会工作促进局，制定了诸多文件，成立了各色部门，投入了数字庞大的经费，设立了不少特色项目，培育了很多社会工作机构，转变各自的政府角色，试图让社会更加和谐。现在只能够看到一条腿在走路，那就是政府积极主动的推进此事，政府仍旧是指导、指挥，前提假设是孙中山训政思考的先知先觉来觉不知不觉的意识形态，没有摆脱孔子所说的“民可使由之，不可使知之”①的怪圈。然而社会对政府行动的

① 《论语·泰伯》。

反应如何，实质性的认知不多，社会自身如何跟进，实质性的进展也不多。在社会建设的语境下进行政府重塑和社会赋权，不是简单的发文件，立项目，政府按照原想的那些完成“工程”的建设思维，而更多的是政府和社会双向型的开展。要想实现政府重塑和社会赋权，必须要简政强社、充权活社，实现经营政党、经营政府和经营社会，达到民主政府、法治社会、市场营运、专家管理。

（一）经营政党

中国共产党是执政党，其执政基础和执政理念的立足点都是通过全心全意为人民服务来得到最广大人民群众的支持。执政党通过增进社会成员的福利，得到社会成员让渡的权利而确证公权力的合法性、合意性。中国共产党在强调党员义务的同时，也要根据时代演进，给予党员更多的权利。执政党应该转变理念，培育经营政党的文化体系，变被动的“守株待兔”式发展党员为积极主动吸收社会精英进入党内，探求社会真实需求，提供符合大众口味的政策指导。执政党应该是“门店化”经营，省级党组织相当于董事会，通过公司发展的重大路向来引领产业发展，使得整个执政党的决策较为科学，决策完之后，要配置所有资源合理下移，支持项目部生产原材料和初级成品。市、县党组织相当于物流通道和中层项目经理部，将董事会的决策能够及时分解到本部门、本领域，按照董事会决议，将原材料和初级成品进行规范化处理，按照标准化的方式，统一配送到基层去。基层党组织相当于各门店，仅仅是一个窗口和推销员，将各统一制售成品向社会外界推销。按照购买力、销售量等信号来分析顾客需求、供给量、供需关系和产品趋势，返回给项目经理部和董事会。这样保证资源能够有效下移，商业信息有效上传。这需要转变中国共产党的执政意识形态，非简单地党化社会，形成良好的治理型社会及新型意识形态。

（二）经营政府

大政府的模式本身没有任何问题，汉密尔顿曾经提出，需要一个强有力的政府和强有力的社会才能够有效制衡，才能够保障共和与法治社会的维系。全能型政府在特定发展阶段，也有其合理性和必要性，新权威主义还是存在广泛的市场。经营政府就是需要简化政治的繁文缛节，强化政治的实际作用力。程序本来是制度的最佳表现，但制度并不是完全依托程序来实现，当政府意识到自己的制度完全要依赖程序的时候，则是制度的异化。通过简化政治程序来节省政治成本，提升政治实际作用力，这就意味着政府要由管制型政府转变为参与型政府，放松政府规制，将政府所掌控的社会财富和资源，按照契约外包的模式，通过项目制的形式，以社会福利和社会服务的方式，直接作用到每一个社会成员身上。逐步试点，在乡、镇、街道这个层面转变公权力运行的模式，在市、县政府及职能部门高度有效监控体系之下，改由通过竞争性招投标，委托专业社会工作机构来运营公权力部门，建立明确的服务接受者的服务质量评估、服务提供者的服务自我评估、服务出资者的财政评估和中立机关独立评估的四位一体的全新绩效评估体系。经营政府的本质是以自由市场的完全竞争模式来克服新政治经济学和制度经济学的理论上的困境，解决经济人假设之后政府的无奈。

(三)经营社会

社会要有活力，而且应该有活力，将公权力解决不好、不能解决的问题，自己内部消化，实现社会自身的和谐，这需要对社会良好经营。“只有在社会中，我们才能最终找到自己……在社会中，我们才是人伦意义上的产物”①，社会首先是一个生活共同体，是社会成员发现交易政治远比掠夺政治来的可靠、安全和可预期很多，才达成了放弃部分权利，在规则约束下保持自由的一种状态，这种“政治上的自由包含着责任”②。大社会由三个重要的构成要素，社会、市场和个体，社会以有规律性的社会互动模式为特征。经营社会就是让这三个群体的作用都能够充分发挥，合理协调三者之间的内在关系，进而理顺社会与政府、政党之间的关系。经营社会需要能够让社会成员容忍社会长期投资的低产出性，不完全沉湎于短期投资，包容社会自身独立利益的存在，让社会能够积蓄能力做长线投资。经营社会的最终目的是建立中国式政府—社会之间的关系，应该是有一种有别于传统的小政府、大社会模式，而是大政府、大社会模式。

---

① [西]费尔南多·萨瓦特尔：《政治学的邀请》，魏然译，2页，北京，北京大学出版社，2009。

② 同上书，117页。

发展权视角下的社会管理法治创新

刘　旭[①]

社会管理问题归根到底是人的问题，人的发展是社会管理得以维系的根本。社会管理法治实质上是以人为效力作用的对象，尽管社会管理法律体系涉及流动人口、社会组织、纠纷解决等众多事项，包括多个法律门类，但从根本目的上讲，这一法律体系是为了解决人的生存、发展以及人与社会的关系等问题。因此，选取人的发展权作为观察、分析社会管理法治建设的视角和进路，是人权理论在社会法治建设中的具体应用，为进一步改进和完善社会管理体制提供了清晰的视角和切入。追寻人的发展权利在社会结构中的表象呈现，可以透视和探求到社会管理问题产生的根源，发现社会管理法律实施中与现实抵触、冲突的症结所在，并据此提出贴近实际的改善措施。

① 刘旭，硕士，河南省社会科学院法学所助理研究员；研究方向：行政法学。

一、人的发展权对于社会管理法治建设的重大意义

发展权凸显个体社会构成的主体角色和能动因素，也展现了国家和社会对个人应当承担的法律义务。1986 年联合国大会通过了《发展权利宣言》，宣言庄严宣告保护发展权是国际社会和各国政府的共同责任，发展权是全体人民和所有个人的不可剥夺的一项人权。我国一直将发展权与生存权列为最基本人权。发展的终极目的是“人的全面而自由的发展”①，发展的具体宗旨则是人民谋求平等、公平的发展机会，并公平地分享发展成果的权利。为了实现发展权，国家和社会应当为个人提供维持基本生存和发展所需求的基本生活资料、医疗资源以及文化产品，使之能够有充足的机会广泛参与国家和社会建设，努力追求和实现个人的自我价值，获取社会认同、荣誉和社会地位。社会管理法律如果不以人的发展权的维护为基本宗旨和出发点，在权利赋予和职权设置方面促进人的发展，这一法律规范便始终隔膜于世道民心，无法取得深入人心的效果，更无法唤起人们内心深处对法律的信仰和遵行。

(一)法治秩序下人的发展权的维护能够强化行为主体对法律规范的遵守和执行

我们首先要清醒地认识到，人的发展权的实现状态对于社会管理法律效力的普及，对于法律规范调整个体行为的维持，产生着不可忽视的重大影响。人的发展状态在日常生活和社会活动中的保持和延续，增加了人们对法律这一主要社会控制规范的好感和认同。生活品质的提升和可预见的未来前景，也使个人愿意服从和遵守现行法律秩序的约束和管制，人们利益追求和期待的稳步实现使法律所确定的秩序目标较容易顺利完成。在相反的情况下，人的发展受阻或者陷入困境，对政策举措和管理行为的不满则容易演变为对法律权威和形象的质疑和否定，个人对法律执行的抗拒也导致群体中失范行为的增多。个人发展处于困境状态，带来心理状态上的压抑感、不公平感和相对受剥夺感，在这样的状

① 《马克思恩格斯全集》第二十三卷，649 页，北京，人民出版社，1982。

态下，个人倾向于不服从法律规范，对法治价值的信守也变得动摇而微弱。阻滞发展所产生的不良心理状态和行为倾向由个人向一定规模群体的扩展，使维持法律控制的固有模式和规则受到强烈的冲击，降低了社会结合的紧密程度，削弱了社会作为一个整体所具备的功能联系，影响了社会结构的均衡和中心的平衡，松动了法律黏合社会建筑稳固存在的框架。其后果潜伏着社会分化以致分裂的危险，隐藏着发生结构性冲突和对抗的可能。

(二)法治环境下发展权的保障使不同阶层、群体的成员统一于法治共同体之中

对弱势群体可持续发展主题的关注和表达，是社会管理法律产生持久效力和生命力的源泉。残疾人、下岗职工、进城务工劳动者以及申诉上访人员等弱势群体是发展权视域关注的重点。发展权作为参与发展进程的权利特别是指那些弱势者在发展进程中扩展能力或个人自由，提高福祉以及实现其价值的权利①。这类群体是否与主体人群一样拥有平等、人道的待遇，关系到人的发展能否达到均衡、全面的水平。将这类群体明确为权利主体，在基本生存保障、居住、医疗等方面予以关心和扶持，切实维护他们的生存权和发展权，社会管理法律才能够凸显其权利本位的特征，彰显排除苦难、救济贫弱的公益形象。正是因为体现着对弱势群体发展命运的强烈关怀和全方位的权利救济，法律不再是布满专业术语、复杂推理的冷冰冰教条，也不至于变成片面巩固强力和控制的工具，而是向人世间传递正义、人道和温暖的权利宣言。社会管理法律体现人类的共同道德和基本价值，因而具有善法的性质，权利的纽带将群体成员连接起来，共同团结于法律共同体之下。

(三)法治支持下人的发展权的实现使权利的行使有了平等的基础和开放的平台

社会管理法律建设并非要刻意维持一成不变的现状，而是要打破僵化保守的格局，释放创造的积极性和潜力，促进持续的发展和进步。要产生预想中的效果，就要紧紧抓住人的发展权的维护和实现这一主线，在法律中体现对人的可持续发展的关怀，提供包容和激励发展权利的实

---

① 姜素红：《弱势群体发展权的法理精神阐释》，载《求索》，2006(7)，163页。

现空间和保障机制。人的不断发展意味着人在收入和财富的获取、公共参与、受教育等方面的机会开放和平等。这就要求社会管理法律不能成为保护垄断和歧视的法律，不能成为制造隔离、断裂和封闭的法律，相反，社会管理法律中应当清除各种制度障碍，以公平的参与和公正的程序，为人的持续发展提供通道和途径，充分彰显公平、正义作为法律基本价值的意义。

二、发展权视角下社会管理法治建设的现状

个人发展的空间限制和路径阻隔破坏社会结构的稳固架构，构成社会管理的直接威胁。个人发展资源的窘迫带来社会的不安定成分，而在一个财富、资源和机会被垄断的社会里，个人发展自我、获得成长的空间受到钳制，个人谋取更多财富、更高职务和更大名誉的努力归于徒劳无功。现代化的实践表明，在职业和收入方面上升机会的稀少，以及国家经济财富为一小撮寡头或垄断财团所控制，社会动乱的机会将大大增加。[①] 个人进取道路的封堵，造成创造活力和生机的压抑，也破坏了维系群体黏合的利益共同取向和文化共识，松动了社会同心同德、同心协力的一致追求和共同基础。个人发展遭遇的羁绊、束缚和牵制以及前进途中的障碍，引起个人的离心倾向和不满情绪，由此产生的利益不公平积聚和利益群体的对立和反对，扰乱了均衡和重心，暗藏着导致社会不稳定的巨大风险。人的发展状态产生的潜在冲击，直接影响社会管理法律的德性、内容、效力和实施结果，给相关的法律的执行和实施带来多方面的负面影响：

(一)对弱势群体发展权利的法律救济滞后和不足

人的发展权的重大意义突出体现在人生成长的特殊时期，重点表现于人年幼、年老、疾病的时候，以及疾病、残疾或遭受自然灾害打击的情况下，个人因不具备基础的谋生能力和生存资源，或者因赖以生存的外在资源被破坏而陷于生存的困境。不具有谋生能力、处于赤贫阶层和承受疾病和灾害变故的人们，此类弱势群体自身发展能力存在自然条件

---

① [美]塞缪尔·P. 亨廷顿：《变化社会中的政治秩序》，50～51页，上海，上海人民出版社，2008。

上的不足，可用来发展和提高自身、获取生活资料和社会参与的资源匮乏，因而是社会管理法律建设重点关注的群体对象。反映这类群体待遇和地位的权利体系，对维持社会结构的均衡和稳步发展的意义显而易见。我国贯彻人权保障理念的弱势群体社会保障权利支援体系已经初步建成，并随着时代的发展不断丰富和完善。但是，弱势群体发展权益的法律保护仍不成熟、完善，对弱势群体进行政策救助的色彩依然浓厚，一个体现精深法理和专业解释技术的权利平等保护的法律执行机制，尤其是司法保障权利机制，还没有全面建立起来。

(二)个人职业发展进程中的权利保障缺失

职业发展是个人发展权含义的重要内容。对于整个国家来说，失业人口的数量及其占总人口的比例，是经济景气度和社会稳定程度的重要衡量指标。大量失业而没有生活来源人口的存在，是诱发不满、愤恨和反抗等不稳定的心理和行为的根源。在现代国家，工作已经不属于纯粹私人自治和自由市场领域的事情，法律从劳动合同、劳动保护、工资保障等方面为个人职业进程提供全面的调整。虽然我国已经确立起相对完善的劳动法律体系，但是，劳动执法、劳动监察以及劳动司法还远远落后于形势，大量就业活动有法不依，处于丛林规则支配的状态，立法规定严重脱节于劳动者权益保护现实，劳动者的权利主体地位被忽视，随意侵害劳动者权益的事件时有发生，这一法律实施现状与我国就业人口激增、就业缺口拉大的变化趋势很不相称，国有企业、公司改制过程中的职工下岗问题更增加了社会管理法律执行和落实的压力。社会管理法律在个人职业过程中影响的衰微以至销声匿迹，无形中导致与法律精神相违背的非正式规则大行其道，这种劳动执法软弱、法治权威低下的局面，制约了社会管理法律体系协作、支持功能的发挥。

(三)一些领域存在的垄断和歧视破坏了公民的平等参与

发展权非常重要的意义在于，个人有平等的权利参与到财富创造、教育资源的获取以及地位、职位的提升。个人收入增加和资本积累到一定限度，必然寻求更多的利润和收益，而个人也总是追求更高品质的知识和教育，谋求更高荣誉和社会地位。当法律规范为此设置各种形式的“瓶颈”，不合理地限制私人资本投资市场的权利，或者以合法的面目维护利益集团和阶层对国家自然资源、市场准入资格、受教育机会以及公共管理职位的垄断，或者故意施行违反正义理念的制度性歧视，大多数成员的可持续发展进路因此遭截断和堵塞，旨在维护社会稳定和谐的法律将因此丧失公平、正义的道德基础，沦为保护法外集团既得利益、压抑经济创造活力、制造社会分裂和对立的工具。我国在这方面也存在一些值得反思和警醒的问题：私人资本活动在市场上遭遇诸多“禁区”，一些投资领域对民间资本关上大门，市场环境还无法满足民间财富扩张和增值的要求；教育资源提供方面的地域和城乡不均衡现象依然明显；公共参与的范围、公开性和透明度有待进一步提供①；权力干预和腐败对资源流向的扭曲在一定区域内还比较严重。资源配置的不平衡和权利的不平等也造成社会管理法律因垄断利益群体的存在而发生价值重心的偏离，体系内部因地域、阶层的区分对待而形成切割和分裂，法律实施的效果也容易浮于表面，无法切入底层和根源。

三、以发展权的实现为主线创新社会管理法治建设的思路

社会管理法律建设要贯穿发展权这一主题，在法律原则和规定中体现对人发展权利的关心和支持。通过权利平等保护的机制建设，明确法律体系的价值基础和精神支撑，为人的成长提供发展资源，培育发展能力，打通发展道路，扫清发展阻碍。社会管理法律因此而呈现民生之法、人权之法的特征和属性，真正统一、融合了自由和秩序、控制与解放等有着内在紧张关系的价值目标，对人的发展权益的尊重和保障使法律始终获得民众的支持、忠诚和信仰，法律的实施效力得以与人世生活和人间秩序保持高度的契合与一致。

(一)社会管理法律建设要将弱势群体发展权的维护作为宗旨指引和精神内核，贯穿于权利义务配置之中

发展权体现在人的潜质的发展，即全面满足人的基本需要、提升人的整体素质、充分发挥人的潜能②。为此，国家要承担更为全面细致的

---

① 李长健、薛报春、李伟：《论利益阶层对发展权理论与实践的影响》，载《财经科学》，2007(6)，60页。

② [美]阿历克斯·英克尔斯：《人的现代化》，8页，成都，四川人民出版社，1985。

社会保障职责，要把弱势群体的可持续发展问题放到保持社会整体有机联系和维护人类共同尊严和价值的高度，将弱势群体获得物质救济、教育和精神文化产品的要求固化为国家的职责和公民的基本权利，以法律的强制和权威培育、支撑发展权的实现，推动人的全面、共同发展和社会的持久繁荣。一个覆盖全民的社会保障法律体系是维护社会稳定的安全网，医疗、养老、失业以及贫困和灾难救助等各种类别的保障制度构成社会管理法律规范的主体内容。推进这一法律体系建设，首先要实现法理思维观念的转换，深刻理解社会主义法治国家与法治秩序下，政府义务与公民可持续发展权利的关系，顺应世界福利国家的发展趋势，确立以人为本和人权保障的理念，将施舍式的救济转变为个人应当享有的基本权利，转变为政府按照宪法和法律规定行事的职责。这种转换是宪法人民与政府关系法理内容的基本组成部分，也是国家增强社会团结、保持社会稳定的主要举措。

国家是个人获取基本生存资源的坚强后盾，也为个人全面自由发展创造必要的前提和条件。要健全针对弱势群体的补偿性法律制度，在城市建立针对弱势群体的“廉租房”法律制度，确立对最低生活保障者及其家庭的医疗救助制度，以及对未纳入社会保障的进城打工人员的特殊保护法律制度等，以法律的形式，对救助的条件、资金来源、救助机构和组织的设置等问题做出规定①。通过政府、社会和个人对弱势群体提供资金、知识信息、教育和参加技术培训的均等机会，提高弱势群体的自我脱贫和自我发展能力，以社会经济整体发展带动弱势群体境遇的改善。

国家成为个人获取基本生存资源的坚强后盾，也为个人发展权的实现创造必要的前提和条件。为此，国家以法治化的方式营造宽松的环境，激励社会组织内部以及社会成员之间的相互扶持和相互帮助，推动慈善法和民间组织法的完备，增进社会的凝聚力和向心力，形成共同发展、共同繁荣的局面。国家健全社会保险、社会救助、应急救助法律体系的同时，对残疾人、贫困群体、农民工等发展能力不足的弱势群体以专门的单行法律和配套法规体系予以保障。法律权利体系也更多地体现

---

① 李昌麒：《弱势群体法律保护问题研究》，载《中国法学》，2004(2)，83～90页。

对这些群体受教育权、物质救济权、社会文化权利的关注和帮助，政府机构也有更多的职责和义务做好各项制度安排，使他们有平等的机会和权利完善和发展自身。

法律对公平正义原则更深层次的贯彻和表达体现于，由于历史、文化和现实情况而致使弱势群体在生存、可持续发展和社会参与等方面呈现薄弱的状况，国家于立法、执法和司法的各个层面进行区别对待和权利的倾斜性配置，保持不同阶层、不同地域、不同民族的均衡、协调和可持续发展，推进社会的联合、团结和结构组成的有机联系。借鉴现今很多国家采用的司法化的弱势群体法律保护，我们应当更多地通过赋予弱势群体在权利受到侵害时的起诉权，使他们能够通过法庭审判来保障自身权利，由此建构起保障弱势群体权利的最后底线。

(二)社会管理法律要将人的职业发展作为规范的重心，贯彻科学化的法律干预手段

促进就业和调节劳动关系的法律是社会管理法律体系中的重要组成部分。法律对劳动关系权利义务配置的科学、适当，劳动法律关系双方的合理利益诉求得到正常的满足，利润和权益的增长就呈现相互促进、互利共生的良好势头，反之，法律缺位或者不当干预，则可能产生劳动者权益被任意践踏、剥夺的不人道现象，或者劳动关系双方存在不同形式的对立、抵触和不合作，造成社会运作系统整体和局部的瘫痪，社会发展因此而进入停顿、倒退甚至分裂的地步。世界上一些国家的发展经验为此提供了明证。不少经济发达国家一直为频频爆发的罢工所困扰，持续时间长、波及领域广的罢工一度使城市交通中断，部分公共服务停止，人们的正常生产、生活受到严重的负面影响，经济也为之受到破坏而停滞不前。由此可见，劳动关系的不和谐，将减缓财富创造和经济增长的速度，增加群体间的内耗，出现损失高昂、两败俱伤的局面。

为了达成规范和谐的劳动关系，国家要制定包括劳动合同、劳动监察、劳动保障在内的劳动法律体系，约束用工单位遵行法律规定的最低工资、工作条件、社会保障等劳动标准规范，平衡劳动关系双方的权益，实现用人单位经济自主和劳动者权益保障的并存和相互促进①。法

① 秦国荣：《法律衡平与劳权保障：现代劳动法的价值理念及其实现》，载《南京师大学报》社会科学版，2007(2)。

律以调解、仲裁、诉讼等途径为劳动关系双方纠纷的解决提供更为开阔而有弹性的制度空间，防范谈判双方走向决裂的极端，避免出现动辄行使罢工权以致大规模停工的现象。此外，法律应当抬升作为弱势一方劳动者的法律地位，捍卫劳动者的正当权益，使之免受非法解雇、任意辞退以及其他无视劳动者权利行为的侵害。以国家为代表的行政权对劳动关系的介入，加强劳动行政的管理和监察，来监督检察劳动法律的实施状况，以保证劳动法律的最终实现。要运用劳动监察网络监管手段，加强用人单位对用工情况的动态监控和排摸预警，对违规用工、欠薪欠保等行为实施专项执法检查。通过健全和加强劳动立法、劳动执法和劳动司法，为全体劳动者建立一套就业保障体系，保障劳动者以生存权为本质内容的基本权利体系，增强劳动者的有组织的力量，形成相对平衡的劳资关系力量对比态势和机制。

市场经济的劳动关系的规范，首先是集体劳动关系的规范。处理现实劳资冲突，要将劳资冲突的处理和解决法制化，防止将劳资冲突政治化和行政化。不仅要贯彻实施在劳动就业、劳动工资、劳动保护、社会保险等方面有关劳动者个别权利的具体劳工标准，更应当切实维护劳动者结社、集体谈判、同工同酬、反对强迫劳动和童工等有关劳动者集体权利。通过劳动法律规制，进一步加强集体合同和工资集体协商工作，运用集体合同规制劳动合同，完善企业工资分配共决机制、职工工资正常增长机制和支付保障机制，全面维护劳动者合法权益。加快中国工会市场化和法治化的进程，使工会真正成为劳动者的利益代表，通过组织的力量来平衡劳资关系、预防和消解劳资冲突。我国也需要尽快通过相关的立法，来具体规范我国的集体行动和罢工事件，使劳资冲突处理和解决纳入劳动法治的框架内。

同时，对于工作进程受挫或者暂时没有工作的人群，国家要积极履行就业促进法规定的公共服务职责，施行有利于就业的宏观政策，推广和普及失业保险及救济，千方百计增加就业岗位，搞好劳动技能培训和再就业服务，促进劳动者实现职业的可持续发展。就业促进法律中应当确立包括弱势群体就业援助、城乡劳动力市场一体化、反就业歧视等有利于弱势群体实现就业的制度，对有不同程度劳动能力的残疾人员，社会弱势群体中的下岗职工、失业人员及其后代的就业和再就业，提供一定的优惠条件，从制度上为他们创造就业的平台。失业保险的功能应当从重点对失业者的生活救济向重点帮助失业者重新就业转化。法律应当规范参加失业保险的条件与范围、失业保险基金的筹集与管理、失业保险基金对失业者的救助、失业培训及其他帮助失业者寻找新的工作岗位的措施等。通过以上法律方面的综合改进，为个人可持续发展铺平道路，以充足的资源和平等的机会使申请物质帮助、政府公共服务等方面的权利为公民个人切实拥有，以个体成员的职业稳定带动整个社会的稳定。

(三)社会管理法律要以财富、机会、职务等公共资源的公开、透明分配为宗旨，清除各种形式的垄断和歧视

社会管理法律以人的发展权利的普遍授予为特征，鼓励人们在为权利而斗争的法治实践中实现和拥有权利，通过由道德权利、法律权利至实有权利的转化过程，保持法律的动态、发展和进步，彻底摒弃维持现状、故步自封的保守模式。人权是所有人无条件和平等拥有的基本权利，这种权利是与生俱来的，这种与生俱来的人权，在人身上表现为具有不受歧视和排斥的人格权，在财产上表现为具有获得国家和社会财富的平等权利。美国著名正义论思想家在他的专著《正义论》中谈道："对社会和经济不平等的安排，应能使这种不平等不但可以合理地指望符合每一个人的利益，而且与向所有人开放的地位和职务联系在一起。""每个人对与其他人所拥有的最广泛的基本自由体系相容的类似自由体系都应有一种平等的权利。"①1995 年在丹麦哥本哈根召开的"社会发展及进一步行动"的世界峰会上，将"社会排斥"视为消除贫困的障碍，明确反对主导群体或者优势群体在社会意识和政策法规等不同层面上对边缘化的贫弱群体的排斥，致力于实现社会公平基础上的社会整合。社会不公平现象的存在很大程度上是社会权利分配不公和社会结构不合理等制度性障碍的产物，不公平的社会结构在体制转换中造成各社会成员在社会参与的机会与能力方面的差别和不平衡。因此，矫正社会权利分配不公和社会结构不合理是实现社会公平正义、维护社会稳定的最基本的法律理念。通过宏观调控法、社会分配法、劳动法、农业法等各种法律途

① [美]约翰·罗尔斯：《正义论》，何怀宏等译，16 页，上海，上海译文出版社，1991。

径，使社会主体有公平的机会选择和从事不同的经济活动，在社会认可的范围内享有同等的发展机会和条件，依据合理的分配制度，按照社会主体提供的劳动的数量与质量、贡献的大小以及生产要素的多寡优劣进行初次分配，使各个利益阶层在收入分配上达到基本公平。

当代中国，社会管理法律要更好地推动人的全面自由发展，就应当持续贯彻深化改革、扩大开放的方针，向民间资本开放更多的投资和经营领域，推进公共资源行政许可和审批的法治化进程，打击各种官商勾结的腐败现象，完善和严格执行反垄断、反歧视法律，真正以法律为人的可持续发展保驾护航。通过实施反垄断法和竞争法等法律、法规，限制和打破垄断，逐步消除行业壁垒和垄断，鼓励资本在行业之间的合理流动和有序竞争，促进行业之间平均利润的形成，缩小行业之间的收入差距；对那些不是政府公共服务范围、不必由国家垄断的行业和领域，则应打破垄断，面向社会资本开放，让企业公开、公平、公正竞争，积极参与投资。通过制定国有企业工资总额改革办法，完善工资总额和工资水平的“双重调控”，进一步严格规范国有企业、金融机构经营管理人员的薪酬管理，严格控制和监管职务消费，使其合理化、规范化、公开化。同时，应扩大国有资本收益征缴范围，逐步提高上缴比例，更好地实现国有资本收益全民共享。

社会管理法律要实现拉动民间财富增长的目标，就要坚持市场配置微观资源的原则，尊重市场规律和私人产权组织创造财富的积极性，制止各种导致市场割据的地方保护和不当行政干预，在自然资源开采、公共事务经营、教育资源的分配以及公共职位选拔等方面颁布公开、透明的法律规则和程序，为不同阶层的人们提升自身阶层、提高知识和才干、改变命运创造公平的参与平台和奋斗路径，这可以从根本上防止产生少数利益群体垄断经济和公共管理、下层民众无法分享改革和发展成果的局面。规范的秩序、合理的规则，是分配公平的前提。解决分配不公问题，就要进一步建立和完善个人收入分配方面的法律、法规，依靠法律解决非正常性收入所形成的两极分化问题，坚决打击违法、违规获得巨额财富的行为，坚决堵住国企改制、土地出让、矿产开发等领域的漏洞，深入治理商业贿赂，严厉查处侵吞资产、贪污贿赂、走私贩私、操纵股市、制假售假、骗贷骗汇等非法活动，彻底消灭各种“灰色收入”或“黑色收入”。

中国社会管理研究回顾与展望

刘洪森[①]

随着我国经济体制改革的不断深入发展，经济成分、利益关系、分配方式、就业方式等日益趋向多元化发展，传统意义上的社会管理已越来越不适应当前社会发展的需求。因此，社会管理引起党和政府的高度重视。2004年9月，党的十六届四中全会通过的《中共中央关于加强党的执政能力建设的决定》中强调指出："深入研究社会管理规律，完善社会管理体系和政策法规，整合社会管理资源，建立健全党委领导、政府负责、社会协同、公众参与的社会管理格局。"[②]2007年10月，党的十七大报告进一步提出和分析了"完善社会管理体制，维护社会安定团结"的重大举措。2011年2月，胡锦涛在省部级主要领导干部社会管理及其创新专题研讨班开班式上的讲话中指出：加强和创新社会管理，必须着力"提高社

① 刘洪森，北京师范大学马克思主义学院博士后；研究方向：中国共产党民生思想。
本文为教育部哲学社会科学重大课题攻关项目[10JZD0002]"中国共产党认识和解决民生问题的历史经验研究"的阶段性成果。

② 中共中央文献研究室编：《十六大以来重要文献选编》(中)，287页，北京，中央文献出版社，2006。

会管理科学化水平”，明确提出了“提高社会管理科学化水平”的重大命题。2011年5月30日，中央政治局会议讨论通过了《中共中央、国务院关于加强和创新社会管理的意见》，明确提出了加强和创新社会管理的重要意义、指导思想、基本原则和目标任务。与此相呼应，社会管理也日益成为学术界研究的热点和焦点问题。

一、社会管理概念的多维阐释

对概念进行科学的界定，是正确理解和把握研究对象的关键。如果对研究对象所涉及的基本概念或范畴没有一个明确的认识，那么研究是无法正确和顺利地进行下去的。

学术界对社会管理概念的界定是建立在对“社会”这一概念认识基础之上的。在研究中，学者们往往从广义和狭义两个方面来理解社会。广义的社会就是与自然相对，与民族国家范围一致，包括政治、经济、思想文化和社会生活各子系统在内；狭义的社会指的是作为整个社会这个大系统中一个子系统的狭义的社会。基于此，社会管理也被分为广义的社会管理和狭义的社会管理。郑杭生认为：广义的社会管理，指整个社会的管理，即包括政治子系统、经济子系统、思想文化子系统和社会生活子系统在内的整个社会大系统的管理。狭义的社会管理，指与政治、经济、思想文化各子系统并列的社会子系统的管理。① 李程伟则从公共政策学的角度来界定社会管理的概念。他指出：广义的社会管理，是指政府及非政府公共组织对各类社会公共事务(包括政治的、经济的、文化的和社会的)所实施的管理活动。此时，它与政治统治的概念相对，从属于一定社会的政治统治框架，是实现政治统治的工具。广义上的社会管理，实际上与人们通常所说的公共管理是同等范畴的概念。狭义上的社会管理，一般和政治管理、经济管理相对，指的是对社会公共事务中排除掉政治统治事务和经济管理事务的那部分事务的管理与治理。狭义社会管理所涉及的范围，一般也就是社会政策所作用的领域②。

---

① 郑杭生：《社会学视野中的社会建设与社会管理》，载《中国人民大学学报》，2006(2)。

② 李程伟：《社会管理体制创新：公共管理学视角的解读》，载《当代中国政治研究报告Ⅴ》，2007(8)。

广义的社会管理可谓是包罗万象，叙事过于宏大，不方便研究的深入发展。实际上，在具体的研究过程中，学者们对社会管理概念的认识大多着眼于狭义的视域。丁元竹基于历史、理论和国际经验，把社会管理界定为：在一定的共同价值基础、规章制度、法律框架内，政府、社会、企业和公众规范社会行为、协调社会关系、解决社会问题、防范社会风险的活动①。李学举认为，社会管理主要是政府和社会组织为促进社会系统协调运转，对社会系统的组成部分、社会生活的不同领域以及社会发展的各个环节进行组织、协调、服务、监督和控制的过程②。俞可平指出：社会管理是规范和协调社会组织、社会事务和社会生活的活动③。何增科指出，社会管理是政府和民间组织运用多种资源和手段，对社会生活、社会事务、社会组织进行规范、协调、服务的过程，其目的是为了满足社会成员生存和发展的基本需求，解决社会问题，提高社会生活质量④。此外，丁元竹还分析了国际上对社会管理的理解。他指出，国际上主要在两个层面上讲社会管理，一个是技术层面的社会管理，技术层面的社会管理就是指一个国家对重大的政策、重大的环境问题，以及一些重大措施，它要实施社会影响的评价，主要是通过社会评估、参与，通过透明问责等方式来进行管理；另一个是宏观层面的管理，这个管理主要是通过政府的公众政策，政府的福利政策，以及政府的社会政策等等的介入来消除贫困，协调社会关系，促进社会公平与公正。这更多体现在社会政策方面⑤。

上述学者结合自身学术背景及中国社会发展的情况，对社会管理的含义给予了明确的界定，可谓是仁者见仁、智者见智。笔者认为厘定社会管理的概念在此基础上还需要注意以下几个问题。一是，不能无限放大社会管理的边界。尽管社会管理包罗万象，但我们不能把社会管理无限地放大，否则容易导致理论上的不清楚及实践上的无所适从。二是，注意区分社会管理与社会建设。目前党的文献表述及学术论文中，往往

① 丁元竹：《社会管理的多维阐释》，载《重庆社会科学》，2011(7)。
② 李学举：《加强社会建设和管理，促进社会和谐与发展》，载《求是》，2005(7)。
③ 俞可平：《推进社会管理体制的改革创新》，载《学习时报》，2007-04-23。
④ 何增科主编：《社会管理与社会体制》，4页，北京，中国社会出版社，2008。
⑤ 丁元竹：《社会管理：问题与方向》，转引自 http://www.aisixiang.com/data/40340.html。

把社会建设和管理放在一起论述，这就给人造成了社会建设和社会管理并列且是一回事的感觉。其实，从概念上来看，社会管理应该包含在社会建设之内。社会建设是一个庞大、复杂的系统工程，社会管理则渗透和贯穿于这一工程的每个环节，以保障工程的顺利实施及目标的实现。三是，注意区分社会管理与社会控制。在理解社会管理的概念时，很容易将社会管理片面地理解为一种消极的、防范性的手段，误解为加强权力对社会的全面控制，进而混淆社会管理与社会控制的区别。从社会管理的本质来说，社会管理虽然有需要控制和监管的一面，但最终还是为了给社会提供更多的服务。

二、社会管理基本问题分析

社会管理的基本问题是在厘清概念基础上研究的进一步深化，其主要思想包括社会管理的主题、内容(对象)、目的和意义等诸多方面。

第一，关于社会管理的主体。社会管理的主体说到底就是谁来管理社会的问题。改革开放之后，体制的变化带来社会结构的不断分化，不同的社会群体有不同的要求，社会管理主体的多元化趋势越来越明显。张书林指出，中国共产党是我国的执政党，对社会发展、社会建设、社会管理、社会进步具有不可推卸的领导职责。在当下，这种领导职责在实际的社会管理中，主要体现为党在提高社会管理科学化水平中所发挥的主导性作用①。向春玲强调，面对日益复杂的社会矛盾和日益繁重的社会管理任务，仅靠党和政府的力量已远远不够，必须是政府、社会组织、社会成员的广泛参与。既要充分发挥党和政府在社会管理中的领导和组织的作用，又要重视发挥社团、行业组织和社会中介组织在提供社会管理和社会服务方面的作用；既要有效发挥政府司法部门在惩治犯罪、化解矛盾和维护社会稳定的职能作用，又要重视发挥城乡基层组织、各类组织在协调利益、化解矛盾、帮助群众排忧解难等方面的作用②。李强则指出，如果将所有的社会事务都推给政府，政府一定是不

---

①　张书林：《提高社会管理科学化水平研究》，载《陕西行政学院学报》，2011(2)。

②　向春玲：《论多元社会主体在社会管理创新中的应用》，载《中共中央党校学报》，2011(5)。

胜其负的，这样的社会一定是不和谐的。因此要实现社会管理主体的多元化，即政府、社会、企业，还有公众一起来管理社会①。

第二，关于社会管理的内容。社会管理的范围和所指，是社会的不同领域和各个环节。李强指出，社会管理包括以下内容：一是公共服务体系的建设与管理；二是社会保障体系的建设与管理；三是社区的建设与管理；四是社会组织、社团组织的建设与管理；五是社会治安体系或社会安全体系的建设；六是社会工作与社会服务；七是人口工作与管理②。丁元竹基于人类社会发展的特点，尤其是当前我国社会发展面临的问题，认为社会管理至少应当包括，社会行为管理、社会关系管理、社会问题管理和社会风险管理③。郑杭生、高霖宇则认为，社会管理既包括现实社会领域，也包括虚拟社会领域；既包括社会组织等社会实体，又包括社会关系等社会软体；既涉及各个层次的社会群体，也涉及不同地域的基层组织。

第三，社会管理的目标和意义。丁元竹认为，社会管理的目标是实现社会秩序，激发社会活力，实现社会的公平和公正，保持社会和谐。向春玲强调，社会管理的目标和价值取向是社会公共利益最大化，为了社会的公众利益，为了社会共同利益，为了社会的公平、正义，强调社会的公共性，而不是个人的、家族的、利益集团的、特殊阶层的利益。郑杭生指出，从目标和任务上看，社会管理是为了维系社会秩序、规范社会行为、协调社会关系、维护社会治安、促进社会公正、增进社会认同、推进社会和谐、化解社会矛盾、解决社会问题、应对社会风险、减少社会内耗、控制社会冲突、弥合社会分歧等。其中，维系社会秩序和化解社会矛盾是社会管理的总体目标和任务。从作用上看，社会管理可以推动社会资源和社会机会更加公平合理地配置，并为促进经济社会发展创造既有秩序又有活力的基础运行条件和社会环境。孙立平强调，社会管理的真正目的是改善人类的生存状况。他认为把社会管理区分为消极管理和积极管理是必要的，进而指出，消极的社会管理是以被动防范为手段，以维护现状为目标。而积极的社会管理则以主动的建设和变革

---

① 李强：《社会管理创新："是什么""为什么""怎么做"》，载《当代贵州》，2011(12)。
② 同上。
③ 丁元竹：《社会管理的多维阐释》，载《重庆社会科学》，2011(7)。

为手段，以改善社会的状况、建设一个更好的社会为目标。

三、社会管理研究的多元视野

社会管理的重要性日益凸显，研究社会管理也就有着重大的理论价值和现实意义。如何对社会管理进行研究，则是摆在我们面前亟待解决的课题。学术界对此进行了全方位、多角度的研究。

(一)国外社会管理做法及经验

面对国内社会管理复杂的情况，学者们试图利用国外经验为当下问题开出一剂良方，随将研究目光投向了国外。王国华等归纳和总结了国外发达国家进行社会管理的主要做法，他们认为可以概括为以下几个方面：政府扮演管理者和服务者的角色；依法进行社会管理；非营利组织充分参与社会管理；重视社区发展在社会管理中的作用；发挥网络媒介信息交流和舆论引导独特优势①。而更多的学者，则强调了国外社会管理的基本经验。有的学者把其概括为八个方面：一是重视制度建设，改善社会治理；二是强调人文关怀，突出公民参与；三是提倡政府与民间的合作互动；四是法律与道德并重；五是致力于效率与公平的平衡；六是强调政府投入和社会参与的结合；七是重视管理的专业化和精细化；八是重视应用现代科技手段②。有的学者把其归纳为“六个社，六个管”，即：以“调理社会结构、提供社会保障、发展社会组织、帮扶社区发展、管好社会特殊群体、保护社会安全”为主要抓手，通过分配和社会保障从基础上管，通过社会组织“曲”管，通过法律有规矩地管，通过协商机制商量着管，通过文化团结日常化地管和通过有效的社会治安以及危机处理明智地管③。

尽管学者们对国外社会管理的做法及经验总结不尽相同，但都注意到了各国社会政治制度、历史文化传统和经济社会发展水平对社会管理的影响。因此，主张对国外社会管理的做法及经验“既不能全盘拒斥，也不能照搬照抄”。

---

① 王国华等：《国外社会管理的成功经验和启示》，载《学习月刊》，2011(6)。

② 郑杭生：《社会建设和社会管理研究与中国社会学使命》，载《社会学研究》，2011(4)。

③ 周澍等：《国外社会管理的有益经验》，载《浙江社会科学》，2011(8)。

(二)中国历史上的社会管理思想

中国社会思想史上有着十分丰富的社会管理思想。李岩着重分析了儒、道、法诸学派的社会管理思想，她指出，儒家以仁政礼治为核心；道家以“道法自然”，“无为而不为”的柔性管理为特征；法家的社会管理观可以概括为以法治刑治管理为特征，强调赏罚的强化作用①。袁宗题详细地分析了老子、孔子和韩非子三人社会管理的特色，她指出，老子的社会管理的理想境界是“无为而治”，教而化之则构成了孔子社会管理的最高准则，韩非作为法家的集大成者，却另寻他途，打出了“道无双，故曰一”的旗帜，注重整体效益成为他社会管理思想的核心，这种整体视角构成他社会管理思想的主要特色②。郑杭生则主张以历史上的“求治去乱”为切入点，来充分挖掘中国传统社会的社会管理思想，并提出了建设性的研究思路。一是，对治乱之由的研究。例如，有强调“以民为本”的(《尚书》指出：“民为邦本，本固则国宁。”)，还有强调治理的物质基础的(如管仲)，强调“兼爱”的(如墨子)，强调孝治天下的(《孝经》、《大学》中的有关思想)。二是，对社会规范在“求治去乱”中的重大作用的研究。三是，对社会公平在“求治去乱”中的深层功能的研究。孔子就说过：“丘也闻有国有家者，不患寡而患不均，不患贫而患不安。盖均无贫，和无寡，安无倾。”③

(三)马克思主义的社会管理理论

马克思主义社会管理思想包括马克思、恩格斯、列宁、毛泽东、邓小平、江泽民及胡锦涛的社会管理思想。

第一，关于马克思恩格斯社会管理思想。陈岩指出，马克思恩格斯所处的时代，无产阶级革命运动风起云涌，其思想理论一方面侧重于斗争，侧重于对阶级社会的社会管理职能本质的揭露和批判；另一方面也包含着对未来共产主义社会的社会管理的展望和憧憬④。杨奎也指出，马克思恩格斯的理论主题是社会革命，而不是社会建设和管理。但是，这不能说明在马克思和恩格斯的理论体系中没有社会建设和管理的思

---

① 李岩：《略论先秦儒、道、法家的社会管理观》，载《吉林师范大学学报》，2006(3)。
② 袁宗题：《老、孔、韩社会管理思想特色论》，载《聊城师范学院学报》，1994(2)。
③ 郑杭生：《社会建设和社会管理研究与中国社会学使命》，载《社会学研究》，2011(4)。
④ 陈岩：《马克思主义社会管理思想研究思考》，载《企业家天地》(理论版)，2011(7)。

想。他们关于市民社会的认识、关于和谐社会的构想、关于社会公正和公平的理念，以及他们关于社会保障问题的阐述，包含着他们关于社会主义社会建设和管理的初步思想①。龚剑飞认为，马克思恩格斯的社会管理思想是历史唯物主义的一个重要理论范畴，其内容可以概括为三个方面：社会管理是政治统治的基础，国家本质决定社会管理活动的性质，人民主体地位是社会管理的最高原则②。

第二，关于列宁社会管理思想。袁方认为，列宁从俄国建设社会主义的特殊历史条件出发，从社会主义建设和管理的根本任务、主要力量、核心力量、社会资源以及组织机关等几个方面，阐发了关于社会主义社会建设和管理的新思想，大大丰富和发展了马克思主义关于社会主义建设和管理的思想③。

第三，关于毛泽东社会管理思想。马徒指出，20 世纪五六十年代，毛泽东提出，为建设一个伟大的社会主义国家而奋斗，不要四面出击，调动一切积极因素为社会主义事业服务，统筹兼顾、适当安排、全面规划、加强领导等一系列社会管理的思想④。李义凡认为，毛泽东晚年理想的社会管理模式是他的社会管理思想的重要内容之一，其基本内容包括三个方面。管理形式——把全国各行各业都建设成为整齐划一的以自给自足为主的社区式或军营式的“小社会”或“大学校”。管理手段——逐步实现生产资料集体所有制向全民所有制的过渡；实行带有平均主义色彩的按劳分配，注重精神激励，反对物质奖励；通过抓革命来促进生产力的发展和劳动生产率的提高。管理目标——建立人与人之间的平等关系；逐步消灭社会分工和社会差别；逐步消灭商品生产和商品交换；逐步消灭人的私心。其根本目标是加快中国的社会主义建设步伐，尽快在中国实现共产主义⑤。

第四，关于邓小平社会管理思想。马徒指出，邓小平在长期领导中

---

① 杨奎：《马克思和恩格斯关于社会建设与社会管理的科学探索》，载《马克思主义研究》，2006(4)。

② 龚剑飞：《马克思恩格斯的社会管理思想及其现实意义》，载《江西社会科学》，2008(1)。

③ 袁方：《列宁论社会主义社会建设和管理》，载《东岳论丛》，2005(11)。

④ 马徒：《毛泽东的社会管理思想》，载《广西大学学报》，1998(1)。

⑤ 李义凡：《毛泽东晚年理想的社会管理模式》，载《郑州大学学报》，2006(1)。

国社会主义建设实践中，提出了“把马克思主义同本国实际结合起来，制定有中国特点的社会管理目标”，“以经济建设为中心，两手抓”，“集中领导和民主管理相结合”等一系列重要的社会管理思想①。路宁归纳了邓小平社会管理思想的基本特征，即继承性、创造性、科学性、人民性、原则性、灵活性、独立性、开放性等②。在研究邓小平宏观社会管理思想的同时，有的学者也注意到了邓小平对于微观的社会管理运行机制的考量。齐艳英指出，邓小平社会主义社会管理运行机制思想的核心内容，即通过建立集体领导与民主管理相结合的效能机制、物质鼓励和精神鼓励相结合的激励机制、借鉴国外先进管理方法的优化机制来加强社会管理运行机制建设，从而促进社会主义社会管理③。

第五，关于江泽民社会管理思想。卢卫红指出，以江泽民为核心的党的第三代中央领导集体，创立了“三个代表”重要思想，提出了较为完整的关于社会主义社会建设和管理的理论观点与战略部署，主要包括：社会主义社会是以经济建设为重点的全面发展、全面进步的社会；正确处理人民内部矛盾，为社会主义社会建设和管理创造稳定的政治环境和社会环境；最广泛地动员和支持人民群众依法管理国家和社会事务，管理经济和文化事业，维护和实现人民群众的根本利益；中国共产党是进行社会主义社会建设和管理的领导核心④。

第六，关于胡锦涛社会管理思想。胡锦涛的社会管理思想是中国特色社会主义理论体系的重要组成部分，同时又有其自身相对独立的系统结构性。唐利、郭亚莉从认知、价值、实践三个层面概述了胡锦涛的社会管理思想。具体地包括：认知理性——什么是社会管理，社会管理的含义及其基本内容问题；价值理性——为什么要加强社会管理即社会管理所要达到的价值目标问题；实践理性——怎样加强社会管理，也就是加强和创新社会管理的途径问题。这三个层面相辅相承，相互促进⑤。

---

① 马徒：《邓小平的社会主义社会管理思想》，载《宁西大学学报》，1998(3)。

② 路宁：《论邓小平社会管理思想的基本特征》，载《盐城师范学院学报》，2000(1)。

③ 齐艳英：《邓小平的社会管理运行机制思想》，载《江苏大学学报》，2010(3)。

④ 卢卫红：《江泽民论社会主义社会建设和管理》，载《东岳论丛》，2005(11)。

⑤ 唐利、郭亚莉：《认知、价值、实践：胡锦涛社会管理思想述论》，载《理论导刊》，2011(9)。

(四)推进社会管理的创新研究

当前，我国的社会管理，既面临着一系列难得的机遇和有利的条件，也面临着一系列困难与问题的制约。学者们在总结当前我国社会管理存在的问题的同时，也提出了推进社会管理创新的路径。

关于社会管理存在的问题，包心鉴认为主要表现在以下几个方面：管理理念褊狭，管理体制僵化，管理手段陈旧，管理成本超重等①。麻宝斌等则归纳为，社会管理理念滞后、社会管理主体极化、社会管理载体不明确、社会管理方式经验化②。李培林指出，在新的形势下，我国的社会管理体制面临着一系列重大社会变化的挑战，主要包括：一是阶级阶层结构变化的挑战；二是城乡结构变化的挑战；三是收入分配结构变化的挑战；四是人口结构和家庭结构变化的挑战；五是社会组织方式变化的挑战；六是社会规范和价值观念变化的挑战③。

关于社会管理创新的路径，卢卫红认为，“关键是要切实转变政府职能”④。郑杭生指出，创新社会管理，应当注意六个结合，即：治标管理与治本管理相结合；刚性管理与柔性管理相结合；社会服务与社会管理相结合；社区管理与社会管理相结合；政府主导与多方参与相结合；科学精神与人文关怀相结合⑤。

四、社会管理研究的视域拓展

综上所述，目前学界的研究重心主要是围绕着社会管理的基本内涵、基本理论等问题展开，并取得了丰硕成果，为进一步深入研究奠定了基础。但就研究现状来看，也还存在一些问题，正如有的学者所指出的那样，“研究城市社会管理的多，关注农村社会管理的少；研究国外

---

① 包心鉴：《我国社会面临的困境和体制的创新》，载《理论视野》，2011(3)。

② 麻宝斌、任晓春：《从社会管理到社会治理》，载《学习与探索》，2011(3)。

③ 李培林：《我国加强和创新社会管理的若干问题》，转引自 http://www.npc.gov.cn/npc/xinwen/2011-07/13/content_1663360.htm。

④ 郑杭生、高霖宇：《提高社会管理科学化水平的社会学解读》，载《思想战线》，2011(4)。

⑤ 卢卫红：《社会管理创新：构建社会主义和谐社会的必然要求》，载《学习论坛》，2006(2)。

社会管理的多，关注古代社会管理的少；从社会学角度论述的多，其他学科角度研究的少；整体性把握的多，精细化探究的少；提出的问题多，可行性应对措施少”①。根据中国经济社会发展的实际需要，综合学术界研究的相关成果，笔者认为，可以从以下几个方面拓展和加深社会管理的研究。

第一，深化农村社会管理的研究。“三农问题”一直以来都是学术界研究的热点问题，但其研究主要集中于社会主义新农村建设、村民自治、“乡政村治”等宏观政治方面，农村社会管理的研究还不多见或者说不够深入。家庭联产承包以后，农村社会出现分散化的趋势，过去那种集中管理的模式已经不复存在。不少农村社区有“空心化”、“老龄化”趋势，为适应农村社会的新局面，就需要采取新的管理方式。如何从宏观上对农村社会管理进行理论展望，如何对农村社会管理改革创新的路径进行详细规划等，这些都是摆在我们面前的工作。

第二，加强网络虚拟社会管理研究。网络已经成为各种思想文化、新闻信息的集散地和民意表达、社会监督的新渠道，成为推动社会发展进步的重要力量。我们受益于虚拟社会的灵活、便捷、丰富的同时，也深深忧虑由这些特性衍生出来的一系列现实的网络问题。如何进一步加强和完善信息网络管理，提高对虚拟社会的管理水平，健全网上舆论引导机制，是社会管理研究必须面对和亟待解决的问题。

第三，挖掘中国共产党社会管理思想。中国共产党领导人民进行革命、建设和改革的过程中，对社会管理进行了长期的思考与探索，逐步建立了一套全新的社会管理体制。就目前的研究状况看，学者们还只是停留在对党的社会管理思想历史演进或管理方式变迁的宏观的理论描述上，其研究无论是视域还是方法都还有拓展的空间。以“社会管理”为核心概念，在梳理中国共产党社会管理思想演进基础上，着力研究党在不同时期、不同地域、不同身份条件下的社会管理思想及其举措，总结历史经验教训，对于推动当下社会管理的实践及研究具有重大的价值和意义。

第四，提高社会管理科学化水平研究。胡锦涛总书记强调：加强和

① 董娟：《回顾与反思：当前我国社会管理研究中若干问题的思考》，载《济南大学学报》，2011(2)。

创新社会管理，必须着力“提高社会管理科学化水平”。围绕着这一重大命题，深入研究社会管理规律、更新社会管理观念、整合社会管理资源、创新社会管理的体制机制、形成社会管理的新格局、构建中国特色社会主义管理体系。

新时期完善中国社会管理格局初探

张　国[1]

当前的中国仍然处在重要的战略机遇期，对此，应当牢牢把握并加以充分利用。同时，也必须清醒地看到，现阶段的中国已经进入社会矛盾多发期；社会矛盾如果处理不好，改革开放的成果就很难为广大的人民群众所分享，而中国的发展势头也必然在一定程度上受到影响。有鉴于此，党和政府就将加强和创新社会管理工作提上了重要的议事日程。在实践中，加强和创新社会管理无疑涉及多个方面，可以说是一项巨大的社会系统工程。在此，仅就其中所涉及的完善社会管理格局方面进行粗浅的研究和探讨，希望能够得到学界同仁的指教。

为了加深对社会管理格局问题的理解，就有必要先对社会管理这一概念加以准确的界定。一般来说，社会管理是指以政府为主导的包括其他社会组织和公众在内的社会管理主体为促进社会系统协调运转，达成既定的社会发展目标，通过

① 张国，中北大学讲师，法学博士；研究方向：思想政治教育、高等教育。

各种方式对社会系统的组成部分、社会生活的不同领域以及社会发展的各个环节进行组织、协调、服务、监督和控制的过程。具体来讲，社会管理是政府为推进社会整体协调发展、增进社会公共利益实现，通过制定专门的、系统的、规范的社会政策和法规，管理和规范居民个体、社会组织、社会事务，培育合理的社会结构，调整社会利益关系、回应社会诉求、化解社会矛盾，维护社会公正、社会秩序和社会稳定，为经济、政治、文化、社会和自然的协调发展创造良好的社会环境。通常情况下，社会管理包括政府社会管理和自主社会管理两大类，政府社会管理是政府对有关社会事务进行规范和制约；自主社会管理是社会(即自治组织、非营利组织和公民)依据一定的规章制度和道德约束，规范和制约自身的行为。现代社会管理是一个以政府为主导，非营利组织为中介、基层自治为基础、公众广泛参与的互动过程①。从对社会管理这一概念的界定中可以看出，一方面，社会管理涉及社会的方方面面，其复杂性和系统性是显而易见的；另一方面，虽然进行社会管理的主体是多元的，但是这些主体在社会管理中所处的地位和所起的作用是各不相同的。在当代中国，社会管理格局的形成和进一步完善既与上述主体紧密相连，又离不开党委的领导作用。下文对中国社会管理格局及其完善的问题进行探讨。

一、对中国社会管理格局的阐述

在社会管理中，社会管理格局是指社会管理的一种工作局面、一种结构态势、一种运行方式或是一种管理模式，是社会管理各种力量的分工和协作的组合方式，侧重于描绘社会管理体系的组织架构②。党的十六届六中全会提出："必须创新社会管理体制，整合社会管理资源，提高社会管理水平，健全党委领导、政府负责、社会协同、公众参与的社会管理格局，在服务中实施管理，在管理中体现服务。"这是中共中央首

---

① 颜晓峰、王军旗：《加强和创新社会管理党员干部学习读本》，13～14页，北京，人民日报出版社，2011。

② 陈振明等：《健全社会管理格局，创新社会管理体系——"我国社会管理格局和管理体系构建"课题研究报告》，载《甘肃行政学院学报》，2008(4)。

次对中国社会管理格局的明确表述。2011 年 2 月 19 日，在中共中央党校举办的省部级主要领导干部社会管理及其创新专题研讨班开班式上，胡锦涛总书记在发表的重要讲话中对此又作了进一步的阐发。胡锦涛总书记指出："进一步加强和完善社会管理格局，切实加强党的领导，强化政府社会管理职能，强化各类企事业单位社会管理和服务职责，引导各类社会组织加强自身建设、增强服务社会能力，支持人民团体参与社会管理和公共服务，发挥群众参与社会管理的基础作用。"根据胡总书记的精辟阐述，本文对现阶段中国社会管理格局进行更为具体的阐述。

首先，加强党委领导是完善社会管理格局的核心。无论在任何时候，我们首先必须要牢牢地把握住一点：无论是推进社会管理制度改革，还是构建新的社会管理模式，都必须始终坚持党的领导核心地位。中国共产党是中国特色社会主义事业的领导核心，进行社会建设和管理一定离不开党的领导。坚持党的领导核心地位，是我们社会主义建设取得成功的根本保证，也是政府进行有效社会管理，最终实现构建和谐社会目标的根本保证。坚持党的领导，是我们社会管理和建设沿着正确方向不断前进的根本前提①。党章和党的许多重要文件反复申明："党的领导主要是思想、政治、组织领导。"即党通过向国家机关提出大政方针和立法的建议、推荐重要干部、进行思想宣传、发挥党组织和党员的作用来实行领导，而不是由各级党委对国家和社会的行政、经济、司法等各项具体活动大包大揽甚至取而代之②。如果将问题再具体化，那么，党委领导主要体现在：党委要充分发挥总览全局、协调各方的领导核心作用；把握好社会建设和管理发展的大方向，确定正确的大政方针，提出具有感召性、纲领性的口号；把党的意志和主张体现到国家的法律、法规中，支持政府依法行政、管理社会事务；通过科学化、规范化、制度化的机制，加强对社会组织的管理监督，引导人民积极有序地参与社会建设和管理；充分发挥基层党组织和共产党员服务群众、凝聚人心的作用③。当然，要将党委的领导落到实处，政府行使社会管理的职能必

① 傅思明：《加强和创新社会管理：建设中国特色社会主义社会管理体系学习读本》，138 页，北京，人民日报出版社，2011。

② 邹庆国：《党在社会管理格局中的定位问题初探》，载《岭南学刊》，2007(5)。

③ 李国青、由畅：《我国"社会管理格局"解析》，载《辽宁行政学院学报》，2008(4)。

须得到进一步强化。

其次，强化政府的社会管理职能是完善社会管理格局的关键。在多元化的社会管理主体中，政府是社会管理中最重要的主体，特别是在我国目前其他社会管理主体还不是很成熟的情况下，需要政府对社会管理事务拥有高度的决策权，在关键的社会管理事务上发挥主导性作用。这种主导性作用的发挥是应该运用行政管理的方式还是社会管理的方式是问题的关键。社会管理是服务型管理，为社会、公众、顾客服务。对于社会需求该如何被发现，什么样的社会需求纳入被满足之列，政府是以何种服务方式来满足这些需求，又如何监督政府是否提供服务来满足需求等，都是政府在社会管理过程中必须思考的问题①。但在现实中，政府社会管理和公共服务的职能明显弱化，使得教育、科技、文化、医疗卫生、社会保障、环境保护等公共事业的发展严重滞后于经济发展。因此，贯彻落实科学发展观、构建社会主义和谐社会迫切要求强化政府社会管理职能。这就要求政府首先要在社会管理中扮演服务的角色，在管理中体现服务，在服务中实现管理。一方面，履行社会管理的政府应该是有限政府，政府在社会管理中不能越位；另一方面，政府在社会管理中不能缺位，即政府要切实担负起应尽的责任，包括建立健全社会建设和管理的政策法规，制定基本社会服务的标准，加大社会发展投入在政府整个预算中的比重，依法管理和规范各类社会组织、社会事务社会事业，建立健全社会保障制度、社会治安综合治理机制、公共突发事件的应急机制等②。在强调政府在当代中国社会管理格局中的主导作用的同时，还必须高度重视企事业单位和社会组织在其中的重要作用。

再次，强化与引导企事业单位和社会组织的社会管理和服务职责是完善社会管理格局的重要力量。具体而言，可以从以下三方面来认识：其一，要强化各类企事业单位社会管理和服务职责，引导各类社会组织、人民团体参与社会管理和公共服务。加强和完善非公有制经济组织、社会组织管理，明确非公有制经济组织管理和服务员工的社会责任。进一步加强和完善信息网络管理，提高对虚拟社会的管理水平，健

---

① 颜晓峰、王军旗：《加强和创新社会管理党员干部学学读本》，110页，北京，人民日报出版社，2011。

② 同上。

全网上舆论引导机制。进一步加强和完善流动人口和特殊人群管理和服务，建立覆盖全国人口的国家人口基础信息库，建立健全实有人口动态管理机制，完善特殊人群管理和服务政策[①]。

其二，要充分发挥城乡基层自治组织协调利益、化解矛盾、排忧解难的作用。具体而言，所谓城乡的基层自治组织，在农村，主要是指村民委员会；在城镇，主要是指社区居民委员会。这两种类型的城乡基层自治组织对当地各方面的情况比较了解，是能够在解决社会矛盾、稳定社会秩序方面发挥出重要作用的。当然，两者是不同类型的基层自治组织。村民委员会是以农业生产方式为基础建立起来的，工作的重点是解决当地生产发展中的突出问题，最终实现增加当地农民收入的目的。而城市社区则是以共同的居住地为纽带建立起来的，其工作的主要目的就是为当地居民提供全方位的生活服务，使社区居民的生活质量不断得到提升。为了进一步发挥城乡基层自治组织的作用，当前最为关键的是加强组织内的工作人员队伍建设，不断提高他们的工作能力和专业素质。同时，还必须注意招聘年轻的高素质专业人才来组织内工作，保持组织的朝气和活力，同时增强他们服务基层群众的能力。

其三，要充分发挥社团、行业组织和社会中介组织提供服务、反映诉求、规范行为的作用。社团、行业组织是由在某一方面拥有共同利益诉求的特定个人或企事业单位所组成的，其成立目的就是为了表达自身的利益诉求，维护好其成员的利益。而同社团和行业组织相比，社会中介组织则是为有某方面需求的人或企事业单位提供专业化服务的组织，以所收取的服务费用来维持自身的生存和发展。在构建社会主义和谐社会的新时期，社团、行业组织和社会中介组织应当不断加强自身建设，努力提高专业服务水平，从而在社会管理方面做出更大的积极贡献。

最后，发挥群众参与社会管理是完善社会管理格局的基础。社会管理与公众的切身利益密切相关，只有公众充分参与到社会管理的过程中来，社会管理才能取得实效。这就需要一方面大力培育公众的参与意识，使广大公众认识到社会管理最终要依靠人民群众自己；另一方面，要不断拓宽公众参与的渠道，完善民主选举、民主决策、民主管理和民

---

① 本书编写组：《社会管理与创新党员干部读本》，135页，北京，中国长安出版社，2011。

主监督，实现公众的普遍和主动参与①。在调研中发现，当前群众参与社会管理的意识已经相当强，但是有效参与的比例偏低，参与的结果也很不理想。因此，在当前阶段，工作的重点应当放在后一个方面，争取通过一个较长时期的努力实现突破性进展。对此，中国政法大学马怀德教授指出："中国在公众参与方面虽然起步晚，但是已经取得了非常重要的成果，尤其是在2008年5月开始实施的政府信息公开条例，在法律方面对公众参与进行了再次的保障。与此同时，在公众参与的方式方法、参与的范围以及参与的保障和司法救济等方面，我们还有很多问题需要完善。"②可以说，马怀德教授明确地指出了问题的关键所在，这应当成为推动公众参与发展的努力方向。

二、当代中国社会管理格局的特征

现在，根据上述对社会管理格局概念的界定和对中国社会管理格局的表述，本文将现阶段中国社会管理格局的特征概括为以下几方面。

其一，社会管理格局的系统性。从整体上看，当代中国的社会管理格局是一个大的系统，而党委、政府、各类企事业单位、各类社会组织、各人民团体和群众都是作为社会管理这个大系统的要素而存在的。如果将考察的视角放小，可以说，党委、政府、各类企事业单位、各类社会组织、各人民团体、群众各自又是一个相对独立的小系统。不论是大系统，还是小系统，都具备系统自身的特性，都必须在和外界环境进行信息、能量的交换中才能得以生存和发展。

其二，在社会管理格局中，社会管理主体具有多元性。在当前的社会管理格局中，党委、政府、各类企事业单位、各类社会组织、各人民团体和群众都是作为社会管理的主体而存在的。可以说，少了哪一类社会管理的主体，社会管理的格局都将是残缺不全的。但是，各类管理的主体在社会管理格局中的地位和作用各不相同。前文第二个部分已详

① 颜晓峰、王军旗：《加强和创新社会管理党员干部学习读本》，111页，北京，人民日报出版社，2011。

② 本书编写组：《加强和创新社会管理典型实例经验与启示》，5页，北京，人民日报出版社，2011。

述，此不赘述。但在充分发挥各个主体在社会管理格局中的作用方面，仍旧有不少工作要做，尤其是相关法律制度的建立健全，要花很大的力气去做。

其三，在社会管理格局中，社会管理主体具有合作性。在社会管理的实践中，只有各类主体紧密合作，才有可能取得良好的社会管理效果。合作意味着各个社会治理主体以公共利益为目标，各司其职，各尽其责。党委加强对政府的领导工作，监督政府依法行政，并通过基层党组织和共产党员与群众密切接触的优势，及时回应公众诉求；政府明确自己的服务者定位，各项政策的制定与执行必须以民生为重，并承担协调、监督其他社会管理主体的责任；非营利组织和社区发挥其创新和自愿精神，以及接近和了解目标群体的优势，在政府支持下更好地为特定群体服务；私营部门自觉建立社会责任意识，以社会一分子的身份介入社会事务，这也需要政府的适当引导与扶持；公众要有公民意识和自主意识，在政府开辟有效参与渠道的前提下积极参加社会治理，影响有关决策，并对社会管理效果进行及时反馈、评价和监督①。

其四，社会管理格局完善的长期性。虽然我国的“党委领导、政府负责、社会协同、公众参与”的社会管理格局已经基本形成，但是要进一步完善这一社会管理格局，大幅度提高社会管理的成效却需要一个相当长的时期，不可能一蹴而就。研究发现，在当前的社会管理格局中，各个管理主体自身都有一系列的问题需要解决，而且各个主体之间的沟通与协调问题也不容忽视。同时，还必须看到，中国社会仍然处于转型的过程中，新的社会问题和社会矛盾不断出现，这也必然会在一定程度上延缓社会管理格局的完善进程。因此，在社会管理格局的完善问题上，必须确立打持久战的思想，通过扎实而有效的工作来逐步推进。

三、新时期完善中国社会管理格局的对策

可以说，在新的时期，中国社会管理格局进一步完善中所面临的形势比较严峻，只有采取多管齐下的综合应对策略，才有可能比较顺利地

---

① 陈振明等：《健全社会管理格局，创新社会管理体系——“我国社会管理格局和管理体系构建”课题研究报告》，载《甘肃行政学院学报》，2008(4)。

向前推进。笔者认为，当前，在解决问题的对策方面，至少不能忽视以下几个方面的工作。

第一，大力加强各个社会管理主体之间的沟通和交流。在完善社会管理格局的过程中，必须着力推动包括党委、政府、企事业单位、社会组织、人民团体、群众等各个主体之间的沟通和交流工作。在这些管理主体各负其责，做好各自工作的同时，还必须加强相互之间的沟通与交流。其中，最为重要的一点就是这些管理主体之间信息的沟通必须畅通无阻。现在已经进入信息社会，社会管理格局中的任何一个主体，只有对其他主体的信息有比较及时和全面的掌握，才能够采取正确的行动来推动社会管理事业的进步和发展。因此，就必须加强社会管理方面各个主体之间信息的传递和共享机制建设，使得有关社会管理的信息能够在各个主体之间顺畅地流动和传递。在此，特别需要指出的一点就是，无论是党委对社会管理工作的领导，还是政府对社会管理工作的负责和主导，都离不开全面而深入的调研工作，只有在全面掌握其他主体的情况之后才能够正确地领导和执行工作。

第二，社会管理工作中监督制度的进一步完善。在社会管理工作中，要达到各个管理主体各负其责、各司其职的效果，就必须加强相关监督制度的建设。在当前的社会条件下，尤其需要加强的则是人民群众对社会管理格局中其他社会管理主体的监督。鉴于我国是人民当家做主的社会主义国家，人民的权力是通过人民代表大会来行使的，因此，可以通过在人民代表大会中设立专门的社会管理委员会来使这方面的监督权力真正地落到实处。当社会管理委员会在人民代表大会中作为一个常设机构设立之后，人民群众就可以将社会管理中其他主体不作为或者是作为不当的情况向该委员会直接反映，并由其督促这些社会管理主体在自身社会管理的范围内积极地作为，并就作为不当的情况进行认真的整改，并及时公布整改的结果。这样，才有可能切实地维护好广大群众的切身利益。同时，各级人民代表大会的代表也要履行好自身的监督职责和义务，应当拿出相当多的时间和精力来进行社会调研工作，密切关注各个社会管理主体在社会事务中的具体表现情况，并就所发现的问题向人民代表大会中的社会管理委员会及时地予以汇报。可以说，在当前社会矛盾的凸显期，社会管理工作中监督制度的进一步完善是有其紧迫性的，必须通过比较完善的监督制度来推动社会管理事业成效的显著提高。

第三，社会管理方面法律、法规的健全。在进一步完善社会管理格局的进程中，离不开相关法律、法规的进一步健全。相关法律、法规的健全能够使得各个社会管理的主体在社会管理事务中职责明确，各司其职，各负其责。在此，主要从以下两个方面来加以阐述。一方面，是要努力解决有关政府管理社会职能的法制化问题。政府转型是构建和谐社会的关键，也是社会转型的必然要求。而依法行政的前提是政府职能的法制化，政府的职权范围必须在法律中得到明确，才能够使政府的行政权威得到社会的广泛认同，从而增强政府的公共管理领导力。同时，政府职能的法制化也加强了对政府行使公共权力的约束，扩大了普通公民参与社会管理的范围和途径①。另一方面，建立健全相关法律、法规制度，进一步明确非政府社会治理主体的法律地位。应当明确规定非政府社会治理主体尤其是非营利组织和社区的性质、地位、权责以及活动范围，形成科学合理监督评价非政府主体社会管理行为的法律政策框架，保障并引导其健康发展。同时，还要改变已有的不合理法律条款。我国《社会团体登记管理条例》第 13 条第 2 项和《民办非企业单位登记管理暂行条例》第 13 条第 2 款第 3 项都规定，在同一行政区域内已有业务范围相同或者相似的民间部门，没有必要成立的，对于其成立申请不予批准。这种限制竞争的规定必然鼓励垄断，使其公益性和效率都大打折扣②。此外，有关民间组织需要挂靠政府主管部门的规定也是对民间组织独立性的损害，必须进行更改。

第四，贯彻执行好党的群众路线。历史已经充分证明，我们正是在坚持和贯彻群众路线的基础上才取得了新民主主义革命和社会主义革命的伟大胜利，并在社会主义建设方面取得了举世瞩目的伟大成就。当然，在社会管理格局完善的过程中，也必须贯彻执行好党的群众路线。党委对社会管理工作的领导、政府对社会管理工作的主导、各个企事业

---

① 郝树榀：《构建新型社会管理格局的法律思考》，载《长春工业大学学报》（社会科学版），2007(2)。

② 陈振明等：《健全社会管理格局，创新社会管理体系——“我国社会管理格局和管理体系构建”课题研究报告》，载《甘肃行政学院学报》，2008(4)。

单位、社会组织、基层群众自治组织对社会管理工作的参与都离不开群众路线的贯彻执行。毕竟广大的人民群众既是社会物质财富和精神财富的创造者，也是社会变革的决定力量。自然，进行社会管理，如果没有广大人民群众积极地参与和支持是很难取得良好的成效的。因此，在社会管理工作中，我们必须充分尊重广大人民群众的主体地位，全面发挥他们的首创精神，坚决支持他们进行社会管理工作的实践探索，从而开创出新形势下社会管理工作的新局面。

第五，在社会管理工作中必须坚持以人为本、执政为民的理念。2011 年 2 月 19 日，在中共中央党校举办的省部级主要领导干部社会管理及其创新专题研讨班开班式上，胡锦涛总书记强调了社会管理工作中必须坚持以人为本、执政为民的理念。胡锦涛总书记指出："社会管理，说到底是对人的管理和服务，涉及广大人民群众切身利益，必须始终坚持以人为本、执政为民，切实贯彻党的全心全意为人民服务的根本宗旨，不断实现好、维护好、发展好最广大人民根本利益。"而在社会管理的实践过程中，要做到以人为本和执政为民，就必须在工作开展之前先到人民群众中进行深入的调查研究工作，认真倾听群众的心声，比较全面地了解群众的实际需求，并作出科学的决策，制定出符合实际的政策，从而维护和发展好社会管理领域人民的切身利益。

第六，要大力加强社会管理领域专业人才队伍建设。在大力推进社会管理工作的进程中，无论是党和政府、各个企事业单位，还是各个社会组织、基层自治组织都需要社会管理领域专业人才的加盟。当前，这方面的专业人才是相当缺乏的。据民政部门统计，截至 2005 年年底，全国民政系统目前从事社会工作的人员约 45.3 万人。目前专业社会工作者占总人口的比例是：日本 5‰，加拿大 2.2‰，美国 2‰。我国香港地区社会工作者占总人口的比例为 1.7%，而内地只有 0.3‰，与发达国家或地区存在较大差距①。为了切实扭转中国社会管理专业人才短缺的不利局面，一方面，高校应当根据市场的需求情况逐步扩大这一领域相关专业学生的招生人数，不断地完善课程的知识体系，将理论教学和实践教学有机地结合起来，努力提高社会管理领域专业人才的培养质

① 龚维斌：《深化社会管理体制改革——建立以政府为主导的多元化的社会管理新格局》，载《行政管理改革》，2010(4)。

量；另一方面，还必须着力加强对在岗专职社会管理工作者业务素质的培训提高工作，促使他们知识结构不断更新，切实提高他们处理实际社会管理事务的能力。同时，还应当着手建立健全以培养、评价、使用、激励社会管理专业人才为主要内容的政策措施和制度保障，确定职业规范和从业标准，从而推动社会管理人才的健康成长。

此外，注重地方经验的总结与推广也是不可或缺的。在完善社会管理格局的进程中，必须注意对各地社会管理方面实践经验的总结和推广工作。调研发现，各地在社会管理方面都在积极进行实践探索，而且有的地方已经取得了比较显著的成绩。为此，中央的有关部门应当加强对各地实践经验的总结，从中发现具有普遍规律性的东西，以便在全国范围内的社会管理工作中加以推广，从而在一定程度上推动社会管理效率和水平的提高。

运用法治推进社会管理创新的几点思考

周晓军[①]

社会转型期，各种社会矛盾尖锐而复杂，现行的社会管理模式已经不能完全适应新时期社会管理工作发展的需要，必须要进行创新和发展。创新社会管理是一项宏大的社会系统工程，需要采取政治的、经济的、行政的、道德的、纪律的和行业规范的以及思想政治教育等多种方式方法，特别是需要在法律规范和政策调整的范围内进行。这其中，法治作为人类政治文明的积极成果，是实现社会管理和人民幸福的根本保证，是加强和创新社会管理的重要手段和基本方式。

一、法治与社会管理二者之间有诸多契合之处

（一）法治与社会管理的根本目的都是为了促进社会和谐稳定

法律的首要价值追求和法治建设的必然要求

① 周晓军，宁夏党校法学部副主任、副教授；研究方向：法治、宪政、人权。

是维护社会秩序。在依法治国，建设社会主义法治国家的进程中，法治无论是作为治国的基本方略，还是作为依法办事的基本原则，首要的追求就是实现良好的法律秩序。良好的法律秩序的形成，是以符合社会和谐和利益平衡的权利与义务的调整机制，通过保障权利人利益的实现和义务人义务的履行来达到社会和谐所要求的秩序状态，并以秩序为手段去实现、维护和拓展公民权利和自由等其他法治目标。

社会资源的有限性与社会主体需求的无限性之间的矛盾，决定了社会关系的和谐和安定有序的社会秩序的形成不可能自发生成，需要借助理性的制度来建构。一方面，主要依靠国家强制力实施法律和政策来调整社会关系；另一方面，依靠习惯和道德等非正式制度来调整社会关系。

法律具有强制性、规范性、可诉性等基本属性，这就决定了其在调节社会利益关系中居于主导地位。社会管理创新通过政府主导、多方参与，综合运用法律、政策、经济、行政、教育等手段来替代传统的单一行政手段来规范社会行为、协调社会关系、促进社会认同、化解社会矛盾、应对社会风险，进而为我国社会生存和发展创造既有秩序又有活力的基础运行条件和社会环境、促进社会和谐。可见，社会管理创新与社会主义法治建设都以致力于构建和谐有序的社会秩序为其目标。

(二)法治与社会管理的价值追求都是为了促进社会公平正义

公平正义是社会主义法治的本质特征，是社会管理的基础，是构建和谐社会的根基。正如亚当·斯密所指出的：“正义犹如支撑大厦的主要支柱，如果这根柱子松动的话，那么人类社会这个雄伟而巨大的建筑必然会在顷刻之间土崩瓦解。”只有维护和实现社会公平正义，才能协调各种社会关系，才能充分发挥人们的积极性、主动性和创造性。正义的主要问题是社会的基本结构。社会基本结构的正义包括实体正义和形式正义。法治可以把正义的原则法律化和制度化，并具体化为权利义务和职权职责，实现对社会资源和负担进行公正的分配。

要使多元社会利益格局成为推进社会发展的动力，就需要在法律上明确利益主体的法律地位，确立利益竞争规则，形成科学有效的利益协调机制、诉求表达机制、矛盾调处机制和权益保障机制，统筹协调各方面利益关系。其实，这些保障机制归根结底都是法律保障机制。

社会管理创新将法治建设中的公平正义，通过社会管理转化为解决人民群众的根本利益和现实利益，最大限度地平衡不同利益之间的关系，实现社会公平正义。法治以权威性的规则保障社会成员的权利义务合理配置，社会管理创新在法治框架下适应社会转型的需要，坚持公平正义的法治价值观在社会建设的各个领域，实现发展依靠人民、发展为了人民、发展成果由人民共享的目标。

(三)法治与社会管理的运作机制都是为了制约国家权力从而保障公民权利

公平正义不仅是法治的理念和核心，也是国家权力运作的价值标准和理论标准。法治的产生与运行是以权力制约和权利保障为基础和目的的，并强调当权者与社会公众概无例外地服从既定的法律。这一制约、保障及法律至上的要求，主要是由社会主义国家一切权力属于人民，人民对国家权力的分享与制衡来获得保证和实现的，这使得权力和权利都服从于共同的规则而纳入法律的框架之中，促进民主法治的形成。在法治社会中，法律公正地调整社会主体的利益关系，平等地保护和促进正当利益，有效制约国家权力，防止国家权力对公民权利的侵犯。

按照法治的要求，社会管理的各管理主体的职责范围应当明确，其管理手段与方式有明确的规定，社会利益主体的权利与义务应当清晰。在因应现实形势需要进行管理创新的时候，无论是事前预防、事中处理还是事后化解阶段，社会管理主体都不能逾越法律确定的范围、权限、程序、手段与方法，而应在法律允许的范围内进行创新。否则，社会管理主体本身不遵守法律的行为将引起其他社会利益主体的效仿，使得法律的尊严无从维护，法律的崇高地位无从保证，创新不但不能达到加强社会管理、使社会处于和谐稳定状态的初衷，反而可能导致社会处于更加不确定的无序状态。

(四)法治与社会管理的重要功能都是为了妥善解决利益冲突从而实现利益均衡

利益均衡是社会和谐稳定的根本要求，社会的和谐在很大程度上取决于利益分配是否能够做到公平合理。不同社会阶层的经济地位有所不同，在利益分配上有所差别。只有妥善解决了不同利益群体之间的利益，才能使社会走向和谐。在法治社会中，立法作为社会利益的平衡器，以公平正义的价值尺度，运用规范的手段为社会主体确立其平等的法律地位，界定其合法的利益范围，使每个人都能各尽其能、各得其所、各得其利。

但是，我国立法中存在的部门利益、特殊群体利益影响甚至主导立法过程的问题，尤其是国家立法部门化、部门权力利益化、部门利益合法化的现象仍未消除，影响了良法质量，损害了法治权威，制约了法律实施。所以，从社会管理创新和良法善治的要求来看，我国法律体系形成以后，应当从制度上消除部门立法和立法不公的弊端，推进民主立法和科学立法。

在社会转型时，利益分化和利益冲突日益凸显。这就迫切需要改革传统的社会管理模式，用法治化的方式构建社会利益均衡机制。保障人民群众的受教育权，保障公民的劳动权得以实现，确保人民群众的就医权、居住权等社会权利实现。同时，要充分尊重不同利益主体的诉求，通过建立对话协商等利益协调机制，预防和减少各种矛盾的发生，并将各种矛盾置于可控制的范围之内。

二、运用法治推进社会管理创新的价值及意义

社会管理创新必须要重视法治问题，防止出现背离法治，不依法办事的现象。只有这样，社会管理创新才能持久有序地进行，也才能实现其预定的目标。

(一)运用法治推进社会管理创新有利于维护群众的根本利益

社会管理是人类社会普遍存在的管理活动，主要是协调社会关系、规范社会行为、解决社会问题、化解社会矛盾、促进社会公正、应对社会风险、保持社会稳定。胡锦涛总书记指出：“社会管理说到底是对人的管理和服务，涉及广大人民群众切身利益。在加强和创新社会管理的过程中，人民群众的利益有没有得到切实的维护，是判断社会管理创新是不是成功的根本标准。”

经验表明，实行法治是一个社会中公民权利得到切实维护的最有效途径。如果没有法治，公民的权利将处于不确定的状态之下，随时可能遭受外在力量特别是公权力的侵害。在社会管理创新的过程中，只有坚

持法治原则，才能保证社会管理创新有效规范社会行为、解决社会问题、维护社会公正，促进社会的有序发展，才能保证社会管理创新达到目的，维护广大群众的切身利益。

(二)运用法治推进社会管理创新有利于促进社会和谐稳定

和谐稳定是一个社会持续健康发展的前提和基础，社会一旦处于无序状态，就没有经济发展，社会就不和谐，人民群众的权益也无法实现。社会管理要达到维护社会稳定的目标，就必须在创新的同时坚持法治原则，在法律框架内进行创新，使不同的社会主体各居其位、各得其所，享有其应有的权利，履行其应尽的义务，保证基本的社会公正，使社会整体处于稳定有序的状态。

如果社会管理创新脱离了法治轨道，就具有随意性与不可预测性，在特定时段内可能有助于社会的稳定，但长远来看，不能保证社会利益的合理配置，反而使社会处于不确定的风险之中。在出现具体的纷争时，也不能及时公正地定争止纷，有效地化解矛盾、解决问题。因此，脱离法治的社会管理创新所带来的稳定是不能持久的，没有促进社会的和谐与稳定，反而是影响了社会的和谐与稳定。

(三)运用法治推进社会管理创新有利于加强和改善以民生为重点的社会建设

制度更带有根本性、全局性、稳定性和长期性。在所有制度中，法律制度最具明确性和国家强制性。通过法律明确社会建设的发展方向，形成社会建设的长效机制，从而使社会建设和管理不因领导人及领导人注意力的改变而改变。时代要求从法治层面为社会建设和管理提供坚实的保障。

党的十七大报告强调，进一步加快推进以改善民生为重点的社会建设，并提出要从发展教育、扩大就业、完善分配体制、建立社会保障机制和基本医疗卫生制度、完善社会管理等方面入手。这种以人为本的社会建设，特别需要通过法治来强化社会权利的平等和保障社会的公平正义。因此，我们在创新社会建设和社会管理的同时，要高度重视法治保障的重大意义。

(四)运用法治推进社会管理创新有利于增强社会管理的权威性

只要依照宪法、法律和法规进行社会管理，就是一种合法管理，可以得到宪法、法律和法规的保障，也会得到广大群众的支持。法律使社会管理创新具有权威性，依法治国是我国的治国方略，法治具有权威性，我国宪法是国家的根本法，具有最高法律效力。全国各族人民、一切国家机关和武装力量、各政党和各社会团体、各企事业组织，都必须以宪法为根本的活动准则。

法治的权威性得到国家强制力的保证，有了国家强制力作后盾，法治的权威性就有了保障。只要依法创新管理，这种管理就有权威性和保障性。法律使社会管理创新具有操作性，法治的操作性便于规范和创新管理。法律具有可预见性，社会管理主体可以认识到自己创新行为的预期后果。这种预见性增强了社会管理创新的安全性，使社会在安全稳定的运行中实现管理方式方法的转变。

（五）运用法治推进社会管理创新有利于发挥法律在调整社会关系中的重要作用

法律是社会行为的规范，是判断和解决社会矛盾纠纷的根本依据。如果离开法律的标准和依据，脱离法治的程序和制度，放弃司法解决矛盾纠纷的终局性机制，坚持"信访不信法"，推崇"小闹小解决，大闹大解决，不闹不解决"的做法，就不可能从根本上化解社会矛盾，长治久安地解决社会纠纷，相反还会极大地损害社会主义法治的权威，危害国家的政治秩序。

因此，应当把所有社会规范规则和其他行之有效的方式方法作为一个系统，统一并整合起来，形成一个分工明确、相互补充、彼此衔接的有机整体，共同作用于社会管理。同时，鉴于现阶段的基本国情和社会状况，鉴于法律规范具有的强制性、国家意志性和规范性等特征，要适当突显法律在社会管理中与众不同的作用和功能。

（六）运用法治推进社会管理创新有利于解决社会管理领域存在的突出问题

我国有关社会管理方面的法制建设还比较滞后。主要表现在以下几方面。

1．社会管理创新的法治观念不强

我国长期缺乏法治基础，还存在权大于法的现象。用行政思维方式执法的行政管理模式已经不适应化解社会矛盾的需求，公民的法治观念与社会经济发展水平不相适应。

2. 社会管理创新的法律制度不够完善

社会管理法律制度建设滞后于社会发展，社会管理法律规范不完备，部门法之间缺乏衔接协调，制约了社会管理制度框架的建立和完善。

3. 社会管理中存在的突出问题需要依法解决

社会事业建设与经济发展不协调，社会管理还存在不少薄弱环节，政府的社会管理职能还不能完全适应市场经济发展和社会全面进步的要求。

社会管理需要运用政治、经济、行政、法律等综合手段，但最根本的要靠法治。法治是推进社会管理创新中必须坚持的价值导向。

三、运用法治推进社会管理创新的路径选择

(一)前提条件：牢固树立与社会管理创新相适应的法治理念

在社会管理创新的实践中，结合我国法治建设的现实状况，努力实现理念的创新。

1. 公平正义理念

要使社会成员能够按照规定的行为模式公平地实现权利和义务，并受到法律保护，实现社会成员之间的权利公平、机会公平、过程公开和结果公平。确保底线公平，实行最低保障、最低限度保护，并在发展的基础上逐步实现实质公平。

2. 民主参与理念

人民群众是社会管理的主体，社会管理创新为了群众，也要依靠群众。要保障群众的知情权、参与权、表达权和监督权。要依法规制自身的行为，培育社会组织，激发广大群众通过民主方式有序参与社会管理的热情。

3. 保障民生理念

民生就是全体公民都能享有充足的物质生活保障，享有良好的精神文化生活，实现生存权和发展权。要贯彻党的全心全意为人民服务的根本宗旨，使人民群众在社会生活中感受到权益得到保障。

（二）根本支撑：健全完善社会管理领域的有关立法

1. 流动人口方面的立法

我国在流动人口的管理法律中缺乏全国统一的管理标准，直接导致的结果就是存在地方性差异，各地有各自的管理标准，无法统一。应由全国人大或常委会制定一部统一的流动人口管理法，完善流动人口管理法律，规范管理行为。

2. 规制虚拟社会的立法

虽然我国出台了有关信息管理的法规，比如互联网电子公告服务管理规定，等等，但比较零散，不成体系。应尽快建立统一高效的协调机制，做到纵横向管理相结合，并对现有法规进行清理，制定统一的适用于网络管理的专门法律。

3. 两新组织管理方面的立法

对于新经济组织要着眼于维护劳动者的合法权益，加强对贯彻落实相关法律、法规的监督和检查。对新社会组织要注重登记管理和日常监管，严格执行社会团体登记管理条例，在深化对新社会组织规律性认识的基础上加强法律、法规建设。

（三）必然要求：依法规范行政，努力建设法治政府

各级政府在建设法治政府、推进依法行政、构建和谐社会的过程中肩负重任，只有以创新精神去建设法治体制、更新法治观念、完善法律制度、确立法律规则，才能完成法治建设的历史使命。现代社会更加强调的是一种民主管理，强调公众参与，社会管理本质上是对人的服务与管理，社会管理创新的关键词是以人为本。

当前，社会存在的一些矛盾纠纷、信访积案，很多都是因为政府不依法管理，管理越位、缺位、错位导致的。政府不仅仅是管理者，更是权力被监督者，被制约者，政府的管理和服务必须符合人民群众的整体利益，防止滥用公权力，损害群众的利益。依法行政是法治的关键环节，是法治国家对行政活动的基本要求。行政机关担负着80%以上法律、法规实施的任务。只有政府做到依法行政，才能预防和解决各种社会矛盾。

（四）切实保障：有效发挥司法的职能、功能和作用

司法机关行使司法权，本身就是维护社会秩序、实现社会公正的过程，也是直接参与社会管理的过程。

1. 发挥司法实施法律、法规的职能

加强和创新社会管理，应当发挥司法的权利救济功能。在中国特色社会主义法律体系形成后，法治建设的重点应当转移到法律的实施上来，发挥司法实施法律、法规的职能。公正高效权威廉洁地履行司法职能，依法救济权利，就是通过司法制度来实施的重要社会管理形式。

2. 发挥司法推动树立法治观念的功能

通过文明规范的司法活动，促使人民群众接受法治观念和意识，进而提高社会管理品质。通过严格依法裁判，使当事人及社会群众体会到法的价值。通过能动司法，弥补立法的缺陷和不足，弘扬法治精神。

3. 发挥司法保障权利救济的作用

在法律领域，人们的社会利益往往表现为各种权利。当权利受到侵害或者发生损失时，就需要司法予以救济。在其他救济渠道和救济方式不能奏效时，更应当通过司法途径来消除侵害，矫正权利的错误形态，恢复权利的正常状态，使之回归到法治正义的轨道上。

(五)重要渠道：建立健全公民依法表达诉求的机制

社会管理创新，最关键是要培养公民的法治意识和法治观念，按照法律的规定表达诉求。现阶段，我国社会管理面临前所未有的严峻挑战，现实生活中，还存在畏上、畏权、不畏法的情形。法治是社会管理的基础，公民是社会管理的重要参与者，公民法治意识越强烈、越成熟，其参与社会管理的主体作用就发挥得越充分到位。

加强和创新社会管理，培养公民法治意识，直接影响到社会管理创新的进程，决定着和谐社会建设的成败。随着经济的快速发展，我国利益诉求多元化已是不争的事实。利益表达机制是动态掌握民生的基本方式，也是法治型社会管理模式的基础。这就要求，必须完善人民群众的诉求表达机制，保障人民群众的知情权、参与权、表达权、监督权，最大限度地彰显善治根本要求，凸显公平正义的价值取向，贯彻以人为本和可持续发展的先进理念。

(六)得力措施：创新推动社会管理工作的相关制度

1. 创新社会管理纠纷解决制度

当前，社会纠纷具有单个主体的诉求中蕴含着不同阶层或群体的共同利益和诉求，社会纠纷及其解决方式可能牵动更多甚至是更大的社会纠纷，以法律形式表现出的冲突可能蕴含着其他更深层次的社会矛盾。因此，要针对不同的矛盾与纠纷，建立健全多元纠纷解决制度。按照矛盾与纠纷的性质和大小，通过不同层次的纠纷解决制度解决社会矛盾。

2. 创新社会管理监督制度

建立与社会管理体制相适应的党内监督、人大监督、政协监督、行政监督、司法监督和社会监督多元监督制度，使社会管理主体按照法定权限和程序行使管理权力，及时制止管理过程中的违法行为。健全问责制度和责任体系，对决策失误、违法行政、滥用职权、失职渎职等行为，依法追究有关领导和工作人员的责任，将监督和问责有机结合起来。

第 四 篇

基层社会管理创新理论与实践

基层社会管理创新的探索与思考

龚维斌[1]

近年来，基层在社会管理创新中的重要性越来越受到各级领导干部的重视，人们逐渐认识到基层社会管理是社会管理的重点，基层社会的社会管理水平和效果直接关系到社会管理的好坏。所谓基层社会管理，主要是指以乡镇（街道）和城乡社区为地域范围和载体的社会管理，包括乡镇（街道）以政府社会管理为主和城乡社区以居（村）民自治管理为主两个层次且管理模式有所差异的社会管理。各地在社会管理创新实践中探索很多有益的做法，积累了很多宝贵的经验，也形成了一些特色鲜明的“模式”。从各地的实践探索看，基层社会管理主要包括加强、改革和创新三个环节，其中的重点、难点和切入点是各地基层社会管理创新面临的共同问题。

---

① 龚维斌，国家行政学院社会和文化教研部主任、教授；研究方向：社会阶层与社会发展以及公共危机管理。

一、基层社会管理创新的做法

根据国家行政学院“加强和创新社会管理研究”重大课题在全国各地的实地调研和各地提供的基层社会管理创新案例，目前各地基层社会管理创新的做法主要有以下 8 个方面。

(一)强化公共服务

各地把为辖区居民提供和改善基本公共服务作为创新社会管理的前提条件和重要手段。基层公共服务包括就业、医疗卫生、教育、社会保障、社会救助、住房租购等方面，为基层群众提供民生保障和生活、工作服务。各级地方政府加大对民生和社会服务的投入，建立基层社区居民服务中心，使基层有钱为群众办实事，有人为群众解难事，有地方方便群众办事情。加大对困难家庭、残障人士、未成年人、流动人口、农村留守老人、留守妇女、留守儿童等群体的服务力度。对基层群众和特殊人群开展专业化服务和志愿服务。

(二)建设基层组织

基层组织包括基层党的组织、基层自治组织、社会组织等。党的基层组织是加强和创新基层社会管理的组织保证和重要力量，基层自治组织和各类社会组织是基层社会管理创新的主要组织形态和依靠力量。重庆等地在加强和改进基层党组织建设方面进行了诸多有益的探索，开展“万名大学生村官下基层”和“万名机关干部下基层”活动。北京、上海、深圳、广州等地改进社会组织发展和管理模式，探索建立枢纽型社会管理培育模式，建立社会组织培育孵化基地，利用政府购买公共服务发展社会组织，南通市崇川区大力培育社区社团，开展“百团大建”。

(三)改进工作方法

坚持以人为本、依法管理、综合施策的原则，改进工作方法。重视源头治理、多元治理，充分发挥人民调解、司法调解、行政调解等的作用，发挥道德约束、村规民约、厂规厂法、乡风民俗的作用，寓管理于服务之中，实行人性化和柔性化管理。利用专业社会工作方法进行公共服务和社会矛盾调处。发挥现代科技在社会管理中的作用，积极探索信息化和网格化管理方法。江苏省海门市利用视频会议系统开设远程矛盾调处和信息反馈，每天通过网络进行社会矛盾和纠纷排查“零”报告，编写社会问题和社会矛盾情况分析报告，保证第二天早晨上班时市里主要领导能够看到。还有一些地方通过开设视频信访，为信访人反映问题提供了便利渠道，节约了群众反映诉求和政府行政的成本，提高了行政效率，便于解决群众的问题。

(四)创新体制机制

一些城市探索区政府直管社区居委会，以减少管理层级，推进管理扁平化。具体来说就是撤销街道办事处，由区政府直接管理社区居委会，例如，贵州省贵阳市小河区、湖北省黄石市铁山区、安徽省铜陵市铜管山区等开展了这方面的探索；也有一些城市选择一个区的一个街道开展区政府直管居委会改革试点，如北京市石景山区鲁谷社区、南京市白下区淮海路街道、青岛市北区浮山后社区、上海浦东新区潍坊街道等。这些改革取得了一定的积极效果。在区街体制改革之外，各地都在积极探索如何进一步理顺街居关系，设立社区工作站，减少镇街对居(村)民自治组织的行政干预，减轻居委会和村委会的行政负担，强化居(村)民自治。各地社区工作站的性质和设置方式不尽相同，主要有“一站多居模式”、“合署办公模式”、“接受委托任务模式”等几种形式。

(五)整合基层资源

城市社区中分布和驻扎着各种单位和组织，这些单位与组织联系和服务各种不同的人群，掌握着各种各样的资源。如何有效调动这些单位和组织的积极性，挖掘它们的潜力、整合它们的资源，共同参与社区建设和发展，是一个重要的课题。一是以行政为主导改革街道社会管理体制，整合基层管理和服务资源，例如，广州市以“业务归并、人员整合、服务前移、管理落地”为主线，对街道机构、人员、职能、业务以及服务设施进行整合，并在具体实践中进一步形成了“大民生”、“大综治”、“大城管”的治理格局。二是培育民间组织，发挥它们联系广泛和服务便捷高效的优势。三是搭建平台，为驻区单位和组织提供参与管理和服务的平台。一些地方建立社区居民议事制度，由社区居委会主任、居委会专职社工带领，以社区片长、楼长、层长为骨干，设立“居民议事厅”，对社区事务进行协商、议事。

(六)使用专门人才

基层社会管理是一项技术性和艺术性、情感性很强的工作，既有普遍的规律，也有地域人文特色。因此，既要培养和使用专业的社会工作者队伍，发挥他们服务管理基层群众的专业性和技术性优势，同时也要充分挖掘和利用乡土基层社会管理人才的特长，利用他们熟悉当地文化和风土人情，熟悉基层社会、联系群众广泛的优势。深圳、广州、上海、江西等地积极发展专业社会工作者队伍，在基层单位设置专业社工岗位或者通过政府购买服务的方式提供公共服务管理。与此同时，不少地方注重发挥退休老干部、老劳动模范、老党员、老教师等社会贤达的作用。江苏省江阴市不少社区成立“夕阳红”爱心服务组织，海门市各乡镇(街道)普遍建立了“老娘舅”矛盾纠纷调解组织。

(七)推进基层民主

河北省肃宁县在建好村党支部和村委会的同时，设立村代会和村民监督委员会。村代会为常设性议事、决策机构，由村民代表组成，每5～15户推选1名村民代表，是村民参政、议政的主要平台。整合村务公开监督小组、村民理财小组职能，成立村民监督委员会，负责对村民管理进行监督。由此，形成了党支部领导、村代会决策、村委会执行、村民监督委员会监督的组织新架构。组织创新使改革开放以后分散的农民重新组织起来，行使当家做主的民主权利，农村工作好开展了，干群关系、村民关系更和谐了，农村社会更稳定了。近年来，成都市大力推进以“村民议事会”为核心的新型村级治理机制。通过成立村民议事会，将村民自治的决策权、执行权和监督权既相互分离又相互制衡，从而形成“村支部领导、议事会决策、村委会执行、监事会监督”的治理新模式，在真正意义上实现以民事民议、民权民定，村民享受公共服务更加均衡、更加充分，有效促进了基层矛盾化解，农村社会更加和谐稳定。

(八)重视思想文化

一是重视基层公共文化服务体系建设，城市社区普遍建立了图书室、阅览室、文化活动室，农村普遍建立农家书屋，搞起文化大院，组织各种群众文化活动：有的组织文化广场活动；有的组织歌咏比赛；有的组织秧歌排练；有的组织摄影、绘画等才艺展览；有的组织体育比赛。南通市崇川区近两年每年都组织开展“社区文化艺术节”、“社区社团风采节”、“社区体育节”。二是开展道德文明评比活动，开展精神文明创建，努力形成共同的价值追求。三是开展志愿活动，让人们在服务他人的过程中体验助人的乐趣和团结的力量。四是开展心理咨询和心理辅导，很多社区建立了心理咨询室，配备专业咨询师。

二、基层社会管理创新的经验

各地基层社会管理创新的成功经验表明，社会管理不是一项“单打一”的工作，需要统筹兼顾，理顺各种关系，发挥多种力量的作用，改革和完善体制机制，多方面协调利益关系，从源头和根本上减少矛盾，减少社会冲突，增强基层活力和凝聚力，全面促进基层社会和谐稳定。

(一)统筹服务与管理

“寓管理于服务之中”的理念已经逐渐深入人心，而且逐步落实到基层社会管理实践创新之中。基层社会管理中的“服务为先”理念体现在4点。一是加大为社区居民服务的工作力度，着眼于方便社区群众，改进服务方式，建立社区家政服务中心、政务服务中心，开展“为老”、“为小”爱心服务。二是加大资源投入力度，在社区街道建立“爱心超市”，建设社区文化娱乐活动中心，为基层群众交流、娱乐提供公共平台。三是改善对外来人口的服务和管理，建立外来人口活动之家，为外来人口子女教育、家庭生活提供帮助和服务，一些地方还从外来农民工中选出代表参与基层社区管理；一些乡村利用群体性社团组织、志愿组织等力量，开展对农村留守老人、留守妇女、留守儿童的帮助和服务。四是改进对社区矫正人员、吸毒人员、劳改释放人员、有不良行为的闲散青少年的帮教工作，在掌握他们的基本信息和活动轨迹，定期组织他们学习、劳动的同时，帮助他们解决工作和生活中的实际困难，开展心理咨询和心理辅导，帮助他们树立正确的人生观、价值观、世界观，培养其劳动技能和生活技能，帮助其树立生活信心。这些统筹服务与管理的措施取得了良好的社会管理效果。

(二)统筹民生与民主

党的十七大以来，各地加快以改善民生为重点的社会建设，就业、教育、医疗卫生、住房、社会保障等问题得到前所未有的重视，民生事业得到了长足的发展和进步，老百姓的衣、食、住、行水平和质量得到了较大提高。但是，在民生改善的过程中，与民生有关的社会问题、社会矛盾却屡屡发生。究其原因，解决民生问题需要有充足的财力作保障，但是大部分地区财力有限，因此要分清轻重缓急，分步骤解决不同领域的民生问题，按照不同的优先投入顺序，有些领域的民生问题先解决，有些领域的民生只能后解决；有些人群先解决，有些人群后解决。如何让民生决策科学合理，使民生政策得到绝大多数利益相关群众的理解和支持，这就不是民生政策本身所能解决的。一些地方领导把民主和民生结合起来，以民主促民生，在加强党的基层组织建设的同时，扎实开展村民自治、居民自治，落实村(居)民民主选举、民主决策、民主管理、民主监督的权利，让群众参与民生问题的讨论，发动群众献计献策。群众参与民生政策制定，既是集中民智、优化决策的过程，也是保证民生政策得到群众理解和支持的途径。群众参与决策过程有利于他们全面、准确地了解真实情况，理解决策背后的各种因素和决策者的苦衷。了解了决策者的难处后，有些事情一时办不到，群众也会理解。民主和民生的结合避免了领导干部替民做主，好心办了好事得不到群众理解和认可的尴尬局面。随着社会需求结构的变化，人民群众的民主意识会越来越强烈，因此，民主是改善民生的重要保障，也是推进社会管理的重要举措。

(三)统筹德治与法治

“礼法融合”一直是我国历史上社会管理的重要经验。现代社会管理也需要把德治与法治结合起来，在运用法律规范公共权力、保护公民权利的同时，发挥思想道德的教化作用，既注重对行为的管理，也注重对人心的管理。近年来，一些地方在社会管理创新实践中，一方面，注重加强政府自身建设，严格依法办事、依法行政，用法律规范和约束公职人员的行为，保障人民群众的合法权益；另一方面，加强对普通群众的普法教育，教育群众遵纪守法，履行公民义务，做合法的公民，引导群众依法维护自己的权益，依法有序表达利益诉求、参与公共事务。在推进依法进行社会管理的同时，各地十分重视思想道德在社会管理中的重要作用，在居民和农村村民中倡导文明新风，进行文明户、文明村(镇)和“好人好事”评选，树立道德榜样，从儿童和青少年抓起，教育和引导形成开放包容、民主平等、互助友爱的价值观，努力形成正确的是非、善恶、美丑观念、努力形成健康向上的精神风貌。

(四)统筹维权与维稳

过去相当长一段时间，人们普遍认为社会管理就是社会控制，维护社会稳定就是管、控、压、罚，限制人们的自由，规定这不许、那不许。在这种消极维稳观的指导下，一些干部往往以不出事为目的，注重事后管控，不太注意事先预防和源头治理。随着社会的开放进步，越来越多的领导干部深刻认识到，维护好群众的合法权益，是实现社会长治久安的根本所在。当前，最重要就是要尊重和维护群众的知情权、参与权、表达权、监督权。不少地方积极探索开拓居民诉求表达渠道，畅通民意反映机制，发挥工会、共青团、妇联等各类人民团体在维护居民和职工权益中的重要作用。人民群众合法权利的维护和实现，是实现社会和谐稳定的重要保障，也是激发社会活力，推进社会发展进步的重要保障。

(五)统筹政府与社会

社会管理说到底是包括政府在内的多种社会主体对社会事务、社会关系的服务、调节、监控和管理。因此，社会管理既需要加强和改善政府的社会管理，同时也要扩大和改进政府之外的多种社会主体的社会管理。长期以来，我国国家和社会不分、政府和社会不分，党政包办和代替社会，行政吸纳社会，包揽事务过多，越位、缺位、借位现象十分普遍，管了很多不该管、管不了、管不好的事务，社会管理效率低下，造成社会萎缩，发育不良。随着改革开放的深入，人们越来越清醒地认识到，政府不是万能的，也不能是万能的，现代社会需要大力发展社会组织，建设公民社会，与政府共同承担起服务和管理社会的重任。不少地方改革镇街体制、街居体制，政府做该做的事，扩大居(村)民自治，让群众真正享有自我管理、自我服务、自我监督的民主权利，让各类社会组织成为真正意义上的社会组织，有能力承担政府转移的一些社会管理责任。

(六)统筹体制与方法

很多地方基层探索把改革完善社会管理体制机制与创新社会管理方式方法结合起来，统筹体制改革和方法创新，取得了很好的社会管理效果。一定的社会管理体制决定了社会管理方法可以发挥作用的范围和幅度，而恰当的社会管理方法则可以放大科学合理社会管理体制的积极作用。很多地方改革街居、镇村体制的同时，探索注重发挥传统资源和传统文化在社会管理中的作用，利用乡土人情资源开展公共服务和社会管理，改善干群、邻里关系，化解社会矛盾；利用现代科技手段采集社会管理基础信息，方便沟通联络，缩短办事、交流时间，提高社会管理效率；研究新形势下群众工作的新要求、新特点，用群众工作推进社会管理。

(七)统筹社区与单位

在人口流动和社会流动不断加大的今天，过去的熟人社会越来越成为一个陌生的社会，原来通过单位组织和连接起来的社会越来越成为原子化的社会，城镇新建小区不断增多，小区居民来自四面八方，互不认识、互不往来，他们彼此隔离，只是生活在一个共同的地域范围之内，并没有强烈的归属感和认同感，社区的社会联系淡漠，社会资源难以转化为社会资本，不利于个人生活服务和精神家园的建设，也不利于和谐社区的建设。近年来，在各级地方党政部门的领导下，特别是在民政部门的直接推动下，城乡社区建设取得了不小的成绩。但是，仅有社区建设和社区社会管理是不够的，因为绝大多数成年人口是工作甚至生活在各种企事业单位中，既有国有企事业单位，更有各类非公有制企业，单位也是社会管理的重要主体和载体，单位社会管理状况的好坏直接影响着社会管理的水平和效果。因此，社会管理也需要注重单位的社会管理，强化单位的社会管理责任，一方面要促使单位很好地维护职工的合法权益，构建和谐劳动关系；另一方面，要鼓励和支持单位参与社区建设，为社区服务管理贡献力量。

三、进一步推进基层社会管理创新的思考

各地基层社会管理创新的实践经验表明，多元参与，统筹兼顾，源头治理，多策并举，是基层社会管理创新取得良好效果的保证。为了进一步推进基层社会管理创新工作，实现基层社会管理创新工作的可持续发展，取得更加明确的成效，需要在以下几个方面进一步下工夫。

(一)加强社会建设，创新社会管理

社会建设是社会管理的前提和基础，社会管理是社会建设的重要保

证和必然要求，两者既有一定的区别也有必然的联系。也可以把社会管理看作社会建设的一个部分，在社会建设中谋划和推进社会管理。社会建设至少应包括五个方面。一是建设民生。要大力发展社会事业，促进基本公共服务均等化，千方百计解决好就业、教育、医疗、社会保障、住房、收入分配等与老百姓工作生活息息相关的问题。二是建设社会。发展社会组织，特别是要大力发展公益类、经济类、慈善类、社区性社会组织，规范和引导各类社会组织积极履行社会责任，参与社会服务和管理。三是建设社区。要加强城乡社区建设，因地制宜、分类施策，整合社区资源，平等对待各类居民，强化驻区居民意识，扩大社区居民参与，加强社区居民自我管理、自我服务，建设人们共同生活的和谐美好家园。四是建设结构。要畅通社会流动渠道，培育和壮大中产阶层，调整和优化社会结构。要妥善协调各方面利益关系，着力缩小城乡、地区和群体之间的收入差距。五是建设规范。要加强社会基础设施建设，大力倡导先进文化，加强基层群众文化工作，加强社会规范体系建设，加强法制和道德教育，树立社会主义核心价值观。

(二)改革管理模式，促进社会自治

现代社会管理的本质是多元治理，基层社会管理也是如此。计划经济时期，我们习惯于由党政包揽一切，国家力量十分强大，社会空间狭小，只见“国家”，不见“社会”。随着社会开放程度越来越高，社会流动越来越快，社会阶层越来越多元化，社会需求越来越多样化，需要由国家、市场和社会等多种力量、多种主体共同参与社会服务管理，以满足日益多样化、差别化、个性化的社会需求。由于传统体制下，政府掌握着各种主要资源，社会力量弱小，无法独立承担自我管理、自我服务的自治功能，也无法承担政府转移的公共服务和社会管理职能。因此，基层社会管理创新的首要任务是加快政府行政体制改革和政府职能转变的步伐，培育多种社会力量，强化企事业单位社会管理的责任，畅通和拓宽公民参与社会管理的渠道，提高社会自治能力和水平，实现多元治理、共建共享。

(三)立足公平正义，维护群众权益

公平正义是社会管理的价值准则，是衡量一切社会管理手段和措施合理性和合法性的价值尺度。公平正义与群众合法权益的维护密不可分，维护群众合法权益是公平正义的体现。当前，群众反映比较强烈的公平正义问题有收入分配公平、教育公平、城乡居民公民身份平等、司法公正等问题。实现公平正义和维护群众权益，一方面需要领导干部树立正确的执政理念；另一方面需要建立科学合理的体制机制。在体制机制方面，一是要畅通诉求表达渠道；二是要建立公众参与公共事务的机制；三是要建立科学民主的政府决策机制；四是要严格依法行政。要防止强势群体在公共政策制定中影响过大，要扩大弱势群体在公共政策制定中的发言权。在基层社会管理中，要妥善处理好精英群体与普通群体的利益关系，要特别注意保护弱势群体的权益，要对困难群体给予一定的倾斜保护；要妥善处理好本地人口与外来人口的利益关系，逐步解决因为户籍身份等造成的经济、社会、政治不平等，注意解决好外来人口在就业服务、子女教育、住房租购、医疗卫生、社会救助、社会保障等方面的困难，创造条件促进外来人口的社区融入。

(四)掌握基层信息，整合管理资源

准确的信息是社会管理的前提和基础。由于基层单位特别是城市社区中人口成分复杂、流动性强，单位众多，一直以来社区的人口信息、住房信息一是不健全；二是被各种机制单位所分割，既不全面也没有实现互联互通。信息不全、不准影响了基层社会管理决策的准确性，影响了基层社会服务的针对性和有效性，也不利于基层社会管理资源的整合和充分有效利用。一是要建立社区人口基础信息库，覆盖常住人口和流动人口，动态监测、及时更新，使劳动就业、社会保障、社会救助、治安管理、房屋租购、计划生育等方面的信息能够联网共享，避免多头采集、重复采集、互相分割。二是要利用现代科技信息手段，加强对基层道路、街面、重点区域和重点部位进行实时监控。三是要合理规划、调整和整合基层社会管理资源，使之有序衔接、相互配合，做到资源效用最大化。

(五)坚持因地制宜，实行差异管理

各地情况千差万别，城乡之间、地区之间、城市之间、乡村之间的情况都不相同。在城市社区要建设好社区居民委员会，妥善处理好街道政府机构与居委会的关系，减少居委会承担的过多行政性事务，引导居委会加强居民自治，为充分发挥居委会的自治作用创造条件。要理顺驻区单位的关系，调动驻区企事业单位、物业公司、群团组织、社会组织、业主委员会等各方面的力量，构建各个方面力量参与社区服务管理的平台。在城乡结合部，要注重改善住房、环境卫生、道路交通等生活条件，加强对外来人口的权益保护，提升公共服务水平和质量，创造和谐稳定的工作和生活环境。在城市社区要鼓励和支持使用专业社会工作者，充分利用市场、社会组织承接政府转移的服务和管理职能，实行政府购买公共服务。在农村，要加强农业基层组织建设，加强农村基本公共服务基础设施建设，解决农业人口大量外流以及发展现代农业所需要的公共服务难题，让农民重新组织起来，开展农村文化活动，解决好农村留守老人、留守妇女、留守儿童问题。

(六)完善政绩考核，改进群众工作

对于基层社会管理，要发挥党和政府的主导作用，要发挥党委和政府部门的规划、组织、引导、体制机制改革、方法创新和资源整合的作用，党委和政府要站好位、尽到责，做好该做的事，不缺位、不错位、不越位，恪尽职守，注意培育和引导各方面力量共同参与社会管理服务创新。加强党政部门在基层社会管理中的作用，最重要的是转变各级领导干部的理念，要真正使各级干部把加强和创新社会管理作为一个自觉的行动，以科学发展观为指导，研究基层社会管理的思路和办法。毛主席曾经说过“正确的路线确定以后，干部就是决定因素。”现代社会管理的本质是做好新时期的群众工作，要以群众工作推进基层社会管理。因此，要研究制定符合科学发展观和建设和谐社会要求的社会管理政绩考核体系和办法。以基层社会管理政绩考核办法为抓手，切实转变领导干部的执政理念和思路，带着对人民群众的深厚感情做好群众工作，改善和密切党群、干群关系，为构建和谐社区、和谐村镇奠定坚实的基础。

利益分化与居民参与：转型期中国城市基层社会管理困境及其理论转向

王　星①

一、问题的引出

改革开放以来，针对城市基层社会管理体制从单位化逐渐向社会化的转型，学界主要是用"国家—社会"理论框架进行研究的。这些研究偏爱揭示国家权力与社会力量之间的博弈图景：国家政治权力是如何在城市基层社会里维持基层政权的稳定与社会秩序的？即试图探寻在单位社会解体后，在缺乏中介组织的陌生人社区里，国家与社会互动背后的权力逻辑。不过，同一理论框架下却形成了两种不同的判断：一派认为在社区自治过程中，国家其实从未(也不可能)退场，只是改变了控制社会的策略——从单位社会时期的一统控制转向国家"择机介入"。这种新治理术使国家在基层社会管理转型过程中保持了较强的自

① 王星，南开大学社会工作与社会政策系副教授；研究方向：经济社会学、社会政策。
本文为天津市政府2011年决策咨询重点课题"天津市滨海新区社会管理体制创新及运行机制研究"阶段性成果，文章发表于《社会学研究》，2012年第2期。

主能力，成功地使城市基层政权与国家整体政权体制保持着高度一致；另一派则基于当下中国城市基层社会中大量的业主集体维权行动事件，认为这不但是基层社会成员自治力的体现，且也是其“民主意识”觉醒的征兆。所以，他们的判断是，居民自选的业主委员会在形塑国家权力作用形式的同时，也成为中国社会实现基层民主的现实路径。

笔者看来，两派关于国家社会治理术及其前景的争论，实质上关注的是同一个问题，即居民参与在城市基层社会管理中的政治意涵。这与早先学界对农村村民自治讨论有异曲同工之处。但就行动参与而言，农村的村民自治与城市基层社区自治之间存在着很大的不同：首先是参与动机与目标上，前者参与重视村干部选举，期望通过政治权力来改变经济社会利益配置格局；后者却普遍存在着所谓的“政治冷漠”，更关注自身居住环境及生活福利的改善。其次在自治参与的社会基础上，前者是在乡村熟人社会的基础上展开的；而后者则更多是在商品房社区组成的陌生人社会中进行的。最后在影响社会管理政策输出机制上，前者多寄希望于村干部选举，通过政治权力配置来影响政策；但后者对政治性选举并不热心，他们影响政策输出的机制更为多样化和社会化。正是基于上述特征，有学者认为中国乡村的村民参与倾向于一种“政治参与”，而城市基层社会的居民参与则属于一种“社会参与”①。

当然，在中国城市基层社会管理制度变迁过程中(单位制—街居制—社区制)，各方行动者之间的互动是我们无法回避的事实。但我们不应该只偏重其中的政治维度，而忽略了其中丰富的经济社会利益内涵。有学者已经指出，在利益格局改革的背景下，国家对基层社会的实际控制力和动员意愿也已经减弱。社区建设运动正使得居民委员会逐渐成为一个服务性组织而非控制性工具。可以说，在现代社区管理实践中，国家“控制”与“社会抗争”之间的策略行动虽存在，但已经让位于所谓的生活政治②——正式的政

---

① 当然这种划分属于理论化的处理，实际中并非完全如此界限分明。而且社会参与某种意义上能够起到培养政治参与动机，以及为政治参与积累经验等功能。

② 吉登斯将社会政治划分为解放政治与生活政治两种类型。解放政治包含两个主要的因素：“一个是力图打破过去的枷锁，是一种面向未来的改造态度；另一个是力图克服某些个人或群体支配另一些个人或群体的非合法性统治。”相对于解放政治关注的是生活机会(life chances)而言，生活政治关注的是生活决定(life decisions)。它所关注的问题是：如何重建社会团结以及如何对生态问题做出反应等。本文借用生活政治，主要是指不同参与者如何建构基层社会团结的行动。

治参与活动已经逐渐退位，围绕个体性事务及利益诉求而产生的社会行动成为其中的主要议题。因此可以说，与居民日常生活息息相关的资源配置和利益格局重构才是关系到城市基层社会管理成效的关键。

基于此，在本研究中，笔者引入利益分化概念以期能进一步完善城市基层社会研究的理论框架。众所周知，“行政整合过度与社区自治能力不足”是城市基层社会管理面临的现实困境。但本文中，笔者想进一步追问，在基层社会利益分化与管理制度转型过程中，国家行政过度整合的内涵是否发生了改变？社区自治能力不足背后除了国家控制过甚外，基层社会治理参与主体之间的利益分化是否是其中更深动因呢？笔者以为，在我们进行城市基层社会管理创新的过程中，有两个事实是必须正视的。一是“国家”的制度化行政管理网络内部并非铁板一块，而是存在着利益分化的。这增加了行政管理部门之间的协调成本，同时也使管理主体之间产生了行动不一致。二是“社会”的居民或居民自治组织也并非是完全团结的，相互之间也存在着利益分化，甚至是不可调和的利益冲突。换言之，不同行动主体间的利益分化是影响基层社会秩序建构的核心变量，达成新的利益协调机制共识是城市基层社会有效管理的根本出路。

本文选择发生在天津市 M 商品小区的两个故事为案例，方法是访谈法和参与观察法，因为笔者曾经居住在此小区中，这为笔者的参与观察提供了便利。笔者相信，这两个围绕社区居民生活而产生的纠纷在全国大部分商品房小区里都会发生。遵循学术惯例，在故事讲述过程中，笔者将使用编码代替被访问者。

二、理论解释框架：利益分化与城市基层社会秩序建构

经济社会体制的改革与转型实质上是利益关系的调整与再组。在国家退场，逐渐释放市场力量的过程中，中国社会利益结构与关系都日益分化。利益结构的分化主要表现为：宏观上，出现体制内与体制外利益结构，以及强势利益阶层与弱势利益阶层；微观上，从“以公代私”的国家（集体/单位）单一主体转化为多元化利益主体。利益关系的分化主要

表现为：个人利益，部门利益，以及公共利益之间的互动(冲突)日益频繁。社会利益分化带来了两个关键影响：首先是社会自治需求与力量的增长，新社会势力对原有的经济、社会及政治的参与机制形成了压力；其次是导致社会整合机制需要重构，一元化行政性整合逐渐无法适应社会利益分化的格局，多元化的协调性整合机制建构成为未来的方向。

社会整体的利益分化同样也投射到城市基层社会之中。在利益结构上，城市基层社会的利益主体已经多元化，也对利益关系协调机制提出了新的要求。根据行动者与社区利益相关类型的不同，笔者将城市基层社会管理的参与主体划分生计型参与者和权责型参与者两大类。生计型参与者是指利益直接嵌入在基层社会之中的行动者(个人和组织)，主要包括社区居民，居民自治组织业主委员会，社区公共服务提供者物业公司，提供社区居民日常必需服务的企业组织，比如供热站、自来水公司、供电局等，以及其他便民服务提供者，如超市、银行等机构。权责型参与者主要是指那些基于职业分工而非生计依赖目的而参与基层社区管理的行动者，如区级政府职能部门，街道办事处，公共设施维护部门，如环卫、道桥建设部门等。作为一个重要的参与主体，中国基层社会管理中的居委会角色比较特殊：一方面居委会在空间上多在社区内部，而且“指导、监督及建议等”管理工作又需要获得社区居民的参与和认同，才能顺利地完成自上而下交代的行政性事务；另一方面又被实质认定为是政府的延伸和派出机构，承担大量的行政性事务，其行动资源主要来自于行政拨付和授权。在所谓的“压力型(政治)体系”中，对于行政性事务完成如何是影响居委会利益获取的重要变量。因此本文将居委会组织界定为权责型参与者。

表 1　城市基层社会参与主体利益分化表

		利益分化	行　动
生计型参与者	社区居民	社区公共利益 私人利益	邻里政治
	业主委员会	社区公共利益 派系利益	自治性行动 动员困境
	物业公司等企业机构	居民利益 公司经济利益	盈利价值取向的行动

续表

		利益分化	行　动
权责型参与者	居委会	居委会生存与发展的资源 社区居民利益	类行政整合行动 认同困境
	街道办事处	社会公共利益 部门利益 管理与协调成本	行政整合 部门内部性上级问责
	区级政府职能部门	社会公共利益 部门利益	行政整合 政权内卷化

注释：①部门内部性，是指公共机构尤其政府部门及其官员追求自身的组织目标或自身利益而非公共利益或社会福利的现象。②政权内卷化，是杜赞奇在研究中国华北农村时提出的概念，意指国家政权扩展过程中，国家却不享有扩张带来的收益(利益被代表国家政权的经纪人获得)。

学界的经验研究已证明，在城市基层社会管理中，社区自治的“三驾马车”，物业公司、街道办事处，以及部分区政府职能部门是核心参与主体，相关的利益矛盾与冲突基本上集中在这些主体之间。因此本文关注的参与主体也是它们，其利益分化情况可见表1。

由表1可知，在中国城市基层社区中，生计型参与者与权责型参与者之间的利益分化差异主要表现在：前者以社区公共利益与居民个人利益之间冲突为主；而后者则涉及公共利益与政府部门内部性之间的均衡。利益分化意味着社会角色需要重新定位，原来维持社会秩序的制度共识遭到挑战，利益主体之间需要再次进入讨价还价的过程。对于生计型参与者而言，自主协商是主要的利益协调机制。不过一旦自主协调机制无效，就需要引入外界干预机制进行利益协调。在查尔斯·泰勒看来，起码需要两个机制才能维持利益分化社会的有序性：一是市场机制，根据各利益主体之间的利益优势之差选择资源配置流向，并由规则和妥协达到互惠的协定；二是公共领域，通过公共媒体交换各利益主体之间的意见、削弱对抗和冲突，减小差异性达成共识，由此达到社会化和政策创建的统一。

在目前中国城市基层社会管理制度框架下，外界干预机制通常有两种：一是市场机制，即通过市场交换行为来达成新的利益配置格局。如社区业主可以重新选择其他物业公司等生计型组织来提供公共服务；二是公权力机制，以居委会、街道办事处以及区级政府的职能部门等权责型参与者为主要行动主体。公权力介入是维护基层社会秩序的关键整合机制，但由于利益分化往往使权责型参与者会“择机介入”：如果介入行动是基于公共利益，那么基层社会的有序性能够得到维护；如果介入行动是基于部门利益的考量，那么会积压基层社会中的利益矛盾，带来基层社会管理缺失，影响基层社会团结。

三、城市基层社会的团结谜题：两个居民参与故事的分析

团结是社会的一种有序状态。埃米尔·迪尔凯姆认为，所有社会的团结均源自于友爱互助的团结感，这是一种内在的道德力量。但这种道德力量需要社会制度的支持才能有效协调社会利益冲突与矛盾，维持社会团结。传统社会的机械团结依赖的是“集体意识”和“压制性制裁”，制度基础是家族和权力国家。而现代社会的有机团结是基于“关系系统”（社会分工形成的互赖关系）和“义务之网”形成的，制度基础是由契约、法律及职业责任构成的“公共制度”。迪尔凯姆认为，在从传统社会向现代社会过渡的过程中，是社会利益冲突最多，社会最易失范的时候。因为此时维护机械团结的“经验之源”不在，而支撑有机团结的“公共制度”尚未确立。

对于中国城市基层社会而言，单位制时期，基层社会的团结类似于迪尔凯姆笔下的机械团结。作为利益协调机制的市场制度被消灭，基层社会的利益需求一元化——均指向国家。全能型国家通过意识形态控制，福利普惠性，等级供给制以及党群团体、军队以及国营企事业单位等制度安排成功地将社会利益整合进国家体制内，制造了基层社会的团结①。可是在社会利益多元分化的情况下，问题就复杂多了。M小区的两个故事就体现了利益分化背景下实现基层社会团结的复杂性。

① 当然对于少数无工作的家庭妇女、老人和青少年，则辅以街居制加以管理。

M小区是2008年5月建成入住的商品房小区，共有74栋楼，1 698户。该小区位于天津市河东区与东丽区交界处，不算是城乡结合部，但由于距离城市商业中心较远，所以小区购房者即使身份多样，但多为自住购房者，到2009年年底小区入住率已经高达95%左右。理论上来说，自住比例高，居民间的利益一致性程度也应该是较高的。可事实并非如此，小区空间布局成为居民之间利益分化的制造者之一。

在空间布局上，M小区全部是五层的“花园洋房”，其中一楼赠送面积在25平方米左右的小院，顶楼赠送面积在10平方米左右的露台。由于所赠送面积不算产权面积，所以尽管在开盘时，一楼与顶楼的房屋售价比其他楼层每平方米均价高出1 100元左右(一楼约高1 200元/平方米，顶楼约高1 000元/平方米)，但依然非常受购房者欢迎。在M小区，赠送小院的一楼和赠送露台的五楼住户共有712户，占全部住户的42%。正是这种空间布局及其附着其上的不同利益为日后小区管理中的冲突埋下了伏笔。

在小区管理结构上，M小区从2008年大量业主入住后，相关机构也逐渐建立了。就生计型参与者而言，M小区的物业是开发商自行注册成立的物业公司，所以开发商前期委托的物业管理也延续到了小区开发完成之后。到2009年10月，M小区在二号桥街道办行政干预下成立了业主委员会①。在其他生活服务提供者中，与居民切身利益关联最密切的是供热站。与超市、银行、干洗店等竞争型服务提供者不同，供热公司具有准垄断性。尽管供热站与居民之间本质上属于市场交易关系，但由于没有竞争者，市场协调机制往往会失效。一旦发生利益冲突，双方讨价还价的地位是不一致的，权责型参与者介入则非常重要，其行政效率将会直接影响社区里居民的利益获得。在权责型参与者方面，M小区属于社区制管理，由权责型参与者组成的行政管理网络基本与大多数中国商品房小区并无二致。2010年年初，在街道办社区工作科的指导下，M小区成立了居委会。由此，到2010年5月，M小区基本上形成了居委会、业主委员会、物业公司三位一体的自治管理格局。当然，

① M小区并没有按照2002年颁布的《天津市物业管理条例》相关规定，在出售建筑面积达50%以上(或业主入住率达50%以上或首位业主实际入住达两年以上)时召开业主大会，成立业主委员会。

在下面的故事中，我们发现，因为内部利益分化，以及外部资源支持等原因，这种三位一体的自治结构管理效果并不理想。

故事(一)：利益是如何凝聚的？——M社区一次集体行动的过程观察

在北方，供热问题是关系到社区居民生活福利的重要问题，由供热问题引发的利益冲突与社会群体性事件的例子很多(比如2011年1月22日，吉林省蛟河市发生因供热问题引起围攻市政府的群体性事件)。具体而言，这其中涉及两点：一是供热价格，一般是政府听证定价，居民按照政府部门的定价直接向供热站购买；二是供热质量，主要是室内温度是否达标的问题[①]。与北方大部分小区一样，M小区供热纠纷也主要集中在供热质量之上。

M小区供热采用的地下水循环供热，即通过打深井抽取温度在14℃左右的地下水，通过压缩机做功，瞬间将水温提高到55℃～70℃。使用过的低温地下水重新回流地下，待其循环吸收热量后，再次利用。这种供热的优点是只取热，不耗水，节能环保。但是必须将抽取的地下水回流以防止形成地下水空洞(所以暖气中的水一般不添加染色剂)。M小区供热纠纷始于2008年采暖期，有部分已经入住的业主反映温度不达标，但并没有引起业主们的集体行动。一方面因为当时大部分业主的房屋处于装修期或装修后的空置期；另一方面也因为供热站的误导。

“当时我们也找过供热站，供热站说因为住的人少，你家的楼上楼下可能没有开供暖阀门(M小区是地暖，所以楼上楼下是否开供暖阀门对房间温度有一定影响)，另外他们说这是新小区，供暖管道里可能有脏东西，导致供热循环不好。供热站这么一说，我们也就信了。”(居民访谈记录，2010年12月3日)。

由于2008年小区供暖处于保修期，部分温度不达标的住户主要是通过开发商来解决，如从暖气里放水冲掉管道里的脏东西。等到了2009年冬季，随着入住率的提升，M小区的供热纠纷则集中爆发了。

---

① 根据2004年6月修订颁布的《天津市集中供热管理条例》(2010年6月，再次修订为《天津市供热用热条例》)规定，供热期内，居民用热户安装供热设施的卧室、起居室(厅)温度应当不低于18℃。如果发生供热温度不达标的情况，供热单位要在24小时内解决，超过24小时，要给予规定比例的退费。

供热温度不达标的住户主要集中于顶楼和把边的住户，M小区顶楼住户共有306户，把边住户在118户左右，“其他楼层的很多住户温度尚可，但并不暖和”(物业公司经理W访谈记录，2010年12月3日)。可是，在这些住户找到供热站的时候，则出现了“踢皮球”的管理缺失，居民利益得不到保障的问题。

“由于房屋供暖处于保修期，供热站说这是开发商管道建设有问题，而我们找物业公司协调开发商时，人家是有工程验收合格证的。物业公司说，他们也没办法，只能继续去住户家放暖气里的水(把管道里阻碍热循环的脏东西放出来，加速水循环，从而提高温度)。”(居民访谈记录，2010年12月3日)。

对M小区的居民来说，其制度化的利益表达渠道是科层等级性的：先供热单位，后是区供热办，最后是市供热办①。另外关于供热问题，还有两种利益协调方式：一是政府供热主管部门的随机抽查；二是一年举行两次的供热问题大接访，以权责型参与者为主②。但在行动实践中，M小区居民是多管齐下：一方面迁怒于物业公司，拒交物业费。此举将物业公司拉入到利益冲突之中，更激化了物业公司与供热站之间本已经存在的矛盾。同时采用投诉、上访等途径。不过在冲突初期，居民之间并没有联合，多采用个体抗争的手段：一是因为居民不知道问题在哪里，没有明确的抗争目标使居民之间产生了认知误差，阻碍了联合；二是因为居民依然寄希望于权责型参与者组成的制度化利益协调机制。直到有件事，改变了整个行动的态势。

2010年1月初，小区布告栏上出现了一张匿名大字报。主要内容有两点：一是小区供热站将部分热水卖掉，谋取私利，导致供热温度不达标；二是供热站卖水行为会使地下水流失，地面沉降从而威胁到小区的楼体安全。这张大字报整整在小区布告栏里张贴了十余天。由于布告栏位于小区保安岗亭边上，属于物业公司雇用的保安人员阻止任何人撕毁大字报。大字报让物业公司成功脱身，使利益冲突的焦点集中到供热

① 即使有些居民直接反映到市供热办，但解决的程序也是科层性的：由市供热办将问题交给区供热办，然后再由区供热办调查确证后，责令改正。

② 主要包括住建部门，市供热办主要负责人，区(县)政府主管供热的副区(县)长，供热办主任等。

站上。同时，大字报更重要的功能在于将居民的个人利益成功地转化为社区居民的集体利益。但是对 M 小区居民来说，这个时候，供热矛盾已变得次要了，楼体安全成为引发集体行动的真正导火索。由此，一场集体行动被动员起来了。M 小区居民集体行动有两种方式：一是部分居民在路上堵截运水车辆，并拍照留证据。此举造成了严重的交通拥堵，扩大了事件影响；二是到区住建部门、国土资源部门，以及供热办集体上访。随后，政府相关权责型参与者介入，将供热站的卖水管道用电焊焊死，禁止其卖水行为。同时责令供热站向温度不达标居民退回部分采暖费。M 小区集体行动随后也就停止了。

不过，M 小区依然有很多居民家里的供暖温度不达标。居民与供热站之间的利益纠纷重新又回到了碎片化的抗争阶段。

“我们卖水肯定是不对的，不过就这样(停止卖水后)，我们每天至少流失 60 吨的水，没办法，小区里很多人放水用，管不住，也没人管。我们也不想这样，给老百姓退费，我们损失更大。”(供热站 S 经理访谈记录，2010 年 12 月 4 日)

按照《天津市供热用热条例》第四十三条规定，用热户偷放暖气中的水，则“由区、县供热办公室责令限期改正；逾期不改正的，处 500 元以上、3000 元以下罚款”。供热站自身没有执法权，只能汇报给供热行政主管部门。但在实际执行中，供热办公室的执法难度和成本比较高。M 小区供热问题直到 2010 年供暖季才有所好转。

“我们自己花钱建了一个蓄水池，一旦发现水量减少，及时使用蓄水池中的温水进行补充，而不是像以前那样直接使用冷水补充。”(供热站 S 经理访谈记录，2010 年 12 月 3 日)。

在北方城市里，集中供热一般都是政府统一规划、指导及管理，以社会化方式经营。在与单个居民之间的直接利益冲突中，显然，M 小区供热站处于强势地位。居民联合起来的集体行动把事情闹大后，权责型参与者的介入改变了整个斗争格局，但并没有彻底解决问题。M 小区的集体行动事件给予我们这样的启示。

①集体行动的动员困境不在于所谓的“成本约束”，而在于行动者能否克服利益分化而实现利益凝聚。正如资源动员理论所言的，“符号及认知”是集体行动重要的微观动员条件，不过 M 小区的集体行动证明，

“符号或认知”并不只是意识形态和态度，让行动者认识到彼此之间的利益一致性才是集体行动动员的关键因素。

②在城市基层社区中，生计型参与者之间在地位与利益需求上是存在分化的，权责型参与者的介入是影响对于基层社会有序管理的重要变量。不过M小区的集体行动也告诉我们，权责型参与的介入程度与方式会直接影响到基层社会管理的效果。

故事(二)：M小区居民间利益冲突事件背后的逻辑

故事(一)为我们刻画出M小区从利益分化转向一致化的利益凝聚过程，可在下面的故事中，居民之间的利益分化却无法走向一致。

如上文所言，M小区的房屋空间结构是不一致的，其中一楼赠送面积在25平方米左右的小院，顶楼赠送面积在10平方米左右的露台。而且在售房时，一楼和顶楼每平方米均价要比其他楼层高。到2011年，随着商品房价格上涨，一楼与其他楼层同等面积的房屋差价居然高达20万元(以面积均在86.63平方米的商品房为例，一楼中介售价为150万元左右，而其他非顶楼的同等面积商品房只有130万元左右)。

其实，在基层社会，不同利益群体之间产生利益分化实属正常现象。不过M小区却演化成了利益冲突，其导火索在于M小区顶楼居民与一楼居民的私搭乱建。M小区私搭乱建现象非常严重，而且极其混乱，天津卫视有一档关注民生的节目曾经连续报道多次。引起居民之间利益冲突的行为主要是：一楼居民在私搭乱建后，侵占公共绿地作为自己出门通道及停车处，甚至有些居民还在院子里搭建笼子，养鸡、鸭、鹅等动物，污染小区环境。顶楼居民借用露台，加盖房间，有些居民为了扩大使用面积，甚至加盖了两层，并在墙体上开窗。这直接威胁到了楼下住户的住房安全。

于是，邻里之间的矛盾激化。其他楼层用户主要通过两种方式进行维权抗争。一是制度化路径，包括向物业投诉，以拒交物业费为威胁；向权责型参与者投诉，如向居委会、街道办以及区城管执法总队等部门举报投诉。二是采用非正式的抗争手段：向媒体求助，开车堵住小区大门，禁止装修车辆进入等方式。

不过，M小区居民在此事上的抗争一直主要以匿名化、个体化的方式进行，无法形成联合性的集体行动。因为私搭乱建行为所造成的利益冲突涉及两部分：一部分是直接利益冲突，牵涉的居民通常位于私搭乱建楼层的上下层；另一部分是间接利益冲突，涉及私搭乱建行为对整体公共利益的影响。显然，在这种情景下，奥尔森的搭便车理论对于居民之间无法集体联合行动具有一定的解释力。事实证明，这种个体化的抗争效果虽然并不明显，但却对小区的秩序却产生了很大影响。

首先作为生计型参与者的物业公司，其利益来源于居民主动缴纳的物业费。作为交换，物业公司提供常规性的公共服务。但现在，物业公司与居民之间却陷入了恶性循环之中：居民以物业公司服务不合格为由，拒交物业费。物业公司在自身利益无法保证的情况，服务质量随之下降。而这又进一步激起已经缴纳物业费业主的不满。

“我们也找过这些业主，但人家根本不听我们的。现在的业主权利意识都高啊。人家就说，你们没有执法权，别瞎管。我们只能让他们签告知书，说明我们尽到告知义务了。可别的业主不管这些，就是不交物业费，你能咋办。”(物业公司经理 W 访谈记录，2011 年 3 月 13 日)。

物业公司联合居委会、街道办及街道其他职能部门，在小区布告栏以及每个楼门栋上张贴了禁止私搭乱建以及饲养家禽的通知。另外还张贴了主动缴纳物业费优惠，不交物业费将走法律途径的通知。可到 2011 年 3 月，M 小区的物业费缴纳率不足 40%，严重影响了小区的正常生活秩序。小区内垃圾成堆，有些业主甚至将垃圾堆放在物业公司门口。后来在居委会的介入下，垃圾被临时清走了，可根本问题并没有得到解决。在利益分化冲击下，《天津市城市管理规定》中关于禁止私搭乱建的条款在现实基层社会管理中部分失效了。

其次，对于一楼和顶楼的居民而言，私搭乱建行为的动机源自于其多付出的购房成本。所以尽管不合法，但他们觉得理所当然。

“我们多花钱图嘛啊，就是为了有小院，敞亮，能自己搭个棚，面积大。你不让我们搭，你当初为啥不让开发商卖一个价呢？(问：可不应该占公共绿地啊)你说得对，可我不占绿地，我小院门放哪里。再说大家都这样开门啊。”(居民访谈记录，2010 年 3 月 14 日)

当基层社会管理法规与大多数居民行为产生背离时，如何权衡，进而协调好基层社区中的利益冲突？这是权责型参与者必须面对的问题。可在 M 小区生计型参与者之间复杂的利益纠纷之中，为何迟迟不见权责型参与者介入呢？是什么原因导致他们采取与故事(一)中完全不同的方式呢？

“我们不愿去小区里执法，难度大。比较而言，我们乐意去市场，小商小贩好管理。说实话，小区私搭乱建，虽然名义上归我们管，但我们城管还真管不了。去小区，我们得找派出所(防止闹事——笔者注)，找房管部门(违章建筑认定——笔者注)，有时候还要找市容园林管理部门(侵占公共绿地——笔者注)。我们哪有这么大的能耐请得动这些部门啊。哦，现在即使认定是违章建筑了，我们要先责令限期整改，强拆的话，还需要经过法院呢。”(城管队 W 访谈记录，2011 年 5 月 22 日)

权责型参与者的择机介入属于一种选择性干预：一方面，相较于市场秩序治理，治理社区里私搭乱建的执法成本高，需要协调多部门联合执法，在目前政府条块分割的行政系统内，平行的行政部门之间行动协调多依赖于上级部门自上而下的推动；另一方面，在执法效率上，市场秩序治理中的执法效率明显高于社区管理。在市场管理中，城市管理综合行政执法机关可以直接没收经营工具，并对之罚款处罚。而对于社区私搭乱建行为，往往无法直接处罚，需要多种程序。且即便认定违章后，也得先警告，不听后再处罚①。

所以在笔者看来，权责型参与者根据执法行动难易程度及成本来决定是否介入，这种选择性执法背后是其对公权力微妙操纵——将公共权力演变为部门权力。对于权责型参与者而言，采用容易且成本低的方式去实现其部门利益无疑是其理性的选择。在目前中国政府行政管理体系中，约束权责型参与者行为取向的主要有两种机制，即部门自身的责任感和自上而下的问责制，缺乏自下而上的约束机制(泰勒笔下的公共领域约束机制)。但正如哈耶克所言，在利益高度分化的现代社会中，责任感是被削弱的。而且自上而下的问责制有效作用的前提是基层社会利益诉求能够上达到上级部门。

最后，对 M 小区的利益受损居民来说，制度化利益表达路径失效时，摆在他们面前的只有两条路。一是将事情闹大，吸引上级政府介

① 根据《天津市城市管理规定》第 45 条规定：严禁任何单位和个人私搭乱盖。违反前款规定的，由城市管理综合行政执法机关责令停止建设，限期拆除；拒不拆除的，由城市管理综合行政执法机关强制拆除，强制拆除费用由违法责任人承担，并处 5 000 至 20 000 元罚款。

入，但如上文所证，利益难以凝聚的情况下，集体行动往往无法形成；二是继续拒交物业费，但最终的结果是社区无力购买到常规公共服务，那么基层社区将会陷入无序的恶性循环之中，出现学者担心的社区自治危机。

四、从规范理论走向实证理论：中国城市基层社会管理的理论转向

如本文开篇所言，围绕城市基层社会管理所产生的判断分歧，其背后折射出来的是完全两种不同的理论取向。一种是公民社会理论，该理论的前提是认定国家权力过度干预是基层社会管理困境的制度根源。主张公民社会带动基层社会自治力量的成长，对基层政权构成民主压力，同时实现基层社会的自我管理。所以基层社会管理问题实质上是一个基层民主问题，而且民主是社会资源配置的最好机制。另一种是国家政权建设理论，该理论将视角切入到国家政权体系内部，其理论的前提是认定基层政权能力不足是基层社会管理困境的原因所在。主张国家权力下沉，放权到居委会等社区组织之中，即通过体制内部的权力优化重组来推进社会管理发展。

在西方的社会科学语境中，这两种理论虽然取向不同，但却是一体两面的，因为两种理论有着的共同的社会历史背景，即民主化的政治体制与发达的市民社会基础。正如张静所言，“在欧洲的经验中，国家政权建设不是一个国家自己单方面受益的权力竞争过程，这种态势与公民社会的生长和公共领域的出现是同时发生的，没有公民身份的确立和强大保护的出现，国家政权的集中化过程就得不到政治支持”。这两种规范理论运用到中国基层社会现实中时面临着严重的水土不服。众所周知，居民自治组织是其政治参与、社会参与和公民社会的核心因素。1949 年以来，中国城市基层社会管理制度转型变革中，无论是单位制，街居制，还是社区制，从来就不存在独立于政府的居民组织（M 小区业主委员就是一个例子）。或许社区内有数量众多的社会组织，但学者的研究已经证明，这些组织多是自上而下动员，根据上级规定成立的，“所有的一切与公民社会进程没什么关系”。发生在 M 小区的故事已经

告诉我们，在巨大的利益分化冲击下，如果没有权责型参与者的支持与干预，社区自治可能会走向社会无序。所以有学者担心“过分强调公民治理的美好前景已经被很多拉美国家和不发达地区证明是危险的政治选择”，这不无道理。而立足于国家中心论的政权建设理论，仿佛是传统中国基层社会一统化管理理念的延续，但基层权力的进一步下移可能会导致“区政府—街道办—居委会”的行政链条更加稳固。M小区的故事说明，在中国目前的城市基层社会管理制度架构中，一方面，权责型参与者处于强势地位，可以在部门利益与公共利益之间自由切换，没有独立于政府之外的居民自治组织，民主压力当然也就无从形成；另一方面，权责型参与者之间又是利益分化的，部门利益诉求无疑对基层政府改革努力构成了挑战。

在中国，类似于M小区的故事每天都在基层社会里上演。或许故事的内容或版本有所差异，但却具有相似的逻辑：利益分化使城市基层社会成为一个混合着多种关系的场域。在这个场域中，权责型参与者处于强势地位，可以相对自主的进退场，其择机介入的时机选择往往不在于民主压力，而在于利益驱动；生计型参与者处于弱势地位，但相互间的利益冲突却使“社区自治秩序的达成”面临着需要权责型参与者重新介入的尴尬境地。对于西方社会科学的规范理论而言，这些故事是中国特色的“悖论事实”。发生在M小区中的故事只是中国城市基层社会的一个缩影：在这个场景里，国家权力与社会力量高度重叠，这种结构约束下的基层社会仿佛无法实现自治，也无法走向与国家的平等合作。或许重温费孝通与吴文藻先生的“社区方法论”才是中国基层社会管理从规范理论转向实证理论的一个切入点。

多元共治与基层维稳运行机制之完善

陈发桂[1]

近年来，随着基层利益格局的不断调整与改革的日益推进，一些关涉基层稳定的矛盾与冲突逐渐凸显，正在深刻解构基层主体之间的政治、经济与社会关系。正如亨廷顿所指出的那样："城市的作用是一个常数，它永远是反对派的力量根源；农村的作用是个变数，它不是稳定的根源，就是革命的根源。"[2]可见，维护基层社会（特别是农村）的稳定，对于国家政权的稳固及其有序运行至关重要。当前，对中国基层维稳的现状而言，以参与主体、应对手段及评价方式单一性为表征的传统基层维稳机制，逐渐呈现出疲于应付的发展态势。由此，围绕多元共治所引发的基层维稳机制的完善问题是中国社会必须考虑、回答和应对的紧要问题。而处于权力意志与民意张力的最直接连接点的基层政府（本文主要指县、市、区和乡镇、街道两级政府），社会转型生成

① 陈发桂，中共广西区委党校副教授；研究方向：基层社会稳定。

② [美]塞缪尔·P. 亨廷顿、琼·纳尔逊：《变化社会中的政治秩序》，241页，上海，上海世纪出版集团，2008。

的一切矛盾压力，体制运行所带来的一系列冲突问题，使基层政府在维稳过程中面临着极大的挑战和考验。社会管理创新首先是机制的有效转化，对于基层维稳运行机制的完善就是要求矫正当前治理主体、应对手段及评价方式单一性的维稳机制，将维护基层稳定视为实现国家有效治理的高度，及维护基层稳定就是消解处于矛盾凸显期的基层社会中所蕴含的各种冲突和矛盾的视野，从认知到行动上使当前单一性的维稳机制能有效转化为多元共治下维稳新机制。因此，通过构建多元化的基层维稳参与机制、多元化的基层维稳应对机制及多元化的基层维稳评价入手，期望能有效实现基层维稳机制的有效运行。

一、问题呈现：当前基层维稳运行机制之特性及其缺陷

由政府主导下的基层维稳运行机制，以“一票否决”作为其维稳精神指南，以“将矛盾消灭在萌芽状态”作为其维稳行动逻辑，以“稳控”作为其维稳应对手段，强烈凸显出维稳运行中基层政府排斥公众与社会组织社会治理的参与权，对权宜性维稳应对手段的路径依赖，以及在维稳评价机制中唯上不唯下的体制化维稳导向。缺乏民众与社会组织有效参与、监督和协同的维稳机制是一种静态的并且缺乏有效的自我修复功能的治理机制。使基层政府无法与公众进行理性的对话和沟通，为政府维稳与民众维权的对抗态势的形成滋生了制度性温床。因此，当前基层维稳机制凸显出以下的特性：维稳参与主体的单一性；维稳应对手段的单一性；维稳评价方式的单一性。

（一）维稳参与主体的单一性

基于可控性的考量，以及践行将“矛盾消灭在萌芽状态”的维稳行动逻辑，基层政府已经自觉或不自觉地将民众与社会组织排除在维稳参与主体之外，使基层政府成为单一的维稳参与主体。对于民众而言，之所以被排斥在基层维稳参与的主体序列，主要原因在于民众已经在长期的社会治理进程中被政府当成了维稳对象，政府在社会治理过程中，要治理的对象就是其管辖下的民众，或者说民众已经被政府“物化”为维稳的客体，根本谈不上可以与基层政府进行平等沟通、对话的维稳参与主

体。例如，发生在北京的“安元鼎事件”中被“遣送”的非正常进京上访的民众，在表达诉求的过程中其最基本的人身自由与主体资格都被剥夺，被地方政府当成维稳的对象，根本无法与基层政府就其诉求进行平等的沟通与协商。特别在压力型的维稳运行过程中，随着维稳问责力度的不断强化及民众诉求表达方式的日益激烈化，基层政府对依靠其所掌握的资源优势，通过不断强化政府组织与资源优势的方式来应对民众的诉求，已经成为基层政府一种维稳路径依赖。对于社会组织而言，之所以也被排斥在基层维稳参与的主体序列，主要原因在于基层政府对社会组织缺乏最基本的信任和了解，导致在“敏感”的基层维稳这一领域，不敢贸然让社会组织参与到基层维稳过程中来，害怕社会组织的参与，反而将分散的民众组织起来并可能采取对社会秩序产生重大威胁的集体行动。此外，在基层维稳的实践中，基层政府还不真正了解社会组织参与维稳所具有的有效传递信息、整合民众诉求、进行理性沟通与协调的优势。因此，对基层政府来说，与其承当不可预测的贸然让社会组织参与基层维稳过程的风险，不如审慎地将其排除在维稳过程之外，以确保维稳过程的可控性。因此，缺乏民众与社会组织有效参与的基层维稳机制，不可能真正实现基层社会的和谐与稳定。而维稳参与主体的单一性导致基层政府为此承担高昂的维稳成本。“而且长期忽视民众与社会组织参与的维稳机制也使社会力量参与解决基层社会矛盾的积极性被严重削弱。”①

(二)维稳应对手段的单一性

当“稳定压倒一切”成为基层维稳运行中的思维定式后，基层政府还要承受着“零指标”和“一票否决”等巨大的维稳压力，其维稳应对手段逐渐固化为单一的管制型维稳机制，即在应对民众利益诉求的过程中，不断凸显采取管治而不是采取疏导的维稳方式来应对民众各种利益诉求表达，这种维稳手段不仅难以有效缓解基层政府与民众之间的紧张关系，反而激化了双方的关系。管制型维稳手段主要呈现如下几个方面的特性。一是在维稳过程中秉持的是“管理社会”而不是“社会管理”的思维，将民众正常的利益诉求行为想象成危害社会稳定的行为，试图通过压制

① 刘亢、黄豁、田刚：《理性探求和谐社会矛盾解决机制》，载《半月谈》(内部版)，2005(4)，26页。

的手段将其“消灭在萌芽状态”。殊不知，秉持单一性的管治型维稳思维，既无法有效实现提高基层政府维稳能力的目的，也无法实现基层政府与民众间的良性互动关系，而只能把关涉基层维稳的民众利益诉求问题复杂化，根本无助于问题的解决。“由于这种处理方式本身不是从问题的本质出发来寻找维稳之策，仅仅依靠权宜性的维稳手段。因此，并不能从根本上解决问题。”①可见，以权宜性为表征的管治型基层维稳思维所体现出的政府行为明显缺乏原则性和规范性，往往忽视、扭曲甚至排斥法律和政策的作用。二是在维稳过程中采取“稳控”的形式试图防止民众所表达的利益诉求行为走向非理性。基层政府采取管治与疏导并重的手段有效回应民众的利益诉求，才能防止民众的维权行为走向失控的危险后果的发生，如果仅仅采取“稳控”的形式予以应对，对于诉求无法获得政府有效回应的民众，将采取非理性的利益诉求表达方式以期引起政府的“重视”，增强解决问题和满足诉求的筹码。在这样的互动情境中，无疑加剧了基层政府与民众的对立与冲突。三是在维稳过程中基层往往将发生在社会生活中的一些常规矛盾或利益诉求都视之为影响社会稳定的因素，从而为采用管治性的维稳手段提供正当性的道义支撑。在基层维稳的现实层面，单一性的管治型机制使发生在社会生活中的一些常规矛盾或利益诉求难以得到科学、客观的评估，基层政府基于有效维稳的自负与民众基于感性的维权，在单一性的政府管治下，已变得越来越无法调和。表现为由于民众利益诉求经常被当成危及社会稳定的行为被管治，民众就只能采取非制度化的方式予以表达，导致政府维稳与民众维权的对立愈加激烈，基层政府单一性的管治手段也就被不断强化。

(三)维稳评价方式的单一性

为了有效督促基层政府及其官员认真履行维稳职责，中央和上级政府采取必要的维稳评价方式是必要的，但现实中的维稳评价逐渐演变为“零指标”和“一票否决”等压力型的评价机制，这种压力型的评价机制是以单一性的上级对下级的考核评价，缺乏体制外社会力量的有效参与评价。体制内单一性的维稳定评价方式，主要体现为以下两个方面。一是对基层非正常上访的维稳评价方式，仅仅以中央或上级信访部门统计到

① 尹利民：《策略性均衡：维权抗争中的国家与民众关系——一个解释框架及政治基础》，载《华中科技大学学报》，2010(5)，29页。

的非正常上访数量作为考核评价依据，至于被中央或上级部门批转的信访案件，基层政府是否予以有效解决，民众是否满意这些要素，均未列入考核评价的序列。这种单一性的信访维稳评价机制，从实质上强化了基层政府采取“截访”和“消号”等非正当的维稳方式来应对上级的信访维稳评价。另外，这种单一性的信访维稳评价机制，也在不断激励民众采取非正常上访等超越体制容忍的策略，与基层政府进行博弈，体现为“大闹大解决，小闹小解决，不闹不解决”的扭曲性诉求表达发展态势。二是对基层群体性事件的维稳评价方式，仅仅以是否发生作为评价的方式。中央和上级政府以基层群体性事件是否发生作为地方政府维稳是否尽责的唯一依据，以此来引领基层政府的维稳行为，并未考虑群体性事件发生的原因、政府是否失职等关键因素。这种单一性的维稳评价方式本身并不是从问题的本质出发来寻找维稳之策，仅仅着眼于强化基层政府对矛盾的压制。因此，并不能从根本上解决基层稳定问题。① 此外，以群体性事件是否发生作为维稳考核评价依据，从另一方面激励着基层政府维稳过程中采取明显缺乏原则性和规范性的行动，往往体现为忽视、扭曲甚至排斥法律和政策的作用。形成这样的维稳行动逻辑主要原因在于基层政府为了避免因群体性事件的发生而被问责，只能采取一些简单粗暴的维稳形式来应对民众的举动。在这种单一性的维稳向度中，基层政府甚至无视社会生活中的一些常规矛盾或利益诉求是一个正常社会的常态，试图将这些人民内部矛盾消灭在萌芽状态，这正是单一性维稳评价机制带来的恶果。

二、原因分析：当前基层维稳运行机制之反思

在基层维稳运行机制还没有从“管治”走向“共治”的情况下，出现维稳参与主体、维稳应对手段和维稳评价方式的单一性问题，反映出这样的维稳机制已经陷入困境。因此对当前基层维稳机制进行深入反思，有助于寻找构建多元共治型基层维稳新机制的有效路径。笔者认为，社会组织与民众参与维稳渠道的不畅通，政府维稳与民众维权的力量不均

---

① 尹利民：《策略性均衡：维权抗争中的国家与民众关系——一个解释框架及政治基础》，载《华中科技大学学报》，2010(5)，29页。

衡，权力意志与民意的整合不到位是导致当前基层维稳机制问题的主要原因。具体而言，目前我国基层维稳机制形成的原因主要体现在以下几个方面：

（一）社会组织与民众参与维稳的渠道不畅通

在基层维稳运行过程中，顺畅的参与渠道是民众与社会组织成为维稳参与主体的前提条件。有了畅通的参与渠道，民众与社会组织就能以合适的身份介入到基层维稳的具体过程中来，与基层政府一道成为基层社会治理的主体。民众与社会组织有效参与到基层维稳的具体过程，这不仅可以较好地落实公众参与权，而且也是公众进行制度化政治参与的重要形式。“当前，我国虽然已开辟了诸多具有中国特色的公众参与社会治理的渠道，例如，人民代表大会的渠道、人民政治协商的渠道与信访的渠道，等等。此外，近年来，各地为了畅通公众利益诉求的表达渠道，涌现出诸如广西的维稳基石工程、四川的社会稳定风险评估机制、浙江的网格化管理组团式服务等新举措与新机制。从总体来看，我国民众与社会组织参与基层维稳的通渠道似乎并不少。”[①]但是，从具体运行来看，上述渠道并没有使民众与社会组织真正参与到基层维稳的具体过程中来，主要原因还是在于公众参与基层维稳的渠道存在人为的堵塞。例如：人大与政协制度作为公众政治参与的制度化安排，并没有成为普通公众参与社会治理的畅通渠道，因为被选举出的人大代表与政协委员与广大民众并不存在直接的代表与被代表的关系，普通公众难以通过这些人大代表与政协委员直抵社会治理中心。此外，信访制度是具有中国特色的公众制度化参与社会治理的渠道，但在现实中由于过分强调“非正常上访”对社会稳定的危害，民众的一些正当上访往往被基层政府严格控制，从而人为地堵塞民众与社会组织有效利用信访参与社会治理这一渠道。如果民众与社会组织参与社会治理的渠道被人为堵塞，或者民众与社会组织对现有的参与渠道失去信心的情况下，那么民众与社会组织在争取参与权中所实施的一些举动将更加强化基层政府对上述渠道的人为堵塞，导致的结果就是缺乏社会组织作为缓冲的基层政府直接与民众面对面，两者发生对抗甚至冲突的风险将大大增加。

---

① 陈发桂：《基础维稳的行动逻辑：从体制化运行到社会化运行》，载《理论与改革》，2011(6)，56页。

(二)政府维稳与民众维权的力量不均衡

在基层维稳过程中，基层政府与民众博弈的力量是否均衡是影响基层政府采取什么类型的应对手段的关键要素。当前，基层政府应对民众利益诉求的手段往往过于简单粗暴，其中一个重要原因在于基层既缺乏上级的有效约束，又缺乏横向的有效制衡，更谈不上社会力量对其进行有效监督，从而导致基层政府处于一个超强势的地位。而民众在表达利益诉求过程中，既没有社会组织对分散的个体民众的力量进行有效整合，分散的个体民众难以有效抗衡基层政府的强势。由此，基层政府很少与民众进行平等的对话或沟通，加之民众所反映的利益诉求往往很难得到政府的有效回应，极个别民众甚至通过“跳楼”、“自焚”等非理性的举动来寻求问题的解决，但民众的这些举动又往往被基层政府视为一种“要挟”而加以打压，这充分反映出在政府维稳与民众维权力量不均衡的情况下，促使基层政府对上述单一性的应对手段产生依赖。此外，随着基层维稳压力的不断加大，以及民众利益的诉求点没能有效地被政府所把握，双方已经越来越难以通过对话与沟通的方式协调好彼此的分歧，加之各方对维稳与维权资源的占有不均衡，导致双方的博弈能力出现了严重的失衡。基层政府由于占有较多的维稳资源从而在博弈中处于绝对的优势地位，而分散且弱势的普通民众由于维权能力严重匮乏，在博弈中缺少最基本的话语权，导致其利益诉求表达普遍处于无力、无效的状态。对于占有维权资源严重不足的基层民众而言，由于缺乏与基层政府进行平等对话与沟通的能力，在向基层政府表达利益诉求时，往往容易被基层政府所忽视。因此，处于弱势地位的维权民众在与基层政府进行博弈中由于力量的失衡，必然采取非理性的利益诉求表达方式，而基层政府为了应对民众非理性的利益诉求，不断强化简单化维稳应对手段也就成为现实压力下的必然选择。

(三)权力意志与民意的整合不到位

从基层维稳机制的运行现状来看，实现维稳机制的有序运行并非坦途。与其他国家现代化进程一样，中国基层社会在治理过程中正面临着愈来愈多“稳定的烦恼”①。对此，执政党对此也有清醒的认知。胡锦涛

① 郭为桂：《群众路线与现代中国的国家建构——纪念中国共产党成立九十周年》，载《东南学术》，2011(4)，24页。

总书记就曾指出："我国正处于并将长期处于社会主义初级阶段，由于经济体制深刻变革、社会结构深刻变动、利益结构深刻调整、思想观念深刻变化，由于发展不平衡、不协调、不可持续问题短期内难以根本解决，人民内部各种具体利益矛盾难以避免地会经常地大量地表现出来。"①近年来基层群体性事件层出不穷，官民关系日趋紧张，突出反映了权力意志与民意的对立，正是胡锦涛总书记上述关于中国社会问题之判断的佐证。学界对此也有诸多深刻的反思。社会学家孙立平将中国的失序问题归结为"社会的断裂"②。这种"社会的断裂"状态在基层维稳运行中体现为政府的权力意志与民意的整合不到位，导致政府维稳与民众维权的高度对立，在对立过程中由于政府应对手段的单一，经常出现"极端化"的博弈态势。法学家江平先生也曾指出："稳定需要权力意志顺应民众的合理意愿，尊重民众的正当权利，而不是堵压甚至操纵民意。"③可见，如果政府维稳权力在运行过程中没有把握好民众的利益诉求点，导致政府往往将那些以非理性方式表达利益诉求的民众视为影响社会稳定的因素，在此过程中就难以将政府的权力意志与民众的意愿进行有效的整合，如何有效应对民众的利益诉求行为，就成为摆在基层政府面前一道难以逾越的"坎"。

三、多元共治：基层维稳运行机制之重构

中共中央总书记胡锦涛在庆祝中国共产党成立 90 周年大会上强调"要加强和创新社会管理，完善党委领导、政府负责、社会协同、公众参与的社会管理格局"，向社会传递了一种多元共治的理念，也可视为针对基层社会管理创新所作的顶层设计，对于构建基层维稳运行新机制，具有重要的纲领性指导作用。从单一参与主体、应对手段与评价方式的维稳机制转化为多元共治的维稳新机制，就是要求基层社会治理模式由政府唯一管理主体和权力中心走向以政府为主导的多元共治④。以

① 《人民日报》，2010-09-30。

② 孙立平：《断裂——20 世纪 90 年代以来的中国社会》，北京，社会科学文献出版社，2003。

③ 汪平：《法治与透明是政改突破口》，载《财经》，2012-03-25。

④ 赵元明：《论当代中国治理目标的基本走向》，载《河南师范大学学报》，2007(7)，26 页。

适当让渡社会管理职能调动社会力量参与基层维稳的积极性，为多元共治提供制度保障。多元共治视阈下的基层维稳新机制是一种各方力量与利益动态均衡的机制，不管主体间的利益格局如何随着形势的改变而变动不居，这种动态的维稳机制都可以在主体间良性互动中进行自我修复并最终趋于稳定。在当前，如果不对传统的基层维稳机制进行有效改造，仅靠基层政府单纯的“权宜性维稳”，长此以往，会使基层社会矛盾和问题累积、叠加和发酵，最终将基层社会引向失序的危险边缘。因此，只有构建多元化的基层维稳参与机制、应对机制与评价机制，才能谋求建立一个制度化的“多元共治平台”，才能真正实现基层的和谐与稳定。

(一)构建多元化的基层维稳参与机制

当前，基层政府一方面将民众视为维稳对象排除在参与维稳主体的序列之外；另一方面又将社会组织视为不安全因素，难以放手让其参与到维稳过程，仅仅依靠基层政府单打独斗，直接导致政府维稳与民众维权的严重对立，这使基层维稳的形势更加严峻。只有构建多元化的基层维稳参与机制，畅通民众与社会组织参与基层维稳的渠道，拓展民众与社会组织参与基层维稳的合法性空间，实行基层政府、民众及社会组织在维稳过程中的“深度合作”、“多元共治”，才能实现基层维稳机制的有序运行。2011 年 6 月，广东省委副书记朱明国在省政法机关社会管理及创新工作汇报会上表示：广东将注重建立多元共治的社会组织管理体制，实现政府和各种社会力量的“深度合作”。会上还决定，广东将推行在粤境外非政府组织年检制度。这是首次承认境外非政府组织在广东的合法存在。只有这样，才能实现胡锦涛总书记提出的“确保社会既充满活力又和谐稳定”的目标①。这表明，只有转变目前基层政府体制化的维稳机制，建立民众与社会组织有效参与的维稳机制，才能有效实现基层社会的长治久安。其一，将维权的民众视为维稳的主体，以实现基层政府与民众间的良性互动关系。如果将表达利益诉求的民众视为维稳主体，而不是作为维稳对象，有助于基层政府与民众基于对等的关系进行理性的协商与充分的沟通，以此实现双方间的良性互动关系。在此情况

---

① 江平：《法治与透明是政改突破口》，载《财经》，2012-03-25。

下民众将采取理性的诉求方式表达自己的意愿，这有助于问题的妥善解决，淡化了基层政府对民众诉求表达行为的“稳控”力度。将民众作为维稳主体，也强化了民众制度化参与社会治理的意识，使民众意识到进行制度化的利益诉求表达是公民社会每一分子的应有责任，能有效祛除民众诉求中非理性的成分，有效促进基层政府与民众进行理性的沟通和磋商。其二，加强社会组织参与基层维稳机制的建设，以实现社会组织的维稳协同功能。徐勇教授曾形象地将2011年日本大地震中没有坍塌的建筑物下面设置的那层橡胶垫圈比喻为社会组织，强调社会组织在协调社会治理中对基层政府与民众间所起的缓冲作用。我国基层社会经过多年的迅速发展在经济上取得巨大成就，并没有使基层社会获得应有的稳定。其原因除了发展不平衡以外，最关键则在于缺乏社会组织参与导致基层政府与民众“面对面”的直接权力关系。大量的社会冲突与矛盾如果缺乏社会组织作为过渡层或者中间层加以消化，将直接诉诸基层政府。因此，加强社会组织参与基层维稳机制的建设，以实现社会组织的维稳协同功能。例如，2011年7月8日，在广州市政协召开的专题政治协商会上，就有政协委员建议学习香港地区的“太平绅士”制度。鼓励社会人士参与基层社会治理，这一构想在贵州已成为现实，以“和谐贵阳促进会”为标志的民间组织利用其资源优势有效介入基层社会治理过程并从中化解了诸多基层社会矛盾，并受到中共中央统战部的高度肯定，有成为全国样板的发展态势①。因此，在基层政府维稳过程中通过社会组织与民众的有效参与，构建设起多元化的基层维稳参与机制，不仅可以有效缓解政府维稳与民众维权的对立局面，而且在社会组织的有效协同下可以大幅降低基层政府的维稳成本，制度化的基层维稳机制才能得到有效的构建。

(二)构建多元化的基层维稳应对机制

构建多元化的维稳应对机制，目的是为了实现基层维稳与民众维权的良性互动关系，彻底消除双方采取“极端化”的手段进行非理性的博弈态势。党的十七大报告指出，“社会稳定是人民群众的共同心愿，是改革发展的重要前提”。基层稳定关乎中国改革发展的全局，如何构建一

① 石勇：《社会管理新政的“贵阳模式”》，载《南风窗》，2011(16)，21～23页。

个多维度、系统化的基层矛盾调处疏导机制，妥善协调、疏导和解决转型时期基层维稳过程中面临的各种社会矛盾和社会问题，是构建和谐社会的重要内容。我国现代化社会转型的历史特点和现实、非均衡性的维稳资源以及我国基层社会纠纷固有的处置方式等，客观上要求建立一个以司法为主导、其他调处机制为补充的多元化的基层维稳应对机制。这一多元化的维稳应对机制，既要坚持法治至上、重构司法处置的权威性，又要将诉讼、和解、调解和行政处置等多种方式兼容并蓄，满足基层维稳机制有序运行的需求。第一，在基层维稳运行中重视司法处置的权威性，树立司法手段在解决中国基层社会矛盾、维护基层社会稳定中的主导地位。之前，“在司法功能不彰的情形下，我们曾经希望借助于信访制度来解决矛盾，但结果导致了司法一定程度的边缘化，党政机关不堪接访重负”①。这充分说明，试图通过单一的政府行政手段来解决基层社会冲突和矛盾的维稳定机制，不仅未能实现基层社会的有序运行，反而导致“信访不信法”等法治被弱化的严重后果。第二，在基层维稳运行中强化群众自治组织对矛盾调解的补充作用。强化群众自治组织对矛盾调解的补充作用实际上属于基层重建的范畴，其着力点在于推动基层群众自治组织在矛盾调解中的功能复位，避免在基层政府的强力主导下，导致大量基层群众自治组织成为政府附庸的尴尬局面。要在基层维稳运行中强化群众自治组织调解纠纷的公信度和主动性。事实上，对于基层维稳过程中所关涉的大量矛盾与冲突，仅仅依靠基层政府根本无法有效应对。相反，一旦基层政府成为事实上的唯一应对主体，在某一事件上与民众进行“面对面”，就很容易发生因为应对手段单一而引起的“社会失序危机”。

(三)构建多元化的基层维稳评价机制

多元化的基层维稳评价机制，既要通过中央与上级政府的考核评价实现其对基层政府的维稳行为进行有效约束的治理目的，也要通过与基层政府有横向联系的人大、政协及司法机关对政府维稳权力进行有效的制约的目的，更要通过落实社会组织与民众的监督权实现与政府的对话沟通目的。当前，仅仅依靠中央和上级政府对基层政府的维稳行为进行

① 王利明：《中国为什么要建设法治国家》，载《中国人民大学学报》，2011(6)，39页。

纵向的考核评价，导致基层政府的维稳行为围绕中央与上级的维稳考核评价而展开，完全无视社会组织与民众的意愿，对于横向的人大、政协与司法机关的意见，更多的则是采取“弱者的武器”进行回应或者走过场，一旦来自横向部门的制约压力减弱以后又恢复到之前的原状①。因此，要构建多元化的基层维稳评价机制，应当从以下两个方面入手。一是改变单一向度的纵向维稳问责评价体制，形成有效的人大、政协及司法机关对政府维稳行为的制约机制，以及形成民众与社会组织有序参与型的维稳评价体制，使政府维稳既接受中央与上级机关的约束，也接受横向的人大、政协机关的制约，还要接受民众与社会组织的监督，构建一个全方位、立体化的基层维稳评价机制。二是对基层维稳评价的内容应当从单一化转为多元化。对于基层非正常上访的维稳问责，不能仅仅依据上级信访部门对上访人次的统计数据或排名而定，而应当对上访的民众进行回访，统计基层政府对上级信访部门批转的信访案件的解决数量与落实情况，依据基层政府是否有效解决或落实的具体情况进行考核评价。同时对于群体性事件的问责，也不能仅仅凭是否发生群体性事件作为考核评价的依据，而应当对所发生的群体性事件的原因、危害程度以及民众的诉求点来进行具体分析，从中诊断出基层政府在该事件中是否存在失职与不作为，才能决定基层政府及相关人员是否应当被问责。因此，只有采取多元化的基层维稳评价机制，才能实现对基层政府的正面激励，达到鼓励基层政府以解决民众的诉求而不是压制民众来实现维稳的目的。

四、结语

将民众与社会组织置于维稳场域边缘化的维稳运行机制，就其行动逻辑而言，隐含的是一种对立而不是平等的主体关系。就其运行性质而言，公众与社会组织不是维稳主体，基层政府才是唯一的维稳主体。由此，现有的维稳运行机制下面潜伏着社会失序的危险暗流，亟须整个社会高度重视。对此，徐勇教授认为：“改革以来，中国的一个重要变化

① 陈发桂：《我国基层维稳运行机制的理性化建构探析》，载《长白学刊》，2010(5)，52页。

就是人的利益性愈来愈强，而组织化程度愈来愈低。大量的利益诉求和表达，是以个体而不是组织的名义出现的。政府面对的是一个个分散的个体。除了‘交易成本’高昂以外，还蕴含着相当大的社会风险。无组织的个体是极其软弱的，政府可以借助公共权力随意征地拆迁；无组织的个体同时又是极其危险的，他们甚至会以生命为代价表达其诉求，如‘自焚’、‘跳楼’、暴力对抗等。”①如果民众与社会组织成为基层维稳的运行主体，则是一种多元共治式的维稳新机制，它蕴含了基层政府本着“以人为本”的社会治理理念，将多元共治作为其维稳的行动指南，在此基础上与民众和社会组织进行有效沟通、平等对话、相互妥协、理性博弈。在多元共治型的基层维稳运行中，通过构建多元化的参与机制、应对机制和评价机制，有利于促进民众维权与政府维稳间的良性互动，形成基层维稳有序运行的新格局。以此为契机，基层维稳将迈入到从一个新的治理时代，这种将制度化与理性化有效融合的基层维稳机制，就是以抓住民众利益诉求点作为维稳进程的起点，以解决民众的利益诉求作为维稳的归属，以社会组织的有效协同作为维稳的抓手。因此，要有效构建多元共治型的基层维稳新机制，应当在基层政府引导下拓展社会组织和民众有序参与维稳的场所和机会，在“经由矛盾、冲突、斡旋、调和、一致、合作的心路与行动过程，促进社会组织、民众与基层政府之间的历时性彼此体验、共同学习、相互感知和彼此理解，才能真正实现多元共治的基层维稳机制”②。可以说，只有在“多元共治”理念与行动的关照下，才可能塑造一种全新的基层政府维稳与民众维权新格局。把过去带有强烈计划经济时代烙印的基层维稳机制，转化为与自由市场经济相匹配的基层维稳新机制。而这，无疑是实现中国社会长治久安的理性选择。

---

① 徐勇：《“防震圈”、自治秩序与基层重建》，载《探索与争鸣》，2011(11)，18页。

② 孙柏瑛：《我国公民有序参与：语境、分歧与共识》，载《中国人民大学学报》，2009(1)，69页。

自治互助　共建共享：朝阳区探索老旧小区准物业管理新模式

张永新[①]

老旧小区是和新型商品房住宅小区相对而言的一种居民住宅类型。目前，我国各地对老旧小区的界定稍有不同，但一般是指早期建设的那些设计建设标准低、配套不全、设备过时老化、管理不善、人文环境差的旧住宅小区。由于老旧小区普遍存在基础设施薄弱、物业管理不善等问题，居民的生活环境和生活质量都受到不同程度的影响。特别是随着住房制度的改革，老旧小区形成产权逐步多元化，小区维护和管理资金渠道逐步枯竭，管理水平降低，管理功能退化，致使老旧住宅小区人居环境与新建小区形成强烈反差，已经成为城市建设管理的落后地带。因此，如何加强老旧小区建设、实现管理突破，便成为一个迫切而重要的现实问题。关注老旧小区居民的需要，加强老旧小区的综合整治，提高老旧小区的管理水平，具有重要的现实意义。这不仅是关注民生、改善民生、构建和谐社区的需要，而

① 张永新，朝阳区委社会工作委员会书记、朝阳区社会建设工作办公室主任。

且也是提高城市整体建设和管理水平的需要。

朝阳区为深入贯彻落实科学发展观，结合实际，制定了《朝阳区推进社会服务管理创新实施意见》(以下简称《实施意见》)。根据北京市社会服务管理创新推进大会精神，为加快推进朝阳区社会服务管理创新，《实施意见》明确提出：以建立与"新四区"建设相适应的社会服务管理体系为目标，以解决当前朝阳区社会服务管理的薄弱环节和突出问题为突破口，以体制机制创新为动力，努力构建社会服务管理"五大体系"，力争在五个方面实现突破。其中老旧小区管理是实现突破的目标领域之一。《实施意见》在老旧小区管理突破方面对指导原则、工作原则、工作目标、管理体系和运行机制方面都进行了规定，为朝阳区老旧小区的管理创新与突破指明了工作方向，确定了发展路径，明确了工作思路和原则，从而为朝阳区在老旧管理方面的创新工作提供了政策支持。

朝阳区按照"自治互助、共建共享"的思路，在充分听取居民意见、尊重居民意愿的基础上，采取"先试点、后推广，边试点、边完善"的办法推进老旧小区准物业管理工作，将长期无物业管理的老旧小区作为社会管理创新的对象，以有治安防范、有维护维修、有绿化保洁、有停车管理"四有"为标准，选取17个街道、26个小区。由街道先对试点小区公共部位和公用设施进行改造和整治，使之具备基本的准物业管理条件。同时制定小区管委会工作制度、小区准物业管理标准、小区准物业管理资金管理办法、居民自治公约等制度，并汇编成《朝阳区老旧小区准物业管理工作指导手册》，加强对老旧小区准物业管理工作的指导。各试点街道根据小区的实际情况，因地制宜，充分发挥本小区的优势，在工作中不断探索，形成了适合自身发展的居民自管与聘请专职人员相结合、居民互助与服务外包相结合、成立非营利性物业服务机构提供专业化的物业服务多种管理模式，得到了百姓认可。

目前，朝阳区在老旧小区管理方面的创新虽获得了初步的成效，积累了一些经验，但老旧小区的管理创新是一项复杂的工程，由于受到制度、观念、法律等各方面的制约和影响，朝阳区在推行老旧小区的管理方面遇到了许多困难和问题，这需要从政府投入、社区参与、体制创新、观念革新等各方面寻求问题的解决之道，相信在未来不久的时间内，朝阳区老旧小区管理的创新实践会在广度和深度上获得更大的突破。

一、朝阳区老旧小区存在的问题

朝阳区 24 个街道辖区总面积 118.2 平方公里，总人口 244.61 万人。共有 226 个社区和 6 个社区筹备组，自然小区数 1 080 个，老旧小区 819 个(指 2000 年以前建成小区，其中 1980 年以前建成的小区 164 个，1981—1990 年建成的小区 290 个，1991—2000 年建成的小区 286 个，跨不同年代的小区 79 个)，新建小区 261 个(指 2000 年以后建成的小区)，楼房 8 475 栋。目前有物业公司管理的小区 595 个，单位自管小区 310 个，街道或社区自管小区 175 个。老旧小区主要存在下列问题：

第一，规划设计滞后，配套设施不足。居民活动场所、公共绿地、停车场等配套设施存在不足，与居民的实际需求具有一定差距。

第二，设施老化、房屋本体破旧现象较为严重，基础设施条件薄弱。路灯缺失，水、电等“跑、漏、滴”等现象困扰居民；消防设备存在不足；水电管线、污水管线等设施设备维修维护不完善；小区道路维护不足。小区的房屋质量、基础设施和公共设施与新建小区相比，存在一定差距。

第三，生活环境存在脏、乱、差现象。主要表现在各类违章搭建多，破墙开门多，阳台改为厨房、厕所以及“房中房”现象多、无证摊点多，车辆乱停乱放多等问题。

第四，人口结构复杂，低收入群体居多。居住在老旧小区的业主大多是城市老居民和单位福利分房的职工，老旧小区的居民相当部分经济上比较拮据；另外城市的下岗职工、无业人员、孤寡老人、低收入家庭大多居住在老旧小区，治安及消防存在隐患。

老旧小区由于建成时间久，规划设计落后，配套设施不全，加上管理不到位，普遍存在着程度不同的脏、乱、差现象和居民生活不方便的问题。多年来区政府投入了大量的人力、物力、财力，对老旧小区进行综合整治，在拆除违法建设、修建小区道路、增加绿化面积及改造绿地、增加居民停车车位等多方面获得了显著成效，但是老旧小区综合整治的后续管理是迫切需要解决的问题。完全由政府承担老旧小区的管理责任，会造成严重的财政负担，从长远来看，财政将难以为继。因此，老旧小区的维修养护及其他管理服务应当从过去的政府行为逐步转变为市场行为，要转变政府职能，把老旧住宅小区整治完的后续管理工作逐步让位于社会化、市场化、专业化的物业管理，并加强监督管理。否则，对老旧的整治改造成果将前功尽弃。因此，解决老旧小区存在的各种问题，必须建立长效管理机制，引入物业管理，充分发挥物业管理在老旧小区管理中的基础性功能，才是符合时代发展要求的新途径。

二、朝阳区老旧小区管理的创新模式

《朝阳区推进社会服务管理创新实施意见》中明确了老旧小区管理的总体思路：坚持“以人为本、因地制宜，政府引导、居民自治，强化管理、逐步推进”的原则，按照“有治安防范、有绿化保洁、有维护维修、有停车管理”的“四有”标准，推行物业管理进城市老旧小区，保安、技防进院落，加强居民楼院自治管理，加快市场化进程，逐步实现无物业管理小区向准物业管理小区过渡，最终实现城市老旧小区物业管理专业化、市场化。《实施意见》为因地制宜地建立老旧小区长效管理机制提供了明确的发展方向，确立了管理的创新模式，即确定工作重点，在无物业管理小区推行准物业管理，通过政府引导和居民自治，按照“四有”标准，为无物业管理小区提供准物业管理服务。

(一)创新模式的内容

具体来说，朝阳区老旧小区管理的创新模式主要包括以下几个方面。

1. 以无物业管理小区为对象

目前老旧小区物业管理的状况主要分为以下两类：第一类是无主管单位或未纳入物业管理的小区；第二类是已经纳入物业管理，但物业管理不到位或不完善的小区，这些小区或是由一家物业公司管理，或是由多家物业公司管理。第一类小区是没有或无法实施专业物业管理的老旧小区。这些老旧小区基本是规模较小、零星分散、开发时间长的老小区，随着住房制度改革和国有企业的“关停并转”等原因，产权单位对老旧小区的管理日益松散或缺位，除房屋大修、公共设施维修等大型房管项目外，其他服务项目，包括环境保洁、绿化养护、治安防范、停车秩序等均不在产权单位的服务范围之内。

由于基础条件较差、居民“花钱买服务”的意识较弱、矛盾比较集中，即使对这些老旧小区的基础配套设施进行整治完善，专业物业服务企业可能也不愿托管。居住在这些无物业管理的老旧小区中的居民，虽然非常希望改善自己的居住环境和居住质量，但是由于经济能力等原因，常常是无能为力。所以朝阳区将长期无物业管理的老旧小区作为管理创新的对象。因为这些小区的居民相对于其他老旧小区的居民而言，改善小区环境和生活质量的愿望更迫切。因此，朝阳区在老旧小区管理创新对象的选择上是雪中送炭，力图改善弱势群体集中的无物业管理小区的生活环境和生活质量。

2. 以准物业管理为载体

在老旧小区实施标准物业管理有一定困难：老旧小区的基础设施差，物业管理用房和安全设施等方面不具备实行标准物业管理的要求；老旧小区的很多居民由于受经济条件的限制和缺乏物业消费意识等原因，不愿支付高额的物业管理费用；而且，老旧小区对道路、房屋等方面的维修要求特别多，费用需求大，这些都加大了物业管理的难度。因此很多城市已经实施标准物业管理的老旧小区出现了“物业费收入少、物业管理差”的恶性循环现象。在标准物业管理行不通、而老旧小区又需要实施物业管理的情况下，“准物业管理”是一个比较可行的方法。实施社区准物业管理是扩大物业管理覆盖面、改变老旧小区面貌的有益尝试，是化解基层矛盾、构建和谐安定社区的有益探索。

针对无物业管理的老旧小区，朝阳区社工委、社会办探索并实行了准物业管理。准物业管理是指由社区牵头，成立居民准物业自治管理组织，对不具备物业管理条件、暂时无法推行正规物业管理的老旧小区，确定低于一般物业管理标准的物业收费标准和服务标准，为居民提供基本的物业服务。这是一种特殊的物业管理制度，物业管理不以营利为目的，对居民的收费标准比较低，一般是服务成本费。准物业管理的方式有多种，可以是购买专业物业管理服务，可以是采取居民自行管理、聘请专职人员进行日常维护的准物业管理，也可以由小区居民采取互助式的物业管理。

3. 以“政府引导、居民自治”为原则

无物业管理老旧小区在实施准物业管理工作过程存在着诸多问题，老旧小区居民以低收入群体为主，往往受到经济条件制约和固有的福利享受观念的影响，这势必会影响到准物业管理收费的比率。另外，老旧小区的基础条件较差，公共设施配套不全，实施准物业管理要求进行小区的整治和环境改善，这会给小区准物业管理组织造成巨额资金压力。老旧小区的这些先天不足都决定了准物业管理的实施和运作离不开政府的引导、支持。政府一方面要对老旧小区进行综合整治和环境改善，为小区推行准物业管理创造基础设施和硬件管理方面的条件；另一方面既要对老旧小区的居民进行宣传和教育，提高居民对准物业管理的认识并帮助其逐渐形成“花钱买服务”的意识，又要帮助小区为实施准物业管理搭建自治组织平台，并给予启动资金支持和政策优惠支持，建立奖励和补贴机制，为小区推行准物业管理提供资金、政策和制度等各方面的支持，从而为准物业管理创造软件条件。

在老旧小区传统的管理方式中，政府承担着重要角色，不仅进行政策的扶持和资金支持，甚至还在某些方面直接承担服务管理者和提供者的角色，政府所承担的这些角色不仅混淆了间接宏观调控者和直接微观操作者之间的区别，而且还给政府造成了巨大的压力。因此，如何利用社区力量，培育自治组织，挖掘社区内部资源，推动老旧小区管理的社会化与市场化的发展，便成为老旧小区管理的大势所趋。在老旧小区通过居民自治开展准物业管理，不仅为转变政府职能提供了必要条件，而且也是发展社区民主、培育社区自主力量的内在要求。因此，朝阳区在无物业管理的老旧小区实施准物业管理遵循了“居民自治”的原则，充分尊重民意，发挥居民积极性，动员居民参与，实行准物业自治管理。这一原则将准物业管理作为居民自治管理的一项重要内容，并以居民自治管理为途径保障了准物业管理的顺利实施。居民自治管理的典型模式为：街道和社区充分利用民主途径，广泛征求民意，动员社区积极分子和有能力、有热情的居民骨干参与准物业管理，召开居民代表大会，引导居民成立准物业自治组织。准物业自治组织承担准物业的具体管理职责，充分发挥居民的积极性与自主性，由居民自主决定准物业管理的方式。

4. 以“四有”为基本标准

实施意见要求按照“有治安防范、有绿化保洁、有维护维修、有停车管理”的“四有”标准，推行准物业管理进老旧小区。“四有”为准物业管理的工作内容提供了基本的标准和依据。一般来说，准物业管理的工作内容大致可以分为以下几项。

一是治安防范工作。小区治安防范工作包括小区内部和周边的巡逻、门岗的24小时值班、进出小区外来人员管理，等等。

二是绿化保洁工作。环境卫生保洁工作，包括小区道路的12～14小时动态保洁、楼道定期保洁和绿化带的保洁，等等，绿化养护管理工作是一个经常性的工作，主要包括绿地养护、植物修剪、清除病虫害等工作。

三是维护维修工作。小区内的公共道路、房屋、设施等方面的维护维修与居民的生活息息相关，可以通过各种方式纳入老旧小区的准物业管理范畴。居民家庭设施设备维护维修可以由小区委托维修服务单位负责，公共区域设备维护维修则需要由房屋产权单位或其委托的物业服务管理单位负责，或者由专业管理单位负责。

四是停车管理工作。因为没有车位配置，车辆乱停乱放现象比较普遍，因此，停车管理工作也是老旧小区准物业管理的必备内容，而且通过对停车收费，还可以补贴物业管理经费的不足。

(二)创新模式的理念

1. 自治

自治是老旧小区准物业管理的核心理念。一般来讲，自治是相对于他治而言，特指自我管理、自己决定自己的事情。在社会公共领域，自治作为治理的一种方式，是现代国家制度的重要组成部分。自治的基本要素包括：自治区域、自治组织、自治成员、自治权和自治制度①。社区自治作为基层群众自治是自治的一种重要类型。社区自治的目的是为了扩大基层民主，动员社区主体共同为社区发展献计出力、进而实现社区成员的共同利益。其基本方式是由社区自己开发各种资源以解决社区的问题，满足居民需求，提高居民生活质量，最终提高居民自我教育、

① 董晓燕：《公共领域与城市社区自治》，57～58页，北京，社会科学文献出版社，2010。

自我管理、自我服务的能力。

老旧小区准物业管理的新模式是以自治为核心理念，进行老旧管理的新突破。自治的重要组织载体是小区管委会，它接受社区党委的领导，受居委会的指导。小区管委会是小区内的居民通过民主选举产生的准物业自治管理组织，承担准物业管理职责，拥有独立的财务权，凡涉及全体居民利益的重要问题，都会由居民协商决定。小区管委会向小区居民负责，接受居民的监督，听取居民的意见。由此可以看出，小区管委会实行的准物业管理能够使小区居民作为自治主体共同进行准物业的自治管理，为社区自治提供了重要的平台。

2. 互助

互助是构建和谐社会的重要基础。因为互助可以最大限度地减少社会生活中的各种内耗和摩擦，减少社会生活的风险和代价，使社会的运行成本大大降低。人与人之间的互信互爱还可以构筑良好的人际关系，有利于增加社会的价值认同和凝聚力。人们只有彼此信任，相互帮助，才能够平等相处，使社会的整体利益最大化。社区互助通过社区居民之间互帮互助，共同解决社区问题，提高社区生活质量，促进社区和谐。社区互助一方面有利于社区居民的彼此交往与沟通，社区志愿者、驻区单位、社区居民通过形式多样、内容丰富的互助活动，走到了一起，交流互动，使社区成为广大成员真正的生活共同体，克服了现代住宅及意识形态领域的屏障，促进了居民的全面发展。

互助是实现老旧小区准物业自治管理的重要形式，它强调准物业管理中社区成员的互帮互助、互信互爱，“有钱的出钱，有力的出力”，共同面对小区的问题，建设自己的家园。在小区环境维护、治安防范、停车管理等各项准物业管理的公共事务中，社区成员可以通过广泛参与，开展各种形式的互助活动，进行自我组织，自我动手，自我管理，共同负责社区的环境、绿化和治安。这样既可以整合社区资源，节约管理成本，还可以促进社区成员之间建立起相互关怀和相互照顾的美德，形成社区成员的强烈的社区归属感。

3. 和谐

和谐是老旧小区准物业管理的最终目标。老旧小区由于基础设施薄弱、落后、管理不到位等问题，常常会存在各种突出的焦点、难点问题，例如停车管理无序、侵占绿地、违章搭建、治安混乱等问题，不仅影响到居民的生活质量和生命财产安全，而且还容易引起社区成员之间的各种矛盾，影响到社区的和谐。

老旧小区准物业自治管理的模式以小区管委会为组织载体，以“四有”为基本标准，广泛动员居民参与，开展准物业管理，目的在于建设“管理有序、服务到位、环境整洁、治安良好、生活便利、人际关系和谐”的社区。准物业自治管理模式在构建和谐社区发挥着重要作用。它能够充分发挥自身的优势，为居民提供基本的物业服务，协调解决居民生活中的热点、难点问题；通过居民的自我管理形成奉献爱心、互帮互助的良好社会风尚，有助于和谐邻里关系的建立，培养居民对社区的认同感和归属感。准物业管理的创新模式能够充分发挥自治管理在维护社区秩序、改善社区环境、提高居民生活质量和维护社会稳定中的重要作用，是改善老旧小区居民的生活质量，提升居民生活品质，缩小住宅区差距，建设和谐社会的重要举措，也是全面贯彻落实“以人为本”科学发展观的必然要求。

(三)创新模式的意义

1. 实现了老旧小区物业管理模式的创新

老旧小区准物业自治管理模式在物业管理模式方面的创新性主要有以下几点：第一，以无物业管理小区为对象，突出重点，解决难点，符合民意。第二，以“政府引导、居民自治”为原则，一方面，体现了政府在处理社区公共事务中的责任和地位；另一方面，强调发挥居民自治，动员社区力量，实现社区的自我管理，有利于实现政府和社区自治力量对社区的共同治理。第三，以准物业管理为载体，突出物业管理的非营利性，既能解决居民的实际问题，又不会给居民造成很大的负担。第四，以“谁受益，谁付费”为原则，实现财政收支平衡。通过居民分摊物业费的 AA 制原则，培养了居民在物业管理中的责任感，有助于建立老旧小区管理的长效机制。

2. 有助于推动城市管理水平的提高

老旧小区的管理一直是城市管理中的短板，影响和制约着城市整体管理水平和环境建设水平的提高。老旧小区和新型商品房小区在居住质量、小区环境、管理水平等各方面都存在很大差距，造成了城市管理水平的参差不齐。老旧小区准物业自治管理模式的推行，有助于提高老旧小区的居住品质，提高管理质量，促进居民和谐关系的建立，这对于推动整个城市管理水平和提高整体建设质量都有着重要的意义。

3. 有利于促进社区自治的发展和推动政治民主化的进程

老旧小区准物业自治管理的模式以自治为核心理念，以居民自治为基本原则，以小区管委会为自治管理的组织载体，通过各种民主形式和途径，动员社区居民行使民主权利，共同管理和建设自己的家园。这种模式为居民自治提供了组织平台和制度载体，对于推动社区自治的发展具有重要的意义。通过对社区居民的民主意识的培养和民主能力的训练，老旧小区的准物业自治管理同时也为政治民主的发展提供了必要的空间，是政治民主发展的新型生长点，通过社区自治和社区民主的发展，有助于为政治民主化提供合格的公民，同时也为政治参与提供了必要的空间。

三、老旧小区准物业管理的实施

为贯彻落实《朝阳区推进社会服务管理创新实施意见》，朝阳区社会工委、社会办确定了老旧小区准物业管理的实施进度，进行了工作部署，2010 年选取 9 个街道的 13 个无物业管理小区开展准物业管理试点工作，2011 年又将试点小区范围扩大到 17 个街道 26 个小区。各街道分别开展了以下几方面工作。一是前期调查摸底工作，各街道分别对物业设施、地面设施、地下空间、物业公司、房屋使用、使用归属、小区资源进行了调查摸底，建立相关数据档案。二是制定工作方案，在确定本街道试点小区的基础上，结合自身特点，分别制定了《推进老旧小区物业管理工作方案》。三是开展民调工作，分别采取居民座谈会、发放调查问卷等方式，对居民管理需求、支持度进行了调查了解。四是进行准物业管理的实施与推进，引导居民成立了准物业自治组织，建立规章制度；按照“四有”标准，完善试点小区、楼宇院落的硬件建设，为实现自治管理提供保障。下面就各街道试点小区准物业管理工作的具体实施情况进行重点介绍。

(一)试点社(小)区基本情况介绍

1. 试点的选择情况

各街道选择的试点主要包括三种类型：社区、小区、院落(社区的某两栋楼)。其中左家庄、和平街和六里屯选择的是试点社区；团结湖、潘家园选择的是试点小区；垡头选择的试点包括小区和院落；香河园选择的是院落。总体来说，试点选择以小区和院落为主，地域面积较小，范围较为集中，便于实行自治管理。

2. 试点的选择缘由

大多数街道在选择试点时都经过了慎重的调研、考虑和筛选的过程，选择的主要标准为：无物业管理、弱物业管理或管理无序的社区或小区。具体的选择理由主要包括以下几个方面。

第一，试点社区或小区的物业管理缺位或不到位。由于缺乏物业管理，居民对停车、治安等管理和服务需求较为强烈，甚至因此产生矛盾。例如，潘家园磨二小区的居民因为大规模抢占车位引发了矛盾，要求解决停车问题的呼声较高。

第二，试点社区或小区的居民自治基础较好，居民有较强的参与意愿。垡头街道的三区南院的15号楼为回迁楼，在环境管理、停车管理上已基本实现自治，有较好的推行居民小区管委会管理的基础。和平街的和平家园在停车管理和治安防范已经有五年的居民自治管理的经验。

第三，居民对于准物业管理的认同度较高。垡头街道经过问卷调查，发现西里二区9号、10号楼的居民准物业管理的支持度和关注度较高。西里二区9号、10号楼的居民的问卷调查的回收率为84%，其中对成立准物管自治组织的同意率为75%，赞同收费的赞同率为51%。

第四，试点小区易于封闭，便于实行准物业管理。小区如果是开放性的，闲杂人员随意进进出出，小区的安全很难得到保障。因此，各街道选择了易于实行封闭管理的社区或小区，设置岗亭、配备保安，进行停车管理和治安防范工作。

3. 试点社(小)区的“四有”状况

总体来说，大多数试点社(小)区并未完全实现“四有”，其中房屋的维护维修主要由产权单位、房管所或物业公司负责，有个别试点院落甚至没有房屋维护、维修的责任人；绿化和保洁都是由街道投入、社区协管，由街道的绿化队、保洁队或聘请专业的绿化保洁公司负责；除团结湖街道与左家庄街道引入了专业停车公司以及和平街街道的和平家园实行自治管理之外，大多数试点社（小）区都未实行封闭管理，缺乏停车管理和治安防范。

（二）各街道准物业管理的工作方案及实施情况

各试点街道都制定了较为明确工作方案，内容包括工作原则、总体思路、工作目标、具体措施、管理体系等。综合各街道的工作方案，可以看出各街道在工作思路、工作措施和管理体系和具体实施方面等存在一些共同特征，主要表现在：

1. 在工作原则和工作思路上都体现出了“政府引导和扶持、社区动员组织、居民自治管理”的特点

大多数街道在办事处层面成立相应的组织机构（领导小组、指导小组、办公室等），在前期做了大量的摸底调查、调研和工作方案的策划等工作，积极引导和组织各试点开展准物业管理工作。社区党委、居委会在动员和组织准物业工作的开展方面发挥了重要作用，如垡头街道的居委会发放问卷、入户宣传，进行了广泛的宣传和动员；潘家园街道的居委会逐一入户发放调查问卷，对居民进行宣传教育工作，同时积极组织居民成立准物业管理自治组织。在居民层面，工作的方向是动员居民参与，组织居民成立自治管理的组织，进行老旧小区的准物业的自治管理工作。

2. 部分街道建立了老旧小区准物业管理的工作体系

垡头街道建立了“街道—社区—小区管委会—居民”四级管理体系，明确了各级组织的职责；团结湖街道建立了“1＋1＋6＋6＋10”的运营管理模式，即一个办公室，一个非营利性物业管理公司（街道社区服务中心），6个专业管理分公司或服务机构，6个社区物业管委会，10个无物业单位小区管理委员会。管理体系的建立有利于街道、社区和居民之间的协调和沟通，有助于理顺不同组织和主体之间的关系，保障准物业管理工作的顺畅进行。

3. 各街道都在试点小区筹备成立或已经成立了居民的准物业管理自治组织——小区管理委员会（以下简称小区管委会），为居民自我管理与自我服务搭建了平台、提供了组织载体。

各街道的小区管委会虽然都是准物业管理的自治组织，具体承担本小区的准物业管理工作，但是各自职责略有不同。傒头街道的小区管委会负责实施物业管理，研究确定委托专业公司承接服务项目，招聘地区失业人员从事服务工作，向居民公示服务项目、服务标准、收费标准、服务承诺等内容，并对物业服务公司或机构进行监督和考核；团结湖街道的小区管委会主要负责对物业分公司物业服务的提供进行监督与考核。

4. 各街道的工作方案都以“政府投入、以服务促管理”作为介入的策略

各试点社区在小区环境、基础设施等方面都较为薄弱，许多街道在先期都以小区环境改造、道路改造、治安管理作为着手点，通过改善小区环境，满足居民需求，使居民受益，提高居民参与的积极性。傒头街道对试点小区进行了绿化改造和甬路改造，并且完成了停车位改造、治安岗亭和监控系统建设等内容；潘家园街道和和平街街道进行了小区的绿化整治、道路改造和停车位的合理划分等工作。各街道在准物业管理初期通过充分居民意见并进行小区改造和整治的方式，为小区实行准物业管理创造良好的硬件环境。在小区实行院落自治的过程中，街道发挥了宣传、教育和引导的作用，鼓励居民自治，引导居民自治制定各项规章制度，为小区自治创造了软件环境。

(三)各街道实施准物业管理的具体模式

各街道都在因地制宜、结合本地区实际情况，探索各具特色的准物业管理的工作模式。综合分析，主要有以下两种模式。

1. 实行准物业自治管理，居民自主确定服务提供方式

该模式总体思路是实行居民自治，问计于民、问需于民，全面落实居民的自治权利，确保居民的“知情权、参与权、选择权、管理权和监督权”得以实现。该模式的主要内容是：

第一，坚持社区党组织的领导，发挥党员的模范示范作用。社区党组织对基层群众自治发挥着有效的政治支撑和指导作用，能够保障和引导居民自治朝着正确的方向发展，因此，老旧小区准物业的自治管理需要发挥党组织的核心组织功能，坚持社区党组织的领导。社区党组织将老旧小区居民生存环境的改善作为重要的工作内容，发挥政治决策和思

想领导的功能，积极动员和引导居民参与小区管理，发挥主人翁精神，通过自治管理的方式实现准物业管理。社区党组织不仅要对准物业管理自治组织的成立和发展发挥领导和监督作用，而且还要通过党员的模范带头作用，产生示范效应，引导和影响居民自觉自愿地参与到小区的管理中来。

第二，引导居民成立准物业管理自治组织——小区管委会，实施准物业管理。各试点小区通过街道和社区的引导、扶助与支持，广泛征求民意，动员社区积极分子和有能力、有热情的居民骨干参与准物业管理，充分利用民主途径，召开居民代表大会，引导居民成立准物业自治组织，实施居民自治。居民通过小区管委会这一准物业管理自治组织进行自我管理与自我服务，将“治安防范、绿化保洁、维护维修、停车管理”等纳入准物业管理的服务内容。小区管委会建立健全各项管理的规章制度，通过各种方式募集资金、广泛整合资源，账务公开，财务透明，进行准物业的实施、管理或服务提供。

第三，准物业管理充分尊重民意，保障居民民主权利的实现。小区管委会实施准物业管理职责，通过各种民主形式和途径，广泛征求小区居民意愿，物业服务管理模式、服务方式、收费标准等准物业管理服务事项必须通过公共事务决策机制，经大多数居民同意后方可实施，并自觉接受居民的监督。

第四，居民自主确定物业服务提供方式。小区管委会承担准物业的具体管理职责，充分发挥居民的积极性与自主性，由居民自主决定准物业管理的方式，可以是购买专业物业管理服务，可以是采取居民自行管理、聘请专职人员进行日常维护的准物业管理服务，也可以由小区居民采取互助式的物业管理。

该模式的优点在于以下几方面。第一，有利于发挥民主，提升小区管理水平。实行这种模式的关键在于制定规范的规章制度，充分利用民主制度和民主管理方式，获得居民的认可与支持。通过居民封闭院落自治管理，有利于充分调动小区内部资源，有利于培养小区居民自我管理的能力，形成民主参与意识和工作作风，最终有利于提升小区的管理水平，改善小区的人居环境，是居民实施自我管理的有效途径。第二，自治管理是一种管理成本较低的制度创新。小区自治管理是在政府指导和社区党委领导下，通过开发和利用小区自身的资源，实行小区自我管理、自我教育和自我服务。通过开发小区的人力资源，为小区管理提供可持续的动力源泉，实现社区整合，降低了小区管理的成本。

该模式以垡头街道、潘家园街道、和平街街道为代表，下面结合这三个街道的准物业管理实践，对该模式的具体内容及其实施情况进行详细介绍。

(1)管理体系

试点小区的准物业管理工作都是由街道和社区牵头来引导居民组织实施的，街道承担了准物业管理的扶持和指导职责，社区党委和居委会承担了准物业管理的动员、引导和组织职责，小区的居民及小区管委会作为小区的主体，具体实施准物业管理。因此，街道、社区和小区之间通过相互的配合与支持，形成了一定的管理工作体系。

垡头街道实施准物业管理的总体思路是：坚持“街道指导、居委会负责、居民自治”的原则，从地区实际出发，从居民需求出发，着力推进地区未纳入物业管理和物业管理不到位的楼宇院落实施小区管委会自我管理，确立“低偿收费、优质服务、收支平衡”的管理理念和管理体系。通过加强居民楼院自治管理，建立了“街道—社区—小区管委会—居民”四级管理体系。街道层面成立指导小组，社区层面成立工作小组，居民层面成立小区管委会，并分别确定了工作职责。街道负责小区管委会管理工作的指导与扶持，为社区提供各项保障机制；社区负责指导小区管委会组织实施老旧小区的专业化管理，并进行监督与考核；小区管委会受社区居委会(服务站)委托，负责对楼宇院落的具体管理；居民主动参与，实现自管自治，并对小区管委会的工作进行监督。这种管理体系调动和动员了各个层面的主体的力量，发挥街道、党委、居委会、小区管委会和居民各自的优势和特长，通过明确其职责，全方位地参与到小区准物业管理中，为小区准物业管理的顺利实施提供了组织保障和体制保障。

街道指导小组通过对小区准物业管理进行指导、监督、激励与资源提供，既为小区顺利实施提供准物业管理提供了物质和资金保障，也为小区准物业管理的具体实施提供了可供遵循的标准和依据。社区工作小组是指导小组和小区管委会的中间组织，负责二者之间的协调、沟通，并引导、动员和组织成立小区管委会，并对其工作进行监督、考核。工作小组的成员包括社区党委、居委会或服务站的工作人员组成，对小区实施准物业管理中扮演了教育者、引导者、倡导者的角色，为小区实施自治管理发挥了重要作用。试点小区的准物业管理组织为小区管委会，成员为小区中德高望重、热心社区建设的居民，负责物业管理的具体实施工作，协调解决居民提出的涉及公共保洁、绿化养护、车辆管理、设施维修、公共服务、治安保卫等方面问题。管委会根据职责，征求居民需求和意见，制定出符合试点院落实际情况的工作章程，包括管理规定、服务标准、工作办法等；并将各项章程落到实处，落实到人，定期公示财务收支情况，主动接受居民监督，切实为试点居民提供高效服务，逐步实现自治管理。

潘家园街道建立了准物业管理体系，街道成立推进"无物管院落"试点工作领导小组；在试点小区推选产生居民代表会，在试点小区成立小区管理委员会为居民代表会的常设机构。居民代表会由小区的居民户代表组成，为准物业管理的权力机构，具体负责：审议、制定、修改居民公约；推选小区管理委员会成员；研究小区重大事项；定期听取小区管理委员会工作开展情况及资金使用情况汇报；有权提出更换绿化、保洁、停车等专业公司。小区管委会的成员由小区居民选举产生，为准物业管理的具体执行机构，主要负责：小区居民事务的协调管理；征求居民意见和建议；研究制定小区居民公约，上报居民代表大会；协调小区与社区、政府部门及房屋管理部门的沟通；监管小区账务，监督小区居民公约执行情况等。潘家园街道的管理体系的特色在于强调居民自治，通过建立准物业管理的权力机构和执行机构，完善了居民自治管理制度，保障了居民民主权利的实现。

(2)社区教育与宣传

对于居民来说，在老旧小区推行准物业管理是一项新生事物，居民对于准物业管理的认知度较低，因此，在具体实施准物业管理之前，必须进行相关的社区教育与宣传，使社区居民对于准物业管理的思路、原则、方向、目标和具体措施获得较为明确的认识，从而了解其对于准物业管理的参与意愿和需求。只有通过各种社区教育和宣传措施，了解民意，征求居民意见及建议，才能使准物业管理的推行具备广泛的群众基础，才能真正调动居民的积极性与自主性，实行小区的自治管理。各街道在推行准物业管理的初期进行了通过多种措施，开展了一系列的社区教育与宣传工作，取得了良好的成效。

潘家园街道的试点小区是磨二小区。该小区是无物业管理小区，存在诸多问题：由于未实行封闭管理，无门卫室与专业保安，小区人员和车辆随意出入，安全存在隐患；小区便民服务设施不健全，公共服务资源少，居民生活不方便；停车管理无序，车辆多车位少，造成居民争抢车位，安装地锁，居民对此意见较大；绿化长期缺乏养护。磨二小区由于基础设施薄弱、物业管理缺位、硬件设施不足等原因，造成了小区环境较差、停车秩序混乱、存在安全隐患等问题，居民具有强烈的改变小区物业管理现状的需求。街道和磨二小区在推进准物业管理的工作过程中，为实行院落自治，充分发动居民，实现小区管理自治化，采取了以下社区教育与宣传措施。

一是利用走访、座谈会等措施进行广泛宣传和教育，让居民明确认识到准物业管理的意义和重要性。社区成立了小区管理委员会筹备小组，全体社区工作者包楼、包户，进行宣传、走访。社区先后召开四次大型居民座谈会，向居民宣传成立小区管理委员会的意义及管理模式，推心置腹地和居民交流，广泛征求居民意见和建议。

二是组织开展问卷调查。一方面，了解居民实施准物业管理的意愿和参与意愿；另一方面，达到宣传目的。社区工作者逐户上门发放调查问卷，开展调查，了解居民愿意接受封闭院落自治管理人数。共发放了调查问卷 787 份，收回有效问卷 708 份。其中赞成成立小区管理委员会的人数占到总数的 87.43%，愿意参与小区管理的共有 88 人。

三是利用小区骨干进行宣传，调动居民参与自治的积极性。社区党委、居委会发动磨二小区和谐促进员、党员、楼门长等骨干力量，积极参与小区自治管理，在居民中做好宣传，发挥模范带头作用，积极行动起来，为小区“无物管院落”试点工作献计献策。小区充分发挥小区楼门长、社区积极分子和党员服务群众、凝聚人心的作用，调动居民参与管理、参与自治的积极性，力图形成“自己的小区自己管”的良好氛围。

垡头街道为确保老旧小区实施物业管理的顺利实施，街道和社区针对地区居民小区和楼宇院落物业管理现状进行认真分析，开展了入户走访和问卷调查，了解居民群众对准物业化管理的认可程度、物业服务管理需求、物业收费标准等问题。共发放调查问卷 4 000 份。调查结果表明，68%的被调查者认可准物业化管理模式。通过问卷调查了解到居民对物业服务管理的要求较高，对服务项目的关注程度依次排序为设施维修、房屋维修、车辆管理、卫生保洁、绿化管理、便民服务等。在宣传动员方面，一是召开动员大会。街道组织召开了老旧小区准物业管理工作动员大会，各社区居干、楼门长、和谐促进员、党员积极分子 300 余人到会。会议对准物业管理的可行性、时代性、社会性进行了分析，得到了与会人员的广泛认同。会后，与会人员在老旧小区居民中广泛宣传准物业管理工作，地区知晓率达到 60%。二是入户宣传。街道利用楼宇文化栏、社区墙报、板报、横幅等媒介，在地区范围内扩大了宣传的广度和深度；入户发放《致居民的一封信》6 000 余份，全面提高了居民群众的知晓率，在地区营造了推行准物业管理的良好氛围。三是主题宣传活动。街道结合文明城区创建工作，举办 2 次主题宣传活动，推广宣传老旧小区准物业管理，发放各类宣传材料 3 000 余份，参与群众超过 2 000 人次。

(3)小区管委会的产生

老旧小区的管理是关系每个成员切身利益的事情，需要小区成员共同参与才能持续不断的推进小区管理水平的提高和小区环境的改善。老旧小区成员如果都有权参与并影响小区准物业管理事务，才能激发和调动社区成员的积极性和创造性。因此，成立小区管委会是实现小区民主管理的内在要求。小区管委会是小区实施准物业管理的自治组织，它既是老旧小区推行准物业管理的组织载体，更是老旧小区居民参与小区管理的重要平台，是居民实现社区民主权利的重要途径。小区管委会作为最基层的居民自治组织，具有“自愿性、非营利性、公益性”的特征，它在推动老旧小区管理方面具有许多优势，可以为居民参与老旧小区管理提供组织平台和依托，可以及时敏锐地了解基层居民的需求，反映居民心声，并通过自治管理的方式实现居民意志。

各个街道都通过各种方式引导有热情、有能力、有奉献精神的居民通过自荐或推荐的方式成为候选人，并通过居民民主选举的方式成立了小区管委会，为老旧小区准物业自治管理的顺利实施奠定了组织基础。

小区管委会作为老旧小区准物业管理的自治组织，与社区党委和居委会有着密切的关系。社区党委对小区管委会发挥着领导和监督作用，居委会则对小区管委会发挥着指导与监督作用，并可以对其管理效果进行绩效评估。

潘家园街道磨二小区通过成立小区居民代表会并由居民代表会投票差额选举出了小区管委会的成员。磨二小区在社区教育和宣传阶段，通过问卷调查，了解居民参与小区管理的意愿，发现有88位小区居民愿意参与小区管理。社区工作人员通过入户与其面谈和电话联系等方式，进行再一次的核实、沟通，有47人最终确认同意参与小区管理，并成为居民代表。社区将47名居民代表名单入户向每户居民征求意见，由居民签字确认同意，最终获得了绝大多数居民的认可和同意。通过居民自荐每户居民签字同意的方式最终产生了小区准物业管理的居民代表会。

社区党委在广泛听取各方意见，反复研究、酝酿、物色即将成立的小区管理委员会成员建议人选，根据磨二小区的居民的年龄结构、职业结构、文化程度结构等多种因素，考虑到小区管委会委员的广泛代表性，及日后便于开展管理工作等综合情况，在愿意参与小区管理的88位居民中挑选出10位小区管理委员会成员建议人选，并由居民代表大会差额选举出了9位小区管委会成员。委员会设主任1名、副主任3名、干事3名、监事2名，具体职责由小区管理委员会制定。小区管委会成员的年龄结构较为合理，成员的年龄分布在30～70岁之间，各个年龄段的成员都有，文化程度在高中至大本之间，既有在职人士，也有退休人士，这说明小区管委会具有较广泛的群众基础，能够代表各个年龄层、不同职业和文化程度的居民的利益。

垡头街道试点的小区管委会的产生分为三个阶段。一是推选候选人成立筹备组。由社区党委、居委会进行走访调查，推选社区(院落)中德高望重、热心社区建设的居民作为候选人，成立小区管委会筹备组，包括和谐促进员代表、居民代表、区域内社会单位代表。二是召开试点楼院小区管委会筹备组成员会议：商议小区管委会职责、管理制度、服务项目、收费标准，以及委托专业部门承担的相关服务工作等。三是召开居民代表大会选举产生小区管委会人员，由社区居委会组织居民代表选举产生小区管委会成员，两个试点的小区管理委员会候选人均以全票当选，正式成立了小区管委会。以三区南院为例，小区管委会成员共有7人，设主任1人、副主任1人，成员包括普通居民和物业服务单位的管理人员。

(4)准物业管理工作制度

小区准物业管理涉及的内容较多，需要建立完善的规章制度才能保证小区准物业管理工作有序、规范的实施。由于小区准物业管理处于摸索阶段，小区居民和小区管委会成员对规章制度的制定缺乏经验，需要在自身思考、制定工作制度的过程中得到区、街两级政府的指导。朝阳区社会工委、社会办结合了各个小区的实际情况，在各街道试点小区制定的工作制度的基础上，借鉴多方经验，为小区准物业管理提供了各种工作制度的参考文本，为各个小区根据自身情况制定适合本小区准物业管理的工作制度提供借鉴。各个街道的试点小区在制定工作方案方面取得了初步的成效，制定了主要包括以下内容的工作制度。

一是小区管委会的章程。章程主要包括总则、组织机构、成员组成、任务与职责等部分。章程规定小区管委会的最高权力机构是小区管委会成员大会，决定重大事项，制定相关管理制度。小区管委会的主要职责是负责在广泛征求居民意见和建议基础上，确定服务项目和收费标准，定期公示财务收支情况，主动接受居民监督；根据小区特点和居民意愿，选择互助式、互助＋外包等物业管理模式，实现小区的准物业化管理；对服务单位进行日常监督，定期考核服务单位及从业人员的工作绩效；负责小区管委会自管服务项目工作人员的管理，志愿者的组织和管理等相关工作。

二是小区管委会的工作制度。第一，会议制度。具体有例会制度、协调制度、会商制度、通报制度。第二，公示制度。公示内容主要包括：小区管委会组织章程、规章制度、成员及职责分工、服务内容、志愿服务队信息、联系方式等内容；治安防范、绿化保洁、维护维修、停车管理的服务标准；服务商的服务承诺、服务范围、服务项目及收费标准等内容；小区财务收支情况、居民交费情况、需研究和通报的小区重大事项等。第三，考核评议制度。小区管委会通过社区居委会组织召开的居民代表大会，对绿化、保洁、治安、停车管理、维护维修的服务商进行评议考核，考核分为满意、基本满意和不满意三个等级。

三是居民公约。居民公约主要是在环境保护、交通秩序、宠物管理、日常生活等方面对居民进行行为规范，引导和促进居民形成参与小区管理的意识，形成良好的道德风尚。

(5)资金的来源及管理

老旧小区准物业管理具有其特殊性，服务的部分对象为弱势群体，收费标准及居民交费率都比较低，承担准物业管理工作的自治组织及物业服务单位都会面临一定的压力。所以做好老旧小区准物业管理工作，需要政府部门、社区组织、小区管委会和居民之间的密切配合和良好互动，通过政府补贴、物业服务的经营性收入补贴、居民交费等多种方式整合小区的资源，建立起低收费、有补贴的良性机制，使其具有强大的生命力。首先在经费来源上，要明确需要通过提供物业服务向居民收取一定的物业费。另外，小区管委会可以通过小区停车费、广告费、房租等其他收入贴补居民，弥补小区管理经费不足。其次在政策扶持上，在准物业管理初期，政府对小区环境整治和基础设施的改造进行财力和物力投入。

为保护老旧小区居民合法权益，严格管理小区准物业管理的各项资金，各街道制定了小区资金筹集及管理制度。小区管委会在实施准物业管理时首先明确了向居民收费的管理思路。即居民通过交费，享受各种物业服务，从而实现自身生活环境与质量的改善。根据“四有”标准和小区准物业服务提供的方式，小区管委会从人力、物力、财力等各个方面测算小区实施准物业管理所需要的成本，并由此测算出每户居民应缴纳的费用。小区管委会进一步测算出准物业管理的其他资金来源，其中包括小区引进停车管理公司等物业服务单位开展的经营性项目收入，这些经营性收入与小区管委会进行利益分成，用以补贴小区准物业管理经费。另外，有条件的街道还可以整合主要包括人防和地下设备层以及便民设施的收入在内的小区资源，用以补贴管理经费的不足。通过测算出各种可以用以补贴小区准物业管理经费的资金收入之后，与之前所测算的小区实施准物业管理的成本相抵，最终测算出居民实际应缴纳的物业费用。收费标准由居民代表会通过之后，居民应当按时交费，履行义务。小区管委会收取的各项经费主要用于支付小区各专业服务机构的服务费、自雇的物业工作人员工资、物业管理志愿者的补贴等；小区内公共设施的修缮、添置、改造；应对重大事件、突发事件等情况。

实施小区自治的关键在于公开、透明的财务制度，因此小区管委会建立了财务管理与公示制度。管理资金由社区服务中心开设独立账户代为管理，由小区管理委员会定期向居民公示收支情况及财务结余情况，并接受居民对资金使用情况的监督。

(6)准物业服务的提供

小区准物业自治管理的重要内容是根据居民的需求及意愿，由居民自主决定准物业服务提供的方式。从目前来看，朝阳区各街道准物业服务提供的方式主要有两种：委托专业服务商提供物业服务、利用小区志愿服务组织提供物业服务及个性化服务。

由于小区管委会属于居民自治组织，没有明确的法律主体资格，因此如果采取自管模式，聘请服务人员进行日常生活管理，在法律层面会面临诸多制约。例如，缺乏用人的主体资格，无法充分保障物业服务人员的劳动权利等。因此，垡头街道和潘家园街道根据小区管委会的商讨和居民代表会的决议，确定了主要采取委托专业服务商提供物业服务的方式。委托专业服务的好处在于可以保证服务的专业性，并且避免小区自行聘用服务人员所产生的弊端，小区管委会及居民通过对专业服务商的监督、考核来保证其服务质量，充分发挥居民的自主性。

垡头街道在前期充分征求民意的基础上，小区管委会结合“十五分钟便民服务圈”，确定了包括绿化保洁、治安防范、停车管理、维护维修、便民服务等多项服务内容，采取委托专业服务商的方式，提供收费低廉和高效的服务，满足居民在物业管理和日常生活等各方面的需求。在小区管委会准物业管理初期，绿化保洁、治安管理、停车管理等服务，由街道协助管理。潘家园街道磨二小区管委会在区社会工委、社会办提出的“四有”基础上，结合该小区居民的实际需求，通过居民自治的方式，实现“六有”小区目标，即“停车有人管、绿化有人养、卫生有人扫、安全有人看、房屋有人修、个性服务有人帮”。其中，停车管理聘请了停车管理公司进行管理，并借助现有停车管理队伍，将小区安全纳入，既能节省人力物力，又能减少管理协调成本；在绿化和保洁方面，委托专业绿化服务队和保洁服务队；在维护维修方面，委托专业维护维修服务队伍，实行最高服务，最低收费的标准。此外，为了充分挖掘小区内部资源，调动小区居民自我服务的积极性，拟组建个性化志愿者服务队和文明养犬志愿服务队，搭建居民自我服务平台，实现自我服务。

和平街街道的和平家园社区在利用小区志愿服务组织提供物业服务方面积累了良好的经验。家园社区自 2005 年起在停车管理和治安方面，通过自治管理的方式，向居民低收费，由社区志愿者组成停车治安队伍进行停车治安管理，收到了很好的成效。这种由居民志愿者组织提供物业服务的方式以一种居民互助的形式进行物业自管，它的优势在于能够充分利用社区内部人力资源，为社区居民提供低成本的物业服务。

和平家园社区在未实行停车管理之前，社区内除单位自管的封闭楼院外，没有专业物业公司和保安。社区治安曾经一度恶化，入室盗窃，机动车丢失问题频发，曾被挂上“治安黄牌”，居民反应强烈。针对和平家园社区的治安问题，自 2005 年起街道和社区建立了街道指导、社区运作、居民参与的“三位一体”的工作机制。

街道加大了对社区基础设施的投入，社区坚持群众参与的原则，通过数千份问卷调查及广泛宣传动员，使居民提高了认识，纷纷表示愿意参与到社区治安防范自治管理工作中来。2005 年和平家园社区成立了“治安、车辆管理志愿者协会”和“治安志愿者巡逻队”，这两支队伍是在街道备案的社区社会组织，“治安志愿者巡逻队”的 56 名队员都是社区居民中做事认真，责任感强，身体健康的党员志愿者、和谐促进员、社区低保人员。社区“治安志愿巡逻队”担负着维护社区治安防范的重任，每天坚持 24 小时值班巡逻，并配合公安机关做好重点地区蹲守、管控工作，形成了社区自治队伍和公安部门上下联动的区域性治安防控体系。

为加强社区治安防范，减少穿行社区车辆，维护居民停车安全，社区在 6 个可以出入机动车的大门设置了管理岗，由治安志愿巡逻队 24 小时值班，实行机动车凭证出入和收费制度，社区将收费标准、收取情况、使用情况定期向居民公示。收取的停车费用一小部分用于志愿者的补助，另外一大部分投入到社区治安防范经费中，社区居委会购置了 7 辆微型电动车，用于社区 24 小时治安巡逻，社区治安巡逻队有了适合于自己的专业设备，提高了治安防范能力。

自建立了“三位一体”的工作机制体系以来，社区治安防控能力明显增强。根据公安部门的通报，和平家园社区连续5年没有发生一起恶性的治安刑事案件，连续3年机动车丢失零发案，连续2年可防控案件零发案，居民因为停车造成的纠纷也得到了彻底解决。和平家园社区的治安环境得到优化，居民生活有了安全感，居民满意率明显上升。2009年和平家园社区荣获“全国和谐建设示范社区”称号。

为推进社区准物业管理的全面落实和实施，和平家园成立了小区管委会，针对社区居民楼的设备维护维修基本没有保障的问题，组织社区内具有物业管理经验，有维修技能的下岗、失业人员、退休人员成立物业管理志愿服务队伍，负责维修服务日常工作。

2. 成立非营利性物业服务公司，提供统一化物业服务

这种模式以团结湖街道为代表。团结湖街道老旧小区在北京是最早的统建小区，基本上都是20世纪80年代初建成，大部分属于房管局直管公房。街道有6个社区，其中包含10个无物业管理的小区。街道在物业管理方面具有良好的基础，因为街道通过政府主导、市场运作等方式为全街道的老旧小区统一提供物业服务方面奠定了一定基础。街道成立了社区服务中心，由街道聘请专业的绿化保洁服务公司进行绿化保洁服务，由专门的停车公司管理对老旧进行停车管理，由街道的治安巡防队进行治安维护，由房管所负责公共设施维护和房屋的维护维修。相比其他街道而言，团结湖街道的老旧小区在“四有”方面的实施状况较好，当然，这些都离不开政府的资金投入和支持，老旧小区的绿化保洁和治安管理都是由街道进行财政补贴和投入才能有效运行。

团结湖街道在老旧小区准物业管理方面的总体目标是：力争到2013年10月底，在6个社区的10个无物业管理的封闭式小区基本实现物业管理全覆盖，逐步建立老旧住宅小区“低收费、广覆盖、有补贴”，专业化、社会化、市场化物业管理长效机制，提升物业管理服务水平。

团结湖街道在老旧小区准物业管理方面的具体目标是：在整治完善老旧住宅小区硬件配套设施的基础上，逐步建立物业管理机制，争取实现“六个有”，即有停车管理、有公共环境保洁、有绿化养护、有治安防范、有设施维修管理、有个性化需求服务，建立健全“1+1+6+6+10”运营管理模式。

团结湖街道办事处成立了物业化工作管理办公室，其职责为：负责辖区内老旧住宅小区物业化管理试行工作的指导和日常管理；负责组织做好停车管理、公共环境保洁、绿化养护、治安防范、设施维修管理、个性化服务等项工作的监督管理；负责组织做好辖区内各级单位管理人员的培训工作；负责开展各种社会宣传活动。街道在社区服务中心成立了非营利性物业服务管理公司。

老旧住宅小区物业化管理工作由办公室和在社区服务中心成立的非营利性物业公司组织开展，受小区管委会的委托，分别聘请汽车看管、保洁、绿化养护、治安巡逻、公共设施维修管理及个性化服务等工作人员，负责小区日常管理。由6个社区牵头成立社区物业管理委员会，分别负责各社区物业管理，社区统筹，由6个专业公司派人进驻。

10个无物业管理的老旧住宅小区相应成立与之对接的小区管委会，由小区业主代表、居民代表、和谐促进员和楼门组长组成，负责监督、考核物业管委会及6个专业分公司的日常工作情况。小区管委会的成立使居民有了维护自身利益、反映小区物业服务存在的问题有了利益诉求的渠道，它一方面协助物业服务中心进行服务的管理；另一方面有权监督物业服务质量，针对物业服务质量不好的物业服务队伍及从业人员，有权建议物业服务中心更换物业服务队伍或服务人员。

该模式的资金来源主要有以下几种：街道对绿化、保洁的财政补贴；停车管理公司经营性收入的补贴；对便民服务服务网点收取管理费用的补贴；向居民收取的卫生保洁费等。其中收取的停车费用于补贴保洁、绿化方面的费用支出。

该模式的目标是通过建立专业化、社会化、市场化物业管理长效机制，逐步实现老旧住宅小区准物业管理的“低收费、广覆盖、有补贴”。该模式的特点在于“政府引导、市场运作”，形成了“街道、社区、物业服务公司、小区管委会”四位一体的准物业管理格局。街道通过对老旧小区进行软、硬件设施改善，通过政府扶持，财政补贴为小区搭建物业服务的平台。非营利性物业公司在今后通过向居民低收费，实现准物业管理的市场化运作，以市场机制保障物业服务的正常运行。

该模式的优点在于能够整合街道资源、便于统一管理，高效快捷地为居民服务，通过市场化、专业化和社会化的机制，保障老旧小区准物业管理的长效运行。但是以这种模式运作的物业服务的资金有相当一部分来源于政府投入。今后需要解决的问题是如何多方筹措资金，充分发挥物业服务公司的准物业管理和服务提供职能。物业服务中心在常规服务进入正轨后，可以开展家庭保姆、衣物清洗、家庭装修、病人陪护、用品配送等家政和中介服务，满足居民多层次需求，从而依托物业服务中心，构筑社区居民的"生活服务圈"，拓展增值服务不仅可实现物业中心的内部补贴，自我发展，而且也有助于构建网络化、社会化的社区服务体系。

四、老旧小区准物业管理实施的初步经验

各街道根据"以人为本、因地制宜"的原则，结合街道和试点小区的实际状况、问题与需求，在老旧小区的准物业管理工作进行了有益的探索和尝试，并在工作思路和原则、工作目标、管理体系、运作体系、资金筹集等方面形成了较为明确的思路，准物业管理的工作模式初具雏形，在居民自治方面进行了初步的探索，因此在老旧小区的准物业管理方面形成了一些初步的经验。

1. 符合民意是前提

老旧小区的居民长期生活在无物管、无服务的环境中，小区环境脏、乱、差，安全得不到保障，居民多有怨言，他们迫切需要一个整洁安全、文明和谐的生活环境。开展老旧小区准物业自治管理，其目的是为了加强小区内部管理，方便为居民服务，为社区居民创造安全和谐的生活环境，归根结底是为了社区居民的利益，符合社区居民的需求。因此，只要开展广泛的社区教育工作，向社区居民说"透"这个道理，通过召开民主会议等形式广泛征求社区居民的意见，做好宣传发动工作，取得认识上的统一，就能为小区自治管理的开展创造良好条件。各街道和试点小区充分利用入户宣传、海报宣传、居民会议等多种方式进行宣传教育，让居民明确认识准物业管理的内容、意义和重要性，取得了居民的认可与支持。

潘家园街道在工作开展前期，通过社区工作者包楼、包户宣传走访、召开大型居民座谈会、开展问卷调查等多种途径进行了广泛宣传和

教育，向居民宣传成立“小区管理委员会”的意义及管理模式，推心置腹地和居民交流，广泛征求居民意见和建议，获得了居民的支持。垈头街道利用动员大会、入户宣传、主体宣传等多种形式让居民充分了解了小区准物业管理的工作，并获得了大部分试点小区居民的认可与支持。

2. 政府支持是保障

老旧小区存在着基础条件较差、公共设施配套不全、资金缺乏等困难和问题，这些都决定了准物业管理的实施和运作离不开政府的引导、支持。政府对准物业管理的实施提供硬件保障、政策支持、财政补贴、制度监管是准物业管理顺利实施的重要保障。

一些老旧小区为实行封闭管理，根本没有围墙、值班室等基础设施，这样的老旧小区，即使实施社区准物业管理，也无法真正管理到位。因此，推行社区准物业管理，首先要对值班室、围墙、集中车库、路灯照明、绿化、排水、消防等公共部位和共用设施进行综合整治、出新、完善，实施“穿新衣”、“戴新帽”、“加配套”，使之具备基本的准物业管理条件。在整治完善基础配套设施的时候必须要有长远眼光，有条件的小区要将社区物业管理用房及监控、对讲、报警等技防设施一并配套到位，为后期转为专业的物业管理打下基础。

各街道在推行准物业管理初期都会在老旧小区的环境改造、设施配套等方面做足工夫，为小区推行准物业管理提供基础保障。团结湖街道计划开展并在一定程度上实施了以下工作。①划定物管区域。在老旧住宅小区设置围墙，形成相对封闭独立的物业区域；零星住宅和小规模住宅区，可因地制宜归并为一个物业管理区域实行管理。②建设特种设施。包括小区房屋单元防盗门和小区内电子监控器安装，小区消防等设施设备检查和修缮。③环境整治。包括小区道路平整、汽车停车位划定、自行车棚(库)整饬、绿化整理、公共照明配置完善等。④房屋整治。包括屋顶等共用部位维修整理(含平改坡)、立面整治、楼道刷白、管线序化、危房修缮等。

3. 自治管理是关键

对于无物业管理的老旧小区而言，推行准物业管理通过居民自治的方式实行自治管理，是实现老旧小区管理新突破的关键所在。一方面，从老旧小区整体来说，小区管委会是最基层的准物业自治管理组织，它能够发挥“反应迅速、灵活管理、应对及时”的特点，充分了解居民的需求，将准物业管理与居民的利益诉求结合起来，使得管理真正体现居民的意愿，从而有助于增强居民的凝聚力和归属感，增强居民参与准物业管理的动力；另一方面，从居民自身来看，准物业自治管理是实现社区自治、保障居民民主权利的重要途径和形式。准物业管理的目的是动员老旧小区的成员共同为小区的管理献计出力，促进小区管理水平的提高和小区生活环境与质量的改善，进而实现居民的共同利益。其方式是由居民及其小区管委会通过居民交费、提供志愿服务等各种方式挖掘和整合各种资源，通过民主管理与民主决策，最终实现自我管理与自我服务。因此，实行全体居民参与的自治式的准物业管理，有利于提高老旧小区管理的绩效，通过自治管理的长效机制使老旧小区的管理获得持续发展的动力。

居民自治是各街道实施准物业管理的重要原则。各街道试点小区通过多渠道、多形式、多角度的开展宣传活动，增强群众小区自治管理意识，使群众认可、理解、支持小区管委会的管理。街道在进行小区的环境整治时，都会听取居民的意见，由居民协商决定环境整治的事项，从而赢得了居民对准物业管理的理解和支持。在居民准物业自治管理中，小区管委会是实现自治管理的组织载体。在成立小区管委会的整个过程中，各街道、社区党委和居委会始终坚持居民自治，由党员、社区积极分子牵头，居民自愿参与，自主推选，在广泛征求意见的基础上产生准物业管理自治组织的候选人并及时向社区居民公示，然后由居民代表推选选举产生自治组织成员，实施自治管理。小区管委会在成立之后，通过建章立制明确其职责和功能，规范其权利和义务，来保证自治管理的制度化与规范化，增强居民对小区管委会的信任感。通过对小区管委会的建章立制，实行规范管理，特别是对居民群众最关心的经费收支情况制定了公示制度，等等，将整个工作始终“阳光透明”地展示在居民面前，取得了居民的信任和支持，为后期工作的开展打下良好基础。

4. 居民参与是动力

居民参与是指社区居民自觉自愿地参加社区各种公共活动或公共事务的决策、管理和运作，影响社区权力运作，分享社区建设成果的行为和过程。居民是老旧小区准物业管理的主体和动力源泉，只有居民广泛、直接的参与和治理，才能使社区自身的各类资源得到最有效的整合和最充分的利用，并能够培养居民对小区的归属感、认同感和现代社区意识，从而推动小区管理健康、有序的发展。

居民的参与是老旧小区准物业管理顺利实施的动力源泉。各街道在开展准物业管理实施的过程中，都注重调动居民的积极性，发挥社区骨干和积极分子的作用，展示其示范动员作用，动员更多地居民参与小区管理。潘家园街道确定了“问计于民、问需于民”的总体思路，在实施原则、方式和小区环境改造中充分征求居民的意见，全面落实居民的自治权利，确保居民的“知情权、参与权、选择权、管理权和监督权”能够得以实现。和平街道的和平家园充分调动和挖掘社区居民作为开展小区管理的人力资源，由社区中的党员志愿者、和谐促进员、社区低保人员组成“治安志愿者巡逻队”，开展志愿服务，进行停车管理和治安防范工作，不仅为小区居民的安居乐业贡献了自己的时间和精力，而且也为小区管理提供了充足的人力资源。

五、老旧小区准物业管理实施存在的困难和问题

朝阳区从老旧小区准物业管理实施以来，虽然各街道开展了大量的工作，取得到了一定的成效，并形成了初步的经验，但是由于历史原因、居民的思想意识和生活方式的制约以及缺乏政策保障等原因，朝阳区实施老旧小区准物业管理存在以下困难和问题。

1. 居民缴费意愿低，向居民收取准物业管理费困难

绝大多数居民还习惯于计划经济时代的房屋管理模式，无偿管理、无偿维修，还不能充分认识市场经济条件下管理是商品的概念，对花钱买服务，心理准备不足。如垡头街道对两个试点社区的问卷调查发现，约一半的居民不同意收费，在同意收费的居民中约1/3的居民表示愿缴纳1～5元的低物业管理费用，即居民倾向于低收费或不收费。

老旧小区居民的房屋商品化意识的转变需要过程。无物业管理的老旧小区引进准物业管理，意味着房屋福利型享受的色彩淡化，商品化属性凸显。随着房屋商品属性所体现的功能，以房屋商品性质来决定人类居住需求的现实，将老旧小区管理由原有的福利型享受转变成交易型享

有，这种转变无疑冲击了人们的惯有意识，要将原有的福利享受意识转化为现代社会的消费意识，其过程完全是物质意识积累的变化，要化解凝固了许久的意识，非“一日之寒”。

在很大程度上，居民自治管理的核心问题就是向居民收费维持物业服务的运作。而居民思想观念的转变是一个长期的过程，不可能在短期过程中一蹴而就，因此居民自治管理存在着资金来源匮乏的问题。这个问题的解决需要一个长期的过程，因此在运作初期，需要政府的财政补贴和支持。另外，居民交费意愿的程度和物业服务的质量息息相关，需要居民自治组织在居民动员、宣传和教育的基础上，建立完善的财务公开和监督制度，提高服务质量。

2. 老旧小区的硬件条件相对落后，对基础设施的改造存在资金缺口

老旧小区在建设之初主要是为了解决居民的住房困难问题，小区的规划方案比较简单。随着城市人民生活水平的提高，硬件设施主要有以下一些不足：包括绿化面积较小、机动车停车位缺少、体育健身设施和文化活动空间较小，等等。老旧小区实施物业管理，改善居民的生活环境，必须对小区的基础设施进行不同程度的改造，如小区进行封闭、绿化美化、道路修整等。根据改造项目的多少和改造等级的不同，资金量少则几十万，多则上百万，是困扰实施准物业管理的一个重要问题。街道在试点小区投入资金进行小区基础设施的改造时，资金可能并不是太大的困难，但是如果在全街道无物业管理小区全面推开准物业管理，那么街道在基础设施的改造方面就会存在资金缺口，显得捉襟见肘。因此，在基础设施改造方面需要区财政给予支持和补贴。

3. 老旧小区管理法律、法规不健全，在收费和管理方面缺乏制度保障

政府对新建小区的物业管理有明确的规定，但在老旧小区推行物业管理方面的法律、法规不健全，还没有明确可供依据的法律规范。具体表现在：

第一，政府在政策上缺乏对老旧小区准物业管理收费的明确规定。由于没有一个统一的标准可以参考，试点小区准物业管理的收费标准缺乏明确的政策依据，在准物业服务收费的测算和定价方面存在一些困

难。同时由于收费标准缺乏政策依据，各试点小区准物业管理人员担心会面临居民“收费合法性”的质疑。

第二，小区管委会没有法律主体资格。小区管委会目前作为准物业自治管理组织，并没有在民政部门备案，也没有法人资格。由于缺乏明确的法律地位，在实施准物业管理中会存在一定困难，如没有公章、没有独立的账户等。有一些小区管委会不仅负责准物业的管理与监督，可能还会涉及服务的具体提供。在聘请、委托专业服务公司或招聘服务人员时，如果具备法律主体地位，其权利义务有明确的法律依据，才能更好地实施准物业管理，否则也会遭遇“主体资格合法性”受质疑的问题。

4. 居民自治管理组织成员的管理水平有待提高

各街道虽然已经成立居民自治管理组织，且管理成员为德高望重、有能力、有公益精神的居民，但是由于缺乏准物业管理经验，其管理人员需要加强业务能力培训。居民自治管理组织虽然确定了初步的职责，但是如何制定组织章程、具体职责、工作分工、管理制度、服务项目、收费标准等方面还处在探索阶段。许多小区管委会成员面对准物业自治管理这种新生事物，还存在很多困惑和迷茫，不知道如何更好地应对面临的困难和挑战。因此，需要区、街道加强指导和引导，组织开展形式多样、有针对性的培训活动，加强准物业管理人员在物业服务知识和技能方面的学习和培训，提高其准物业管理的水平。

六、对策及建议

(一)深化自治管理内容，提升物业服务水平，提高居民缴费意愿

老旧小区居民物业缴费难已经成为老旧小区物业管理的一个众所周知的问题。老旧小区居民缺乏“消费者付费”的意识是交费难的一个主要因素，要改变居民在长期福利服务体制下形成的福利依赖的意识并不是一件容易的事情，需要在物业管理体制转变的背景下经过长期的社区教育和宣传，促进居民改变传统观念，形成“花钱买服务”的意识。其实，收费难不仅是老旧小区物业管理中存在的难题，同样也是困扰商品房小区的一个问题。在商品房小区，尽管“谁受益、谁付费”已经成为共识，但是，仍有很多小区业主不交物业费，这已经成为商品房小区物业管理

中的一个矛盾和突出性的问题。

小区业主不交物业费有多种原因。业主作为消费者具有自利的倾向，在享受物业服务的过程中选择了“少付出、多受益”的策略，倾向于多享受利益而少承担成本或者不承担成本，如果别人缴纳了物业费，而且物业管理能够正常运行，那么自己就可以不付费而享受小区的物业管理。物业服务作为小区的准公共物品的特性产生了一些业主的搭便车现象。另外，小区业主不满物业服务管理水平、业主与物业公司存在矛盾等也是造成业主不缴费的重要因素。据2010年彭客网“物业满意度”专项调查显示①，有71%的网友对自己居住的小区物业服务感到满意，按时缴纳物业费；29%的网友则因各种原因对物业公司不满意，因此不按时缴纳物业费。不按时缴纳物业费的29%的网友中，有48%的人是因为不满意物业公司的服务；36%是因为不清楚物业公司的收支情况，认为物业公司应该向业主公开费用开支。因此，提高物业服务水平、保障业主的知情权、加强与业主的沟通进而提高业主的物业服务满意度，是提高业主缴费意愿的重要因素。

1. 深化自治管理内容

商品房小区物业管理的矛盾和问题可以为老旧小区的物业管理带来很多启发和借鉴。在老旧小区实行准物业自治管理，如何确保居民的自治权利的实现，保障居民的“知情权、管理权、监督权”等民主权利得以实现，是影响居民对准物业管理的认知度、接纳度的关键因素。当居民对准物业管理的公共事务享有决策权和知情权之后，对于准物业管理的认知度和接纳度就会提高，其交费意愿也会提高。因此，应当深化小区准物业自治管理的内容，确保居民自治权利的实现，从而提高其交费意愿。

第一，进一步完善准物业管理的公共决策制度。

公共决策制度能够保证居民的知情权、参与权以及决定权的实现，它在公共问题的反映、归纳集中、形成具体的方案和措施以及执行的效果这些主要的环节上都体现了民主参与、民主决策和民主监督。② 准物业管理的公共决策制度可以包括准物业管理事务公开制度、居民意见反

---

① 《彭城晚报》，2010-09-17。

② 汪大海主编：《社区管理》，274页，北京，中国人民大学出版社，2005。

馈制度、公共听证制度、准物业管理事务评议制度等。目前，试点小区已经建立了准物业管理事务公示制度，但是还需要进一步建立居民意见反馈制度、听证制度、评议制度等，进一步保障居民的民主权利得以实现。

居民意见反馈制度能够使居民的意见和利益诉求通过制度化、规范化的渠道和途径得以反映出来，避免因沟通渠道不畅而产生的矛盾和问题。评议制度可以保障居民对准物业管理的监督权的实现，可以通过民主推选产生监督评议小组，明确评议内容，规范评议机制，并运用评议结果对小区管委会及物业服务生产者和提供者产生监督和激励作用。

公共听证制度就是把准物业管理事务涉及的利益相关方召集到一起，为公共问题的解决提供利益表达、畅所欲言的场所，通过吸收居民的意见来解决矛盾。把公共决策放到听证的平台上，能够让居民享受充分的话语权、参与权，通过发挥民意的作用，能够使居民与小区管委会建立起和谐的关系。听证制度能够让小区内的各种利益方都畅所欲言表达所想，通过协调、沟通与妥协，使得最终的决策真正体现公平与公正。例如，在小区宠物管理方面，小区管委会可以进行相关的听证，规划出合理而且被大家接受的养犬范围，并制定出相应的养犬行为规范，就可以规范养犬行为，缓解养犬人和不养犬人之间的矛盾。

第二，逐步建立透明公开的财务制度。

小区管委会进行准物业管理，建立透明公开的财务制度是赢得居民信任的关键。商品房小区中业主不交物业费的一个重要原因是因为物业公司没有公开费用开支，业主缺乏对物业公司的信任。许多商品房小区业主自管的经验也表明，账务公开是小区自管的关键。2004 年武汉市洪山区关山街的金盛花园小区成立业主委员会，炒了物业公司鱿鱼。此后 6 年，小区完全靠业委会自管运行，物业费仅为 0.3 元/平方米，几年下来竟盈余 2 万多元。小区采取自管，物业费的使用问题，最容易成为居民争议和关注的焦点。小区业委会主任表示，业委会所有工作认准一个理，那就是公平、公开，尊重业主意见。业委会中，分别有人管钱管账，最重要的是，每个季度公布一次账目，将收支明细表、物业管理费缴纳情况都张榜公布，使业主一目了然，“这样大家才能信任”。业委会的民主、透明、公开、公正的管理赢得了业主的信任，业委会从来没有上门收过物业费，都是业主主动交费，甚至还有几十户业主主动将一年的物业费交了上来[①]。财务制度包括准物业管理资金的来源、财务预算、财务审批制度、资金使用与报销制度、现金管理等制度。试点小区目前已建立初步的资金管理制度，包括资金的来源、使用与监督制度，但是还需要进一步完善和细化财务制度。一是建立"钱账分离"制度。可以实行会计管账、出纳管钱的方法，不可由一人监管资金。二是实行预算管理制度。按照"量入为出、收支平衡、略有节余"的原则编制，专项经费专款专用，经费预算须经居民代表大会审议通过后执行。制定财务预算可以动员居民参与，将小区准物业管理资金的使用交给居民讨论，并由居民决定，使预算编制更加公开、民主、透明。三是建立财务公开制度。小区管委会财务收支情况必须以书面形式按时公示。财务收支情况尽量做到细致，使小区居民清楚每笔钱的来源与去处，不出现糊涂账。

2. 提升物业服务水平

除了深化小区自治管理的内容，保障居民民主权利的实现，提升物业服务水平也是提高居民交费意愿的重要因素。据 2010 年彭客网"物业满意度"专项调查显示，不按时缴纳物业费的网友中有 48%的人是因为不满意物业公司的服务。对物业公司不满意的事项中，15%的网友选择了"卫生环境差"；21%的网友选择了"安全有隐患"；10%的网友质疑水、电、气、暖的价格以及停车位的收费标准；19%的网友认为硬件的公共配套设施不齐全、服务滞后；13%的网友认为物业公司"擅用公共设施来营利"；21%则认为物业公司与业主缺乏沟通、态度差。由此可见，业主的交费意愿与物业服务水平有着直接的关系，物业服务水平低，业主的交费意愿就会降低。

杭州市推行社区化准物业管理的经验同样表明：只有为居民提供贴心、周到和便利的服务，才能使居民认可准物业管理，从而提高交费的意愿。2010 年 3 月杭州老房地社区正式成立准物业管理处以来，将如何在第一时间为居民排忧解难作为小区物管贴心服务的宗旨。水电工冯师傅早在准物业实施之前，就经常为居民上门维修水电，受聘于社区物

---

① 《武汉降物业费自管有盈余　账目公开是关键》，载于《楚天都市报》，2010-07-05。

管处以来，冯师傅几乎是随叫随到的服务更加受到了居民的好评与支持。物管处设立了专职接待受理人员，一天就要接待两三位居民，帮助解决四五个问题，物业服务已经逐渐获得居民的认可。针对居民关心的物管费收缴问题，物管处从收费标准、收费方式、账务公开等方面，向居民边宣传，边解释，并承诺实行“先服务，后收费”①。杭州濮家东村社区2010年3月启动准物业管理改善工程以来，准物业发展的路程一直走得顺畅而卓有成效，这与社区的积极主动是密不可分的。他们从小事抓起，把精细化管理实实在在落在了为居民的服务工作上，把贴心周到的服务送到居民心坎上，拉近了准物业管理工作人员和居民间的距离，也走出了老旧小区准物业的新路。截至2010年10月25日，社区物业费收缴率已达85.3%②。各试点小区采取的准物业管理的模式在管理实践中可能会各有不同，根据各小区的实际情况，可以选择的模式主要有：居民互助、实行院落自治；居民自管、聘请专职人员；将专业服务外包给专业物业服务机构；成立非营利性的物业服务管理机构等。在这些模式中，除了居民互助模式外，都涉及物业服务质量的管理和监督问题。其中，服务外包的形式可以由小区管委会建立考核评价机制来引导专业物业服务机构保证服务质量，居民自管或者成立非营利性物业管理服务机构就更加需要加强物业服务管理，提高物业服务水平。具体来说，可以采取以下措施，提高物业服务的水平与质量。

第一，提高工作人员的服务素质和工作绩效。

要把服务工作做好，首先要从提高物业服务工作人员自身素质着手，通过思想道德素质教育和专业服务技能的培训，增强其服务意识和自身素质。工作人员服务的意识和素质提高了，服务的质量自然就会有显著的提高。第二，通过定期检查、绩效考核等方式，提高物业服务工作人员的工作效率和工作积极性。加强对工作人员的业务素质的考核，做到奖罚分明；实施竞争上岗，符合服务要求的人员继续聘用、不符合服务要求的人实施轮岗或解聘。随着工作人员素质的提高，管理手段的加强，管理水平的提高，服务质量也会随之相应提高。

① 《朝晖街道老房地社区　做好老小区的“管家人”》，365地产家居网，2010-10-14。
② 《江干区准物业的独到之处》，载《杭州日报》，2010-11-03。

第二，规范工作人员的物业服务行为。

工作人员的服务行为规范与否，是居民衡量物业管理服务水平高低的一个重要标准之一。因此，需要在服务标准上多下工夫，对工作人员的服装和服务行为都需要有统一和标准，要做到：服装统一、举止文明、态度和蔼、语言亲切等。

第三，提升物业服务质量。

要奉行“以人为本”的服务理念，不断提升管理服务的质量。真正尊重居民的需求，进而为其提供更细致、更周到、更体贴的人性化服务。另外加强与居民之间的沟通也是提升物业服务质量的重要方式。要虚心听取居民意见，积极主动地征求居民的建议，听取他们的意见，了解他们需要的服务项目，善待他们的投诉，以此作为改进工作的动力，及时地将各种矛盾纠纷化解在萌芽状态，不断提高物业管理服务水平。这样既能了解居民的需求，又能拉近双方的关系，做到相互支持、相互理解。

(二)明确政府职责，加强引导与扶持，为准物业管理提供保障

改善老旧小区的管理水平是政府履行公共服务职能的重要部分，从各地老旧小区管理的政策法规和管理经验来看，政府在老旧小区管理中都发挥着重要的监管和扶持作用。一般来说，政府通过建立监督、考核和评价机制，实现对老旧小区物业服务主体的监管职责。宁波市对如何做好监管工作做了具体详细的规定。①市物业管理主管部门应结合属地政府的意见，制定相应的老旧小区物业管理考核标准，明确考核指标，通过市、区两级考核来评定管理单位的业绩。②要将财务公开与服务标准公开相结合。③将政府监管同业主满意度相结合。④建立健全投诉处理机制。⑤建立信用档案体系。⑥不断完善市场准入与退出机制[①]。

杭州市在2008年出台了《杭州市区老旧住宅小区物业管理改善工程实施方案》，确立了逐步建立老旧住宅小区“低收费、广覆盖、有补贴”的物业管理长效机制的总体目标。自2009年工程启动以来，杭州市坚持以“属地管理、重点突出、软硬共建、项目结合、业主参与”为原则，着力推进老旧住宅小区的“社区化准物业管理”。《实施方案》对于政府的

---

① 参见《关于加强宁波市老小区物业管理工作的实施意见》(甬政发〔2008〕73号)。

扶持和引导职责作出了明确的规定：一是对未开展专业化物业管理的老旧小区实施物业管理改善工程，将完善硬件配置与建立物管机制并举，实施软硬共建；二是进行资金扶持，出台了具体的资金政策；三是为实施准物业管理的社区增配用房，改善条件，采取了多种方式为老旧小区增配物业改造管理用房，为顺利推进社区化准物业管理创造基础条件。

朝阳区各试点街道都为试点小区开展准物业管理工作提供了各种支持和保障，在环境整治、设施配套、人员配备等方面都做足了工夫，并将小区内的公共资源收入让渡给小区管委会作为资金补贴的来源。但是各街道若要将准物业管理的模式在所有无物业管理的小区全面铺开，会面临着资金、人力、物力等各方面的困难，因此，需要政府进一步明确政府职责，为准物业管理的顺利实施创造条件。

1. 设立无物业管理老旧小区准物业管理改善专项资金

可以借鉴杭州市的经验，将物业管理改善专项经费列入财政年度预算，来确保资金的配套落实。其中：环境整治涉及的费用可由区、街两级财政按 1∶1 配套解决；房屋整治涉及的费用按照"谁家孩子谁家抱"的原则由产权单位承担。承担确有困难的，经提出申请及核准的，由区、街两级财政按 1∶1 配套解决；直管公房、房改房和无产权单位的房屋整治费用由区、街两级财政按 1∶1 配套解决。

2. 协调准物业管理相关责任部门，建立沟通、协调机制

准物业管理的实施是一个复杂的工程，涉及财政、房管、城管、环卫、绿化等多个职能部门，需要各职能部门通力合作，各司其职，才能理顺各种关系，协调解决相关问题。因此，区政府可以推动建立以街道办事处为牵头单位的老旧小区准物业管理联席会议制度。联席会议成员单位由房管、市容环卫、综合执法、公安、市政、民政等职能部门组成。联席会议主要协调各成员单位配合准物业管理的实施，为准物业管理创造条件，解决准物业管理出现的问题。

3. 实施以奖代补，对各个老旧小区实施准物业管理进行资金扶持

可以将经费补助与绩效考核相结合，建立准物业管理考核评价机制。对各小区管委会的管理绩效进行考评奖励，并根据其服务内容、质量和规模等考评情况，对考评优秀的每年度给予一定额度的资金奖励。

4. 细化准物业管理的要求，实施规范管理

区政府可以根据准物业管理工作的推进情况，不断细化工作要求、强化规范管理，组织物业管理和社区管理的专业人士，制定老旧小区准物业管理服务参考标准，编写老旧小区准物业管理指导手册，指导老旧小区建立标准化的管理服务体系。

5. 对准物业管理物业收费定价予以指导

区政府可以组织区物价部门和房管部门测算准物业管理基本收费标准，并明确定价原则和收费原则，加强小区管委会收费的合法性。明确收费原则是低成本收费，实现财政收支平衡。对准物业管理收费制定政府指导价，制定基本收费标准，各小区可以根据管理规模大小、服务成本、经营收入等情况，在政府指导价规定的幅度内，充分征求居民意见后确定具体收费标准。

6. 对老旧小区的困难群体采取物业费用补贴政策

老旧小区的居民构成虽然复杂，但是以退休人士、低收入群体为主，居民的交费能力有限，因此要对低保户、困难户等实施物业费用优惠补贴政策。对小区内的困难群众确实无力支付物业服务费的，经所在社区公示无异议后可以予以减免。为了鼓励全体居民形成缴纳物业费的意识，也可以对低保户等困难群体采取先收后返的形式，返还部分由街道承担，既能让所有居民能养成缴纳物业费的习惯，形成“花钱买服务”的意识，又能对困难群体给予相应的扶持。

(三)成立小区管委会联合会，为准物业自治管理组织赋予法律主体资格

小区管委会缺乏法律主体资格的问题会使其对小区准物业管理的合法性受到一定挑战，在收费时可能会受到居民的质疑，物业收费可能会面临“名不正、言不顺”的困境。在现有政策不完备的状况下，小区管委会需要做耐心细致的宣传教育工作，充分利用社区民主机制，征求民意，只有在广泛吸取民意、动员居民参与、发挥社区民主的基础上制定的物业管理的收费标准才会得到居民的认可，才能增强收费的合法性。另外，在准物业管理初期，需要通过充分的宣传和引导，让居民明白小区管委会是非营利性的自治组织，是通过民主选举成立的，是为小区谋福利、办实事的组织，需要居民的配合和支持来实施准物业管理。在管

理运作的过程中，只有充分运用公共事务决策机制，利用民主议事规则，建立透明公开的财务制度，赢得居民的信任与支持，才能在自治管理的理念下获得管理的民意，使其具备“社会”合法性。

在小区管委会没有获得明确的法律地位之前，可以借鉴天津市的经验，在一定程度上为其创造一些顺畅管理的条件。天津市河东区采取了成立社区物管中心进行自治管理的模式。区物业办积极主动协调区政府办、市公安局、区行政许可中心，认真研究制定了刻制社区物管中心公章的程序，即：由所在街道或居委会提出申请，区物业办审核备案并出具备案证明，由物管中心人员持备案证明到区行政许可中心刻章，并规定严格公章使用管理，只用于签订社区物业管理服务协议和对内服务之用，不得对外经营使用，所在街道办事处和居委会予以全程监管。规定新成立的物管中心是实施旧区物业管理的非营利性的群众自治组织，不需要办理物业管理行业资质、工商、税务营业执照及行业人员上岗证等。

小区管委会作为非营利性的组织，要获得明确的法律地位，就必须使其成为民办非企业单位或者社会团体，从而获得法人资格。就成立民办非企业单位(以下简称民非)而言，对小区管委会来说存在很多困难。根据我国的相关法律规定，成立民非需要符合一定的条件①：要经过业务主管单位审查同意；有规范的名称和必要的组织机构；有与其业务活动相适应的从业人员；有与其业务活动相适应的合法财产；有必要的场所。由此可见，成立民非有着严格的法律规定，每个小区的小区管委会都登记成为民非，既不现实，也比较困难。我国对于社会团体成立条件的规定是：有 50 个以上的个人会员或 30 个以上的单位会员；个人会员和单位会员混合组成的，会员总数不得少于 50 个；有规范的名称和相应的组织机构；有固定的住址；有与其业务活动相适应的专职工作人员；有合法的资产和经费来源，有 30 000 元以上的活动资金；有独立承担民事责任的能力。如果让每个小区管委会都登记成为社会团体也是不现实的，但是社会团体和民非不同的一点是，社会团体可以有会员或会员单位，可以下设分支机构，而民非则不能下设分支机构。因此，可

① 关于民非和社会团体成立的条件可参见《民办非企业单位登记管理暂行条例》(1998)、《社会团体登记管理条例》(1998)。

以按照成立社会团体的相关规定，在朝阳区统一成立小区管委会联合会或者类似的组织，各个小区的小区管委会加入小区管委会联合会，作为其会员单位。这样不仅解决了单个小区管委会成立民非或社会团体的困难，而且也使得每个小区管委会获得了明确的法律地位，具有合法的法律资格。

(四)加强小区管委会的能力建设，提高其准物业自治管理的能力

小区管委会作为准物业管理的自治组织，要做好准物业管理工作，就要求组织成员具备多项管理素质能力，包括：组织协调能力、宣传动员能力、沟通能力、民主管理能力等，要具备物业管理和社区管理的多项知识和技能，这对于小区管委会的成员来说都是很大的挑战。虽然小区管委会的大部分成员都是具备一定管理能力、具有丰富的工作经验的居民组成的，而且很多成员是德高望重的小区居民，但是准物业管理作为一项新生事物，仍然会给小区管委会的成员带来很多压力。因此，需要对小区管委会的组织发展进行引导、鼓励和扶持，提高组织及其成员的准物业自治管理的能力。

1. 加强对组织成员的物业管理相关知识和能力的培训

小区管委会的成员一般都缺乏物业管理相关的知识，因此区政府和街道应当为小区管委会的顺利运行提供技术支持，即做好对小区管委会成员的物业管理相关知识和能力的培训。可以由房管部门或物业管理部门组织相关的培训，培训的内容包括：物业管理相关的法律、法规；物业管理服务的内容及基本要求；物业服务的相关服务标准；物业管理资金的使用等。也可以组建由物业管理领域的相关专业人士组成的老旧小区准物业管理顾问团队，为小区管委会的具体管理提供咨询和技术指导，提高小区管委会的准物业管理的能力。

2. 政府购买社工服务，开展小区管委会的能力建设工作

小区管委会现在一般都处在初建时期，虽然组织的章程和相应的工作制度已经建立，但是，组织成员关系的建立和磨合、组织成员的民主管理能力的形成等都需要一定的时间才能实现，在这个过程中，可以发挥专业社工的力量，开展相应的能力建设的工作，为小区管委会的自治管理创造良好的条件。专业社工的介入可以采取政府购买社工服务的方式，政府和社工事务所等专业社工服务机构签订购买服务的协议，由专

业社工服务机构派驻社工进入各个老旧小区为小区管委会及居民提供专业的社工服务。社工可以在小区管委会的能力建设方面开展以下工作。

第一，培养小区管委会成员的民主意识和民主工作作风，增强其管理能力。

一方面，小区管委会的工作应受到监督并按照居民的意愿和利益行动，因此社工应积极培养他们的民主意识，多组织居民会议，共同协商处理社区问题；另一方面，社工也要促进管委会对民主原则的全面理解和认同，民主不仅仅是少数服从多数，更包含着充分沟通、理性讨论和尊重少数等内容。在对小区准物业管理的重要事项的处理和决定中，要通过民主议事规则讨论决定。让小区管委会成员明白民主议事规则的根本原则包括：平衡原则、对领袖权力的制约、多数原则、辩论原则等。

要想使管委会的成员能够独当一面，做好准物业管理工作，社工就要根据他们的能力给予适当的培训。社工一般通过训练、实习、示范、阅读文章、观看影像教材、亲身体验、观察、讨论和角色扮演来提升管委会成员的能力，传授人际关系、主持会议、组织、资源动员、沟通、管理、总结归纳等多方面的技巧。管委会中相当部分的人缺乏管理知识，依靠热情工作，可能会出现不懂得权责分工，将许多工作集中在自己身上，造成分工不明，权责不清，导致管委会成员之间出现摩擦和工作效率较低。社工应强化其权责分工意识，让他们认识到只有分工合作，才能做好社区工作。

第二，提升小区管委会动员社区参与的能力。

老旧小区的准物业管理涉及不同的利益主体，需要协调不同的利益关系，因此要动员不同主体参与到小区的准物业管理工作中来，通过整合社区内部资源，挖掘社区内部潜力，促进居民之间的自助与互助，形成多元共治的社区治理结构。“社区参与是一个内在的发展过程，其中包括社区成员的社区意识的增强、社区资源的挖掘与合理配置、社区成员参与社区公益活动的积极导向、社区成员对于社区责任感和承担力的增加等。”①社工应当从多种形式和途径提升小区管委会动员社区参与的能力，采取不同的方法和策略动员不同的社区成员参与到准物业管理

① 王思斌：《体制改革中的城市社区建设的理论分析》，载《新华文摘》，2001(3)。

中来。

一是利用不同形式的社区教育与宣传策略，提升社区成员的参与意识。可以通过大型讲座、座谈会、宣传栏等多种形式，让社区居民了解准物业管理的形式、目标、原则和内容等，使其认识到准物业管理的好处，形成对准物业管理的接纳意识。对于社区居民来说，尤其要采取形式多样的宣传教育和耐心细致的说服工作，改变其固有的观念和意识，使其形成交费的意识和习惯。

二是发挥党员的模范示范作用。社区党组织对小区准物业的管理还体现在党员的带头作用上。社区党委应当积极动员党员参与准物业管理，向社区居民宣传准物业管理的好处，并且积极带头缴纳物业费，用自身的行为带动影响身边的居民。党员还可以在自己所在的楼栋，利用邻里之间较为熟悉的特点，发动人情攻势，利用面子等本土文化资源，说服动员社区居民支持准物业管理，主动缴纳物业费。

三是动员产权单位支持准物业管理。产权单位是老旧小区物业管理的主体之一，在准物业管理的过程中应当承担一定的责任，可以对小区管委会的自治管理进行一定的资金、场地和设施的投入，例如，为小区管委会提供办公场所，在小区管委会设立专项维修资金时，进行一定比例的资金投入。

四是挖掘居民潜能，开展准物业管理志愿服务。小区管委会进行准物业的自治管理，除了委托专业服务机构、聘请专业服务人员等方式之外，也可以积极开展社区志愿服务，通过居民互助的方式，实行自我管理。居民可以为社区提供物业维修、环境管理、安全巡逻、便民服务等方面的志愿服务。这样不仅可以充分利用社区内的人力资源，降低物业服务的成本，而且可以通过居民参与提高其社区归属感，融洽邻里关系。从各地老旧小区管理的实践经验可以看出，由社区内有专业特长的居民或者热心居民担任志愿者并提供物业服务，是一个行之有效的途径。

七、结语

由于住宅建设年代早、产权复杂、管理混乱等原因，老旧小区的居民的居住生活质量受到了一定的影响，尤其是对于无物业管理的小区的居民来说，其要求治理小区的愿望更加迫切，呼声也更为强烈。朝阳区在无物业管理小区推进准物业自治管理，进行了老旧小区管理创新的有益尝试。朝阳区推行的准物业自治管理的创新模式，为北京市老旧小区的管理进行了大胆的探索和创新性的突破，无论从理念还是从制度上来说，都具有重要的示范作用，为北京市其他城区提供了可资借鉴的经验和可以推广的管理模式。

目前，朝阳区在老旧小区管理方面的创新实践虽然只是处在试点阶段，但是从其实施过程、内容来看，已经获得了初步的成效，并积累了一些成功的经验，这些都为今后在全区推广创新模式奠定了良好的基础。当然，老旧小区的管理创新是一项复杂的工程，由于受到制度、观念、法律等各方面的制约和影响，朝阳区在推行老旧小区的管理方面遇到了许多困难和问题，这需要从政府投入、社区参与、体制创新、观念革新等各方面寻求问题的解决之道，为今后老旧小区的准物业自治管理创造更加良好的条件。为推进老旧小区管理创新的顺利实施，朝阳区正在进行更深入的实践探索和制度创新，相信在未来不久的时间内，朝阳区老旧小区管理的创新实践会在广度和深度上获得更大的突破。

从四川省绵竹市社会管理创新综合试点实践看新农村社会管理体系建设

王卫新[①]

随着我国经济社会的不断进步和社会主义新农村建设、统筹城乡发展的不断深入，广大农村正经历着经济体制的深刻变革、社会结构的深刻变动、利益格局的深刻调整、思想观念的深刻变化。作为全国 37 个社会管理创新综合试点之一的四川省德阳市，坚持从整体上设计和推进社会管理体制、机制、方法、手段的创新，并重点在所辖绵竹市探索和实践了农村地区社会管理体系建设，初步形成了以统筹实施"六大体系"建设为内容的，具有社会主义新农村特色、西部农村地区特点、统筹城乡发展特征的社会管理模式，实现了"创新促进和谐、和谐激发活力、活力推进发展、发展创造幸福"。

一、绵竹市基本情况和社会管理的现实需求

绵竹市位于四川盆地西北部，面积 1 245 平

① 王卫新，德阳市社会管理创新委员会办公室政研理论部部长，绵竹市综治办副书记。

方公里，是农村人口占大多数的县级市，全市辖 21 个镇乡，154 个农村社区，45 个城镇社区，总人口 51 万余人。2011 年，全市地区生产总值实现 146.28 亿元；财政总收入 39.2 亿元，其中地方财政收入 23.7 亿元；城镇居民人均可支配收入达到 19 327 元，农民人均纯收入达到8 689元。

“5·12”特大地震给绵竹带来了巨大的灾难，人民生命财产、城乡基础设施、公共服务体系、工业企业和产业发展成果、群众身心遭受了前所未有的重创。经过三年艰苦卓绝的努力，绵竹重获新生，经济社会实现了跨越式发展。如今的绵竹，最漂亮的是民居，最安全的是学校，最现代的是医院，最满意的是群众。中国特色社会主义制度的无比优越性、中华民族强大的凝聚力和向心力、绵竹人民感恩奋进的坚强精神得到了前所未有的展现。在全面推进灾后重建的进程中，绵竹也清醒地看到，改革开放以来，绵竹在经济社会发展进程中遇到了与全国其他地方同样的矛盾和问题，如产业调整、企业重组、“关停并转”、征地拆迁、移民安置、环境污染等。原有农村粗放型经济和管理所带来的农业整体素质不高、发展后劲不足、农民增收困难等问题制约了现代农业和农村的发展。特别是地震灾害又带来了特殊条件下的社会结构、利益格局、思想观念的深刻变化，灾前灾后矛盾交织、问题重叠。这些问题影响着社会的持续稳定和经济社会的健康发展，关系着广大群众，困扰着各级党委、政府。为此，绵竹集中时间、集中精力开展专题调研，深刻感受到民生保障、公共服务、特殊群体帮扶、矛盾纠纷化解、公共安全、思想道德 6 个方面是广大人民群众高度关心的问题，同时也是各级党委、政府需要迫切解决的问题。

二、绵竹市加强和创新社会管理的基本理念、思路和途径

基本理念是：基于“人、地、物、事、组织”等社会构成基本要素集中在城乡社区的实际，把社会管理比作“治水”，则城乡社区是“水之源”，制度设计是“灌溉渠”。努力做到在源头“种树”，在渠中“清障”，着力解决好体制、机制、方法、手段不适应的问题。

基本思路是：以有效解决“三农”问题、缩小城乡差别为目标，以解

决人民群众最关心、最直接、最现实的利益问题为着力点，以倡导和弘扬社会主义优越性和感恩文化为引领，坚持以人为本、服务为先，在离群众最近的地方创新社会管理。

基本途径是：统筹推进“六大体系”建设。即：统筹民生保障体系建设，让群众安心；统筹公共服务体系建设，让群众称心；统筹特殊群体帮扶体系建设，让群众宽心；统筹矛盾纠纷化解体系建设，让群众舒心；统筹公共安全体系建设，让群众放心；统筹思想道德体系建设，让群众齐心。

三、绵竹市社会管理与服务的基本架构

从服务管理的实体上，全面建立和完善“党委领导、政府负责、社会协同、公众参与”的社会管理格局。即县级注重顶层设计，统筹实施“六大体系”建设，发挥主导作用；镇乡注重职能转变，强化工作落实，发挥协调作用；社区注重提升服务，完善便民网络，发挥主力作用；基层群众自治，积极主动参与，发挥主体作用。主要职责任务是：党委政府坚持总览全局、统筹兼顾、全面筹划、协调各方，加强顶层设计，统筹实施“六大体系”建设，把民生做实、产业做强、服务做优、典型做亮，把党的政治、组织优势转化为管理、服务优势。镇乡坚持转变职能、理顺关系、提高效能、依法行政，树立“小政府、大服务”的理念，创新管理服务方式，建立产业引导、便民服务和综治维稳群众工作“三个中心”，强化镇乡公共服务和社会管理。城乡社区坚持丰富服务管理内容，将“六大体系”建设在社区落地生根，延伸服务管理触角，建立不同类别社区服务管理架构，夯实基层基础，激发社区活力，构建和谐社区，使社区成为具有凝聚力、向心力、亲和力的居民之家，成为党委、政府与群众沟通的桥梁和纽带。广大群众坚持主动参与，发挥在社会管理中的主体作用，强化自我管理、自我教育、自我服务能力，实现社会管理人人参与、和谐社会人人共享，呈现出“力量向下、民生向好、民心向上、民主向前”的生动局面。

四、绵竹市社会主义新农村社会管理体系建设的具体实践

(一)统筹民生保障体系建设，着力解决人民群众关心的入学、就业、就医、养老、住房和环境等问题，让群众学有所教、劳有所得、病有所医、老有所养、住有所居、环境优美，满足群众的生存需求

"学有所教"，全域教育均衡发展。绵竹是全国义务教育均衡发展标准研究样本县市，全市完成了 89 个学校项目的建设。城乡学校均衡配置具备现代教育技术手段的教学设施。建立了"助学助教奖励基金"，适龄学生入学率达到全国先进水平。借力江苏援建，各学校与江苏 74 所学校成为结对友好学校，全市 3 000 多名教师均参加了全员素质提高或专项培训。建立了生命教育和心理健康教育体系，全市 11 所农村学校建立了乡村少年宫。

"劳有所得"，全域推动从业服务。建成了覆盖全部镇乡的基层劳动保障网络服务平台，建立了市、镇(乡)、村(社区)三级就业服务信息网络体系，实现了"一点登录，全市共享，自动匹配"。建立了全市城乡适龄人员技能信息库，入库适龄人员已达 12 442 人。根据求职者意愿和企业用工需求，及时组织培训机构就地、就近进行订单、定向技能培训并推荐就业，全市动态消除"零就业"家庭。推行了参保单位"五险合一"集中统一征收方式。鼓励失业人员进行灵活就业，对灵活就业人员实行社会保险补贴政策。设立了 200 万元的政府贷款贴息基金，对自主创业人员提供 2 万～10 万元的贷款支持和政府全额贴息。设立了 400 万元的小额担保贷款贴息基金，对因灾失地农民、残疾人、"4050"人员等就业困难人员提供担保贷款贴息。

"病有所医"，全域配置卫生资源。全市完成了 39 个卫生重建项目，所有行政村卫生站已建成并投入使用。全面推行新型农村合作医疗，2011 年参合率达到 97.3%。成立了绵竹市促进基本公共卫生服务均等化指导中心，全面实施了"九进九免"的基本公共卫生服务项目，将公共卫生下沉到镇(乡)、村(社区)，建立了公共卫生服务进社区、进镇乡、进校园、进敬老院、进军营的"五进"工作机制。实施了城乡医疗卫生信

息化建设，建立了全市卫生信息共享平台，完善了市、镇(乡)、村(社区)三级公共卫生网络，建立城乡居民健康电子档案43.29万份。所有基层医疗机构全面实施了国家基本药物制度，创新推出了定点医疗机构“代结代付”机制，增加了监管环节，方便了参保病员。建立了绵竹市城乡医院对口支援工作机制，实现了优质医疗资源的共享。全市健康教育网络覆盖率达到95%以上。

“老有所养”，全域优化养老福利。全市建设了市福利院和20个镇乡敬老院。推进养老服务社会化建设，推行“家庭养老、机构养老、社会养老”模式。全市城乡6.39万名60岁以上老人享受到“新农保”。已对全市5.65万余名老人建立了健康档案，免费进行健康体检。在全市各医院设立了为老人服务的温馨窗口，设立老年门诊、老年病房，对患慢性病或行动不便的老人设立家庭病床，提供上门服务。建立了“空巢”老人关爱帮扶工作机制，发放“爱心联系卡”，及时解决老人的实际困难。广泛动员社会组织、具有社会责任感的企业和社会热心人士支持养老事业，参与敬老活动。建立农村“五保户”医疗救助“一站式”服务，采取集中供养和分散供养的方式，全市3 588名五保供养对象住进了永久性住房，集中供养人数2 333人，集中供养率达65%。

“住有所居”，全域统筹规划建设。坚持把恢复重建与城乡统筹相结合，与新农村建设相结合，凸显区域特征。建成了孝德年画村、遵道棚花村、金花玄郎村、九龙清泉村等50余个特色生态聚居点和1 000余个农民集中居住点，道路建设、水利设施、生态绿化、风貌塑造覆盖进村、入户，全市52%(6.5万余户)农村住房形成了集中或相对集中居住的格局，农村形态、村庄布局、村落建设水平有了质的提升。以新型农村社区建设为重点，积极推进农村住房建设和危房改造，把住房建设与全面改善农村基础设施相结合，与旧村改造、整村迁建、迁村并点建设新型农村社区相结合，与产业发展相结合，扎实推进新农村建设。全市实现了“家家有房住”的目标，建立了公共租赁住房管理机制和廉租住房租金补贴管理办法，向617户低收入家庭发放了租金补贴44.3万元。

“环境美化”，全域建设生态家园。编制了《绵竹市城乡环境综合治理“十二五”规划(2011—2015)》，围绕“全面推进环境治理，打造美丽生态绵竹”的目标，全面抓好农村风貌塑造及村落建设，体现山水田园风光和地域特色。投入1 000余万元，建设了210余个垃圾收集房、1万余个垃圾户集池，覆盖到了全市各镇乡及边远山村。全市农村生活垃圾收运体系中，共配备了1 640余名保洁员，添置人力垃圾转运车396辆，新增垃圾清运车25辆，全部配置到镇乡和村组，全市农村生活垃圾“户集、村收、镇运、市处理”机制有序运转。城乡居民对政府开展环境综合治理的支持率达100%。2012年被四川省委、省政府确定为“全省环境优美示范城市”。

(二)推进公共服务体系建设，着力解决人民群众关注的办事路途远、程序多、周期长和既花钱又耗时耗力等问题，让群众享受到城乡均等的社会服务，满足群众的生活需求

推进城乡社区分类建设。结合实际，对全市城乡社区按地理环境分为平原、山区社区；按区域划分为城市、农村、城乡结合部社区；按经济结构分为产业园区、特色农业社区、旅游开发社区等类别，进行分类建设。按照全市社区建设和管理的制度规定，城乡社区办公用房达到300平方米，活动场所达到600平方米，不同功能分区设置，统一城乡社区标识标牌。

完善城乡社区组织建设。全市城乡社区按“三委一站一网”社区组织架构进行规范，在每个社区都建立了党支部委员会、居民委员会、监督委员会。城乡社区的人员配备均达到5～9人，担任村官的优秀大学生达到121名。明确规定了按城乡社区实有人口每人每年20～50元的经费，由财政足额保障到社区。畅通社区优秀工作人员成长渠道，近年来已从优秀工作人员中优先招录公务员和事业单位人员79名。充分利用全国特别是江苏援建的高层次智力资源，对社区工作人员进行专业培训和交流提高，共集中培训1 400余人次，基层干部赴江苏学习800人次。

提升城乡公共服务能力。精简行政审批和行政许可270项。建成了全国一流的市政务服务中心，目前入驻单位70余家，工作人员400余名，审批和服务项目400余项，年办件40余万件。推进协同办公系统建设，实现了网上报件、预审、审批。以五大中心集镇为核心，推行“半小时政务服务网络”建设，完善中心镇政务服务中心建设。城乡社区均建立了综合服务站，将便民服务网延伸到每一个城乡社区，在居民集中安置点推行政务服务委托代办制度。综合服务站实行“1＋N”模式，即政府代办服务、综治维稳、大调解作为“规定动作”，进入综合服务站；不同社区的留守儿童关爱、心理健康辅导、伤残人员康复等作为“自选动作”，满足城乡社区的多样化需求。目前，已将76项社会服务管理便民措施、35项政务服务前置到城乡社区，相应部门以“岗随事设、费随事转、权随责定”的方式，聘请代办员、协管员在城乡社区驻点办理。

完善城乡公共服务设施。注重农村公共服务设施建设，不断提高服务供给能力。完善了农村道路、水利、通信、有线电视、广播等基础设施，加快城市基础设施向农村延伸，进一步改善了农村居民的生产生活条件。加快镇乡集镇建设，建成了融江南水乡和川西民居风格于一体的汉旺新城、孝德新镇等一批特色集镇，形成了以主城区为中心，中心镇为纽带，小集镇和中心村为基点的城镇化体系。

(三)推进特殊群体帮扶体系建设，着力解决涉灾利益群体、重点青少年、精神病人、刑释解教及社区矫正人员、流动人口等特殊群体的问题，实现对特殊群体的特殊关爱，满足群众的尊重需求

加强涉灾利益群体的救助帮扶。针对因地震灾害出现的涉灾利益群体，深入开展“领导下基层、部门结对子、干部‘一帮一’”活动，由市级领导挂帅，抽调市级部门、镇乡机关和村(社区)干部1 302人，对口帮扶特殊群体1 302户，实现市级部门包村覆盖199个城乡社区，市、镇、村(社区)干部帮户覆盖了全市各镇乡重点户和特困户。

加强重点青少年群体的教育管理。推进“警校共育”模式，建立重点青少年群体的帮教机制，成立了300人的关爱重点青少年群体的志愿者队伍，做到了帮教社会化、管理信息化、关爱家教化、回访日常化。实施了“千名教师家访、千名教师结对子、千名教师‘一帮一’”工程，建立起教师与重点青少年及家庭沟通联系互动机制。实施“全纳教育”项目，切实做好“三残”儿童、闲散失学少年、流动人口子女、留守儿童、服刑在押人员子女等特殊群体学生的就学关爱工作。加强农村留守学生关爱帮助工作，建立了100万元的留守学生和农民工子女关爱基金，在每所学校完善了“留守儿童之家”，开展学业辅导、亲情陪伴等活动，帮助其健康成长。

加强精神病人的服务管理。全市构建了以市安康医院为主体、以镇乡医院为基础、市疾控中心参与的精神疾病防治康复体系。加强了对易肇事肇祸精神病人的服务管理，采取个案管理模式，开展跟踪服务。建立健全了重性精神病人三级防治网络，建立了基层医疗机构防治人员与病人家属的沟通、培训制度。对无暴力倾向的精神病人，实施以家庭管理为主，社会管理为辅，医院跟踪服务的管理模式。

加强刑释解教和社区矫正人员的帮教。成立了市社区矫正警察大队和协管员队伍，建立了刑释解教和社区矫正人员信息库和安置帮教数据库，完善了信息沟通机制，基本实现了凡出必接。落实了分类帮教管理措施，积极促进刑释解教人员就业安置。

强化流动人口管理服务。建立了市、镇(乡)、村(社区)三级流动人口服务管理工作机制，深化流动人口的登记管理制度，健全完善了“以房管人”的工作机制，做到了辖区流动人口、出租房屋“底数清、情况明、信息准确、流转高效”。加强了对流动人口享受困难帮扶、子女入学、医疗救助、健康检查、计生技术、就业培训等方面的服务。

(四)推进矛盾纠纷化解体系建设，着力解决人民群众关心的土地征用、安置拆迁、交通事故、医患纠纷、劳资纠纷、邻里纠纷等问题，促进社会稳定，满足群众的和谐需求

实施城乡社区“网格化”管理。按照“网中有格、按格定岗、人在格上、事在网中”的管理格局，以农村居住的院落和城市社区的楼栋设置网格，一级网格由村(社区)工作人员包组包区，每人负责一个相对独立的村民小组(居民小区)；二级网格由政府聘请的协管员包片，每人负责一定数量的院落(楼栋)；三级网格由院落长(楼栋长)包点，联系每户居民，实现“社情民意格中来、防范隐患格中查，服务管理到格中、矛盾化解在格中”。

建立矛盾纠纷化解工作平台。针对全市因灾信访、征地拆迁、涉法涉诉、企业改制、农村财务等矛盾纠纷，着力深化“四大平台”联动机制建设，即镇乡矛盾纠纷调解平台、群工局市级领导接访平台、市领导包乡化解平台、维稳领导小组会商平台，并配套推出七项维稳信访工作制度。建立了市群众工作部、镇乡群众工作办公室、社区党支部群众工作委员的三级群众工作机制，切实把群众诉求解决好、把群众权益维护好、把群众情绪疏导好、把群众意愿反映好。

深化"大调解"机制。在全市城乡社区聘请法律工作者56人，开展法律服务，参与调解工作，实现了全市199个城乡社区法律工作者的全覆盖。积极推进调解网络"五进"活动，即：进城镇小区、进农家院落、进车站、进市场商场、进工业园区。目前，全市共建"大调解"协调中心(室)223个，设立专兼职调解员2 000余名，调解信息员17 000余人。2011年共调解案件2 268件，调解成功2 109件，调解成功率达92.9%。推进绵竹市法律援助中心建设，完善了法律援助机制。推进检察机关权力下沉，在汉旺镇、孝德镇建设了镇乡检察室，在21个镇乡设立检察员，延伸检察工作到基层。

(五)推进公共安全体系建设，着力解决人民群众关注的社会治安、食品药品安全、防灾避灾、校园安全等问题，保障人民安居乐业，维护国家长治久安，满足群众的安全需求

健全防灾应急网络体系。在不断总结"8·13"清平特大泥石流成功避险经验的基础上，建立了市、镇(乡)、村(社区)三级防灾应急避险体系。建成了一定规模、一定数量的防灾应急专业化处置队伍，组建了100余人的应急处置专家库，成立了140人的市综合应急救援大队和14支、600余人的专业应急救援队。结合山区镇乡的实际情况，在山区设置全覆盖的地质灾害监控点，落实监控人员，设立应急避险场所和逃生路线，建立"监控点—指挥部—群众居民"的无缝连接应急通讯、警报系统。通过适时进行演练的方式，为全市山区群众平安度过汛期打下了坚实基础。在地质灾害重灾区清平乡，完善技防、人防措施，增设应急管理办公室，建立可容纳全乡居民的应急避险广场和物资储备库，并开展大量的宣传教育工作，成功完成了全省防灾应急演练任务。围绕群众生活密切相关的安全用电、用气，防火、防盗，食品药品安全等方面，广泛开展了形式多样的公共安全教育活动。完善了灾后集中安置区应急预案和矿山、磷化企业突发事件应急预案。

不断完善社会治安防控体系。建立了以人、财、物为主的政府投入机制和以社会力量参与为主的联防机制。推进以政府应急指挥中心和公安指挥中心为支撑的信息化社会治安指挥体系，实施"平安e家"工程，加密天网视频监控点，健全和完善了专业网格化巡逻机制。开展群防群治工作，加强社区联防、村组联防、企业联防和区域联防工作机制建设，建立健全了由政府主导，群众自治力量和其他社会力量参与的城乡社区之间、镇乡之间联动工作体制，构建全域治安防控网络。深化“警校共育”成果，全面实施平安校园建设，实施校园安防工程，全市没有发生涉校刑事案件。推广“公交进校园”模式，“公交进校园”覆盖率达到了22%。

加强公共卫生应急能力建设。强化食品安全和饮用水监测，建立了监管部门议事机制、安全信息通报发布机制、重大安全事故应急处置机制、安全风险监测预警机制、举报违法行为奖励等机制，保障城乡居民吃上放心食品、喝上放心水，公共卫生应急处置能力显著提升。

(六)推进思想道德体系建设，着力解决群众精神文明素养的提升等问题，大力弘扬具有绵竹本地特色的忠孝文化、感恩文化、诚信文化、年画文化和廉政文化，满足群众的精神需求

推进社会主义核心价值体系建设。凝聚绵竹人民万众一心抓发展，齐心协力促跨越的昂扬斗志，加强社会主义核心价值体系建设。通过广播、电视、报纸、橱窗等多种方式，大力开展主题性道德实践活动，深入开展群众性爱国主义宣传教育活动，提高了城乡群众的文明素质，充分展示了灾区群众积极向上的精神风貌。围绕弘扬和升华新时期绵竹精神，大力挖掘在灾后重建和加快发展中信念坚定、奋勇争先的感人事迹和典型人物，着重宣传灾后重建和江苏援建的好经验、好做法、好作风，全市感恩奋进的创业发展氛围更加浓厚。广泛开展了“文明户”、“整洁户”、“遵纪守法示范户”为内容的新“三户”评选活动，全市共评选出新“三户”50 776户，在广大群众中营造出人人履行家庭责任、人人履行社会责任的良好风尚。

实施“三基地一窗口”建设。坚持把灾后重建取得的辉煌成就作为宝贵的思想政治教育资源，作为开展“三基地一窗口”(爱国主义教育基地、社会主义核心价值体系学习教育基地、民族团结进步宣传教育基地和展示中国发展模式、发展道路勃勃生机的窗口)建设工作的重要载体。先后建成了孝德年画村、汉旺镇、金花玄郎村、遵道棚花村四大示范基地，充分展示了绵竹灾后重建取得的巨大成就，激发了广大群众热爱祖国的热情并转化为建设家乡争先示范的实际行动，打造具有绵竹特色的展示窗口。

弘扬感恩文化和传统文化。全面完成271个文化项目设施重建，建成了四川灾区建设规模最大的文化保护类项目“三馆三中心”。建立了覆盖城乡的公共文化服务体系，建设了21个镇乡综合文化站、168家农家书屋、200余条全民健身路径，行政村全部实现了“村村通”。深入贯彻十七届六中全会精神，推进文化大发展、大繁荣。积极开展了丰富多彩的群众文化活动，引导广大群众牢固树立“知恩、感恩”意识。推进年画文化发展，创新年画载体，创作感恩向上的年画作品。打造孝德年画街坊、遵道年画传习所、剑南古街等年画特色窗口。大力实施文化精品工程，进一步扩大“年画节”、“梨花节”、“赏果节”三大地方节庆文化品牌影响力。

论城市精神在天津创新社会管理中的作用及意义

孙兰英[①]

加强社会建设和创新社会管理是中国特色社会主义现代化总体战略的核心任务之一，是全面建设小康社会的“中心课题”。党的十七届六中全会提出，要推进社会主义核心价值体系建设、巩固全党全国各族人民团结奋斗的共同思想道德基础，为全面建设小康社会最大限度扩大社会认同。十七届六中全会将社会管理理念、规范与社会发展贯通起来，为全面建设小康社会提供了坚强思想保证、强大精神动力、有力舆论支持、良好文化条件，这标志着我国的现代社会管理建设从理念到实践进入了一个自觉构建的阶段。而近一个时期以来各地城市精神表述语的提炼则不仅有助于我们对社会主义核心价值观的提炼，更有助于一座城市通过深入的实践探索和理论探讨，在“提升”和“自省”的过程中凝聚共识、鼓舞士气、引领发展，使构建社会主义和谐社会的任务和目标转化为广大人民群众的自觉意识，在提升

① 孙兰英，南开大学哲学博士，天津大学教授、博导，社会科学系主任，马克思主义研究中心主任；研究方向：马克思主义理论、政治哲学、政治文化。

地方社会管理文化软实力的基础上，进而增强国家文化软实力的竞争力。

一、城市精神是引领城市社会管理创新的旗帜

城市精神作为城市意志品格、文化特色和精神风貌的准确提炼，是引领城市发展的旗帜，标明了城市发展的基本理念，是对城市自身发展哲学的简洁表达。如果将城市视作一个生态群落，城市精神就是贯穿于群落生境中的历史传统、时代气息与未来图景“三位一体”的有机统一。相较于风水流转的时尚潮流，一座城市由于历史和地理因素，往往有着异质性的、唯属于自己的传统特质和地域风貌，这些风貌特质在城市里久已凝结并为城市所永续持守，过去如此，今日亦然，直到永远。相应的，一座城市在跌宕起伏的历史长河中所遭遇的幸运与忧患、光荣与梦想，也终将积淀、结晶为它区别于其他城市的独特的精神风骨与文化底蕴。因此，一座城市总是在物质形态和非物质形态上形成自己卓尔不群的风格与魅力，而城市精神也总是肩负着张扬城市个性的责任与使命。历史地看，城市的天际线处于不断的起伏流动之中，城市的街区风貌和建筑风格也处于不断的嬗变递进之中，而城市精神却如同城市的隐秘基因，它相对恒定而持久，是城市生命体赓续绵延的集体记忆。

首先，城市精神的本质源于这个城市群体所具有的时代和本土特色价值与精神的统一。城市精神是一个城市气质的集中体现，城市气质所映照的，则是生活在这一城市里的人们普遍的思想意识、价值追求和精神风貌。一方面，城市的精神气质通过人的精神气质表现出来，只有人们充分而自由地把自己的理想和个性融入一座城市，这座城市才会拥有属于自己的灵魂，才会更加富有个性魅力。城市精神在理念维度上浓缩了一座城市发展、进步的历程。以天津文化演进、形成的路径为例，它所反映的不仅是码头文化、商埠文化、城厢文化、军旅文化、租界文化、红色文化等文化群落的起伏交织，更是对这片土地上人们在历史长河中辛勤耕耘、生存奋争状态的再现。另一方面，城市精神也塑造、影响着市民的行为气质，使区域内的民众呈现出整体上比较稳定和谐的行为特征。也就是说，城市精神作为一种趋同的行为意识，可以通过影

响、规约市民的行为，起到带动城市社会管理创新的向心作用。

其次，城市精神反映着一座城市的基本价值取向。城市精神作为一个综合、高度凝练的概念，涵括性强，以至于人们从不同的视角，都可以得出各自的结论。但有一点在很大程度上可以达成共识，即城市精神是一种源于传统、基于现时代的文化理念和文明素养的总和，是一座城市的基本价值取向，是一座城市区别于其他城市的独特气质和魅力所在。我们看到，北京"爱国、创新、包容、厚德"的城市精神；上海"海纳百川、追求卓越、开明睿智、谦和大气"的城市精神；福建省"爱国爱乡、海纳百川、乐善好施、敢拼会赢"的福建精神；浙江省"求真务实、诚信和谐、开放图强"的浙江精神；长沙"心忧天下，敢为人先"的长沙精神，等等。它们所集中反映的，都是符合各自历史传统和发展进程的价值观念和价值取向。这种价值观一旦形成，将为这座城市发展的团结稳定、协同创新提供恒久的精神动力源。

再次，城市精神型铸着城市形象。城市精神作为"城市之魂"，充盈、渗透于城市的方方面面，是城市政治、经济和文化在精神领域的集中体现。城市形象是一座城市历史文化底蕴和群体品位气质的综合竞争力，是城市个性外在张扬显现的重要载体。现实生活中，一个城市的内在精神和外在形象总是紧密地交织融汇为一体。比如说，每当我们谈及"延安精神"、"大庆精神"、"张家港精神"、"昆山之路"，我们既是在赞叹一种精神力量，也是在品味一种别具一格的城市品牌、城市名片和城市形象。

最后，城市精神引领城市社会建设和管理的发展方向。城市精神是对城市社会发展思路、发展规划、发展重心、发展方略的提炼和提升，好的城市精神可以反映城市社会建设和管理的历史风云，可以宣示城市社会建设和管理的理念信条，也可以展望城市社会建设和管理的预期目标。在此意义上，城市精神蕴含着一座城市建设和管理的发展理念，它引领着城市的发展方向，呼应着城市演进发展的潜力和势能。例如，江苏省"创业创新创优、争先领先率先"的江苏精神，洛阳市"包容开放、创业创新、实干争先、负重奋进"的洛阳精神，等等，都体现了城市发展的坚强信心，都表达了一种精神层面上积极奋进的形象态势，都可以看作是一种城市理想的追求、城市责任的承诺和引领城市建设管理的旗帜。正是城市精神的生生不息、薪火相传，形成了城市发展最为隐秘而坚韧的内生动力。

概而言之，城市精神是城市性格、气质的凝练表达，是城市形象、风貌的写照和内在依据。城市精神植根于城市的历史血脉，贯穿于城市社会建设和管理的现实发展特点，引领和驱动着城市的未来趋向。城市精神作为社会群体的一种心理能源，它把归属感、责任感、自豪感融为一体，可以产生出一股超越物质因素或经济杠杆的精神力量。

二、天津城市精神的内涵与社会建设和管理创新

研究和提炼城市精神，为城市“提神”、“鼓劲”、“聚力”，是对城市内在气质的理论升华，也是对城市万千气象的抽象性涵括。天津城市精神的培育和塑造不是一蹴而就的，对这一城市精神的提炼和凝结，也不可能一劳永逸，而必然要经历一个渐进的累积、锤炼和不断的嬗变、递进的过程。对城市精神的思考和总结，既要尊重其历史渊源方面的“天性”，更要着眼于它的未来发展，使其能担负起引领社会潮流、优化人文环境、提升思想境界的重任，具有鲜明的时代内涵。如果我们对天津的地理方圆、历史文脉、发展势态、品格气质做一番梳理、考察和反思，“爱国诚信、务实创新、开放包容”，则集中体现了这座我们生于斯、长于斯的城市精神最核心的含义要素。

“爱国诚信”是指天津人具有的基本的政治素养、道德追求和价值取向。梳理天津600多年的历史，从大沽口保卫战、火烧望海楼、义和团运动到抗日战争的烽烟；从实业救国、五四运动到加快滨海新区开发开放、促进环渤海区域发展的实践中始终向世人宣示着一种血浓于水的爱国主义情怀。在这条穿越600多年的爱国主义红线中，天津人注重自身的道德修养，崇尚诚信，助人为乐，顾大局，识大体的道德素养则是构成天津城市有序和谐的文化底蕴和道德支撑。

务实创新是天津地域文化的核心理念，是天津这座城市崛起、发展、走向辉煌的重要思想蕴藉和精神凭借。近代中国从思想政治变革到经商济世，再到社会文化的新旧更替，天津都处于“前卫”和“中枢”的位置。天津以勇于担当的胸怀和气度直面历史际遇，在工业文明的大潮中

觉醒思变、奋起求新，承担起了自己的历史使命。一系列划时代事件发生于天津，是历史的机缘，是城市的宿命，是创新和变革的肇始，更凸显了天津敦本尚实、重行轻言风尚的养成、传承与发扬。

开放包容不仅彰显着天津精神的重要特质，而且是天津社会建设和管理的凝聚力、驱动力。清末以来，天津在文化发展上即呈现出中西交融、相互借鉴的全方位发展格局，文化发展上的海纳百川、不拘一格、兼收并蓄、为我所用，使天津文化形成了开放性与多元性的特征。在天津，海河的涵养、海洋的包容，共同塑造了这座城市灵动、圆通的如水气质。海河文化、海洋文化、漕运文化、商埠文化、城厢文化、军旅文化、租界文化、红色文化等不同的文化样式和文化形态共同发展，形成了多元并蓄、互为借鉴、融契一体、交相辉映的生动局面。新时期，天津滨海新区正式纳入了国家的总体发展战略规划，成为依托京津冀、服务环渤海、辐射“三北”、面向东北亚的现代化新区。由此，揭开了天津以开放包容涵育城市社会建设和创新的新篇章。

爱国诚信、务实创新、开放包容表征着天津这座城市与生俱来的卓荦天资、富而思进的深沉禀赋和引领未来的超拔气概，它们紧密勾连、相互支撑，共生共存为天津精神要素的有机系统。如果说，爱国诚信是天津精神的灵魂和核心，务实创新与开放包容则是爱国诚信的支点。爱国诚信需要务实创新的有力支撑，离开了务实创新，爱国诚信就成了空洞的口号。同理，爱国诚信也离不开开放包容，开放包容恰恰是实现爱国诚信的有效途径。而务实创新与开放包容的关联在于二者互为实现的前提和条件。爱国诚信、务实创新、开放包容从不同的方面体现着天津人共同的思维方式及其表达；涵括着天津人共同的价值目标和价值尺度；反映着天津人共同的评价及其标准。长期以来，天津在抵御自然灾害、防御和处理人为灾害、应对突发公共事件方面相较于国内其他大城市都表现良好，天津在城市高速发展的过程中始终没有出现大的偏差，不仅群体性事件非常少，即使一般的负面事件和负面舆论也都非常少。“平安宜居”经过长久的岁月洗礼，如今已渗透到天津城市的肌理之中。毫无疑问，关注民生、保持良好的社会治安，从而保障长治久安、安居乐业的城市生活，是天津城市精神与社会建设和管理创新相得益彰的重要方面。

三、天津城市精神是提升社会管理创新的力量源泉

毫无疑问，城市是人们为了自身生存和发展的需要结合而成的生活共同体。城市的存续离不开必要的社会规范和秩序。维护社会规范和秩序需要调节利益冲突，消除人们生存和发展的社会障碍，如歧视、排斥、隔离和差别待遇等，提供内外部安全保障。社会管理就是以维护社会良好秩序为目的，规范和协调社会关系、社会组织和社会行为的社会活动。人是城市建设和管理创新的主体。天津的城市建设和管理创新以天津每一个人境界和素质的提升为根据。如果说，当前社会管理创新的主要任务是有效调节和解决社会问题，社会问题的精神层面则实质是文化问题——即城市精神的传承、倡扬和创新。

从城市的发展历程看，城市发展经历了农业社会、工业社会、后工业社会、信息社会等阶段。城市规模的迅猛拓展，城市形态的快速演化，城市生活的模式更替，不断地引起空间拥挤、交通堵塞、环境污染、生态恶化、贫富分化等日益严峻的城市问题。与之相对应的，则是城市居民对生存环境、生活质量、生命状态、发展模式的要求越来越高。

因此，城市精神不仅要对市民起到磁铁一样的凝聚作用，对城市发展起到旗帜一样的引领作用，同样要对城市建设和管理、城市发展水平起到标尺一样的衡量和评价作用。一方面，城市作为人类的聚居地，它的建设和管理必须符合人性化，必须以人为本；另一方面，对城市建设和管理的评估测量，同样要以城市发展所带来的文化心理能量以及人们对城市的归属感、责任感、自豪感为依归。城市精神的传承与倡扬，城市建设和管理的创新，不仅要呼应于城市的经济发展与基础设施等硬件建设，也要聚焦于城市居民的工作、生活质量和健康状况、幸福指数等“软件建设”。只有如此，才能实现一个城市的外在“形态”、文化“神态”和市民“心态”的有机统一。天津将城市精神与社会建设和管理创新的有机融合表现在方方面面。

一是超前的基础设施建设。天津中心城区与外围城区之间“两环十

四射”的骨架路网，中心城区与滨海新区之间总通行能力达到 8.3 万标准车的 11 条贯通“双城”的交通走廊，城市轨道交通日益完善的环放式地铁系统，飞架横越于海河之上的大小桥梁，重点区域不胜枚举的宏大立交体系，以及街道间星罗棋布的人行天桥所构建的城市微循环系统，使得城市畅行贯通、极富动感，为城市居民提供了非常便捷的交通和人居环境。而高速铁路、高速公路组成的对外陆路交通，天津港不断改写着吞吐量纪录的海上运输能力，滨海国际机场作为中国大型门户枢纽空港地位的确立，更为天津这座城市的现代、宜居品质打下了坚实的根基。

二是“偏执”的历史文化街区保护。在对全市历史风貌建筑进行普查造册、定位盘存的基础上，有计划、分步骤地对文化街区、风貌建筑实施科学合理的保护、修缮和再利用。迄今，不仅五大道、意式风情区、古文化街等一批具有独特建筑风格的街区和历史遗迹都得到了整体保留和细致维修，老城厢历史文化街区、劝业场历史文化街区、解放北路历史文化街区、泰安道历史文化街区等 14 片历史文化街区的保护、翻新、使用都已深入展开。尊重城市自身的人文生态，不因城市发展而埋没、废弃、牺牲城市的历史脉络，求新求变而坦然怀旧，高蹈阔步而从容优雅，这是天津城市建设和管理的一条重要经验。这一城市建设模式，保证了天津市一贯追求的大气洋气、清新靓丽、中西合璧、古今交融的城市建设目标的实现，展现了天津深厚的文化底蕴、独特的自然风貌和大都市现代化气派。

三是优质的教育、医疗体系。天津坚持实施义务教育标准化建设，致力于实现基础教育设施布局均等化。多年来，幼儿入园率、义务教育巩固率、高中阶段毛入学率等指标均已稳定超过 95%，天津中小学基础教育工作始终走在全国前列。随着国家级海河教育园的建设使用，天津日趋成为我国职业教育的领军区域。此外，天津还着力构建了以医学中心为龙头，以区域医疗中心、专科诊疗中心、区县综合医院、基层医疗卫生机构为基础，以民营医疗机构为补充的城乡医疗卫生服务体系，城乡医疗水平差距明显缩小，未来 3 年里天津千人床位数将达到 6.2 张。天津的社区医院数量充足，医疗服务项目方便、多样，有效满足了广大居民的医疗卫生需求。面对老龄人口不断增加的实际，天津持续加大老年宜居社区的建设力度，明确提出2015年养老服务设施体系要达到“3、97”的工作目标，即3%的老年人进入养老机构，97%的老年人居家养老。这些工作都需要政府在人力、财力、物力上的巨大投入，也都意味着城市居住舒适度的全面提升。

四是强势的生态建设和环保投入。以扎实推进绿色GDP增长方式、发展循环经济、切实降低能耗为依托，天津大规模开展以改善群众生活环境、提供群众生活质量为重点的城市生态环境建设。海河两岸的36个公园实现了整体翻新，市区出现了连片的景观绿化带，2010年全市城镇绿化覆盖率达到30.3%，初步实现了“三季有花、四季常绿”的绿化目标。天津现有6个大型污水处理厂，3座垃圾焚烧发电厂，1 600多万平方米住宅做到了中水入户，目前已有5 495辆新型环保公交车投入运营，城市环境空气质量二级以上的天数2010年达到了300天。2008年开始建设的中新生态城项目是天津市打造生态宜居城市的标志之一，尤其体现着天津生态建设的魄力和气度。生态城在建设之初就提出了绿色建筑、绿色出行、垃圾回收利用率等26项控制性生态指标，在规划设计、运营管理、产业规划过程中所采取的具体举措，也都处处体现着绿色、低碳、循环、可持续的发展理念，这些都成为天津生态宜居的精彩写照。

五是率先在全国组建社会组织服务管理中心和社会管理学会。社会组织服务管理中心是一个集孵化器、信息化建设、应急指挥系统为一体的全方位服务管理窗口。集政策咨询、信息发布、年检服务、社会组织评估、推介展示、权益维护、培训交流、社工和志愿者指导等内容于一体，为社会组织管理工作提供有益补充。在从“大政府”走向“小政府”的进程中，不仅仅要精简政府职能部门，更重要的是政府要在许多具体的公共服务领域退出。同时，通过购买服务的方式加大对公共服务的投入，社会组织将承接越来越多从政府转移出来的工作并发挥越来越重要的作用。目前，天津市备案的社区社会组织已经超过了8 000个，每一个社区居民每天几乎都可以享受到社区里的社会组织成员给自己的生活提供的服务。

2012年5月11日，天津又率先在全国成立社会管理学会，学会旨在团结与组织全市社会管理相关部门、团体和社会管理工作实践经验丰富、理论功底深厚的领导干部、实际工作者和专家学者，围绕完善党委领导、政府负责、社会协同、公众参与的社会管理格局，深入开展调查研究，积极探索加强和创新社会管理的有效形式。

城市建设和管理的巨大成就，凝聚了民心民气，市民对城市建设管理的满意度达到99.6%，天津被新华社《瞭望东方周刊》等机构联合评测为2011年度“中国城市民生成就最佳范例奖”。2012年伊始，面对严峻复杂的国内外经济形势，天津明确提出“调结构、惠民生、上水平”的工作任务，着手推动高水平实体经济加快发展。务实创新的价值诉求构筑了持久的发展优势，在中国社会科学院2011年发布的《中国城市竞争力报告》中，天津继续保持了综合竞争力前十名、内地城市第五名的好成绩。

天津是一座朴实、坚韧而又极富活力的城市，“爱国诚信、务实创新、开放包容”作为天津的“城市之魂”，充盈、渗透于天津城市发展和社会生活的方方面面，是对天津城市万千气象的涵括融通，对天津城市精神气质的理论升华，也必将成为引领天津社会建设和管理创新的力量源泉，成为凝聚民心共同建设美好家园的精神灯塔。

城乡基本公共卫生服务非均等化的水平测度及对策分析

尹栾玉[①]

一、基本范畴界定和相关理论综述

基本公共卫生服务与医疗服务是截然不同而又息息相关的两个研究范畴，医疗服务重点在于治疗，公共卫生服务则主要在于预防，与医疗服务相比，公共卫生服务具有更为明显的公益性。公共卫生服务的内容一般可以归结为"3P"，即Prevention(疾病防御)、Protection(健康保护)和Promotion(健康促进)。在我国，公共卫生服务的具体内容经历了一个不断调整的过程，最新颁布的《国家基本公共卫生服务规范(2011)》规定，现阶段我国基本公共卫生服务主要包括以下11项内容：城乡居民健康档案管理、健康教育、预防接种、0～6岁儿童健康管理、孕产妇健康管理、老年人健康管理、高血压患者健康管理、

① 尹栾玉，北京师范大学中国社会管理研究院教授；研究方向：社会管理，公共经济政策。

2 型糖尿病患者健康管理、重性精神疾病患者管理、传染病及突发公共卫生事件报告和处理以及卫生监督协管服务规范。

关于目前我国城乡基本公共卫生服务方面存在着严重的非均等化问题，学界已基本达成共识。王雍君等通过对比城乡人均享有的医疗卫生资源以及城乡居民人均可支配收入得出结论认为："城乡间公共服务的差距比城乡经济差距更大。"[①]路冠军的研究也表明，农村公共卫生机构存在着经费紧张、人才短缺等问题，这与市场化改革背景下的政府职责缺失有关[②]。

在基本公共卫生服务均等化的界定、评价以及衡量方法上，多数研究都沿用了卫生服务公平性测量方法。李顺平、孟庆跃认为，"卫生服务公平包括健康公平性、卫生服务利用公平性、卫生筹资公平性和卫生资源分布的公平性"[③]，并且提出了公平性的测量方法：级差法、洛伦茨曲线法和集中指数法等。应晓华等通过对卫生筹资公平性指数(IFFC)的计算，得出结论认为我国卫生服务筹资公平性较低，卫生筹资政策对低收入群体非常不利，加剧了城乡居民卫生服务现有的差距[④]。王晓洁等在测量公共卫生服务空间公平性时，运用了泰尔指数这一衡量指标[⑤]。

关于导致城乡基本公共卫生服务不均等的原因，很多学者认为应该归结为城乡之间巨大的财力差距。由此造成的公共卫生支出的不均等，严重影响了城乡卫生服务享有的均等性。王绍光认为，基本公共卫生服务是公共物品，过度的市场化导致了扭曲的市场效应，虚高的价格将低收入人群排挤出该服务的受益群体之外[⑥]。也有一些学者从制度层面进行了解析，认为我国目前的财政体制和税收制度安排，进一步加剧了城乡公共卫生服务差距的扩大。比如安体富提出："转移支付制度本身总体设计存在缺陷，形式过多，结构不合理，转移支付资金分配办法不规范、不公开、不透明导致公共服务地区间不均等。"[⑦]

---

① 王雍君：《中国的财政均等化与转移支付体制改革》，载《中央财经大学学报》，2006(9)。

② 路冠军：《均等化取向下的农村公共卫生服务体系构建》，载《农村经济》，2007(11)。

③ 李顺平、孟庆跃：《卫生服务公平性及其影响因素研究综述》，载《中国卫生事业管理》，2005(3)。

④ 应晓华：《不同收入人群家庭筹资公平性研究》，载《中华医院管理杂志》，2004(8)。

⑤ 王晓洁：《中国公共卫生支出理论与实证分析》，北京，中国社会科学出版社，2011。

⑥ 王绍光：《政策导向、汲取能力与卫生公平》，载《中国社会科学》，2005(6)。

⑦ 安体富：《完善公共财政制度　逐步实现公共服务均等化》，载《财经问题研究》，2007(7)。

由于政府在保证公共卫生公平性方面的决定性作用，政府公共卫生支出结构和规模也成为学界研究的焦点之一。关于基本公共卫生支出与医疗支出的比例关系，以及它们对经济增长的影响，国外很多学者展开了深入研究并得出了比较有解释力的结论。Zou(1996)采用了横截面——时间序列数据，包含了43个国家从1970年到1990年的资料，其中既有中央政府开支总额，也有用于国防、教育、医疗、卫生以及交通和通信的分类数据。实际上，采用横截面——时间序列数据得到的结果与仅仅采用横截面数据大不相同，后者可能无法避开共同内生性和因果倒置等陷阱。Zou认为，公共卫生医疗开支总额和人均健康支出都与人均经济增长负相关，虽然前者并不显著。在医疗开支的子类中，用于医院与诊所的开支与人均经济增长率的关系都不显著，虽然系数都为正值：只有其他医疗卫生开支一项显著地与人均经济增长率正相关。根据这个研究结果来看，疾病预防、医学应用研究及新型保健网络的开发更多地具有正外部性，对经济增长具有某些促进作用。而通常看病就医更接近于一种私人经济的运行方式。因此，政府应当把更多的资源用于诸如全国性免疫与防疫、病理研究、新药开发等基础性公共卫生领域，而不是公费医疗①。

二、城乡基本公共卫生服务非均等化水平的测度

对城乡基本公共卫生服务非均等化水平进行具体测度，需要一个完整的评价体系。笔者主要从健康公平性、卫生筹资公平性、卫生服务利用公平性以及卫生资源分布公平性四个方面，考查目前我国城乡基本公共卫生服务的非均等化程度。

1. 城乡居民健康消费水平非均等化——基于泰尔指数的测度

居民健康水平是衡量基本公共卫生服务供给绩效的最佳指标，而居民的健康水平与居民的健康消费能力直接相关，只有较高的健康消费能力才有可能带来较高的健康水平，因此，笔者选用了城乡居民健康消费能力差异这一指标，来考量城乡居民健康消费水平的差异以及由此而导致的健康水平的巨大差异。

① 龚六堂，《公共财政理论》，323页，北京，北京大学出版社，2009。

如前所述，衡量公共卫生均等化水平的指标和计算方式有多个选择，如基尼系数、洛伦茨曲线、集中指数法等。笔者在这里选用了泰尔指数。泰尔指数是经济学家泰尔(Henri Theil)在1967年提出的一种衡量收入不平等的指标，由信息理论中的熵概念计算得出。泰尔指数的优势在于能够将总体的不公平性分解为各部分之间的差异性和各部分内部的差异性，并测量出这些差异分别对整体差异所造成的影响。例如在本文中，泰尔指数能够很好地反映城乡内部和城乡之间的差异，以及究竟哪种差异最终导致了城乡健康水平的巨大差异。而基尼系数只能反映居民健康消费能力总体的差异程度，却无法描述这种差异来自于城市内部、乡村内部还是城乡之间。有时可能会出现卫生资源配置的基尼系数变化并不大，而泰尔指数变化则较为明显的情况。因此，泰尔指数在分析公共卫生资源公平性方面有特殊的优势。

单参数的泰尔熵概念指数体系的公式如下：

$$E_c(y)=\begin{cases}\dfrac{1}{c(c-1)}\sum\limits_{i\in N}\left\{\left(\dfrac{y_i}{\mu}\right)^{e}-1\right\},c\neq 0,1\\ \dfrac{1}{n}\sum\limits_{i\in N}\dfrac{y_i}{\mu}\ln\dfrac{y_i}{\mu},c=1\\ \dfrac{1}{n}\sum\limits_{i\in N}\dfrac{y_i}{\mu},c=0\end{cases}\tag{1}$$

式(1)中 n 代表样本数量，y_i 代表第 i 个样本的具体数值，μ 代表样本的平均数。当 $c=1$ 时，该指数以收入为权重，主要反映的是收入较高的那部分群体的变化敏感程度；当 $c=0$ 时，该指数以人口为权重，主要反映的是收入较低的那部分群体的变化敏感程度。这里，笔者采用的是后者，该指数又称MLD(The Mean Log Deviation)指数，用此来反映城乡居民医疗卫生消费的差异，具体计算公式如下：

$$T_U=P_u\cdot\sum_{i=1}^{n}\frac{P_{ui}}{P_u}\cdot\ln\left(\frac{P_{ui}}{P_u}/\frac{X_{ui}}{X_u}\right)\tag{2}$$

$$T_R=P_r\cdot\sum_{i=1}^{n}\frac{P_{ri}}{P_r}\cdot\ln\left(\frac{P_{ri}}{P_r}/\frac{X_{ri}}{X_r}\right)\tag{3}$$

$$T_B=P_u\cdot\ln\frac{P_u}{X_u}+P_r\cdot\ln\frac{P_r}{X_r}\tag{4}$$

$$T=T_U+T_R+T_B\tag{5}$$

T_U、T_R、T_B 和 T 分别表示城市内、农村内、城乡间和总的卫生消费差异的泰尔指数；P_u 和 P_r 分别表示城市和农村人口数量占全国人口总数的比例；X_u 和 X_r 分别表示城市和农村卫生消费金额占全国卫生消费金额的比例；P_{ui} 和 X_{ui} 分别表示第 i 个省农村人口数量和农村卫生消费金额；P_{ri} 和 X_{ri} 分别表示第 i 个省城市人口数量和城市卫生消费金额。

由式(5)可知，等式两端同时除以 T，得到以下式子：

$$1=\frac{T_U}{T}+\frac{T_R}{T}+\frac{T_B}{T} \tag{6}$$

式(6)中，$\frac{T_U}{T}$、$\frac{T_R}{T}$ 和 $\frac{T_B}{T}$ 三者之和为1，且三者分别表示城市内、农村内和城乡间的卫生消费差异对居民整体卫生消费差异的贡献率。

该模型所使用的数据来源于各年度的《中国卫生统计年鉴》和《中国人口统计年鉴》。其中城乡健康消费金额以居民医疗卫生保健支出来表示，且该支出数量在实际运算过程中，以 1993 年为 100 做了居民消费价格指数的平价处理；城乡人口数量以各地区城市和农村的人口数量来表示，二者的数据都从 1993 年作为研究的原点开始计算，这主要是因为统计数据的限制，在此之前的数据统计口径不一致，不能直接做城乡之间的对比，用此数据得出的结论的可信度也会降低。因此笔者选用了从 1993 年到 2009 年的数据。

通过运用式(2)、式(3)、式(4)、式(5)、式(6)测算，可以得出具体的泰尔指数数据，由于得出的数据很小，出于对统计分析的考虑，将区域内和区域间差距的泰尔指数同时与 100 作积，另外各组成部分对整体差距的贡献率与 100％作积，调整之后的结果见表 1 和图 1。

表 1　城乡居民健康消费差距的泰尔指数及差异部分的贡献率

年份	泰尔指数(＊100)				对总体差距的贡献率(％)		
	城市内	农村内	城乡间	总体	城市内	农村内	城乡间
1993	0.652 6	0.681 8	13.559 1	14.893 5	4.38	4.58	91.04
1994	0.526 9	0.407 2	16.601 7	17.535 8	3.00	2.32	94.67
1995	0.812 0	0.115 5	15.562 0	16.489 5	4.92	0.70	94.38
1996	0.618 6	0.473 4	13.970 2	15.062 2	4.11	3.14	92.75
1997	0.533 1	0.416 5	15.571 8	16.521 4	3.23	2.52	94.25
1998	0.788 3	0.088 6	19.169 6	20.046 5	3.93	0.44	95.63
1999	0.911 4	1.905 5	16.998 8	19.815 7	4.60	9.62	85.78
2000	0.806 1	1.345 2	15.480 0	17.631 3	4.57	7.63	87.80

续表

年份	泰尔指数(＊100)				对总体差距的贡献率(%)		
	城市内	农村内	城乡间	总体	城市内	农村内	城乡间
2001	0.788 9	1.208 3	14.875 1	16.872 3	4.68	7.16	88.16
2002	1.050 1	0.575 1	15.867 7	17.492 9	6.00	3.29	90.71
2003	1.662 9	3.564 4	26.723 4	31.950 7	5.20	11.16	83.64
2004	1.501 9	2.894 5	26.719 2	31.115 6	4.83	9.30	85.87
2005	1.585 8	3.010 7	26.059 4	30.656 0	5.17	9.82	85.01
2006	1.497 6	2.649 3	21.600 5	25.747 4	5.82	10.29	83.89
2007	1.513 7	2.583 1	18.782 2	22.879 0	6.62	11.29	82.09
2008	1.277 8	2.325 5	18.941 7	22.544 9	5.67	10.31	84.02
2009	1.104 6	2.398 3	17.860 2	21.363 1	5.17	11.23	83.60

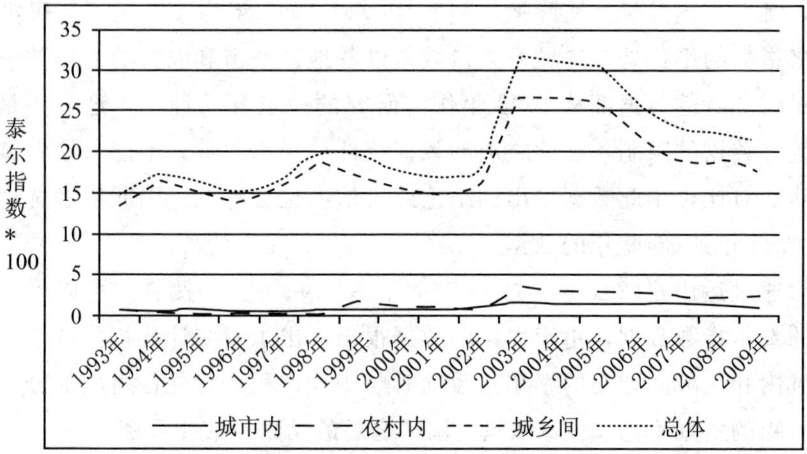

图 1　城乡居民健康消费差距的泰尔指数

从表 1 和图 1 的数据可以看出，改革开放之初的 1993 年，城镇之间和农村之间的居民健康消费差异之和占居民总体健康消费差距的百分比为 9.96%，而城乡之间居民健康消费差异占居民总体健康消费差距的百分比为 91.04%。此后这一趋势不仅没有改变，反而逐年上升，直至达到 1998 年的峰值 95.63%。其后的十余年间，城乡之间居民健康消费差异占居民总体健康消费差距的百分比虽有所回落，但基本围绕在 85%左右。这些数据表明，城乡之间的居民健康消费差距是决定居民健康消费总体差距的最主要因素。

居民健康消费水平直接影响着居民的身体健康和成长，笔者在这里采用反映城乡7岁以下儿童身体发育状况的数据进行分析，因为身高和体重是一个人身体健康发育的重要量度，也是最直接的观测和分析的项目。在计算中样本跨度从出生的0～3天到6～7岁，区分了城市和农村、男孩和女孩两个维度，采用了城市的数据和农村的数据作差的方法，得出以下两组示意图(图2和图3)。

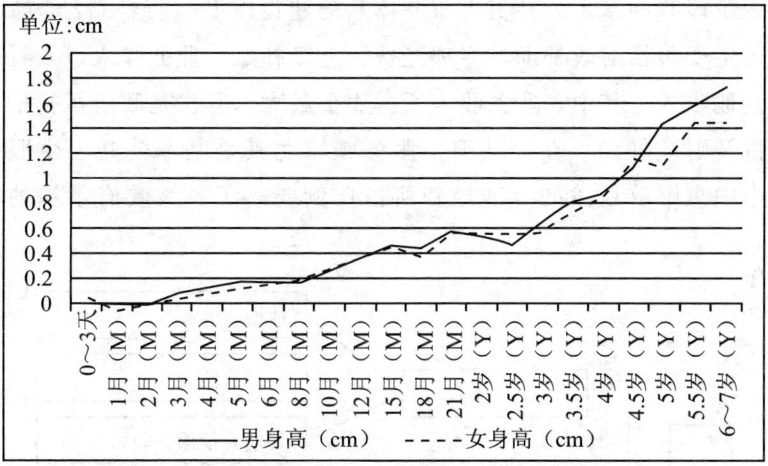

图2　城乡7岁以下儿童身体发育——身高差异图

数据来源：《2011年中国卫生统计提要》。

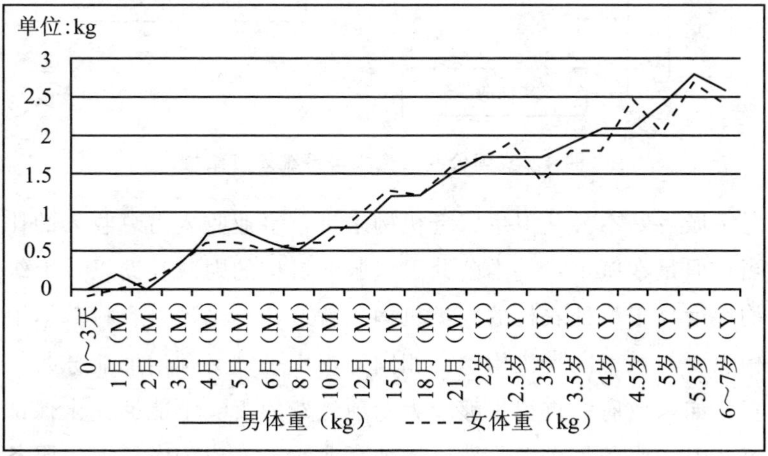

图3　城乡7岁以下儿童身体发育——体重差异图

数据来源：《2011年中国卫生统计提要》。

从图中不难看出，无论是身高还是体重，无论是男孩还是女孩，随着年龄的增长，城乡之间的差距都在逐步扩大，这种趋势近似一条斜率是正的直线向右上方扩展。城乡之间7岁以下儿童身体发育的不均等情况显而易见，说明城乡健康消费水平的巨大差异直接导致了健康发育水平的差异。

2. 基本公共卫生筹资非均等化

现阶段我国基本公共卫生服务体系的建设以及运行经费结构如图4所示，主要包括财政补助、专项经费、上级补贴、业务收入以及社会捐赠等其他收入。其中，业务收入所占比重最大，其次是政府承担的专项经费以及财政补助，在公共卫生服务领域尤其是基本公共卫生服务方面，由中央财政划拨的专项经费所占比例要高于各级政府承担的财政补助。

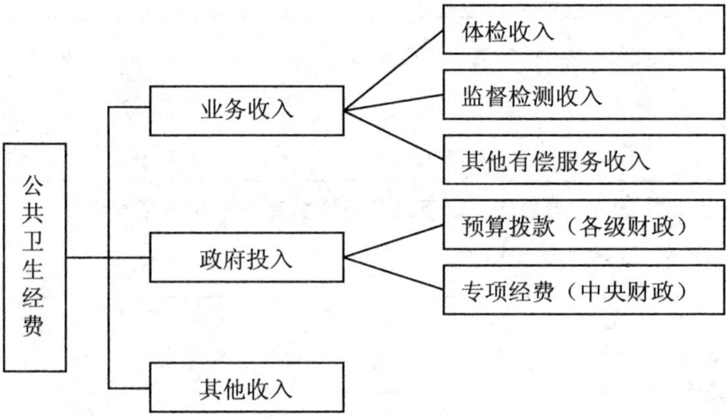

图4　我国公共卫生服务系统筹资结构

对于城乡基本公共卫生服务机构来讲，事业收入占总收入的比重大体相当，但是在城市，基本公共卫生服务机构的财政补助以及上级拨款收入均远远高于位处农村的同类机构。就这一点来说，农村基本卫生服务机构想要与城市同类机构达到相同筹资水平则必须增加业务收入或专项经费。如果政府的重视不够或者专项经费的落实不能够完全保证，那么对公共卫生服务需求者收费，增加事业收入就成为农村卫生服务机构唯一的出路。而实际上，在筹资方面，城乡政府卫生支出差距明显，在表2中可以看出，城乡政府卫生支出差额逐年扩大，城市与农村人均政府卫生支出的差距呈上升态势，截至2007年城市人均卫生支出与农村人均卫生支出的倍数比已高达4.25。

表2　1995—2007年城乡政府卫生支出情况

年份	政府卫生支出(亿元)			人均政府卫生支出(元)			城市人均/农村人均
	城市	农村	城乡差额	城市	农村	城乡差额	
1995	223.11	164.81	58.30	72.23	20.32	51.91	3.55
1996	254.13	206.47	47.66	79.46	25.62	53.84	3.10
1997	290.51	233.75	56.76	88.20	29.18	59.02	3.02
1998	305.11	283.49	21.62	100.14	31.14	69.00	3.22
1999	346.51	292.99	53.52	110.92	32.11	78.81	3.45
2000	406.76	304.17	102.59	126.12	33.28	92.84	3.79
2001	444.08	355.04	89.04	133.75	38.92	94.83	3.44
2002	541.37	367.66	173.71	154.97	40.71	114.26	3.81
2003	705.55	413.74	291.81	188.51	46.70	141.81	4.04
2004	839.67	450.68	388.99	214.52	51.27	163.25	4.18
2005	1128.70	421.43	707.27	201.63	56.53	145.10	3.57
2006	1298.63	483.02	815.61	225.94	65.50	160.44	3.45
2007	1785.92	517.13	1268.79	301.94	71.09	230.85	4.25

数据来源：《2009年中国卫生统计年鉴》。

3. 城乡基本医疗救治水平非均等化

基本医疗救治是指政府为保证医疗卫生的社会公平可得而提供的具有较强外部性的疾病控制，包括儿童疾病综合管理、计划生育服务、孕妇怀孕期保健、妇婴分娩保健、传染性疾病(包括肺结核、性病)等的控制和治疗以及临床服务等。

妇幼医疗救治是基本公共卫生服务的重要组成部分，目的在于降低孕产妇和婴儿的死亡率、提高母婴生存和生活的质量，是一项充满社会性和公益性的事业。笔者在这里选取新生儿死亡率、婴儿死亡率、5岁以下儿童死亡率和孕产妇死亡率四项指标，截取1991年到2009年19年间的数据，分别以城市和农村两个维度进行统计并作差，具体方法是用农村的统计数据减去城市的统计数据，将得到的数据按时间排序得出图5。为了便于统计和比较，新生儿死亡率、婴儿死亡率、5岁以下儿童死亡率采用千分之比，孕产妇死亡率采用的是十万分之比。

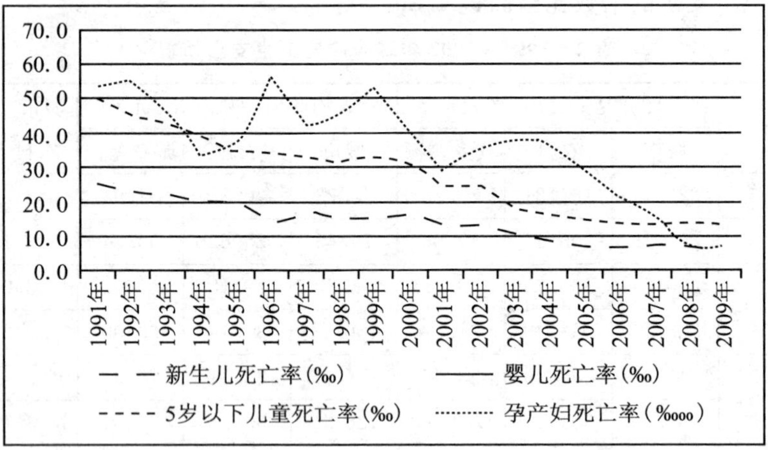

图5　城乡5岁以下儿童和孕产妇死亡率差异图

数据来源：《2010年中国卫生统计年鉴》。

总体来看，一方面，统计出的数据都为正值，即农村的数据大于城市的数据，表明上述四项指标的死亡率均为农村高于城市，差距最小值分别6.3、10.8、12.8个千分点和6.9个十万分点；另一方面，整体的差异值是向右下方倾斜的，具有数值下降的趋势，也就是说这种差异在逐步缩小。局部来看，前三项的统计口径是一致的，采用的是千分比，在上图中可以清晰地看出城乡5岁以下儿童死亡率差异值大于城乡婴儿死亡率差异值、后者又大于城乡新生儿死亡率差异值。另外，笔者对原始数据(没有作差减前)的观测发现，原始数据也呈现这样的趋势。城乡孕产妇差异值呈现出波动的状态，出现了四次较大的起伏。从上述的分析来看，城乡之间的差距在观测的19年间一直存在，说明城乡之间基本医疗救治水平存在着严重的非均等化现象。

4. 城乡公共卫生资源配置非均等化

在我国，城乡公共卫生服务机构及设施分布仍不尽合理，农村卫生资源配置远远不及城市。由表3可知，城市每千人口医疗机构床位数自1980年以来一直呈上升态势，而农业人口乡镇卫生院床位数则出现了较大波动。1980—2005年，农业人口每千人医疗机构床位数呈现下降趋势，2005年这一趋势才得以改变，2008年基本恢复到1980年的比例，但让人无法忽视的是，2009 年城市每千人口医疗机构床位数是农业人口每千人医疗机构床位数的 3 倍，而在 30 年前这一比例还仅仅是 2∶1。

表 3　每千人口医疗机构床位数

每千人口医疗机构床位数					
年份	每千城市人口医疗机构床位(张)	每千人口医院和卫生院床位(张)			每千农业人口乡镇卫生院床位数(张)
		合计	市	县	
1980	2.19	2.02	4.70	1.48	0.95
1985	2.33	2.14	4.54	1.53	0.86
1990	2.53	2.32	4.18	1.55	0.81
1995	2.55	2.39	3.50	1.59	0.81
2000	2.47	2.38	3.49	1.50	0.80
2005	2.62	2.45	3.59	1.43	0.78
2006	2.70	2.53	3.69	1.49	0.80
2007	2.83	2.63	3.80	1.58	0.85
2008	3.05	2.84	4.05	1.75	0.96
2009	3.31	3.06	4.31	1.93	1.05

数据来源：《2010 年中国卫生统计年鉴》。

另外，在总量上，政府投资的农村卫生服务机构在农村现有医疗卫生服务机构中所占比例极低。据统计，2008 年我国村卫生室约有 613 537个，而其中财政支持的卫生院仅占 6.56%。而这一数字若分摊到几乎为城市人口 2 倍的农村人口上，那么农村居民人均享有的财政补贴则更加微乎其微。

三、实现城乡公共卫生服务均等化的政策建议

1. 统筹城乡发展，打破城乡二元公共卫生服务体制

城乡二元经济结构对我国社会生活各方面的影响深刻而广泛。在割裂的二元体制下，不仅农村居民需要的公共卫生服务难以得到满足，农民工群体的基本公共卫生保障更令人担忧。户籍制度改革是打破城乡壁

垒的根本性措施，但现阶段难以得到彻底贯彻落实。因此当务之急是要充分重视农村公共卫生服务供给严重不足的现状，加大农村公共卫生服务的投入力度，首先满足农村居民基本的公共卫生需求；其次逐渐向覆盖城乡一体化的公共卫生服务体系过渡。也就是说，经历了一个相对均等化的过程，才有可能实现更高层次的均等化水平。

2. 建立有效的公共财政体系

基本公共卫生服务均等化是公共财政“公共性”的一个重要表现方面，要实现基本公共卫生服务均等化，必须要深化财政体制改革，健全公共财政体制。

首先，要明确划分各级政府职责，尽可能提升卫生支出效率。中央政府负责全国性公共卫生服务的提供，并干预其资源配置，地方政府承担地方性的公共卫生服务，而具有准公共品性质的一些基本公共卫生服务应根据其性质进行比例划分，从而由各级政府共同承担。中央政府要兼顾城乡公平，加大对农村的财政支出保障，同时县乡一级财政也需要在保证基本运行经费的前提下，加大对基本公共卫生服务的投入，从而减小城乡差距。

其次，需要进一步完善我国财政转移支付体系，以保证转移支付的合理性，真正做到调节收入，维护公平稳定。这就要求我国政府要进一步明确转移支付的具体定位，改进财政补助方式，增加均等化补助的比例。我国目前这种分级的财政体制，使得越是富裕的地区公共卫生服务系统越完善，而贫困的地区居民享有基本公共卫生服务就相对少很多。增加均等化补助势在必行。

3. 确保公益性同时促进筹资主体多元化

由于公共财政能力和规模所限，我们应该将关注点放在公益性的基本公共卫生服务领域，要确保基本公共卫生服务领域的健康发展。而对于医疗领域可以在加强监管的同时，适当拓宽引资渠道，鼓励私有资本进入，实现良性竞争，从而保证有限的资源发挥最大的效用。

城市业主委员会的兴起与发展

陈　鹏[①]

20世纪90年代中期以来，随着住房改革的不断深化和房地产市场的迅猛发展，中国城市社会日益涌现出大量的新建商品房住宅小区，并由此产生了与之紧密相连的业主委员会组织。作为一种新生事物，业主委员会的诞生为城市基层社会的建设与发展带来了前所未有的机遇和挑战。本文拟通过对业主委员会的特征、功能、机制和趋势进行阐述，以期为人们科学、合理认识业主委员会的组织定位，推动社区建设进程，提升社区管理水平，维护社区和谐稳定提供政策借鉴和参考。

一、基本特征

业主委员会是指由物业管理区域内的业主根据业主大会议事规则选举产生并代表全体业主利益的基层群众自治组织。业主委员会是业主大会

①　陈鹏，清华大学社会学博士，北京师范大学中国社会管理研究院博士后；研究方向：都市运动与社区治理、社会管理与社会创新。

的常务机构或建筑区划内建筑物的管理机构。根据现行法律、法规和业主实践，业主委员会的基本特征大致可归纳为四个方面。

第一，成立和发展时间相对较短。作为一种新兴的社会组织，业主委员会的诞生、成长和发展大致有十多年的历史。这种组织形式是20世纪90年代初期从香港引进而来，最初被称之为“物业管理委员会”，且只在深圳、广州、上海、北京等一线城市零星出现过，数量极为稀少。直到2003年《物业管理条例》颁布之后，“业主委员会”这一称呼才获得正名，并在组织制度形式上获得正式的法律确认。自此，业主委员会逐渐进入一个较快的成长和发展期，特别是伴随着大量业主维权运动的兴起，业主成立和组建业主委员会，其愿望日益强烈而迫切，其势头日益强劲而迅猛，并在《物权法》颁布前后出现一个明显的高潮期。

第二，利益表达意识和能力较强。虽然业主委员会成立和发展的时间并不长，但其一经成立甚至在成立过程中就表现出较强的利益表达意识和能力。之所以会如此，有两个方面的因素不容忽视。一是大多数业主委员会基本上是因维权需要而成立，以致业主委员会实际上演变成了“维权委员会”。当然，这也与现阶段业主合法权益普遍遭受房地产商和物业公司严重侵害和掠夺的现实不无关系。二是业主群体属于典型的精英群体，大多具有较高的经济社会地位和文化教育水平，而且法律观念和权利意识相对较强，这就使得他们动员、摄取资源和信息进行利益表达的能力非同一般。

第三，组织生命力相对较为脆弱。业主委员会虽然也是经选举产生的基层自治组织，但却远没有居民委员会那样具有稳固、顽强的组织结构。业主委员会成立的艰辛与流产的轻易形成鲜明反差。现实中，历经千辛万苦、耗费巨大人力物力成立的业主委员会，常常会因为一个很小的事由就轻易解体、瘫痪、夭折。这里面，一方面与大多数业主委员会自身的监督治理机制不够完善密切相关；另一方面也与其所处的生存状态的恶劣和艰险紧密相连。正如有学者所呼吁的“要像保护两会代表一样保护业主委员会委员的安全”，可以说，从事业主委员会工作是一件风险很高的事情。

第四，多集中在新建商品房小区。业主委员会是我国城市化进程中住房私有化改革的结构性产物，是一种基于建筑物区分所有权的财产性组织。商品房小区代表的是一种新型的以私有财产为核心，以共有财产为纽带的利益共同体。这就使得业主委员会作为共有利益的协调者和维护者成为必需。目前，传统的单位宿舍、胡同大院都没有业主委员会，也不具备成立业主委员会的条件和资格；业主委员会主要分布在新建商品房小区，包括纯粹商品房、经济适用房以及极少数的房改房小区，其成立比例基本上是依次降低。

二、基本功能

业主委员会作为依法选举成立的自治组织在当前我国和谐社区建设中具有重要的地位和作用。作为改革开放的极大受益者和社会稳定的中坚力量，切实充分发挥业主委员会的积极功能，有效控制和规避业主委员会的消极影响是一件亟须解决的重要课题。根据对业主委员会的调查研究，其正功能主要表现在四个方面。

第一，维护业主合法权益，实现社区保值增值。业主委员会是经全体业主依法选举产生并以代表和维护业主合法权益为根本任务和使命的自治管理组织，其地位和作用是其他任何组织所不能替代的。商品房小区是一个纯粹的物权领地，尤其是针对共有所有权而言，业主的知情权、监督权、收益权等权利的行使根本无法通过单个业主来实现，而唯有通过业主委员会才能最大限度地得以实现和保障。同时，对于小区物业的增值、保值而言，物业公司本身大多并没有直接动机和主动意识来帮助业主细心维护和保养小区共用配套设施设备，而必须依赖业主委员会的严格监督。

第二，构建新型邻里关系，增进社区社会资本。与传统的单位宿舍、胡同大院截然不同的是，新建商品房小区基本上是一个“陌生人社会”，业主大多来自天南海北、五湖四海，不同单位、不同行业，彼此都互不相识、互不来往。由此，整个小区的人际社会关系就会处于一种“原子化”的散沙状态，小区公共事务也没有人关心、支持和处理。业主委员会作为业主自己选举出来的纯民间组织，自然比较能够得到大家的信任和认同，并进而在业主与业主之间、业主与物业公司之间搭建起沟通和交流的桥梁，让整个小区逐渐进入一种“组织化”的有机生活状态。

在这个过程中，人与人之间的信任、规范、网络以及小区的各项制度建设都逐渐发展起来，从而也就能够创造一个和睦友好的社区生活环境。

第三，优化社区治理结构，维护基层社区稳定。业主委员会的出现给基层城市社区治理注入了一股新鲜的血液和强劲的动力。传统社区治理基本上是以居民委员会为单一主体，治理结构较为单一，再加上居民委员会作为基层地方政府权力末梢的性质，居民普遍对居委会事务漠不关心，参与积极性也很低。而新建商品房小区中业主委员会的成立以及物业公司的引入，再加上社区居民委员会(和社区党支部)，从而使得社区治理出现了三足鼎立的局面，也即所谓的社区治理的“三驾马车”。虽然目前彼此之间的矛盾、冲突还比较尖锐，但经过一个时期的调整、适应和磨合或将在基层社区创造出一种高度制衡的治理结构，从而为基层社会的安定和团结提供坚实基础。

第四，提供民主训练平台，推动基层民主进程。业主委员会的成立、组建和运作过程也是基层群众民主训练的过程。由于业主委员会是一种新型的制度形式，且现有的相关法律、法规还不太完善，各地业主基本上是通过摸索和实践逐渐学会如何筹备、选举业主委员会，如何召开业主大会决议小区重大公共事务，如何规范业主委员会的工作制度，如何与物业公司进行理性的对话、协商和博弈等。这一系列实践不仅使得业主懂得通过民主程序有效实现自我管理，而且极大地培养了业主的民主意识和精神。正如著名政治学家托克维尔所言，作为一种民情的民主首先是一种日常的生活方式，意味着对基层地方事务的志愿参与。在某种程度上，当前我国城市业主委员会的民主实践正具有此种意义。

业主委员会作为一种积极、健康、向上的群众自治组织，本身并没有什么消极负面功能，但有时在实际运作过程中也会由于种种因素引发一定的消极负面问题和影响。为此，也应当有所清醒认识，以便进一步完善和改进业主委员会制度建设。具体而言，这些消极问题和影响主要表现在四个方面。

第一，业主委员会的选举备案问题。按照现行法律、法规，业主委员会的选举和备案都要遵循一个严格的法定程序。但现实中，围绕这两个环节所产生的各种矛盾纠纷构成了当前商品房小区中的一个重大问题，严重影响了社区的和谐和安定。譬如，在选举环节，业委会筹备组要接受居委会的“指导”和“监督”，选举完成后须由其盖章确认方可去备案，但实际操作中居委会很少愿意主动去履行其“职责”，即使履行有时也会多加刁难，从而造成彼此之间的严重冲突和对立；待到备案环节时，地方行政主管部门又多将备案按照行政审批的方式来处理，致使大量业委会无法通过备案而胎死腹中，由此也造成业主不断向各级政府部门反复信访、上访，甚至直接付诸于法院诉讼，从而耗费了大量的人力、物力资源，也增加了政府部门的工作负担和压力。

第二，业主委员会的过度维权问题。现阶段，业主委员会的维权功能十分突出，在维护和保障业主合法权益方面确实发挥了重要作用；但在维权过程中，也常常会出现一些过激的行为倾向和意识观念。譬如，在物业费问题上，有的小区业委会成立后的第一件事情就是炒掉前期物业，然后自主选聘新物业公司；或者过度挤压物业公司的利润空间，造成物业公司无法维持生存而直接撤出。诚然，物业费虚高是目前商品房小区普遍面临的一个大问题，但动辄就解聘前期物业，无疑会立即激化小区的内部矛盾和纠纷，并由此造成小区大乱，条幅、大字报满天飞，甚至会导致小区瘫痪，严重影响业主的正常生活秩序和安全。同时，在维权手段和方式上，有时也出现一些比较过激的行为，譬如聚众上街游行、拦堵公路，甚至静坐绝食等，严重影响和干扰了正常的社会秩序。

第三，业主委员会的自身腐败问题。在现行的法律制度架构中，业主委员会是一个有权力而无监督、有权力而无责任的组织实体。一旦权力和职责得不到监督，自然会导致腐败现象的滋生；而一旦业委会蜕化腐败了，也将严重影响业主对它的信任和支持并会酿成小区的信任危机。譬如，有些小区的业委会将小区电梯广告等公摊收益中饱私囊、随意挪用；有些小区的业委会的委员私下收受房地产商和物业公司的各种好处(最普遍、直接的就是免交物业费)；有些小区的业委会甚至利用职权之便利用小区公共资源经营牟利；等等。这一系列现象和问题的产生，不仅严重损害了业委会作为民选的民意组织的形象、侵犯了广大业主的合法正当权益，而且也常常造成业主内部彼此之间的严重冲突和对峙。因此，应当切实加强对业主委员会的问责监管制度的建设。

第四，业主委员会的法律地位问题。业主委员会的法律地位问题是制约和阻碍其积极、健康发展的一个根本性问题。根据我国现行法律规定，业主委员会尚不具有法人主体地位，因此也就不具有民事主体能力和资格；而在现实的司法实践中，相当一些法院又受理了业委会的诉讼请求，间接默认了其诉讼主体地位。同时，从政府管理现状来看，业委会既没有业务主管单位，又没有登记管理部门，而只是在相应的房地产行政主管部门(就北京市而言，2008 年之前在各区建委小区办、之后在所在地街道办物业科)进行“备案”。但这种备案也仅仅是对业委会选举过程的合法性认定，而根本不管其具体的行为：即除了业主大会，业委会也就没有别的“上级”。而业主大会的召开和决议的产生都十分困难，从而导致对业委会违法行为的纠正和对其后果的救济很难真正实现。由此，也就造成一些小区业委会最终不慎走向了违法犯罪的道路，如北京市曾出现小区业委会主任因挪用公款被判入狱。

三、运作机制

产生方式。业主委员会是由小区业主自愿选择、并经依法选举而产生。根据建设部《业主大会和业主委员会指导规则》(建房〔2009〕274 号)，首次业主大会会议筹备组由业主代表、建设单位代表、街道办事处、乡镇人民政府代表和居民委员会代表组成。筹备组成员人数应为单数，其中业主代表人数不低于筹备组总人数的一半，筹备组组长由街道办事处、乡镇人民政府代表担任。业主委员会委员候选人由业主推荐或者自荐。选举采取海选形式，按照业主产权面积计算相应的投票权数，并根据最后投票权数排序确定入选业主委员会委员名单。业主委员会一般由 5～11 人单数组成，业委会主任则由委员内部民主推选产生。业主委员会委员实行任期制，每届任期不超过 5 年，可连选连任。

工作内容。按照《物业管理条例》和《物权法》等相关规定，业主委员会主要从事的工作内容和事项有：执行业主大会的决定和决议；召集业主大会会议，报告物业管理实施情况；与业主大会选聘的物业服务企业签订物业服务合同；及时了解业主、物业使用人的意见和建议，监督和协助物业服务企业履行物业服务合同；监督管理规约的实施；督促业主缴纳物业服务费及其他相关费用；组织和监督专项维修资金的筹集和使用；调解业主之间因物业使用、维护和管理产生的纠纷；业主大会赋予的其他职责。同时，业主委员会应当向业主公布下列情况和资料：管理规约、业主大会议事规则；业主大会和业主委员会的决定；物业服务合同；专项维修资金的筹集、使用情况；物业共有部分的使用和收益情况；占用业主共有的道路或者其他场地用于停放汽车车位的处分情况；业主大会和业主委员会工作经费的收支情况；其他应当向业主公开的情况和资料。

工作机制。业主委员会代表全体业主处理事关小区公共利益和公共事务的各项工作，其基本原则是根据业主大会决议和授权开展工作，其基本依据是小区制定的《业主大会议事规则》和《管理规约》。其中，值得注意的是，凡《物权法》和《物业管理条例》条例中明确列出的重大公共事项必须经由业主大会决议事先授权方可执行和实施；而一般性的日常工作事项则可由业主委员会采取委员合议制的形式来直接决策执行。鉴于现行业主大会-业主委员会的两层架构运作效率较低、成本较高，一些小区在现有法律框架内积极探索实践，创造出业主代表大会、业主监事会等与之配套的制度机构，从而较为有效地改善和提高了业主委员会的工作效果，例如北京市上地西里小区等。

经费来源。业主委员会的活动经费以及业主委员会委员津贴和执行秘书薪酬在《物业管理条例》和《物权法》中并没有明确涉及，建设部及各省市相关条例、办法和规则也只做出一般性原则规定，其基本要求是由业主大会决定，并由全体业主承担；同时，不得向物业服务企业或其他管理人摊派。经费来源可以采取全体业主分摊、物业共用部分经营所得收益、业主自愿捐赠等方式筹集。目前北京市商品房小区中业主大会和业委会的经费，大都采取的是全体业主分摊或从经营物业共用部分收益中提取这两种方式。业主大会、业主委员会等工作经费归全体业主共有，并要进行年度审计。经费收支账目要每月在小区内公布一次，接受业主大会、业主的监督。

四、发展趋势

目前，我国对业主委员会的建设与发展情况并没有权威的统计数据和信息，因而对全国情况也无从具体把握。根据媒体报道和披露的情况来看，由于业委会成立难、备案难、运作难、规范难等一系列难题，业主委员会总体上处于一个成长艰难、发展缓慢、亟待提高的阶段。透过这十来年的发展历程可以发现，大致有四个较为明显的趋势。

第一，法制化程度不断增强。作为一种崭新的组织制度，业主委员会的产生和发展经历了一个较为长期的探索和实践，并实现了从最初的“先行先试”到逐渐的“有规可依”再到“法律、法规的不断完善”的重大转变。1991 年，万科物业率先从香港引入“业主管理委员会”模式，后在实践过程中被广为借鉴并为各地逐渐采纳，形成了初具雏形的“物业管理委员会”模式。在此阶段各省市也相继出台了一些相关规定，但直到 2003 年才正式颁布我国第一部物业管理领域的专门法规，即《物业管理条例》，随后又经过四年的酝酿和准备，最终在 2007 年颁布了《物权法》这一基本大法来确认“业主的建筑物区分所有权”。通过这一系列法律、法规的颁布和实施，业主委员会的建设与发展逐步被纳入到一个法制化的轨道之中，并进而为其持续、稳步、健康发展奠定了坚实基础。

第二，规范化程度不断提高。作为住房商品化改革催生的一种新生事物，业主委员会的成长和发展经历了一个逐步规范化的过程。在早期试验阶段，人们既无前人经验可以借鉴，也没有现成法律、法规可以依凭，主要是依靠自身的摸索实践来进行。这个过程中难免会出现这样那样的诸多不规范，甚至不合法的行为。而随着早先一批人(其中的大多数至今仍活跃在第一线)的探索，以及国家相关法律、法规的相继出台，业主中的先知先觉者和精英骨干分子，认真学习研究相关法律、法规，积极与政府相关主管部门咨询与沟通，从而使得业主委员会在筹备成立、换届选举、日常工作、维护业主权益方面日益严格和规范，并且在业委会的自身制度建设上有了实质性的完善与提升。可以发现，很多小区在会议制度、财务制度、印章制度、档案制度、信息公开制度等方面均有规有矩，形成了一套相对较为成熟的制度管理体系。

第三，多样化趋势日益突出。作为新建商品房小区的治理主体之一，业主委员会在治理实践中逐渐发展和创新出多种不同的组织制度和治理模式。为有效解决现行法律规定的业主大会-业委会两层运作架构的成本、效率和代表性问题，一些小区逐渐探索出“业主代表大会”的组织机构形式，并围绕这一制度创新在业界展开了长时期的理论争鸣和实践切磋；为有效增强对业主委员会的监督制约，一些小区尝试设立了“业主监事会”机构；为解决大型商品房社区中业主委员会难以有效开展工作的问题，一些小区创造性地提出了“楼宇业委会”的设想，并积极付诸实践。同时，在参与小区的物业管理实践中，业主委员会也根据现有法律、法规积极探索创新，如海淀区品阁小区通过业主自己成立“三自品格社区物业服务中心有限公司”建立了有效的“业主自管”模式，朗琴园则在专业律师的介入和支持下创造性地提出并实践了“信托制物业管理”模式，等等。

第四，普及化趋势日益明显。伴随着中国城市化进程的日益加快，商品房将成为未来中国城市社会主要的居住形态和房屋的产权形态，住房也将成为中国城市居民最为主要的私人财产。据国家统计局数据显示，2007 年城镇住房中自有产权住房比例已经占到 82.2%，大大超过美国的 68.1%。由此，为实现业主与房地产商、物业公司之间关系的有效协调，业委会的成立与发展将会是必然趋势。从目前来看，业委会在北京、上海、广州、深圳、南京、重庆等大城市已经有了一定比例的成立(除上海一枝独秀在 2006 年时就达到 82%以外，其他城市比例均在 20%左右)，而且这些城市中还有大量的业委会筹备组处在努力挣扎之中。另外，在北京、上海、广州、深圳、天津、昆明、重庆等城市已经出现了一些跨社区的联合性业委会组织，并产生了较大社会影响，如北京市业主委员会协会申办委员会、上海市和谐社区沙龙、广州市业主委员会联谊会等。目前，我国尚无全国性业主委员会组织，但民间一直有这方面的强烈呼声。

北京市西城区社区公共服务社会化实践研究

张秋洁①

一、引言

社区公共服务社会化是中国社会结构转型、政府行政体制改革和社区建设发展的结果，它是政府社会管理的一种新的载体。民政部给社区服务的定位是“以城市街道、居民委员会为依托，依靠社会力量兴办的实行自负盈亏管理的社区型社会福利设施和社会服务网络”②。首先，随着我国经济社会的发展和市场经济体制的建立，城市社会发展呈现出明显的变化，城区各类结构发生了根本性的转变，单位制的解体，使社区作为一级组织单位突显出来，单位转移出来的社会事务和各种服务转移到社会，迫切要求由社区中的社会组织来承接；其次，政府改革明确提出要加强政府的社会管理和公共服务职能，但在加强服务职能的同时，政府的服务方式也在悄然转变，政

① 张秋洁，北京市科学技术研究院助理研究员；研究方向：公共服务、公共安全。

② 杨团：《推进社区公共服务的经验研究》，载《管理世界》，2001(4)。

府将大量的社会管理职能从市区下放到街道办事处，行政改革的推进也使政府将原属社会的权力归还给社会，回落到社区；再次，社区社会结构多元化要求社区公共服务的随之发展，人口的流动、单位制外下岗失业群体的产生使社会阶层日趋分化，对社区服务功能的多样化要求也越来越强；最后，随着家庭结构的小型化、人口的老龄化，以及人们生活水平的提高和消费结构的多元化，对社会公共服务的要求迅速增加①。

中国社区服务发展的事实证明，在健全基层社会保障体系，提高人民生活质量、帮助弱势群体等方面，社区服务有着自身的优势，发挥了重要的作用，并突破民政服务的领域，向公共服务领域延伸。

本文通过对西城区展览路、新街口、德胜和金融街四个街道的实地调研，考察了现有社区公共服务的利用现状，梳理并总结向社区提供公共服务过程中的经验和所存在的问题，从而针对相关问题提出优化的思路与改善的对策。

二、西城区社区公共服务社会化现状

西城区社区公共服务经过几十年的发展，社区服务对象、服务内容、服务提供主体、服务提供方式、服务组织队伍均有了重大发展，推动了社区建设的深化，促进了社会管理和居民社会生活的改变。

第一，从社区公共服务的服务对象和内容来看，西城区已经形成了“全面覆盖、重点突出”的新型社区服务格局。从服务对象上看，社区公共服务面向社区所有居民提供，而针对特殊居民群体，如老年人、少年儿童、残疾人及低收入者等，针对其自身的特点，专门提供能更好地满足其生活及发展需求的专项服务。从服务内容上看，社区公共服务包含了社会福利服务、针对特殊群体的服务、便民服务以及文体服务四大项。

①社会福利服务，其主要目的是满足社区弱势群体的生存和发展需求，主要针对残疾人、低保家庭等困难群众开展。金融街街道根据市区两级政府的相关文件精神，向符合条件的老年人(残疾人)发放养老(助

---

①　陈一收：《公共服务社区化：服务型政府的基层路径》，载《重庆科技学院学报》(社会科学版)，2007(5)。

残)券，向困难家庭发放爱心卡、向低保家庭60岁以上老人发放助老医疗慈善卡等。德胜街道与民政、残联和红十字协会联合开办的爱心超市，日常正常时间经营，经营物品主要以米、面、油为主，居民凭博爱卡、爱心卡购买。爱心超市每年救助三四百人，每人500元左右。

②针对特殊群体的服务，其主要目的是满足特殊群体的生存和发展需求，主要针对老年人和儿童开展。展览路街道组织退休人员开展编织、京剧、唱歌、绘画等活动，给老人提供洗衣、理发、吃饭等优惠券。另外，在寒暑假时街道还会组织学生举办绘画班等活动。

③居民的文体服务，其主要目的是满足居民的文化和体育锻炼的需求，针对全体社区居民开展。金融街街道共有395支文化类民间团队，涉及舞蹈、绘画、编制、棋类、书法、京剧以及各种兴趣班。该街道也经常组织群众性文化团队活动，如夏日文化广场以及在春节、端午等传统文化节日期间举办各种形式的文化体育活动，如"粽子节"活动等，面向全体居民开放。

④居民的便民服务，其主要目的是满足居民的文化和体育锻炼的需求，针对全体社区居民开展，为居民家务劳动及其他的生活服务。例如，展览路街道与司法所联系，向居民提供无偿的公益法律顾问。新街口街道开办的数字影院，为全体社区居民提供免费电影。

第二，较充分地利用市场机制和社会力量，实现了社区公共服务提供主体的多元化，以及服务提供方式的多样性。

①运用政府购买服务的方式满足社区居民的各类服务需求。德胜街道利用市、区两级政府提供的社区公益事业专项补助资金，积极培育发展社区民间组织，积极向社区文体、社区教育、社区治安、社区精神文明建设等社区公益事业活动提供场地和费用支持。这里，通过民间组织的培育，以非营利社会组织低偿或无偿提供服务的形式可以弥补政府在某些方面的不足；而通过向某些社区公益活动提供经费，其实是政府购买服务的一种形式，其目的是为了满足社区居民各种类型(如文化体育、社会交往等)的需要。2008年，德胜街道社区办参照央视的"感动中国"的模式举办了"感动德胜"大型活动，展示了德胜街道10大先进人物、社区和驻区单位。开展"文化惠民"活动"百姓周末大舞台"，同专业院团，如木偶剧团、京剧团等合作，一年演出10场，满足老百姓的文化

需求。相关的社区组织和社区文化活动均在不同程度上获得了来自政府的经费支持。

②运用契约约束机制来确保公共服务的品质，并从某种程度上改善了公共服务的提供绩效。这主要体现在社区服务站的服务提供过程之中。社区服务站是政府在社区层面设立的公共服务平台，即政府通过窗口前移的方式向社区提供公共服务。这里，街道代表政府(作为公共服务的提供者)与社区服务站(作为公共服务的生产者)签订工作合同，双方以合同来具体规范社区服务站的服务，其服务内容、品质以及绩效的评定均通过契约的方式加以明确，同时也接受社区居委会和居民群众的监督、评议。换句话说，社区服务站按照政府规定的质量标准进行社区公共服务的生产，政府则根据社区服务站供给的服务质量分期支付服务费。这是一种新型的公共服务递送模式，它以契约制代替了传统的官僚等级制。该模式既可极大地提高社区公共服务的供给效率，同时又能使社区公共服务整个供给过程在政府的控制中稳步运行。目前，展览路街道通过各社区工作者向社区居民提供包括社区就业、社会保障、救助、公共卫生、文体、计划生育 6 大类服务以及依托社区资源组织开展的家政、扶老等代理代办服务。

③运用凭单制度提供社区公共服务。凭单是政府为帮助某些特定人群购买某些特定的物品或服务而发放的有价证券或卡类凭证，主要运用于政府提供的食品补助、医疗补助、教育补助和住房补助等诸多领域。有资格接受凭单的社区群体在政府指定的公共服务供给组织中使用凭单购买特定的物品或服务，然后政府用现金兑换各营利性组织所接收的凭单。政府通过凭单把选择服务的权力直接交给了消费者个人，有利于削弱职业性、商业性利益集团对政府公共服务决策的控制和对消费者的控制，避免政府不善于直接经营商业服务的弊端，让物品或服务的供给者为争夺相关群体手中的凭单而展开竞争，以提高公共服务的效率和质量，并杜绝政府公务服务决策过程中的寻租现象。新街口街道开办的爱心超市起名为“博爱家园”，由社区办公室运营，由民政局、残联、社区共同出资，场地免租金，实行无偿捐赠，货物统一入库、变卖，再购买所需的货物，发放购物卡给困难人群。展览路街道给 80 岁以上老人发放 200 元的代金券，让老人去消费周边的服务资源，给 70～79 岁老人

发放免费的理发票，资金来自于社区的8万元公益金。这些均属于典型的“使用者付费”形式。

④运用合同外包的方式来满足政府自身对于办公场地、设备等的需求以及推行合同外包式的人事档案管理制度实行社区工作者、协管员、社区保洁队的管理。一方面，金融街社区服务中心广泛采用政府采购、政府招标等手段来获取自身所需的各种办公场地、设施及设备；另一方面，对于未来老年餐桌项目的实施，金融街街道社区服务中心准备在相关场地装修完毕后，以无偿提供经营场所作为项目运营补贴的方式引入社会力量，选择有资质且具有一定规模的品牌餐饮企业参与老年餐桌项目的经营活动，为社区广大老年人提供安全的配餐、就餐服务。另外，社区工作者人事档案管理中的人事代理方式其实也是一种合同外包的具体形式，即通过人事代理公司来具体负责管理社区工作者的人事档案，而不是像以前人事档案完全由单位自行管理，从而在某种程度增强人事档案管理中的竞争机制。金融街街道共有19个社区，220人的社会工作者队伍全部实行人事代理合同。社区保洁队以及部分社区协管员的管理也遵循这种模式。

⑤通过广大社区志愿者的自愿服务来满足社区居民对于公共服务的需求。社区公共服务的自愿供给是公共服务社会化的一种重要形式，它体现了公共服务格局实现了从政府到社会成员的转移，也体现了社区居民公共服务需求满足途径的丰富化。在金融街街道，存在许许多多的志愿者持续不断地为广大社区居民提供无偿、热心的服务。除了知名度比较高的志愿者队伍外，如二龙路社区马广明便民服务队、李双军青年志愿者服务队、社区治保积极分子和35中的青年志愿者服务队等，其实还有众多个人志愿者的无私、辛勤付出，如社区服务中心老年人电脑班、舞蹈班、书法班、英语班、古筝班等各类兴趣班的辅导老师(包括服务中心的广大工作人员)，均是如此。

第三，社区公共服务组织队伍产生并发展。社区公共服务的组织和队伍从无到有，迅速发展，目前已形成一支专业人员、兼职人员和志愿者组织的社区公共服务大军，从组织上看也构成以区、街道、社区居委会为主体及支撑，社会力量适度参与的社区公共服务组织网络。例如，展览路街道社区工作人员共13人，其中党委2人，居委2人，服务站9

人。另外有一些志愿者，主要是一次性的或者一定时期的，负责治安巡逻等。新街口街道有16人属于正式事业编制（参照公务员标准），另外聘有工作人员，聘用人员分为两种，一是劳动用工，目前有5人，已在本单位工作超过十年；二是劳务用工，签订劳务合同，以及退休人员返聘的情况，返聘人员11人。

第四，促进了管理型政府向服务型政府的转变。在社区服务发展之前，基层行政组织和社会组织的主要职能是管理一些社会事务，而现在街道社区把越来越多的工作放在为居民提供服务上。服务型政府的建立首先体现在理念上积极地倡导以人为本，在这种理念的指导下，街道普遍成立社区服务中心、各社区也建立了社区服务站，使社区公共服务的组织体系更加健全。在向服务型政府转变的过程中，政府也对自身的管理制度进行了一定的改革，如社区居委会经费拨款方式变革、社区居委会的直选制度的探索等，使政府及基层组织的管理体制更符合社区公共服务发展的需要。

三、西城区社区公共服务社会化存在的问题

总体上看，西城区在社区公共服务社会化方面进行了许多有益的探索，但也必须看到其中所存在的问题。概括起来，这些问题主要有如下几个方面。

(一)社区社会工作者队伍建设存在瓶颈

2009年7月，北京市社工委宣布在全市600个社区启动试点工作，通过政府买服务的形式，为每个试点社区至少配备1名专业社工。社区工作者将实行全年培训，每年培训时间平均不少于40学时。然而，社工在现实中正遭遇发展窘境。

实地调研也发现，社区工作者确实有很多的现实问题，普遍感到责多、活杂、待遇低，想干好不容易。西城区相关街道的社会办主任认为，事情多而工资低，难以留住人才，不利于稳定社工队伍以及未来发展，还直言“有机会代我们呼吁呼吁”以改善当前社区工作者队伍建设中的现状。尤其是，目前对社工身份一直没有明确定性，这与难以确定社工的工资待遇类型、级别直接联系，也与社工的社会认可度低紧密相

关，人们无法认知社工的具体属性，更无法真正感受社工的巨大作用。同时，身份不明也不便于社工的人事档案及日常管理，从而在一定程度上阻碍社区社会工作者队伍的建设。

(二)相关管理体制尚未完全理顺

推进社区公共服务社会化要求充分调动社区中各种社会资源参与公共服务的提供过程，这就必须大力培育各类社会组织、社区志愿者队伍，并对他们进行统一指导，给他们充分发挥作用的空间。然而，这方面的管理体制还有许多没有完全理顺的地方，尤其是在区县、街道层面可能存在多头领导的局面，出现执行难等问题，从而导致在培育社会组织、组织发动社区志愿者过程中“有利争着做，无利推着做”的情形。例如，从职能设定上看，市民政局和西城区社工委(社会办)均有“指导社会志愿者队伍建设工作”，而西城区民政局则有“负责社区志愿者队伍建设”职责。这里，按照西城区与北京市民政局的关系，西城区应该接受市民政局的指导；但是，从区这一层面看，区的社工委(社会办)职能比区民政局的职能又更为“宏观”，富有更多的决策意蕴。因此，西城区的民政局应接受区社工委(社会办)的指导。执行乏力、争功诿过等问题往往就此出现。

(三)街道社区服务中心的功能仍需优化

不论是北京市民政局的《完善街道社区服务中心服务功能和运行机制试点的意见》(京民社区发〔2007〕292 号)①，还是西城区民政局《北京市西城区民政局关于进一步加强和改进街道社区服务中心工作的指导意见》(西民发〔2008〕7 号)②，都强调社区服务中心应由服务群众向服务组织拓展，由提供服务向组织服务拓展，切实发挥社区服务基础平台的作用。不论是服务于社会组织还是以项目运作等方式组织各类社会组织来提供社区公共服务，其本身都是社区公共服务社会化的具体形式。但是，当前相关街道社区服务中心的服务方式主要还是停留在“自己直接提供”的层面，调动社会资源，调动社会组织和志愿者参与社区服务的

---

① 北京市民政局，《完善街道社区服务中心服务功能和运行机制试点的意见》，http://www.bjmzj.gov.cn/templet/mzj/ShowArticle.jsp? id=100784&NODE_ID=root。

② 北京市西城区民政局，《关于进一步加强和改进街道社区服务中心工作的指导意见》，http://www.bjxch.gov.cn/pub/xch_zhuzhan/zfxxgk/d7339.htm。

能力还有很大的发展空间。这样，既增加了街道社区服务中心自身的负担，也在较大的程度上妨碍了相关社会组织的扶持和培育进程，使其不能快速走向成熟并有效承接政府转移的社会职能①。

(四)社会组织社会化推进工作难度大

在2008年9月25日召开的社会建设大会上，副市长丁向阳说，除少数有特殊职能的行政部门外，大部分行政部门将不再作为社会组织的业务主管单位②。改革后，北京将有80%左右的社会组织进行社会化、专业化的自我管理。北京将改变政府机关或行政机构主管社会组织的局面。但这是一项艰巨的工作，不论是对整个北京市来说还是对西城区来说都是如此。因为这不仅涉及众多的社会组织转型，更关乎政府职能的转换，政府公共权力向社会的回归，意味着政府的退出与让位，意味着政府对于各类社会组织的培育责任。这种转型与转换的过程本身就是一个重大的体制性改革问题，需要系统化的设计与规划，其过程往往充满着诸多尝试性的做法与难以避免的反复，因而会相对艰难与漫长。

四、进一步推进西城区社区公共服务社会化的政策建议

针对现阶段西城公共服务社会化过程中所存在的主要问题，提出如下4个方面的政策建议，以切实、有效地推进西城区社区公共服务社会化的相关工作。

(一)加强社区工作者队伍建设

当前，与社区工作者相关的高流失率与高弃考率现象已经引起了社会的普遍的关注，各级政府也从各自角度来改善社区社会工作者的境遇，从而有力推进社区社会工作者的队伍建设。从目前的情况看，要真正建设一支强大而高素质的专业化、职业化社区社会工作者队伍，当务之急就是要切实明确社区社会工作者的身份定位，并切实提高其工资待

① 吴亦明：《中国社区服务的基本特征和发展模式研究》，载《社会工作实践和评估学刊》，2001(117)。

② 《北京80%社会组织将不再由行政机构主管》，2008-09-26，http://news.163.com/08/0926/04/4MO6G1OD0001124J.html。

遇，提供各种培训机会等，另外也要加强各种宣传，改变社会对“社工”的不正确看法，从而塑造一种形同国外社工那样的职业声望和社会地位，构建“以事业留人”的良好局面。

第一，明确社区工作者的职业身份。目前各地政府在推进社区专职工作者专业化、职业化方面做了许多有益的探索，许多地方，如北京、上海、南京、宁波、重庆等地，都对社区专职工作者的任职条件、聘用程序、考核管理、工资福利、教育培训等做出了规定。遗憾的是国家职业标准中并没有对社区工作者的职业认定。所以，有必要对现行的《城市居民委员会组织法》进行修改，在法律上规定社区居委会干部和社区专职工作者都是社区工作者。将社区专职工作者列入国家职业类别，以增强社区专职工作者的职业认同感和社会公众的认知感。

第二，建立健全选拔任用机制。一是推行职业资格制度，规范社区专职工作者的“入口”。新录用的社区工作者应取得职业资格证书；现已在岗的社区工作人员也要分期分批培训，经认定后，取得职业资格证书。二是推进社区专职者选拔任用制度改革。对新录用的社区专职工作者实行通过公开招聘、公开选拔、竞争上岗。按照干部管理权限和有关法律程序任用。三是建立健全社区专职工作者的“出口”机制。对不称职的和连续两年基本称职的，由所在街道实行离岗教育，经教育仍没有明显改变的，予以解聘。四是加大社区专职工作者队伍建设的力度，重点建设好以社区党组织书记为核心的社区党组织领导班子，以增强城市基层党组织的渗透力、影响力。

第三，建立健全教育培训机制。一是完善培训制度；二是明确培训时间；三是创新培训形式，通过组织培训、学习考察、经验交流、专题讲座等多种途径，强化培训的质量，提高培训的效果；四是明确培训重点；五是保障培训经费，可由辖市和街道财政共同承担。

第四，建立健全待遇保障机制。一是确定工作报酬，推行结构工资制。根据当地经济发展水平和社区专职工作者的实绩表现，逐步提高他们的工资报酬和相关福利。二是拓展成长空间。在选拔任用、评优评先、推举人大代表、政协委员等方面，适当向优秀的社区专职工作者倾斜。三是不断改善社区工作条件。各级政府应加大对社区建设的投入，改善社区办公和服务设施，以适应现代新型社区建设的要求。

第五，建立健全激励约束机制。一是科学确定工作职责。对社区专职工作者的工作职责进行定位、分解，落实岗位职责，确保岗责相称。二是严格社区专职工作者的实绩考核，完善年度考核，把百分量化考核和民主评议结合起来，全面考核社区专职工作者的德、能、勤、绩、廉五个方面。三是充分发挥考核成果的应用价值。公开考核结果，优胜劣汰，形成动力与压力并存、激励与约束相连的考评体系。

(二)优化相关机构的职能配置，完善社区管理体制

社会发展的不断复杂化而必然产生社会分工现象，专业分工带来劳动生产率的不断提高，政府职能部门化正是社会分工在行政管理领域的体现，符合了政府管理复杂化、精细化的趋势。然而，政府职能部门化过程中必须做到清晰划分各部门的权责边界，防止因职能交叉、多头指挥而导致相互推诿、争功诿过等执行不力现象的发生。

具体到西城区社区公共服务领域，有必要进一步厘清各级社工委(社会办)同民政局之间的权力边界，进一步厘清街道社区办同街道社区服务中心的权力边界，进一步厘清社区服务站同街道社区服务中心、街道社区办、街道服务大厅以及街道各处室之间的具体关系，从而有效梳理、消除各自职能上相交叉、责任上相类似、管理上相重叠等问题，进而理顺社区建设发展中的体制性问题，在推进社区公共服务社会化的同时也推进社区的全面健康、和谐发展。

(三)切实立足街道社区服务中心的职能定位，完善工作机制

前文已述，从相关文件对街道社区服务中心的职能定位看，是清晰明确的。但当前因街道社区服务中心的现实功能与其职能定位不相匹配。为改变现状，就必须认真领会北京市民政局、西城区民政局的相关文件精神，切实从街道社区服务中心的职能定位出发，立足“组织服务”、“服务组织”等功能模块，依托各类企业组织、社区民间组织，动员和引导各类社会力量，广泛利用各类社会资源，走社区公共服务社会化的道路。

为此，街道社区服务中心必须进一步加强其所属的各分中心，尤其是社会组织服务分中心、文化活动分中心的各项建设，不断完善、优化相关工作机制，如积极借助其政府背景引入各类企业参与社区公共服务的提供，通过公私合作伙伴的方式来确保老百姓获得优质的服务的同时，也在不同程度上促进相关企业的发展；又如，通过运用政府提供的各项公益资金积极扶持社区文化艺术类团体，强化对相关队伍的培训功能，从而更好地发挥各类艺术人才的作用，充分利用社区内部的文化资源，丰富和活跃群众生活，增强社区的凝聚力。

(四)正确处理好退出与培育之间的关系

推进社会组织的社会化、专业化管理，其本质是政府逐渐从社会管理领域退出，并将相关公共权力逐步回归社会，提供社会组织发挥其作用的空间与自由成长的环境，从而促进社会组织不断发展壮大的过程。然而，政府的退出并不必然意味着社会组织的壮大，在传统计划经济体制环境中成长起来的中国各类社会组织，自主发展能力、自我完善功能还很薄弱、很欠缺。因此，现阶段中国各类组织的成熟完善离不开政府的培育，包括财政上资助、补贴，也包括相关公共政策上的进一步优化，还包括各种形式的宏观指导。这也正是北京在达成“三年内推进80%社会组织实现社会化”目标过程中值得充分重视和必须正确处理好的一个问题。对于像街道服务中心、文体中心、配餐中心、环卫中心、卫生服务中心等隶属街道的事业单位，应建立健全事业单位法人运行机制，将其转制为具备独立法人资格的社会服务组织。对于那些本来就应该承担中介组织职能但却隶属街政系列的部分机构和具备条件的事业单位，应加大改革力度，划清与区街行政管理部门的职责，将其转变成非政府、非营利性组织。

第五篇

社会组织和虚拟社会管理

加快社会组织管理体制机制改革的若干思考

岳金柱[1]　宋　珊　李筱婧

当前，我国重点改革已进入新的关键阶段，深化社会体制改革迫在眉睫。深化社会体制改革，必须首先加快社会组织管理体制机制变革。这是因为，社会组织是现代社会的主体和载体，社会组织的兴衰直接关系到社会的生机与活力。社会组织作为非营利性、非政府性、公益性和自治性的民间社团，是社会公共服务的主要提供者和社会公共利益的重要维护者，它与政府、企业共同构成现代社会的三大组织支柱和稳定社会的“铁三角”。深化社会组织管理体制机制改革，加快培育和发展社会组织，充分发挥社会组织功能作用，对加快和推进社会建设，加强和创新社会管理，推动社会发展和社区自治，扩大公众参与，反映利益诉求，调解矛盾纠纷，强化民主监督，保障和改善民生，提供公共服务，促进社会和谐稳定，都具有十分重要的现实意义。

改革开放以来特别是近年来，我国社会组织

① 岳金柱，博士，中共北京市委社会工作委员会研究室主任；研究方向：社会建设与社会管理创新。

发展迅速。截至2011年年底，全国共有社会组织45.75万个，在推动经济增长、增加群众就业、保障改善民生、推动城乡发展等方面发挥了重要作用，成为经济社会发展不可或缺的重要力量，在承接政府职能、提供公益服务、扩大公众参与、反映群众诉求、调解矛盾纠纷、推进基层自治、激发社会活力等方面担当了重要角色，成为党和政府联系服务群众的桥梁和纽带。广大社会组织为经济社会发展做出了重要贡献，得到了全社会的充分肯定与广泛认同。与此同时，由于相关服务管理工作不到位、培育扶持资金不足等诸多原因，社会组织转变发展方式更加迫切，生存发展环境有待改善；由于构成多元、素质多样、规范引导不够，社会组织构建和谐劳动关系、履行社会责任方面有待加强；由于社会组织政策法规不健全、不配套，设立门槛过高、政府监管不够，官办色彩浓、行政干预多，加之部分社会组织行业自律较差、自身能力不足、影响力不强、公信力不佳，严重制约了社会组织健康发展和作用发挥。这些都充分表明，加快社会组织管理体制机制改革非常重要且十分迫切。

当前，加快推进社会组织管理体制机制改革，建立健全统一登记、各司其职、协调配合、分级负责、依法监管的社会组织登记管理体制机制，必须着力把握和努力解决以下十个方面的重点问题。

一、除了必须严格控制的，其余社会组织全部放开发展，最大限度地加快社会组织培育发展

世界许多国家社会组织在社会治理、公共服务等方面发挥着不可替代的作用，社会组织资金的60％～70％都来源于政府，西方国家社会组织领域一般能吸收约10％的就业人口，有的国家非营利组织的经济规模一般占到本国GDP的5％～10％。这对于我国社会建设具有重要借鉴意义和启示作用，必须加快培育发展社会组织。思路决定出路。以前凡涉及社会组织发展问题时，不同部门、不同地区甚至不同领域的专家学者意见各异、观点各不相同，但归纳概括起来不外乎以下几个方面：一是不少地区、不少部门提出放宽工商经济类、公益慈善类、社会福利类、社会服务类等直接服务民生建设的社会组织发展，取消其业务

主管部门，由民政部门直接予以登记；二是大多专家学者主张取消现行双重领导管理体制，放手培育发展社会组织，加快壮大第三部门力量，尽快形成政府、市场、社会三足鼎立和优势互补的局面；三是也有个别部门不同程度地忽视、轻视、漠视甚至排斥社会组织特别是民间草根组织，担忧、防范和限制其发展及其作用发挥，等等。社会组织的兴起和发展是当今世界社会发展大趋势，是不容回避、不可阻挡的重大现实问题。为此，必须更新观念、转换思路，在思想上接受社会组织、在政治上认可社会组织、在政策上支持社会组织、在体制上吸纳社会组织、在实践中发展社会组织，充分发挥其积极作用，切实规避其消极因素。特别是要善于转变理念、变换思维、换位思考，不能总在放开哪些社会组织发展上纠结不清、争论不休。我国现行有关法律、法规明确规定：社会组织不得违反宪法确定的基本原则，不得危害国家统一、安全和民族团结，不得损害国家利益、社会公共利益以及其他组织和公民的合法权益，不得违背社会道德风尚。这就明确要求：凡是宗旨和意向违背我国宪法和法律原则、规定的，都不能登记成立社会组织；凡发现社会组织有违法、违规行为，要依法查处；凡社会组织有危害国家安全和社会稳定行为，或扰乱市场经济秩序的，要坚决依法打击。其实就是要把必须严格控制的社会组织定性准、界定清、控制住，对于其他社会组织则全部放开培育、积极扶持和大力发展，不断壮大各类社会组织特别是当前急需的基层社会组织，着力发展服务民生的公益性社会组织，优先发展符合产业导向的行业性社会组织，培育发展参与基层社会建设的社区社会组织，引导发展有利于促进社会和谐的新型社会组织，真正做到该控制的控制住、该放手发展的发展好、该重点支持的支持到位、该充分发挥的作用发挥出来，从而不断增强社会自组织化程度，不断提升社会组织服务民生、参与社会治理的能力。

二、除了必须登记审批的，其余社会组织全部备案登记，最大限度地实施社会组织备案登记制度

我国现行的社会组织管理法规主要有《社会团体登记管理条例》、《基金会管理条例》和《民办非企业单位登记管理暂行条例》，其均规定社

会组织要获得“合法身份”须先找所在行业主管部门作“婆家”，再到民政部门登记管理机关申请登记。这一管理体制已经运行近24年，其好处是保证了社会组织政治上可靠，但同时也把应该挡的社会组织挡在外面，把不该挡的社会组织也挡在了外面。一些找到“婆家”的社会组织，相当一部分都具有浓厚的行政化色彩，往往利用业务主管单位的权威开展工作，这就导致了“发挥余热型”的官办社会组织蓬勃发展，民间草根社会组织举步维艰。目前，我国已有近45万个正式登记的社会组织，社会组织登记率年净增长2%～3%。现在每万人拥有民间组织数为法国110个、日本97个、美国52个，而我国仅为3个。我国的基金会每年新增100个以上，而美国的基金会平均每天就新增8个。不论是推进社会组织管理改革还是探索完善社会治理模式，当前摆在我们面前最重要的问题是社会组织制度建设，是体制机制法制改革创新。不论是发展社会组织还是发挥社会组织作用，其重要前提都是如何为社会组织发育创造更加有利的条件。现在制约社会组织发育的最主要问题之一是登记审批制度，设立门槛过高过严、程序过于复杂、时限过长等。当务之急就是加快登记审批制度改革创新。近年来，不论广东等沿海地区还是内地中西部地区都在这方面做了许多实践探索，不同程度地推动了社会组织登记审批制度改革，特别是对基层社会组织主要实行备案登记，大大地加快和促进了社区、乡村等基层社会组织的发展。但由于受现有登记审批制度的制约，仍有大量尚未正式登记的民间草根组织活跃在基层社会公益慈善服务领域，这给社会组织服务管理、发展壮大、作用发挥带来了一系列问题。因此，必须建立社会组织“统一直接登记”的新体制，加快推进这场社会领域的改革开放。只有这样，才能推进依法行政和社会管理创新，理顺政府与公民和社会组织的关系，发挥社会组织的积极作用。改革创新的核心在于体制改革。总结和分析当前社会组织登记审批工作，总的思路应该是除了涉及国家安全、社会稳定等必须审批登记的以外，其余社会组织可以一律实行备案登记制度，特别是基层社会组织全部实行备案登记制度，把众多事实存在的民间草根组织正式纳入合法生存发展的社会组织之列。

三、除了必须业务主管的，其余社会组织全部纳入枢纽型体系，最大限度地将各类社会组织纳入党和政府主导的社会组织管理体系

1989年，我国确立的民间组织实行登记管理机关和业务主管单位分别负责的双重管理体制，即社会组织成立必须先取得业务主管单位的许可，其本意是为了加强对社会组织的规范引导和健康发展，但实际操作中却易导致社会组织发育不足而又疏于管理，加之登记门槛过高导致登记成立难，大量民间草根组织因无法找到业务主管部门只能游离于管理体制之外，或以民办非企业单位形式到工商部门注册，或选择不登记注册形式事实存在，这都给有效监管和作用发挥留下很多隐患。同时，由于这种管理体制对业务主管单位的职能很难确定和问责，而民政部门的社会组织管理机构也无法对分布广泛、数量众多的社会组织进行有效监管，导致业务监管难。再者，这种管理体制下社会组织很多是由业务主管部门直接或间接发起的，难以摆脱行政干预，行政化色彩浓厚，很难发挥其应有的作用和功能。最后，业务主管部门和民政部门的社会组织管理机构更重视对已登记注册社会组织政治方向把握，而对其业务指导、内部建设与日常管理则很少过问，对如何培育其健康发展更是很难顾及，导致社会组织培育难、发展慢，作用发挥不够、不好。因此，加快社会组织管理体制改革势在必行。按照中央领导同志关于把各类社会组织全部纳入党和政府主导的联合性综合性社会组织管理体系的要求，北京、上海、广东、南京、大庆等地积极探索构建枢纽型社会组织工作体系，积极稳妥地把不同类别的社会组织分级、分类，分别纳入相应的枢纽型社会组织体系进行服务管理，政治上发挥桥梁纽带作用，成为党和政府与社会各界相互联系的桥梁和纽带；业务上发挥龙头引领作用，团结带领同类别、同性质、同领域社会组织共同发展业务；日常管理服务上发挥平台作用，授权承担相关社会组织的业务主管单位职责，负责对同类别、同性质、同领域社会组织进行日常联系、管理和服务工作。因此，除特别规定、特殊领域外，将现行的社会组织业务主管单位改为业务指导单位，支持有条件的地方构建枢纽型社会组织作为业务指导单

位，社会组织直接向民政部门申请成立，摒弃社会组织“双重管理”，实现直接登记。另外，国家民政部应加快推进社会组织管理三个行政法规修订工作，做好相关政策衔接配套，为社会组织培育发展、作用发挥提供法律保障。

四、除了必须非营利性的，其余社会组织可全部鼓励走社会企业模式，最大限度地推动社会组织创新发展

社会企业既不同于企业追求利润最大化，亦不同于普通社团需要依靠社会捐助运营，主要通过商业手法运作赚取利润用以贡献社会，其所得盈余用于公益慈善、促进社会发展及社会企业本身投资，它们重视社会价值多于追求最大企业盈利。简单地说，社会企业是以追求社会效益最大化为根本目标，用商业手段解决社会问题，依靠提供产品或服务实现可持续发展的组织，就是“运用商业手段、实现社会目的”。社会企业具有企业导向、社会目标、社会所有制等特征，具有追求社会效益最大化、拥有成功的商业模式、遵守资产锁定原则、采取自治管理模式、显著的创新性和革命性等特点。社会企业运用商业方法实现社会目标，以社会资本与商业资本相结合、社会方法与商业方法相结合的方式，在市场驱动和使命导向的前提下，通过商业活动创收所得为社会项目提供资金，以利于公共利益的方式实现财务目标，通过获取收入实现财务自由，为完成社会使命而有策略地组建企业，创造社会和经济价值。亦即：社会企业家认识到社会问题，运用企业家精神及方法组织、创造、管理社会企业，达到推进社会发展的目标。英国是社会企业发展成功典范之一，现有55 000余家社会企业，年营业额270亿英镑，每年为英国经济贡献84亿英镑的价值，占GDP的1%以上；拥有员工47.5万，占英国所有企业员工数的5%；提供30万志愿者岗位。相关政府部门应认真借鉴国外组建专门机构规范引导社会企业发展，出台规范社会企业法律，在全社会宣传推广社会企业，为社会企业发展创造有利政策环境等策略，积极探索我国今后发展社会企业的对策措施，高度重视并持续关注社会企业这一社会创新现象，了解掌握社会企业发展概况及趋

势，在条件成熟、具有代表性的民生领域推广社会企业试点，在培育社会组织工作中广泛宣传社会企业理念，支持社会企业实践，整合相关政策优化社会企业发展环境，借鉴社会企业理念探索政府公共服务模式创新。与此同时，还应加快出台相关政策法规，让社会组织和捐助企业获得税收优惠，为社会组织发展壮大、作用发挥争取更多更大的政策优惠。

五、除了必须政府承担的，其余社会服务全部实行社会化市场化提供，最大限度地推进社会服务社会化

在计划经济条件下政府是全能政府，对经济社会实行全方位的管理。而在市场经济条件下，一方面，已经通过推进政企分开将大量具体的经济事务从政府职能中剥离出来；另一方面，还需要推行政社分开，改变政府对社会服务大包大揽的局面。只有这样，才能真正解决经济与社会“一条腿长，一条腿短”的问题，才能真正实现“小政府、大社会”的愿景，才能让政府自上而下的行政管理与社会自下而上的自我管理有机结合，形成全新的社会治理结构和治理模式。社会组织能否有效参与社会服务管理，关键在于政府。从国际经验和发展趋势看，政府单独作为公共服务主体的传统模式已被打破，社会组织已成为提供社会公共服务的重要力量。以美国为例，医疗行业50%以上的病床属于非营利医院，50%左右的高校、60%的社会福利机构都是非营利组织，社会组织提供的公共服务占一半以上。而目前我国在这方面存在比较大的差距，这就要求我们必须为社会组织参与公共服务、社会管理让渡更大空间、创造更加有利条件。按照“小政府，大社会”的要求，政府简政放权，将具体的经济和社会事务尽可能都交由企业和社会组织去做。此外，还须进一步规范政府的权力运作，推进法治政府和法治社会建设，通过政府的行政空间缩小、让度空间给市场和社会，实现政府的“自身革命”。特别是把推进行政审批制度改革作为今后深化行政体制改革的重中之重，加快转变政府职能，深化行政审批制度改革，当务之急是切实清理、压减行政审批事项，加大放权力度，尤其要在“减少”上下工夫，加大力度向社

会放权，加大力度让社会组织参与提供更多更好的公共服务。抓紧出台向社会组织放权的指导性意见，完善政府向社会组织购买公共服务指导目录，明确向社会组织转移职能、购买服务项目，可取消的审批下决心取消，可下放权力的下决心下放，可转移职能的下决心转移，可购买的服务下决心购买。同时，积极组织开展社会组织公益活动、社会公共服务项目推介展示等，为社会组织提供社会服务搭建平台；评选打造社会组织公益服务品牌，不断提高社会组织知名度和影响力。

六、除了必须政府行使的，其余可转移职能全部授权行业协会承担，最大限度地向行业协会转移具体管理职能

我国政府与社会组织关系经历“父子关系”、“主仆关系”阶段后，目前正进入“伙伴关系”。让更多的社会组织更好地发育成熟，继而承接一些政府职能转变的事务，使政府和社会互相配合，让社会自己管好自己。社会建设要求政府为社会让度空间，社会体制改革的核心是厘清政府与社会组织关系。经济基础决定上层建筑，经济体制变革必然要求社会体制相应改革。经过30多年改革开放，我国建立起社会主义市场经济体制，基本厘清了政府与市场的关系，发挥了市场在资源配置中的基础性作用，明确了企业在市场体系中的主体地位。推进社会领域改革，必须服从服务于市场经济体制，厘清政府与社会即政府与社会组织的关系，发挥社会自治在社会治理中的基础性作用，承认社会组织在社会治理结构中的主体地位。与计划经济体制相匹配的全能政府时代相比，市场经济的发展带来了社会结构的分化，使过去具有高度组织性、结构十分稳定的社会不断分化，越来越多的单位人变成了社会人，社会形态也从紧密型和高度组织化迅速走向松散型和非组织化，社会成员的自由度大大提高，人们对公共事务越来越关注，社会对公共服务需求日益多样化，公众诉求表达、广泛参与却处于无序状态，社会矛盾随之而来，社会风险随之增加，社会迫切需要再组织化。现在普遍比较关注的是社会组织如何提供公共服务，其实满足公民的“自组织”需求是更加重要的。因此，创造条件让老百姓较容易找到自己感兴趣的社会组织，或与志同

道合的人共同发起成立社会组织，以社会组织的多样化来满足老百姓多样化的组织需求，通过培育发展社会组织，让社会组织在社会的再组织过程中发挥载体作用，把社会组织打造成为新的社会治理主体。按照党委领导、政府负责、社会协同、公众参与的要求，除了社会公共服务实行社会化外，政府还应主动退出社会组织能够进行自我管理和服务的领域，实现政府和社会组织的各自职能归位，特别是政府要逐步将微观层面的社会事务性服务职能、部分行业管理职能等转移给社会组织，推动“费随人转”向“费随事转”的转变，通过政府授权和委托，向社会组织购买服务和管理，授权行业协会和相关社会组织承担相应职能。这样在确保党委领导、政府负责的前提下，稳步向行业协会等转移职能，最大限度地推进社会协同和公众参与。

七、除了必须由指定部门监察的，其余社会组织全部纳入监管评估，最大限度地推进社会组织监管评估

放手培育和发展社会组织是今后我国社会建设的总要求和总基调，但放手并非是放任自流，更不是放纵，与之相匹配的是对社会组织实行“宽进严管”，全部纳入规范监管评估。除了工会、团委、妇联等枢纽型社会组织必须由指定部门负责监察外，其余各级各类社会组织必须全部纳入有效监管和科学评估之中。在依法加强日常监管中应该特别强调，凡是社会组织从事危害国家安全、危及人民群众生命财产安全、威胁社会和谐稳定、破坏市场经济秩序的，一律依法及时予以严肃查处乃至注销取缔，并依法追究其法人及其相关责任人的法律责任。在加强日常监管的同时，必须强化社会组织财务公开、运行监管和经费审计，从源头把握其资金来源，全程监督社会组织运行，从严审计经费管理和使用，严防敌对势力渗透和介入，严防违法、违规问题发生。切实加强社会组织诚信建设，建立健全信息公开、财务公开、审计公开等机制。建立公益慈善组织第三方评估制度，形成政府指导、社会参与、第三方独立运作的社会组织评估机制，促进公益慈善组织加强自身建设、发挥社会作用。完善公益慈善组织的第三方评估制度，建立具有较强专业资质、长

期稳定的独立资金支持的“第三方”权威，公正、客观评估机制，既有利于增强说服力，还将促进公益慈善组织公信力建设。同时，加强公益慈善组织年检和评估工作，重点加强信息披露、财务报表和重大活动的监管，建立社会组织等级管理体系，实行社会组织分级管理。对公益慈善活动中的违法、违规行为，依法严肃予以查处。加快推动形成法律监督、行政监管、财务和审计监督、舆论监督、公众监督、行业自律相结合的公益慈善组织监督管理机制，建立和实行严格的退出机制。注重运用第三方独立评估结果，确保评估工作实效和影响力。不论是业务资质评价还是购买服务项目评审、服务质量评价，都必须重视发挥民间第三方独立评估的基础性甚至是决定性作用。

八、除了必须保持兼职的，其余社会组织工作人员全部倡导职业化专业化，最大限度地推进社会组织工作人员民间化

目前我国社会组织主要包括社会团体、民办非企业单位、基金会三类，社会组织专职工作人员是指除兼职人员、劳务派遣人员、返聘的离退休人员和纳入行政事业编制人员以外的所有与社会组织建立劳动关系的从业人员。目前，社会组织从业者收入较低，如北京月人均 2 000 元左右，很多人只有 1 000 多元，加之缺乏职业发展空间，导致社会组织人才流失严重，明显影响社会组织发展和作用发挥。为此，必须推进社会组织从业人员职业化专业化，今后逐步将其纳入社会组织专职人员序列和薪酬待遇体系。当务之急是，社会组织必须依法为形成劳动关系的专职工作人员办理参加养老保险、医疗保险、失业保险、工伤保险、生育保险和住房公积金手续，并按时足额缴纳相关费用，维护和保障从业人员的合法权益。首先，应对正式登记的社会组织制定指导性工资待遇标准，推动社会组织专职工作人员的待遇提升。其次，制定社会组织的最低工资标准，比照当地平均工资增长，建立社会组织专职人员工资增长机制。最后，妥善解决社会组织专职工作人员“五险一金”，社会保障方面享受和企事业单位相同的待遇，把为专职工作人员按时办理“五险一金”列为年检的重要内容。在提升社会组织专职人员待遇的基础上，

研究社会组织从业人员保障政策，解决社会组织人才引进和培训、职称设置和评定及职业资格认证等问题，探索不同类别社会组织专业职称设计，使其像教师、医生那样随着专业经验积累拥有专业晋升空间，通过良好的职业前景设计吸引更多人才进入社会组织工作。同时，按照“政社分离、回归于民”的要求，加快社会组织的民间化步伐，除了事关国家安全等特殊社会组织外，对公务员在社会组织兼职实行“新增严控”、“存量渐退”，使公务员等党政机关和参照公务员管理人员尽快从社会组织退出，还原社会组织的非政府性和民间本色。

九、除了涉及国家安全等秘密的，其余社会组织信息全部向社会公开发布，最大限度地推进社会组织信息公开透明

据统计，2008 年，我国社会捐赠总额超过 1 000 亿元，2009 年为 540 多亿元，2010 年再超千亿，2011 年据预测不会低于 800 亿元。但随着我国公益慈善事业的快速发展，公益慈善组织的公信力和透明度问题越来越受到社会广泛关注。目前，社会公众对公益慈善组织的关注度越来越高，亟待相关部门进一步加大监管力度，相关社会组织加大公开透明力度。除了涉及国家安全等秘密的内容外，慈善捐赠程序、善款善物管理使用方式、捐助效果评估等信息，从组织机构到运行程序，从财务收支到服务内容，从服务标准到社会效果，公益慈善组织都应做到信息全程全部全员公开，接受政府部门监管和社会公众监督。公益慈善组织必须重视公众对其信息的认知感受能力，学习借鉴国外公益慈善组织的先进管理经验，推进信息公开让公众满意，增强公益慈善组织的公信力。调查表明，目前仅有不到三成的公益慈善组织信息透明度较高，近九成受访者表示从未接收到公益慈善机构的信息反馈，超过九成公众对慈善信息公开程度不满意。其原因包括公益慈善组织缺乏信息披露所需人力物力，缺乏统一的信息披露标准和披露平台等。调查还显示，公众普遍关注的机构年度工作报告、筹款用途、项目效果、年度财务报告等事关组织公信力的信息，大多公益慈善组织还没能公开，信息透明指数明显偏低。这其中既有公益慈善组织对信息透明的主观认识不足的原

因，也有相关政府部门管理不到位的原因。《民政部关于进一步加强社会捐助信息公示工作的指导意见》要求，公益慈善组织对社会捐赠的接收和管理情况、社会捐赠的拨付使用情况、向捐赠人反馈信息情况都要向公众披露，但对公益慈善组织怎样公开信息、不公开要承担什么责任等目前尚没有统一的规定和标准。慈善组织信息披露需要成本，但目前大多公益慈善组织没有对信息披露提供必要的人力物力财力保障。信息披露渠道不畅，信息披露标准缺乏，许多公益慈善组织尚未制定信息披露制度或办法。目前我国各类公益慈善组织中基金会信息披露相对较好，很重要的原因就在于《基金会管理条例》和民政部《基金会信息公布办法》对基金会信息公开透明作了明确规定，而对于社会团体和民办非企业单位如何进行信息披露目前尚无统一规范。同时，公益慈善行业还缺乏权威、系统的信息披露平台，许多公益慈善组织"各自为政"，造成资源重复投入。加快推动慈善行业信息透明相关法律、法规和行业准则，建立统一的慈善信息披露标准、办法和平台，健全涵盖网络媒体、纸质媒介、广播电视、户外广告等信息披露渠道，确保各级各类社会组织信息公开的规范化、制度化、常态化。

十、除了必须保持自身特殊性的，其余社会组织全部建立党组织和党的工作，最大限度地实现社会组织党建工作全覆盖

坚持党的领导，这是我国宪法的明确规定。在社会组织日益加快发展的新形势下，加强社会组织党的建设显得尤为重要。除了宗教类社团、寺庙观庵和教堂等必须保持其自身特殊性的社团组织以外，其余各类社会组织必须参照支部建在规模社团、支部建在商务楼宇等模式，按照"联合建"、"系统建"、"单独建"、"与社区共建"、"与楼宇共建"等方式，加快推进党的组织和党的工作覆盖面，使社会组织中的党员全部纳入党的组织之中，使党的工作全面覆盖到这些社会组织。同时加强党组织与群团组织、党的工作与群众工作相互推动、相互促进，把党员、团员、青年、妇女等从业人员分别纳入相应的组织之中，并为他们提供必要的服务、引导、教育、管理。特别是依托社会组织枢纽型工作体系，

构建同类别、同性质、同领域社会组织党建工作体系，真正推动“政府管控后退一步、党组织和党的工作前进一步”，依靠党建工作全覆盖推进社会组织服务管理全覆盖，以党建工作创新推动社会组织服务管理创新，以加强党的领导确保社会组织健康发展。近年来，北京积极探索社会组织党建工作创新，目前北京市科协、市残联等17家市级枢纽型社会组织已建立党建工作“3＋1”机制（建立枢纽型社会组织党建工作委员会、社会组织联合党组织、设立或明确相关工作职能部门，形成枢纽型社会组织党建工作例会制度），有效形成了社会组织分类管理、分级负责和党建与业务一起抓的良好工作局面。借鉴这一模式，应加快探索社会组织党建工作的创新发展，从另一个角度为社会组织管理创新这项“百姓叫好、社会需要、政府得分”的改革提供指引，以社会组织的党建工作推动社会组织群团建设和自身发展，能建立党组织的全部建立，暂时不能建立党组织的纳入相关党组织工作范畴，形成并发挥加强党的领导的强大政治优势和政治核心作用，把各级各类社会组织紧密团结和凝聚在党和政府周围，始终做到思想上同心同德、目标上同心同向、行动上同心同力。

在新的历史时期，找准社会体制改革的突破口和着力点，从社会组织管理体制机制改革创新入手和先行，从以上十个方面进一步审视、改革、创新、发展和完善社会组织管理体制及培育发展机制，按照积极培育、放手发展、充分运用、严格监管、健康成长的原则，把社会组织培育和发展成为党和政府的重要合作伙伴，使之成为党和政府维护群众权益的重要助推力量，确保社会组织不断发展壮大、更好发挥应有作用，促进社会更加文明和谐、安定有序、富有生机、充满活力。

加强科技社团党建工作　推进社会管理创新

田　文[1]

党的基层组织是党的组织基础，也是党的全部工作和战斗力的基础，社会组织党建是基层党建工作的一个重要领域。科技社团是科技工作者自愿组成的社会组织，是科学共同体的重要组织形式，在推动自主创新、促进学科发展、培育科技人才、传播科学文化、规范学术行为、提供公共服务、反映会员诉求等方面发挥着重要作用。科技社团的党建工作是社会组织党建的组成部分，是推进社会管理创新的重要举措。

北京市科协是北京市委社会工委第一批认定的市级“枢纽型”社会组织，负责管理、联系和服务全市科技类社会组织，目前联系学会、协会、基金会等科技社团 191 家。近年来，按照不断创新管理体制和工作机制，不断扩大党组织和党的工作覆盖面，不断改进工作方式和活动方式，不断巩固和扩大党的群众基础和社会基础的指导思想，市科协对科技社团党建工作进行了积极探索

① 田文，北京市科协党组成员、副主席。

与实践，初步建立了符合科技社团特点的组织体系和运行机制，进一步巩固了党在科技社团中的政治核心地位。

一、新形势下加强科技社团党建工作的重要性

1. 加强科技社团党建工作是落实中央对科技工作者期望的需要

科技工作者是党和国家的宝贵财富，是科技事业发展的决定性因素，中央和人民都对科技工作者寄予厚望。同时，科技工作者也是学历层次较高、掌握专门知识技能、工作较为繁忙的特殊群体，如何将中央对科技工作者的期望真正落到实处，是重要且迫切的实际问题。科技社团是联系广大科技工作者的桥梁纽带，首都科技社团联系的科技工作者超过 40 万名，在科技社团中开展党建工作，有利于在科技工作者中贯彻中央和市委的各项部署。许多学术成就突出的科技工作者在科技社团中担任领导职务，具有较高的学术地位和在本学科领域内广泛的人际交往，在科技社团中开展党建工作，有利于借助科技社团领导者的影响力，将党的关怀与期望送到科技社团的广大会员群体中。

2. 加强科技社团党建工作是推进社会管理创新的需要

随着改革开放的不断深入，"小政府，大社会"格局的逐步形成，科技社团也在向着非政府组织方向转变，具体表现为：科技社团与挂靠单位的隶属关系有淡化的趋势，科技社团的国际交往和对政府转移职能的承接不断增加。此外，随着科技事业的飞速发展和学科之间的加速融合，许多新的学科领域不断涌现，许多新的科技社团也应运而生。新形势对提升党调控、运作、领导科技社团的能力，推进社会管理创新提出了新的要求，迫切需要在科技社团中开展党建工作，提高党组织动员社会、管理社会和服务社会的能力。

3. 加强科技社团党建工作是科技社团自身发展的需要

一是提升公信力，随着社会团体参与社会事务的逐渐增多，媒体和公众对于社会团体的关注度也逐步提升，既包括对社团服务社会的关注，也包括对个别社团不当行为的关注。这就迫切需要通过加强党建工作，使得科技社团党组织引导和监督社团遵守法律、法规，提升社团公信力。二是反映诉求，科技工作者面对当前日益激烈的社会竞争，既有

奋发进取、顽强拼搏的强烈愿望，同时也容易产生心理脆弱、心浮气躁的不良心态。通过社会组织党组织可以及时反映诉求、协调关系、化解矛盾、舒缓压力、促进和谐，从而促进社会组织健康有序发展。三是把握学术方向，科技工作者和科技社团都需要自由宽容的学术氛围，但科技工作者自由探索的方向主要是根据学术界的前沿问题和个人的学术兴趣而定，往往具有超前性，与国家和首都经济社会发展的大局未必一致。通过加强科技社团党建工作，可以引领科技社团的学术研究更好地融入国家和首都经济社会发展之中，也可以使科技社团及科技工作者在服务大局的过程中获得社会的更多回馈与支持。

二、首都科技社团加强党建工作的主要实践

1. 加强科技社团中党的组织建设

结合科技社团特点，确定分别从社会组织领导机构和办事机构两个层面，建立完善党的工作机构和党的组织机构，逐步实现党的工作和党的组织全覆盖的目标。一是在党的工作体系上，通过在市科协建立“北京市科协社会组织党建工作委员会”，统筹协调科协所属社会组织党建工作；在科技类社会组织领导机构中建立“党建工作小组”，发挥政治核心作用，同时指导本团体基层党组织开展工作；通过建立“党建工作联络员”，设立市科协社会组织党建工作办公室，加强社会组织党委与各社会组织的联系、沟通与协调，为实现党的工作全覆盖奠定基础。二是在党的组织体系上，通过在市科协成立“中共北京市科协社会组织总支委员会”，在所属社会组织办事机构建立党支部，对暂时不具备成立党支部条件的团体，按照学科相近或性质相同的原则建立联合党支部。社会组织党支部、联合党支部是党在科技社团中的基层组织，在市科协社会组织党建委的指导下，在市科协机关党委的领导下，按照党章和各级党组织的要求开展工作。截至2011年年底，已经建立了34个社会组织党建工作小组，1个社会组织党总支，3个社会组织党支部，1个社会组织联合党支部。

2. 加强科技社团中党的制度建设

一是建立社会组织党建委委员分工负责制，明确社会组织党建工作

委员会委员的职责分工，确保组织领导落实。二是制定了《市科协社会组织党建委会议议事规则》，促进社会组织党建委自身规范化建设。三是形成例会制度。每季度召开一次社会组织党建委会议，审议讨论社会组织党建工作的相关内容，发挥社会组织党建委的指导引领作用。四是先后制定下发了《关于在所属科技类社会组织中建立党的工作机构和基层组织的实施方案》、《2011 年市科协社会组织党建工作要点》等文件，促进了社会组织党建工作的有序开展。五是建立信息发布制度。通过不定期编印《北京市科协社会组织党建工作简报》、下发各类文件等形式，及时反映社会组织党建的各类信息，传达党建工作的有关指示要求。六是建立完善社会组织党组织的各项规章制度，多数科技社团的党建工作小组已制定了工作规则；社会组织党总支研究制定了党总支议事规则、党支部的主要职责、党支部建立程序、党员日常管理制度、民主生活会制度等文件，科技社团党组织的各项工作逐步规范化、制度化。

3. 加强科技社团中党的思想建设

一是深入调查研究，明确党建工作小组“三个保证一个调动”的政治核心作用。通过召开社会组织党建委会议，党支部书记座谈会、党建工作小组组长座谈会等会议，研究讨论党建工作重点难点问题，并深入 10 多个科技社团党建工作小组进行调研，形成了党建工作小组“三个保证一个调动”的总体思路，即：保证理事会做出的决定决议，符合党中央的要求，在政治上与党中央保持一致；保证理事会做出的工作部署，符合市委市政府的中心工作；保证团体学术研究的正确政治方向；调动所属社会组织的党员会员在学会各项工作中的积极性，发挥先锋模范作用，成为支撑学会事业发展和推进工作的核心力量。在前期调研的基础上，继续深入开展《科技类社会组织党建工作内容与方法》的课题研究，在思想理论上对科技社团党建工作进行进一步的研究和梳理。二是总结推广已有经验，试点探索新做法。及时总结推广北京畜牧兽医学会党建工作小组等科技社团党建工作的先进经验，发挥典型示范引领作用；选择 4 个科技社团党建工作小组进行试点，从不同方面探索党建工作小组发挥作用的途径。

4. 加强科技社团中党的作风建设

一是加强对科技工作者的联系与关心。以“庆祝中国共产党成立 90

周年”为主题，北京公路学会等多个社会组织党建工作小组，分别召开老党员座谈会、资深专家座谈会等活动，探讨党建工作的历史与当下定位；社会组织党总支响应市科协机关党委“创先争优”活动号召，开展“三进两促”、“三个工程”试点活动，党总支组织全体党员和入党积极分子联合其他支部开展“关爱老年科技工作者党员日活动”，进一步密切与科技工作者的联系。二是真抓实干，务求实效，将党建与业务工作有机结合，以党建促发展。针对碘盐抢购风潮、耕地管理等社会热点问题，由有关科技社团党建工作小组组长召集举行了“党建工作小组全体成员、专家研讨会”，部署开展了相关领域的大型高端学术论坛和学术报告会，发挥了党建工作小组政治核心和政治引领作用。三是组织部分党建工作小组负责人和党员观看“庆祝建党 90 周年晚会”、参加“庆祝中国共产党成立 90 周年纪念大会”，社会组织全体党员和入党积极分子以社会组织党组织的身份，参加市科协“唱支红歌给党听”活动，以此增强社会组织党员的自豪感和责任感，培养党性修养。

三、首都科技社团党建工作的体会与思考

1. 发挥政治核心作用是科技社团党建工作的首要目的

科技社团的发展，必须始终坚持党的领导，开展科技社团党建的首要目的，就是发挥党组织在科技类社会组织发展中的政治核心作用，加强党的政治领导。要通过党建工作，使科技社团与党的方针路线政策保持一致，把党的主张变成科技社团的决策，把党的意图传达到每位会员心里。通过党建工作，使科技社团自觉服务于改革、稳定和发展的大局，无论是在社会发展的日常状态，还是在重大的突发事件面前，都能坚持正确的发展方向，以此巩固党的执政基础。

2. 从实际出发是科技社团党建工作的重要基础

与机关、企事业单位相比，社会团体的结构相对松散，会员的工资、档案关系、主要工作精力都不在社团，社团的专职工作人员也相对较少；与行业协会、商会等社会组织相比，科技社团的学术属性较为显著，经济属性不显著；首都各科技社团的发展现状和阶段也不尽相同。这就要求科技社团党建工作必须本着实事求是的原则，从实际出发，根

据科技社团和科技工作者的自身特点，创新观念、创新机制、创新方法，探索适合首都科技社团的科学的党建工作模式。针对不同科技社团之间业务工作和党建工作现状的差异，要坚持具体问题具体分析，对不同发展阶段、不同类型的科技社团明确不同的党建工作任务，不做简单的“一刀切”。

3. 服务发展是科技社团党建工作的基本要求

发展是硬道理，是第一要务，切实把党的政治优势转化为推动社团发展的强大力量，坚持围绕发展抓党建，抓好党建促发展，形成党建与业务相促进、业务与党建同发展的格局，是科技社团党建工作的基本要求。科技社团党建工作必须紧密结合科技社团发展的自身需求，以党建促发展、聚人心、增活力，通过党建工作，切实提升科技社团服务科技创新、服务社会、参与社会建设的能力，切实加强党组织与社团会员的联系，以党建工作的创新，为科技社团的发展保驾护航。

政府管理与支持社会组织的国际经验及其对我国的启示

冯俏彬　余　佳[①]

加强与创新社会管理已成为我国新时期的重要任务。落实到如何加强与创新社会管理，内容千头万绪，方法众说纷纭，但我们认为，正如建设有中国特色的社会主义市场经济的关键在于塑造和培育以企业、公司为主体的微观经济主体一样，加强社会管理的核心在于大力促进社会组织的蓬勃发展。为此，一方面需要放松现行以控制为主要取向的社会组织管制方式；另一方面则需要采取各类政策措施支持和扶助社会服务的产生与发展，由此在政府与社会组织之间形成合理的双重关系，其一是管理与被管理的关系，即政府作为整个社会管理者对于所有主体所实施的管理，以及由此形成的相关法律、制度、规定等的综合体；其二则是基于社会组织分担政府公共服务职责的特殊性所给予的必要的扶持所形成的伙伴关系。为此，我们考察了境外一些国家和地区政府管理与支持社会组织基本做法，希望能对我

① 冯俏彬，国家行政学院博士后，经济学博士，财政学教授；研究方向：公共财政、公共产品理论、应急财政等。余佳，国家行政学院博士后；研究方向：哲学、公共管理。

国新时期加强社会管理工作提供一些可资借鉴之处。

必须说明，社会组织、社会团体均为我国对于那些政府之外、企业公司之外的组织的称谓，在国际上，更一般性的称谓则是非政府组织、非营利组织。为行文考虑，以下在论及国外时，使用NGO，在论及国内情况时，则使用社会组织的说法。

一、美国政府对于NGO的管理与支持①

“美国人民是爱结社的人民”，托克维尔在19世纪就写道，“美国干一点小事也要成立一个社团……美国人无论年龄多大，不论处于什么地位，不论志趣是什么，无不时时在组织社团”。托克维尔的《论美国的民主》一书基于这样的传统，美国是世界上NGO组织最发达的国家之一，据说有3/4的美国人至少属于1个社会组织，平均每人参加了两个组织，并向4个组织提供捐助。有人用这样的话形容美国的社会组织：“无所不在，无事不管，影响巨大，情况复杂。”

由于并无法律规定NGO组织必须登记注册，因此几乎没有人能说清到底有多少社会组织。但是，如果NGO组织要申请成为免税组织，则必须向联邦政府申请许可。因此下文所提及的社会组织，仅指那些正式享受联邦免税待遇的NGO。

根据美国联邦税务局免税组织司2008年发布的年度报告，全美享有联邦免税待遇的组织大约180万个，拥有的资产超过3.4万亿美元，雇佣的工作人员达到940万人，约占美国总就业人数的7.2%。在所有免税组织中，与我国公益慈善组织类似的是由美国《国内税收法典》501(C)(3)条款定义的NGO，即“专门为以下目的成立的组织：慈善、科学、公共安全测试、文学、教育、促进国家或国际业务体育竞技、预防虐待儿童和动物等”。2006年，美国这类组织超过了100万家。

1. 政府对NGO的监管

在美国，公民结社的合法性来自于历史与相关的宪政原则，无须行政审批。所以在美国，涉及对NGO组织进行管理的不是某种专门法，

---

① 本部分资料主要来自黄晓勇主编：《中国社会组织报告(2009—2010)》，北京，社会科学文献出版社，2009。特此致谢。

而主要是税法，这一特异之处使得美国显著有别于其他国家。美国《国内税收法典》从五个方面对于免税组织进行规制。

(1)组织定义

法典规定，任何完全致力于宗教、慈善、科学、公共安全测试、文学、教育、促进国家或国际体育竞技、预防虐待儿童和动物等的法人机构、社区福利基金、基金会，只要其净收益不是为了保证股东或个人利益、其行为的实质不是为了进行宣传倡导活动或影响立法、不代表任何公职候选人参与或竞选，才可以申请该条款的免税资格。

(2)免税资格的认定

申请免税资格程序中最重要的一环就是认真和如实填写所谓的“1023表”，并准备好相关的一切文件。该条款同时规定，免税组织的资产必须永久性地投入到公益慈善事业，即就是著名的“公益资产的不可撤回性”原则，这意味着即使免税组织解散，它所拥有的资产也不能由创办人或者投资人收回，而只能分散到该条款规定的其他事业或移交给政府用于公益事业。

(3)经济利益

对于通过501条款检验的NGO组织，一方面可以免交联邦所得税和失业税；另一方面向其捐款的企业或个人也可以依法享受税收优惠。在美国，个人或公司只有向这些免税组织捐赠才可享受相关的优惠，其中个人捐赠的最高限额，即不得超过其调整后毛所得的50%，向私人基金会捐赠的则不能超过毛所得的20%，公司捐赠的最高扣除限额不超过应税所得的10%，如果涉及遗产税，则所有捐赠金额都可以从计税总额中扣除。不过，要特别指出的是，如果这些免税组织在主要事业以外有各种商业性活动和收入，必须依法缴纳“无关宗旨商业所得税”。

(4)报表与信息公开

所有通过501条款检验的组织，必须每年向联邦税务局报送990年度报表，这个表覆盖了组织存在和运行的每一个细小环节，非常复杂详细，以至于免税组织必须聘请专业人员填写。另外，除专利、商业机密、国防资料和其他法定不需公开的信息外，这些免税组织的所有报表及附加材料都必须持续向公众公示三年。

(5)政治性活动

所有通过501条款检验的组织，均被绝对禁止参与任何政治竞选活动。

无论是联邦政府还是州政府，监管的重点是 NGO 的财务与税务。在联邦政府层面，监管 NGO 的主要机构是财政部联邦税务局免税组织司，该司设有一个司长办公室和三个分局：监察分局是最大的分局，有 461 人，负责对免税组织进行抽样审计和执法监督；决定与协议分局有 355 人，负责审理免税组织的资格申请，发出决定函，提供技术方面的咨询服务，并与首席法律顾问办公室和财政部合作编写各种出版物；客户教育与培训局只有十几人，负责全国性的宣教和培训活动，提高免税组织遵守税法的意识。就监管方式而言，除了传统性的审查方法以外，近年来，越来越多地采用了一种称为“EOUC INITIATIVES”的综合法，检查内容包括免税组织是否按规定记录财务和活动情况、填报相关报表、它的活动是否与法定免税地位相符合，方式上既向特定组织群体发放调查问卷等，也利用现有档案数据和公开信息对社会组织进行调查。如 2008 年，国内税收局用传统检查法审查了 7 861 个 NGO，用综合法审查了 7 466 个 NGO。一旦发现 NGO 有违规情况，轻者处以罚款，情节严重者则取消免税资格。在州政府层面，负责对 NGO 进行监管的是州首席检察官和州税务部门，任何人都有权向检察官办公室投诉本州的慈善组织的不当行为；各州对于慈善组织也有相应的免税与监管规定，如免征销售税和财产税等，税务局则通过年度报表审查、抽样审计等对 NGO 进行监管。

2. 政府给予社会组织的支持

除了严格的监管，美国政府对于 NGO 更有各式各样支持发展的具体举措。这体现在以下三个方面。

第一，尊重与合作。在出台与社会组织有关的政策之前，美国政府通常会广泛听取 NGO 组织的建议。

第二，提供财政资助。有研究表明，美国 NGO 的收入中的 35.6％来自于政府部门的资助，资助的形式包括：直接向 NGO 拨款、政府购买 NGO 的物品和公共服务、委托研究、咨询项目等。

第三，持续激励公民的奉献精神。历届美国政府都高度重视激励公民的奉献精神，并将其视为“美国精神”的一部分，典型的例子如，1933 年罗斯福政府创建民间资源保护队；第二次世界大战后肯尼迪政府组织的和平队；克林顿政府建立的国家与社区服务组织等。这极其有利于各类 NGO 工作的开展。

二、英国政府对于 NGO 的管理与支持

英国的志愿传统非常悠久，我们熟悉的世界上第一部关于慈善事业的法律——《济贫法》就诞生于 1601 年的英国。近代，由于英国推行福利国家政策，政府在很大程度上接管了原来由 NGO 组织提供的公共服务，导致慈善行业有所萎缩，但 20 世纪 70 年代在“新公共管理”运动的浪潮席卷下，政府退出了许多公益部门，慈善组织重新有了很大的发展。特别是 1998 年，英国政府与 NGO 组织签定了 COMPACT 协议，不仅极大地促进了志愿与社区部门的能力提升与发展，而且使英国成为世界上第一个政府与 NGO 正式以伙伴关系签约的国家。据英国内政部的调查，2002 年英国 153 000 个慈善组织，总收入达到进 208 亿英镑，雇用了 569 000 带薪工作人员。

1. 政府对 NGO 的管理：英国的慈善委员会

在英国，慈善委员会是专门对志愿部门和社区组织进行管理的机构。慈善委员会成立于 1853 年，负责对英格兰和威尔士地区的慈善组织进行登记管理。从性质上看，它是一个公共机构(所谓非部长政府部门)，现有近 600 名工作人员和每年 3 000 万英镑的固定预算，但与此同时又具有相当程度的独立性，直接向英国议会负责。

慈善委员会的使命是：管理慈善事业，促进公众对于慈善机构的信任与信心；其职能是：登记注册(包括变动、撤并等)、提供支持、监督管理、对慈善机构的不当行为和错误管理展开调查。简而言之，即登记和监管。

就登记而言，一个志愿与社区组织必须到慈善委员会进行登记注册，才能获得稳定的法律地位、税收减免和得到资助的途径①。取得登记的标准主要有三方面：一是与另外的慈善组织无重叠；二是必须有自己的章程、宗旨目的、行政管理办法；三是必须组成托管理事会。

---

① 英国《收入与资本利得税法》第 505 条规定，以“慈善为唯一目的”成立的慈善组织从任何个人或依托公司取得的大多数形式的收入可以免税。

就监管而言，慈善委员会采用的方法是基于风险的分类监管法，即按营业额分类，英国20万家NGO组织中大概有1万家的资产额占到全国慈善组织的90%以上，慈善委员会就重点监督这一万家组织；然后在一万家组织中对规模最大、占总资产额46%的400家组织特别加强监管，其他中小型的慈善组织，只要提交年度总结报告，并附上简单的收支报表即可。具体方法是接收公众投诉与举报，然后进行调查。调查对象的选择是：一是慈善机构的受益者、资产、服务和信誉处于最高风险之中；二是确信委员会的介入将产生最大的影响。调查方法是：要求慈善机构提交年度工作与财务报告、委托临时经理(当慈善机构由于某种原因不愿意和委员会合作时)、从慈善机构的名单中删除。不过，慈善委员会对于监管职能的理解非常全面，即不仅在接到公众举报后进行调查纠偏，而且高度重视预防性工作，当慈善机构有需要时，也可介入协调其内部冲突。2003—2004年，慈善委员会共开展了423起调查，涉及金额高达2 000万英镑，行使监管权力达1 021次。

2. 政府对NGO的支持：英国的《政府与志愿及社区组织关系协定》(COMPACT协议)

1998年，英国政府与NGO签定了COMPACT协议，这是一份英国政府与志愿组织和社区组织之间确立合作伙伴关系的法律协议。协议开宗明义地声称，“一个健康的志愿组织和社区组织是民主社会的必要组成部分”，“政府与志愿组织和社区组织发展合作伙伴关系将有助于制定更好的政策，提供更好的服务以及取得更好的社区治理效果”。协议的主要内容涉及五个方面的准则，即资金与政府采购准则、咨询与政策评价准则、志愿准则、黑人和少数民族志愿及社区准则。对于每一方面的准则，都议定了一些原则以及为了实现这些原则政府和志愿组织各自的关键责任。以资金与政府采购准则为例，共设定了五个原则，即结果引导、简单与均衡、一致和协调、透明和责任、决策与信任、互谅；为实现这些原则，列出了政府的十一项关键责任，如尽可能地给予志愿组织和社区部门参与项目设计的机会、与志愿组织讨论可能的风险、尊重志愿组织的独立性、实施长期资助计划、及早支付费用等。同时，协议也列出了志愿组织与社区组织的一系列关键责任，如遵循保密性，参与项目设计时应明确自己代表谁以及如何代表其意见、有明确的责任、一开始就认同规范、准备好所需的管理系统、诚实报告等。

为了落实该协议，英国政府成立了内部促进会，负责敦促所有的政府部门贯彻该协议，英国志愿联合组织负责在志愿部门内部促进协议的实行；在地方层面上，地方政府、地方战略伙伴、教育部门、医疗保险部门、应急部门，以及地方志愿与社区组织则联合签署和实行 COMPACT 协议。

COMPACT 协议是世界上唯一一个政府与 NGO 组织为建立合作伙伴关系而正式签订的法律文件，这使得即使在 NGO 组织高度发达的众多西方国家中，英国也显得卓尔不凡。从拿来实施的情况看，该协议对推动双方的合作关系，促进 NGO 的发展起到了明显的作用。

三、相关国际经验的启示——政府与 NGO 的双重关系

以上国际经验的考察留给我们的鲜明印象是，NGO 是政府提供公共服务的伙伴，是政府管理社会的助手，一个 NGO 强大的国家，往往也是政府自信有力、社会生动和谐的国家。

1. 政府与 NGO 的关系之一：管理与被管理

在我们以上所考察的国家中，依情形不同，政府相对于 NGO 有两种角度的存在，一是管理对象；二是合作伙伴。就管理对象而言，正如相对于市场主体，政府有责任提供制度、维护交易秩序与规则一样，对于 NGO，政府也扮演了同样的角色。一方面，基于宪法的主张，公民结社是自由社会的基本人权之一，如非特殊原因，政府不能限制民间的此种自由；另一方面，各国政府以不同形式承担着对 NGO 的管理责任，如美国的税法、英国的慈善委员会，相关规定非常严密、执行极其有力，即我们通常所说的“轻进入，重过程”，致力于提高 NGO 的透明度、公信力和规范运行。

2. 政府与 NGO 的关系之二：提供公共服务的伙伴、代行特定政府职责的助手

与企业不同，NGO 成立、存在均基于公共利益，仅就这一点而言，与政府有相似之处。事实上，在现代国家出现以前，救贫济困、赈灾、

教育医疗等这一类公共事务很大程度上是由社会组织来承担的。只是在福利国家时代，政府才全面承担起这类公共职责，但即使如此，随着公民对于公共服务的质量、数量的要求越来越高，同时对于提高税收的容忍空间越来越有限，政府于是重新转向市场与社会，重新认识 NGO 在满足公民那些未被满足的需求方面、凝聚公民意愿、培育公民精神等方面的重大作用，进而将其视为社会管理、公共服务的重要力量，由此发展出与 NGO 之间的所谓伙伴关系。事实上也是如此，在美国，与个人服务有关的公共服务主要是由各类 NGO 组织提供的；在英国，政府与 NGO 签有 COMPACT 协议；即使在政府力量比较强大的东方社会，政府也越来越认识到 NGO 在提供公共服务方面的重大作用，于是放松了对于 NGO 的各类限制，不仅促进了 NGO 的发展，而且将政府导向一个有限职能并与社会各个部分充分合作的方向，整个社会呈现出生动、灵活、和谐的局面。

不仅如此，强大的 NGO 甚至可以承担那些一般认为属于政府职责范围的工作，充当政府的助手，特别是在由于某些政治、外交、宗教等政府不方便行动的领域。福特基金会、台湾财团法人赈灾基金会等都有此功效。

3. 放松法律限制是促进整个民间公益事业发展的必要条件

由于历史原因，我国是一个信奉强大政府的国家，对于 NGO 的存在始终存有疑虑。但由于在面对许多灾难时做出的贡献，NGO 向全社会展现了它们公益、公德的一面，进而改变了政府的态度。政府通过放松相关法律规定，创造了 NGO 生长发育的良好生态。这一点尤其具有重大启示，对于民间公益组织而言，打破现有僵死、萎缩、依赖、弱小的固有路径的制动阀和扳手，正是相关法律规定从“限制”向“促进”的重大转向。

四、改进和加强我国社会体制的几点建议

在我国，由于历史与现实的原因，有的政府部门长期以来保持着对社会组织的某种警惕与戒备，具体表现为对于社会组织的管理总体而言是“控制型”、“约束型”而非“促进型”和“发展型”，政府对社会组织存在

过多的介入与干预，甚至包办代替。但是，随着我国市场经济体制的深入和公民意识的逐渐长成，各色各样的社会组织已经大量形成，第三部门已是一个不容回避的现实。与此同时，我国政府正处在向服务型政府的转化过程之中，从政府部门转移出来大量的管理职能必须要有相应的主体来承接；此外大量新增的公共服务职能也需要政府之外的另一些主体来共同承担。

面对社会组织旺盛勃发的生机，政府应如何应对、如何管理、如何疏导已经成为一个亟待破解的问题。这就要求适时调整我国社会组织管理体制，从限制、约束逐渐向促进、发展转化。

台湾地区的经验告诉我们，在促使 NGO 从弱小向强大、由单调向多元转化的“惊险一跳”在于放松法律规制。这一点，国内研究 NGO 的学者，如康晓光、王名、顾昕等，基本上形成共识，对于如何构建适应我国需要的社会组织管理框架，提出了很有针对性的建议。综观各位学者的观点，主要有以下几个方面。

1. 对社会组织实行分类管理

我国现有各类登记和未登记的社会组织 250 万～270 万家，其内部成分、功能、大小、资金来源等非常复杂。以出资人而言，既有政府出资的一些协会，也有企业出资的各类私募基金，还有靠收取会费为主的行业、学术团体；就功能而言，既有政治、宗教这一类尚不见容于现体制的团体，也有政府鼓励、支持并代为行使某一方面管理职能的协会，更有大量致力于慈善、教育、环境保护、疾病防治、救贫济苦的公益团体……不一而足。从我国的实际情况看，现阶段还不具备向所有社会组织全面开放的条件与环境。对此，各方形成的比较一致的看法是：可根据社会组织的类别制定分步开放、分类管理、分类立法的框架体系。就本文所涉及的主要从事慈善公益性质的社会组织而言，于政府有帮助，于公众有益，属于分类管理中可先行放开、先行扶持和促进发展的部分。

2. 取消双重管理体制，降低慈善公益组织的登记门槛

对于慈善公益组织，近年来在立法方面已取得一定的成绩，如 2004 年内容有重大修改的《基金会管理条例》、2010 年修订了《救灾捐赠管理办法》等，但总体而言，制约公益慈善有序发展的根本性制度绳

索——双重登记体制——并没有消除①。从现在的情况看，可考虑取消慈善公益组织成立时所需要的业务主管部门许可这一环节，同时现行3万元、10名会员的门槛条件也可取消，原则上对于从事以上述目的为宗旨的社会组织实行认证制，但对其章程、组织结构等应提出规范性的指导意见，特别是要推行国际通行的“公共资产的不可撤回性”原则。

3. 建立统一的行政管理体制，强化对于社会组织的业务与过程监管

放松登记注册的门槛以后，必须同时辅以严格规范的过程管理。王名等就此提出的建议是：在现行民政部门社会组织管理系统的基础上，筹建一个独立于民政部门之外，直接隶属于国务院管理的社会组织监管委员会(简称民监会)，并建立全国性的社会组织监管体系。这个建议当然有其合理性，但考虑到我国政府在编制、人员方面的限制，要形成这个全国性的以公务员为主的监管体系恐怕不易。一个折中的办法是，在顶层可建立一个类似于英国慈善委员会这样的机构，负责全国层面的政策与指导，建立针对慈善公益组织的信息公开、公众举报、年度检查制度，牵头调查处理等。但在各地，则可以发挥社会组织自律、自治和自我管理的作用，筹建社会组织自律性的联合机构，对上执行民监会的总体政策，对下协调整个行业的行动与内部冲突。

4. 对慈善公益组织给予税收支持

慈善公益组织是社会组织中一个具有公共利益导向的特殊群体，各国惯例均对其实行税收优待，我国也不能例外。税收优待主要体现在两个方面，一是对慈善公益组织本身的税收减免，如对于取得的与“宗旨”相关的收入予以所得税免除，对其用于从事公益性活动的固定资产，如房屋等给予免税等；考虑到我国税收环境的实际情况，慈善公益组织所从事的与其宗旨无关的收入则应分别计账、依法纳税。二是对向这些经过税法认定的慈善公益组织捐款的企业和个人，可在一定范围内免除所得税。对此，我国税法已有相关规定，如对个人捐赠可从其应税所得中按30%的标准扣除，对企业则按12%的标准扣除，下一步需要考虑适

① 2011年3月8日，民政部副部长姜力在全国人大记者会上表示，民政部正会同国务院有关部门抓紧修订《社会团体登记管理条例》、《基金会管理条例》和《民办非企业单位登记管理暂行条例》，就基金会而言，双重管理体制有望终结，民政部门将成为基金会的唯一主管机构。

度提高标准，以及非现金捐赠如何进行税收处理。

5. 政府购买社会组织服务

在我国现行体制下，还不太可能比较广泛地给予公益慈善组织以直接的财政资金支持(特殊情况如海基会等例外)。但是，无论在中央政府层面还是在地方政府的层面，的确可以通过“政府购买服务”的方式，一方面支持社会组织的发展壮大；另一方面减轻政府在提供公共服务方面的负担，专注于公共服务的资金提供者、质量监管者的“掌舵”角色。具体而言，平常要允许慈善公益组织参与政府项目的竞标(不能设立限制性条件)，专项救灾活动中，政府要有意识地与社会组织协商、讨论部分救灾工作需要、且主要由社会组织实施的项目，达到政府、慈善公益组织、灾民、社区多方共赢的结果。

传统民间水利组织的复兴与农村社会管理机制的创新

杜静元[①]

探讨河套地区的民间水利组织在清末时的存在和发展以及直至今天的复兴和延续具有什么样的意义呢？我们要把思考拉到波拉尼和葛兰西的关于“社会”的学说中。自20世纪的最后十年以来，人类历史步入了一个真正的“大转变”时代，即向着“市场社会”转变的时代。人们亲身实践和鉴证着波拉尼所说的那个“预言”，即在国家权力的操控下，市场迅速地膨胀起来，价格机制日益溢出经济领域，侵入人类生活的其他领域，成为政治、文化和社会生活的主导力量。经济离开社会，社会中的所有行为和活动都服务于经济的价值，国家和市场摧毁了满足相互需要的制度。故事不仅发生在波拉尼笔下的英国，而且席卷了差不多全部文明世界。这个急剧扩展的进程将经济和政治领域不断扩大，挤压了社会领域。但是，社会并不仅仅是被动的受难者，市场的侵蚀逼迫社会本身展开动员，产生出各种社会规范和制度安排，诸如工会、合作社、工厂运动等，以此来

① 杜静元，博士，北京师范大学中国社会管理研究院讲师；研究方向：族群与区域文化方向。

抵御和规驯市场。这种对市场过程做出积极回应的社会就是波拉尼所说的"能动社会"①。葛兰西提供给我们的"社会"是"公民社会"(civil society)，这个社会是在与国家既勾连又斗争的复杂情景中成长起来的。社会在波拉尼那里针对市场而得到界定，而在葛兰西那里针对国家而得到界定。我们看到"社会"就是定位在市场与国家之间的那个宽广领域，它在与市场和国家的双向搏斗中，时而扩大、时而收缩着自己的地盘。不过正如布洛维所言，不论是"能动社会"还是"公民社会"，如果没有底层群体的动员和参与，社会就会走向失败②。

在中国市场经济转型的时期，由于以往的再分配体制从根本上压抑了自组织的社会生活，因此，如何找到社会的生长点，找到"生产社会"③的途径就需要我们从传统中、从历史中去寻找它的根基和种子。本文所研究的河套地区的民间水利组织就是在描述其产生、发展、衰落和复兴的基础上试图去寻找该组织得以延续的条件和基础，发现文化在其中所起的作用。

此外，本文研究民间水利组织如何延续的出发点除了将其纳入如何看待"社会"的生产这个视角之外，还关注公共的灌溉系统作为一种准公共物品如何进行适度治理的讨论。奥斯特罗姆的研究对本文有所启发，她提到："有些关于'公地悲剧'的学术文章，建议由'国家'对绝大多数自然资源实行控制，以防止他们的毁灭；另一些人则建议把这些自然资源私有化就可以解决问题。但是人们在世界上看到的是：无论国家还是市场，在使个人以长期的、建设性的方式使用自然资源系统方面，都未取得成功；而许多社群的人们借助不同于国家也不同于市场的制度安排，却在一个较长的时间内，对某些资源系统成功地实行了适度治理。我们还缺乏必要的认识工具或模型去充分理解与自然资源系统治理和管理相关的一系列问题，以及为什么有些制度在有些场景下能顺利运作而在另一些场景下却不能顺利运作的原因。"④

---

① [匈]波拉尼：《巨变：当代政治、经济的起源》，黄树民等译，台北，远流图书公司，1989。

② [意]葛兰西：《狱中札记》，曹雷雨等译，77页，北京，中国社会科学出版社，2000；[匈]波拉尼：《巨变：当代政治、经济的起源》，黄树民等译，台北，远流图书公司，1989。

③ 沈原：《社会的生产》，载《社会》，2007(2)。

④ [美]埃莉诺·奥斯特罗姆：《公共事物的治理之道》，余逊达、陈旭东译，1～2页，上海，上海三联书店，2000。

奥斯特罗姆虽然是从经济学的角度去分析公共资源，以具体说明在国家和市场之外存在的解决方案，但是殊途同归，她看到的现象也正是强调国家和市场之外的社会组织的作用，并试图总结出一些制度模型，但正如她自己本人所说，“这些制度模型远未能反映出现实世界的复杂性，其本身的效用也是有限的”①。她的理论发展的贡献在于试图总结出一些任何情况下都存在的变量，从而能够解释和预测在什么样的情况下，规模较小的公共池塘资源的占用者较有可能通过自主组织来有效治理他们的公共池塘资源。本文的研究对象与之不同，河套地区的民间水利组织曾经是水利工程的占用者，现在却只是使用者，国家的管理和社会组织的管理在这里结合起来，我们希望探讨出他们是一种怎样的治理方式，与国家管理相比，社会组织的管理有哪些管理方面的优势，由于样本和案例的局限，本文的目的不是在于找出普遍性的变量，而是要从总体上来探讨这一管理方式的可行性和存在的问题，并从历史和文化传统的角度来看这种民间组织存在和延续的可能性。

一、以地商为中心的水利组织的管理方式(1860—1912年)

从清朝雍正至道光年间，到河套谋生的移民逐渐演化为开发河套水利的三股力量。第一股力量是在“预置公主菜园地”②耕种的人。在后套地区开辟土地，虽然名义上由蒙古族负责开垦，可是由于牧民不懂种植，因此，私底下雇用汉人来此耕种收租。这时有很多山西、陕西的“雁行人”③考虑在此种地定居。第二股力量是为打鱼而来的“桔槔取水”的人。乾隆年间有汉人到河套打鱼，看到黄河北岸洪水漫溢之处，土质

① [美]埃莉诺·奥斯特罗姆：《公共事物的治理之道》，余逊达、陈旭东译，214页，上海，上海三联书店，2000。

② 相传在乾隆初年，河套地区正式恢复少部分土地的垦种。阿拉善王爷娶了清公主，公主欲置菜园地，此后，蒙古上层假借“公主菜园地”之名，雇用汉人在河套开发土地、兴修水利，收取租金。

③ “雁行人”也叫“雁行客”，是对那些来河套地区种地的人的一种比喻，他们春来秋回像大雁一样。因为道光年间水旱灾害频繁，冀、晋、陕、甘一带的许多农民流离失所、食不果腹。因此，这些雁行人开始考虑在此定居。

肥沃，可以耕种。便用“桔槔取水”办法，试行种植，大获其利。遂捕鱼者从陕西、宁夏、甘肃等地纷纷而来。第三股力量是来河套做蒙古生意的“旅蒙商”①。这些人渐渐地在河套定居下来做生意，多以包头为据点，开设商号，而后与蒙古王爷联合开发水利，投资于开垦土地，与蒙古王爷同分地租，这部分人后来被称为地商，是地商的主要来源，但是地商中也有一些人以前是“雁行人”的身份，从雇工干起，一步一步获得了资本的积累，从而成为地商，笔者将在后面介绍的地商王同春和杨氏兄弟就是这类地商的典型代表。

地商从蒙古王公那里取得了土地租赁权和水权，这是他们愿意投资进行水利开发的前提，之后随着地商势力的壮大，他们逐渐取得了“永佃权”。地商能将土地租赁权和水权集于一身是他们在河套开发水利工程的动力所在，而他们的经营方式也是与之相适应的。他们在开发渠道的同时开发渠道两侧的土地，通过自行收取水费和地租来获利，同时他们还是商业资本家和高利贷者。地商有两种管理移民的方法或者说两种开发土地的方法，一种是将土地承包给地户直接收取地租；另一种是设立“公中”，自己雇工直接经营，我们先介绍公中的这种管理方式。

开渠时，地商沿渠设置公中(即为大牛犋或中心牛犋)和牛犋。一个公中管数个牛犋。一条渠道由数个公中分片分段管理(参见图 1)。他们的组织管理形式在初期十分简单，每个公中设有一个渠头，每个牛犋设有跑渠的。专门负责所谓的渠务，如开挖渠道、巡查养护、打坝分水和征收水费。民国时期，公中设“掌柜的”管理一切事务，用“先生”管账。另设工头管理放地，工头的权力很大，佃农常给他们供奉。虽然这种管理方式层级很少，但是却实现了将移民紧紧控制在某一区域的目的。对当地村落社会的形成打下了基础。

笔者调查的杨家河的开发过程就是用这种管理办法。杨家河干渠全长 58 千米。该干渠北越总排干沟，沿阴山山脉至乌拉特后旗乌盖苏木，东与黄济干渠灌域接壤，西与乌拉河干渠为邻，纵贯杭锦后旗 6 个镇、乌拉特后旗两个苏木，灌溉面积 69.15 万亩。杨家河干渠共承载着 6 万多人的生产生活用水。1917 年开挖此渠，1927 年基本修成，历时十年，

---

① 按清朝的规定，起初是带货来卖，一次贸易期间不得超过一年即要返回，所以称为旅蒙商。

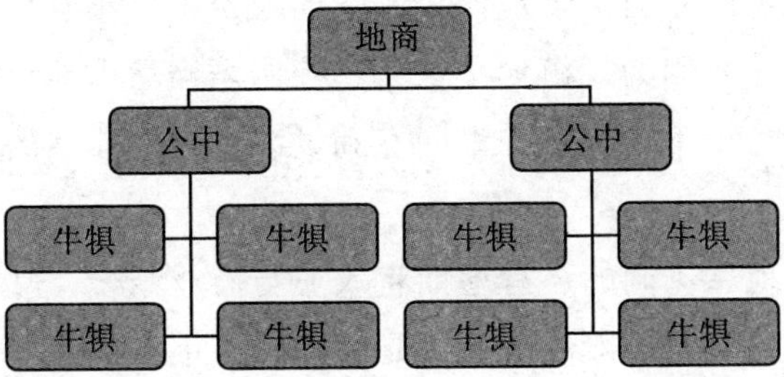

图 1　以地商为中心的水利组织的组织结构图

属于河套主要干渠中完工最晚的水渠，归绥远省管辖，现为内蒙古自治区巴彦淖尔市杭锦后旗境内的一条主要干渠。筹开杨家河的杨氏三代当从杨满仓、杨米仓兄弟俩算起。他们原为山西河曲人，于光绪末年随父母逃灾来后套谋生。杨满仓有 3 个儿子叫茂林、文林和云林，杨米仓有 6 个儿子，其中比较精干的叫春林。杨茂林在永济渠承包渠务三年，积累了一定的资金，这几个人成为杨家开渠的第二代。其中杨春林有两个儿子叫杨义和杨孝，是为杨家的第三代。他们出身长工，因此算不上是早期由旅蒙商发展而来的地商的典型代表，但是他们的开渠之路和早期的地商是相似的。开挖杨家河所实行的管理办法就是设立公中、牛犋，这种管理办法比较适合儿子很多的杨家，因为大家每人负责一个公中，他们的直接领导是自己的父亲或叔伯长辈，这样他们之间形成一种竞争，这种管理模式类似于现代企业管理中的扁平式的管理模式，用现在管理学的术语来说就是它较好地解决了等级式管理的“层次重叠、冗员多、组织机构运转效率低下”等的弊端，加快了信息流的速率，提高决策效率，管理层次的大大减少，使得可控制幅度大大扩展。另外，这种管理方式可以大大提高适应市场变化的能力，还可以使优秀的人才资源快速成长。给他们直接接触管理者的途径。最后，还有利于节约管理费用。地商们多数都是这样去经营管理开挖渠道的，这样互相传播使得这个方式在整个河套的水利开发中推广开来。这种水利组织伴随着土地的开发，还具有组织生产生活的功能。下面我们就看看地商管理移民的另一种方式，即他们是如何管理地户的。

地商对汉族地户的管理有着自己长远的眼光，许多农民逃荒来到河套，没有任何生产资料，地商就为其提供资金、粮食和工具，然后向他们租地收租，闻此消息来此投奔的人自然迅速增加，因此很快就可以成为一个初具规模的小村落，地商控制下的农户多为小农户，不让他们有发展的空间，这是因为规模愈小愈易于控制。当然由地户进入到上层地商阶级的可能性也不是为零，王同春和杨满仓就是典型的由逃荒户发展而来的地商。

此外，与地主不同的还有地商将农业与商业结合，减少了他们收租的难度和利润损失。一般的地商都是粮商，有粮食销售能力。例如，王同春在开义和渠成功后，随着灌溉面积的不断扩大，又开设了隆兴长商号，经营皮毛和粮食业务，以农助商，以商促农①。地商在向农民收租时交银、交粮皆可，这样农民不会因为粮价低廉而交不起租金，调动了他们的积极性，而地商也不会在粮食价格的波动中损失过多。

我们可以看到，在河套地区，私有财产的占有人——地商通过以财产为基础的组织和行动来与国家权力相周旋，获得自己的发展空间，最大限度地调动了人力物力，并通过自己的组织方式和协调方式化解了工程中的矛盾。地商组织所具有的管理能力、协调能力和监督能力在水利工程的开发中发挥了重要作用。他们兼具地主和商人的双重身份，使得他们对于移民的管理机制非常灵活，克服了地主的死板经营模式。他们的管理方式将移民固定了在土地之上，通过各种协调监督方式建立了农业社会的管理秩序，使得移民新组成的社会得以形成。在这个过程中最重要的是他们清楚地意识到自身的不利条件，在水利工程开发之前就把地权和水权集于一身，在清末，这是在中央集权严格控制的中心地区所不可能实现的，也是水利工程在社会组织主导下得以开发的最重要的条件。除此之外，还要强调的是地商除了资本、劳动力和获取了水权和地权的优势之外，还有一点也非常关键，那就是他们拥有一套较为完整成熟的民间治水技术。这对他们能在水利开发中取得成功非常重要，而且在土地开发中这也是能从蒙古王公手中取得“永佃权”的资本之一。

以地商为中心的水利组织与奥斯特罗姆所引用菲律宾桑赫拉的灌溉社群的例子有一些类似之处，“小规模灌溉社群的灌溉者具有中心作用：他们自己决定自己的规则，自己选择自己的官员，保卫自己的制度，维护自己的渠道……如何建造水坝以及其他工作的技术知识已经广泛的为

---

① 陈耳东：《河套灌区水利简史》，64页，北京，水利电力出版社，1988。

人们所共有，由于有了这些知识，富有进取心的佃农就有可能联合起来，在原先没有被灌溉的土地上建立灌溉系统，以换取在新灌溉土地的某一特定部分进行生产的权利”[①]。我们可以看到她不仅意识到这些灌溉制度形成的过程，而且还意识到这些制度可能是起源于一种混合的传统。因为早在1630年在西班牙神职人员的文稿中就有了对于该地的灌溉社群的最早文献记载[②]。但是遗憾的是并没有人认真研究过西班牙殖民时期开始之前是否有过类似的制度。但不可否认的是各个桑赫拉所使用的规则有很大差别的原因必然与他们各自的历史有关，这些制度都是适应自己的历史而发展起来的。因此，在笔者的研究中从历史的角度来看民间水利组织的延续过程对于理解现在的民间水利组织的现状和发展有重要的意义。在经历了以地商为中心的水利组织之后，1912—1928年这段时间河套地区数易其主，不管是军阀还是官员都把这个地方当作摇钱树，他们都想不进行任何投资就大捞一把。因此，这段时间成为河套水利的废弛时期。河套地区经历了由农户包租到灌田公社强行包租，到两大官商集团瓜分包租的时期，最后都没有成功，再次由强行收回实行第二次官办。在1928年，阎锡山撤销了包西水利总局，将河套水利工作交给新成立的绥远垦务总局管理。1929年，阎锡山接受他的高参冯曦的建议，将河套水利事务由绥远垦务总局单独划出，归建设厅直接管理，并成立包西各渠水利管理局。当时冯曦正任绥远省建设厅厅长，并被指定代行省府主席之职。在考察河套水利工作时他看到了现行管理的种种弊端，便向时任北方国民革命军总司令的阎锡山申请批准向银行贷款的计划，以解决整治河套水利经费困难的问题。此外，他提倡改变河套水利的经营方式和管理体制。水利社这个官督民办的民间水利组织在此时出现，在冯曦的倡导下制定了一系列的制度。下面我们就具体看看水利社的运作方式。

---

① [美]埃莉诺·奥斯特罗姆：《公共事物的治理之道》，余逊达、陈旭东译，98～99页，上海，上海三联书店，2000。

② Lewis，H. T，*Irrigation Societies in the Northern Philippines*. *In Irrigation and Agricultural Development in Asia*：*Perspectives from the Social Sciences*，N. Y.：Cornell University Press 1980，pp. 153－71. Ithaca.

二、水利社的管理方式(1928—1938 年)

1929 年，冯曦特别召开了包西水利会议，会上制定了新的水利法规，包括管理包西各渠水利暂行章程、包西各渠水利公社通行章程、包西各渠丈青办法等 14 项水利章程。根据章程，公私各渠，凡原有组织不符合新规定的，一律按章程组织起水利公社。杨家河此时还是杨家的私渠，但是也要成立水利社，经理一职由杨家的代表担任。八大干渠有的单独成立一个水利社，如缠金渠、塔布渠等，有的两条渠合并成为一个水利社，如刚济渠和永济渠。

各水利公社的人员的设置的要求是一样的，水利社有经理、副经理、文书、会计、司账、渠头、副渠头各一人，渠工、雇员、夫役等各若干人。经理、副经理均由灌户在种 100 亩以上耕地的地户中投票选举产生，除此之外，他们对于经理的人选非常之慎重，除了要有 100 亩以上的耕地外，还要选熟悉水利、具有较高声望的人。经理、副经理任期是 2 年，董事任期 1 年，皆可连选连任。选出后由相关的管理局呈报建设厅备案并加为委员。公社实行董事会制，由灌户选举董事 5～9 人，他们的职责是及时反映群众意见，提供咨询意见以及监督作用，由此可见这个董事会还同时是监事会。其体制之先进在民国时期也算是一个有益大胆的尝试。上述职务均为义务职，经理、副经理每月补助车马费 26～20 元，董事在开会期间补助膳食住宿费 5 角。如果出现了违反章程的事，建设厅虽可以命令撤销，但是前提是经过全体灌户一半以上的人同意才可以撤销并进行更选。

但是这些制度的设计在实施过程中存在着很多的问题，比如，包西各渠水利管理局与地方行政领导之间的关系是水利局有责无权，县政府有权无责，权责不能统一。后来，为了解决这一问题，绥远省政府决定把包西各渠水利管理局划分为三个管理局，由各县县长兼任各地方水利局局长。这样做的问题是，缺乏统一的调度和规划，上、中、下游的三个县用水矛盾凸显。而且，新规定的《包西各渠丈青办法》在执行中出现很多问题，例如，每年几次用绳丈量青苗，工作量很大，速度很慢。于是，丈量人员就用跑马大概估计个数来完成丈量。于是，这就形成了寻租的空间，有权有势能贿赂送礼的人就少算亩数，少收租金，送不起的就多算多收。通过计算种植面积来计算灌溉面积的办法就变得很不公平了。因此，这种官督民办的方式后来在傅作义 1939 年接管河套地区之后就没有再实行了。

新中国建立之后，这里的民间水利组织曾消失了很长时间，直至 2001 年这里出现了农民用水协会，我们才又看到了民间水利组织的兴起。从国家对它的性质的界定上说这个组织是一个民间自我管理水利事务的组织。这个组织与历史时期以地商为中心的水利组织和水利社的管理形式虽有某些相似但是也有所区别，那么这个组织与旧有的民间水利组织相比有哪些不同呢，我们是否可以将之看成是以前民间水利组织的延续呢？下面就具体介绍这个用水协会的管理方式。

三、农民用水协会的管理方式(2001 年至今)

在这里我们介绍一个灌溉网络的小常识，灌溉网络的七级由大到小分别为总干渠、干渠、分干渠、支渠、斗渠、农渠、毛渠，排水网络的七级与灌溉网络的七级对应是：总排干、干沟、分干沟、支沟、斗沟、农沟、毛沟。河套作为一个灌区的发展历史我们从清末开始一直在研究但是之前并没有使用灌区这个词，因为这期间的官方和民间都没有这个说法，直到 1954 年，绥远省建制撤销，并入内蒙古自治区，原绥远省陕坝专员公署改为一级政权，称作河套行政区，管辖五原县、临河县、安北县、狼山县、达拉特后旗、杭锦后旗和陕坝镇。从此有了河套灌区的说法。1958 年，河套行政区又与巴彦淖尔盟合并，建立巴彦淖尔盟，政府所在地设于磴口县三盛公镇，在 20 世纪 50 年代末至 60 年代初，兴建了三盛公水利枢纽，开挖了总干渠，河套灌区变成了一首制[①]引水灌溉。1987 年 9 月 19 日，自治区人民政府批准成立内蒙古河套灌区管理总局。从 2001 年开始，河套灌区开始实行群管和国管相结合的方针，

① 一首制的意思是指在黄河上只开一个口，其他所有干渠的水都是从这个地方引水的。这样就解决了以前每个干渠都会在黄河上自行开口引水的问题，河套灌区在磴口一带的黄河上修建拦河闸，这就是由苏联专家设计的三盛公水利枢纽，这样便于对黄河用水量的控制，提高了抵抗洪灾水灾的能力，减少了灾害发生的可能性。

现在河套灌区的管理体系是分干渠沟以上由政府管理，称为国管，分干渠沟以下归农民用水协会管理，称为群管。

为什么政府要用群管水利来代替以前的国管水利呢？这样新的制度供给有什么好处呢？笔者在调查中了解到，实行群管的原因在于，1998年国家粮食流通体制改革之前，水费随集体出售农产品时，由乡镇统一扣缴到水管部门，1998年之后水费需要到各家各户去收缴，乡镇水利站的人逐渐从农民手中收不到水费，因为好多农民经常觉得受骗，水费每年收一次，有的农民每年都按时交，有的每年都不交，而水利站的人不仅没有一定的制裁措施来催缴水费，而且为了省力省事，提高了每年的水费，这样就可以让那些交水费的人替不交水费的人买单，交水费的农民知道后就开始不交水费，于是水费就越来越难收。农民和水利站的矛盾也越来越大。

上面所反映的情况就是经济学中常谈到的“道德风险”，它指的是人们享有自己行为的收益，而将成本转嫁给别人，从而造成他人损失的可能性。这与收水费的例子相似，由于不交钱的农民享受了继续浇地的收益，而将成本转嫁给交钱的农民，造成了“好”的农民的损失。而这种情况的出现不仅仅是道德风险的问题，也是公共产品的问题，由于存在着很多农民搭便车的行为，而政府存在着行政成本较高的困难，所以很难将这个公共产品进行产权划分，而农民用水协会不一样，他们的管理者就是农民，而且是威望较高的民间精英，因此他们的管理成本较低，哪个村子里有谁没有交水费，巡渠人就会给他们一定的惩罚，而且这个惩罚还可以交托给他的邻居进行，有很多交了水费的人在监督那些没有交费的人，当开始淌水的时候，他们的地就没有水浇了，自有人(巡渠的人或与其土地相邻的人)就会把他们的口子堵住，不让他们浇水。因此，这种搭便车的行为也就没有了可能性。不仅仅这部分不交水费的人的钱回来了，而且农民们也不用被那些水利站的人“揩油”。

除了这种道德风险之外，由于水利工程的管理主体不明确，管理过程中出现了工程维护难，用水浪费严重，水事纠纷频繁等一系列问题也使得政府要重新考虑管理方式的问题。因此，河灌总局开始施行群管水利的管理模式，让农民自己的组织来收取水费，然后交给河灌总局，在他们所制定的农民用水户协会章程中是这样定义这个协会的性质和功能的，“本协会是由×××渠（或村）用水户通过民主方式组织起来从事农业供排水管理的行业性社会团体，是非营利性的用水合作组织，是实行工程自我管理、自收自支、自负盈亏、自我发展、独立核算的群众组织，具有法人资格”。

这个协会的性质虽与水利社的官督民办的性质相同，但是管理方式却是不同的，首先我们看到用水协会的会员是全体用水户，而不是像水利社那样，只有部分拥有较多土地的人才能成为会员，所有人都拥有选举权，被选举权和表决权。选出的会长是独立的法人，他们并不会成为像水利社时期的那种管理局的委员。拿笔者调查的陕坝渠用水协会来举例说明。陕坝渠用水协会成立于2001年11月2日，协会的管理人员由农民自己选举产生，每届任期三年，协会分别设会长1人，副会长2人，监事长1人，会计1人，巡渠人4人。协会的人根据分工的不同，每人每年都会领取一定的工资。例如会长每年5 000元，而且根据工资制度每年也会有一定的涨幅。该协会共管理6个村，27个社，5万亩农田。

在协会运转的过程中，农民们自己创造了很多好的办法来实现公平管理，由于实现了邻里之间的监督和协会的监督相结合的方式，极大地降低了监督的成本，而且用水协会还通过了农民们自己制定的农民用水户协会的奖惩制度，这些管理方式的有效运行使得不交水费的人几乎没有了。此外，村民们还提高了节水意识。这是因为，其一，由用水协会自己缴纳水费，自己测量，所以在更为公平、公正的管理制度下会让人们对于节水意识有了更深的体会，每个人都无法去搭便车，每个人都必须为自己的行为付出代价，因此，在用水方面很少出现因为太晚放水而不管浇地多少就回家睡觉的现象。因为那样不仅仅损失自己的水费，淹坏自己的庄稼，更重要的是由于乡邻们的监督所要带来的惩罚使他们在村里抬不起头来。其二，协会也有责任组织农田水利基本建设，所以也要承担部分分干沟以下的一些工程，农民们会珍惜他们的劳动成果，而不会等待破坏后再由国家来修补。比如砌衬时人们对于技术和工程质量都有了监督的意识，争取做到一次性地把工程完成好，避免以后再花钱修补。其三，农民们会利用以前的民间水利知识来和现在的这些技术相结合来保护农田保养渠道。比如，在挖一些很小的毛渠时，挖掘机的作用是发挥不了作用的，需要人工来挖。人们还是利用了传统的民间治水技术，如倒拉牛、蜕蛇皮、撩沙、取湿垫干、二接担、三接担等办法来完成这些渠道的工程。

在水费的征收方面，我们对比一下原来民国时期水利社时的情况，在包西水利会议后，规定每顷地每年征收水费10元，以7元作渠工费(即岁修养护费)，剩下3元各一半归水利管理局和水利社作水利经费。首先，由于当时的局势不稳，所以农民承担了所有的费用，但是现在的情形是，农民上交的水费不包括渠工费，干渠以上的渠道的衬砌、清淤、渠背的加固、桥涵口闸的修筑以及渠道两边的绿化的钱都是国家通过财政的转移支付让全部纳税人来买单的，并没有让农民去自己支付，而水费每亩地是40元，现在每亩地的收益平均是800～1000元，所以这个价格是非常低的。在农业税改革之后，他们种地的成本当中，要支付给国家的仅仅是很少的水费，并且还有国家粮种补贴和各类综合补贴。因此，现在的渠工费并没有放在水费里。其次，现在的水费是按照三年的平均数来缴费的，这样比起过去的跑马丈青来收费的方法更为科学，因为现在能开发的土地一般都已经开垦了，测量的土地面积一般变化不大。所以河灌总局在总结农村灌溉经验的基础上提出了“以亩计量，以灌水轮次计费”的办法来收取水费，这样就能做到公平、公正、公开了。用水协会用这个办法来收费，大家以前因为水费分摊不合理而产生的矛盾减少了。最后，对于垫付的钱的管理现代的用水协会也与过去的水利社不同，过去的水利社有一项“特别修渠费”这是要求农民们要垫付的，完全归水利管理部门来管，而现在水费中垫付的部分，也就是结余的部分60%返还农民，40%留给用水协会来支配。

四、民间水利组织与农村社会管理机制创新

以上我们通过与国家实行的用水管理方式的对比和民国时期的民间水利组织的管理方式的对比总结了农民用水协会的管理方式的特点和优势。用水协会作为一个民间组织，它如此之快地在乡村替代了国家管理水利的方式，并实现了有效地运行，向国家按时缴纳所有水费，对其管辖的渠道也实现了有效的维护和建设，这足以说明民间水利组织所具有

的历史传统和社会基础，说明民间水利组织的复兴或者说再创造是适应该地的历史传统和现实需要的。虽然它并没有民国时期的地商那样可以将地权和水权集于一身，但是它具有的自我协调功能、互相监督功能和低成本的奖惩功能却在延续，这些功能使该组织拥有足够的在现代社会生存的养分。对比民国时期的水利社，其在水费征收、测量土地等很多方面都有进步，我们看到在现代社会，民间组织的消失其实只是一种假象，而其通行的习惯法仍在协助国家管理着这个移民社会的有序运行，而这种对公共物品的管理正如奥斯特罗姆所说不是国家和市场所能替代的。

但是该民间水利组织在现行的运行过程中仍然存在很多问题，我们应该引起注意并通过政府的放权来实现其健康有序的运行和发展。笔者在调查中发现，河灌总局下面的分支机构水利段现在仍有一定的权力制约着用水协会。段里有着测流量的决定权，农民不能监督，所以用水协会必须受制于水利段。这是为什么呢？纪社长告诉我："段里的人有权测定用水量，给你分配多少水他们手上是有一定的余地的，开几个出水口也是他们说了算，而我们农民没有文化，上面的领导觉得是个技术性的活，所以不给我们这个权力。但其实没有多大的技术性，我们这巡渠的都会用那个仪器，要不然段里的人把我们骗了我们也不知道，我们可不想做冤大头。还是政府想吃喝了，看你能遇到个好人不?"副会长笑着说："现在婆婆多，来了哪个也不敢得罪，段里的人哪个让我们杀个羊我们都不敢只给一条腿。"

从用水协会这个民间组织和国家政府管理机构水利管理段之间的关系会让我们切实的感受到国家和社会之间关系的一个侧面。我们协会的作用不只是方便了政府征收水费，减少了行政成本，而且还缓和了农民和政府之间的矛盾，将他们转化为民间组织和政府之间的问题，并将其化解于民间组织内部。这个组织本身还有着一部分的权力，政府水费的收取还要仰仗他们，因此水利管理段和协会之间其实是相互制约，权力在他们之间存在着一种摆动的状态，但是在实际的运作中，协会是不能和政府讨价还价的，因此，政府需要对民间水利组织和政府之间的权责进一步明晰，使用水协会真正成为一个独立的法人。

此外，政府应该进一步健全协会的各种制度，从内部管理制度的建立和完善做起。依法科学地制定操作性强的组织章程，坚持"民办、民管、民受益”原则，建立健全财务制度，使其做到财务公开透明，定期向用水户公开水费标准、用水量、水费收支等情况。政府应承担定期组织业务学习与培训的义务，着力提高民间组织管理人员的服务能力。建立民主决策制度，完善各种监督机制。

对于分干渠以下由协会负责的渠道的节水衬砌和桥涵口闸的新建维修等工程，政府需要建立一套行之有效的投入和运行机制，现行的一事一议制度，存在着一些问题，不利于对这些工程投资的实现。在农村税费改革后，取消了乡统筹和村提留后，原由乡统筹和村提留中开支的“农田水利基本建设、道路修建、植树造林、农业综合开发有关的土地治理项目和村民认为需要兴办的集体生产生活等其他公益事业项目”所需资金，不再固定向农民收取，采取“一事一议”的筹集办法。这时的公益事业在民主的形式下，由村民们投票决定是否修路、建桥等，例如修路，县级政府和村民的投资比例一般是 2：1，但是村里一定要投资投劳。因此虽然政府投资更多，对于农民来说是好事，但是却不一定能经过一事一议后取得所有农民的支持。这种一事一议的弊端就在于，如果有一两户农民不同意，那么此事就不是多数服从少数的可以办下去，因为没有人愿意多摊更多的钱，所以如果有人想免费享受这个正的外部效应那是不可能的。而村里一般不同意的是比较穷的人，对于他而言，这条路并不是那么重要，而交的费用却占了他全年剩余消费的比较大的比例，所以很难被说服。“一事一议”的做法体现了“干部为人民做主”向“人民自主”的转变，将农民看作纯粹的“理性人”，在这时忽视了民情中个体化农民的利益需求，特别是在农村民主政治建设刚刚开始起步的时候，“一事一议”制度在多数乡村尚缺乏一个很好的民主议事方式来聚合农民公益诉求，并且很难避免人们“搭便车”的心态，因此，实施起来困难重重。而协会本身虽有责任实施这些工程，但是按照政府规定的收费标准根本无力承担这些投资，所以政府要么直接补贴进行投资，要么放宽对协会的收费标准。而这两者都需要政府对农村社会管理进行体制和机制的创新。

但是毋庸置疑的是，我们通过发掘民间组织的历史文化传统和社会基础，可以更好地发挥民间组织在农村社会管理中的积极作用，并通过进一步的体制和机制的创新来理顺政府、民间组织和农民三者之间的关系，发挥民间组织自我管理、自我监督、自我组织的功能，将基层的矛盾在民间组织内部进行化解和协调，促进基层的社会和谐，并通过它来逐渐推进基层的民主政治建设，推动农村公民社会的发展。因此，我们说发展民间组织是我们适应农村的社会变迁和进行农村社会管理模式创新的可行的途径和今后的发展趋势。

海淀社会管理新模式——社会组织网元化

刘承水　刘玲玲[①]

大力推进城乡一体化进程中的社会管理服务与创新，是贯彻落实中央、市委市政府关于加强社会管理服务与创新的一系列重要指示精神的重大举措。在此新形势下，构建充分发挥社会组织作用、参与农村和城乡结合部地区社会服务管理的模式，是海淀区加强和创新社会服务管理的必然要求。

社会组织网元化管理模式是基于对公共管理理论前沿发展和国内外社会服务管理实践的考察而概括出来的，它不仅具备坚实的理论基础和事实依据，而且符合未来社会服务管理创新的趋势。网元化管理具有精细化、责任化、人性化和规范化特点，在当前政府不可治理性增加的大环境下，对于维护海淀区乃至北京市的社会稳定与经济社会的和谐发展具有重要意义。

① 刘承水，博士，教授，北京城市学院北京社会建设研究院常务副院长；研究方向：社会建设、社会管理等。刘玲玲，博士，讲师，北京城市学院北京社会建设研究院院长助理；研究方向：城市管理，社会组织创新研究等。

一、社会组织网元化管理模式的含义与特点

网元(Network Element)是一个网络系统中的某个网络单元或节点，该单元是能独立完成一种或几种功能的设备。这里把它借用过来，取其意为在社会这个网络系统中，社会组织作为社会系统中的一个网络单元或节点，它能独立完成一种或几种社会功能，即把社会组织看成是一个网元，达到实现社会服务管理的目的。

社会组织网元化模式，就是指政府通过竞标方式，将社会组织纳入到社会服务管理系统，由社会组织对社会进行直接的服务与管理，利用物质、信息、人的相互作用与影响，形成服务与管理相结合的节点，进而形成网络，在政府与公民之间建立"缓冲地带"，最大限度减少直接矛盾，形成"政府部门主导，社会组织管理，专业团队服务，人民群众监督"的网元化服务管理模式。此模式具有如下特点。

1."党委领导、政府负责"是模式的核心

它主张维持"政府主导"作用，同时，强调运用多元化的管理手段或主体来解决复杂的社会问题，满足民众的多样化的需求。

2. 社会组织(网元)是模式的主体

网元就是为了提供单位子服务所需要的系统中元素的最小集合，也就是按功能进行划分的各类社会组织。

3. 多样化的关系形式是模式的基础

政府在宏观管理或全局的关键领域承担更多的责任，微观服务与管理则交给社会组织来完成，社会组织具有充分的自主权等，并且是社会服务管理的主体。

4. 明确的指标体系是模式的关键

社会组织应随时掌握和了解民众的需求或愿望，只有这样才能提供符合民众期望的产品或服务。

二、社会组织网元化管理模式的体系

在这种治理体系中，很多服务和管理项目可以由市场和社会承担，

政府则以一个监督者的身份审视着公共服务的质量和效益，或者作为市场和社会失灵之后的“辅助”主体。三者的关系如图 1 所示。

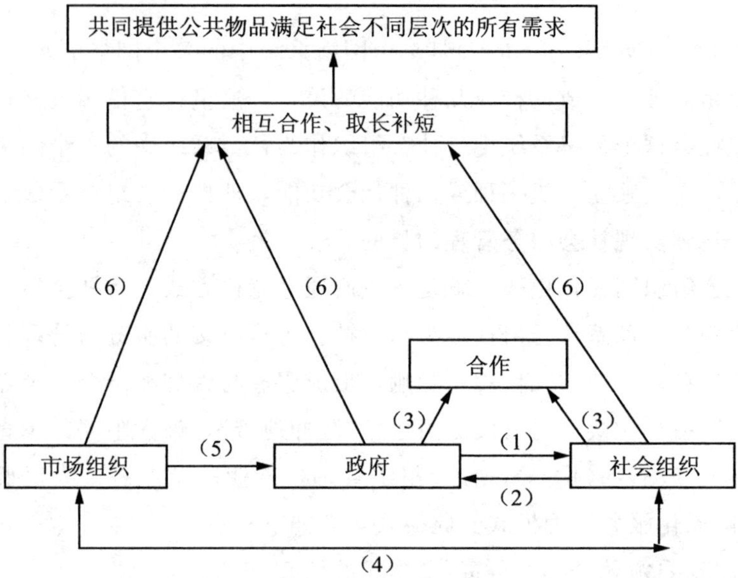

图 1　社会组织网元化管理模式下政府、市场与社会组织三方关系

政府不能高效地完成公共物品的提供时，交由社会组织来完成，即图中(1)；当出现社会组织“志愿失灵”[①]的一系列现象时，由政府来弥补，即图中(2)；但当政府不能即时回应时，出于对服务提供的成本考虑，政府与社会组织建立起了政府主导下的“合作”关系，就是图中的(3)；市场出现失灵先向社会组织寻求弥补就是图中(4)；当市场失灵不能用社会组织来弥补的时候，比如市场机制的盲目性和自发性等，应该由政府来弥补就是图中(5)；而当政府出现了失灵，并且再求助于社会组织也得不到解决或者得不到很好解决的，比如政府官员缺乏追求利润的动机而造成的公共物品提供的低效率，这时候要在政府主导下发挥三者(政府、市场和社会组织)共同作用就是图中(6)。这就是这种模式中三个“主体”之间的关系。

① 志愿失灵是个人或集体自愿的非政府组织也有其内在的局限性，在以筹款志愿为基础而建立的非政府组织中，实际上也是问题重重，由此便诞生了志愿失灵的说法。

三、海淀区社会组织网元化管理模式的运作

在这种管理模式中，政府部门内部设立专业监管部门，管辖各类社会组织等非政府机构，其基本运作流程(详见图 2)即，利用市场竞争机制在全社会对社会组织进行竞标，通过各种政策标准进行考核，中标的社会组织签订协议对社会基层民众进行直接管理与服务。另外对于一些专业性较强的行业，社会组织则也通过竞标，选择合适的营利机构，如企业或公司，由他们来提供相关的服务项目，通过这种方式，社会组织实现对社会的间接管理与服务，专业监管部门对社会组织进行监管，通过与公民的互动实施定期的考核和评价，最后根据民众的满意度为标准，进行考评。如果合格进行继续签约，对于表现优秀的还有适当的奖励制度，对于考核结果不合格的社会组织和企业等营利性机构，进行新一轮投标。

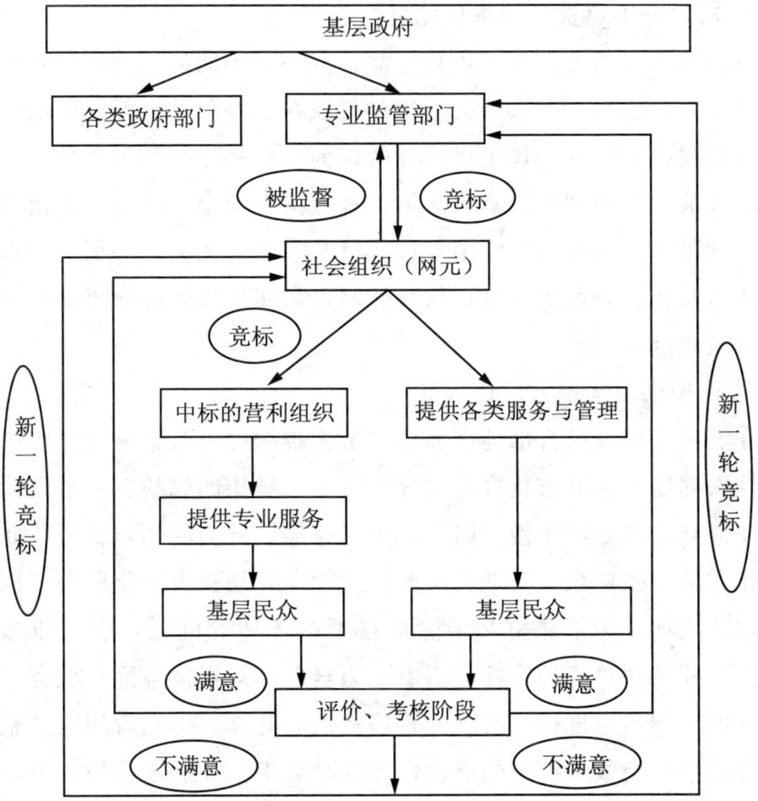

图 2　海淀区社会组织网元化管理模式的运作流程

四、海淀区社会组织网元化管理的实现途径

这种管理模式的基本要求包括精细化、责任化、人性化和规范化四个方面，其实质是对这一管理模式在海淀区运用的具体说明，也可以说是这一管理模式的四个支撑点。具体说明如下。

1. 以信息技术为依托实现精细化管理

加强信息化建设，是实现农村和城乡结合部地区的精细化的服务和管理的必然要求。不仅政府的监管部门要加强信息化建设、建立管理信息系统对各类社会组织和相关的公共事务进行管理，同时，各类社会组织在政府的指导下，基于服务和管理民众的需要，也要加强信息化建设，对人和事进行分类和定级，建立社会管理数据库和信息管理系统，包括对全区的社会管理问题和人员建立信息库。

2. 通过分工负责实现责任化目标管理

对海淀区各项公共事务进行分类，分别由不同的社会组织承担不同的责任任务。比如，引入社会组织参与农村和城乡结合部地区的治安防控体系的建设；把社会稳定风险评估作为必经程序和前置条件，在事关农村地区群众切身利益的重大决策、重点项目和重要政策制度出台或审批前，就可能影响社会稳定因素进行科学系统的预测、分析、咨询和论证，严格落实社会稳定风险评估责任制，切实避免和排除可能影响社会稳定的风险因素。

3. 管理创新实现人性化服务

在农村和城乡结合部地区面临的重大难题之一就是拆迁过程中的服务与管理问题。在城市化推进过程中，社会结构的调整、利益结构的多元化使群众工作更加难做。因此，为确保经济社会的和谐稳定，通过创新工作方法加强群众工作至关重要。这就需要加强人性化服务，以服务促管理。比如，为了化解和消除拆迁中的矛盾和问题，引入律师事务所、拆迁补偿评估机构等社会组织，为当地群众提供咨询和服务，将社会组织纳入到当地进行社会服务管理轨道。此外，拆迁后的大量服务工作也是当前社会服务管理的空白，加强社会组织在拆迁后的各类服务项目中的作用，实施多元人性化的服务是对当前社会服务管理的重要

补充。

4. 实施规范化管理

大量的流动人口管理服务问题是海淀区面临着的重要难题，也是今后海淀区在更高的起点上发展的关键所在。按照“以业控人、以房管人、以证管人”的原则，继续通过调整低端产业业态、控制和拆除违法建设、规范出租房屋管理、开展地下空间清理和群租房整治等手段，遏制人口过快增长，已成为海淀区在人口管理服务问题上的迫切要求。在继续深化在村庄、农村社区建立健全综治维稳中心、社区服务中心、新居民服务中心三结合的管控服务体系的基础上，加强社会组织的作用，使社会组织的力量渗透到人口服务管理系统，使社会组织成为管控服务体系中潜在的重要力量。

五、展望

社会组织网元化服务与管理模式，是新兴的管理模式，是符合社会发展趋势的一种服务管理创新，是对传统的服务管理模式的重大变革。在实践操作中，它必然存在着一系列的政策执行风险和需要进一步加以研究的问题。如，社会组织与政府间关系的协调问题，政府权力让渡问题，政府与社会组织的责任分工问题，社会组织的公共责任意识问题，社会政法环境、诚信体系、相关法规制度的建设问题等，都是这一复杂的系统工程中需要研究和探讨的重要课题，对它们的分析研究、对社会组织网元化服务管理模式的实施具有重要的意义，建议在后续调查研究中针对这些问题进一步深化探讨。

网络群体性事件中个体行为解构与建模分析

张　楠　关　欣　孟庆国①

一、引言

随着信息通信技术(Information Communication Technology，ICT)的发展，互联网的应用在我国日益普及，网络已成为公众生活的重要组成部分，在信息获取、思想交流、休闲娱乐等社会生活活动中扮演着日益关键的角色。2010 年 6 月发布的《中国互联网状况白皮书》称，截至 2009 年年底，中国网民人数达到 3.84 亿，互联网普及率已达到 28.9%，其中，80%以上的网民主要依靠互联网获取新闻信息②。近年来，博客、微博、网络百科、视频分享、社交网站等遵循 Web2.0

①　孟庆国，清华大学公共管理学院教授、党委书记、副院长；研究方向：公共政策与管理、政府管理与创新。张楠，清华大学公共管理学院教师、助理教授；研究方向：电子政务发展规划、虚拟社会与网络文化。关欣，清华大学公共管理学院博士后。

基金项目：国家自然科学基金项目(71102010/70833002/70890080)、中国博士后科学基金项目(201003094/20080440030/20100480020)。本文发表于《电子政务》杂志 2011 年第 9 期。

②　中华人民共和国国务院新闻办公室：《中国互联网状况白皮书》，2010-06-08，www.scio.gov.cn。

理念的网络应用出现与流行，使公众参与和思想互动的元素在网络上日益活跃。据抽样统计，每天人们通过论坛、新闻评论、博客等渠道发表的言论达300多万条，超过66%的中国网民经常在网上发表言论，就各种话题进行讨论，充分表达思想观点和利益诉求。网络已成为时下公众信息传播和意见表达的重要媒介和渠道。

在充分保障公民互联网言论自由的基础上，近年来陆续发生的多起由网络引起的群体性事件同样值得我们高度关注。“海龙反日游行”、“厦门PX事件”、“瓮安事件”、“躲猫猫事件”……这些事件都曾在网络上引起过轩然大波，造成了广泛的社会影响，个别事件甚至造成了对公共安全的破坏或威胁①。这些事件，有些是在现实社会中发生，通过网络传播扩大了影响；有些是因网络讨论而起，又映射到了现实生活中；还有些是在网络和现实的互动过程中转变了事态的性质，并被赋予了新的内涵和外延，这几类事件一般被统称为网络群体性事件。目前，学术界尚未形成对“网络群体性事件”的权威定义，但文献中谈及的网络群体性事件大体具备如下一些特点：①具有大量公众参与；②以网络为媒介或网络在事件传播中扮演了重要角色；③造成较大社会反响或公共安全威胁。

我国网络群体性事件的数量不断攀升，规模不断扩大，涉及面越来越广，行为方式多变莫测，而且其事件的组织化程度也越来越高。网络群体性事件所造成的负面影响已经成为影响社会稳定和发展，影响人们意识形态，考验政府执政能力的一个关键性突出的问题。正确认识和把握我国当前网络群体性事件的性质及分类，探索事件演化的一般规律及形成的深层原因，并且应对网络群体性事件提出标本兼治的引导、防范对策，对于把我国建设成为社会主义现代化强国，构建和谐稳定的小康社会，具有重要的意义。

目前，有关网络群体性事件及引导与防控策略的研究在国内也才刚刚起步，已有的研究大多集中在“网络群体性事件”概念辨析和分类方面的探讨，对于事件成因和应对策略的探讨研究成果并不多，并且大多数的研究停留在宏观层面，主要采用对于个别的典型网络群体性事件进行描述性分析和演绎分析。然而，网络群体性事件是由众多网民的个体行

① 叶皓：《正确应对网络事件：政府新闻学网络案例》，南京，江苏人民出版社，2009。

为汇聚而成的，因此，笔者考虑能否从分析个体网络行为的角度，运用实证调查的研究方法，深入剖析群体性事件这一问题。本文试图基于集体行为理论和理性行动理论，通过构建"解构——析因"式研究路径，对网络群体性事件中的个体行为进行建模分析，从个体实证调查研究入手探寻网络群体性事件诱因，探索引导及防控对策的崭新研究路径。

二、文献回顾

针对网络群体性事件的频发，相关学术研究近年来逐渐增多，研究成果主要集中在以下三个方面。

(一)网络群体性事件的特征与分类

针对网络群体性事件的特点，有学者认为网络群体性事件具有独特的场域、主体、客体，"瞬间爆发性、虚实交互性、范围广域性、难以控制性"是网络群体性事件区别其他事件的显著标志①。此外，网络群体性事件的身份不定性、法规滞后性、地域模糊性、局部放大性等特点也被广泛讨论②。

杜骏飞等人将网络群体性事件分为网络审判、人肉搜索、网络恶搞、网络流言、网络集会五类③。其他分类方式还包括：按照网络群体性事件发生的模式划分：网络舆论引发模式；网络谣言泛滥导致群体性事件恶化或失控模式；利益受损群体利用网络发动模式；国内外敌对势力利用网络酝酿、发起群体性事件模式④；按"是否有组织"、"是否有直接的利益诉求"两个分析维度划分⑤。不同类型的网络群体性事件，其诱发的因素也应有所差异。

(二)网络群体性事件的形成与演化

过往研究对网络群体性事件形成原因和演化机制的探讨主要集中在

---

① 王扩建：《网络群体性事件：一种新型危机形态的考量》，载《天津行政学院学报》，2010(3)。

② 揭萍、熊美保：《网络群体性事件及其防范》，载《江西社会科学》，2007(9)；彭博：《网络群体性事件的规律分析和防范策略研究》，上海，上海交通大学公共管理专业硕士论文，2008。

③ 杜俊飞、魏娟：《网络集群的政治社会：本质、类型与效用》，载《东南大学学报》(哲学社会科学版)，2010(1)，43～50页。

④ 杨久华：《试论网络群体性事件生成模式原因及其防范》，载《重庆社会主义学院学报》，2009(7)。

⑤ 汪建昌：《网络群体性事件：舆论生成与政府决策》，载《中州学刊》，2009(11)。

事件阐释的视角上。王扩建总结了网络群体性事件引发的条件：网络特性的外在诱因、求实追责的内在机理和制度供给不足的本质特性①；杨久华也认为：现实社会中利益表达机制不畅；网民平等、民主、参与意识不断增强；网络规制有待完善；少数地方政府施政中损害民众的利益；处置网络突发事件的方式、方法欠科学；境内外敌对分子挑拨引发网络群体性事件②。

乐国安则指出，网络群体性事件由网络舆论发展为网络集群行为中间必定经历了一个发展壮大的过程，其间经历了三个阶段。第一阶段是议题的产生与发展。伴随着网络讨论的不断深入，议题从最初事实层面上的探讨上升到价值层面，表现出强烈的泛政治化的倾向。第二阶段是信息在群体暗示与群体感染下迅速传播。第三阶段是信息持续地立体传播。网络群体已经冲破单纯利用网络进行信息传播的局限，将传统与新兴的各种媒体充分调动起来，形成立体式传播，将传播效果最大化，并促使越来越多的人参与到网络讨论。最后是议题不断被强化，并最终可能转化为实际行动③。

(三)网络群体性事件防范对策

过往研究也提出了一些网络群体性事件监控与引导的策略：如重视网络维稳信息的收集与研判；加强网络管理，完善网络把关；建立网络舆情控制与引导机制；充分发挥大众传媒的作用，形成舆论强势；建立网络评论队伍，引导网络舆情④；搭建网络对话平台、争夺网络话语权及加强制度供给⑤；建立公开透明、及时有效的政府信息发布制度；发挥网络“意见领袖”作用，引导网民自我教育⑥；制定应急预警法案⑦。

---

① 杨久华：《试论网络群体性事件生成模式、原因及其防范》，载《重庆社会主义学院学报》，2009(7)。

② 王扩建：《网络群体性事件：一种新型危机形态的考量》，载《天津行政学院学报》，2010(3)。

③ 乐国安：《网络集群行为过程解析》，载《人民论坛》，2010(5)。

④ 彭知辉：《论网络与群体性事件》，载《山东警察学院学报》，2008(1)。

⑤ 王扩建：《网络群体性事件：一种新型危机形态的考量》，载《天津行政学院学报》，2010(3)。

⑥ 姜胜洪：《中国网络舆情的现状及引导对策研究》，载《理论与现代化》，2010(1)。

⑦ 曾润喜：《网络舆情管控工作机制研究》，载《图书情报工作》，2009(3)。

也有学者从引导的角度出发，探索了引导网民合理发表意见的机制①。

综上所述，国内的许多研究学者在网络群体性事件的概念、分类、特征、形成与演化、防范对策等方面开展了相应的研究，并取得了一定成果。但是总体来看，目前的研究大多处于初期理论探索阶段，研究成果缺乏深层次分析，缺少实证结果支持，尚没有形成具有创新性、突破性的研究成果。网络群体性事件的研究就不仅是一个理论问题，而且关乎国家发展和社会稳定，亟待开展更具科学性、规范性的实证研究，以使研究成果更具理论价值和现实意义。笔者针对网络群体性事件中个体行为的解构与建模分析，正是遵循这一思路的探索和尝试。

三、基于集体行为理论的行为解构

网络群体性事件属于互联网环境下的一种群体行为。对这类行为展开研究，可参照过往社会学和传播学中对群体行为的研究思路。尽管基于不同研究视角，过往学者曾经从资源动员、政治过程、社会建构等角度来看待和剖析群体行为②，但集体行为理论(Collective Behavior Theory，CBT)一直是研究群体行为的基础理论框架。集体行为理论的核心观点是将集体行为化约为个体行为的集合。传统的集体行为理论研究，无论从大众社会角度，还是从地位差异角度，主要关注的是社会运动或其他极端行为。因此集体行为更多被人们看作非理性行为，并强调个体的不满情绪会在叠加为群体行为时转化为极端暴力③。Sunstein 在他的著作中也称这种现象为“群体极化”(Group Polarization)④。

由此看来，集体行为理论虽然将群体行为解构为个体行为的集合，但其关注点主要在个体行为向群体行为的演化过程中的变异，而并没有按照解构的思路进而分析群体中的个体行为。从微观的角度来看，构成

---

① 陈娇娥、王国华：《网民政策态度形成的机制研究：从“网议宁波”谈起》，载《中国软科学》，2010(5)，57～64 页。

② 蔡前：《以互联网为媒介的集体行动研究》，南昌，江西人民出版社，2009。

③ McAdaM，D.，*Beyond Structural Analysis*：*Toward a More Dynamic Understanding of Social Movements*，*in Social Movements and Networks*：*Relational Approaches to Collective Actions*，Oxford，Oxford University Press，2003.

④ Sunstein，C.，*Republic. com* 2.0，New York，Princeton University Press，2007.

群体行动的个体行为林林总总，笼统地认为其为非理性行为显然有失偏颇。尤其在互联网的环境下，个体其实拥有比参与传统群体行为更大的决策权，个体在众目睽睽下愤然离席，与话不投机下线退出某问题的讨论所需承受的心理压力显然是不完全对等的。这也促使我们尝试从理性行为的观点看待网络群体性事件中的个体行为。

在网络群体性事件的发展过程中，个体的参与行为存在角色上的差异，从参与程度来看，可大致划分为图 1 所示的四个类别。

持续关注：指个体对目标网络事件的信息有强烈的知悉愿望，并持续浏览相关信息和评论，但不参与发表意见，或只表达关注，不发表实质的观点性意见。

参与意见：指个体对目标网络事件有自己的看法和观点，有强烈的观点表达愿望，并一定频度的参与了某种形式的观点表达。

参与传播：指个体具有将目标网络事件影响扩大或向特定结果推动的愿望，并付诸了相应网络行动，例如参与人肉搜索，寻找事件新的信息点，或参与信息转帖，扩大事件知悉人群的行为。

现实映射：与以上三类单纯的网络行为不同，此类行为涉及网络观点在现实社会中的表达，这类行为恰恰是很多网络事件演变为群体性事件的重要推动力。

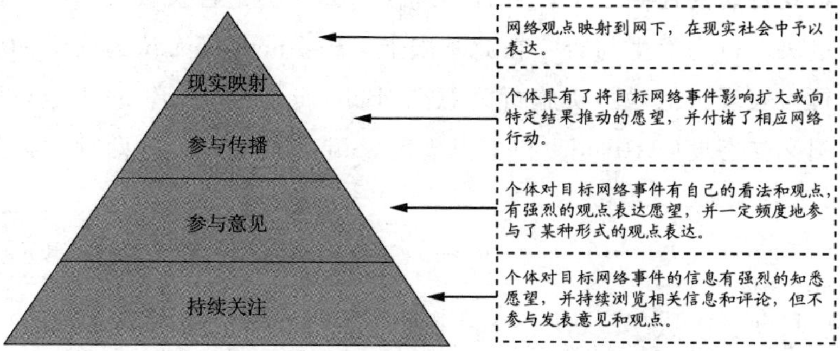

图 1　网络群体性事件中个体行为的层次分类

上述分类既对应于网络群体性事件中个体的不同角色，又对应于个体在不同阶段的不同参与行为。关于个体在群体中的不同类型，Bales 在分析群体互动过程时，提出从以下三个维度定位个体在群体中的角色[①②]：①宰制的—屈从的；②友好的—不友好的；③情绪化的—工具化的。根据这一思路，在图 1 所示的层次分类中，我们也可以进一步关注某一类具体行为的成因与特点。

总之，上述四大分类的解构方式的核心价值在于构建了网络群体性事件中群体行为与个体行为间的联系，从而为将个体网络行为的实证研究方法应用于网络群体性事件研究提供了可能。

四、基于理性行动理论的行为建模

通过解构分析，我们得以从个体行为的微观视角审视网络群体性事件，探究个体层面的诱因。这就不可避免的需要冲破 McAdam 和 Sunstein 等人有关群体行为非理性这一假设[③④]，尝试从理性行为的角度探究个体行为。在理性行为研究中最重要的理论就是理性行动理论(Theory of Reasoned Action，TRA)[⑤⑥]。

理性行动理论在 1967 由社会心理学领域学者 Fishbein 提出，在此后的十余年间，Fishbein 与他的合作者 Ajzen 在他们的两本著作中逐步完善了该理论框架并深入讨论了该理论应用于预测人类行为的方法和相关问题。理性行动理论主要基于以下两个假定：①人类的大部分行为表现在自我意志的控制之下，且合乎理性；②人类是否采取某项行为的意图直接决定行为发生与否。在此基础上，Fishbein 等人认为人类的某一特定行为表现由他(她)实施行为意图(Behavioral Intention)决定，而行为意图又受态度(Attitude)和主观规范(Subjective Norm)两项因素的影

---

① Bales，R.，*Personality and Interpersonal Behavior*，New York，Holt，Reinhart & Winston，1970.

② Little John，S. W. and Foss，K. A.，*Theories of Human Communication (9th Ed.)*. Thomason Wadsworth，2008.

③ McAdaM，D.，*Beyond Structural Analysis：Toward a More Dynamic Understanding of Social Movements*，*in Social Movements and Networks：Relational Approaches to Collective Actions*，Oxford，Oxford University Press，2003.

④ Sunstein，C.，*Republic. com* 2.0，New York，Princeton University Press，2007.

⑤ Fishbein，M.，and Ajzen，I.，*Belief，Attitude，Intention and Behavior：An Introduction to Theory and Research*，Addison-Wesley，Reading，MA，1975.

⑥ Ajzen，I.，and Fishbein. M.，*Understanding Attitudes and Predicting Social Behavior*，Prentice-Hall，Englewood Cliffs，NJ，1980.

响，其基本理论构架如图 2 所示。

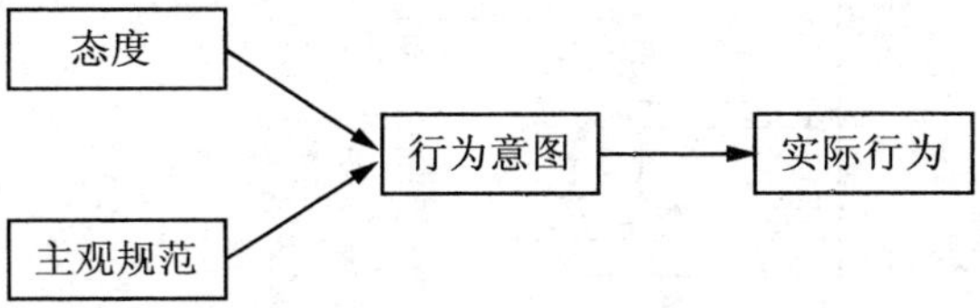

图 2 理性行动理论初始模型

在过去 30 多年间，理性行动理论在社会科学的不同领域得到广泛应用①②，并在此基础上形成了计划行为理论（Theory of Planned Behavior，TPB）等扩展理论③。尤其在人类应用信息技术的研究中，理性行动理论影响深远，奠定信息技术采纳研究地位的技术接受模型（Technology Acceptance Model，TAM）同样可以看作在此基础上的理论延伸④。

面对网络群体事件中的个体行为，我们可以在理性行动理论的基础上将行为动因的意图进一步细化，态度方面的因素实际上指个人认知层面的因素，包括性格特点、知识水平、社会阅历、情绪化倾向等；主观规范则强调周围环境对意图的影响，包括经济水平、社会形态、道德规范和舆论导向等，这两方面的因素共同影响着网络群体性事件中个体参与者的行为意图，这其实与动机理论中强调的内在动机与外在动机的混合作用也有类似之处⑤。基于理性行动理论网络群体性事件中个体行为的诱因模型如图 3 所示。

---

① Little John, S. W. and Foss, K. A., *Theories of Human Communication* (*9th Ed.*). Thomason Wadsworth, 2008.

② Ajzen, I., *The Theory of Planned Behavior*. *Organizational Behavior and Human Decision Processes*, 1991(50), pp. 179-211.

③ Solomon, M. R., *Consumer Behavior*, Prentice Hall, Englewood Cliffs, NJ, 1996.

④ Venkatesh, V., Morris, M. G., Davis, G. B., and Davis, F. D., User Acceptance of Information Technology: Toward a Unified View, *MIS Quarterly*, 2003, pp. 425-478.

⑤ Davis, F. D., Bagozzi, R. P., and Warshaw, P. R., Extrinsic and Intrinsic Motivation to Use Computers in the Workplace, *Journal of Applied Social Psychology*, 1992, pp. 1111-1132.

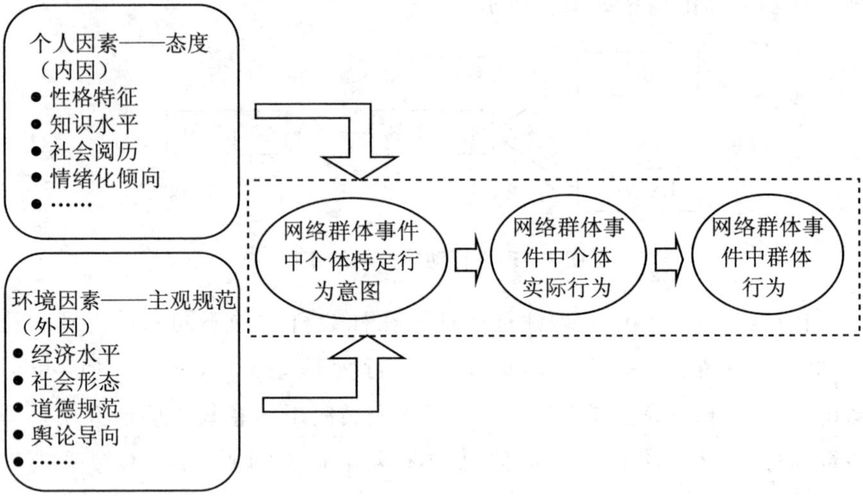

图 3　网络群体性事件中网络行为的诱因模型

上述诱因模型为采用实证分析方法研究个体行为意图的影响因素提供了可能。沿着这一研究思路，我们可对图 1 中的各类个体行为进行分别的建模、分析与实证检验，在此基础上再进一步探讨这些行为相互作用的影响效果。至此，通过集体行为理论和理性行动理论，我们初步构建了群体层面的网络行为与个体层面的网络行为间的联系，使得具有较强研究基础的个体行为研究方法可以应用于网络群体事件研究。

五、结论与展望

本文基于集体行为理论，将网络群体性事件中的个体行为解构为持续关注、参与意见、参与传播、现实映射四类行为，并基于理性行动理论，从个人因素与环境因素两个维度构建了行为意图的诱因模式，通过“解构—析因”式研究路径构建，对网络群体性事件中的个体行为进行建模分析，使得以个体实证调查研究探寻网络群体性事件诱因、引导及防控对策的崭新研究路径成为可能。

在未来研究工作中，我们将依照这一研究思路，针对人肉搜索、不实信息传播等某一类具体行为进行模型构建和实证检验，探索这类诱发网络群体性事件发生的关键性个体行为的成因及影响因素，在实证研究中进一步修正和完善上述研究思路。

“舆情倒逼模式”的内在逻辑及出路

党生翠[①]

随着互联网的快速发展，网络舆论逐渐成为推动社会进步和政府改革的重要力量。但我国管理者与民意的良性互动正处于初创期，“舆情倒逼改革”、“舆情倒逼社会管理创新”的观点受到了关注，“舆情倒逼模式”也成为舆情研究的基本前提之一。如人民网舆情监测室秘书长祝华新在《网络舆论倒逼中国改革》一文中首先提出了“倒逼”模式，认为网络已然成为倒逼政府部门改革，促进官民互动的有效方式[②]；学者喻国明提出，“在网络的推动下，一些执政官员的逻辑在成长”[③]；王清在“网络舆情推动下的社会管理创新的困境”[④]中提出，网络舆情推动下的社会管理创新，实际上是现实问题倒逼的社会管理创新。

对于“舆情倒逼模式”的研究，学者多集中于

① 党生翠，博士，北京师范大学中国社会管理学院讲师；研究方向：网络舆论、虚拟社会管理。

② 祝华新：《到了用网络倒逼改革的时候了》，载《中国青年报》，2011-07-25。

③ 《网络舆情推动热点事件解决　倒逼政府部门改革》，载《南方日报》，2011-12-11。

④ 王清：《要突破舆情倒逼社会管理创新的困境》，奥一网网络问政平台，http://www.oeeee.com。

“舆情”本身。而对于“倒逼”的内在机制则鲜有涉及。本文着力从意愿—能力维度分析“倒逼模式”的内在逻辑，并探讨从舆情倒逼到参与式管理的可能出路。

一、基本概念与发展阶段

所谓“舆情倒逼模式”，是指由网络舆论形成的强大压力被动发起和推进的一种创新模式。它包括几层含义。首先，“倒逼模式”是现阶段舆情与社会管理之间的一种沟通路径，最终实现了管理创新；其次，这种实现是以政府与民意之间的博弈为前提的，博弈双方都有内耗；最后，被回应的舆情具有正当性，民意推动了社会的进步和发展。

“倒逼”模式存在于两个层面。首先，从社会整体来看，由于制度化参与成本较高且个体收益不确定，非制度化参与就更为常见，由回应民意形成的社会管理创新领域和数量都极其有限，政府主动回应的机制和载体建设未到位。因此，舆情与社会管理之间还停留在倒逼模式上；其次，由个体网络舆情引发的社会管理创新，多是地方政府在媒体压力和上级权威的重压下形成的。

“舆情倒逼模式”的发展经历了三个阶段。第一阶段：“倒逼模式”肇始期。2003 年“孙志刚事件”发生后，实施 21 年的《城市流浪人员乞讨收容遣送办法》最终被废除，网络舆情对社会管理创新的功能开始引发关注。这一阶段为“舆情倒逼模式”的肇始期。在这一阶段里，“民意泛滥—舆情发酵—网友助推—媒体协同—政府介入”的倒逼流程初步显现，显示了舆情对社会管理的强大影响力和改造力。第二阶段，“倒逼模式”发展期。2007 年，“华南虎事件”、“邓玉娇事件”中网民由“个体权利救济”向关注社会问题转化，“舆情倒逼”成为民意与政府之间的主要沟通模式之一。“网友爆料提出议题—网络意见领袖解码定性—媒体协同—传统媒体将议题落地—政府介入—推动社会管理创新”的倒逼机制进一步完善。第三阶段，“倒逼模式”成熟期。2008 年微博兴起后，舆情的蝴蝶效应更加明显，舆情发酵速度加快，对实体社会形成重大影响的网络事件此起彼伏，“舆情倒逼模式”更加成熟，舆情倒逼效应的影响深度和广度也越来越大。

二、“舆情倒逼模式”存在的前提和基础

舆情能够触发社会管理创新，原因之一在于中央政府对网络民意的认同与接纳已经形成。2003 年，胡锦涛总书记在非典调查的谈话中，首次显示了中央高层领导对网络的重视。2006 年，中国政府网开通，显示了政府通过网络推进社会管理创新的决心。2008 年，胡锦涛总书记称“互联网已成为思想文化信息的集散地和社会舆论的放大器”，肯定了网络民意的合法性。2011 年中央政府工作报告回应十大民意，政府主动回应民意趋势更加明显。2012 年，网络民意作为虚拟社会管理的重要内容写进了政府工作报告。

与此同时，对网络基础设施的完善、电子政务的发展及微博问政的推广都是其努力重点。国家对互联网基础设施进行了持续巨额投资(见图 1)，使得中国在这场新技术革命中并未落后。

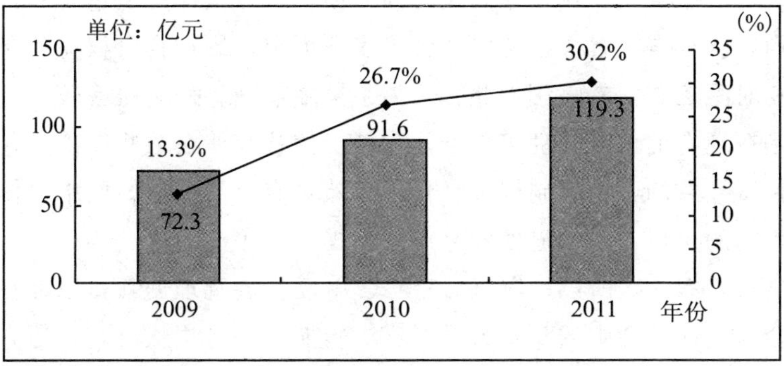

图 1 中国互联网投资数据(2009－2011)

数据来源：CCW research，2011(1)。

我国非常重视利用电子政务的发展促进服务型政府建设，地方政府在利用信息化推进社会服务网格化管理、网络问政、信息公开、社区综合服务信息平台、旅游电子政务等方面积累了一定的经验。但总体而言，中国的电子政务普遍存在“公众参与程度和服务项目的使用程度偏低”、“信息孤岛”等问题，亟待体制和机制创新。

政务微博也是我国打造电子政府，推动服务型政府构建的一大举措。政务微博的发展为社会管理提供了新的信息技术支持，有助于提升

社会管理者的服务意识和能力，为社会管理与民意良性互动奠定了基础。目前，中国政务微博正处于快速增长阶段，在碘盐抢购、饮用水抢购等多起突发性事件中，助推了社会管理的进步。但同时，政务微博活跃度、互动性不高，也大大限制了它在社会管理创新中的作用。

首先，传统媒体在新媒体时代的舆论格局中依然占据重要比重。国家对传统媒体的媒介融合进行了大量的财政投资和政策投资。相比于商业网站的"放养"政策，对传统媒体网站实行了有力的财政资助。这些都大大提升了网络民意政府回应的载体建设水平。另外，体制建设也是国家提升网络时代政府回应的重要内容，主要表现在信息公开制度的逐渐完善上。

其次，民意表达的有效渠道匮乏是"舆情倒逼模式"存在的原因之一。我国正处于社会转型的矛盾多发期与互联网技术快速发展期相重合的特殊时期。公民利益表达等机制的不健全。如在信息获取上，相关公权力机构未能严格遵循信息公开的原则；在诉求表达上，公民参与环节不足，正式渠道不甚畅通；在利益凝聚上，缺乏将个体利益诉求凝聚为群体诉求的制度化安排；在利益协商方面，鲜有法律渠道进行对话和谈判协商，获得自主解决。总之，公民表达诉求、维护自身权益的制度化渠道相对匮乏。学者喻国明指出："网络成为一个舆论的爆破口，这实际上是在现有的传媒管理机制下，弥补了传统媒体在某些舆论监督方面的缺位所导致的舆论控制权边缘化。"天然具有政治属性的网络媒体作为民意表达的出口，是倒逼模式存在的前提。

再次，舆情之所以能以"倒逼模式"触动社会管理创新，原因在于虚拟社会与实体社会中的几个力量对比的转换。一是主从反转，原先存在的国家强、社会弱，强政府、弱社会的力量对比正在发生变化，公民社会正在形成，公共参与度不断提高；二是强弱反转，传统的线性管理体制下，政府官员作为社会精英处于强势地位，但在网络世界中形成了一种"弱者伦理"，现实社会中的弱势群体更容易获得舆论支持。此外，在新媒体技术创新一扩散过程中，地方政府官员对网络技术、网络规则的应用落后于网民。一项问卷调查显示，认为自己是"弱势群体"的党政干部受访者达45.1%[①]。因此，在这场创新一扩散的互联网革命中，他们

① 《调查称近五成党政干部认为自己是弱势群体》，新华网，http://news.xinhuanet.com/politics/2010-12/05/c_12848208.htm。

需要做出更多调适才能保持其与现实社会中对等的地位。

最后，“舆情倒逼社会管理创新”的基础是网络民意的合法性和正当性不断提高。人民网舆情监测室对2008—2012年五年来的舆情热点以及受其影响网友关注点的变化进行了梳理，发现网友的关注热点主要集中在就业、社会保障、医疗改革、收入分配、反腐倡廉、司法公正、教育公平等长期性社会问题上。可见，网民非理性、极化现象及“多数人的暴政”等问题已经逐渐弱化，理性成分不断提升，网络公民社会正在形成。

三、“倒逼模式”的内在逻辑：以意愿—能力为指标

(一)基本概念与理论框架

意愿(Intention)最早是从心理学领域发展出来的一个概念。根据Fishbein(1975)的定义，意愿是个人从事特定行为的主观概率。而“回应(responsiveness)”是指组织对公众提出的政策变化做出的迅速反应，也可以说是政府对公众所提要求做出超出一般反应的行为[①]，通常包括政府反应和政府回复两个部分。“回应意愿”就是指组织对公众提出的决策或政策变化进行反应和恢复的主观概率。

所谓能力，是指在现实行动中表现出来的、正确驾驭某种行为的实际本领、能量和熟练水平。舆情回应能力是指政府对民众关心问题的回复和反应能力。

表1　政府意愿与能力的搭配

		政府能力	
		弱	强
政府意愿	弱	Ⅰ	Ⅱ
	强	Ⅲ	Ⅳ

在当前强政府、弱社会的体制特征下，舆情是否能够推动社会管理创新，很大程度上是政府的自主决策。因此，采纳舆情推动管理创新是

① ［美］格罗弗·斯塔林：《公共部门管理》，上海，上海译文出版社，2003。

政府自身做出的行为选择。王绍光和胡鞍钢曾提出的政府行为分析框架，认为政府行为选择取决于政府意愿和能力的搭配(见表1)①，这个理论框架同样适用于网络舆情的倒逼模式分析，即政府顺应民意进行创新取决于政府的回应意愿和能力。

表2　网民意愿与能力的搭配

		网民能力	
		弱	强
网民意愿	弱	Ⅰ'	Ⅱ'
	强	Ⅲ'	Ⅳ'

但舆情回应不是政府的单向行为，网络舆情的回应具有动态性和传导性。因此，政府回应及推动社会管理创新的行为分析框架中，还需增加一组变量，即网民意愿与网民能力(见表2)②。本文即采用舆情响应的意愿一能力双变量来解释舆情倒逼社会管理创新的内在逻辑。

(二)“舆情倒逼”的内在逻辑

1. Ⅰ—Ⅰ'组合下的传统民意回应模式：倒逼效应未产生

首先需区分“网络民意”与“网络舆情”的概念。网络民意是指依托于互联网技术基础，以网络为平台，通过互联网上论坛和社区、博客等手段自由发表评论和意见，聚合某种愿望和诉求，从而形成的一种新兴民意。而“舆情”是指在一定的社会空间内，围绕中介性社会事项的发生、发展和变化，民众对国家管理者产生和持有的社会政治态度和观点。

民意与舆情的根本区别在于，民意是常态的，而舆情则是非常态的；民意表达的主体只有民众和民意的指向事件，而舆情的主体则包括了作为舆情主体的民众、作为舆情客体的国家管理者、中介性社会事项和舆情空间等。

在传统民意表达尚未上升为舆情阶段，政府处于“低意愿一低能力”，网民处于“强意愿一低能力”阶段。因此，舆情倒逼效应未能形成。具体而言可进行如下分析。

① 王绍光、胡鞍钢：《中国国家能力报告》，沈阳，辽宁人民出版社，1993。

② 参见刘力锐：《我国网络民意的成长、政治意蕴及政府回应》，载《广东行政学院学报》，2009(5)。

关于政府网络民意的"低意愿一低能力"，从最新的调查可以看出。2011年4月，人民日报社子刊《人民论坛》在相关调查中发现，70%的受调查者表示当代中国官员患有"网络恐惧症"，47%的受调查者认为"县处级"官员最怕网络监督。《半月谈》的调查表明，利用网络微博等开展工作或与网民探讨公共话题，还属于少数官员的"吃螃蟹"之举。基层政府是民意表达的对象，直接决定了民意响应度的高低。而基层政府的回应能力则是最低的。《新华日报》的调查显示，基层政府网站满意度只有2.8%。而存在问题主要包括："网上意见反映难以得到回复"(62%)、"缺少官员信箱、在线交流"等互动内容(49%)①。

在这个阶段，网民意愿、网民能力的组合也处于高一低组合阶段(即表2中的Ⅲ'阶段)。

我国传统的民意表达途径为：领导机关深入调查研究，直接听取群众意见；新闻媒体采访报道或通过内参反映；群众来信来访等。近年来听证会制度这一项"舶来"制度也被引入我国。而公示制、听证制等新的公民参与方式执行效果不佳，大多流于形式；官方社团对政府的依赖性强，提出的意见很难代表民意，而民间社团组织分散，利益表达组织化不足，公民认同度低，公民社团参与受到限制；宪法和法律对公民参与的具体制度、程序、方式及渠道缺乏具体的可操作性的规定。在此阶段，网民的意愿并未形成压力集团，因此，也未引起相关媒体的注意，没有形成社会影响，诉求尚不明确，整体也属于"低"的状态。

在这种Ⅰ一Ⅰ'组合中，政府不回应的收益大于成本。对网络民意积极回应，在现行行政体制下，也只会得到形式上的表扬，不会纳入政绩评价体系。消极回应，即"以静制动"、"保持沉默"的方式来处理，则会避免"言多必失"引发更多的舆论关注。最关键的是，这种不回应或消极回应在对上级负责的行政管理体制下不会有实质性的损失。因此，政府对网络民意无回应或消极回应。

2.Ⅲ一Ⅳ'组合下的被动回应：舆情倒逼效应的形成

网络民意的政府回应乃至由此引发的社会管理创新是一种动态循环。"舆情倒逼"的内在逻辑在于，意愿与能力具有动态性与传导性。其

---

① 《官员上网心态调查》，载《半月谈》(内部版)，2011(1)。

中，意愿的传导性最强，而意愿的转变直接影响能力的高低。

具体而言，意愿的传导性体现在两个方面。首先，网民获得回应的意愿越强烈，诉求越明确，他们的强意愿就越会向政府意愿层面传导，以舆情形式形成暂时的“政治压力集团”，促使政府由弱意愿向较强意愿、强能力转化。其次，上级政府的舆情回应强意愿会以更高效率向当事层级政府传导，促使其发生剧烈的态度转变。

(1)网民的强意愿—高能力

首先，由对民意的消极回应向对舆情的被动，网民的强烈意愿是一个重要变量。刘力锐指出，动员主体的牵引力、网民诉求的自驱力、网络信息的催化力、网络环境的支持力相互作用是推动自发性网络政治动员蓬勃发展的动力①。“上访不如上网”成为网民的共识。在《中国青年报》的调查表明，在 2 471 名受访者中，70.8%的受访者有通过政府网站反映民意的经历。选择原因包括便捷、可匿名、成本低、速度快、更重视等②。

其次，民意上升为舆情进而形成蝴蝶效应过程中，网民逐渐展现了其公共参与的高能力，蕴藏着网民对社会管理创新的巨大能量。这主要体现在网民内部，与媒体、与意见领袖之间的协同。

其一，网民的内部协同。指标之一为数量产生的压力效应。美国传播学专家梅特卡夫指出，网络的价值与网络规模的平方成正比。我国 5 亿网民、3 亿微博用户产生的规模效应在倒逼模式中逐渐发挥出明显作用。如在“郭美美事件”中，共有约 1 亿人次网民参与了讨论，引爆了慈善领域的官民矛盾，质疑掀动社会大辩论，推动慈善公益从边缘进入公共生活的中心，掀开了社会管理创新的新空间。指标之二为功能应用产生的技术优势。舆情倒逼模式中，通常都应用了较为先进的互联网技术，如早期的人肉搜索和最近的微博论政等都通过新技术发掘出关键信息，推动了事态的发展。指标之三为网民对规则的更新再造。如对信息价值的再界定等。

其二，网民与媒体的协同。网络媒体是在复杂的政治生态和商业环境下诞生的，具有中国特色。在西方国家更多是社交平台的微博等新媒

① 娄成武、刘力锐：《论网络政治动员：一种非对称态势》，载《政治学研究》，2010(2)。
② 《调查称大陆近九成网络信访者对答复不满意》，载《中国青年报》，2012-01-12。

体，在我国兼具媒体属性和商业组织属性。作为商业组织保持了足够创新性和适应体制的弹性，同时作为媒体又具有公共平台属性。这就形成一种不同于传统媒体文化的新的行为选择标准。如70％的网络舆情都是最先由网络媒体掀开内幕的。而我国传统媒体不同于西方国家作为“第四权力”的角色。它是正式制度的一部分，在传统行政管理体制中具有一定的权威性和影响力。新媒体环境下商业竞争和专业主义精神的召唤下，中国记者的媒介角色认知正经历由传统(以宣传教化为主导)到现代(以信息监督为主导)的转变[①]。这也促成了传统媒体在网络事件触发社会管理中的新转变。

其三，网民与网络意见领袖的协同也是其在舆情倒逼中高能力来源之一。网络意见领袖在舆情事件中发声，提高了社会影响，具有争取事实政治权力的效力，在某些领域推动了制度的变迁。

(2)政府的意愿与能力转换

网络传播具有非线性特征，网络关注超过临界点，就会形成多米诺骨牌，进而引发连锁反应。换句话说，网民的强意愿－高能力会引起政治生态的蝴蝶效应，上级政府，乃至中央政府回应的意愿增强会明显改变地方政府的回应意愿。

回应意愿的高企根源在于行为选择不回应的成本高于收益。在舆情热点形成之后，无回应或消极回应的收益在于，在民意的压力下，对上次政府的回应民意及进行社会管理创新的要求进行响应，维护了传统行政体制的权威，传统媒体的舆论监督也开始发挥效力。

而回应意愿对回应能力具有传导功能。换句话说，意愿的走高会在一定程度上提升回应能力。如在网络事件的初期，地方政府的不当回应多是敷衍塞责或回避推脱。而网民作为“最大的压力集团”出现而导致意愿变化后，地方政府做出的“彻查事件”、“处理相关负责人”的回应通常会获得网友肯定，进而引发社会管理创新。地方政府在回应能力的四个指标——回应时间、回应主体、回应逻辑及回应内容——等方面表现出的水平也日益提高。

综上，在网络民意演化为网络舆情后，网民处于强意愿－高能力，

① 周裕琼：《互联网使用对中国记者媒介角色认知的影响》，载《新闻大学》，2008春季号。

地方政府也表现为强意愿一高能力组合，即二者呈现Ⅳ－Ⅳ'组合时，舆情的倒逼效应就会形成，社会管理创新就会在舆情的压力下启动。

（三）舆情倒逼模式存在的问题

值得注意的是，倒逼模式下的社会管理创新只是地方政府“有条件的妥协”与事实政治权力的暂时让渡，不具可持续性。从正式的制度安排来看，网络民意的政府回应机制尚未成熟。政府对网络民意的回应制度化水平较低，网络民意能否得到回应，几乎是各层次各地区的行政风格与政府官员的个人好恶而定。我国政府对网络民意的回应呈现出层级差异和地区差异明显。

“舆情倒逼社会管理创新”还存在过度回应的问题。在Ⅳ－Ⅳ'组合下，政府为了减小压力，降低执政的安全成本，会暂时迎合舆论，对舆论指向的当事人进行不当处理，出现舆论绑架社会和司法公正的现象。如被诽谤的官员在舆论倒逼下即使没有得到事实上的处分，在舆论质疑之后，也会被“污名化”。

此外，“倒逼模式”下，舆情有被商业组织利用的趋势。网络水军等的存在使得舆情的可信度降低，同时也使政府依据舆情做出的决策不具有客观性和真实性。“舆情倒逼模式”也出现了网络谣言、隐私侵犯等问题，值得警惕。

四、出路的探讨

“舆情倒逼模式”是我国公众进行公共参与的一种尝试，但这种模式只是舆情与社会管理创新之间的一种阶段性沟通方式，不具可持续性，其间还具有破坏作用。目前，地方政府也认识到了这些问题，对扭转舆情倒逼模式作出了有益的尝试，探索出几种模式，可资借鉴。

一是广东模式。广东省及各级政府开辟了更多的民意渠道，健全制度设计，主动吸收民意。广东省长汪洋最近重提民众与官员之间的“主仆”关系，重申了网络问政“为人民服务”的根本出发点。在这种思想指导下，广东直面民意，推出了民间智囊团参政、推动“城市论坛”、“网络问政”等行之有效的群众参与平台扩大化、长效化、制度化，促进了政府和公众在良性互动中实现和谐善治。

二是南昌模式。南昌市政府规定，对网络民意安排和协调相关机构在24小时内进行回复，3个工作日内向网民反馈受理和办理情况。此外，对于网民投诉、求助、反映的问题和建议，有待核实和研究的事项，在10个工作日内向网民反馈受理和办理情况。这种规定网络民意响应时间、方式等的做法，缩短了网络民意回应流程，倒逼色彩减弱，社会管理创新几率更大。

除上述做法创新外，体制创新应强调以下三点。一是将民意回应效率纳入绩效评估体系，建立健全网络民意回应的激励机制和责任追究机制。利用行政绩效评价的导向作用加大政府的回应意愿的提升，同时完善网络民意回应流程。二是实行网络信访公示制度，利用信息公开加速社会管理创新主体的多元化进程。三是舆情表达渠道的多样化，传统渠道与网络渠道须并行建设。网络与虚拟具有高度关联性，网上的问题最终需要网下来解决。

因此，突破“倒逼模式”的根本解决途径在于在互联网时代探索实践“群众路线”的新方式。打破这种“倒逼”怪圈，同时也需要管理者的实践创新、媒体的舆论监督和学界的知识制衡。

从互联网舆情看社会管理创新

鞠春彦[①]

随着改革开放的不断深入和社会主义市场经济的不断发展，中国的工业化、城镇化、信息化、市场化、国际化水平都获得不同程度的提高，中国社会发生了广泛而深刻的变化。这种变化集中体现在“四个深刻”和“两个前所未有”，即经济体制深刻变革，社会结构深刻变动，利益格局深刻调整，思想观念深刻变化；机遇前所未有，挑战也前所未有。在综合判断国际国内形势的前提下，面对难得的历史机遇和难以预见的风险挑战，党的十七届五中全会提出了加强和创新社会管理的战略任务，全会提出要“加强社会管理能力建设，创新社会管理机制，切实维护社会和谐稳定”[②]。这是中国社会发展的必然要求，是符合民意取向的现实选择。本文从中国社会发展所面临的信息化挑战、从当前备受关注的互联网舆情视角入手，谈谈对社会管理创新的认识与看法。

---

① 鞠春彦，北京工业大学社会学系讲师；研究方向：社会心理、社会思想与社会发展。

② 中共中央关于制定国民经济和社会发展第十二个五年规划的建议，2010 年 10 月 18 日中国共产党第十七届中央委员会第五次全体会议通过。

一、当前中国互联网舆情特点简析

舆情作为具有中国特色的概念，是民众对国家管理者持有的政治态度。由于计算机和互联网技术的发展与进步，民众对现实社会中各种现象、问题所表达的政治信念、态度、意见和情绪的表达从现实世界延伸到了网络空间。网络舆论是民众对于公共事务通过信息网络公开表达的具有影响力的意见。互联网舆情就是指民众通过互联网对政府管理以及现实社会中各种现象、问题所表达的政治信念、态度、意见和情绪的总和。

1. 互联网舆情是现实民意在虚拟网络空间的反映

依托计算机、互联网和新媒体技术搭建而成的网络空间具有开放性、匿名性和虚拟性等特质，互联网信息数量庞大，往往具有碎片化特性。因而相对于传统舆情的表达，为了更好地吸引眼球以免声音在信息潮中被淹没，互联网上的态度和意见表达往往具有夸张和戏谑的成分。胡锦涛总书记 2008 年 6 月 20 日在人民日报考察工作时曾指出，“互联网已成为思想文化信息的集散地和社会舆论的放大器”。

尽管互联网舆情表达的方式具有某种夸张、渲染的风格，甚至有时因过分情绪化而有失实的成分存在，但它们总是特定社会现实的反映。舆情常常围绕中介性社会事项发生、发展和变化。无论是国内重大事件，还是国际重大事件；无论是群众关心的热点难点问题，还是各种政治观点和社会思潮；无论是网民对重要部署、重大决策、突发事件的思想反映，还是关于政治、经济、社会、文化发展的舆论动向，一经网络传播，就会立即引起网民关注，形成网络舆情热点。近年来，凭空制造出来的网络热点越来越少，“贾君鹏，你妈妈喊你回家吃饭”这样生造出来的互联网人物和互联网络热点几乎消失。对国家管理者制定和实施的各类方针政策、制度法规、工作措施，以及影响民众利益及主客体利益关系变化的事件、人物等社会态度表达和意见决断往往是互联网关注的热点。网民的意见表达越来越理性，网络民意接近现实民意。

以人民网统计的“2011 年微博舆论功能突出表现的热点事件”①为例，具体内容见表 1。

表 1　2011 年微博舆论功能突出表现的热点事件

微博功能	热点事件
网络维权平台	渤海漏油事件、抚顺爆炸案、大连 PX 项目
反腐曝光利器	微博开房门、裸聊门、艳照门系列
舆论广场	郭美美事件、“7·23”动车事故、佛山小悦悦事件
救助新渠道	微博打拐、免费午餐、甘肃校车事故
新媒体信息工具	上海地铁事故、济南狱警打人事件、甘肃校车事故
公共决策参考	深圳清理高危人群、南京梧桐树事件、PM2.5 入检
网络辟谣与理性呼吁	抢盐风波、郭美美事件、广东增城事件
议程设置	郭美美事件、“7·23”动车事故、故宫失窃案
信息公开推手	公益慈善信任危机、郭美美事件、洛阳性奴案

总体来看：与民众生活直接相关的民生问题，包括房价、社会保障、户籍制度改革在内的话题持续吸引网民目光。2011 年网络舆论热点话题在官民关系、贫富分化、房价物价、城管执法、征地拆迁、司法公正、食品药品安全、教育政策等问题方面继续保持较高热度的同时，精神病鉴定收治、外地人引发群体冲突、环境污染事件、安全事故、公益慈善信任危机等新话题也呈明显上升趋势。对政府施政行为问题的讨论，如三公消费等，其舆情热度也在持续。以上议题，恰恰是社会管理创新的关键领域和着力点。当前，互联网舆情已经成为反映民众诉求和社会管理创新效果评估的重要信息反馈和舆论监督来源。

2. 互联网上客观存在着两个舆论场，民间舆论场正在改变中国舆论生态

“两个舆论场”这个概念，最早是由新华社前总编辑南振中提出来的。他认为在现实生活中存在两个不完全相重叠的舆论场，一个是主流媒体着力营造的媒体舆论场，一个是公众口口相传的民间舆论场。计算机、互联网和新媒体技术使得民间舆论场日益壮大，影响力不断增长，

① 刘鹏飞：《2011 网络舆情走势与社会舆论格局》，人民网，2010-01-10。

日益受到全社会的广泛重视。“民间网络舆论场”正在改变中国舆论生态①。

民间舆论场具有与主流媒体不同的话语表达，它以对生存伦理和公平正义的追求为价值取向。它以新媒介为平台，以BBS、博客、播客、微博、手机短信等形式，以用户自己生产的媒体内容为重点，在虚拟空间中以网络意见领袖、公民记者、网络写手、隐性的匿名专家和广大网民互动为存在方式，以与传统媒体的呼应，不断形成新的舆论热点，甚至延伸到现实生活中成为关注的焦点，深刻影响着当下的社会现实和文化消费。虚拟的网络空间中形成的“民间网络舆论场”，是一个新的公共空间，它深刻影响到社会现实的存在境遇，并通过倒逼机制有力地推动和改变了一些突发事件的发展方向，正如我们通过“邓玉娇事件”、“周老虎事件”、“郭美美事件”等看到的。

互联网上的民间舆论场并非传统民间舆论场的简单延伸，而是在发展中形成了新的格局：互联网上的民间舆论场通过新媒体与传统媒体的并存、互动，其力量越来越强势。相对于传统媒体的可控，网络媒体的传播方式具有不可控性，因而民间舆论场的形成具有不可预测性、不确定性和突发性等特点。当新媒体凭借技术强势遭遇新的民众心理期待时，容易发酵为新兴的能够引起极大震动的舆论场。如何引导民间舆论场与媒体舆论场的良好互动，已成为一个具有挑战性的时代课题。

3. 微博问政成为当前互联网舆情的热点和亮点之一，网民对此充满期待

“信法不如信访，信访不如信网”，是一句影响广泛的流行语。某种程度上，这句话反映着信息化条件下网民对社会管理创新的价值导向。信网，是因为借助信息化的手段，信息能够更加透明和公开，信息的传递也更加迅捷。近年来，诸多的事例让网民们认识到：那些热度较高的网络舆情通常会得到政府部门的快速响应，在一定程度上网络舆情的热度会影响政府决策的形成。

而且，面对网民偏好利用网络表达民意诉求的社会现实，政府已经做出了积极的回应。国内各级政府初步形成了对网络民意的监测、反馈

---

① 范玉刚：《民间网络舆论场——改变中国舆论生态》，载《青年记者》，2010(6)。

和吸纳机制，并采取了相应的快速应急措施。2011 年有“微博问政元年”之称。《2011 年新浪政务微博报告》显示，2011 年新浪政务微博增长了两倍，政务微博已经覆盖中国所有省级行政区。以政府机构、官员为主体注册的政务微博，已成为政府倾听民情、沟通民意、服务民生的有效尝试。这种新型的社会治理模式受到公众越来越多的关注，网民对政府的积极应对持赞同态度，同时也保留着对微博问政的效果与长效机制的观望态度。

二、网络时代对社会管理创新提出的挑战

社会转型的新形势、信息化时代的新情况，使得传统的管理理念和机制已经难以应对当前中国社会发展中的新问题。从互联网舆情应对的角度，当代社会管理创新遇到的挑战主要包括以下方面。

1. 互联网的传播特点对舆论引导和应对提出了新要求

互联网时代的信息传播有了新变化：网络对舆情传播有明显增强和扩散作用，传统媒介“一对多”形式的信息传播方式转变为“多对多”的广义信息平台。在 Web2.0 模式上畅通无阻的全民化信息交流，更容易滋生更为强大的公众情绪和意愿表达。互联网舆情传播“颠覆以往任何传媒能力，并决定了未来社会结构的公众沟通方式”①。海量而芜杂的信息对人们价值观念的冲击是巨大的，主流价值观念应该对如何甄别和遴选提出可操作的指导性建议。但传统的舆论引导模式远未跟上信息传播方式的变化。“如何提高多元社会价值观对主流价值的社会认同，如何及时应对迅捷传播的网络信息，如何满足并服务网民的社会需求”，这一系列问题是社会管理创新必须谨慎应对的重要议题。

同时，虽然微博问政已经成为社会管理创新的亮点与新举措，但是“微博问政”的主体如何“一对多”地达到政府舆情应有的权威性、及时性、透明性、互动性等要求，如何保质保量地完成信息发布、民意征集、沟通服务、问题解决等任务还很艰巨。民间的舆论场“多对多”地传布沟通信息，主流舆论场要“一对多”地全方位应对，这是互联网时代的

---

① 顾明毅：《网络舆情及社会性网络信息传播模式》，载《新闻与传播研究》，2009(5)。

社会舆情现实，也是社会管理创新必须攻克的难题。

2. 网民群体的结构特征标示出对传统社会管理的新考验

2011年7月19日，中国互联网络信息中心(CNNIC)发布《第28次中国互联网络发展状况统计报告》。截至2011年6月底，中国4.85亿网民平均每周上网时长上升到18.7小时，较2010年底增加0.4小时，多数网民的网络媒体接触时间超越了传统媒体。在整个网民群体中，30岁以下的网民占2/3，1/3的职业群体是学生，下岗/无业人员、退休人员、自由职业者、个体户和外来务工人员占到1/4左右。

表2 2007—2010年全国与北京互联网网民规模数据

年份	北京网民数(万人)	全国网民数(万人)	北京普及率(%)	全国普及率(%)
2007	737	21 800	46.6	15.9
2008	980	29 800	60.0	22.6
2009	1 103	38 400	65.1	28.9
2010	1 218	45 700	69.4	34.3

如表2所示，在全国网民数量总体增长的情况下，互联网舆情场域中意见领袖的成长也在悄然发生。意见领袖是指在人际传播网络中经常为他人提供信息，同时对他人施加影响的“活跃分子”，他们在大众传播效果的形成过程中起着重要的中介或过滤的作用，由他们将信息扩散给受众，形成信息传递的两级传播。意见领袖并不集中于特定的群体或阶层，而是均匀地分布于社会上任何群体和阶层中。了解网民，尤其是意见领袖的结构特征非常重要。

另外，互联网中的信息传播方式是“多对多”，但互联网中的网民交流主要是休闲、娱乐和交友。只是在休闲、娱乐和交友之余，网友往往以“围观”的方式保持着对政治的热情。在公共的互联网平台上，围观者的意见可能看不到，但围观者可能已经把意见领袖的观点搬到小圈子里进行了讨论，并且意见可能已深刻影响到了他们的理念与行为选择。面对网民群体的多层次性，积极关注并及时回应有诉求表达的网络意见很重要；面对“沉默的螺旋”，打捞网络空间“沉寂的声音”也非常重要。

3. 网络信息安全与普惠服务仍是社会管理创新的立足点

网络技术的提供是企业的事，但对网络信息发布和信息安全的监督却是政府不容推卸的责任。市场经济是逐利的、是嫌贫爱富的，政府必须通过宏观调控矫正市场的失灵。信息化时代的信息鸿沟和网络社会区隔是公平诉求的新障碍。在2012年春节网络实名购票推行过程中发生的农民工“上书”铁道部领导事件，即是此问题的雄辩说明。尽管互联网技术越来越快餐化，网民的数量也在不断增长中，但相对于中国的十几亿人口而言，网民数量远没有达到总人口的一半。网络社会的管理要创新，网络社会的基础也要加强。尤其在电子商务、电子政务大力推行的过程中，基础的信息安全与普惠服务要做好。升级的管理创新要做，基础的管理创新亦不容忽视。

其他诸如网络诚信问题，以及网络舆论对贫富、官民等关系表现出的“标签化”和“刻板印象”问题，也都是社会管理创新议题中的关键，需要给予足够的重视。

三、对网络时代创新社会管理的建议

中国共产党十六届四中全会在《中共中央关于加强党的执政能力建设的决定》中提出：“建立舆情汇集和分析机制，畅通社情民意反映渠道”，把建立和完善舆情信息汇集和分析机制作为一种制度性的设计和安排。对此，笔者的浅见如下。

1. 技术是手段，理念创新是关键，要继续解放思想，在社会管理中变应急处理为前馈控制

宏观层面的三网融合，推动了传播媒介在网络社会和现实社会的融合，由于互联网、通讯网、电视网都具有实时性和互动性，因此以社会网络为基础的综合性传播服务已然成型，并具备高度的真实性和可操作性。但技术只是手段，理念的创新才是关键。

信息化时代，针对网络舆情监测和引导创新社会管理需要更大的魄力和胆识。培养官方的网络发言人、监控并及时删除敏感帖文、封杀或者禁止重点人或敏感地区的IP地址等，都是灭火的权宜之计。更为明智的理性做法是：建立舆情信息数据库，在对数据信息进行整理分析的基础上，有重点地、按照轻重缓急制定出有利于民生改善的时间进程表和分类改革路线图。将此进程表和路线图通过政府网站和微博平台予以

发布，一方面，借此途经更广泛地征求公众意见；另一方面，由此获取公众对改革更为深切的理解和支持。变应急处理为前馈控制的社会管理，才能有创新之真意。

2. 当前社会管理创新正在取得进步，但水平尚需提升

微博问政是虚拟社会管理方面的创新，也是社会管理创新的重要方面。微博问政实施以来，取得了一些成绩。下面以北京为例简要介绍微博问政。

由人民网舆情监测室与某微博平台一起发布的我国首份“政务微博年度报告”显示，北京是全国拥有政务微博最多的城市，也是一年间微博数量增长最快的城市。目前，北京包括党政机构微博和公务人员微博在内的政务微博超过 2 000 个，其中党政机构的微博数量超过 500 个，公务人员的微博数量则超过 1 400 个。在人民网舆情监测室根据微博数量、粉丝数、微博活跃度、微博传播力、微博引导力等指标分析计算排定的座次中，“平安北京”坐上头把交椅。“巴松狼王”——北京市环保局副局长杜少中的微博，跻身全国十大公务人员微博之列。2011 年 11 月 17 日上线的集合北京市 21 个政府“官微”的北京微博发布厅也是全国政务微博中的首个“微博群”，这种发布厅模式打破了传统政务服务的模式、格局，同时成为网络政务办公服务的先锋，代表着未来“微博问政”的新趋势。

在现有微博的发展和政府透明度的排名中，北京虽然位居第一，但必须看到这个第一是总体发展处于中低端发展的第一。如北京行政透明度得分为 79.5 分，微博“平安北京”的综合得分只有 73.76 分，北京政府网站建设的总分为 75.25 分。这个分数尚未达到良好，离优秀的标准还有更大的距离。

北京在虚拟社会管理的制度建设方面也进行了尝试——颁布微博实名认证条例。《北京市微博客发展管理若干规定》发布实施后，新浪对此进行了系列调查。问题①“北京微博实名注册您支持吗?”网友的意见是：73%反对，认为“微博刚开始，如此会制约微博的发展”；17%支持，认为“实名制便于管理更利于健康真实言论”；10%持中立态度，认为“微博只是一个消遣平台，无所谓”。问题②“微博必须实名注册，你是留下还是离开?”33%的投票者选择离开。问题③“现在有微博‘实名制’，会

影响你发布的东西吗?”结果：45％的投票者认为“有影响”，55％则选择“不会影响”。如此结果是值得考量的。

3. 让互联网成为官民互动的议政厅，民主政治的试验场。

民众对政府的信任和期望是毋庸置疑的。“微博问政”成为社会管理创新的亮点，网民持普遍的欢迎态度。政府加强信息化建设，在政府网站上设置的官民互动平台和民意征集平台非常引人注目。但网民在与官网沟通初期存在的试探性态度客观存在。网民与官网的互动往往会这样进行：第一阶段，试探性发帖询问政策——反映个人困难；第二阶段，求助、寻求解决办法——反映共性问题；第三阶段，提出个人意见，为社会发展出谋划策。从了解了解、试试看，到提供建设性意见、成为一个自愿参与社会建设的优秀公民绝不是一朝一夕之功。政府有责任让民众把他们“不会表达”、“不敢表达”、“不能表达”的意见用合理合法的方式和途径表达出来。

互联网可以成为官民互动的议政厅和民主政治的演练场。政府通过议程设置的方式引导网络舆论。媒介的议程设置是指媒介特别是新闻、时事与评论的生产，有能力将公众的注意力聚焦在一系列受限制的、经过选择的问题上。通过设置公共议程，可以实现对互联网服务的分类管理，可以引导互联网舆情在“民生”为重点的大旗下，为不同的消费需求者提供“和而不同”的差异化消费品。可以让广大的网民真正围绕“民生”献计献策，让特殊利益集团代言人的观点曝光，让各方精英的观点争鸣，让草根的需求有自下而上的表达渠道，让政府的工作绩效得到动态监测。

提高虚拟社会管理科学化水平研究：以治理网络谣言问题为例

齐先朴①

随着信息技术的飞速发展，互联网已成为中国经济社会运行的重要基础设施和影响巨大的新型媒体。截至2010年11月，中国网民总数已经达到4.5亿人，年度增长率为20.3%，中国互联网的普及率已达到33.9%，超过30%的世界平均普及率。网络这一重要载体使我国普通民众拥有了真正意义上的自由表达意见和愿望的话语权，网络民意获得了突飞猛进的发展，给党和政府科学化、民主化决策提供了重要依据。但与此同时，虚拟空间的网络舆情失真问题，特别是网络谣言问题日益突出，它们遮蔽、搅浑甚至操纵网络民意，极大地干扰了正常的网络舆情，日益引起广大网民的不满和痛恨与党和政府的高度重视。因此，进一步提高虚拟社会管理科学化水平，有效治理网络谣言，正确引导网络民意，我们党和政府应该对各种不和谐因素做出准确的判断和迅速的反应，并及时化解矛盾。这对增强我

① 齐先朴，中共广西壮族自治区党校党史党建教研部副教授；广西马克思主义研究和建设工程自治区党校研究基地研究人员；研究方向：党史党建。

们党和政府的社会整合功能、创建和谐社会具有重要意义。

一、网络民意表达的独特优势及重要作用

网络民意是指依托于互联网技术基础，以网络为平台，通过互联网上论坛和社区、博客等手段自由发表评论和意见，聚合某种愿望和诉求，从而形成的一种新兴民意。网络民意是基于互联网技术支撑下的一种新的民意表达方式，所以它具有许多传统民意表达所不具备的优势和特点。

(一)网络民意表达的独特优势

①网络民意的表达更为直接，涉及的议题具有空前广泛性和多样性。由于网络的拟态环境和匿名性特征，网民是在一个自在、无限制的开放环境下表达自己，民意表达更为直接、鲜明。同时，由于网络技术的互动性、开放性等特征，消解了传统意义上的传者对信息的控制权。信息发布在互联网上是一件非常简单的事情，网友可以任意选择自己感兴趣的话题进行讨论、交流，也可以提出话题，这一切都是不受限制的。

②由于互联网的即时性、互动性、连通性特征，“网络民意”快速而有效，民意形成后在网络群体之间、网站之间、网络媒体与其他传统媒介之间进一步传播也体现出快捷性。在网络环境中的某一个论坛发起对某一个具体议题的讨论，随着讨论热度的增强，很快会被转移到更多的论坛继续升温。这样，讨论本身进而构成一种新闻事件，调动各大网站不仅关注议题，也关注讨论的过程，发表自己的观点立场，再次作用于议题本身，推动议题的进一步深入，强化了民意的深度和广度。

③在社会转型、社会发展不平衡时期，网络中传播个体亲身体验、耳闻目睹的不平等现象，渴望得到校正的呼声更高，引发其他网络成员设身处地的危机感更强烈。因而议题更显著，参与更踊跃，民意也更为突出。正是这种特殊的作用，使得网络像压力锅的解压阀一样，维护着内部的安全与平衡。

④由于网络是虚拟空间，它是以互联网为载体，以各种符号为传播媒介，由网站、网民共同对信息进行作用而形成的，并不是客观世界

中的真正空间。因此人们有时更容易丧失独立思考的能力，对事物形成较为偏执的立场。“网络民意”传播速度快、容易失真、情绪化色彩强烈。

(二)网络民意表达的重要作用

网络民意作为一种以互联网技术为支撑的全新的民意表达方式，在构建和谐社会的进程中，具有许多传统民意表达方式所不具备的优势和特点，如民意表达的广泛性、便捷性、真实性等，网络民意的这些优势，对增强党和政府的社会整合功能，创建和谐社会具有重要的推动作用。

1. 网络民意具有广泛的代表性

现代网络技术不仅汇集了各种传统媒体的优势，而且还具有传统媒体所望尘莫及的匿名性和虚拟性等特点。网络技术的这些特有功能，为网民搭建了一个平等的话语平台。在这个世界里，话语权完全由言论本身的说服力来实现。因此，每个表达者都可以自由地发表意见和评论，聚合某种愿望或诉求，凝成某种舆论，从而使更多的人参与其间进行讨论和争辩，无形中使网络民意更具有广泛的代表性。表达主体参与的广泛性使党和政府的社会整合更为有效。

2. 网络民意有利于推进党和政府与社会及时沟通

同样一则新闻报道，在传统媒体上很可能反应平平，即便引起强烈反馈也需要间隔一段时间才会体现出来，但在网络上则可能马上引起轩然大波。某一个虚拟社区发起对某一个具体议题的讨论，随着讨论热度的增强，很快会被转移到更多的虚拟社区继续升温。这样，讨论本身进而构成一种新闻事件，调动各大网站不仅关注议题，也关注讨论的过程，发表自己的观点立场，再次作用于议题本身，推动议题的进一步深入，强化了民意的深度和广度。这种网络民意也会很快对传统媒体产生影响，促使各大媒体对“网络民意”给予更多的关注，进而形成全方位、立体化的民意表达。

3. 网络民意有利于党和政府及时发现和解决问题

网络在社会发展过程中会比较真实地宣泄人们的现实压力和不平等感受，网络民意也更能体现民众的价值取向和现实需要。因此，网络中切中时弊的网络民意，有益于加速民主化进程，客观上也起到了维护社会稳定的作用。可以说，网络民意起到了社会雷达的作用，通过对周围环境的监测，就危害社会和谐的征兆向社会和党和政府发出警告，这种预警机能对于构建稳定和谐的政治局面将发挥重要作用。

4. 网络民意有利于推进党和政府决策的科学化、民主化

网络的虚拟环境和匿名性特征，使网民消除了各种顾虑。民意表达者在某种程度上摆脱了社会角色身份和群体规范、利益的限制，避免了现实社会的群体规范对其形成的压力，可以以一种更直接、更真实的方式来表达看法，从而打破传统媒体对社会舆论的相对垄断，言传统媒体所不敢言。如果对之加以规范并采取一定的技术手段进行取舍，无疑具有重要的参考价值。只要党和政府善于加以甄别，就不难找到有价值的信息，这对党和政府决策的科学化、民主化无疑大有裨益。

二、网络谣言特征、产生原因及危害

网络民意中含有大量合理的成分，但也存在许多非理性、情绪化和失真的因素。网络常常成为各种非理性言论的集中地，它所反映的信号也常常是失真的，并不能真实地代表、反映公众民意。尤其是网络谣言的猖獗在某种程度上混淆了公共舆论和网络表达的视听。一些以牟利为目的的网络推手组织，传达虚假信息进行炒作，造谣诽谤竞争对手，制造事端敲诈勒索，删除真实信息消除负面影响等。他们炮制网络“民意”、绑架舆论，严重破坏了互联网环境。

(一)网络谣言：插上了网络翅膀的谣言

网络谣言是指在互联网上传播的一种缺乏真实根据，或未经证实、公众一时难以辨别真伪的信息。网络谣言是利用网络为媒介进行传播的谣言。其特点是传递速度快，传播范围广，影响力大，所以网络谣言又称为网络流言。网络谣言并未脱离谣言的基本特征，但由于其发布及流传主要是通过有线、无线网络进行的，故与一般谣言相比，就像插上了网络翅膀一样，传播范围更为广泛，出现跨国、跨洲、跨语言和种族的超大规模传播奇景；传播速度更为迅速，这得力于网络文档复制的低成本、无成本和高度便利性；传播途径极其繁多，常见如门户网站、聊天室、贴吧、即时通讯工具、电子邮件、手机短信等。而一则网络谣言出

现后，又会迅速向网下蔓延，与人际传播的谣言互相配合，交叉影响、交叉传播。

网络谣言利用人们对数据的迷信心理，内容陈述具体化、数据化，如具体什么地点、人物名称、数量、规模等。使用“据说”“据传”“有人说”等短语，使得谣言轻松躲开人们的警惕。故弄玄虚，提高自己的神秘性和可信度，例如打着“绝密”、“最新消息”、“内部消息”、“根据知情人士透露”的旗号。造谣者采用新闻报道的手法，在形式上力求“逼真”，甚至盗用权威媒体的名义。网络谣言的内容通常与人们的需要密切相关。如突发公共事件爆发的原因、伤亡情况、生存环境状况、处理情况进展等。它反映出人们内心的恐惧、忧虑，以及对胜利的渴望或者对某个群体集团的敌视。部分谣言还引起人们激烈的情绪反应或极大好奇心，如是否有重大疫情，重大灾害是否会再次发生。网络谣言传播速度快，影响范围广。在传播过程中，经过传播者的增添、删减、夸张化、合理化处理，产生丰富多彩的版本。通常谣言本身比个体记忆更标准、更同化。

(二)“网络水军”炮制网络谣言

2010年11月，国务院新闻办主任王晨在回应“网络水军”问题时说：“网络水军危害社会、影响正常的网络秩序，引起广大人民群众的不满，确实需要治理。”他说，中央领导人很关注“网络水军”问题，网络水军造谣惑众，危害社会、影响正常的网络秩序，需要治理。这是我国官方首次对“网络水军”问题进行公开回应。

所谓“网络水军”，是指一些人通过雇用大批人手在互联网上集体炒作某个话题或人物，以达到宣传、推销或攻击某些人或产品的目的。这些受雇人员在“网络推手”的带领下，以各种手法和名目在各大互联网论坛上发帖。由于人数众多，被形象地称为“网络水军”。“网络水军”最初是商家利用强大的网络力量来获取商业利益的一种营销工具，通用手法就是有预谋地炒作。但炒作产品也好，炒作明星也罢，都仅是一种商业行为，其手段再怎么恶劣下作，也只是不良商家的不正当竞争。而如今，“网络水军”的业务范围开始拓展到行政权力和公共利益领域，一些出于各种目的的个人和组织，雇佣“水军”按其意图编造大量虚假言论遮蔽真实民意，侵害公众应有的话语权。为迎合大众心理，还往往以貌似正义的形象出场，诱骗更多网民充当其炒作的“托儿”或者“打手”，对其指向的目标对象形成舆论压力，比如在热点事件中操控舆论走向，公选投票中的专业刷票等等。“网络水军”以虚假信息和言论搅浑网络民意，最直接的结果就是真相被掩盖了，网民不明真相就难有正确的判断力，容易被忽悠着往幕后操纵者设好的套里走，由此而形成的所谓网络民意自然也就失了真。可这失了真的网络民意却不失其强大的力量，能够给党和政府施压以影响决策。

他们的攻击手段包括：寻找网络写手撰写攻击帖子，并在近百个论坛上发帖炒作，煽动网民情绪；联系点击量较高的个人博客博主撰写文章发表在博客上，并采取“推荐”、“置顶”、“加精”等操作手段，以提高影响力、扩散力。例如，每部热门电视剧、电影上映之时，就有人在网络上发帖招募水军，攻击或赞美。除此之外，要骂一些明星，或捧一些明星的时候，也有人在网络上进行招募。在网上发一个骂人帖通常可以获取5角钱的收入；如果能写成一些看上去相对有文化的文章，则可以获得5～10元不等的报酬。而幕后黑手可能是电视台、制片方的竞争对手，但同时也不排除制片方的自我炒作。

近年来，“网络水军”越来越嚣张，表现在网络不端或侵害逐渐规模化、公开化、集团利益化，其势力遍及网络公关、网络技术、网络应用等领域。例如，2010年10月，蒙牛爆出“诽谤门”事件：蒙牛公司高管与一家公关公司共同商讨制定网络攻击方案，打击竞争对手伊利，网络炒作历时一个月，被社会各界高度关注。2011年初央视“感动中国”2010年度人物评选，再次遭遇“网络水军”密集刷票，江西省某市宣传部门要求有关政府部门、学校组织员工和师生为本省入选的三名候选人集中投票。有媒体因此指出，除了商业资本操纵下的“水军”，目前还存在着另一支庞大军团，即由某些地方政府通过行政权力组织、控制并且随时应用自如的“权力水军”。在巨大的商业利益驱使下，这些“网络推手”、网络公关公司等炮制虚假民意，造谣惑众，诽谤竞争对手，干扰网络民意表达的正常秩序，也严重影响了网络民意的真实性。

由于负面新闻、负面事件、负面话题具有天然的吸引力，容易诱发人们的好奇本能，引发人们的探究讨论，而且一般情况下人们发表批评性意见要比发表肯定性意见的动力更强。加之言论尺度较传统媒体宽松很多，一些网络媒体常常通过大量登载、炒作各种未加证实的信息(其中包含不少网络谣言)来吸引眼球，提高网站点击率。而网络谣言一旦形成，就会自行强化。由于肯定性意见没有得到充分展示，加上大多数网民选择沉默，就造成了批评性意见一边倒的态势。这种负面舆论场又形成一种压力，进一步削弱了网民发表肯定性意见的意愿和勇气，使得正面网络民意更加式微。

(三)网络谣言影响力强、危害性大

网络谣言借助网络的匿名性、即时性、数字化等特点，以呈几何级数增长的趋势扩散，或捕风捉影，无中生有，或混淆黑白，颠倒是非，虚假信息传播影响力强，社会危害性大。

1. 网络谣言影响社会群体心态

在信息传播过程中通过浏览与回帖，在反馈中叠加流传，形成整体谣言效应，从而影响社会群体心态，以负态效应传播链加速传播。由此形成的普遍社会舆论效应，使公共危机的破坏波及程度升级。

2. 网络谣言侵蚀社会主流价值观

网络谣言满足了网民对公共危机事件的信息需求度，而网民对于网络谣言在传播过程中刻意编辑与再加工无从得知。信息来源的多样化与伪装程度、迷惑程度的提升，民众对于谣言识别能力的缺失，监控与制衡体制的不健全使得网络谣言在网络社会中横行无忌。不法者游走于法律与道德之外，结合公共危机事件中政府职能部门的信息公开滞后的弱点，制造出种种异端网络谣言来驾驭民间舆论情绪，煽动民众的恐慌与不满情绪。在强大的网络舆论氛围下，原有的社会价值认同体系逐渐被侵蚀。

3. 网络谣言激化社会矛盾

在公共突发事件中，由于恐惧心理在事件经历者与事件相关者中漫溢，需要对危机事态发展的进程及时了解，而政府职能部门信息披露的不及时，就会导致正常的新闻渠道被切断，谣言便成了唯一的信息来源。一些不明真相的网民在虚假网络信息的煽动下走上街头，对社会稳定构成了极大冲击力。

三、有效治理网络谣言，正确引导网络民意的对策

“网络民意”作为现阶段中国“思想文化信息的集散地和社会舆论的放大器”，本身承载着中国各种社会情绪宣泄“窗口”的作用，保持这种合理、适度的多元性，有利于社会整体的和谐稳定，也让中国经济社会的进一步发展保有活力。而以网络谣言为代表的网络民意失真问题，成为正常网络民意表达的最大威胁和危险。因此，必须进一步提高虚拟社会管理科学化水平，有效治理网络谣言，正确引导网络民意。要坚持信息透明原则，保持信息畅通；树立信息源权威，及时公布准确信息；提高网民素质，增强信息鉴别能力；规范网络公关行为，加强行业自律；加快网络立法，严惩“网络灰黑势力”，还广大网民一个清净、真实的网络虚拟空间。

（一）坚持信息透明原则，保持信息畅通

不能因为有些网络谣言的出现，就控制或堵塞信息传播渠道。在当今信息社会，信息透明是防治网络谣言的前提，否则会形成信息反复博弈，造成虚假信息蔓延，增加引导的难度。在网络时代信息传播环境下，对正常信息的过度控制直接导致信息短缺，进而产生神秘感和谣言。由于对正常信息流通渠道的过度控制，使真实信息在十分有限的流动中不断遗漏，容易使虚假信息通过其他渠道广泛传播。所以，有效治理网络谣言，首先应当坚持信息透明原则，在保持信息畅通和信息公开的情况下，多做解疑释惑、理顺情绪、化解矛盾的工作。

（二）树立信息源权威，及时公布准确信息

现代社会是一个信息高度发达的社会，网上的信息更是浩如烟海。网民在面对各种各样的信息时，往往无所适从，难以鉴别真伪。加之一些人出于不良目的发布大量的虚假信息，有时会造成虚假民意代替真实民意，情绪性冲动代替理性认知的严重情况，这将直接危害到社会的稳定。党和政府是社会各界中最大的信息资源的占有者，各级党组织和政府掌握着大量的社会、经济、文化信息以及全部的政策和法律信息。党和政府应该在各种信息源中树立信息源权威。因此，针对网络中存在的

误导公众的虚假的和掩盖事实真相的政治信息，党和政府要准确、及时、详细地在网上公布所掌握的信息，抑制虚假信息的影响和泛滥，以确保公众掌握信息的客观性真实性。

(三)提高网民素质，增强信息鉴别能力

在互联网出现以前，中国的媒体市场并不发达，老百姓还不习惯面对过多的、纷杂的信息。但由于后发优势的原因，中国互联网在短时间内呈现大跃进式地发展态势，与发达国家水平几乎不相上下，而网民们却不能一下子适应过来，他们的整体辨识能力未能随之提高，这就为网络谣言提供了生存的空间。因此，网民在面对纷繁复杂的政治信息的时候，一方面，要通过不断提高基本的政治知识，对各种网络政治信息进行正确的政治判断；另一方面，要通过宣传教育，使网民有意识地通过网络民意表达活动，积极有效的政治参与，反映自己的意见、愿望和要求。要引导广大网民提高媒介认知力、加强信息鉴别能力，使不良网络公关失去生存空间。当公民个人或者企业的合法权益受到损害时，不要忍气吞声，要勇敢地站出来，理直气壮地与“网络水军”作斗争。

(四)规范网络公关行为，加强行业自律

在网络立法相对滞后的情势下，有效治理网络谣言最有效的方法是及时还原真相。当真相大白，“网络水军”的导演功夫再好，充其量也只是自娱自乐的闹剧而已，因为谎言早已经不攻自破。另外，面对网络谣言，主流媒体也应担当起应有的社会责任，及时发声，以正视听。同时，要大力培育具有社会责任感、经营规范的网络公关龙头企业，树立行业标杆，引领行业发展。要着手对网络公关公司采取一定措施：一是加强对网站的管理，要求网站、博客、搜索引擎严格按照相关规定，并建议逐步实现实名制，防止同一用户注册不同身份恶意炒作；二是明确重点监管对象，加强预警；三是开展网站人员备案工作。维护良好的网络环境还需要全社会共同参与，网络公司行业协会也要切实履行自己的职责，不能形同虚设；网络公司行业内部要互相监督和约束，使行业的整体水平一起提高。

(五)加快网络立法，严惩“网络灰黑势力”

由于我国互联网技术发展较晚，制度化程度相对较低，在一定程度上起规范和引导作用的法律和法规还是处于空白状态，这为一些别有用心的人提供了可乘之机。一些网络民意失真问题可以通过技术手段予以解决，而另一些网络民意失真问题，如网络谣言则必须通过法律和相关制度限制加以规范。国家要提供强有力的法律支撑，尽快建立健全网络市场的法律、法规。只有进一步完善法律制度，才能在“网络灰黑势力”损害到公民个人和企业的合法权益时，做到有法可依。要通过法律和相关制度的不断完善，使个人或组织为自己的不良行为付出更大的代价，承担更多的责任，最大限度地保证网络安全。除此以外，对那些散布网络谣言、丑化攻击诽谤党和政府的行为，要采取行政和法律的手段对其管制和严惩，从而维护好网络民意表达的正常秩序，还广大网民一个清净、真实的网络虚拟空间。

第 六 篇

劳动就业和特殊人群管理

社会身份歧视、社会权利建构与社会管理改善

冯同庆[1]

回顾改革开放以来的社会发展，一直有一个重要的问题没有引起重视，这就是对劳动者的社会身份歧视。而社会身份歧视的原因，在于劳动者社会权利建构缺失。如果社会管理希望得到真正的改善，对劳动者社会身份歧视和社会权利建构是不能不察的。

在党政主导的体制下，与社会权利相互协调是改善社会管理的出路，具体可以考虑私益、团体、公益等多种途径。

一、社会身份歧视作为一种社会现象

歧视，从最直接的意义上，是指不合理的区别对待。这里研究的劳动者社会身份歧视，是指对工人、农民工、派遣工、外包工、学生工、临时工、钟点工等这些社会身份的劳动者的不合理

① 冯同庆，中国劳动关系学院原副院长、教授，中国社会学劳动社会学专业委员会理事长；研究方向：中国工人状况、劳动关系和工会方面的理论与实践。

区别对待。在企业改革、企业重组、劳动权益事项、城镇化等多方面显现出来，而且还会不断被复制或延续发生。

城市企业改革过程中，社会歧视现象就出现了。据我们的调查，改革中引起的涉及劳动者权益的争议，如果进入诉讼程序是“不予受理”的。也就是劳动者状告无门。法院掌握的政策原则是，涉及面广、敏感性强、社会关注的案件暂不受理。其中包括，因企业改制或者企业效益不好等原因出现的企业整体拖欠职工工资而引发的纠纷案件，因劳动制度改革而出现的职工下岗纠纷案件，政府及其所属主管部门进行企业国有资产调整、划转过程中引发的纠纷案件，政府参与或者依据政府的指令而发生的政策性“债转股”纠纷案件，因企业改制过程中违反民主议定原则或者因企业改制而引起的职工安置纠纷案件。当然，虽然法院不受理，相关政策对争议的出现和解决还是有安排的，可是由于缺失劳动者相关的社会权利的保障而有效性不足。由于没有法定的争议处理程序，沿用传统的行政手段处理，多数处理的结果并不公正，导致社会歧视。问题的症结在于，政策推行改革而不是立法推行改革，由于政策的执行者、解释者、监督者事实上都是行政方，而处在改革中的行政方与计划体制下已经根本不同，有了自身的利益相关性；具有自身利益相关性的行政方，很容易侵害职工参与的权益；职工权益受损后，没有行政辖制之外的救济途径，也就很难改变被歧视的后果。

在企业重组中，社会歧视现象仍然严重。我们对山东诸城、浙江金华的企业重组做过细致调查。这是 1992 年开始的中小型企业重组的典型地区，其中职工持股或退股都发生强制性安排，而使他们的权益受损。重组都是地方政府推动的，在重组还是不重组的问题上没有商量余地。一度，由于势在必行，企业职工反倒变被动为主动。诸城采用股份合作制方案，是职工提出的，认为经营前景乐观，同时希望减少政府干预，而实际效果又确实不错，大多管理状况改善和利润增加。职工不仅保住了“饭碗”，还增加了收入。金华仿照诸城的做法，也颇为成功。但是，也产生了问题，就是歧视问题。例如，一些企业经营前景不好，政府希望尽早甩包袱，强制职工入股。职工被迫入股后，经营出现问题，经营者一走了之，职工想退股却为时已晚。更严重的是后来所谓的“二次改制”。职工股份合作制刚刚起步或初步稳定，地方政府为了追求政绩，提出“培育大股东增强经营动力”，不少经营者、技术人员也有持大股的要求。可是，多数职工担心失去股东身份、减少股权比例会产生后顾之忧，对二次改制能够提高劳动收益的预期并不相信、不赞同。然而，在政府刚性政策推动下，普通职工不得不交出股权。在我们调查期内，经营效益并没有因此而明显提升，而且还产生了职工与大股东或强势经营者更多的劳动争议。

在工资、福利、社保等方面，社会歧视涉及更多的范围。根据口述史资料，1985 年，辽宁省辽源市委与市总工会在企业开展“一活三富”大讨论，用倒算指标的办法，从提高职工工资、福利的目标算出要创多少企业效益，再分解到每个部门、岗位、职工，最后达到搞活企业和富国、富厂、富民的目的。这个经验反映到中央决策高层，认为“富国”、“富厂”都不成问题，而“富民”恐怕很难做到。这与农民勤劳致富和让一部分人先富起来不同，工业生产是社会化大生产，又是大规模的集体劳动，职工勤劳致富和让一部分职工先富起来不妥。还担心，提职工勤劳致富可能吊起职工的胃口，而又不能实现，反而挫伤职工积极性。之后，就集中力量研究企业内部的分配、福利、保障制度的改革。形成了企业职工工资增长与物价指数挂钩的方案、企业福利和保障制度社会化的方案等，但都没有得到切实的实行。前者，因为物价指数失控的现象出现了缓解，而没有出台。后者，因为社会保障制度改革一再被拖后，而没有及时被采纳①。期间出现了大量的劳动者权益方面的问题，并且在局部地区或个别行业呈激化状态。这与理论上存在的盲目和迷失，也有着很大的关系。其实，在改革的实践中，出现过大量的能够使职工劳动者分享企业利润、福利保障的机制甚至制度，但几乎都像辽源市的做法一样被漠视了、弃置了。

农民工、派遣工、外包工、学生工、临时工、钟点工等社会身份的劳动者的出现，使歧视在更大范围出现了。由于历史上存在城乡二元用工体制，社会化社保体制尚未健全，用人单位用工缺乏制约，诸如此类的原因，致使上述劳动者被歧视的现象不仅普遍而且严重。比如，有论者指出，农民工就业引起的社会歧视问题，无论是官民之争，还是劳资

---

① 陈骥：《改革中的工会和工会的改革》，129～131 页，北京，中国工人出版社，1999。

群体事件，本质上都是城镇化进程加速与既有社会体制和产权制度不和谐的矛盾产物。而在当下，迫在眉睫的是加快城镇户籍等诸项制度改革，否则社会首个爆炸点就是回乡无望但又被排除在城市户籍之外的都市外来移民。其实，问题所在并非限于农民工，不断增加的更多类型的非正规用工中的被歧视群体，派遣工、外包工、学生工、临时工、钟点工等，都存在爆发社会问题的因子。应该承认，无论是中央政府还是一些地方政府，在解决相关的户籍、就业、社保、住房、子女教育等问题上都开展了工作。可是，存在的问题也是明显的，诚如国务院相关文件所指，无所作为也好，一味放宽也好，目的并非在解决民生问题，而在于所谓的“政绩”，宣传上、统计上、数字上的政绩往往遮盖了远未解决的问题。

令人担心的是，在市场体制下企业的改革、重组还会不断发生，劳动权益事项、城镇化进程中出现的问题并非短时间能够消解，如果没有适用和有效的机制，歧视就会成为累积性歧视而愈发难以解决。

二、社会身份歧视在本质上是社会权利缺失

那么，如何制约社会歧视，如何避免累积性歧视出现呢？

根据国际经验，反歧视需要社会权利的建构。因为，把有受歧视经历的人动员和组织起来一直是挑战顽固成见和偏见的主要力量，并激发了国家和国际公共政策的反应，应该使他们能够寻求和争取对自身平等尊严和价值的承认。[①] 这就需要社会权利建构。

在目前的中国，可以观察到现实是，自上而下的法律的、政府的、行政的、监察的诸种作用都已经发生，但是解决问题的实效不彰。越来越多的国家已经从专门以强制执行不搞歧视的消极义务为基础的法律方式，转向一种更为广泛的、包括防止歧视和促进平等的积极义务的法律方式。[②] 在中国，作为其支撑的自下而上的社会组织基础不足，而更深层次的原因则是缺失相应的劳动者社会权利建构。那么，为什么缺失积

---

① 国际劳工局：《工作中平等的时代》，11页，国际劳工局网站，http://www.ilo.org/declaration。

② 同上书，56页。

极的反歧视的社会权利建构？否定或低估歧视的存在，往往是劳动力市场不公平做法长期存在的核心原因。而否定常常植根于一种错误的观念，认识不到歧视的结构性的本质。还可能是害怕这会破坏社会凝聚力，或者会使政府面临政治压力①。可是，问题不会因为否定、低估或回避而消失，却会因此而累积甚或爆发。

因此，构建社会权利首先在认识上要承认“社会身份”歧视的性质。我国劳动法律对劳动者平等就业权利的规定是，“不因民族、种族、性别、宗教信仰不同而受歧视”。没有规定“社会身份”作为一种劳动者的主体特征，诸如工人、农民工、派遣工、外包工、学生工、临时工、钟点工等，也就难以据此主张平等就业的权利或不被歧视的权利。国际劳工组织《消除就业和职业歧视公约(第111号)》，对就业和职业中的歧视的界定是：“基于种族、肤色、性别、宗教、政治见解、民族血统或社会出身等原因，具有取消或损害就业或职业机会均等或待遇平等作用的任何区别、排斥或优惠。”其中，包括“社会出身”歧视，也就是社会身份歧视。我国应该增加社会身份歧视的规定，因为全国人大常委会已经于2005年8月批准了这个公约，可是至今没有通过国内法而生效。如果在立法上明确反对社会身份歧视，就有利于上述各类劳动者，在就业和职业中受到歧视的时候，援引这种基本的界定而实施保护②。

社会权利是社会公民的基本特征之一。工业化的国际经验表明，公民身份是一个社会完全成员之人的一种社会地位。现代市场和产权制度衍生和整合公民契约权及其发展，契约权利在其形成和发展中逐渐增加新的权利。包括言论自由、思想自由、信仰自由、签约自由、拥有财产的自由、要求司法程序公正的自由、接受教育的权利、获得社会保障的权利等。作为社会成员的个人，可以通过组织团体或工会集体使用公民权利。对于个人来说，这些权利成为提升他们社会和经济地位的一个工具；对于社会和国家来说，可以说团体或工会的发展创造了平行和补充公民权制度的一种第二公民权体系。这就为在工业化进程中产生的不平

---

① 国际劳工局：《工作中平等的时代》，23、63页，国际劳工局网站，http://www.ilo.org/declaration。

② 蔡定剑主编：《中国就业歧视现状及反歧视对策》，294～295页，北京，中国社会科学出版社，2007。

等结构中追求和实现平等提供了基础①。这种权利或身份，应该以宪法保护为基础，以相关法律为依归，既是有权重的又是可约束的。既能增加他们自身的主体性和议价能力，同时又能增加他们的责任感和合作精神。与过去的社会成员身份相比较，他们曾经受到的制度性和体制性的不公正限制会逐步减少，社会地位会逐步得到实现。无疑，这对社会建设来说是基础性的建设，是至关重要的。

三、通过社会权利建构改善社会建设

在社会建设已经进入我国改革开放日程的背景下，通过社会权利建构来改善社会建设，可以考虑从私益、团体、公益等多种途径来推进。

首先，在私益层面要鼓励和培育劳动者权益诉求。在这方面已经出现了可以效仿的案例和相关的社会基础。例如，作为曾经在肯德基工作11年的农民工，徐延格在被肯德基辞退时发现，此前和劳务派遣机构签的一份劳动合同，使他再也不是“肯德基的人”了，而随之消失的是他9年的工龄。诉讼的结果，肯德基采用劳务派遣的行为并不违法。但是，肯德基也很难排除利用相关法律滞后以及员工缺乏法律知识这一空子。因此，肯德基虽然胜诉，仍然选择与员工和解并且宣布不再使用劳务派遣工。这被媒体称为，一位员工的一项诉讼改变了企业用工制度。劳动者个人诉诸权益的事情，以“公民代理人”现象最为典型。这是多年来东南沿海出现的专门替农民工维权的“职业”群体，他们原本是农民工，在自身维权过程中掌握了法律知识和维权技巧，通过低廉收费和有效维权在企业和农民工中积累了声誉和信用。他们承诺“打不赢官司不要钱”，在一定程度上缓解了农民工投诉求告无门、诉讼成本过高、判决执行无望等维权难题。由于其中同时也引发了恶意诉讼等现象，有关行政部门采取限制、禁行等做法，而不是引导、协调。这是舍本逐末的做法，十分不理智，伤害的是社会权利的建构。

其次，团体层面要规避其短处而善用其长处。在现有体制下，政府固然是行政化的，企业、工会等组织也具有行政特征，人们普遍认为这

---

① ［英］T. H. 马歇尔：《公民权与社会阶级》，刘继同译，载《国外社会科学》，2003(1)。

对社会权利的建构是一种限制。然而，如果能够引入倒逼机制，接纳劳动者的社会权利需求，反而有利于社会权利建构。比如，目前劳务派遣引发的劳动社会问题十分严重，但是在最早试行和推开此项制度的福建省却不是这样。当时，面临下岗职工、失业人员、城镇新成长劳动力、省内农村剩余劳动力向城镇转移和省外入闽劳动力五股力量聚合，行政背景的劳务派遣机构出现了，坚持“实现平等，同等待遇”的原则，经多年探索其规范与诚信得到了社会的广泛认可。截至2011年，劳务派遣企业与劳动者的劳动合同签订率达100%，一直以来没有发生过员工被欠发工资事件，工资待遇通过三方协商控制在合规合法范围内，员工在派遣岗位上入党、提拔、进入管理岗位等均有制度可循，各项社保参保率保持在80%以上，劳动争议调解率达95%以上，从未发生员工到政府上访的事件。再如，浙江省义乌市工会创造了吸纳农民工草根组织，进而规范劳务用工，实现社会化维权的模式。又如，天津市总工会，多年来尝试组建农民工工会，作为一种职业类型的工会组织与传统的单位制工会不同，能够比较有效地了解和表达农民工诉求。此外，企业作为用工单位，也可以通过知悉劳务工需求，而减少歧视性。最近，我们有一个在北京做的微型调查。案例企业用于勤杂人员的费用，2008年实施劳动合同法之前，为500万元，员工工资800元/月，保险只有工伤、医疗等少数险种，工作时间比较规范，有假期、事假掌握也比较灵活。2008年实施劳动合同法之后，为规避法律而实行外包，支付劳务派遣机构1 300万元，员工工资1 300元/月，保险险种增加，但1个人要干过去3个人的工作，工作时间延长、任务增加，没有假期、事假要扣除工资。这表明，劳务派遣机构运用“吃空额”的方式，形式上满足了相关法律的规定，实际上减少了员工就业且加大了在业员工的劳动强度。2011年，后勤管理负责人更换，结束外包、停止劳务派遣，恢复单位行政直接管理，不仅工资、保险标准保持不变，而且控制住了过量劳动，福利还有明显增加。我国目前存在大量微小中型用工单位，在资金上缺乏支持，在政治上缺乏保护，经常受到地方势力的侵害，其中的不规范或歧视性用工大多由此而生，并非劳资之间天然对立。倡导社会权利建构，平衡政、企、劳三方关系是十分必要的。

最后，在公益层面要适时跟进、改善和规范。例如，工会作为反歧视性用工最应该发挥作用的组织，一些做法已经谋划多年，却因为行政限制而不能如愿。如果能够得到跟进、改善和规范，可能局面会出现大的改观。依据法律，工会自身可以为劳动者用工等提供法律服务。1992年修订的《工会法》、2001年修订的《工会法》，对相关规定还不断地进行完善。这是工会方面与国家立法机关、司法机关等经过多次博弈才实现的。如何落实呢？其中，全国总工会与国家司法部门多次商讨，采取在工会组织中设置公职律师的方式寻求解决。工会的公职律师开展了试点工作，而且取得了初步的进展。然而，在我国，公职律师的设置一直存在争议。2007年10月全国人民代表大会常务委员会会审议通过新的《律师法》，依照该法的规定包括工会在内的机关公职人员“不得兼任执业律师”。这就造成新法律与原法律之间的抵触，使工会设置和发展公职律师面临十分艰难的局面。一些地方工会迫于无奈，通过购买的方式提供法律服务。可是，购买的方式总是涉及商业交易，不可控的风险总会多一些①。工会设置和发展公职律师，属于公益性质，比商业购买更有利于劳动者维权，理应得到支持。特别是在加强社会建设的背景下，如果能够突破，其社会意义自不待言。

在结束本文时，笔者希望与读者一起回顾一段社会权利实现的历史。在美国黑人解放的历史上，曾经具备了法律条件和政策条件，但是黑人的解放一再被拖延。后来，黑人用自己的逃跑，促成了自己的真正解放，以及法律和政策的切实到位。由此，流传着这样的说法“黑人对林肯是他们的解放者这一点的认识先于林肯本人”。这说明，在当代，自上而下的制度，需要自下而上的社会权利建构，这对社会建设的改善来说是多么的重要！

---

① 冯同庆：《工会应该如何提供法律服务的思考》，载《南方都市报》，2008-04-21。

对中国集体合同立法的必要性、重要性之认识及其难点的思考

关彬枫[①]

当前，我国已进入以推进政治体制改革、转变政府职能和国家经济结构为标志的第二次社会转型的重要历史阶段，很多社会发展以及改革进程中深层次的矛盾和问题有些已经反映和凸显出来。在作为社会经济关系重要反映的劳动关系领域，近几年来也出现了劳动争议历史高发的态势以及罢工潮不断涌现的“风险社会”现象。如何顺应时代、社会发展的规律，以科学发展观指导我们转变执政理念、思维模式和治理模式从而获得可持续发展，已成为摆在执政党和各级政府面前的严峻课题。为此，一些地方已相继启动集体合同和民主管理的相关立法。但是，集体合同立法涉及政治、经济、社会、文化等方方面面。因此，如何制定一部既符合市场经济发展要求，又结合中国国情实用有效的集体合同法，可以说具有相当的复杂性与难度。对此，笔者认为首先要解决理念认识及立法难点两大问题。故本文仅对

① 关彬枫，全国总工会法律部处长。

此谈一点粗浅的看法与思考，并希望同仁指教。

一、在我国进行集体合同立法的必要性和重要性

(一)集体合同立法之必要性

1. 集体合同立法是对劳动关系这一客观事物本质和规律的反映

集体合同立法之必要性，从一般意义上讲，是客观事物产生与发展的必然性，是由客观事物发展的内在需要和本质特征所决定的，是决定事物发展方向的基本要素和主要力量的要求。一言以蔽之，即是客观事物本质及其发展规律所决定的。正如我们不能否认天体、宇宙和自然的客观规律一样，人类社会、人类社会的政治、经济、文化的发展也必然受到内在规律的制约与影响，规律主宰一切。世界人民普遍选择市场经济和接受经济全球化，人要获得全面发展，社会要不断走向文明，进步与和谐，资本一定要追求利润，共产党一定要提出为民执政的理念，工会一定要代表维护劳动者的合法权益，民主政治要取代专治集权，法治必定反对人治。在劳动关系领域，不论是怎样的生产力发展水平和在什么样的社会形态之下，作为劳动关系构成最本质的要素：资本与劳动便成为一对对立统一的矛盾体，相互依存、相互制约、相互斗争。资本离不开劳动、劳动离不开资本，双方的价值观和利益诉求是不同的。但却又在人类的社会经济活动中、在规律的支配下、在企业这一共同体中通过利益平衡或力量博弈找到了契合点。劳资双方以平等主体的身份、以集体合同的形式、以集体合同法律制度这一载体来保障双方各自的合法权益及其合理利益。目前看来，这一做法已被市场经济国家所广泛接受，可以说已经具有世界范围内的客观普遍性。当它作为原则、理念并最终上升为指导和规范人们行为的法律制度时，它就显现为一种必然性——规律。

2. 集体合同制度的产生、发展、完善以及最终的法制化的进程，深刻反映了现代工人运动以及市场经济条件下调整劳资关系(劳动关系)的必然和基本的规律

随着资产阶级革命、工业革命和无产阶级革命即工人运动的兴起和发展，资产阶级与无产阶级、资本家与雇佣劳动者的矛盾、对抗冲突与

斗争从来就没有停止过。正如人类社会不断地从低级向高级阶段发展一样，这一对劳资矛盾的斗争形式也遵守着对立统一规律，以理性与科学，民主与公平取代专制与压迫、暴力与破坏的方式不断地向着经济与社会发展规律要求的方向发展。

我们简要回顾一下，集体合同制度产生发展的历史即可证明这一点。

世界上最早的集体谈判产生于1799年，美国费城的制鞋工人为了反抗资本家的剥削、为了自身的生存，而维护其劳动经济利益，通过工人自发组织起来的行业协会而与雇主就劳动报酬、劳动条件等劳动标准问题进行谈判。后来，这种谈判在其他城市和行业也逐步展开。在利益的驱动下，双方都希望取得胜利，如果谈判成功达成协议集体合同，就会形成我们今天所说的“双赢”的局面，反之工人方面就会举行大规模的罢工以抗议雇主的剥削与威胁。雇主方面或者是关闭工厂(那样的话，没有工人、没有生产，当然也就没有剩余价值和利润)，或者是借助资产阶级专政机器，对工人和工人组织进行指控和镇压，但是这样既不能实现残酷剥削的目的，也不能平息罢工浪潮和恢复生产。于是双方在斗争中开始思考、妥协与让步，于是通过更认真、更理性的集体谈判来达成解决问题的方案——集体合同。

随着工会组织从“非法”、限制到合法性，19世纪50年代集体合同逐步成为资本主义国家调整劳动关系一种基本的和重要的社会制度并上升为法律制度。它是工人运动的伟大成果。由它催生的集体合同法律制度也成为人类社会现代文明的成果之一。正是波澜壮阔的工人运动迫使资本方向不得不正视现代工人是现代社会不可或缺的重要社会力量的存在，正视并满足他们正当的合理的利益诉求。因此，为了避免更大的经济利益的损失，雇主方面为了缓解劳资矛盾，必须接受的有效方式就是通过集体谈判的方式对劳动者集体提出的诉求做出一定程度的让步。同时也通过集体合同对工人的行为有所约束。这种斗争、对抗、妥协、让步过程中所形成的集体合同必然地带来一种相对稳定的劳资关系(劳动关系)，同时也必然地有利于企业、行业和国家经济的发展与社会稳定。为此这一制度得到了世界一些国家的认可与肯定并通过制定相关法律使其上升为一种国家法律制度。于是，集体合同制度作为一种调整劳资矛盾（劳动关系）的一般规律被初步确认下来。

第二次世界大战后，一个强大的社会主义阵营出现在东方，这给西方资本主义阵营的巨大的冲击和造成巨大的恐慌，同时加上世界人民的觉醒，缓和劳资矛盾既是雇佣劳动者的强烈诉求，也是西方资产阶级为维护其统治所被迫作出的，但的确是符合社会、政治、经济发展规律的让步，在当时的历史条件下，欧美国家开始积极干预劳资关系，着手建立社会保障体系，制定一系列的劳动法律，集体合同这种调整劳资关系的有效的法律制度得到了广泛的认可与发展。也许，正是这种被列为国际劳工组织核心公约的集体合同法律制度与其他资产阶级的社会改良措施，从一定意义上说挽救了列宁所说的“垂死的资本主义”并获得了生产力与社会较高程度的发展。按照邓小平的观点，我们还要几十年甚至更长的时间才能赶上和超过西方发达国家的水平。当然，这需要我们不要违背社会、政治、经济的发展规律（违背发展规律的必然结果就是倒退、灾难、甚至是走向崩溃的边缘），同时也不要违背调整劳动关系的规律。

3. 从中国对集体合同的认识、实践以及立法进程来看，我们正在缓慢的向着这一规律靠拢与回归，并开始寻求以法律的方式来确立这一规律在协调我国劳资矛盾（劳动关系）中应有的地位

新中国成立初期，我国曾在私营企业实行过集体合同制度，到了计划经济时代，既然都是一家人，似乎没有矛盾了（这是反规律的），于是在一些省份搞过所谓“双保合同”、“共保合同”，但这不是真正意义上的集体合同。改革开放以来。我国逐步开始了向市场经济过渡与转型的过程中，在1994年我国制定的第一部《劳动法》（新中国成立45年来首次制定）第33～35条对集体合同做了简单规定，在2007年我国制定了《劳动合同法》第五章第51～56条对集体合同做了进一步的规定。

然而现实生活中，无论是最近几年是井喷式劳动争议的历史高发现象，还是有些省市频频爆发的罢工潮，说明在一些地方或有些企业，中国劳动者的合法权益受到较大程度地损害，也说明了在我国劳动者的劳动力市场价格低下，一些地方政府部门和相当数量的企业在无情地榨取“人口红利”。同时也充分说明我国现有的集体合同法律制度的苍白、不完善和严重缺失，致使很多劳动争议没能通过集体合同制度来达到有效

的化解，也没有起到协调劳资矛盾，调整劳动关系，促进企业和谐发展的作用。

总之，我们对在现代市场经济条件下运用集体合同制度来调整劳动关系这一规律的认识、把握还远远没有到位。改革开放30多年来，我们借鉴了多少西方市场经济国家的成功经验，但在这一点上却有一定的欠缺之处。

4. 集体合同制度是现代社会组织架构以及社会治理结构的一种规律性反映

就现代社会而言，任何国家，无论其国家性质还是经济发展水平如何，都是由最基础的广大公民所组成，在其之上矗立着国家机器，包括行使各种国家职能的权力机关、行政机关及其他部门。而在这两者之间是广泛存在的各种各样、形形色色的社团和组织，即所谓的社会中间层，包括执政党领导机关的下级组织，其他政党、企业、社团、协会、学会……这便形成了一种普遍存在的广义的形式上三层的社会组织架构。作为个体存在的每一个人总会因为生存需求、价值观，以及各种各样的信仰、利益追求、兴趣爱好、专业研究、职业、性别、年龄等原因加入各种不同的组织，绝对的孤立的个人是不存在的，人是绝对的社会人。人与人之间基于自愿的前提或是生存需要的驱使，建立了相互关联、交换互补的一种广泛的社团和组织关系。在无所不在的社会化生产的今天，几乎可以说没有哪一件产品，物品，仅仅是靠我们个人的力量就能生产而出并以维持其生存以及人的全面发展。人们绝大多数的需求也都是依赖于同他人和其他组织在各个领域、各种形式的合作方式而得以实现的。这就是为什么社会越进步，个人越自主，他就越依赖社会。不管他愿不愿意，他都是一个地地道道不折不扣的社会人(而绝非计划经济时代依附国家和政治体制的所谓“单位人”)，于是就有了各种各样的社会矛盾、问题、纠纷。而解决这些社会问题，绝非仅靠国家机器、行政命令就可以解决的。这也是在公法(规范国家权力的行使以及国家机关的组织管理活动)和私法(规范公民，法人的行为)之外，作为第三法域的社会法越来越发展的一个原因。

随着市场经济的发展、完善和行政体制改革的逐步深入，我国的经济结构、社会结构发生了巨大的变化。大量的社会组织、形形色色的社团已经成为现代国家组织架构的重要组成部分，公民与社团、社团与社团、国家与社团及其组织体系之间产生了多种新型的关系。这是现代国家治理所面临的新课题。很显然，随着现代民主政治的发展以及公民的宪法(限制国家权力)意识、权利(监督和制约权力)意识的觉醒，高度集中统一的垂直式的政治——经济一体化管理模式已经难以为继。那么在国家大政方针政策的指导下，在国家法律的规范下，通过各种社会组织的自我治理，自我调解，如村民自治、社区自治、行业自治、企业自治、社团自治，使得公民之间，公民与法人之间，社团与社团之间，社团与国家之间建立一种新型的治理模式。从而构建一个和谐社会。而企业、行业之间的劳资纠纷、劳资矛盾则完全可以通过双方之间的协商、谈判来化解矛盾，寻求双方可以接受的统一与平衡，从而达到双赢并促进企业经济的可持续发展与相互包容性的增长。笔者个人认为，这种政府通过法律构建的制度平台，以指导、服务、调停的方式让企业劳资双方自我解决矛盾争议的企业治理模式既是明智之举，又节约执政成本，同时也体现了现代社会条件下国家治理和民主政治发展规律的本质要求。

5. 集体合同制度准确反映了现代社会人力(劳动力)成本的不断提升的经济规律的要求

纵观人类社会发展历史，随着生产力水平的提高。特别是附随市场经济的飞速发展，劳动力成本更是突飞猛进增长，美国、欧洲、日本、韩国、新加坡……无一例外。这既是人类社会伴随着生产力水平提高而不断发展的文明与进步，同时也是具有普适意义的经济规律的深刻反映。在中国加入 WTO 并逐渐融入世界市场经济的范畴之内的情况下，中国劳动者的劳动力成本被严重低估(我们与上述国家相比，相互之间的差距是几倍、十几倍甚至几十倍)，中国广大的基层劳动者工资的市场价格与劳动力的价值严重背离。这巨大的“人口红利”被世界资本、垄断资本、私营资本以及权力资本所分享。有人说改革开放 30 年，中国工人用他们的血汗为世界资本主义国家人民的幸福生活提供了最最物美价廉的商品，这是一个悲哀的、无可奈何的西方资产阶级剥削中国工人阶级的残酷历史事实，这也是我们不得不付出用以换取今天的发展与繁荣的沉重和必要的代价。但是规律毕竟是规律，劳动者在觉醒，他们所需要的绝不仅仅是维持劳动力简单再生产的基本生存的价值，他们也要分享劳动成本所带来的利润和社会发展进步的成果。而集体合同制度是实现这一要求的现实、快捷和有效的机制、方法和途径。特别是在当前我国社会严重存在分配不公，两极分化，少数人暴富，二次分配存在诸多问题以及完善的社会保障体系尚未建起来的情况下，劳动者通过微观层面的法律所能维护和争取到的仅仅是一个底线和基本的权益或保障标准。劳动者通过中观层面的组织的力量、社团的力量，通过集体合同来争取并获取他们的合理利益(这是超出法定标准的较高的利益)则是一种必然即规律性的选择。

(二)加速我国集体合同制度立法的重要性

前面所谈必要性，即必然性，其所揭示的是客观事物的本质和发展规律。而我们所说一事物的重要性则是指该事物与其他事物、其他体系的相互关系、相互作用及其影响。换句话说，即是该事物应具有的重大、积极的作用。从理论上分析，集体合同制度在国家的政治经济和社会生活中应具有以下作用与意义。

1. 集体合同立法完善了我国调整劳动关系的法律制度，从而促进了我国劳动法制建设，进而也促进了我国的社会主义法制建设

一般来讲，调整劳动关系的法律制度分为三个层面：即宏观层面是国家法律、法规和政策，中观层面是劳资双方的集体协商和签订集体合同，而在微观层面则是劳动者个人与企业。目前在国家层面，我国已制定并颁布实施了调整劳动关系，《劳动法》、《就业促进法》、《劳动争议调解仲裁法》、《矿山安全法》、《职业病防治法》等多部法律，而在微观层面我们已经出台了《劳动合同法》，唯独缺少中观层面的集体合同制度的相关法律。很明显，这是一种严重的缺失。也许因此会有一些企业、行业甚至地方政府会因这种应有而未有的缺失而付出高昂甚至是惨痛的代价。

根据市场经济国家走过的道路以及所取得的成功经验来看，集体合同制度是调整劳资矛盾、协调劳资关系的法律体系中不可或缺的极其重要的一环。尽快加速此项立法，以完善我国劳动法律体系并促进我国社会主义法制建设。

2. 协调企业劳动关系，构建和谐企业，维护地方稳定，促进经济发展

通过平等协商进而签订集体合同带有民主管理、企业自治性质的法律制度，劳资双方理智寻求利益的契合点，通过协商、相互谅解和相互包容的方式签订双方认可、接受和遵守的协议(集体合同)，从而达到劳动关系双方权利分配及权益的平衡，协调了企业劳动关系，使企业成为双方的利益共同体，从而达到和谐双赢之目的。如果作为国家经济细胞的企业和谐了，那么社会便稳定和谐了。

3. 有助于我国从“国富”到“民强”的根本转变，以获得可持续发展

我国30多年的改革开放与工业化、城市化之路，造就和上演了举世瞩目的以“国富”为明显标志的“世界经济神话”：我国的GDP连续30多年高速增长，现今更是坐上了世界经济总量第二的交椅。今天，我们购买了大批美国、欧洲和日本的债券，从而成为他们的债权国；我们正在积极地想办法帮助希腊等国解决国家债务和信用危机；中国政府的财政收入大约以每年20%～30%的速度增长，从而中国政府成了最“不差钱”的政府；当下，中国已经成为世界范围内高档奢侈品消费增长最快的国家。但是另一个我们不愿意看到的事实是：与此同时，基尼系数已高位超出警戒线，分配不公，两极分化，贫富悬殊带来了一系列社会问题。我们再从另一方面来讲的一个共识即是大国的长远经济发展之路，仅仅或主要依赖外贸是绝对行不通的，我们的民族复兴和大国强盛之路，必须也只能走扩大内需以获得可持续性的发展。而我们之所以大力推进集体合同制度，恰恰是在一定程度上解决长期以来劳动者收入大大低于国家GDP增长速度，提高劳动价值水平的一条切实可行和有实效的道路。应当永远记住。中国的消费主体永远都是那些最广大的基本劳动群众。提高他们的收入水平，扩大他们的消费能力，从而繁荣我们中国自己的庞大市场，建立经济增长的长效机制，这才是良性循环之路。

二、我国进行集体合同立法的难点

回顾我国改革开放、逐步实行市场经济的历史，我们顺应了社会、

政治、经济历史发展的规律，正在逐步地从“人治”走向“法治”，我们正在建设具有中国特色的社会主义法制体系。我们已经初步建立起了一个劳动与社会保障法律体系的框架，但是还有一些重要法律的缺失，《集体合同法》便是其中之一。如前所述，《集体合同法》既是某些规律的反映，又具有相当现实和重要的作用与意义，那么为何这一立法进程缓慢，迟迟不能出台呢？的确，这是一部立法难度较大的法，其难度有以下几点。

1. 政治以及政治体制方面

我国政治体制的改革对于经济体制改革来讲，已相对落后，这是一个不争的事实，而如果“没有政治体制改革的保障，经济体制改革的成果就会得而复失，建设现代化目的就不可能实现。要保障人民的民主权利和合法权益，要最广泛地动员和组织人民依法管理国家事务和经济、社会、文化事务”(温家宝总理 2010 年 8 月 20 日深圳讲话)。这一讲话深刻提示了民主政治在国家政治体制中的作用。而集体合同制度恰恰是基层民主、企业民主的一个重要方面，在整个中国的民主政治进程尚未发育成熟的情况下，广泛推行平等协商签订集体合同的解决社会矛盾的方式对某些政治家和政治领导绝对是一个强烈的冲击。从党的高度集中统一的一元化领导到逐步过渡到依法治国、依法行政的深化的政治体制改革上来，绝对是一个艰难的系统工程。如何顺应社会进步的趋势，在法治的体系内实现党的领导，实现政府与社会、企业与劳动者的双向良性互动，还远未达成统一共识，还有很长的路要走。

2. 如何在我国现实客观政治、经济、法律条件下，寻找实施集体合同制度的最佳方式与契合点

虽然市场经济国家的集体合同制度实行已有一百多年的历史并取得了很好的经验和发挥了较好的作用，但是如何与中国的社会历史条件相结合，在中国的土地上生根发芽还不是一件十分容易的事，这主要有以下几个原因。

①我国现在还并非是一个完全成熟的发达的市场经济国家，我国的经济体制改革与社会转型虽然取得了伟大成就，但尚未彻底完成。转型本身即说明我们仍处在不完全、不完善的市场经济阶段。那么，在这样的社会、政治、经济和历史条件下，如何准确有效地运用集体合同制度

来调整劳动关系，的确需要一个学习、借鉴、深化认识和探索实践的过程。

②集体合同制度需要一个真正能代表与维护劳动者权益并得到他们拥护的真正意义上的工会，而目前自上而下组建的中国工会，特别是基层工会在经济上依附企业行政或资方，基层工会主席的普遍兼职的带有角色冲突的尴尬的双重身份，使得这一制度实行起来变味走样或流于形式而未发挥应有的作用。一个例证便说明了这个问题：据全总数据显示，截至2009年，全国已签订集体合同124.7万份，覆盖企业211.2万个，覆盖职工1.619亿人，覆盖职工占全国企业的65.2%(全国总工会研究室：2009年工会组织和工作发展状况统计公报)。按道理来讲，这应该是十分骄人的辉煌成绩了，但是另一方面的数据统计则真实地反映了截然相反的情况：即我国现阶段正处于劳动争议历史高发的态势之下并伴随着罢工潮不断涌现，这是对于那些大量的、不规范和照抄劳动法的集体合同的一种讽刺。因此，如欲真正发挥集体合同的作用，必须进行工会工作体制、方法、模式的改革，回归到工会的本质上来，因为这涉及对集体合同主体身份的要求与界定，以及工会如何服从地方党委、企业党委的领导和服务于职工的合理诉求的问题。

3. 关于罢工是否合法以及如何规范的问题

可以说集体合同立法中最为敏感的问题即是罢工问题。严格地讲，罢工权是劳工三权不可或缺的组成部分。从广义的范围来讲它属于人权。根据市场经济国家的法律规定与实践做法，劳资双方进行集体谈判，其逻辑发展一定会有两种结果：一是双方谈成了，签订了集体合同，双赢，企业和谐，经济发展；二是谈不成，那么作为对资本最有威慑力的手段，工会可以组织工人罢工(当然这种罢工不是政治罢工、是通过法律规范调整和约束的合法罢工)，老板可以“闭厂”。如果我国的集体合同立法回避罢工这一问题，而现实中罢工又频繁发生并无法规范，则会给企业及社会带来不利和负面的影响。因此，这既是一个两难的令人头疼的问题，同时也是集体合同立法绕不开的问题。

4. 集体合同立法是对正在社会转型的重要历史时期，政府在发展经济，在平衡、干预和处理劳动关系过程中的角色定位、职责履行的重新考量

由于在一些地区，行业、企业公平机制缺失，贫富差距逐步扩大，

致使这些年来在劳动关系领域，劳动争议高发，罢工潮频现，这些现象的发生说明我国面临的“社会风险”。对此，政府如何转型？如何应对？有专家讲政府要树立新的理念，从管制政府走向服务政府，从无限政府走向有限政府，要从集权走向分权，要从统治走向治理。如果从这一指导思想出发，在进行集体合同立法时，就会从积极的方面去认识集体合同制度的作用，把它当成基层民主政治的一个平台，以民主自治的方式去解决企业或经营性组织内部的纠纷与问题。同时要对“稳定”和一般意义上劳动者为争取劳动权益的“经济性罢工”给以新的认识定位，用宽容的心态也许比动用防暴警察会取得更好的效果。但在目前的现实政治条件下，以此作为集体合同立法的指导思想并改变传统的思维定式谈何容易。

5. 集体合同制度立法的思想准备与组织准备

一方面，全社会特别是党政领导干部和企业资方代表及管理者缺少对集体合同制度的正确认识，很多人根本不了解集体合同为何物，或者是误解误读，或者是我是老大，对集体合同不屑一顾，或者是只担心负面影响而看不到积极作用。这就需要在我国进行广泛的宣传教育，提供实施集体合同制度所需要的、被广泛认可的法律意识和思想准备。

另一方面，如何培养教育广大工人特别是数以亿计的新生代农民工具有法制观念进行理性与合法地维权亦是集体合同立法所要解决的一个难题。这也是集体合同法律制度实施所不可或缺的重要组织准备。

就业问题：战略与思考

张抗私[①]

改革开放30余年来，中国的经济发展进入了一个崭新时期。如果说中国的商品（产品）市场，已经较快地适应了新的市场化的发展模式，那么，包括劳动力、资本、技术和管理在内的各种生产要素市场的发展，在整体上，仍然处于艰难的、适应新的发展轨道的转型时期。在这个复杂的背景下，中国劳动要素的现状、劳动力市场化的发展、就业体制在宏观经济中的地位和作用等一系列问题已经摆在了决策者和研究者的面前。

党和国家在发展战略、经济政策、产业结构、就业服务和管理制度等方面，正全面重视就业问题的解决。2005年，中央提出"把扩大就业摆在经济社会发展更加突出位置"；2010年，中央在"十二五"规划建议中强调，"把促进就业放在经济社会发展优先位置"；2011年年底，国务

① 张抗私，东北财经大学教授，博士生导师；研究方向：劳动经济学。本文受国家社会科学基金特别委托项目《中国当代社会管理创新与国家科学发展战略重大课题研究》(12@ZH002)之子课题《创新社会管理中有关就业政策和战略研究》(12@ZH002－8)支持。

院常务会议讨论通过“十二五”促进就业规划时进一步明确，“要切实把就业作为民生之本，作为保障和改善民生的头等大事，作为经济社会发展的优先目标”。2012年2月，中央政治局第三十二次集体学习的主题便是“实施更加积极的就业政策”。胡锦涛总书记强调：“实施更加积极的就业政策，把促进就业放在经济社会发展的优先位置，关系亿万人民群众的切身利益，关系改革发展稳定大局，对推动科学发展、促进社会和谐具有十分重要的意义。”①国家承诺从长期战略、短期政策、宏观总量均衡、经济结构调整、劳动就业服务以及市场管理等各个方面关注和致力于就业问题的解决。在宏观经济调控以增加就业和降低失业率为第一目标和任务的背景下，只有熟悉和掌握了现阶段我国的就业形势与人口结构、就业与教育及产业结构、就业的社会管理等现实情况，才能进行深入的理论分析，给出政策举措的理论依据，进而建立中国特色的就业模式。

文章的结构安排如下：第一部分分析我国当前的人口结构，包括人口机会窗口②的缩小和“未富先老“现象的发生。第二部分梳理了就业结构与教育结构及产业结构三者之间“双互动”的关系。第三部分指出了当前我国就业管理存在的问题。第四部分整理了美国、德国、韩国等就业政策的先进经验，以供借鉴。最后给出了实施就业优先战略的相关对策建议。

一、就业与人口结构

就业问题，根本上是劳动力问题。因此，研究就业必须了解现阶段的人口结构，我国现阶段的人口特征表现为：一是人口机会窗口的缩小；二是“未富先老”。

1. 人口机会窗口的缩小

如图1所示，根据联合国2009年的数据，我国在1970—2010年

① 新华网，http://news.xinhuanet.com/ziliao/2007－11/29/content_7164788.htm。

② 在人口转变的过程中，会逐渐形成一个有利于经济发展的人口年龄结构，也就是人口负担系数比较低的局面，总人口“中间大、两头小”的结构，使得劳动力供给充足，而且人口的社会负担相对较轻，对社会经济发展十分有利，人口学家称这段时期为“人口机会窗口”。

间，劳动年龄人口增长率是高于总人口增长率的，也就是说在此阶段劳动力是越来越多的，这将有利于经济的发展。而自 2010 年之后便会出现反向趋势，意味着“人口机会窗口”将缩小，向着不利于经济发展的方向发展。

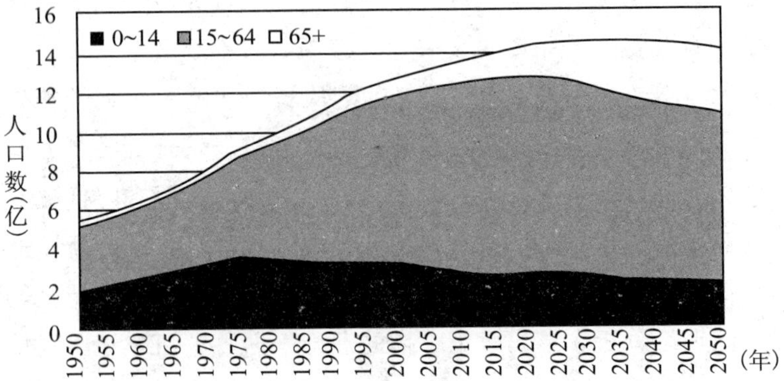

图 1　少儿人口、老年人口与劳动年龄人口的变化趋势

资料来源：联合国(2009)。

从图 2 可以看到，改革开放以来，我国总的抚养比[①]和少儿抚养比一直呈下降趋势，而老年抚养比则呈现缓慢上升趋势。同时，少儿抚养比和老年抚养比的间隔将逐渐变小，使总抚养比在经历一段时期的低位之后，由于老年抚养比的提高而回升。这样将导致我国的总体养老负担加重。根据联合国的预测数据，到 2017 年，65 岁及以上老年人口的比重将超过 10%，老年抚养比将有可能超过 14%。

2.“未富先老”

早在 2000 年，我国 65 岁及以上人口的比重(6.8%)就与世界老龄化平均水平相同。而几乎与此同时，2001 年我国的人均国民总收入(GNI)，按照官方汇率计算，仅是世界平均水平的 17.3%，即使按购买力平价计算，也才是世界平均水平的 56.3%。图 3 显示了 2000 年和 2010 年我国与发展中国家人口结构的对比，通过对比，更为明显地显示了我国“未富先老”的特征。

---

① 少儿抚养比指某一人口中少年儿童人口数与劳动年龄人口数之比。老年抚养比是指人口中非劳动年龄人口数中老年部分对劳动年龄人口数之比，用以表明每 100 名劳动年龄人口要负担多少名老年人。老年抚养比是从经济角度反映人口老化社会后果的指标之一。

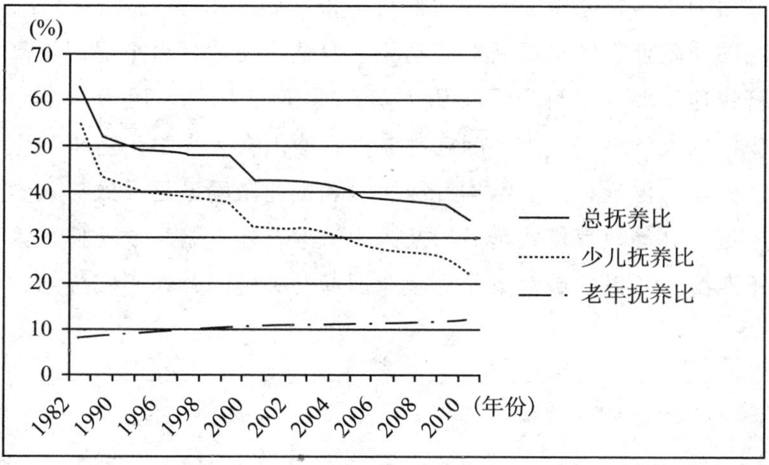

图 2　历年抚养比示意图

资料来源：根据历年中国统计年鉴整理。

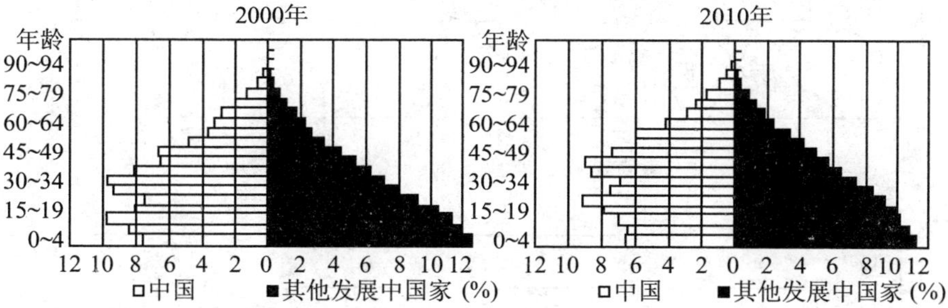

图 3　中国与其他发展中国家的对比

资料来源：联合国(2009)。

二、就业结构、教育结构与产业结构

就业结构、教育结构与产业结构三者之间息息相关，表现为“教育—就业结构”与“就业—产业结构”双互动的关系，即教育结构为就业结构培养劳动力；产业结构决定就业结构，进而又对教育提出新的劳动力需求；这种新的需求又会使教育结构产生相应调整，培养出符合市场需求的劳动力。

图 5 为我国不同学历人员占比情况，其中，初中学历人员占比最

高，其后为小学、高中、专科、本科、未上过学和研究生。总体来看，尽管我国受教育程度呈不断上升趋势，但整体受教育水平仍旧不高。我国经济快速发展，专科以上学历人员比重仅占10%，但为什么会出现如此规模的大学生就业难的问题呢？根本原因在于大学生需求与供给的结构性失衡。体现在产业结构升级缓慢和创业激励不足导致对大学生的需求不足；高等教育模式落后以及人力资本补偿机制的缺乏使得大学生供求不匹配。所以，破解大学生就业困局的关键问题在于实施结构升级战略。

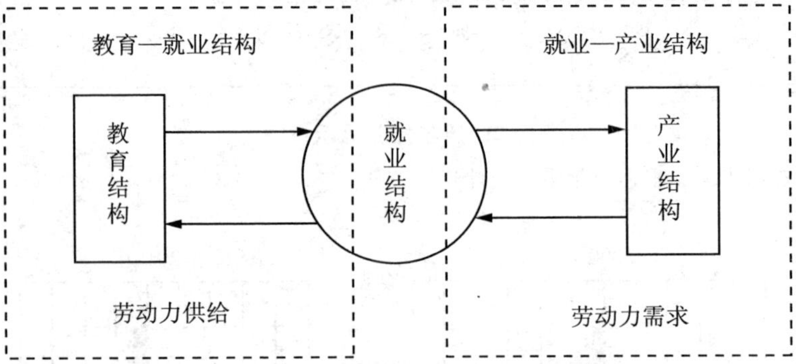

图4　教育结构、就业结构、产业结构关系图

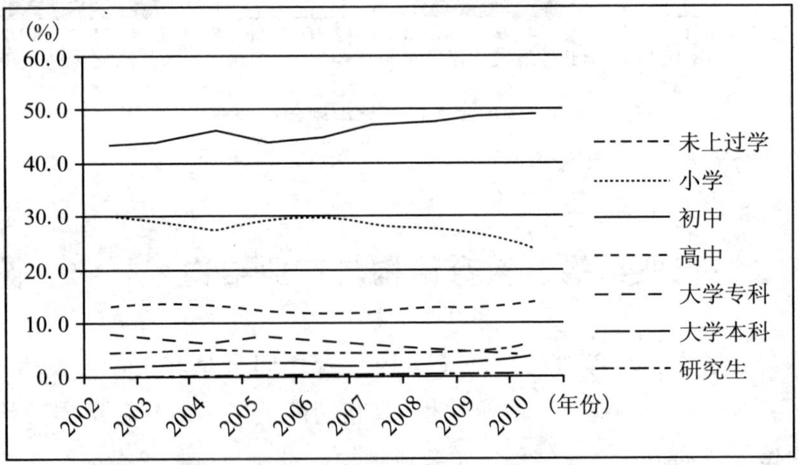

图5　我国总体不同学历人员占比

产业结构与就业结构方面，现阶段两者之间出现一定程度的失衡，表现为：就业结构格局为“一、三、二”(见图6)，而产业结构格局为

“二、三、一”(见图7)。具体来说，第一产业：就业人数占36.7%，而产值仅占GDP约10%，产业结构升级缓慢。第二产业：46.8%的GDP占比，投入了28.7%的劳动力，吸纳劳动力作用有限。第三产业：与发达国家相比，发展仍相对滞后。发达国家现有第三产业在国民经济中的比重已达到50%～65%之间，而我国第三产业的比重仅为43.4%，发达国家第三产业要素比重达到60%～75%之间，而我国仅为34.1%。在吸纳劳动力方面仍有较大潜力。

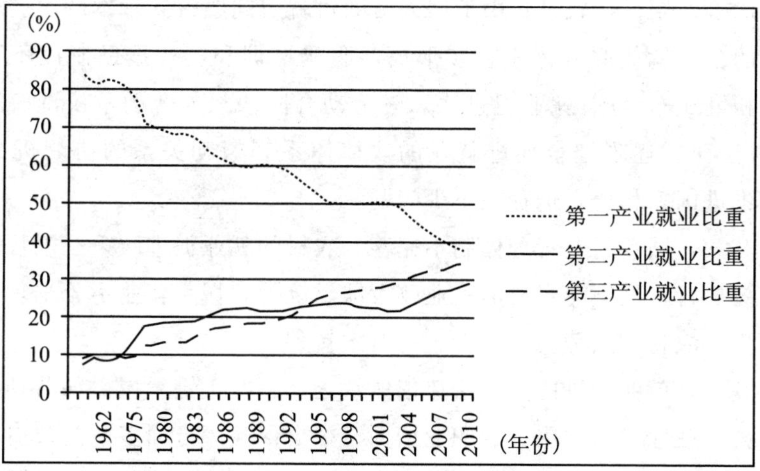

图6　我国三次产业就业人数的比重

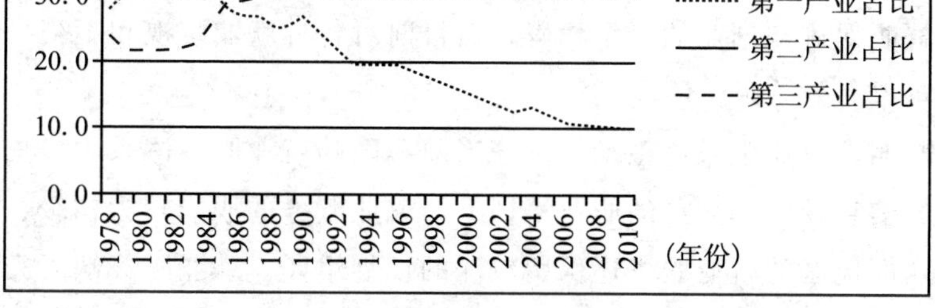

图7　我国三次产业比重

三、就业与社会管理

改革开放以来，我国的就业管理工作取得了不少的成绩，就业制度从统包统配就业体制转向了市场导向的就业体制，适应市场经济要求的就业管理体制已经基本形成。劳动者和用人单位作为劳动力市场上供给与需求的主体地位逐渐确立，灵活就业形式快速发展，市场机制逐步发挥其优势作用。转轨过程中下岗人员的再就业问题得到基本解决。覆盖城乡的公共就业服务体系初步形成，职业培训和就业援助制度不断完善。相继颁布实施《就业促进法》、《劳动合同法》、《劳动争议调解仲裁法》等法律，逐步健全促进就业的法律体系和劳动关系的协调机制①。但与先进国家相比，仍存在不少问题：

其一，城乡就业管理体制不完善。农村的就业促进政策有限且得不到有效执行，城镇与乡村的就业政策缺乏统筹，城乡就业不公平现象时有发生，农村剩余劳动力不能进行有效转移。

其二，就业促进的相关法律依然缺乏。一些关键领域譬如劳动力市场、公共就业、人才服务、职业培训、社会保险等方面多数为政府的行政规章。相比较法律的制定，行政规章在制定的过程中程序不够严格，广大人民群众的参与程度有限，无法全面体现人民群众的真实需求。同时，各级政府、不同地域所采取的政策不完全统一，导致执行过程中困难重重，规章制度形同虚设。另外，行政规章缺乏稳定性和权威性，对一些违纪行为，难以采取有力的惩罚措施。

其三，就业歧视现象非常普遍。当前劳动力市场上，性别歧视、户籍歧视、地域歧视、残疾人歧视现象依然相当普遍，成为制约劳动力流动、就业促进和创业的严重障碍，而目前对各种就业歧视和不公平现象依然难以有效管理。

其四，就业服务体系不健全。当前我国的就业服务体系大多局限在单一的信息发布和简单的职业培训上，就业服务的职能较为初级，尤其是中西部地区的就业服务还保留较深的计划烙印。就业服务缺乏完整的

---

① 新华网，http://news.xinhuanet.com/politics/2009－08/20/content_11918287.htm。

服务流程与长效性。服务机构之间职能交叉，不能有效协调，难以满足变化的劳动力市场需求。

其五，劳动监察力度不够。随着民营经济、个体工商企业的快速发展，劳动监察执法范围不断扩大，加上劳动者的法律意识不断增强，劳资矛盾日益突出，使得劳动监察工作量不断增加。然而，与此形成鲜明对比的是，劳动监察力量普遍薄弱。同时，相当多的地方政府为了发展经济，创造税收，往往还存在劳动监察给招商引资让路的现象。

四、就业政策的国际经验

一直以来，就业和失业问题都是世界性的现实难题，各国政府基本上都将降低失业率，实现充分就业作为调控的主要目标之一，并为此积极地探寻着各种解决方案。各国都认为减少失业率的关键措施是加速经济增长，解决失业问题时应尽量使用市场调节手段等。具体来说，各国政府在降低失业率时采取了以下相似的措施。

表 1　部分国家就业政策与就业服务体系

国家	就业管理机构	就业政策	就业服务体系
美国	劳工部	调整产业政策，扩大就业机会	劳工部直接负责
		积极财政政策，加大投资，减少个税	学校为向导
		发展信息经济、中小企业，鼓励高科技创新	中介机构为桥梁
		重视再就业培训和提供就业信息	用人单位提供见习基地
德国	联邦劳动局	稳定的财政政策	政府牵头
		促进私人投资	用人单位为主力军
		扶持中小企业	社会就业服务机构发挥重要作用
		加强研究和创新	私人介绍所为补充

续表

国家	就业管理机构	就业政策	就业服务体系
英国	就业和养老金事务部	重视教育与职业培训	建立促进就业机构
		提高普通教育的职业性	建设就业传呼系统
		重视继续就业培训	开通职业介绍网络
		加大投入，推动终身学习战略举措	
日本	厚生劳动省	重视立法，有一套完整的劳动就业法律体系	政府统领
		重视就业指导、就业促进和就业援助	用人单位为实践基地
			学校为服务主体
		充实职业能力教育	中介机构服务多

1. 政府重视

美国国会在就业和职业培训领域制定了很多法律；德国的联邦劳动局及设在各州(地区)的州劳动局专门负责就业促进任务；韩国政府早在1998年就通过了《解决失业问题综合对策》，来应对失业压力。这些工作为扩大就业创造了良好的外部环境，保证了就业与再就业工作的顺利实施。

2. 实施产业结构升级

产业结构升级，引入高新技术产业尽管在短期内吸纳劳动力的能力不高，但实施产业结构升级决定着一个国家长期发展的潜力，快速提高经济发展水平，有利于从根本上解决一个国家的就业问题。显然各国政府都意识到这一点，均实施了鼓励发展高新技术等产业结构升级的政策。美国政府运用财政、货币政策推行信息技术，制订完善的“创新”计划，鼓励高新科技创新。德国的科研经费以每年5%的速度递增。韩国则对“风险创业”提供有力的信贷支持。

3. 鼓励中小企业发展

一般意义上讲，中小企业资本构成较低，劳动构成较高，吸纳劳动力的能力也就较强，成为短期解决就业问题的重要措施。纵观各国就业现状，中小企业提供了60%以上的就业机会。因此，很多国家都积极推动中小企业的发展。美国在各州均设立小企业开发中心，向失业人员提供培训和咨询。德国政府要求大学和其他教育机构提供相应培训，鼓励中小企业在科技创新、信息管理等方面加强与科研机构的合作；金融方面，设立产业扶持基金抵御中小企业创业风险，为中小企业投融资提供便利渠道。韩国也通过政府预算和银行贷款，缓解中小企业资金困难，支持中小企业稳定经营。

4. 加强对失业人员的职业培训

失业主要有两大原因：一是总量性失业，由经济运行周期造成；二是结构性失业，由知识结构、年龄结构、地域不同等与劳动力需求的不匹配造成。各国的就业现状告诉我们，失业问题最重要的原因在于结构性失衡，即劳动力供求的不匹配。因此，各国都非常重视失业人员的再培训。为实施再就业培训计划，美国就业培训局(隶属劳工部)向各州拨款，各州负责就业培训计划的制订，具体由私人工业委员会实施。俄罗斯为进行对失业人员新技术、新技能的培训，成立了职业培训中心，并规定不参加培训者，将不发给失业补助金。韩国政府重视对中年(40～50岁)失业者的创业培训，并在全国主要城市设立人力银行，建立了包括职业咨询、再就业培训、失业救济等在内的一条龙服务体系。

5. 重视社会保障体系的建立和完善

社会保障体系可以保证失业人员的基本生活，各国政府都重视社会保障体系的建立和完善。美国的失业保险制度是美国对劳动者实行的失业期间保障其基本生活的制度。失业保障金制是美国职业保障体系中出现最早、涉及面最宽的一项社会保障措施。德国政府规定，所有的职工无论其待遇、职业、地域，均须参加失业保险，且保险收费标准全国统一。现阶段，韩国有相当部分失业者没参加失业保险，政府扩大失业补助支付范围，适当延长补助支付时间，对无法享受失业保险的人员提供最低生活保障。

6. 灵活多样的就业方式

德国实行“缩短工时、共享工作”的弹性工作制，这种方案减少了每周劳动时间，避免了大批解雇人员，把有限的就业机会分享给更多的劳动者。俄罗斯则向失业者提供临时就业机会，且这些工作所需的技能不高，因此涉及面较广，以保证失业者的基本生活。

7. 增加公用事业投资，提供更多的就业机会

增加公用事业投资短期内即可增加就业机会，长期还有利于改善投资环境，为经济长远发展起推动作用。如德国重视环境保护工作，增加相应环保投资。韩国提前执行基础设施投资计划，增加预算额度。

五、对策建议

当前我国面临异常复杂的就业形势：包括总量压力继续加大，教育结构与就业结构、产业结构与就业结构的不匹配，企业“招工难”与劳动者“就业难”并存，劳资纠纷日益突出等问题。为此，中央审时度势，提出实施就业优先战略，把促进就业放在经济和社会发展的优先位置，把增加就业作为保障和改善民生的头等大事，以经济发展带动就业增长，并努力实现经济增长方式的转变。

其一，提高经济发展对劳动力的吸纳能力。实施有助于扩大就业的经济发展战略，以经济发展带动就业增长，以扩大就业，保证经济发展，形成二者良性互动的长效机制。实施就业优先战略，在确定经济增长速度，转变经济增长方式，调整产业布局，实施产业结构升级时，都要第一时间考虑这些政策对就业的影响程度，努力向充分就业的目标靠近。宏观策略上，大力发展吸纳劳动力强的产业和领域。以创业带动就业，发展家庭服务业。

其二，实施积极的就业政策。财政政策上，加大对小型、微型企业和劳动密集型企业的资金投入力度。税收政策上，切实做到对吸纳劳动力强的小型、微型企业的税收减免。金融信贷政策上，引导和鼓励各级金融机构为小型、微型企业提供强有力的信贷和资本支持。

其三，做好城乡、区域及重点群体就业统筹工作。城乡统筹，积极完善城乡平等的就业管理制度，努力消除城乡就业歧视。东西部地区统筹，在推动东部产业结构升级的过程中，更加注重中西部地区的经济结构调整。做好高校毕业生、农村剩余劳动力、少数民族及困难群体的就业扶持工作。

其四，重视劳动力的培训，大力开发人力资源。加强专业技术人才

队伍建设，实施更加开放的人才政策。依托骨干企业、重点职业院校和培训机构，加快培养产业发展急需的技能人才，构建面向全体劳动者的终身职业培训体系。

其五，完善劳动力市场建设。加快推动劳动力市场改革，逐步消除阻碍改革的户籍政策、城乡差别、身份差别等因素，所有劳动者不分城乡、不分区域、不分种族均能实现平等就业。建立健全覆盖城乡的公共就业和人才服务体系，并完善其服务职能。

其六，健全劳动关系协调机制，构建和谐劳动关系。全面实行劳动合同制度，提高农民工等弱势群体的劳动合同签约率，保障其合法权益。推进集体协商制度，扩大集体协商覆盖面，提高集体协商的实效性，完善依托三方机制协调处理劳动争议的方法，充分发挥三方机制在构建和谐劳动关系中的重要作用。

新生代农民工的社会困境与社会融合

南　方　胡晓江[①]

当前，中国新生代农民工及其社会融合问题引起了政府和社会各界的广泛关注。2010 年中央一号文件《关于加大统筹城乡发展力度进一步夯实农业农村发展基础的若干意见》明确要求，采取有针对性的措施，着力解决新生代农民工问题。同年 6 月，全国总工会新生代农民工问题课题组在《关于新生代农民工问题的研究报告》中，将“新生代农民工”界定为：出生于 20 世纪 80 年代以后，年龄在 16 岁以上，在异地以非农就业为主的农业户籍人口。

最近几年，中国农民工的规模仍在持续增长。中国《2010 年度人力资源和社会保障事业发展统计公报》显示，2010 年度全国农民工总量为 2.4223 亿人，比 2009 年增加 1 245 万人；其中外出农民工数量为 1.5335 亿人，比 2009 年的

---

① 南方，北京师范大学社会发展和公共政策学院博士研究生；研究方向：儿童青少年权益保护、儿童青少年社会政策、儿童青少年主导的研究设计、公民社会发展。胡晓江，北京师范大学社会发展和公共政策学院教授、常务副院长、博士生导师；研究方向：社会学、移民研究、社会网络、社会风险、健康、卫生政策。

1.4533亿增加802万人。在1.5亿多外出农民工中，新生代农民工大约占到60%，总人数在1个亿左右。

新生代农民工一方面因其与上一代农民工同处城乡二元经济社会结构中，面临共同的社会境遇，继承了农民工群体共有的一些特征；而又因其出生成长的时代背景，明显带有不同于传统农民工的时代烙印，并经历着他们这个年龄阶段面临的特殊困境。在破解流动人口社会融合难题时，准确了解新生代农民工的群体特征和实际需求，才有可能为促进其社会融合提出有价值的建议。本文旨在对新生代农民工的整体状况和境遇进行梳理，分析他们所面临的社会困境，并针对新生代农民工特殊的群体特征和面临的实际困难提出具体的政策建议。

一、新生代农民工的群体特征变化

（一）初次外出务工年龄提前

新生代农民工的平均年龄为23岁左右，初次外出务工岁数基本上为初中刚毕业年龄。广东省总工会的调研显示，在珠三角，第一代农民工初次外出务工的平均年龄为26岁，而在新生代农民工中“80后”初次外出务工年龄平均为18岁，“90后”平均只有16岁。这也意味着新生代农民工一离开初中或高中校门就走上了外出务工的道路，他们普遍缺少离开校园后从事农业生产劳动的经历，也没有将来回到土地上的打算。而且，许多新生代农民工出生在城市，在农村没有土地等生产资料。

（二）以初中毕业或未毕业为主，有比较强烈的技术培训需要

据国家统计局数据，有将近1/3的新生代农民工接受过高中及以上教育，接受过职业培训的人员比例达到36.9%，高出第一代农民工14个百分点。然而，初中毕业就外出务工甚至尚未毕业就辍学外出的仍占大部分。在“劳工荒”的背景下，企业对没有特定劳动技能或较好教育背景的年轻劳动力有旺盛的需求，年轻人往往不需要有初中毕业文凭便可以很容易地找到一份工作。加之“读书无用论”的沉渣泛起，很多青年人和他们的父母对于教育重要性认识不足。这在客观上导致了许多年轻人在初中尚未毕业便主动放弃学业，步入了“打工族”的大潮中。他们重新

回到学校的主观愿望并不强烈。多数人希望得到一些适合自己的且对自己发展有好处的实用性培训或在职教育。

（三）外出就业动机从“改善生活”向“实现自我”转变

2011年发布的一项报告指出，与传统农民工以“赚钱养家”为主要目的而外出务工不同，新生代农民工中42.3%的人是为了寻找发展机会而外出务工，单纯为了赚钱养家者，只有31%。他们渴望自立，希望自己独立而不依赖家庭，无需为生计而苦恼，过上轻松、安逸、体面并有尊严的生活。很多青年工人认为，挣钱当然是打工很重要的一个目标，但更重要的是通过工作增长见识，体验生活，实现自我成长，并尽可能存些钱以备将来生活或创业所需。然而，实际的生活环境与工作待遇与他们的期望之间却有较大落差，这让他们有强烈的流动内驱力，从而造成新生代农民工流动频繁。

（四）更加认同城市角色，从“过客心态”向“扎下根来”转变

2007年的一项研究报告指出，有55.9%的新生代农民工准备将来“在打工的城市买房定居”，远远高于17.6%的农业流动人口整体水平。这种角色定位和认同具有重大意义，这反映了新生代农民工对于城市的心理已经不同于老一代农民工的“城市过客”心态，而是发生了积极的变化，他们渴望尽早告别“逐水草而居”式的生活，希望在务工之地长期稳定生活。

（五）自觉追求自我价值，公民意识和权利意识萌发

目前有部分媒体报道和研究认为，比起他们的父辈，新生代农民工不再“吃苦耐劳”，他们“比较自私，更加关注自我”。一些企业管理人员也认为，新生代农民工有自己的想法，不太愿意服从传统的管理方式。应当看到，由于经济生活的改善，新生代农民工在成长阶段确实有比老一代农民工更为良好的物质生活条件，相应的，他们工作的目的不再是“养家糊口”，开始向“体验生活、自立自为”转变。在这样的情况下，新生代农民工开始更加关注自己内心的感受，有更加强烈的自尊需求，普遍渴望自立、追求自主、向往自为。这正是他们自我意识开始觉醒的表现。

新生代农民工对于自己的主体性、社会地位，对于自我价值的自觉追求，是构成公民意识的重要组成部分，而自我意识的觉醒，则是公民权利意识建立的标志。公民意识和权利意识的发育，则又为新生代农民工维护自身合法权益，真正享受公民待遇做好准备。如果片面地给新生代农民工贴上“自私”的标签而忽视他们自我意识的觉醒，将不但会错失对新生代农民工进行公民教育的机会，更会打击他们的自尊心和对自立自为的期望，对他们的社会融合造成消极的影响。

二、新生代农民工在社会融合中面临的困境

(一)家庭支持的缺失，使新生代农民工在社会融合上能力不足

很多研究指出，在当今的新生代农民工中，有很大一部分曾经是留守儿童，他们都有缺失正常家庭生活的经历。童年时代长期与父母分离，致使他们不但在生活上无法得到父母的照顾，在情感上也与父母产生了巨大的隔阂。步入青春期以后，这些年轻人又过早地离开了家乡和亲人，割断了与熟悉的乡土的联系，独立面对陌生的工作和环境。家庭情感和家庭关怀的缺失，由陌生环境和紧张工作造成的压迫感，导致部分新生代农民工出现社交恐惧和情感冷漠的现象，也直接影响到这些年轻人在表达情绪和情感、建立和维护亲密关系等方面的能力，还会对他们在社会适应和社会融合等方面的能力产生消极的影响。更重要的是，这些年轻人在童年时没有接受良好的家庭教育，他们中的很多人在为人父母后，也缺乏家庭教育的知识和能力，加之经济压力和社会支持缺乏，他们不得已走上父母那一代的老路，将年幼的孩子送回老家成为新一代“留守儿童”。

(二)社会交往的狭窄，使新生代农民工难以获得安全感和幸福感

新生代农民工生活在城市，却与城市社区和城市人存在隔阂。除了自己的亲戚、老乡和工友外，这些年轻人基本没有任何其他途径认识新朋友，加之频繁的流动，他们与以前的朋友联络也日渐淡漠，脆弱的社会支持网络使他们在面临困难和压力时，缺少可以寻求帮助的对象。这种“想交友没时间、想恋爱没人选、想倾诉没对象”的困境，再加上企业管理和文化建设的不足，以及社会人文关怀的欠缺，婚恋和精神情感成为困扰他们的首要心理问题。

(三)城乡分割的社会保障制度，加剧了新生代农民工对现实的不满

与第一代农民工面临的困境基本一样，新生代农民工受其户籍限

制，依然无法享受城镇职工的各项社会保障待遇。一项近期开展的研究指出，61.7%的新生代农民工认为外来打工者与本地城市居民的待遇是不平等的，这种不平等主要是社会保障不同(63.9%)、子女教育不同(51.7%)、同工不同酬(34.7%)和享受公共服务不同(32.8%)，超过一半的新生代农民工对这些不平等愤愤不平并感到不满。除了无法享受各种城镇职工的社会保障制度，新生代农民工也很少有渠道了解社会服务资源。他们也不知道哪些部门可以向他们提供哪些服务，以及去哪里能够得到帮助。

(四)社会融合的艰难，加剧了新生代农民工的被排斥感

新生代农民工不仅难以享受到与城镇居民及企业职工同等的社会保障制度，而且在日常生活中也难以融入当地社区。他们中的大部分人仍然生活在工厂为外来务工人员提供的集体宿舍里，或是外来人口聚居的"城中村"中。这些流动人口社区与当地社区基本完全隔绝，流动人口社区的严重"污名化"，也加重了生活在其中的人受到排斥和歧视。刚刚召开的"人口挑战与社会融合国际研讨会"指出，流动人口融入当地的愿望强烈，超过92%的流动人口愿意成为流入地的一员，然而现有诸多研究来看，多数新生代农民工在所在城市的融入感不强，而被排斥感却较高，他们的生活与城市没有太多关系，他们对自己所居住的社区陌生感强烈，对社区的感情淡漠，这种身份认同上的张力和落差，加剧了新生代农民工的被排斥感和虚无感。

(五)普法教育和社会支持薄弱，导致新生代农民工容易侵财或伤人

新生代农民工违法犯罪行为的增长，也引起政府各个部门和学术界的广泛关注。2010年，在一项关于新生代农民工权益保护与犯罪预防的全国性调研中，所接触到的16～30岁的罪犯中，57.3%是新生代农民工，而在这些人中有将近一半曾是留守儿童或者流动儿童。该调研指出，在童年时期缺乏亲子交流、在务工城市无法融入当地社区、没有参加社会保障或任何培训，以及有被抢劫、诈骗、偷窃等被害经历的新生代农民工，更具犯罪倾向。由于新生代农民工受教育程度以初中为主，而在小学、初中阶段的法律教育缺位，致使这些年轻人无法获得必要的法律知识，对于遵纪守法的边界认识不清，运用法律保护自身的合法权益更是无从谈起，这导致很多年轻人没有意识到自己已经犯了罪，也没有想到这些犯罪行为有严重的法律后果。更需引起注意的是，由于新生代农民工在城市里缺乏有效的社会支持体系，也难以得到城市的认可和尊重，在找不到工作，生计成为问题又无处寻求帮助，或与他人产生矛盾而又没有良好的解决途径时，部分新生代农民工很有可能因一时冲动或采取盲目行为而违法犯罪。这一点也被上述研究所证明，有76.1%的犯罪行为是由于一时冲动。

三、促进新生代农民工社会融合的建议

(一)以家庭为单元的社会融合政策需要多方共同参与

实践证明，家庭是经济和社会政策发挥作用的焦点。大量研究表明，为家庭提供支持是保证儿童发展需求得到满足的最为有效的途径。一个稳定、和谐、功能正常的家庭，有助于儿童的身心健康发展，并会减少各种不良现象，比如犯罪等社会问题。建议流入地政府有关部门、新生代农民工就业比较集中的企业以及各社会团体和社会组织，在政策设计和具体实施上，要秉承以家庭为单元的社会政策设计理念，从“支持一个人”向“支持一个家庭”转变，从而把经济和社会政策落到实处。

1. 对新生代农民工家庭的支持，应是政府出台相关社会保障政策的基点

政府要着力解决农民工的养老、医疗和失业保障问题，减轻新生代农民工承担父母养老、就医等方面的压力，同时，要切实降低流入地中小学校和幼儿园的入学门槛，确保新生代农民工子女能够平等地享有受教育的权利，这不仅仅是政府对家庭责任的有效支持，更是社会公平的体现，是确保新生代农民工融入城市的政策保障。

2. 对新生代农民工的家庭教育和培训服务，应成为社会团体和社会组织的重要任务

各地妇联、共青团、家庭教育协会等以及在相关领域从事工作的社会组织，应当更加关注新生代农民工在家庭教育上的需求，为年轻的父母提供量身定制的家庭教育和亲子能力培训，并开展社区的亲子活动，使新生代农民工能够免费地或少许花费便能获得他们需要的为人父母的能力和知识，帮助他们不仅能为下一代提供更好的物质生活条件，还将

有能力关注孩子的精神世界，培养出身心健康的下一代，从而有效地预防由于家庭功能缺乏导致的社会风险和失范行为。

3. 企业应制定有利于职工行使其家庭责任的制度

瑞联稚博儿童权利中心和中国纺织工业联合会的调研指出，企业应当执行更为人性化的措施，对于与自己父母或子女共同生活的新生代农民给予适当安排。比如在食宿上提供支持，提供家庭房和基本生活设施，供全家一起居住；对于有孩子的年轻父母给予更灵活的工作时间和休假制度，可由企业提供工作时间内的免费照顾，还可由工厂出面与周围的幼儿园、学校合作，帮助本厂职工子女就近入托和入学。

(二)创新利用现有社会管理渠道，为新生代农民工提供人性化关怀

从近年来各个部门和社会组织的不懈努力，到2010年中央1号文件将新生代农民工问题作为一个全局性问题予以关注，新生代农民工在劳动权益保障、工资收入和生活条件等方面已经取得了较为明显的改善。然而，许多研究表明，他们在工作和生活态度方面的转变、觉醒的公民权利意识，以及由于发展前途渺茫、社会融合碰壁和闲暇生活无聊而产生的消极情绪，更要求全社会关注他们的精神世界，尊重他们的自我意识，给他们空间和理解，注重为他们提供人性化关怀。

1. 树立"以人为本"的理念，尊重新生代农民工的人性化需求

政府有关部门应当充分了解这个规模日益扩大的群体所特有的时代特征和社会困境。首先，应当认识到，他们"更加关注自我"、"不再吃苦耐劳"实际是公民意识觉醒的表现，并在政策制定和媒体宣传上予以认可和鼓励。其次，要正面引导由于代际间价值观差异而引起的歧视现象，充分肯定新生代农民工在经济建设和社会发展中起到的积极作用，以平等、尊重和信任的态度着手解决新生代农民工的问题。另外，对新生代农民工的政策应秉持"以人为本"的理念。特别关注他们在文化生活、婚恋情感、精神健康和社会认同等方面的需求。政府和社会组织还应当给予他们更多的机会和渠道，以助其享有社会参与权和表达权，实践他们的公民权利意识，并将他们纳入社会公共事务的讨论中。

2. 搭建社会管理桥梁，把新生代农民工和社区居民连接起来

应依托现有的社会管理和服务系统，比如工会、团组织、妇联和行业协会等，采用各种创新形式，为新生代农民工提供关怀和服务。政府

有关部门和社会组织应当主动搭建连接工人与社区的桥梁，把与当地青年工人权益保护相关的资源请进工厂，使新生代农民工在解决自身困境时有更多选择。另外，政府有关部门应当广泛利用社会组织的专业能力和资源，通过政府购买社会组织服务的形式，为新生代农民工提供日常化和专业化的服务，让城市敞开胸怀，使他们能更加方便地融入社区生活。

3. 个人成长培训和心理支持，应是人性化关怀的主要内容

政府应当依托专业的社会组织和服务机构，为新生代农民工建立系统的心理支持和疏导机制，并为其提供免费或花费低廉的心理健康咨询服务。同时，社会组织和企业应把个人成长方面的能力培训作为人性化关怀的主要内容，诸如开展沟通交流能力、城市生活经验和职业发展规划等培训，积极为青年员工创造成长空间。企业还应当关怀新生代农民工的业余生活，鼓励青年员工自发组织文化体育活动，使他们充分享受闲暇时光。

(三)提倡终身教育理念，利用新媒体传递紧贴时代发展的教育内容

相关研究表明，“读书无用论”在部分贫困地区和农村地区流行，大致有三个原因，一是学校教育的部分内容与时代严重脱节；二是由于家长在教育上存在很高的投资风险；三是很多青少年并未理解教育对其未来职业发展的意义，而随波逐流，涌入打工大军。针对这三个因素，建议在全社会积极倡导“终身教育”的理念，以开放的思维方式和创新的教育手段，开发符合新生代农民工在当今社会经济文化环境下需要的教育和培训内容。

1.“终身教育”应当成为新生代农民工职业教育的指导原则

政府有关部门应确保新生代农民工平等享有终身教育的权利，还应特别给予其接受正规和非正规教育的机会。在大力扶持学校职业教育以外，政府还应当加强对非学校教育的支持，诸如鼓励企业为青年员工提供职业技术培训，社会组织和社区为其提供城市生活经验和个人能力的相关培训等。政府还应当对积极参与学习的新生代农民工给予肯定，并给予一定的资金支持。

2. 创新利用新媒体平台，开展对新生代农民工的社会融合教育

应将社会融合教育的内容与网络、视频、博客、微博和手机短信等

新媒体工具充分结合起来。广泛运用新媒体平台，以年轻人喜闻乐见、富有时代感的网络流行语言，制作立意新颖、内容贴近生活、富有意义的短片或文字，方便青年人下载观看和交流，在潜移默化间实现了对新生代农民工的社会融合教育，为他们成长为新公民做好准备。

3. 贴近时代经济发展的培训内容，为新生代农民工职业教育注入生命力

应当认识到，在大众传媒和通信技术取得巨大进步的今天，电子商务、即时通信和网络游戏等已经成为新兴的经济形式。目前，有一些职业培训机构开始尝试开设淘宝网店、网络游戏测试员、动漫设计等既符合时代经济发展需求，又符合年轻一代喜好的课程，为职业教育注入生机和活力。

农民工随迁子女教育公平的财政实现机制研究

袁守启[1]

农民工随迁子女的教育问题是一个复杂的社会问题，它不仅关系到农民工随迁子女的健康发展，也关系到教育公平、社会公平的问题。根据国家统计局有关资料显示，目前我国进城农民工数量为2.4亿人，这2.4亿人的背后是7 000多万他们的孩子，其中包括1 400多万随迁子女和5 800多万留守儿童。其中随迁子女中大约有350万名适龄儿童无法解决入学读书的问题，这个数字占到所有随迁子女的25%左右[2]。这一现象引起了理论界与实务界的高度关注，政府工作报告中曾经强调，要让进城人员子女享受到平等的受教育权。论文基于教育公平的财政实现机理，提出相应的政策建议，以期有效解决农民工随迁子女教育公平这个影响国家和社会未来和谐稳定的重大问题。

---

① 袁守启，中国宏观经济学会副会长，中国东方文化研究会会长，研究员，教授，博士生导师；研究方向：宏观经济、社会保障、传统文化。

② 数据显示，2010年，全国义务教育阶段在校生中进城务工人员随迁子女共1 167.17万人。

一、教育公平及其财政实现机制的基本理论

(一)教育公平的内涵

教育公平是指每个公民在享受公共教育资源时受到公平和平等的待遇。教育公平具体包括：教育机会公平、教育过程公平和教育质量公平。

教育机会公平是指每个社会成员不受经济状况、家庭背景、教育水平及性别等因素的影响，接受国家义务教育。教育机会公平作为现代教育的基本理念，主要是对在现代教育中处于边缘化群体的教育权利的关注和补偿，力争人人享有公平的教育机会和教育资源。

教育过程公平是指每个学生在接受教育过程中，在教育投入、公正评价等方面，不考虑其他因素的影响，其目标是让每个学生都受到与之相适应的教育。但是，由于我国目前的发展水平很难使得全国各个地区享有相同的教育水平，因此，我国目前解决教育过程公平的工作重点是使得地区间教育水平差异不再扩大甚至缩小。

教育质量公平是指学生在接受教育之后都能达到一个最基本的标准，获得与其智力成长水平相符合的知识水平、能力水平、道德水平，使其个性与潜能得到充分的发挥，为更高的学业成功和其他方面的进步提供一个有效发展机会。

上述三个方面共同构成了教育公平，缺一不可。在教育机会和教育过程趋于公平的情况下，社会公众对教育的诉求必然会落到追求教育质量公平上。因为人们有可能受到同样的教育机会，但并不意味着他们享有同等的学习过程。同等的学习机会和学习过程并不代表能获得同样成功的结果。因此追求教育质量的公平是教育公平更为高级、更为本质当然也是更为困难的目标。

(二)教育公平的实现机制

1. 物质基础：财政投入机制

实现教育公平，最基本的是实现财政投入的公平，保障教育事业有充足的物质支撑。公共财政理论认为，教育属于准公共物品，单纯地靠市场提供很难有效地满足教育消费需求，必须要通过政府的投入来实现

有效供给。教育经济学认为，财政性教育经费应该重点投向社会效益较高的基础教育，有利于我国的教育公平尽早实现。

2. 事权清晰：政府间经费分担机制

随迁子女义务教育是一项社会化的系统工程，合理的政府间经费分担机制能够明确各级政府在实现教育公平过程中的责任。随迁子女教育经费分担涉及迁出地政府、流入地政府与中央政府。面对工业化、城镇化所带来教育需求，单单凭借地方政府的财力难以有效解决流入地学校教育经费的缺口，在迁出地政府与流入地政府之间应加强协调与合作的同时，中央财政应发挥其在国家教育经费投入中的主导作用，进一步加大对流入地农民工子女义务教育经费的投入。

3. 外在监督：绩效评价机制

有效的监督机制是教育公平顺利有效实现的重要保证和必要条件。一方面政府监管部门可以通过对农民工随迁子女进入公办学校就读百分比、专项教育经费拨付数量等定量指标和各地区所采取的保障农民工随迁子女入学的各种政策、措施等定性指标进行绩效评价，衡量农民工随迁子女义务教育工作开展的效率；另一方面可以鼓励社会各界的热心人士组成农民工子女教育监事会，通过定期民众测评，提高教育公平的实现程度。

二、财政支持农民工随迁子女教育公平的现状

(一)农民工随迁子女教育的现状

1. 农民工随迁子女大多数就读于公办学校，接受正规教育的机会逐渐增加

近些年，随着政府相关政策的出台和财政教育资金投入的加大，有越来越多的农民工子女可以到公办学校上学。根据北京市公布的数据：截至2011年秋季开学，北京市义务教育阶段随迁子女已达约47.8万人，在公办学校就读的随迁子女约33.9万人，占总数的70%。2010年秋季开学时，子女在上海接受义务教育共有47.05万名农民工，从以上数字可以看出：通过政府的努力和政策的有效实施，越来越多的农民工子女可以接受并且享受公平、规范的教育机会。

2. 相关政策的贯彻为农民工随迁子女实现教育过程公平提供平台

为确保义务教育的全面巩固和提高，2001年国务院颁发的《关于基础教育改革与发展的决定》，确定了“以流入地政府为主，以全日制公办中小学为主”的“两为主”政策。2008年，国务院发布《关于做好免除城市义务教育阶段学生学杂费工作的通知》，规定公办学校对农民工子女免除学杂费，不得征收借读费；能够承担义务教育任务且经政府委托接纳随迁农民工子女就读的民办学校，可享受当地公办学校免除学杂费标准同等金额的补助；中央财政对农民工子女接受义务教育问题解决较好的省份给予适当奖励。

上海取缔了少数不符合办学条件要求的打工子弟学校，其学生安排到公办学校就读。为了提高教学质量，政府在对创办者进行一定补偿的基础上，接管了符合条件的民办学校，并给予在校学生年均2 500元左右的经费补贴。同时，教师的待遇得到一定程度的提高。2010年，上海市农民工子女已经百分之百享受到免费义务教育。由此可见，随着管理和制度的不断完善，政府在教育资金、教师配备和学校管理等方面，帮助农民工随迁子女逐步实现教育的过程公平。

3. 综合素质评价与中考制度相衔接，教育质量公平日趋得到重视

随着农民工子女教育的逐步公平，很多地区不单是注重教育机会公平，也开始注重教育质量公平。北京市出台政策，外来务工人员子女有望在北京市接受高中教育；同时，将综合素质评价与中考制度相结合。如北京市将综合素质评价与中考制度结合，就打破了过去仅把中考成绩作为录取唯一依据的录取模式，这样可以公平、全面地评价农民工子女的学习质量，同时给予他们在北京市就读高中的希望与机会，这一实践有助于综合地提高农民工子女受教育的质量。

(二)财政支持农民工随迁子女教育公平的情况

1. 加大财政教育经费投入，增加农民工随迁子女教育机会

2011年8月，为确保农民工随迁子女平等接受义务教育，中央财政下拨45.68亿元，对农民工随迁子女接受义务教育问题解决较好的省份给予适当奖励。2010年为积极吸纳农民工子女入学，广州市拨付200万元专款作为补助接纳农民工子女的民办学校专用经费，为农民工子女就学铺设了“绿色通道”。到2011年秋季学期，广西壮族自治区义务教

育阶段共有进城务工人员随迁子女学生 31.88 万人，安排在公办学校就读的进城务工人员随迁子女学生 24.2 万人，接收率达到了 76%。2008—2010 年间，上海市共投入资金 103.79 亿元，另外，市财政对新审批的以招收农民工子女为主的民办小学给予 50 万元改善教学设施的经费。

2. 优化教学资源，完善农民工随迁子女教育基础设施

为鼓励公办学校接收农民工随迁子女入学，上海市教育部门按核定生师比招收教师，下拨相应的办公经费。2008—2010 年上海为改善民办小学的办学条件，市、区两级财政投入十余亿元，用于这些设施改造和基本成本补贴。同时，上海市也像广州一样对新审批的以招收农民工子女为主的民办小学给予同等金额的办学设施改造经费。广州市政府本级统筹的教育费附加中安排了 1 250 万元专项资金，用于鼓励广州市接收农民工子女较多的公办学校以及扶持农民工子弟学校，并且这笔专项资金是用于改善学校教学设备的专款，以吸纳农民工子女接受教育。

由以上中央和地方政府的政策措施和经费投入来看，我国已对农民工子女教育公平给予足够的重视，财政给予更多的财政性教育资金的投入，加大校舍建设、学生经费补贴并改善提升师资力量，全面地支持并促进农民工子女教育公平的实现。

三、农民工随迁子女教育显失公平的表现及其财政性根源

从当前流入地义务教育的实践来看，随迁子女的教育问题仍面临各种制度性障碍，普遍存在着财政体制运行不佳、事权与财权不明晰、经费缺乏保障、条块分割、各自为政等突出问题。

（一）农民工子女随迁教育显失公平的表现

1. 教育机会显失公平：农民工子女进入公办学校就读仍然存在困难

实践中，流入地政府和公立学校往往把接纳农民工随迁子女入学视为一种“额外负担”，公立学校以苛刻的入学条件限制或者拒收非户籍学生，造成部分农民工子女不能到教学质量好的学校上学。2008 年，据

北京市“城市农民工子女义务教育问题研究”课题组的调查，农民工子女进入公办学校学习仍存在着难度。有63.2%的家长认为孩子入学很容易，费了一番周折的占29.3%，入学很难的占7.1%，因入学难而未上学的占到了0.3%。另外部分公办学校还存在征收借读费、捐资助学费现象，使得农民工子女只能去那些教学质量一般甚至是教学质量较差的民办学校、民工学校就读。

2. 教育过程公平脆弱：教育资源配置不合理，农民工子弟学校师资条件落后

近些年，由于资源配置不合理等因素，农民工随迁子女很难进入到公办学校就读，大多只能选择到农民工子弟学校上学。这些打工子弟学校由于办学经费严重缺乏，不论是硬件设施还是软件设施，与公立学校有着明显差距，长期处于“低投入、低收费、低薪酬、低质量”的恶性循环中，无法为随迁子女提供一个公平、合格的教育环境。

3. 教育质量公平任重道远：素质评价体系单一，教育过程不连贯

由于农民工子弟学校办学条件不符等原因，一些民办学校也由于政府的管制而得不到稳定、持续的发展，因此一些农民工随迁子女无法按部就班地接受教育，转学回老家甚至辍学。同时，由于综合素质评价体系单一，又与中考制度紧密相连，使得一些在公办学校读书的孩子无法参加中考等升学考试，这就造成农民工随迁子女在受教育过程中的质量难以得到保证。

(二)农民工随迁子女教育显失公平的财政性根源

1. 农民工随迁子女财政教育经费投入不足

随着我国财政管理体制的变迁，义务教育经费投入责任由原来的“以镇为主”、“以县为主”演变为当前的“省级统筹，以县为主”，即本质上仍然是以“属地负责”为特征的义务教育投入体制。在这种体制下，地方财政承担了随迁子女接受义务教育的所需经费，而且还在逐年增长，加大了地方财政的压力，难以持续。一段时期，由于经费的不足，少数学校便向这些农民工子弟收取借读费，这不仅严重影响了农民工及子女的切身利益，加重了他们的经济负担，也损害了教育和政府的形象。

2. 农民工随迁子女教育经费分担机制缺乏且不合理

在现行财政管理体制下，地方政府特别是县乡财政承担了较多的义

务教育责任。“两为主”政策却仅仅强调了流入地政府的责任，并没有对流出地政府的责任做出明确规定。从现有体制来看，这种义务教育投入体制其实是由中央政府出面，把流出地政府对其户籍人口适龄子女接受义务教育投入的责任转移到流入地政府身上。同时，中央政府又将自身应该承担的义务教育经费支付给流出地政府。流出地政府因此既得到了国家应该承担的外来务工人员子女接受义务教育的经费，又不必承担相应的责任，导致流入地政府将随迁子女的义务教育视为一种“额外负担”。

3. 缺乏专门的农民工随迁子女义务教育资金预算制度

我国的政府预算科目表一直存在着过于粗略的弊端。虽然2007年修订了《政府收支分类改革方案》，但仍不能够清晰地表现出所有资金的用途；并且农民工随迁子女义务教育资金预算科目并没有体现在政府收支分类之中。另外，我国尚未建立系统、规范的预算支出的绩效评价机制。农民工随迁子女义务教育经费自然无人问津。

四、完善财政实现机制、保障农民工随迁子女教育公平的对策

（一）完善财政性教育经费投入机制，强化农民工随迁子女教育的机会公平

1. 进一步加强农民工随迁子女财政教育经费投入的力度

完善以公办学校为主的政策，完善各项管理，增加农民工随迁子女数量，实现农民工子女平等接受义务教育的机会。政府还可以通过发放教育券来缓解农民工子女公平享受义务教育的问题。健全义务教育经费政府间的财政分担机制，基于县乡财政财力相对困难的现实，中央财政在农民工子女义务教育投入中发挥主要作用，继续完善以财政拨款为主的多元的教育投入体制。

2. 建立农民工子弟学校的财政长效投入机制

政府有责任建立对农民工子弟学校的财政投入长效机制，加大对农民工子弟学校的扶持力度，改善农民工子女的教育环境，使农民工子女享受同等的义务教育权益，提升农民工子弟学校的质量。此外，对于农

民工子女的区位分布高度集中，农民工聚居密集区的民办学校，可允许校方根据接收学生数量及生均应占教学资源量向中央及省政府财政申请贷款贴息，用于学校校舍扩建及基础设施的建设。

3. 随迁子女义务教育经费纳入预算管理

为了确保与户籍学生平等接受义务教育，农民工随迁子女义务教育应全面纳入教育发展规划和财政预算。流入地政府应将随迁子女的义务教育公用经费纳入当地中小学义务教育经费预算和财政保障范畴，明确省内各级政府职责，根据各自财政收入份额按比例划出专项资金用于农民工随迁子女的义务教育。同时，为提高资金使用效率，做到专款专用，各级政府应进一步强化随迁子女义务教育经费的分配及管理，要求学校规范编制自身的预算、科学配置教学资源，使财政资金的使用真正落到实处，真正实现教育机会公平。

(二)合理配置教育资源，夯实农民工随迁子女教育的过程公平

1. 优化随迁子女义务教育的资源配置

要加强宏观调控，合理分配教育资源，积极协同教育部门统筹安排预算内外资金，还要尽量地缩小地区间、校际间基础设施建设和师资水平等差距，提供公平的教育服务。通过优化教育资源配置，可以提升农民工子弟学校的办学水平、学校基础设施建设，同时可以让更多的农民工随迁子女有机会接受公平的教育。同时对有资质承担随迁子女义务教育的民办学校给予政策扶持和教育经费补贴，增加农民工子女教育机会，减轻公办学校压力，提高义务教育质量。

2. 建立合理的中央及地方的经费分担机制

农民工随迁子女义务教育的准公共产品属性，说明从中央政府到地方政府合理分担相应的教学经费。区分跨省和省内流动的农民工子女，建立各级政府共同分担、以省市政府为主的农民工子女义务教育经费负担机制。具体而言，一是建立专项财政转移支付制度。根据义务教育学生流出情况，加大中央财政对流入省、省级财政对主要流入市的专项财政转移支付力度，减轻流入地财政负担过重的问题。二是在省内建立随迁子女义务教育经费的均衡分担制度，明确划分省级范围内的流入地和流出地政府之间的事权，解决因户籍制度造成的教育拨款的固定性与人口流动性的矛盾。流入地政府应将随迁子女的义务教育列入教育经费预算，将省内跨市县流动的义务教育阶段学生列入本市及本省免费义务教育政策对象。省内户籍学生义务教育经费跨市的由省解决、跨县的由市解决、跨镇乡的由县解决。

（三）加强财政性教育经费支出的监督管理，逐步实现教育的质量公平

一是制定并完善义务教育财政法规。国务院应修订现行法规中有关义务教育财政的条款，尽早出台《义务教育财政投入法》，使义务教育经费的投入有法可依。其中，对于农民工随迁子女，在保障他们义务教育经费投入的同时，国家更应加大监督管理力度。二是尽快制定明确的办学标准，对在各地声誉较高的农民工子弟学校，正确引导它们合法办学、规范办学。通过中央及省政府财政贷款贴息政策的扶持，加快此类薄弱学校的改造，帮助它们改善办学条件和提高教学质量，积极参与义务教育阶段学校标准化建设。

（四）引导社会力量办学，多渠道保障农民工子弟的教育权益

1. 逐步完善教育资本市场

对于家庭来说，用于教育的支出是一种人力资本的投资，当低收入家庭无力支付学费，照理可以向金融部门申请贷款。问题是人力资本市场是一个不完全的资本市场，在这个市场中，金融部门与借款者之间的信息不对称，人力资本投资究竟有没有回报或回报率高低都不确定，因而金融部门不愿意轻易发放贷款。因此由政府主管教育服务并为教育贷款提供担保，则有助于弥补教育资本市场的缺陷。

2. 政府通过政策引导增加农民工子弟学校的数量

政府应积极制定税收等优惠政策，对于开办正规的学校的个人和单位，应给予一定的税收优惠和土地优惠以及政府补贴等鼓励，吸收和接纳更多的随迁子女。同时兴办教学环境、教学条件较好的民办农民工子弟学校和寄宿制学校，使一些失学的孩子过上良好的集体生活。对一些审批合格并合法的农民工子弟学校，进行帮助和指导，促进其教育和教学质量的提高。

总之，农民工随迁子女的教育公平问题是一个许多因素相互交织的复杂问题。因此，只有以政府为主导，多方协作，社会各界共同努力，才能真正实现进城农民工子女的教育公平。

新形势下推进劳动关系多方治理结构建设

王　阳[①]

劳动关系是劳动者与用人单位在实现劳动过程中建立的社会经济关系，是最基本的社会关系之一。我国劳动关系的发展有其独特的历史背景，从计划经济时期“终身制”的劳动关系正在走向市场经济条件下基于雇用劳动的契约性劳动关系，在经济转型、体制转轨、城镇化、全球化、信息化等相互交织的宏观背景下，推动以往那种类型单一化、主体抽象化、内容同一化和运行行政化的劳动关系，朝向市场化、法制化、多样化和国际化的劳动关系快速演变。在加快转变经济发展方式、积极提高经济开放程度、工业化阶段跃升、城镇劳动力结构变动、健全劳动力市场制度等因素的作用下，现阶段我国劳动关系正在呈现类型多样、形式灵活；内容各异、格局复杂；主体明晰、利益分化；法律体系基本形成的发展态势。作为一个正在建立完善的社会主义市场经济体制的转轨国家和正处于工业化进程中的发展

① 王阳，国家发展和改革委社会发展研究所助理研究员，经济学博士；研究方向：社会政策与劳动力市场。

中大国，相对于比较成熟的发达市场经济体制国家，我国的劳动关系状况将凸显出动态性、复杂性和高敏感性的特点。

一、产业结构调整使劳动关系处于多变状态

“十二五”时期，我国要加快转变经济发展方式，促进制造业由大变强、淘汰落后产能，同时，提高产业集中度，促进企业组织结构优化。以此为基本要求，我国出台了一系列包括节能减排、淘汰落后产能、引导企业兼并重组等在内的举措，这就会使原已形成的劳动关系受到冲击，易于产生劳动争议。根据笔者在山西省临汾市调研了解的情况，随着经济结构调整加快，“十二五”期间，该市产业转型的工业企业、资源枯竭的矿山和关闭破产的困难企业转岗失业的职工总数将达 2.5 万人，这些职工的岗位安排、待遇补偿、社会保险等问题如果解决不好，很易成为诱发争议的隐患。

再进一步而言，“十二五”规划中关于产业结构调整的核心内容，在于以提升技术为特点的结构升级，那么国有大中型企业，尤其是国有大企业将成为主要载体。比如，强调引导企业兼并重组，提高产业集中度，发展有核心竞争力的大中型企业；制造业由大变强，淘汰落后产能，依托国家重点工程发展重大技术装备，对象也是指改造国有企业；而淘汰落后产能的重点，同样是集中于以国有大中型企业为主的钢铁、水泥和电解铝行业等。国有企业兼并重组，在提升技术的同时，必然会伴随资本替代劳动、大量职工下岗失业的现象，这些都容易引发劳资冲突，如不能妥善解决，势必会给企业劳动关系的和谐稳定带来挑战。从近年来国有企业发生的停工事件来看，主要原因就是由于企业改制、重组，大批职工面临着解除合同、失业、买断工龄等经济转型期所带来的一系列问题，处于经济制度和结构的转型期，很可能一个在短时期内的巨大转变，就会激化企业内部经营者与劳动者之间的矛盾和纠纷，从而引发停工。

2009 年，我国大型企业之间的并购重组加速推进，仅当年就在钢铁、有色金属、建材、石化、装备制造、汽车、轻工、纺织、电子信息等行业进行了 50 多起大型企业之间的并购重组。特别是央企，自 2003

年国资委成立以来，仅央企之间的重组速度就达到每年 10 家左右，若加上央企重组地方国企，则数据更为可观。然而，值得注意的是，同样是在 2009 年，因国企改制、重组等而引发了多起出现暴力情况的劳资冲突事件，其中，尤以通钢集团和林钢集团在改制过程中发生的暴力事件造成的社会影响最为强烈。国有企业的市场化改革导致了企业经营者与劳动者双方权利和利益的迅速分化，若再加之企业管理手段苛刻、粗暴，政府部门工作失误和行政不作为，以及职工利益表达渠道不畅通等几重因素，那么劳动者很可能会自发采取集体行动来表达自己的诉求，甚至在劳动者的利益被严重侵害而又缺乏任何有效的救济渠道之时，铤而走险地采取暴力手段解决问题，从而对社会稳定造成消极影响。2010 年 2～7 月，在来京重复非正常上访的数据中，其中有 3 个月，仅因国企改制引发的上访事件就接近甚至超过长期居于第二位的因“农村土地征用”和“城镇房屋拆迁”引发的集体上访事件。

从总体上看，当前国有企业劳动关系处理中的不稳定因素主要有以下三个方面：一是国家政策调整过程中不同群体的利益调整不均；二是贯彻执行国家法律、法规中出现分歧；三是企业改革改制重组时影响到职工的既得利益。从笔者在湖北省荆州市调研了解的情况看，该市一些国有企业在改制过程中就存在比较严重的侵犯职工收入分配权和不能切实保障职工社会保障权的问题。比如，企业改制中对职工的经济补偿标准偏低或不按规定支付；改制后大幅提高劳动时间和劳动强度，但职工工资增长缓慢；改制时在未能解决分流职工的社会保险接续问题的情况下，就与职工解除劳动关系，导致部分下岗分流职工基本生活得不到保障。另据笔者在山西省临汾市了解的情况，该市部分国有企业改制后，导致一些停薪留职、长期挂名、长年病假人员等遗留问题存在，原劳动合同既不终止又不重签，企业既不为其发放生活费又不为其缴纳社会保险费，导致了大量劳动争议案件的出现。此外，重庆市一些国有企业在改制中强行将企业原有劳动关系转轨为劳务派遣关系，致使集体劳动争议快速增长。

2010 年 9 月《国务院关于促进企业兼并重组的意见》公布，汽车、钢铁、水泥、机械制造、电解铝、稀土等行业成为推动国有企业兼并重组的重点领域。“十二五”期间，在实现上述产业结构优化升级的同时，有必要关注并妥善处理由此而带来的劳动关系的变动。

二、国外经济波动态势影响劳动关系运行稳定性

2001年我国加入世贸组织以来，经济开放程度日益提高，货物进出口总额的增长速度始终保持在20%以上。2008年下半年金融危机波及我国，导致外部需求锐减，我国出口企业大多为民营中小企业，因而其受到的金融危机影响也最为明显。根据吴要武和都阳[①]对金融危机影响民营中小企业雇佣行为的研究发现，2008年，我国东、中、西部三地中小企业内的非技术劳动者(比如企业的一线生产人员、服务人员等)数量较2007年分别增长了4%、6.2%和6.2%，但是到2009年，三个地区的该项指标值就分别下降为-0.6%、-0.54%和2.2%，除了西部地区的中小企业仍在增加对非技术劳动者的雇用数量以外，东部和中部地区企业的雇用数量都在下降。相比专业技术人员，企业内的非技术劳动者的劳动关系更为脆弱，成为企业经营效益下滑后被首先“剔除”的对象。

尽管难以全面估测金融危机对我国企业原有劳动关系影响的总体情况，但是可以谨慎地做出一点判断：在国外经济运行的下行阶段，我国东部和中部地区企业(主要是外向型企业)可能会因产业升级而倾向于减少对非技术劳动者的需求，以至于出现雇用停滞甚至下降，易于发生劳动争议，而西部地区企业(主要是外向型企业)依托传统的产业结构，仍然可以扩大对非技术劳动者的雇用量，劳动关系运行相对稳定。根据李丽林等[②]对2004—2010年我国典型停工事件情况的分析发现，发生在2008年以后的典型停工事件达36起，几乎占到研究者所收集到的全部事件总数(共73件)的50%；在停工事件发生的地域上，华南地区以33起(占45.2%)成为停工事件的高发区，其次是华中地区，有10起(占13.7%)；再具体到各个省市，广东省共发生了32起(占43.8%)，是停工事件的重灾省份，其次是湖北省，共发生了5起(占6.8%)。虽然李丽林等的研究并非完全针对金融危机后发生的典型停工事件，但是仍

---

① 吴要武、都阳：《金融危机对中小企业就业的影响》，见蔡昉主编：《中国人口与劳动问题报告No.11——金融危机时期的劳动力市场挑战》，北京，社会科学文献出版社，2010。

② 李丽林、苗苗、胡梦洁等：《2004—2010我国典型停工事件分析》，载《中国人力资源开发》，2011(3)。

然能够借助停工发生时间分布、高发区的停工数量占比等几项指标的数值，从侧面反映出金融危机后我国东、中、西部三地劳动关系的波动情况。我国东部地区由于多劳动密集型产业和外向型企业，当面临金融危机冲击时，这些产业以及其中的企业(尤其是中小企业)会更加脆弱，以至于影响到原有劳动关系的稳定性。

国际市场的需求是我国经济增长的重要动力之一，但世界银行发布的《2012 年全球经济展望》报告显示，2012 年全球经济前景全面恶化，2012 年和 2013 年全球经济增长率将降至 2.5%和 3.1%，外需放缓的可能性正在进一步增加。民营企业和外资企业等非公有制经济组织是我国出口企业的主体，一旦国际市场需求疲软导致我国出口增速回落，那么这些企业也将面临最大的冲击，如若再加上生产经营成本攀高、融资枯竭等问题，则企业很可能会采取减少劳动雇佣、削减人工成本等策略来应对，那么国外经济增长持续下滑的风险就会传递到我国的劳动力市场，破坏原有劳动关系运行的状况。根据笔者在湖北省襄阳市和荆州市调研掌握的情况看，受国际金融危机和人民币持续升值的影响，国际市场需求大幅下降，襄阳市不少出口型企业的订单减少，再加上原材料和人工成本大幅上涨，企业效益急剧下滑，生产经营面临严重困难，长期处于停产和半停产状态。因资金枯竭而难以承担职工的工资、生活费(离岗退养人员)发放和社保缴费，目前该市已有 17 家企业实施了经济性裁员，被裁减的劳动者数量超过 3 000 人。而在荆州市，一些出口企业为了节约成本，在技术革新创新方面投入不足，劳动安全设施滞后，员工缺乏相应的劳动保障措施，致使职业病、工伤事故连连发生，对劳动者的健康造成了伤害。

以长三角、珠三角为代表的东南沿海地区是我国传统的出口导向型企业最集中的区域，而随着中部地区承接境外和沿海产业转移，以湖北省为先导的中部地区正在成为新兴的外向型经济的集聚区，可以预计，在今、明两年世界经济复苏继续放缓的大背景之下，加之我国国内经济增长动力不足，因出口需求下降而产生的冲击，将会主要影响到这些地区的就业情况，造成就业数量的损失或是质量的下降。此外，据笔者近期的观察，2011 年第四季度在我国的长三角、珠三角、上海、广东等地连续发生的数十起员工群体罢工事件，主要涉及的就是外商投资企业，罢工的表面原因大多是因企业迁址引发再就业和利益补偿纠纷，而深层次原因则是由欧美市场低迷而带来的企业效益下滑和生产经营受损，从而促使企业向内地转移。此时，如果不能妥善处理因企业效益下滑而带来的裁员、搬迁、减薪等一系列问题，那么这些问题将很可能演变成引发劳资冲突甚至是群体性事件的一条导火索。

三、劳动者主体结构改变导致劳资刚性冲突加剧

作为劳动关系主体的一方，劳动者的年龄、素质能力、组织性、思想意识、与劳动力使用者博弈手段的选取，以及在劳动争议中的对抗能力等都在影响劳动关系的运行，而上述这些因素又同劳动者的结构密切相关。从总体上看，近年来我国劳动者主体结构主要发生了以下五个方面的变化。

一是劳动者受教育程度普遍提高，初中学历者增幅最大。比较2009年与2005年全国就业人员受教育程度的构成情况，可以看到，初中及以上学历的劳动者数量占比都有不同程度的增加，2009年全国初中以上学历就业者占全部就业者的比重为68.9%，较2005年增长近6个百分点，其中，初中学历就业者占比增长最多，从2005年的44.1%增加到2009年的48.7%。

二是第二、三产业就业者数量明显增加，第二产业就业者占比增幅最大。2001年以来，在第一产业就业的劳动者数量占比逐年下降，而在第二、三产业就业的劳动者数量占比则逐年上升，2010年三次产业的就业人数占比分别为36.7%、28.7%和34.6%。十年间，劳动者在第二产业就业的比重增加最大，增幅达到7.1%。

三是青壮年劳动者就业行业高度集中，制造业劳动力年轻化趋向有所缓和。考察2005年以来16～34岁城镇就业者的行业构成，会发现制造业、农林牧渔业，以及批发和零售业一直是该年龄段劳动者就业最集中的三个行业，特别是制造业，2005年，16～19岁、20～24岁、25～29岁和30～34岁等四个年龄段的城镇劳动者在制造业就业的比例曾分别高达45.0%、32.9%、25.8%和23.9%。2009年，制造业仍然是青壮年劳动者就业的首选行业，四个年龄段的城镇劳动者在制造业就业的比例，较其他行业仍是最高的，分别为37.4%、29.1%、24.3%和22.9%。

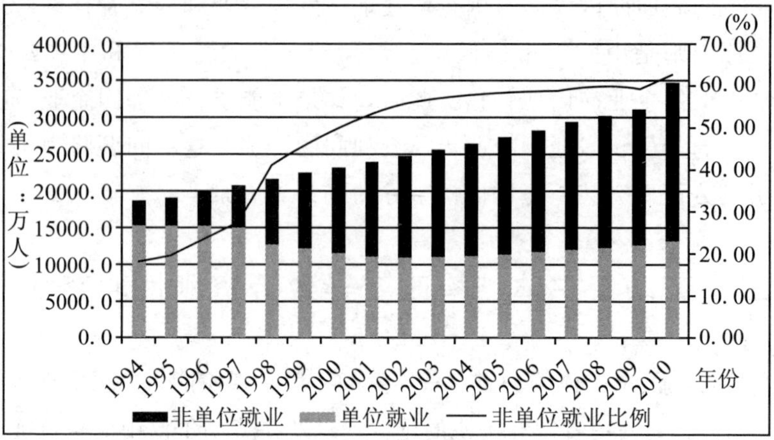

图 1　城镇单位就业和非单位就业的变动情况

数据来源：中国劳动统计年鉴(2010)。

四是城镇非单位就业者大量增加，单位内部劳动者就业身份差异化。随着我国劳动力市场的发育，城镇就业人员中非单位就业者数量大幅攀升，如图 1 所示，1994 年城镇非单位就业者数量占比为 18.2%，而到 2010 年已增至 62.4%，与之相比，同年，城镇单位就业者数量占比仅为 37.6%。这种差距也就同时意味着，非标准劳动关系的劳动者数量占比(至少)超过标准劳动关系的劳动者数量占比近 25 个百分点。雇用方式的灵活化，一方面使家政服务业的非全日制用工、微型企业帮工等灵活就业者明显增加；另一方面也使一些单位内部出现了劳动者就业身份的差异化，比如国有企业中对劳务派遣工的大量使用。尤其是 2008 年以来，劳务派遣甚至成为一些企业的主流用工方式。目前，我国劳务派遣人员总量已跃升至 6 000 万人，并主要集中在国有企业和机关事业单位，部分中央企业甚至有超过 2/3 的员工属于劳务派遣工。

五是城乡劳动者就业进一步融合，农民工成为城镇产业工人主体。如图 2 所示，2000 年以来，外出就业农民工的数量逐年递增，城镇就业人员中的农民工比例也基本上呈现上升趋势。2009 年，城镇就业总人数为 31 120 万人，其中，外出农民工为 14 533 万人，占城镇就业总人数的 46.7%。当前，农民工已经成为我国城镇产业工人的主体。

另据统计，在第二产业从业的农民工占 57.6%，在加工制造业从业的占 68%，在建筑业从业的占 80%。第三产业从业人员中，农民工

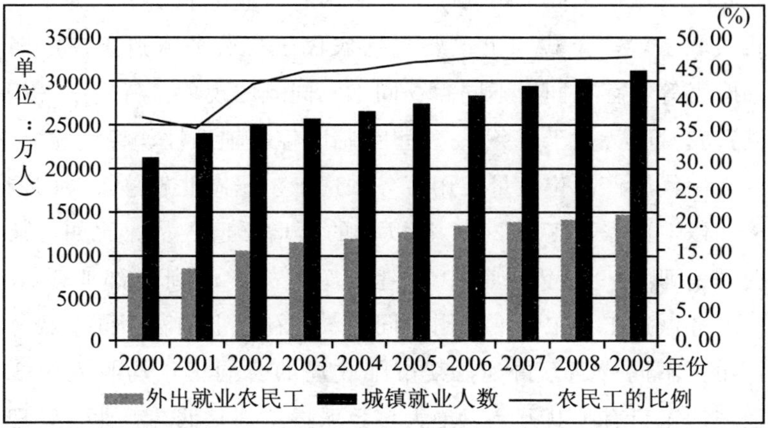

图 2　城镇劳动力市场的流动农民工及其比例变动

数据来源：国家统计局农民工统计监测调查(2000—2009)。

占 52%，在城市环保、家政、餐饮服务等行业，农民工的比例更是高达 90%。此外，一个值得注意的现象是，在农村劳动力进入城镇就业规模不断扩大的同时，农民工内部也出现了代际更替，1980 年以后出生的外出农民工被称为“新生代农民工”，有调查显示，2009 年，新生代农民工总人数达 8 487 万人，占全部外出农民工总数的 58.4%，已经成为外出农民工的主体。

然而，由于我国劳动关系领域还存在诸多问题尚未被解决，从而使得来自劳动者主体结构的变化，正转变成为谋求劳动关系改善的群体力量。

就目前我国劳动关系领域尚存在的问题，结合笔者在湖北省调研掌握的情况看，主要有以下四个：

一是一线职工的工资收入偏低。一些企业参照当地最低工资标准确定一线职工工资，有的企业不按《企业最低工资规定》进行必要扣除，造成部分职工的实际收入低于最低工资标准。一些企业通过制定过高劳动定额、过低计件单价等手段，压低劳动力成本。据湖北省总工会的调查显示，29%的企业用不低于最低工资标准折算计件单价，61.2%的职工认为只有加班才能完成定额任务。在被调查的 235 家企业中，普通职工月均工资低于 1 500 元的有 58 家，占 1/4；低于 1 200 元的有 23 家，占 1/10；在被调查的 5 000 名职工中，月工资低于 1 500 元的占 30%，低于 1 000 元的占 6%。

二是劳务派遣工同工不同酬。一些国有企业把职工划分为正式职工和非正式职工，非正式职工主要包括农民工、劳务派遣工、短期合同工、临时工等，存在同岗不同薪、同工不同酬的现象。特别是一些企业违反《劳动合同法》关于劳务派遣适用“临时性、辅助性、替代性”岗位的规定，在一线生产岗位大量使用劳务派遣工。据湖北省总工会的调查显示，80％以上的派遣工是2005年以后的新增派遣人员。比如，某市石油分公司有职工931人，其中派遣工719人，占到全部职工总数的70％。劳务派遣工在工资上同岗不同薪、在社保上同薪不同基数、在福利上同单位不同待遇。再如，某市邮政局的合同工年均收入为3.5万元，而派遣工只有1.9万元。绝大多数派遣工都是低端就业，管理和技术人员较少，加上劳动关系和劳动就业分离，职业发展受到很大局限，往往缺乏安定感和归属感，该类劳动者群体的权益保障问题亟待解决。

三是部分企业劳动条件差，职业危害严重。一些企业对安全卫生基础建设投入不足，大量职工在“三高”(高噪音、高温、高粉尘)环境中作业，严重损害职工的健康。根据湖北省人社局的相关统计，该省涉及31个行业、10多万家企业、约250万名从业人员面临职业危害，其中60％以上集中在中小非公企业。主要职业危害因素为粉尘、噪声、毒物，尘肺病在每年新发职业病中占80％以上。截至2009年年底，湖北省累计报告尘肺病21 760例，已死亡4 834例。

四是部分企业忽视职工民主权利，缺乏人文关怀。在笔者调研时，有年轻职工反映，企业实行“三班三运转”甚至“两班倒”，上班就像机器人，每天就是车间一食堂一宿舍“三点一线”的工作生活方式。另外，一些企业领导不关心职工生活，企业与职工不能共建共享，也使他们存在失落感和相对剥夺感。还有一些企业管理人员态度简单粗暴，缺乏人格尊重，使职工产生了抵触甚至对立情绪。一些企业不重视企业文化和职工文化建设。据湖北省总工会的调查显示，41.8％的职工认为管理人员与普通职工关系不够融洽，44.8％的职工认为业余文化生活单调。一些企业职工体面劳动得不到充分实现，甚至有被“边缘化”的倾向。

那么，上述这些问题又是如何与劳动关系主体结构的变化相互交织和作用，而带来劳动关系刚性冲突加剧的呢？

第一，目前劳动关系领域的痼疾——工资过低，已经成为当前引发劳动争议，甚至是集体停工、罢工事件的主要原因。在冯喜良[①]整理的631起北京市某区劳动仲裁科结案的劳动争议案件中，以劳动报酬作为争议主要内容的案件数量占比，2007年和2008年分别达到70.9%和75.5%，明显高于处于第二位的经济补偿金。从李丽林等[②]收集的73起典型停工事件的情况看，诱因排名前三位的是工资及福利(44起)、工作条件(11起)和工作时间(9起)。2010年春夏以来，我国频频发生的罢工及对抗事件都与劳动者要求提高薪酬有关。比如，在汽车行业发生罢工的企业，其实并不是行业中劳动条件和工资水平最低的，但是企业的工资状况却大体一致，都是每月的基本工资是当地政府规定的最低工资标准，每天工作10～12个小时，每月工作28天，收入的多寡在很大程度上取决于加班的多少。另据笔者在湖北省了解的情况，该省由于加薪问题同样引发了多起职工集体停工事件。2010年6月，武汉某汽车配件公司职工先后两次停工要求加薪，经与企业协商，职工工资两次共增加1 000元，目前一线职工月工资均超过了1 700元。可见，利益分配显失公平已经成为当前劳资矛盾的核心点。

第二，新生代农民工不同于父辈的对工作和生活的诉求，正在演化成对社会的不公平感，进而增加该群体劳动关系波动的风险。2010年夏季，在广东、大连等地连续发生的大规模的工人罢工事件，实际上就反映出了新生代农民工群体不同于老一辈的主体性、权利意识、团结性和抗争性。对于工资和其他相关劳动条件的不满，会促使他们采取罢工等形式的集体行动。从近期针对新生代农民工群体的一项调查当中，也可以归纳出该群体不同于上一代农民工的一些特质，比如文化素质高，平等意识强；更倾向于体面的工作，消费倾向高；价值取向务实，对城市生活的期望值高；当遇到劳动纠纷时，很少像父辈那样“用脚投票”、回到农村，而是希望通过劳资双方沟通和协商的方式就地解决问题，等等。但是，生活在城市中的成本上升与自己工资增长幅度的不成正比，却导致新生代农民工群体的收入难以支持其在打工城市的生活。生活诉求的自然提高加上城市物价、住房等成本的上升，造成了他们对工资增

① 冯喜良：《冲突性劳动争议预防机制研究》，载《中国组织人事报》，2011-01-17。

② 李丽林、苗苗、胡梦洁等：《2004—2010我国典型停工事件分析》，载《中国人力资源开发》，2011(3)。

长缓慢的普遍不满。此外，工作强度大，所得的回报与工作过程中的付出不成正比，企业管理者对他们的态度过于生硬、缺乏基本的尊重和关心等，更加重了他们的不公正感，从而最终形成新生代农民工群体对工作和生活的不满情绪，为采取集体行动植根了内因。

有了上述主体诉求的转变，于是可以注意到，在我国近期的劳动者罢工事件中，除了缘于追讨工资、加班费、保险费等维护权益的行动以外，要求增加工资、缩小工资差距和不平等、改善福利待遇和劳动条件等争取权益的行动正在增加。以南海本田罢工事件为标志，我国各地以提高工资为目标的劳动者罢工行动在2010年开始密集出现。在李琪①分析的450个工人集体行动个案当中，在2009年以前，以争取权益为诉求的集体行动个案占比一直徘徊在9%～17%，而到2010年则上升到了30%。据笔者在湖北省调研了解，在襄阳市两级劳动仲裁机构截至2011年10月共立案受理的1512件劳动争议案件中，涉及社会保险待遇的争议最多，达603件，占全部案件总数的40%；劳动报酬争议第二，有352件，占23%；确认劳动关系争议第三，有146件，占10%；其他类型的劳动争议411件，占27%。

第三，制造业今后一段时期可能出现的发展减速将冲击企业原有的劳动关系，而年轻化的劳动者队伍可能给制造业劳动关系的波动增加风险。从2011年第四季度发生在我国上海、长三角、珠三角等地的几起工人停工事件来看，大多是由于工人不满企业因搬迁而支付的赔偿所致，但这些事件实质上折射出，我国制造业企业在深受国际市场低迷、国内原材料和劳动成本上升等一系列影响之下，为节约成本而作出的策略性选择。随着我国国际贸易的快速发展，以加工贸易为代表的劳动密集型行业成为缓解我国就业压力的主要渠道之一，但是，换一个角度来说，一旦出口市场的国际订单减少，那么给制造业就业和原有劳动关系的冲击也将是最大的。

四、新兴媒体对劳动关系的影响日渐深远

随着社会生活信息化、网络化的深入，劳动者当中网民的数量越来

---

① 李琪：《从争取权益的集体行动到利益博弈型的集体谈判》，载《2011中国工会与劳动关系论坛——集体协商的规范与建设论文集》，2011(10)。

越多，互联网、手机、微博等网络工具对劳动者的思想和行为方式的影响也日益增大。据中国互联网络信息中心发布的数据，截至 2011 年年底，我国网民规模已达 5.13 亿人，全国新增网民 5 580 万人，互联网普及率达 38.3%，已超过世界平均水平。

互联网作为开放的平台、信息的集散地和舆论的放大器，既是一个庞大的“民意库”，也由于其虚拟性、隐蔽性、扩散性等特点给人们的工作和生活带来了新情况。根据《第 28 次中国互联网络发展状况统计报告》关于“网民属性”的统计结果显示，截至 2011 年 6 月，在全国所有网民中，青壮年网民超过半数，初高中学历者超过半数，单位中低层劳动者超过半数。另据《2010 年企业职工劳动经济权益实现状况及思想动态调查》结果显示，39.5%的企业职工经常上网，39.9%的职工偶尔上网，合计 79.4%，其中 30 岁以下职工上网的比例高达 90.8%。这就意味着，劳动者队伍尤其是年轻劳动者和中低学历劳动者，已经并将越发成为一个庞大的网络生活群体。

网络是信息交流的平台，同时也将信息发出者与接收者联系起来，形成了信息传递与意见反馈的、一个双向网络式的交流沟通渠道。于是，网络在最大限度地体现沟通便利的同时，也催生出了人们运用它进行维权、监督、评论社会公共事件等网络表达行为。当前，在劳动者群体性事件中频频出现的“网上联动、网下行动”的现象，正是在我国互联网络快速普及与发展的背景下劳动关系领域出现的一种新情况。今后一段时期，新兴媒体对劳动关系发展产生的影响将会突出表现在以下两个方面：

一是大部分劳动者网民接收的信息大多来自网络，沟通渠道和表达渠道也大多选择网络，使得劳动关系问题越来越成为网络关注的热点之一。新媒体的出现让每个人都有表达的空间，突破了传统的表达局限性，从而形成了人们对于劳动关系问题的舆论环境。比如，关于南海本田的罢工事件，从罢工的发生到中间的进程，再到最后的结果，全部的信息都出现在了各大网站，网民评论、发帖不计其数，构成了巨大的舆论压力；同时，关于工人们的态度、企业的回应、地方工会的做法等报道，也都生动地呈现在了大众面前。另外，2011 年发生的上海港集装箱工人罢工、杭州出租车大规模停运、“GUCCI 虐待门”、上海家乐福 12 年工资“原地踏步”等事件，也都成为网络热议的劳动关系话题。笔者在湖北省调研时，一些年轻劳动者就表示，平时工作比较忙，企业也很少组织集体活动，他们一般都是借助 BBS、QQ 群、微博、博客等作为交流和分享意见的平台，而且打电话和发短信也是他们传递信息的主要途径。

二是信息技术和信息网络的发展和应用，增强了劳动者的维权意识和在维权过程中的学习能力，一旦矛盾酝酿到一定程度，更容易发生劳资冲突。在南海本田的罢工事件中，工人们利用手机短信相互联络沟通，计划和组织罢工行动，约定罢工时间和地点；并且，他们还将《佛山本田罢工工人谈判代表团致全体工人和社会各界的公开信》发到互联网上，以期得到全体工人和社会各界的理解和支持。从某种意义上说，正是由于网络的传播性，才使得南海本田工人的集体行动在全国引起了巨大反响，以至于对其他企业工人的集体行动起到了“示范”和“导向”作用。2011 年，在广东、大连等地又连续发生了一系列的工人罢工事件，高科技沟通手段的应用已经延伸到了整个工人罢工行动的全过程当中。

五、劳动关系多方治理结构是实现劳动关系和谐的长效机制

从劳动关系的特性以及我国劳动关系发展变化的趋势来看，要有效推进劳动关系工作，解决劳动关系领域的重大问题，应该有多个主体的参与和密切配合。除了传统的劳动关系三方以外，由于劳动关系主体结构显著改变，新兴媒体、国际经贸规则、国际劳工标准等新的影响因素的加入，有必要引入更多的力量参与我国劳动关系协调（比如，社会组织、媒体等），形成一个劳动关系问题的多方治理结构，通过各方的互动与博弈，增强劳动关系凝聚力，推动劳动关系从冲突走向合作。

我国劳动关系的发展变动日趋敏感，解决问题的难度日渐增大，依托多方治理结构，有助于运用政策手段降低劳动关系波动的不确定性，使劳动关系运行同国家经济社会发展目标相一致。今后及更长一段时期，我国劳动关系多方治理结构应以党政领导、多方联动为引领，着重明确各方的主要职责和工作重点，有效整合力量，切实发挥“多方机制”的作用。

第一，强化政府在劳动关系治理中的主导地位。政府作为社会公共利益的保护者、法律的制定者和裁决者，在处理劳动关系问题上应担负

重要责任和发挥关键作用。市场经济国家的实践经验表明，政府协调劳动关系的责任和作用主要体现在以下几个方面：完善劳动关系协调机制；制定劳动标准；对劳动者的结社权、集体谈判权利予以法律保护；提供劳动信息、咨询培训服务；通过劳动管理部门和司法仲裁机构保证集体协议的有效实施；维持经济社会发展的和谐与稳定等。由于我国仍处于社会主义初级阶段，经济体制还不完善，制约科学发展的体制机制障碍依然较多，因此政府应该发挥更大的作用，不仅要完善有关立法、加强执法、建立制度、完善劳动标准等，还要进一步培育劳动力市场主体，使劳动关系双方力量达到均衡。此外，党委和政府要将劳动关系创建工作摆上重要议事日程，纳入经济社会发展规划，把构建和谐劳动关系纳入党政领导班子和领导干部政绩综合考核评价体系。

第二，发挥工会在劳动关系治理中的组织优势。随着我国经济发展方式的进一步转变，劳动关系矛盾日趋复杂、多变，劳动关系的协调将是一项复杂的社会工程，涉及多个方面，需要各方协调和相互支持，此时工会应当承担协调劳动关系、理顺员工情绪、化解劳企矛盾、稳定员工队伍的重要责任，并成为劳动关系建立、调整和规范过程重要的参与者和监督者。从中长期角度看，工会组织应通过建立健全工作机制，充分激活组织资源、发挥组织作用，健全政府联席会议制度、劳动关系三方会议制度以及人大执法检查制度；加强平等协商机制建设，将工资集体协商作为建制重点；健全厂务公开民主管理制度，组织员工参与企业民主决策、民主管理和民主监督，落实职工的民主政治权利；健全劳动关系矛盾调处机制；加大党工共建和职工之家建设的工作力度。建设市、县、乡镇(街道)、村(社区)四级上下联动、高效便捷、服务到位的工会帮扶维权网络体系，协调解决农民工维权、集体劳动争议等案件；建立工会信访维稳的“一体化”预防工作机制，维护员工队伍稳定。

第三，明确企业组织在劳动关系治理中的职责。工商联和企业联合会作为雇主组织的代表，应在协调劳动关系三方机制、雇主工作中发挥更积极的组织作用。一方面，应该明确各自职责，及时反映企业诉求。工商联作为民营经济的代表，企业联合会作为国有经济的代表，应积极开展劳动关系调研活动，加大对企业劳动关系热点、难点问题的调查研究力度，参与国家和各地区劳动关系各项法规与政策的制定工作；同时，继续加强各自组织体系建设，特别是企联雇主组织体系应进一步由省级向市级拓展，拓宽劳动关系工作领域，广泛参与国家三方部署的各项活动；此外，还应注意加强两个组织之间，以及组织内部各个系统之间的横向交流，提高企业维权工作的质量。对于国有企业，应做到加强劳动管理规章制度建设；充分利用集体合同协调机制，强化劳资双方的协调意识；大力完善员工动态资料管理，解决员工管理粗放、劳动资源浪费、遇有争议被动等问题；引导职工依法处理劳动争议，维护信访秩序和企业稳定。对于非公有制企业，要建立外部监督机制，加强劳动监察和劳动执法力度；大力宣传表彰劳动关系和谐企业，并创设奖励制度，以税收减免等方式鼓励企业优化劳动关系；树立典型，倡导企业以人性化的管理替代冲突性的劳动关系，比如浙江省传化集团就是建立了一种雇主自律型的劳动关系协调模式，以自我约束的方式实现企业劳动关系和谐。

第四，激发劳动者在劳动关系治理中的主体作用。企业经营者与员工既是管理与被管理的关系，又是团结协作、共谋发展的关系。要实现劳动关系的和谐发展，关键在于企业要树立“以人为本”、依靠员工促进企业发展的理念，努力创造企业与员工和谐发展的环境。一是增强社会责任意识，实行人性化管理；二是加强人力资源开发，营造层层开发、自我开发、持续开发、协调开发、深度开发的管理制度和文化氛围；三是引导员工增强主人翁意识，以推动企业发展为己任，不断提升自身素养；四是要推进企业文化建设，利用互联网、手机、微博等新兴媒体加强与员工的思想交流与感情沟通，鼓励员工为企业的发展建言献策；五是重视对员工的人文关怀和心理疏导，引导员工依法理性表达利益诉求，依法、稳妥、积极、合理、有序解决矛盾问题。

第五，倡导社会力量参与监督劳动关系治理工作。劳动关系问题的政策性强、敏感点多、社会关注度高，需要协调社会各方力量参与治理。一是教育宣传。各级党委宣传部门和新闻媒体要经常、持续地宣传《劳动合同法》、《就业促进法》、《劳动保障监察条例》等的内容和作用，形成劳动法律、法规政策宣传教育的长效机制。要把构建和谐劳动关系作为宣传报道的经常性工作，有计划地推出高质量、有分量的报道，特别是对劳动关系和谐的模范企业和工业园区劳动关系工作经验的宣传报道，以强大的、正面的社会声势，为劳动关系的稳定协调发展营造良好的舆论氛围。二是监督管理。要注重社会组织、劳动者群体，以及广播、报纸、电视等传统媒体和互联网、微博等新兴媒体等的监督作用，调动社会各方力量，将强化劳动保障行政执法和群众监督有机结合，努力形成社会化的维权格局；同时，还要注重加强对互联网、移动多媒体等新兴媒体的管理，防止被少数人利用煽动违法行为，引导和促使各类媒体共同营造构建和谐劳动关系的话语环境。

老年人社会参与政策研究

吕晓莉[1]

促进老年人合理、适度参与或从事有益于经济社会发展的活动，是老年人基本权利实现的前提，也是实现有效社会管理的基础，能够增强老年人的公民意识和社会责任感及其更加主动、积极地维护社会和谐与稳定的积极性。当前，我国老年人社会参与政策已经不适应日益增多的老年人不断提升的社会参与需求，需要通过政策创新，促进广大老年人在更大范围内、更高层次参与经济发展，激发老龄社会活力，建设“不分年龄、人人共建、共融、共享”的和谐老龄社会。

一、老年人社会参与的界定

在老龄政策研究领域，老年人社会参与这一概念是弹性最大的概念之一。国外研究者一般从以下四种角度对老年人社会参与进行界定。一是介入角度，认为老年人社会参与是指老年人对各

① 吕晓莉，全国老龄办政策研究部，主任；研究方向：人口老龄化与公共政策。

种社会活动、社会团体的介入程度；二是角色角度，认为老年人社会参与是一个由正式的和非正式的社会角色所组成的多维建构；三是活动角度，认为老年人社会参与是老年人和他人一起参加的活动；四是资源角度，认为老年人社会参与是指在社会层面对老年个体资源的分享①②。

国内学者对老年人社会参与的界定也存在较大的分歧。有学者按照老年人社会参与的内涵和外延的不同，将国内学术界对老年人社会参与的界定，由小到大梳理出以下 7 种定义角度③。第一种，认为社会参与就是继续参与生产劳动或退休以后再工作，从事有酬劳动。第二种，认为老年人的社会参与应包括有酬劳动和无酬劳动两个方面。第三种，认为包括老年人参加的各种社会劳动和社会活动，但不包括家务劳动。第四种，认为老年人的社会参与就是参与社会，它不仅指参与社会经济发展活动、家务劳动，还包括参与各种社会文化活动，但不包括参与娱乐活动。第五种，认为老年人的社会参与不仅指参与社会经济发展活动、家务劳动，还包括参与各种社会文化活动及各种社会文化精神生活。第六种，认为老年人社会参与包括三种形式，即参与各类公共文化和娱乐活动，参加公益活动和参与各种有收入的劳动。第七种，认为老年人社会参与应包含一切有益于社会的活动。具体包括：参与社会经济发展活动，家务劳动，社会文化活动，参与社会人际交往、旅游活动以及在家庭范围内参与文化娱乐活动。在此基础上，李宗华认为，老年人社会参与是在社会互动过程中，在机会均等的基础上，所参与的一切有益于社会的活动。参与的范围包括：有报酬的社会劳动，有报酬或无报酬的志愿性活动，家务劳动，社会文化娱乐活动等。段世江、张辉④则认为，社会参与是指参与者在社会互动过程中，通过对各种角色的扮演和介入，在社会层面上实现资源共享，满足自身需要并因应社会期待。

---

① 段世江、张辉：《老年人社会参与的概念和理论基础研究》，载《河北大学成人教育学报》，2008(9)，82～84 页。

② 李宗华：《近 30 年来关于老年人社会参与研究的综述》，载《东岳论丛》，2009(8)，60～64 页。

③ 李宗华：《老年人社会参与的理论基础和路径选择》，载《山东省农业管理干部学院学报》，2009(1)，92～94 页。

④ 段世江、张辉：《老年人社会参与的概念和理论基础研究》，载《河北大学成人教育学报》，2008(9)，82～84 页。

比较有代表性，并为政府老龄工作机构所认可的概念，则是王先益[①]界定的老年人社会参与概念：老年人参与社会是指老年人参加或从事有益于社会发展的活动。它具体包含三个方面。其一，“老年人”是广义的老年人，它包括城镇老年人与农村老年人、已退休的老年人与未退休的老年人、可享受养老金待遇的老年人与不能享受养老金待遇的老年人。根据《老年人权益保障法》的规定，我国老年人参与社会发展应是指60岁及以上老年人的参与活动。其二，“参加或从事”是广义的参与，它在参与活动的时间上包括经常与偶然的，形式上包括在业与不在业的，场所上包括在家与不在家的，报酬上包括有酬与无酬的。其三，“有益于社会发展”是广义的社会发展，它包括所有有益于第一产业、第二产业与第三产业发展，经济发展与社会发展，物质文明建设与精神文明建设的活动。由于老年人参与的这些活动，体现了他们继续为社会发展作贡献，因此，“老年人参与社会发展”与“老有所为”的含义是基本一致的。“老有所为”是“老年人参与社会发展”的目的，而“老年人参与社会发展”则是“老有所为”的实践形式。在此，本文采用这种关于老年人社会参与的界定。

二、我国老年人社会参与政策的历史沿革和现状

我国老年人社会参与政策的演进，大体可以划分为三个阶段。第一个阶段是新中国成立后到1982年，可以称之为“有限参与政策”阶段。新中国成立初期。我国就建立了退休制度。1958年中央颁布《关于安排一部分老干部担任某种荣誉职务的决定》，这是目前可以查到的涉及老年人参与社会、发挥作用的最早文件。此后，国家先后发布了《关于工人退休、退职的暂行规定》、《国务院关于老干部离职休养的暂行规定》、《中共中央关于建立老干部退休制度的决定》、《中央组织部关于妥善安排退出现职的老干部的意见》、《关于发挥中央、国家机关离休老干部的作用的意见》等规范性文件，对离退休老干部继续发挥作用做出一些原则性、倡导性规定。这个时期的老年人参与政策，主要体现在国家关于干部离退休政策中，在当时的历史条件下，社会参与的机会并非均等，

① 王先益：《老年人社会参与》，见全国老龄工作委员会办公室：《老龄工作干部读本》，北京，华龄出版社，2005。

而仅仅局限于体制内党的高级干部或离退休干部，不涉及一般老年人。

第二个阶段是1983—1996年，可以称之为“扩展参与政策”阶段。老年人社会参与政策的对象，由离退休干部扩展到老年知识分子、专业技术人员。1985年10月4日《中共中央关于进一步加强青少年教育预防青少年违法犯罪的通知》强调“充分发挥离休、退休老干部、老工人、老教师的作用，精心培育青少年”。1986年9月19日，中组部等七部委在《发挥离退休专业技术人员作用的暂行规定》提出：“支持和帮助离休、退休专业技术人员继续发挥作用。”1990年中组发〔1990〕5号文件《中央组织部关于进一步加强老干部工作的通知》进一步扩大了离退休专业技术人员可以从事的工作项目。1994年，国家人事部提出要大力进行第二次人才资源的开发，即对离退休人员的开发利用。这一时期，老年人参与社会发展，亦称“老有所为”，即充分利用老年人的劳动资源和智力资源，为社会发展继续做出有益贡献。

第三个阶段从1996年至今，可以称之为“全面参与政策”。老年人社会参与政策的对象，由离退休老干部、老年知识分子、老年科技工作者，扩展到全体老年人。其中有标志意义的政策是1996年颁布的《中华人民共和国老年人权益保障法》(以下简称《老年法》)，该法单独设置“社会参与”一章，明确规定：“国家和社会应当重视、珍惜老年人的知识、技能和革命、建设经验，尊重他们的优良品德，发挥老年人的专长和作用。国家应当为老年人参与社会主义物质文明建设和精神文明建设创造条件。”此后，1996年劳动保障部下发354号文件，《关于实行劳动合同制度若干问题的通知》第13条规定，“已享受养老保险待遇的离退休人员被再次聘用时，用人单位应与其签订书面协议，明确聘用期内的工作内容、报酬、医疗、劳保待遇等权利和义务”。2000年发布的《中共中央国务院关于加强老龄工作的决定》，以及此后制定实施的中国老龄事业发展“十五”、“十一五”、“十二五”规划均把发挥老年人作用，鼓励老年人继续参与社会发展作为加强老龄工作、发展老龄事业的重要内容。

从老年人社会参与政策的发展历程中，可以看出政策理念的一种转变，即由“照顾性的有限参与”到“奉献型的有限参与”，到“权利型的全面参与”的转变。即由照顾少数离退休干部的继续发挥余热的政治需要，到挖掘老年科技工作者、知识分子“潜力”，推动他们继续奉献社会的有限参与，到保障全体老年人继续参与社会发展权利的全面参与的转变。老年人社会参与主体的范围，也由“特权”到“普惠”转变，即由最初的参与主体仅为高级干部或离休老干部，随后扩大到老年科技工作、知识分子，最后“惠及全体老年人”的变化。

整体上看，当前我国老年人社会参与政策的形态主要有两个：一个是法律；另一个是规范性文件。在法律层面，主要是《老年人权益保障法》关于社会参与的相关规定，相对比较抽象和原则，更多的是一种倡导性的规定；在规范性文件层面，又可以划分为两个政策群。一个政策群是以《中共中央国务院关于加强老龄工作的决定》和《中国老龄事业发展规划》等综合性老龄政策文件中关于老年人社会参与的规定。这类政策的对象指向的是全体老年人，通常强调了发挥老年人才的作用。原则性和倡导性也比较强。另外一个政策群是以有关部委联合下发的各种《意见》、《通知》、《规定》等规范性文件。这类规范性文件的对象指向的是离退休干部、老年知识分子、专业技术人才等特殊群体，规定也相对具体、更具有操作性。

三、我国老年人社会参与政策存在的问题

我国的老年人社会参与政策主要存在以下四个方面的问题。

(一)政策理念方面存在误区

当前，在老年人社会参与方面，存在以下几个认识误区，阻碍了政策的完善和实施效果。一是把老年人社会参与同老年人再就业等同起来，认为只有老年人从事有收入的社会劳动或经营活动，才算社会参与。我国劳动力长期供大于求，高校毕业生、“80后”、“90后”等新成长劳动力、农村富余劳动力转移就业、失业人员等相互交织，使得就业形势比较严峻，就业工作任务非常艰巨，就业问题成为近年备受关注的热点、焦点，国家为增加就业、稳定就业采取了不少措施。在这样大的就业压力下，促进老年人就业，许多人的直接反应就是老年人就业会挤占年轻人的就业机会，加剧就业难的矛盾。把老年人社会参与等同于再就业的认识，在我国中青年就业问题仍十分严重的背景下，极大增加了政策制定者对促进老年人社会参与负面效应的顾虑，阻碍了老年人社会参与政策的出台和完善。二是把老年人社会参与同老年人进行的一切融入社会的活动混同起来，认为老年

人到老年学校学习，参加社区活动中心的文化娱乐活动，进行体育锻炼等自我服务和自我完善的行为，都归属社会参与范围。这种认识导致老年人社会参与政策内容的泛化或削弱对老年人社会参与功能或效益的正面认识，进而降低对建立健全老年人社会参与政策必要性的认识。

(二)政策法规之间存在冲突

在关于老年人再就业的规定方面，《老年人权益保障法的规定》和《劳动合同法》的规定存在着潜在的冲突，不利于老年人的再就业和其他形式的劳动参与。尽管《老年人权益保障法》在“社会参与”一章的四十条、四十一条、四十二条中对老年人继续参与社会方面权利提出了指导性意见，其中第四十二条规定了“老年人参加劳动的合法收入受法律保护”。尽管“收入”是保护的，但对“劳动”的保护并没有回答。2008 年 1 月 1 日正式施行的《劳动合同法》第四十四条中明确规定“劳动者开始享受基本养老保险待遇”的劳动合同即行终止。劳动者一旦达到退休年龄，符合享受基本养老保险待遇条件的，其劳动关系自然解除了，退休劳动者的劳动权利和劳动义务不再受劳动法律的保护。因此，从总体看，我国劳动力市场现行的法律制度针对的是劳动年龄内的劳动力，不承认离退休人员的参与劳动是劳动关系，不受到劳动法律的保护，只作为民事关系处理，使老年人再就业处于不规范的状态，不仅可能使离退休人员的合法权利受到侵害，也加大单位用人的风险，制约了老年人通过再就业或其他劳动形式实现社会参与。

(三)政策滞后于现实需要

一些政策规定已经滞后于老年人社会参与能力的实际和经济社会发展的现实需要。突出表现在退休政策方面。退休政策是影响老年人社会参与的最重要的政策之一。我国现行退休年龄是 1953 年修改的劳动保险条例规定的，即男 60 岁、女 50 岁。1958 年又明确规定男 60 岁，女性工人 50 岁、女性职员 55 岁，至今已经 50 年未作修改。这种退休年龄的规定同现实生活的矛盾日益凸显。主要表现为以下三点：第一，工作、劳动条件的改善使得男女体质的差异对工作和劳动效率的影响日益弱化，当前低龄老年人完全可以胜任退休时的工作；第二，人口的平均预期寿命同新中国成立初期相比已经大幅提高，如北京城区人口的平均预期寿命为 79.6 岁，与新中国成立初期的 52.8 岁相比，平均寿命增加了26.8岁，这意味着当年确定的退休年龄甚至超过了大多数劳动者平均预期寿命，而这个同样的年龄在今天却使还有若干年生存和工作能力的劳动者失去了继续工作的机会；第三，人均寿命大幅增加与社会保险基金缺口巨大形成了鲜明的对比，但在法律上仍然不修改退休年龄，在实际中也仍然不允许延后退休。这与其他国家面临社会保险金支付压力时，提高法定退休年龄，延迟退休的做法似乎正好相反。

当前，多数发达国家的退休年龄都在60岁以上，最高的美国已经到了66岁，还将阶段性地提升至67岁。退休年龄最低的法国为男女均60岁，并将在未来8年内提高到62岁。英国、德国、奥地利退休年龄男为65岁、女为60岁，英国打算到2020年，将妇女的退休年龄提高到65岁。到了2024年，英国领取退休金的年龄均提升至66岁。2034年提升至67岁，2044年提升至68岁。德国目前女性的退休年龄已经提高到65岁，将在2012—2029年之间渐渐提高到67岁。西班牙、爱尔兰、荷兰、芬兰、瑞典等国的退休年龄男女均为65岁。我国当前退休政策规定的退休年龄在这个年龄段中，大多数劳动者依然身体比较健康、精力比较充沛。资料表明，我国60岁以上人口中，健康状况较差的仅占26.9%，况且他们的不少人还具备较高的技术水平，并积累了丰富的专业技术和领导管理经验。退休年龄偏低，不仅增加了社会的负担，更使得一大批具有劳动能力的老年知识分子在享受社会财政支出的养老金的同时，过早地被排除于科技队伍之外，他们达到退休年龄后只是待在家里做家务、照看孙辈，或做一些消磨时间的活动，没有充分发挥其应有的积极作用，造成人力资源的浪费，已成为阻碍老年人社会参与的重要政策性制约因素。

(四)政策缺乏体系性

同老年人的养老保障政策和医疗保障政策相比，我国老年人社会参与政策的体系性更加欠缺。首先从效力等级来看，在法律层面，仅有《老年人权益保障法》关于“社会参与”一章的规定，而且同新颁布实施的《劳动合同法》存在着潜在冲突。其他大部分社会参与政策，多属于部委制定实施的《意见》、《通知》、《规定》等规范性文件。国务院行政法规和部门行政规章以及地方立法层面，尚没有关于老年人社会参与的专项政策法规。其次从政策内容来看，当前政策内容走向两个极端。一个极端是过于宽泛，《老年人权益保障法》和《老龄事业发展规划》等综合性老龄政策文件，对于老年人的政治、经济、文化、社会层面的参与，只做倡导性和原则性的规定；另一个极端是过于褊狭，部委出台的规范性文件，多是针对离退休专业技术人员如何在本专业领域内继续发挥作用作出相关规定。最后从政策体系的构成来看，关于老年人社会参与的组织管理、价值评估、权益保护、激励机制、技术支持、中介服务等领域还缺乏相应的规定，导致社会参与政策体系的构成要素根本缺失。

由于老年人社会参与缺乏健全、系统的政策保障，导致我国老年人在社会参与方面存在较多的问题：平均退休年龄过低，大量低龄、健康、有劳动能力的老年人力资源得不到合理利用和开发；老年高级专业人才、高级管理人才和高级技术工人的作用尚未充分发挥；积极指导和扶持农村老年人继续从事农、林、牧、渔业生产活动，提高他们抗市场风险能力并增加收益的工作力度不大；城乡老年人参与志愿服务的活动在各地区发展很不平衡，管理工作还需不断完善；老年人参与社会发展所需的各类培训滞后，在许多地区尚未开展；老年人再就业的市场化程度低。老年人就业途径主要靠亲戚朋友，而非劳务市场或者职业介绍机构；老年人社会参与渠道有限，制度化程度不高；老年人社会参与更多表现出“消极参与”，带有明显的自上而下的“政府动员色彩”。此外，由于缺乏相关政策规范，老年人就业中没有劳动合同保障、最低工资保证和劳动福利保护的现象普遍存在。

四、国际社会关于老年人社会参与的理念和经验

联合国和国际老年组织，十分重视老年人的社会参与，在一系列行动计划、会议宣言和国际老龄文书中，均就老年人的社会参与作出相应的倡导和建议。例如，1982 年，第一届老龄问题世界大会《老龄问题国际行动计划》指出：“对于所有的人，不管年龄大小，他们都属于社会，参加工作和为之做出的贡献，都应受到社会保障。”1991 年，联合国第 46 届大会通过的《联合国老年人原则》指出：“深信在老年人口比例日益增大的世界里，必须提供机会，让自愿而又有能力的老年人参与社会当前的各种活动并做出贡献。”1992 年，第 47 届联合国大会提出的《老龄问题宣言》指出：“注意到全世界发生史无前例的人口老化现象，以期确

保老年人的需要及其人力资源潜力能得到充分照顾和发挥”和“制订国家计划以推动老年人就业”。1995年，在马耳他召开的“发展中国家迎接人口老龄化”会议强调：“使老年人有获得生产性就业的权利，为此，国家政策应为老年人在社区经济发展的创造性活动中继续发挥积极作用。”2002年，第二届老龄问题世界大会制订的《2002年国际老龄问题行动计划》指出：老年人是全社会的宝贵财富，同时还是可持续发展的资源；倡导老年人自身要以积极的、健康的姿态参与社会发展。2007年，美国退休人员协会发起“全球老龄化计划第三次国际会议”。会议的主题是“改善亚洲退休人员状况，为老龄人口增加机会”，提出要“充分利用巨大的老年人力资源”、“改变老年人在家庭机构中的作用，使之成为家庭的纽带”、“让退休人员融入社会”等理念。部分先期进入老龄社会的发达国家，如日本、美国、法国等都很重视老年人的社会参与问题，采取了诸多鼓励老年人继续参与经济社会发展的政策措施，如颁行禁止年龄歧视的法案、促进老年人再就业、延长退休年龄、实施终身教育、提升老年人力资本等。

国际社会在老年人社会参与的理念和政策方面，具有共性和借鉴意义的经验可以归纳为以下几点。一是注重对老年人经济参与功能的开发和利用。突出表现在这些国家把保障老年人的就业权利、促进老年人再就业，作为社会参与政策的重点领域。二是注重对老年人社会参与权利的法制化保障。在有关社会保障、就业以及有关老年人福利的立法中，均对老年人的社会参与权利作出了明确规定。三是注重对老年人的教育和培训，提高老年人的人力资本，提升老年人的社会参与能力。四是普遍把改革退休制度，推迟退休年龄，作为促进老年人就业，开发老年人人力资源的措施。五是注重消除阻碍老年人社会参与的文化观念因素，把消除基于年龄的歧视，作为促进老年人社会参与的重要政策措施。这些理念和经验，对完善我国的老年人社会参与政策具有较好的启示和借鉴意义。

五、进一步完善我国老年人社会参与政策的设想和建议

(一)统筹老年人社会参与愿望、能力和经济社会发展的客观需要，完善老年人社会参与政策

具体而言，在制定完善老年人社会参与政策过程中，需要统筹考虑

以下几种关系：一是统筹处理老年人的社会参与同老年人体力、智力以及社会参与愿望的关系；二是统筹处理老年人的社会参与同经济发展的阶段性需求的关系；三是统筹处理老年人社会参与同中青年就业的矛盾关系；四是统筹处理老年人的社会参与同社会保障制度可持续发展的关系；五是统筹处理老年人社会参与政策同就业政策、退休政策、税收政策的衔接关系。

(二)明确老年人社会参与的重点领域

根据老年人的知识积累优势、经验优势、时间优势、资深优势和人脉优势，结合市场和社会对老年人力资源的需求，今后一个时期，应坚持促进老年人的经济性社会参与和非经济性社会参与并重的原则，重点围绕以下几个领域，促进老年人的社会参与。一是，技术服务和参谋咨询。利用老年人长期积累的知识、经验、技术、人际关系等，直接从事管理、科技、设计，直接进行生产经营，或给决策层提出合理化建议，或传授知识、提供技术援助等，继续为社会和经济的发展作贡献。二是，创办企业。开发老年人的潜力，制定优惠政策鼓励他们来领办、创办一批符合社会需求的事业、企业，带动青年人就业。三是，从事种养殖业。主要是支持和帮助农村低龄、健康、有劳动能力的老年人从事种植业、养殖业和小型加工企业。四是公益服务。组织老年人从事维护社会治安、疏导交通秩序、关心基层组织建设、参与市场管理、调解民事纠纷、进行普法教育、宣传计划生育等服务社会的活动。老年人也可以通过成立自我管理、自我服务、自我教育的各种管理组织，继续为社会做奉献。五是文化创作。鼓励老年人充分发挥文化底蕴和社会经验丰厚、创作时间充裕的优势，从事各类精神文化产品的生产。六是家务劳动。应充分承认老年人家务劳动的价值，鼓励老年人帮助子女教育和照顾后代，承担家务劳动，为子女集中精力投入工作解除了后顾之忧，促进家庭代际关系的和谐。

(三)实施老年人力资源开发政策

老年人力资源开发是促进老年人社会参与的重要措施，是整个人力资源开发的重要组成部分，也是积极应对、低成本应对人口老龄化挑战的重要举措。要把开发老年人力资源纳入国民经济和社会发展规划，纳入国家人力资源开发中长期规划，并与国家产业政策紧密结合。把调整产业结构与开发老年人力资源结合起来。通过促进经济发展和产业结构调整创造第三产业就业机会，促进更多的老年人实现就业。积极发展适应老年人从事劳动的有关产业，如老年家政服务业、养殖业、种植业、饮食业、咨询服务业以及教育业等产业。积极推进有利于降低劳动强度、为老年人继续工作创造条件的信息产业、高技术产业和服务业发展。文化产业的大发展可以为老年人力资源开发提供更大的空间，要大力发展老龄文化产业，充分发挥老年人在文化和文明传承方面有着的突出优势。

研究制定老年群体重新进入人力资源市场的法律问题，破除现行的劳动关系方面的政策瓶颈，把老年人就业的经济活动定性为视同劳动关系处理，在劳动合同期限和社会保障问题上允许灵活对待，并制定相关的政策法规来规范相关方面的权利和义务，规范老年人参与经济活动的收入、税收等方面的问题，依法保护老年人的劳动权利。制定老年群体创业扶持政策，鼓励老年人以创业带动中青年就业。提供税收、贴息等优惠政策，鼓励和引导社会、用人单位、个人加大对老年职工教育和培训的投入。建立健全老年人力资源开发信息和统计系统，为支持老年人力资源开发决策和政策制定工作，改善人力资源市场资源配置功能提供信息方面的支持。实行有利于老年人就业的弹性退休制度和弹性工作时间制度。

提高老年群体的文化技能素质和健康水平。教育和培训是人力资源开发最重要的渠道，通过有效的计划与管理，促使老年教育更多地向具有生产性功能的方向转变，促进老年人口群体更好地为社会经济发展服务。加强对农村老年农民的农村实用技术培训。倡导健康的生活方式和生产方式，提高包括老年群体在内的全体人口的身心健康水平，为整体提高老年人实际退出劳动年龄时间创造条件。重视建设老年群体安全文化和安全教育工作，提高安全意识，增强个体安全防范与安全事故应对处理能力，减少工作中和生活中的危害事件的发生，从而防止老年人力资源的非正常损失。

充分发挥老年人才的作用。建立公平的人才市场竞争环境，禁止性别和年龄歧视，推进老年人才市场体系建设，完善市场服务功能，疏通人才流通渠道，建立政府部门宏观调控、市场主体公平竞争、中介组织提供服务、老年人才自主择业的人才流动配置机制。积极开发老年人才市场，建立国家老年人才信息数据库和老年人才信息中心。凡符合条件的老年人，均可以参加专业技术人员职业资格考试，考试合格取得证书者按规定登记注册。符合条件的老年技能人才，可以参加职业技能鉴定，取得相应的职业资格证书。把老年人才的开发和利用纳入人才市场建设的总体规划，根据市场需求和老年人的志愿，积极搭建老年人才服务平台，开拓老年人才参与社会的渠道。各类人才中介服务机构要根据需要举办多种形式的老年人才交流活动，积极为老年人提供服务。

（四）实施弹性退休政策，破除老年人社会参与的政策性制约

我国当前的退休制度已滞后于经济、社会发展的客观需要，普遍化的提前退休加剧、退休政策缺乏弹性导致老年人力资源浪费。要严格防范各种形式的变相提前退休，合理确定领取退休金的最低年龄标准，解决目前提前退休政策导致过多的有劳动能力的劳动年龄人口提前退出正规人力资源市场，导致人力资源的浪费和人力市场配置失衡的问题。逐步探索实行弹性退休政策，允许劳动者在退休时间、退休方式和退休收入等方面具有某种弹性、灵活的选择。根据我国人口老龄化进程、人口健康状况和经济社会发展水平，综合考虑人力资源开发利用的要求、社会保障特别是养老负担的承受能力、社会运行的活力和社会关系的和谐、产业结构的调整升级和老年群体的健康和能力状况及其对经济社会活动的胜任情况等，分步调整法定退休年龄。将职工的退休年龄从现在的60岁逐步提高到65岁，作为今后10～15年内我国退休政策改革完善的主要任务。对大龄和老龄劳动者实行弹性工作时间制，适时调节工作节奏，保证其以充沛的精力投入工作。采取弹性退休方式，允许劳动者由部分退休、部分工作的弹性退休方式逐步过渡到完全退休，减轻劳动者退休综合征的压力，避免劳动者因通货膨胀而导致的收入的突然降低，体现退休政策的灵活性。增强社会保障政策特别是养老保险政策的灵活性。坚持自愿的原则，鼓励特定行业或具有特殊专业知识和技能的老年人选择延长参与经济活动时间、延迟领取退休金，同时退休时的养老金水平可相应提高。

（五）突破观念瓶颈，消除老年歧视，认同老年人的社会价值

首先是突破政策理念上的障碍，纠正把老年人社会参与等同于就业的狭隘化认识，以及把老年人社会参与等同于老年人一切融入社会的活动的泛化认识。其次要深刻认识老年人社会参与的价值和意义。要充分认识到老年群体中所蕴含的巨大资源开发潜力，重视老年人社会参与的经济和社会意义，经济开发和非经济开发并重。从贯彻落实科学发展观以人为本的要求的高度、从重视和保护老年人的发展权利的高度，重视老年人社会参与工作，建立健全老年人社会参与政策体系。把促进老年人社会参与作为促进老年人的发展，保障老年人的权益，实现老年人的价值，增进老年人的身心健康的重要措施。最后要消除老年歧视。研究表明，对老年人的消极态度会影响其认知功能。通过老年人的社会参与，使老年人能够正确地进行自我认识和自我评价，同时也使社会对老年人有一个客观正确的认识和评价。从参与主体的老年人角度看，养老不再仅是“老有所养”、“老有所医”，还要达到“老有所为”。现实中的老年人参与意愿不高、主动意识不够是社会环境和生活环境等社会支持网络的缺乏、不同群体对老年人认知的偏差等综合作用的结果，也是公众习惯的刻板印象——老年人是社会问题的制造者、社会财富的耗费者、社会发展的拖累者等观念性歧视长期塑型而内化的产物。因此，应将包含社会参与的老年人的基本需求纳入政策体系和社会环境的建构中，积极创造条件降低和消除被内化到个体意识中的对老年人群的认知偏差和情感排斥。

老年人精神需求的社会支持网论析

李　芳[①]

据“六普”数据显示，我国老年人口（60岁及以上）总量增至1.78亿人，人口老龄化水平达到13.26％。2015年老年人口预计增加到2.21亿人，人口老龄化水平增加到16％[②]。这显示人口老龄化浪潮汹涌而来速度快、势头猛、基数大。如何提高这一特殊群体的生活质量？这是新世纪我国社会发展面临的基本国情与现实问题。生活质量涵盖物质生活与精神生活两个基本内容。随着国家经济的发展和社会养老保障体系的不断完善，老年人的物质生活得到很大程度的改善，相比之下，精神生活、情感需求问题日益凸显。老年人精神需求的满足之困在哪里？受哪些因素影响？如何构建其社会支持网？本文试图对这些问题做粗浅探讨。

---

① 李芳，北京师范大学中国社会管理研究院博士后；研究方向：社会管理的理论与实践、老龄社会问题。

② 《中国老龄事业发展“十二五”规划》，http://politics.people.com.cn/GB/1026/15738622.html，2011-09-23。

一、精神需求：新时期养老的深层次挑战

胡兰德在《人生长寿法》中指出：在对人的一切不利影响中，最使人短命的就是不良的情绪和恶劣的心境。① 可见，老年人的精神需求能否得到关注和满足，直接关系到他们的生活质量，进而影响整个社会的和谐与文明程度。然而，在经济实力逐渐增强的新时期，满足老年人的精神需求面临着许多困难。

1. 社会养老观念的改变难

众所周知，中国的老龄化是在经济欠发达的背景下出现的。物质性养老资源的稀缺，使得无论是政府还是学界都将注意力放在了老年人物质需求的满足上，而对精神需求则关注不够。② 这不难理解，也十分必要。毕竟物质需要在人的需要体系中更具有根本性和基础性。但是，物质需要的满足代替不了精神愉悦和充实。事实上，老年人由于多方面的原因，会普遍产生一定的"精神疲乏感"："出现无用感和排斥感、内心空虚和厌烦感、孤独感和害怕。"③因此，随着国家经济实力的壮大和老年人自我经济养老能力的增强，全社会应该把对老年群体的关心从物质需求层面向精神需求层面提升，努力为老年人创造良好的精神生活条件。然而，现实中的养老观念和养老保障依然延续着重物质、轻精神的惯性。据调查，在农村，老年人生活的社区没有活动室的 72.31%，没有老年大学的占 87.91%，没有运动场所的占 76.08%。城市相应的比例为 29.08%、56.15%和 33.01%。④ 在当前各地居家养老服务的实施中，也多重生活照料而欠缺精神慰藉。要改变既有的重物质轻精神的养老观念，调整社会养老政策还相当困难。

2. 老年人社会适应难

进入老年期后，老年人的社会角色和地位作用都发生了急剧变化，

---

① 邹沧萍、穆光宁：《积极实现健康老龄化》，载《光明日报》，1996-04-30。

② 周绍斌：《从物质保障到精神保障——老年保障的新趋势》，载《福建论坛》，2007(7)，128～131 页。

③ 戴维·L. 德克尔：《老年社会学》，299 页，天津，天津人民出版社，1986。

④ 郭平、陈刚：《2006 年中国城乡老年人口状况追踪调查》，137～144 页，北京，中国社会出版社，2009。

这些变化对老年人心理产生重大影响，因而这个时期也是老年人角色转换的艰难再适应期。美国心理学家罗伯特·哈维格斯特曾指出：人一生有六个阶段特征，其中老年期的主要任务是要适应体力与健康的衰退，适应退休生活和收入的减少，适应配偶的死亡，承担市民的社会义务，与年龄相近的人建立快活而密切的关系，降低对物质生活满足的要求①。要成功适应这些变化是很困难的，我国当前时期的老年人更是如此。这些老年人大多出生在旧中国，成长在新中国诞生的燃情岁月，工作在计划经济的特定时期。他们青壮年时期形成的思想观念、思维模式、生活习惯与当下的国情有着太大的差异，而当原有的支撑他们大半生的价值体系无法支撑其精神生活时，就会产生思想上的冲突和心理上的混乱。不可避免地，有些老人消极避世，甚至产生恐惧、焦虑、仇恨等心理行为反应；有些老人沉迷于对过去的追忆当中，看不惯、想不通的事情比较多，出现孤独、固执、自私、多疑和偏见等心理变化；还有些老人感觉自己的才华未展，产生郁闷、不满、压抑等严重的失衡感，等等。客观地说，老年人很难完全凭借自身的力量来消解不良情绪，达到心态平衡，这就需要借助社会支持力量来积极介入。因此，关注和满足老年人的精神需求是帮助老年人顺利地从成年期过渡到老年期，适应社会角色转变的重要途径。

3．精神需求的满足难度大。

相比物质需求，精神需求的满足难度更大，一是因为精神需求的个体差异性、复杂性远大于物质需求；二是物质需求有可能通过老年人自身的资源和努力来满足，而且现实中这种自我养老能力正在增强，但是，精神需求的满足则更需要获得外部力量的参与和支持。因为它涉及代际关系和人际关系，关涉亲情和友情。家庭、邻里、朋友是老年人获得精神需求的传统途径，可惜这些途径在我国改革开放的过程中受到不同程度的冲击。第一，家庭养老功能在下降。当前老年人来自家庭成员的心理支持与精神关爱已今不如昔。概括起来主要有三个原因。一是“不知不为”。当前不少子女的赡养观念片面，往往只注重物质赡养而忽视精神赡养。二是“有心难为”。随着社会流动性、开放性的增强，子女

① 许佃兵：《当代老年人心理发展的主要矛盾及特点》，载《江苏社会科学》，2011(1)，43～46页。

与父母常常分居两地；因为工作，子女难免陷入"事业人士与孝子孝女"的角色冲突中；"四二一"独生子女家庭结构的扩大，使得"空巢"家庭越来越多，这些变化使得家庭成员面对父母的精神需求时有心难为。三是"无心去为"。现实中不履行赡养老人的义务，虐待老人、漠视老人、强行"啃老"现象时有发生。第二，邻里、朋友提供精神慰藉的能力在下降。一方面是随着社会流动性的增强，中国社会逐渐从熟人社会向陌生人社会过渡，陌生人之间提供精神慰藉很难，也是比较浅层次的；另一方面，极端利己主义、金钱至上等思想观念冲淡了人与人之间的友情，人情似纸薄的剧本不断在社会中上演。上述种种原因都使得满足老年人的精神需求越来越难。

二、老年人精神需求及其影响因素

1. 老年人精神需求

目前学术界对老年人精神需求的含义与内容有着不同角度的理解和思考。有学者从需求满足的角度提出精神赡养概念，认为精神赡养是指对老年人的情感支持和心理慰藉。老年人精神需求包括自尊的需求、期待的需求和亲情的需求①。有学者从需求形成的角度指出，老年人的精神需求是源于衰老和社会环境条件的变化而产生的主观心态失衡，是为维持和恢复主观心态平衡，实现充实、满足和尊严而引发的一种渴求状态，包括情感需求、文化娱乐需求、教育需求、人际交往需求、政治需求、自我实现需求等内容②。

我们根据系统理论"个人都生活在系统之中"和社会工作"人在环境中"的理论，认为老年人精神需求，是指老年人源于自身衰老和身心变化而与其所生活系统之间形成的精神互动状态。如果老年人与其所生活系统构建了良好的关系，能够从中获得足够的精神资源，则表现出情绪良好状态，反之则产生心理不良症状。老年人精神需求包括亲情需求、

---

① 穆光宗：《老龄人口的精神赡养问题》，载《中国人民大学学报》，2004(4)，124～129页。

② 周绍斌：《老年人的精神需求及其社会政策意义》，载《市场与人口分析》，2005(6)，70～74页。

社会交往需求、文化娱乐需求、教育需求和自我实现需求。如马斯洛所指出，人的需要是由低级向高级不断发展的。上述五类精神需求也体现出由低至高的层次性。相对低层次的精神需求，高层次精神需求关涉的社会支持主体更多，需要的社会资源也更多，也越难得到满足。比如，亲情需求主要由家庭成员来满足，当前虽面临诸多困难，但依然是老年人最容易获得的社会支持，满足度也较高。而自我实现需要是最高层次的需要，即马斯洛所说的“高峰体验”，满足起来很困难。

2. 老年人精神需求的影响因素

一般说来，老年人精神需求的满足状态在老年人身上会直观地表现为情绪体验。当现实生活中某些因素导致其对应的精神需求得到满足，则产生积极情绪，如快乐、幸福，反之则产生消极情绪，如抑郁、孤独、焦虑。

现有文献显示，老年人的情绪体验一方面受到性别、年龄、文化程度、城乡分布等人口学因素的影响，如胡宏伟等认为，性别对老年人孤独、抑郁、焦虑等心理症状产生的影响不显著，低龄老人比高龄老人更抑郁，农村老人比城镇老人更孤独[①]，老年人受教育程度越高，越容易感到孤独[②]；另一方面受到家庭和睦、人际关系、健康状况、经济收入、社会环境等心理社会因素的影响，如刘亚芳的研究显示，经济状况、健康状况、婚姻家庭和社会支持状况是影响老年人幸福感的四个重要因素[③]。胡宏伟等认为，身体健康状况、自我照顾能力、家庭关系是影响老年人孤独、抑郁、焦虑等心理症状产生的重要因素。[④] 由于众多研究者应用不同的研究视角，选择不同的研究样本，得出的研究结果也不尽一致。本文在现有文献基础上，侧重从社会学、心理学角度分析我国老年人情绪体验的原因，进而理清老年人精神需求的影响因素。

老年人的主观情绪表现有很多种类。我们侧重于对孤独、抑郁、焦

---

① 胡宏伟等：《我国老年人心理症状及其影响因素研究》，载《西南大学学报》(社会科学版)，2011(6)，145～152页。

② 胡宏伟等：《我国老年人心理孤独感及其影响因素研究》，载《陕西行政学院学报》，2011(3)，9～15页。

③ 刘亚芳：《老年人主观幸福感的实证分析》，载《南京人口管理干部学院学报》，2011(2)，35～40页。

④ 胡宏伟等：《我国老年人心理症状及其影响因素研究》，载《西南大学学报》(社会科学版)，2011(6)，145～152页。

虑和快乐四种情绪的状况以及原因进行了实证调查与分析，数据结果用图 1 至图 4 中的饼状图和柱形图表示①。

如图 1 至图 4 中的饼状图所示，有 69.9%的老人无孤独感，67.6%的老人无抑郁感，61.2%的老人无焦虑感，感到非常快乐的老人有 21.4%，认为比较快乐的老人有 65%。可见，总体上被调查者的精神状态较好，积极情绪多于消极情绪，整体感觉快乐幸福。这一结论与现有很多研究相类似。② 进一步分析，是什么原因让老年人产生这些情绪体验？

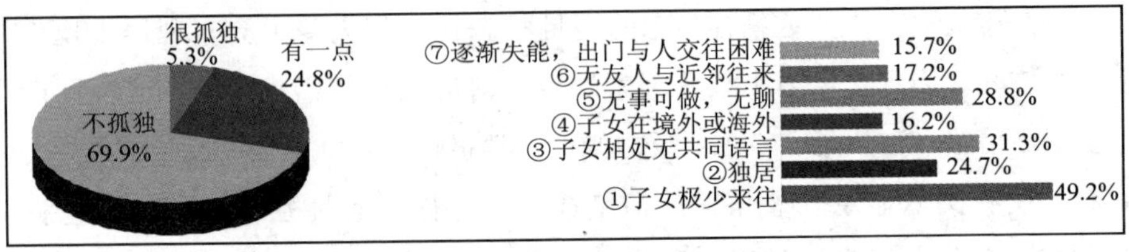

图 1　老年人是否孤独及孤独原因

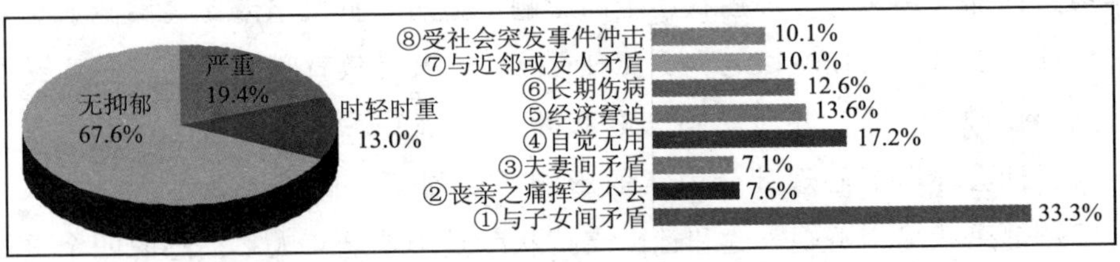

图 2　老年人是否抑郁及抑郁原因

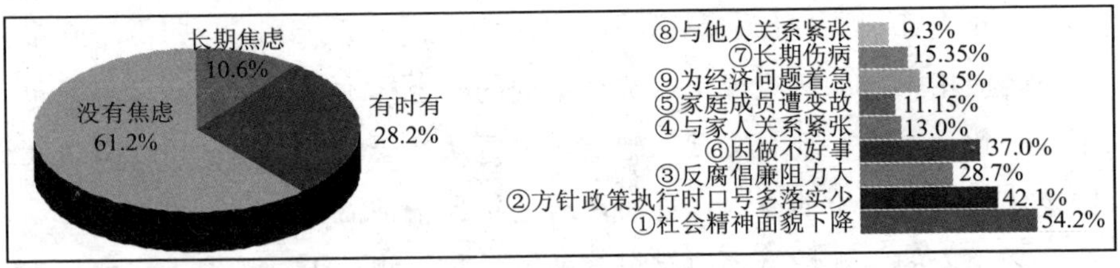

图 3　老年人是否焦虑及焦虑原因

① 2011 年，鲍大妈聊天室与杭州市 T 街道合作，随机抽取街道辖区内 7 个社区中的 700 位老年人进行入户问卷调查，文中未标明出处的数据均出自此次调查。该街道位于杭州市中心城区，老龄化水平为 28.1%。

② 傅素芬等：《社区老年人心理健康及相关因素分析》，载《中国心理卫生杂志》，2002(3)，169～171 页；刘亚芳：《老年人主观幸福感的实证分析》，载《南京人口管理干部学院学报》，2011(2)，35～40 页。

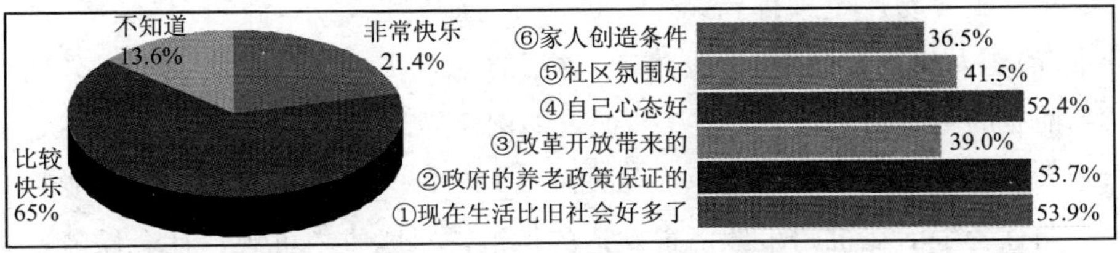

图 4　老年人是否快乐及快乐原因

图 1 至图 4 中的柱状图明示了老年人产生上述情绪体验的原因。结合已有研究文献，归纳起来，影响老年人情绪体验、精神需求的因素可分为个体因素和社会因素。老年人的健康状况、经济情况、自我观念等属于个人因素，老年人所生活的家庭、邻里朋友圈、社区、各级政府乃至国家的状况属于社会因素。

(1)个体因素

第一，健康状况。

本次调查中发现(见图 1 至图 4)，老年人认为健康状况、自理能力是他们产生孤独(第⑦选项)、抑郁(第⑥选项)和焦虑(第⑦选项)的原因之一。这与有些研究结果相一致。如赵宏伟等认为：身体健康状况、自我照顾能力均与老年人心理症状呈正相关系数①。也就是说，身体健康状况对老年人心理情绪的产生有显著性影响，身体健康状况越好，自我照顾能力越强，孤独、焦虑、抑郁等情绪就越不明显。这是因为，一方面疾病和失能给老年人身心以巨大压力和痛苦，促使他们产生抑郁、焦虑等情绪；另一方面长期患病引起的生活困难、自理能力下降和社交困难使得老年人更依赖于家庭和子女的支持与帮助，心理上更容易产生孤独、社会隔离和内疚等情绪。

第二，经济状况。

老年人精神需求的满足有赖于他们的现实经济基础。较好的经济状况和有保障的经济来源可以提高老年人的安全感，进而使他们精神需求得到更好的满足。刘颂的调查研究显示，半数以上老年人反映自己“经常地”或“不时地”因经济原因而焦虑②。胡宏伟等认为收入水平较低的

① 胡宏伟等：《我国老年人心理症状及其影响因素研究》，载《西南大学学报》(社会科学版)，2011(6)，145～152 页。

② 刘颂：《城市老年人群精神需求状况的调查与研究》，载《南京人口管理干部学院学报》，2004(1)，8～13 页。

老年人更容易产生抑郁情绪①。刘亚芳的研究也显示，与自评经济“困难”的老人相比，经济“一般”和“宽裕”的老人认为“幸福”的发生比分别是前者的2.5倍和3.7倍②。然而，如图1至图3所示，经济窘迫不是老人产生负性情绪的主要原因(焦虑：18.5%；抑郁：13.6%)，可能是被调查者生活在杭州市经济很发达的街道，家庭收入可观，社会保障比较完善所致。因此，就一般而言，生活保障是老人所有快乐幸福的“经济基础”，是影响老人精神需求的重要因素。

第三，“老而无用”的价值观念。

在传统上，人们倾向于将“老龄化”看作不可避免的衰减与退化。美国学者卡明和亨利认为，老年期是一个不可避免的角色、关系等的退出时期，脱离是老龄化过程的最主要的结果。潘瑟斯对新闻媒体中老年人的形象表征进行了研究，认为老年人被典型地描述为“丑陋的、无牙的、无性征的、失禁的、衰老的、糊涂的、无助的……”这种传统的老龄观在积极老龄化(positive aging)运动的冲击下有所改变，世界卫生组织也提出了“积极老龄化”的政策框架。但是不容否定的是，“老而无用”的观念还是比较普遍地弥漫于全社会和老年群体中。从图2至图3中的柱形图看，无用感是老年人产生抑郁(第④选项)、焦虑(第⑥选项)的原因之一。从访谈中，我们得到的信息也多是“老了能干啥”、“退休了就是休息的”。这种“老而无用”观念的强势存在，不仅会造成人力资源的浪费，不利于国家发展和人口老龄化挑战的应对，而且会严重影响那些想要发挥余热、老有所为的老年人满足其高层次的精神需求。按照马斯洛的需求层次理论，自我价值实现是人生的“高峰体验”。“老而无用”的观念在一定程度上阻止了老年人再次参与社会的通道。

(2)社会因素

第一，家庭。

家庭是老年人最主要的生活场所，更是最重要的精神家园。老年人与家庭成员是否和睦愉快，以及家庭成员的生活状况，等等，都与其情

① 胡宏伟等：《我国老年人心理症状及其影响因素研究》，载《西南大学学报》(社会科学版)，2011(6)，145～152页。

② 刘亚芳：《老年人主观幸福感的实证分析》，载《南京人口管理干部学院学报》，2011(2)，35～40页。

绪体验有着莫大关系。从图 1 至图 4 来看，不和谐的家庭关系和家庭成员遭变故是老年人产生孤独(第①、②、③、④选项)、抑郁(第①、②、③选项)和焦虑(第④、⑤选项)的主要原因，选择频次都很高，尤其在孤独感上。另外，有 36.5%的老年人认为自己的快乐是家人创造的。很多国内外研究也显示，在所有有活力的和亲密的关系中，父母与成人子女的关系是最有支持性的，提供了较高水平的情感和物质支持[①]。亲属是老年人情感支持和实际支持的主要来源，其中儿女的作用最大[②]。家庭关系的好坏与老年人几乎所有的心理症状(如孤独、焦虑、抑郁等)呈正相关关系[③]。由此可见，家庭是影响老年人精神需求最为关键的因素。这一结论符合一般经验的判断。步入晚年生活的老人，身心逐渐衰老，退出职业领域，也逐渐退出社会的中心，因而对家庭的依赖会逐渐增强。所以，家庭成员的生活状况，与子女、配偶乃至亲属关系的好坏都会显著地影响到老年人的情绪状态和精神需求。

第二，邻里朋友交往。

邻里朋友是老年人基于一定地缘、业缘、趣缘等结成的人际交往关系。有研究表明，邻居能够提供日常陪伴和小的物质支持[④]。朋友是外出和访问时的陪伴者，也是人们与配偶发生争执时倾诉苦恼的对象[⑤]。可见，老年人通过与邻里、朋友的交往可以获得一定的社会资源来满足他们的精神需求。反之，如果这类人际交往不畅，那他们的精神需求也会受到影响。从图 1～图 4 中的柱状图来看，老年人有无邻里朋友交往或相互关系的紧张、矛盾是促使他们产生孤独(第⑥选项)、抑郁(第⑦选项)、焦虑(第⑧选项)的原因之一。俗话说，远亲不如近邻，也不如朋友。邻里、朋友的相互援助是满足老年人精神需求的重要因素。

---

① 贺寨平：《农村老年人社会支持网：何种人提供何种支持》，载《河海大学学报》(哲学社会科学版)，2006(9)，9～12 页。

② 同上书，63 页。

③ 胡宏伟等：《我国老年人心理症状及其影响因素研究》，载《西南大学学报》(社会科学版)，2011(6)，145～152 页。

④ Wellman B，Wortley S.，Brothers' keepers：situating kinship relations in broader networks of social support，*Sociological Perspectives*，1989(32)，pp. 273－306.

⑤ Schwelzer T，Schnegg M，Betzborn S.，Personal networks and social support in a multiethnic community of southern California. *Social Networks*，1998(20)，pp. 1－21.

第三，国家社会的发展状况。

一般来说，老年人离开工作岗位，也即退出社会中心舞台，成为边缘群体。但是他们依然心系国家社会发展，从图3来看，第①、②、③选项都关涉国家社会发展，选择频次很高，成为老年人产生焦虑情绪的最主要原因。看到社会中的不良风气，老年人由此而产生焦虑情绪，因为他们深知国家发展与自身晚年幸福的密切关系。在选择为什么快乐时，有53.9%的老人认为现在生活比旧社会好多了。53.7%的老人认为是政府的养老政策保证的。39.0%的老人认为是改革开放带来的。所以，国家社会的发展状况，各级政府对老年人保障的重视程度都是影响老年人精神需求的重要因素。

老年人精神需求的满足受到个体因素和社会因素等诸多方面的影响，应该构建多支柱的社会支持网，使不利因素转变为有利因素。

三、构建老年人精神需求的社会支持网

很多研究表明，社会支持对老年人的生活质量有着积极的正面影响，具有良好社会支持的老年人会有比较高的幸福感、生活满意度、积极情感和较低的消极情感①。因此，构建和完善老年人的社会支持网，成为满足老年人精神需求，实现健康老龄化目标的重要途径。

老年人精神需求的社会支持网是指老年人获得精神需求满足的各支持供给者的集合，主要包括家庭成员、邻里朋友、非营利组织、社区居委会和各级政府。社会支持主体对应着老年人的精神需求，而老年人精神需求所具有的多样性和层次性，使得各支持主体的角色和功能有所不同，提供支持的方式也是不同的。

因此，需要具体探析为满足老年人的各类精神需求，不同社会支持主体应承担的功能，以及提供支持的具体方式。

1. 家庭支持

家庭是老年人最主要的生活场所，也是老年人最重要的社会支持主体。很多国内外研究显示，在所有有活力的和亲密的关系中，父母与成

---

① 李建新：《老年人口生活质量与社会支持的关系研究》，载《人口研究》，2007(3)，50～60页。

人子女的关系是最有支持性的，提供了较高水平的情感和物质支持①。亲属是老年人情感支持和实际支持的主要来源②。家庭支持是城乡老年人社会支持的基础，也是其社会支持网的主体③。具体在老年人精神需求的满足上，家庭支持具有极其重要的地位。第一，家庭是满足老年人亲情需求的最主要、最直接，也是最恰当的支持主体。配偶、子女以及亲属能够为老年人提供享受天伦之乐的情感慰藉。第二，家庭为满足老年人的社会交往、文化娱乐、求知、自我实现等精神需求提供重要的间接支持。可是，工业化、城市化、现代化，以及家庭结构的变化等诸多因素在现实中消解了家庭精神养老的支持力。面对此困境，是告别孝道，还是全力提升家庭支持力？我们认为，后者无疑是正道。因为家庭支持是最符合我国传统孝道文化的一种支持，也是老年人尤其是农村地区老年人最易得到的一种资本形式。基于此，其他社会支持主体，尤其是政府应该通过支持家庭，间接地帮助、促进、发挥家庭的精神赡养的功能。

2. 邻里朋友支持

邻里朋友是老年人基于一定地缘、业缘、趣缘等结成的社会交往关系。有研究表明，邻居能够提供日常陪伴和小的物质支持④。朋友是老年人交往活动的主要陪伴者，也是老年人发生家庭矛盾或心情抑郁时的倾诉对象。⑤ 可见，邻里朋友是老年人社会交往需求、文化娱乐需求的最主要、最直接的支持主体，也是老年人之间相互学习、互通信息，满足求知需求的支持主体之一，同时也是老年人满足亲情需求、自我实现需求的间接支持者。作为邻里、朋友要细心体会老年人的难处与需求，多看望他们，陪伴他们，给予必要的生活照料，特别是友情关怀。

3. 社区居委会支持

一般来说，社区是老年人除家庭之外的第二活动场所，也是连接政

---

① 贺寨平：《农村老年人社会支持网：何种人提供何种支持》，载《河海大学学报》(哲学社会科学版)，2006(9)，9～12页。

② 同上书，13页。

③ 张友琴：《老年人社会支持网的城乡比较研究——厦门市个案研究》，载《社会学研究》，2001(4)。

④ Wellman B，Wortley S.，Brothers' keepers：situating kinship relations in broader networks of social support. *Sociological Perspectives*，1989(32)，pp. 273-306.

⑤ 贺寨平：《农村老年人社会支持网：何种人提供何种支持》，载《河海大学学报》(哲学社会科学版)，2006(3)，9～12页。

府和老年人及其家庭的"中介"。社区是社会资源的富集之地。社区居委会的职责是要整合多方面的社会资源，承担组织责任。具体说来，第一，建立社区服务中心，为老年人提供文化娱乐、老年教育等各种场所和服务。第二，整合社区资源，努力形成老年人精神需求支持网络。第三，实施服务储蓄制度，即由社区居委会组织社区中无精神方面困难的老人为困难老年人提供精神服务，并将劳务时间储存起来。当提供服务者本人需要服务时，可将自己积累的服务时间用于支付别人对自己的服务①。这是探索互助养老中值得推广的做法。老年人之间年龄相近，陪聊中能拉近心灵的距离，使老年人打开心扉交流。第四，自主培育专业化社工队伍，或者为社会组织和社会工作者进入社区建立制度平台。第五，社区居委会把精神养老服务打包成项目，承包给非营利组织、企业等其他社会支持主体，同时，承担监管、评估责任。

4. 非营利组织支持

在市场经济体制下，随着政府的部分职能转移，非营利组织成为社会支持的重要组成部分②。非营利组织对老年人精神需求的支持，主要体现在以下几方面。第一，提供多元化服务。非营利组织可以协助老年人适应新的角色和环境，组织老年人开展文化娱乐活动，还可以提供教育培训、从业指导、心理咨询等服务，所以说，非营利组织是老年人文化娱乐需求、求知需求、自我实现需求的重要支持主体。第二，提供专业化服务。精神慰藉是一项专业性比较强的服务，而非营利组织具有专业性、开创性、灵活性，可以为老年人个性化的精神需求提供更加专业和灵活的服务。第三，筹集资金，为满足老年人精神需求提供必要的物质资源。

5. 政府支持

政府是满足老年人精神需求的官方力量，承担着大部分的资源提供。在提供服务的方式上，政府通过政策、法律等手段来间接实现其支持功能。具体体现在，第一，制定以家庭为单元的社会支持政策，向照料老人的家庭提供各种具体的帮助，如经济补助、政策优惠、老人家庭

---

① 高灵芝：《老年弱势群体社会支持体系的分析与思考》，载《社会科学战线》，2004(6)，261～263页。

② 同上。

护理员培训等。第二，制定各种优惠政策，鼓励非营利组织、企业成为精神养老服务的主力军。第三，增强法律、法规对老年人精神权益的保障。第四，稳步提高老年人社会保障水平，完善社会保障制度，为满足精神需求提供坚实的物质基础。

总之，满足老年人的精神需求是一个社会问题，社会支持网越精密，老年人精神需求的满足程度越高。同时，这也是一个个人问题。医学研究表明：人体有很强的抗病能力，有80%的疾病完全可以靠自身因素来解决①。所以，自我精神也是老年人满足自身精神需求的主要支持来源。可以说，只有内外兼修，才能切实提高老年人生活质量，实现健康老龄化目标。

① 杨昆：《快乐者长寿》，载《中国商报》，1998-12-20。

第二届中国社会管理论坛综述

深化社会体制改革的思考与建议

张　欢　蔡永芳

2012 年 5 月 27 日，北京师范大学中国社会管理研究院、中共北京市委社会工作委员会、廊坊市委联合主办的第二届中国社会管理论坛在北京师范大学成功举行。参加论坛的人员既有来自社会管理领域理论研究的工作者，也有来自社会管理实践的工作者，参会者围绕“深化社会体制改革与推进科学发展”的主题进行了热烈而深入的讨论，取得了多方面的成果。现将讨论情况综述如下。

一、改革社会体制势在必行

与会者一致认为，我国目前经历着重要战略机遇期和社会矛盾凸显期，促进科学发展既具有迫切的现实意义，又具有深远的历史意义。而要实现科学发展，必须改革社会体制，加强和创新社会管理，提高社会管理科学化水平，这是一场涉及广泛的社会变革。

与会者指出，加强和创新社会管理，全面推进社会建设和社会管理是贯彻落实科学发展观的必然要求，是实现国家转型发展，增强抗风险能力和国际竞争力的重要方面，更是顺应人民对于过上更好生活的新期待。与会者认为，社会管理是作为主导力量的党委和政府以及其他社会主体，运用法律、法规、制度、政策、道德、价值等社会规范体系，直接或间接地对社会不同领域和各个环节进行服务、协调、组织、监管、控制的过程和活动；其基本任务是：协调社会关系、规范社会行为、解决社会问题、化解社会矛盾、促进社会公正、应对社会风险、维护社会稳定、激发社会活力、增强社会凝聚力，为构建和谐社会、促进科学发展营造既充满活力又富有凝聚力和井然有序的社会环境。社会建设和社会管理都必须放到整个现代化进程中去理解它们的重要性和复杂性，加强社会建设和创新社会管理，必然要求深化社会体制改革。

与会者提出，社会体制是一种社会治理的方式和制度安排，也是一种社会行为的规范，决定着人的社会关系、行为准则和社会运行。按照中央关于加强和创新社会管理的决策要求，我们现在所讲的社会体制改革，就是构建适应中国特色社会主义发展要求的，与社会主义经济体制、政治体制、文化体制相一致的社会体制。现在的社会体制总体上是符合中国特色社会主义事业发展需要的，但仍存在不少问题。主要是：第一，社会管理的理念、组织、形式、手段、方法不适应社会经济迅猛发展，特别是社会结构、利益结构多层次、多元化和互联网新兴媒体异军突起出现的新情况、新矛盾、新要求；第二，政府、社会、市场、企业、中介机构对社会管理职能不清、关系不顺；第三，社会管理的体系、制度、机制不健全，难以有效发挥应有作用。要解决这些问题，必须加快社会体制改革，这样，才能全面推进社会建设和社会管理，提高现代社会管理科学化水平。

二、深化社会体制改革的总体思路和重点任务

与会者指出，深化社会体制改革是一个庞大复杂的社会系统工程。必须坚持从中国国情出发，以科学理论为指导，解放思想、与时俱进、整体设计、统筹规划、因地制宜、分类施策，积极探索具有中国特色、地方特点、时代特征的社会管理体制新模式。

与会者认为，深化社会体制改革就是要构建完善的中国特色社会主义社会管理体系和社会运行体制，包括形成科学合理的社会管理权力结构和机制，社会管理组织结构和机制，社会管理功能结构和机制、社会管理动力结构和机制、社会管理保障结构和机制。进一步说，就是社会管理要实现从过去以政府为单一主体、以单位管理为主要载体、以行政

管理为主要手段、以管控为主要目的的传统模式，向在党的领导下，政府行政管理与社会自我管理、基层居民自治管理良性互动，社区管理与单位管理有机结合，经济、法律、行政、教育手段综合运用，服务与管理相融合，有序与活力相统一的多元主体共同治理、全体人民共建共享的新模式转变。

与会者提出，深化社会体制改革需要正确认识和处理以下一些重要关系：

一是政府和社会的关系，即政府行政管理与多元主体治理的关系。实行政社分开、权责统一，明确划分政府社会管理和社会多元治理的范围和权限。正确发挥政府在社会管理中的主导作用，创新政府社会管理方式，规范和监督公共权力的作用；同时，要充分发挥社区、企事业、基层单位、社会组织等多元社会主体在社会治理中的重要作用。

二是条条和块块的关系，即中央(部门、行业)与地方的关系。条块分割、各自为政，特别是基层各类社会服务管理资源分散，形成不少服务“盲点”、管理“真空”，这是我国当前社会体制的突出问题。社会体制的基本框架，必须由中央统一决策，需要中央有关部门(行业)加以指导；同时，又必须由地方因地制宜采取符合当地实际情况的社会管理具体制度。应充分发挥中央和地方两个积极性。坚持基层为要、重在基层，通过社区、基层统筹条与块的各类服务管理资源，把中央和地方各级社会管理决策部署落实到社区、基层单位。

三是民生和民主的关系，即改善人民生活与发展民主政治的关系。要坚持以人为本，把保障民生和发扬民主紧密结合起来，坚持把改善和保障民生放在首位，要充分尊重人民群众的主体地位。人民当家做主是社会主义民主政治的本质要求，也是中国特色社会主义社会体制的核心。

四是德治和法治的关系，即思想道德教育和法治建设保障的关系。现代社会管理更需要把德治与法治结合起来，既要重视发挥思想道德的教化作用，更要注重法治的保障作用；既要注重行为管理，更要注重人文关怀和心理疏导；要坚定不移地推进依法治国和以德治国相结合，既要推行社会主义先进文化和社会主义核心价值观，更要注重法制，把社会行为纳入法制化轨道，提升全民族现代文明程度。

与会者认为，深化社会体制改革应当把解决面临的突出问题同实现长远目标结合起来。首先，必须转变观念，由传统的社会管控向社会治理转变；其次，必须坚持多元治理，充分发挥政府、社会、市场、公民各方面的积极性和创造性，实现权责统一；再次，必须创新社会管理方式方法，从偏重管制控制向更加重视服务、重视协商协调转变；最后，深化社会体制改革的关键在于创新管理体制，使社会管理更加科学化、制度化、法治化。

与会者指出，深化社会体制改革需要着力抓好以下重点任务。

第一，强化政府社会管理职能。

社会管理是政府的重要职能。创新社会管理体制，必须发挥政府的主导作用。要加快政府职能转变，更加重视履行社会管理职能。政府社会管理主要是制定法规政策、规范制度标准、增加公共财政投入、加强社会行为监管。尽可能把一些社会公共服务和具体事务以适当方式转交给社区、社会组织和中介机构。这样，既可以使政府更好履行应尽职能，又可以降低服务成本，提高服务效率。要推进公共服务供给多元化、多样化，探索政府行政管理与企事业单位、各类社会组织和城乡基层群众自治在社会运行中有效衔接与良性互动的体制。政府购买公共服务、公共服务外包，是现代社会管理的一个重要形式，应积极推行。大力构建政府提供社会管理和公共服务的综合性系统，整合各类社会服务管理资源。要加快行政体制改革，建立职能相对集中、权责密切结合、组织协调有力的综合性社会管理机构，以利于提高政府社会管理的效能和水平。

第二，扩大公民参与和社会协调功能。

这是深化社会体制改革的重要方向。公民参与是中国特色社会主义社会体制的基础。城乡基层群众自治制度是我国一项基本政治制度。要推进城乡社区自治，有序扩大基层群众自治范围，规范政府组织与基层群众自治的关系，增强基层社会自治功能。要积极探索农村再组织化的形式和途径，形成既有活力又有秩序的组织体系。同时，充分发挥企事业单位和各类社会组织应有的作用，支持企事业单位和社会组织参与社会服务和管理，承接政府转移的社会管理服务。加快事业单位改革和社会组织体制改革，完善治理结构，健全现代社会组织制度。要推动城市社区和农村社会管理服务由条块分割的单位体制向属地化、社会化的体制转变，健全覆盖全社会的社会治理和公共服务体系。要积极推进城乡社会管理体制改革，减少基层行政管理环节，充分发挥基层社会治理的功能作用。

第三，拓展群众权益的保障机制。

保障群众权益，是加强和创新社会管理的根本着眼点，也是深化社会体制改革的关键。要进一步加强与完善党和政府主导的维护群众权益机制，切实维护和保障群众权益。要适应我国社会结构和利益格局的发展变化，形成科学有效的利益协调机制、诉求表达机制、矛盾调处机制、权益保障机制。特别是要适应新形势下群众诉求的多样性、多变性的特点和规律，创新方式方法，拓宽诉求表达的渠道，搭建多种形式的沟通平台，健全公共政策社会公示制度、公众听证制度，健全社会矛盾调处机制和多元调解体系，充分发挥人民调解、行政调解、司法调解联动的大调解工作体系的作用。强化从源头解决社会矛盾纠纷，把预防社会稳定风险的关口前移。

第四，健全各类人群服务的管理体制。

坚持以人为本，突出人文关怀，在服务中实施管理，在管理中体现服务，努力实现各类人群服务管理全覆盖。要加强“两新组织”人员和“社会人”的服务管理。要不断提高各类人群服务管理信息化、精细化、科学化水平。建立覆盖城乡的全员人口统筹管理的信息系统，推进国家人口基础信息库建设，加强流动人口动态监测工作。全面推行进居住证制度，行政区域内流动人口实行“一证(卡)通”，积极稳妥推进户籍管理制度改革，建立城乡统一的户口登记管理制度，实现基本公共服务覆盖户籍人口和常住人口。采取积极、稳妥的措施，使农民工有序、和谐地融入城市或城镇。加强和创新特殊人群的教育、引导、服务和管理工作，根据不同类型人群特点分类施策。

第五，加快社会行为规范建设。

规范社会主体行为，建设现代社会文明，是社会体制改革创新的基础性工作。至关重要的，一是法制；二是诚信。要建立健全社会管理的法制保障体系，加强社会管理领域立法，加快形成完善的社会管理法律、法规体系。充分发挥社会法制规范在调整关系、约束行为、保障权益、创新社会管理等方面的作用。强化公正执法和严肃执法。要建立健全社会诚信制度，制定社会诚信规范，加强社会公德建设。大力推进政务诚信、商务诚信、社会诚信和司法公信建设。建设覆盖全国的征信系统，推动信用信息在全国范围的互联互通，规范和完善信用服务市场体系，健全激励惩戒机制，充分发挥信用信息对失信行为的监督和约束作用。

第六，构建虚拟社会管理制度。

要坚持积极利用、科学发展、依法管理、确保安全的方针，加强和改进互联网的应用和管理，坚持建设与规范并重，发展与管理同步，把互联网建设好、利用好、管理好。加快完善网络管理的法律、法规和政策，明确相关主体的权利义务，形成法律规范、行政监管、行业自律、技术保障、公众监督、社会教育相结合的互联网服务管理体系，提高依法、规范、科学、系统、动态管理水平。加强信息化基础设施建设，构建全国统一的社会管理数据中心、服务中心，尽快推行网络实名制，规范网络传播秩序。健全网上网下结合的综合服务和管理体系、统筹实施虚拟社会和现实社会管理，建立网上动态管理机制，着力完善网上影响社会稳定和国家安全问题的监测、研判、预警、处置机制和有害信息监管、查处机制。

第七，加强公共安全体系。

围绕提高预知、预警、预防和应急处置能力，加强和完善主动防控和应急处置相结合，传统方式和现代手段相结合的公共安全体系。健全食品药品监管体制机制，形成政府、企业、行业组织、消费者和媒体共同参与的监管格局。完善安全生产监管体制机制，健全安全生产综合监管、行业监管、属地监管责任体系。健全立体化社会治安防控体系，全面提高社会治安综合治理水平。完善应急管理体系，加强危机管理和抗风险能力建设，提升对自然灾害、事故灾难、公共卫生事件、社会安全事件等突发公共事件的风险管理水平。

第八，完善社会管理工作格局。

深化社会体制改革，加强和创新社会管理，必须充分发挥党的领导核心作用。要完善党委领导、政府负责、社会协同、公众参与的工作格局和体制。坚持把加强社会建设和社会管理作为党和政府的重大任务。

健全社会管理的政策体系，加强社会工作的统筹协调和督促检查。充分发挥社会协同和公众参与的作用。要建立和完善社会管理科学有效的评价、考核体系和机制，促进提升社会管理的科学化水平。要加强社会工作人才队伍建设，完善社会工作人才培养、评价、使用、奖励制度，充分发挥他们在深化社会体制改革、创新社会管理中的聪明才智。

三、对推进社会体制改革的建议

与会者对推进社会体制改革提出了以下建议。

第一，重视总体设计。

社会体制改革要加强总体设计、构建科学体系，加强统筹协调、形成工作合力。总体设计要明确制定加强和创新社会管理的总体目标、基本框架、主要任务、重要措施，明确改革的步骤和策略。

第二，支持实践探索。

近几年来，中央部署了38个社会管理创新示范区及9个社会管理创新典型培育市(县)，积累了大量新鲜经验，其他许多地方也开展了社会管理创新的试点探索。应继续鼓励各种形式的社会管理创新，尊重群众的实践和创造，及时发现、总结、宣传、推广基层创造的经验，充分发挥地方试点经验的示范引领作用，把具有普遍意义的好经验、好做法及时转化为政策制度和长效机制。

第三，统筹配套改革。

社会体制是中国特色社会主义制度的重要组成部分。因此，深化社会体制改革必须与其他各个方面体制改革相配套，也必须服务于其他体制改革。经济体制、政治体制、文化体制和社会体制等各方面体制改革必须统筹规划、协调推进。

第四，鼓励理论创新。

社会体制改革比经济体制改革的任务更为复杂艰巨，应在中国特色社会主义理论体系指导下，加强社会管理理论创新。要积极鼓励多层次、跨学科开展社会体制改革的研究，并与人才培养、学科建设等有机结合。

后 记

2012 年 5 月 27 日，北京师范大学中国社会管理研究院、中共北京市委社会工作委员会(北京市社会建设工作办公室)和中共河北省廊坊市委联合举办的“第二届中国社会管理论坛：深化社会体制改革与推进科学发展”在北京师范大学隆重举行。全国政协副主席陈宗兴，第十届全国人大常委会副委员长顾秀莲，全国政协文史和学习委员会副主任魏礼群，全国政协社会和法制委员会副主任、国务院法制办原党组书记、主任曹康泰，中国文学艺术界联合会副主席、原党组书记、全国政协教科文卫体委员会副主任委员胡振民，中共北京市委常委、市人大副主任梁伟，北京师范大学党委书记刘川生等领导出席了论坛。会议共收到论文近 90 篇。会后，我们根据作者递交的论文，进行了认真地筛选，并按照相关主题进行编辑。考虑到篇幅限制，有些文章没能选编进来，在此我们表示歉意。

中国社会管理论坛已经成为国内社会管理领域最重要的交流平台之一，我们将坚持下去，并将每次论坛成果汇编成集。相信形成的系列书籍将对加强和创新社会管理工作产生重要影响。

本书的编辑和出版过程中，张欢、余佳等同志做了大量工作，尹栾玉、杨丽、党生翠、杜静元、蔡永芳、李芳、杜静元、陈鹏、陈炜、王珂、胡静等同志参与了相关工作，北师大出版社的李念编辑为本书出版付出了大量心血，在此一并感谢。

本书的出版得到教育部哲学社会科学研究重大课题攻关项目“社会管理体制创新研究”（11JZD026）和国家社科基金特别委托项目“中国当代社会管理创新与国家科学发展战略重大课题研究”（12@ZH002）的支持，在此表示感谢。

编者
2012年11月